Caroline Schmitt
Inklusion und Fluchtmigration

Die Autorin

Caroline Schmitt, Dr. habil., Dipl. Päd., ist Professorin für Ecosocial Work and Care an der Frankfurt University of Applied Sciences und freiberufliche Diversity-Trainerin. Zuvor war sie Professorin für Migrations- und Inklusionsforschung an der Universität Klagenfurt, Vertretungsprofessorin für Sozialpädagogik an der Universität Trier, wissenschaftliche Mitarbeiterin an der Johannes Gutenberg-Universität Mainz und Stipendiatin am Research Center of Social and Cultural Studies Mainz (SOCUM). Ihre Schwerpunkte in Forschung und Lehre sind Inklusion und Diversität in der Migrationsgesellschaft, Ecosocial Work und Katastrophenforschung, Solidarität und soziale Bewegungen, inter- und transnationale Soziale Arbeit. Kontakt: https://www.caroline-schmitt.eu/

Caroline Schmitt

Inklusion und Fluchtmigration

Neue Narrative für die Soziale Arbeit

Dieses Buch basiert auf der im Februar 2021 dem Fachbereich 02: Sozialwissenschaften, Medien und Sport der Johannes Gutenberg-Universsität Mainz vorgelegten publikationsbasierten Habilitation »Inklusion und Fluchtmigration. Neue Narrative für die Soziale Arbeit«. Auf Basis der publikationsbasierten Habilitation und des wissenschaftlichen Vortrages mit anschließendem Kolloquium im Juni 2022 wurde der Autorin die Venia legendi für das Fach Erziehungswissenschaft verliehen. Die öffentliche Antrittsvorlesung im Rahmen der Habilitation fand im Januar 2023 statt.

Das Werk einschließlich aller seiner Teile ist urheberrechtlich geschützt. Das Kapitel 1, die Kapitel 2.1, 2.2 und 2.3, die Kapitel 3.1, 3.2, 3.3 und 3.4 sowie die Kapitel 4.1, 4.2, 4.3 und 4.4 sowie das Kapitel 5 werden unter der Lizenz Creative Commons Namensnennung – Nicht kommerziell – Keine Bearbeitungen 4.0 International (CC BY-NC-ND 4.0) veröffentlicht. Alle übrigen Werkteile, d. h. die Kapitel 2.4.1, 2.4.2, 2.4.3, 2.4.4, 2.4.5, 2.4.6 und 2.4.7 sowie die Kapitel 3.5.1, 3.5.2, 3.5.3, 3.5.4, 3.5.5, 3.5.6 und 3.5.7 sowie die Kapitel 4.5.1, 4.5.2, 4.5.3, 4.5.4, 4.5.5, 4.5.6, 4.5.7 und 4.5.8 sind von den CC BY-NC-ND 4.0-Lizenzbedingungen ausgenommen. Jede vom Urheberrechtsgesetz nicht zugelassene Verwertung bedarf der Zustimmung der Rechteinhaber.

Dieses Buch ist erhältlich als:
ISBN 978-3-7799-7434-5 Print
ISBN 978-3-7799-7435-2 E-Book (PDF)

1. Auflage 2024

© 2024 Beltz Juventa
in der Verlagsgruppe Beltz · Weinheim Basel
Werderstraße 10, 69469 Weinheim
Einige Rechte vorbehalten

Herstellung: Ulrike Poppel
Satz: le-tex, xerif
Druck und Bindung: Beltz Grafische Betriebe, Bad Langensalza
Beltz Grafische Betriebe ist ein klimaneutrales Unternehmen (ID 15985–2104-100)
Printed in Germany

Weitere Informationen zu unseren Autor:innen und Titeln finden Sie unter: www.beltz.de

Inhalt

Danksagung und Lektürehinweis   9
    Danksagung   9
    Lektürehinweis   10

1. **Einleitung**   11
    1.1 Zum Zusammenhang von Inklusion und Fluchtmigration   13
    1.2 Bedeutung für die Soziale Arbeit   14
    1.3 These und Aufbau   15

2. **Inklusion**   18
    2.1 Begriffshistorie   18
    2.2 Theoretische Zugänge   23
    2.3 Perspektiven. Inklusion konturieren   26
       2.3.1 Heterogenität   26
       2.3.2 Machtkritik   28
       2.3.3 Relationalität   30
    2.4 Vertiefungen   33
       2.4.1 Paradoxien von Inklusion   36
       2.4.2 Inklusion, Interkulturelle Öffnung, Diversity. Professionstheoretische Überlegungen zu einem kritisch-reflexiven Inklusionsverständnis   44
       2.4.3 A relational concept of inclusion   52
       2.4.4 Agency und Vulnerabilität. Ein relationaler Zugang zu Lebenswelten geflüchteter Menschen   63
       2.4.5 Inklusion machtkritisch konturieren (*Caroline Schmitt, Yasemin Uçan*)   70
       2.4.6 Empirische Zugänge I: Inklusion und Lebenswirklichkeiten in der Pflege (*Caroline Schmitt, Hans Günther Homfeldt*)   82
       2.4.7 Empirische Zugänge II : L'inclusion par la consommation ? Les salons de coiffure afro en Allemagne comme lieu de transformation socioculturelle   101

3. Fluchtmigration — 112
3.1 Begriffsverständnis — 112
- 3.1.1 Wissenschaftliche Einordnung — 113
- 3.1.2 Politische und asylrechtliche Klassifikationen — 114
- 3.1.3 Arbeitsdefinition „Fluchtmigration" und „geflüchtete Menschen" — 117

3.2 Fluchtmigrationsgeschichten — 119
- 3.2.1 Frühe Neuzeit und 19. Jahrhundert — 120
- 3.2.2 Erster Weltkrieg (1914–1918) und Weimarer Republik (1918–1933) — 121
- 3.2.3 Nationalsozialismus und Zweiter Weltkrieg (1933–1945) — 122
- 3.2.4 Nachkriegszeit — 123
- 3.2.5 Arbeitsmigration von 1955 bis 1973 — 125
- 3.2.6 Anwerbestopp, Familienzusammenführung und Assimilationismus (1973–1981) — 127
- 3.2.7 DDR-Fluchtmigrationsgeschichte (1949–1990) — 129
- 3.2.8 1990er Jahre. Ende des Kalten Krieges und Asylkompromiss — 131
- 3.2.9 Von den 2000er Jahren bis in die Gegenwart. Integrationsdiskurs und „langer Sommer der Migration" — 133
- 3.2.10 Kontinuitäten und Zuspitzungen — 136

3.3 Perspektiven. Von Integration zu Inklusion — 138

3.4 Forschungsprojekte im Themenfeld — 140
- 3.4.1 Vergessene Geschichten. Kinder aus namibischen Geflüchtetenlagern in der DDR — 141
- 3.4.2 Junge Geflüchtete nach dem langen Sommer der Migration — 143

3.5 Vertiefungen — 145
- 3.5.1 Transnationale Lebensbewältigung — 148
- 3.5.2 Inklusion als Analyseperspektive in der Fluchtmigrationsforschung — 155
- 3.5.3 „You are special": Othering in biographies of „GDR children from Namibia" (*Caroline Schmitt, Mattias D. Witte*) — 171
- 3.5.4 Refugees across the generations. Generational relations between the ‚GDR children of Namibia' and their children (*Caroline Schmitt, Matthias D. Witte*) — 186
- 3.5.5 ‚I want to give something back.' Social Support and Reciprocity in the Lives of Young Refugees — 203

3.5.6 Digitale Medien als Mediatoren von Agency. Empirische Einblicke in Medienpraktiken junger Geflüchteter und die (medien-)pädagogischeArbeit (*Henrike Friedrichs-Liesenkötter, Caroline Schmitt*)   216

3.5.7 Partizipative Fluchtmigrationsforschung. Eine Suchbewegung (*Samia Aden, Caroline Schmitt, Yasemin Uçan, Constantin Wagner, Jan Wienforth*)   235

4. Soziale Arbeit   247

4.1 Begriffsverständnis   247
4.2 Professionstheoretische Einordnung   250
4.3 Perspektiven. Inklusion gestalten   252
   4.3.1 Transnationale Inklusion   254
   4.3.2 Solidarität und Postmigration   256
   4.3.3 Konvivialismus als Rahmen für eine politische Soziale Arbeit   260
4.4 Forschungsprojekte im Themenfeld   262
   4.4.1 Soziale Arbeit mit geflüchteten Menschen   262
   4.4.2 Inklusion als Habitus und Lehrforschungsthema   263
4.5 Vertiefungen   264
   4.5.1 Mobilität und Migration. Soziale Arbeit auf dem Weg zu einem neuen Paradigma?   268
   4.5.2 Arbeitsbeziehungen mit jungen Geflüchteten. Pädagogische Fachkräfte zwischen anwaltschaftlicher Vertretung und verbesondernder Stigmatisierung   287
   4.5.3 Transnationale Elternarbeit. Pädagogische Arbeitsbeziehungen mit abwesenden Eltern geflüchteter Minderjähriger in der stationären Kinder- und Jugendhilfe   306
   4.5.4 Soziale Arbeit in Geflüchtetenunterkünften. Menschenrechte unter Verschluss (*Caroline Schmitt, Samia Aden*)   331
   4.5.5 Vermessen, Klassifizieren, Zuweisen. Das AnKER-Zentrum als machtvolle Organisation der Asylverwaltung   337
   4.5.6 Contemplating the Corona Crisis Through a Postmigrant Lens? From Segregative Refugee Accomodations to a Vision of Solidarity (*Claudia Böhme, Marc Hill, Caroline Schmitt, Anett Schmitz*)   355
   4.5.7 Inklusive Solidarität. Ethnografische Erkundungen im urbanen Raum   370

	4.5.8 Notwendigkeit eines inklusiven professionellen Habitus. Einstellungen angehender Lehrkräfte und Sozialpädagog*innen zu Inklusion (*Kris-Steven Besa, Ernst Daniel Röhrig, Caroline Schmitt, Marc Tull*)	383

5. Ausblick. Auf dem Weg zu einem globalen Inklusionsprogramm?   398

Literatur   400
   Quellenverzeichnis Bundesarchiv in Berlin   451

Danksagung und Lektürehinweis

Danksagung

Inklusion entsteht relational in unterstützenden und befähigenden Umwelten. So verhält es sich auch mit dieser Schrift. Auf dem Weg ihrer Erstellung haben mich zahlreiche Menschen begleitet und biografische Schlüsselpositionen eingenommen. Ihnen gebührt mein herzlicher Dank.

Ohne das Vertrauen der nach Deutschland geflohenen Menschen aus namibischen Geflüchtetenlagern, der jungen Menschen aus Syrien, Afghanistan und dem Irak, der Pädagog*innen in der Fluchtmigrationsarbeit, der Erwachsenen mit Pflegebedarf, Unternehmer*innen und Kund*innen mit internationaler Geschichte, Gestalter*innen solidarischer Orte in der Stadt und der Studierenden, die sich zu ihren Einstellungen zu Inklusion haben befragen lassen, würde diese Schrift nicht vorliegen. Sie alle tragen durch ihre Geschichten und Perspektiven ganz entscheidend zu dieser Habilitation bei. Ihnen sei besonders herzlich gedankt in der Hoffnung und im Wunsch, ihren Geschichten einen gebührenden Raum zu verschaffen.

Ein weiterer herzlicher Dank gebührt Dekan Prof. Dr. Gregor Daschmann, den Prodekanen Prof. Dr. Kai Arzheimer und Prof. Dr. Bjørn von Rimscha, der Dekanatssekretärin Erna Gresch und dem gesamten Team des Dekanats am Fachbereich 02 der Johannes Gutenberg-Universität Mainz sowie den Mitgliedern der Habilitationskommission für ihre Unterstützung meiner Habilitation (in alphabetischer Reihung): Prof. Dr. habil. Pascal Bastian, Errol Bergerhausen, M. A., Prof.in Dr.in Veronika Cummings, Marion Fink, Prof. Dr. Marius Harring, Prof.in Dr.in Alexandra Klein, Prof. Dr. Matthias D. Witte, Filiz D. Yeşilbaş, M. A.

Seit zehn Jahren ist Prof. Dr. Matthias D. Witte zentraler Begleiter und Ratgeber auf meinem Weg in der Wissenschaft. Für den Austausch zu vielfältigen Belangen und Themen – ob im Büro oder beim Spaziergang im Lennebergwald –, für gemeinsame Ergründungen, Forschungsaufenthalte und Freude bereitende Analysesitzungen danke ich ihm sehr herzlich. Als Mentor bereits zur Zeit des Studiums gebührt Prof. em. Dr. Hans Günther Homfeldt ein ausdrücklicher, herzlicher Dank für die Grundsteinlegung meines Interesses an Fragen inter- und transnationaler Sozialer Arbeit und für den Kontakt seit nunmehr zwei Jahrzehnten.

Den Kolleg*innen am Mainzer Institut für Erziehungswissenschaft, insbesondere der Arbeitsgruppe Sozialpädagogik, danke ich für den unterstützenden Arbeitszusammenhang ebenso wie den Kolleg*innen der Lehr- und Forschungseinheit Erziehungswissenschaft, vor allem im Bereich Sozialpädagogik I, an der Universität Trier.

Wegweiser*innen in der Praxis danke ich herzlich für ihre Visionen und Vorbildfunktion, namentlich Thomas Zuche, M. A., der mich bereits seit vielen Jahren zur Wachsamkeit anregt und mit seinem Engagement für ein inklusives Zusammenleben in der Welt einsteht.

Meinen engsten Bezugspersonen jenseits der genannten Zusammenhänge sei gedankt für ihr grenzenloses Verständnis. Dr. Peter Faber kommt hierbei eine tragende Rolle der liebevollen, reflektierten und außergewöhnlichen Unterstützung zu. Dr.in Tina Hollstein, Dipl.-Päd.in Anna Kondziela und Dipl.-Päd.in Sissy Zerfass danke ich für ihre Freundschaft und den steten Zuspruch. Dem ‚alten Freund*innenkreis' gebührt ein großer Dank für seine Bedingungslosigkeit. Meiner Familie danke ich für ihr bejahendes Echo zu den eingeschlagenen Pfaden und ihre Unterstützung, diesen Weg zu verfolgen.

Lektürehinweis

Dieses Buch basiert auf der dem Fachbereich 02: Sozialwissenschaften, Medien und Sport der Johannes Gutenberg-Universität Mainz im Februar 2021 vorgelegten publikationsbasierten Habilitation „Inklusion und Fluchtmigration. Neue Narrative für die Soziale Arbeit". Die 22 Schriften und die Rahmenschrift wurden zwischen den Jahren 2016 und 2020 verfasst. Sie sind in diesem Buch zusammengeführt. Dreizehn Beiträge sind in Alleinautorinnenschaft, neun in gemeinsamer Autor*innenschaft entstanden. Die einzelnen Kapitel können im Zusammenspiel wie auch unabhängig voneinander einzeln gelesen werden und sind teils in deutscher, englischer und französischer Sprache geschrieben.

Besonders herzlich danken möchte ich meinen geschätzten Kolleg*innen, mit welchen ich im Rahmen der neun gemeinsamen Beiträge zusammengearbeitet habe. Diese Beiträge sind in den Kapiteln 2.4.5, 2.4.6, 3.5.3, 3.5.4, 3.5.6, 3.5.7, 4.5.4, 4.5.6 und 4.5.8 abgedruckt. Die Kolleg*innen sind (in alphabetischer Reihung): Samia Aden, M. A., Vertr. Prof. Dr. Kris-Steven Besa, Dr.in Claudia Böhme, Jun.-Prof.in Dr.in Henrike Friedrichs-Liesenkötter, Prof. Dr. Marc Hill, Prof. em. Dr. Hans Günther Homfeldt, Dipl. Päd. Ernst Daniel Röhrig, Dr.in Anett Schmitz, Dr. Marc Tull, Dr.in Yasemin Uçan, Jun.-Prof. Dr. Constantin Wagner, Prof. Jan Wienforth und Prof. Dr. Matthias D. Witte. Recht herzlich möchte ich mich zudem bei den Verlagen für die Möglichkeit des Wiederabdrucks der Beiträge in diesem Buch sowie bei dem Team des Verlags Beltz Juventa für die große Unterstützung im gesamten Veröffentlichungsprozess, vor allem bei der Lektorin Svenja Dilger, dem Verlagsleiter Frank Engelhardt und der Herstellerin Ulrike Poppel, bedanken.

1. Einleitung

Die Forschung zu Inklusion expandiert seit Verabschiedung und Inkrafttreten des Übereinkommens der Vereinten Nationen über die Rechte von Menschen mit Behinderung[1] (UN-BRK) und Ratifizierung der Konvention (nicht nur) durch Deutschland. Inklusion wird als sozialpolitisches Leitbild (Benz et al., 2015), Menschenrecht (Pfahl, 2014), Vision (Emlein, 2017), Organisationsentwicklungsansatz (Moser, Egger, 2017), Herausforderung (Schnell, 2015), Ideologie (Bernhard, 2015), kritische Perspektive pädagogischen Handelns (Dannenbeck, Dorrance, 2009) und Theoriefolie (Bärmig, 2017) verhandelt. Paradigmatisch für die Debatte sind differente Verständnisse von Inklusion (Cramer, Harant, 2014; Göransson, Nilholm, 2014; Wocken, 2015; Dederich, Felder, 2016). Die unscharfe Begriffsbestimmung bringt es mit sich, dass auch die Gegenstandsfelder der Inklusionsforschung unklar sind. Für die pädagogische Praxis geht hiermit eine Unsicherheit einher. Sie erprobt zwar Inklusion, kann sich in der Reflexion ihres Handelns aber nicht auf ein tiefgehendes theoretisches Wissen stützen (Winkler, 2015, 10). Wenngleich kritisch-reflexive Perspektiven eine gesellschaftstheoretische, alle gesellschaftlichen Felder umschließende Konzeptualisierung von Inklusion vorantreiben und diese Stimmen in der Inklusionsdebatte an Gewicht

---

1 Behinderung wird im Sozialgesetzbuch IX, § 2, als körperliche, seelische, geistige oder Sinnesbeeinträchtigung definiert, die Menschen „in Wechselwirkung mit einstellungs- und umweltbedingten Barrieren an der gleichberechtigten Teilhabe an der Gesellschaft mit hoher Wahrscheinlichkeit länger als sechs Monate [hindern kann]". Dieser sozialrechtlichen Definition liegt ein biopsychosoziales Verständnis von Behinderung als mehrdimensionales Ergebnis aus individuellen Spezifika und Kontextfaktoren in Orientierung am Behinderungsbegriff der International Classification of Functioning, Disability and Health (ICF) und der UN-BRK zugrunde. Mit Blick auf die vielfältigen Theorieperspektiven zum Behinderungsbegriff offenbart sich seine Komplexität und Uneindeutigkeit (Dederich, 2009). Je nach Zugang, sei er individualistisch, interaktionistisch, systemtheoretisch oder materialistisch, treten differente Menschen- und Gesellschaftsbilder hervor, die eine knappe Definition verunmöglichen (Hopmann, 2019, 31–55) und nach einer Standortbestimmung verlangen. Diese Arbeit versteht Behinderung als behinderte Teilhabe an Gesellschaft und orientiert sich am sozialen Modell von Behinderung und den Disability Studies (Waldschmidt, 2007). Sie verortet die Teilhabebarrieren nicht in einzelnen Individuen, sondern in Umwelten. Mit den Begriffen „Menschen mit Behinderung", „Menschen, die als behindert gelten" sowie „Menschen mit Behinderungserfahrung" bezeichnet sie Personen(-gruppen), die in der Debatte vor allem mit ihren Bedürfnissen nach Unterstützung und einer attestierten Beeinträchtigung im Blick sind. In der Sichtweise dieser Arbeit sind vor allem Fragen von verwehrter Teilhabe im Fokus, ohne dabei Unterstützungsbedarfe, die aus einer Beeinträchtigung hervorgehen, nivellieren zu wollen. Verwehrte Teilhabe resultiert aus einer Verbesonderung von Beeinträchtigung, Ausblendung sozialer Ungleichheitsverhältnisse und De-Thematisierung von Normalitäts- und damit einhergehenden Abweichungs-Konstruktionen.

gewinnen (Dederich, 2020; Amirpur, 2019; Westphal, Wansing, 2019; Katzenbach, 2015; Kronauer, 2015; Wansing, Westphal, 2014), befasst sich die Inklusionsforschung schwerpunktmäßig vor allem mit der Kategorisierung „Behinderung" (Weinbach, 2020, 130) und ist primär mit „der Beschulung behinderter Kinder und Jugendlicher" (Amirpur, Platte, 2015, 431) assoziiert. Diese Debatte wird kontrovers geführt. Inklusion ist eine umstrittene Perspektive und wird vor allem in der Sonderpädagogik nicht uneingeschränkt als Stoßrichtung geteilt. Befürchtungen um eine Versorgungslücke derer, die im Diskurs als behindert bezeichnet sind, sowie Befürchtungen um einen Abbau einer jahrzehntelang aufgebauten Infrastruktur behinderungsspezifischer Einrichtungen (Ahrbeck, Fickler-Stang, 2017), stehen der UN-BRK mit ihrer Forderung, Inklusion als Menschenrecht zu begreifen und umzusetzen, gegenüber (Wocken, 2015; Dederich, 2010, 12). Die UN-BRK geht in ihrem Anspruch jedoch über die Verhandlung von Inklusion im Zusammenhang von Behinderung und Bildungswesen hinaus. Sie thematisiert die Durchkreuzung von Behinderung mit anderen Kategorien wie Geschlecht, Fluchtmigration[2] und Alter. Ihr liegt ein intersektionaler Zugang zugrunde (Crenshaw, 1994). Inklusion verfolgt in diesem Sinne den Anspruch, alle gesellschaftlichen Felder und Lebenslagen – verbunden mit den vielfältigen Bedürfnissen, Ressourcen und Verletzbarkeiten von Menschen – einzuschließen (Lindmeier, Lütje-Klose, 2015). Dieses Anliegen wird in Deutschland von den beiden Fachverbänden der Erziehungswissenschaft und Sozialen Arbeit – der Deutschen Gesellschaft für Erziehungswissenschaft (DGfE) und der Deutschen Gesellschaft für Soziale Arbeit (DGSA) – unterstrichen (DGfE, 2015; Spatscheck, Thiessen, 2017). DGfE und DGSA konzeptualisieren Inklusion als Querschnittsperspektive mit grundlegender Relevanz für die Soziale Arbeit und für alle erziehungswissenschaftlichen Teildisziplinen. Bei allen Bekundungen weist die Inklusionsforschung jedoch auch mehr als zehn Jahre nach Ratifizierung der UN-BRK durch Deutschland Leerstellen auf. Diese Leerstellen äußern sich in einer Auslassung von Inklusionsforschung und -pädagogik in gesellschaftlichen Feldern, in denen Inklusionsanspruch und Exklusionswirklichkeit besonders

---

2 Der Begriff „Fluchtmigration" stellt heraus, dass Fragen im Umgang mit geflüchteten Menschen zwar mit den kontinuierlich ansteigenden Zahlen an Menschen auf der Flucht weltweit (2011: 38,5 Millionen, 2019: 79,5 Millionen, 2022: 108,4 Millionen; UNHCR, 2022) mehr denn je beforscht und in der Öffentlichkeit diskutiert werden, Fluchtmigration jedoch schon immer ein immanentes Thema der Migrationsforschung war (Aden et al., 2019). Flucht und Migration lassen sich dabei nicht trennscharf unterscheiden (Bade, 2002, 5). Motive für das Verlassen des gewohnten Lebenskontexts rangieren zwischen politischen, wirtschaftlichen, klimatischen und persönlichen Gründen und sind potentiell miteinander verschränkt. Dem Begriff Fluchtmigration ist eine Kritik an der machtvollen Unterscheidungspraxis zwischen vermeintlich ‚legitimen' und ‚illegitimen' Fluchtgründen inhärent. Er bezieht sich auf die subjektiv erlebte Notwendigkeit von Menschen, den Lebensmittelpunkt verlassen zu müssen, um die eigenen (Über-)Lebensmöglichkeiten zu sichern (ausführlich Kap. 3.1.3).

offensichtlich auseinanderklaffen. Sie lassen die Herausforderungen in der Umsetzung von Inklusion hervortreten, werden aber bisher nicht ausreichend in der Debatte bedacht. Entweder, weil sie bereits einmal thematisiert und danach wieder vergessen wurden – wie lange Zeit die Forderungen der Salamanca-Erklärung aus dem Jahr 1994 nach einer Bildung für alle Kinder, unabhängig von ihren Fähigkeiten und Lebenswelten –, oder aber, weil sie bislang noch nicht ausreichend im Blick sind, wie die Lebenswirklichkeiten geflüchteter Menschen. Inklusionsappelle geraten unter Bedingungen gesellschaftlicher Exklusion unter Legitimationsschwierigkeiten (Janotta, 2018; Rensinghoff, 2015). Werden spezifische Felder von Exklusion dann auch noch aus der Inklusionsforschung ausgespart, haben wir es zusätzlich mit einer epistemischen Exklusion zu tun.

1.1 Zum Zusammenhang von Inklusion und Fluchtmigration

Das Buch setzt an diesem Punkt an und konfrontiert ein Feld, in dem sich Exklusion besonders deutlich zeigt (Bommes, Scherr, 1996), mit einem menschenrechtlichen Inklusionsverständnis und dem damit einhergehenden Anspruch, eine inklusive Gesellschaft zu gestalten (Homfeldt, 2020). Ziel ist eine Zusammenführung der Diskussionsstränge um Inklusion und Fluchtmigration aus einer sozialarbeiterischen Perspektive. Die vorliegende Schrift erkennt geflüchtete Menschen als Subjekte von Inklusion an und versteht Bewegungen innerhalb von Regionen und über nationalstaatliche Grenzen hinaus als selbstverständlichen Teil der Menschheitsgeschichte (Ferron et al., 2019; Hill, 2019; Bade, 2017, 12). Fluchtmigration wird in dieser Arbeit nicht als wissenschaftliches Sonderthema, sondern in seiner gesamtgesellschaftlichen Relevanz betrachtet. Hiermit ist ein Verständnis verbunden, das sich nicht auf eine defizitorientierte und einseitig problematisierende Betrachtung von Fluchtmigration einlässt. Vielmehr ist Anliegen, ein kritisch-reflexives Forschungsfeld zu konturieren, das nicht exotisierend und verandernd, sondern anerkennend mit der Normalität menschlicher Bewegungen umgeht, ohne dabei erfahrenes Leid und soziale Ungleichheiten zu bagatellisieren (Peterlini, Donlic, 2020). Die hohe Relevanz einer Zusammenführung von Fluchtmigrations- und Inklusionsdebatte ist spätestens seit dem „langen Sommer der Migration" im Jahr 2015 augenscheinlich. Menschen auf der Flucht haben in besagtem Sommer das Fluchtmigrationsregime der Europäischen Union partiell außer Kraft gesetzt und den gefährlichen Weg nach Europa geschafft (Römhild et al., 2018). Während sich in der öffentlichen Debatte der Begriff der „Flüchtlingskrise" festgeschrieben hat, verweisen nicht nur die anhaltend hohen Zahlen an Menschen auf der Flucht, sondern eine umfassende Transnationalisierung der sozialen Welt (Pries, 2010; Mau, 2007; Römhild, 2003) auf eine „Krise der Legitimität und Funktionalität der nationalstaatlichen Ordnung" (Mecheril, 2020, 102). Diese Ordnung weist einem privilegierten Wir volle Bürger*innen- und transnationale Bewegungsrechte auf Basis von nationalstaatlichen Zugehörigkeitskonstruktionen zu, während es geflüchtete Menschen aus dem nationalstaatlichen Raum und Europa exkludieren und fernhalten sowie ihre Bewegungen kontrollieren und steuern will (ebd.). Über die Verwirklichungschancen einzelner Menschen entscheidet dann nicht eine menschenrechtliche Inklusionsperspektive, sondern eine „birthright lottery" (Shacher, 2009), die Menschen qua Geburt in einem spezifischen Territorium Bewegungsfreiheit und Teilhabe zubilligt oder verwehrt. Teilhabemöglichkeiten sind nicht ausschließlich, aber ganz zentral davon abhängig, welche Staatsangehörigkeit ein Mensch durch das Prinzip des Geburtsorts (ius soli), das Abstammungsprinzip (ius sanguinis) oder eine Mischform der beiden Staatsbürger*innenschaftsprinzipien erwirbt (Ataç, Rosenberger, 2013, 48). Die Paradoxie besteht in der Debattierung eines menschenrechtlichen Inklusionsbegriff in Wissenschaft und Praxis, verstanden als selbstverständliche Zugehörigkeit aller Menschen zu Gesellschaft, aber der bisher nur unzureichenden Berücksichtigung dieses Diskurses im Umgang mit geflüchteten Menschen. Für sie hängen Inklusion und die Möglichkeit einer selbstbestimmten Ausrichtung des eigenen Lebens in hohem Maße davon ab, inwiefern ihre Mobilität von dem Land, in dem sie sich aufhalten, als legitim anerkannt, und inwiefern ihnen Zugang zu gesellschaftlichen Systemen wie Gesundheitsversorgung, Arbeitsmarkt oder Bildung gewährt wird. Qua Ausländer*innenstatus sind sie sowohl in den Transitländern, die sie auf ihrer Flucht durchqueren, als auch in den Zielländern (mindestens temporär) an den gesellschaftlichen Rand gedrängt. Sie werden mitunter kriminalisiert und diskriminiert sowie lebensbedrohlichen Fluchtrouten ausgesetzt, welche sie erst bewältigen müssen, um überhaupt einen Asylantrag – etwa in Europa – stellen zu können (Scherr, 2020a, 139). Inklusion wird ihnen nicht bedingungslos qua ihres Menschseins zu Teil. Vielmehr sind sie aufgefordert, ihren Aufenthalt zu rechtfertigen, legitimieren und zu erkämpfen, stets vor dem Hintergrund der Gefahr, doch wieder abgeschoben zu werden.

1.2 Bedeutung für die Soziale Arbeit

Für die Soziale Arbeit sind Fragen von Inklusion in Verbindung mit Fluchtmigration nicht ausschließlich Forschungsgegenstand, sondern in der sozialarbeiterischen Praxis von hoher Relevanz (Blank et al., 2018). Pädagogische Fachkräfte sind an differenten Schaltstellen in die Arbeit mit geflüchteten Menschen involviert – ob in Geflüchtetenunterkünften, Clearingstellen für Minderjährige, pädagogischen Folgeeinrichtungen oder Beratungsstellen (Franz, Kubisch, 2020; Findenig, Buchner, Klinger, 2019; Wienforth, 2019). Ihr professioneller Auftrag ist, die Menschen in ihrer Lebensbewältigung zu unterstützen, Teilhabe herzustellen, Autonomie zu fördern und sich im Sinne von Advocacy Work auf öffentlicher und politischer Ebene gemeinsam mit geflüchteten Menschen für eine Verbesserung der sozialen Verhältnisse einzusetzen (Von Grönheim, 2015; IFSW, 2014; Böhnisch, 2016). Das sozialarbeiterische Agieren ist im Kontext von Fluchtmigration jedoch durch eine Intensivierung pädagogischer Unsicherheit und der Paradoxie von Hilfe und Kontrolle gekennzeichnet (Gögercin, 2018; Muy, 2018; Hofmann, Scherr, 2017). Die Frage danach, wie Sozialarbeiter*innen gemeinsam mit den Adressat*innen Inklusion gestalten können, wenn Aufenthaltsstatus und Bleibeperspektive der Betreffenden unsicher und prekär sind und die staatliche Zielrichtung eine Begrenzung der Aufnahme geflüchteter Menschen vorsieht, bedarf einer sozialarbeiterischen Erörterung (Scherr, 2018, 2015; Otto, 2015). Die Problematik besteht in der Einbettung pädagogischer Fachkräfte in ein Konfliktfeld: Pädagog*innen sind mit Adressat*innen konfrontiert, die nicht über volle Bürger*innenrechte verfügen, durch die Ausländer*innen- und Asylgesetzgebung in ihrer Autonomie beschnitten werden und um eine Bleibeperspektive, etwa in Deutschland, ringen (Spindler, 2018; Enders, 2018). Das Spannungsfeld des Doppelten Mandats, der sozialarbeiterischen Positioniertheit zwischen politischen Ordnungsinteressen einerseits und Adressat*innenorientierung andererseits (Böhnisch, Lösch, 1973), ist verschärft und kann der Sozialen Arbeit keine ausreichende Orientierung bieten. Durch ihre Vergewisserung als Menschenrechtsprofession (Staub-Bernasconi, 2019; Franger, Krauß, 2009; Ife, 2008; Healy, 2001) verfügt die Soziale Arbeit jedoch über einen professionstheoretischen und -ethischen Grundpfeiler, um gemeinsam mit den Betreffenden auf eine Verbesserung ihrer Lebenslagen hinzuwirken (Schäuble, 2018). In dieser komplexen Gemengelage hat ein menschenrechtliches Inklusionsverständnis das Potenzial, den kritisch-reflexiven Orientierungsrahmen Sozialer Arbeit im Feld von Fluchtmigration zu stärken.

1.3 These und Aufbau

Die These dieses Buchs ist, dass Inklusion ein grundlegender Bezugsrahmen für die Soziale Arbeit und (nicht nur) im Feld von Fluchtmigration wegweisend ist: Mit ihm lassen sich Dilemmata und gesellschaftliche Entwicklungsnotwendigkeiten identifizieren sowie sozialarbeiterische Handlungsaufträge und eine sozialarbeiterische Fluchtmigrationsforschung als Gesellschaftsforschung ableiten (Georgi, 2015). Eine solche Forschung sieht ihre Aufgabe nicht darin, die vermeintlich ‚anderen' zu analysieren, sondern Konstruktionen eines ‚Wir' und ‚die anderen' zu entschlüsseln, In- und Exklusionsprozesse im Kontext von Fluchtmigration zu erfassen (Kaufmann et al., 2019; Schütte, 2019) und darauf aufbauend inklusive Perspektiven für die Soziale Arbeit zu entwickeln. Ausgehend von diesem Anliegen entfaltet das Buch einen theoretischen, ge-

genstandsbezogenen und disziplinären wie professionellen Rahmen in einem Dreischritt. Die einzelnen Oberkapitel richten ihren Fokus auf:

- die theoretische Fundierung des Inklusionsbegriffs (Kapitel 2),
- Inklusion als Analyseperspektive in der qualitativ-empirischen Untersuchung von Lebenswelten und Biografien geflüchteter Menschen (Kapitel 3),
- Inklusion als Bezugsrahmen für die Weiterentwicklung der Profession und Disziplin Sozialer Arbeit in einer transnationalisierten Gesellschaft (Kapitel 4).

Im *zweiten Kapitel* wird in die Inklusionsdebatte eingeführt, welche im Feld von Fluchtmigration bisher noch randständig und vielmehr in der Sonder- und Behindertenpädagogik verbreitet ist. Das Kapitel übersetzt das menschenrechtliche Inklusionsverständnis in eine theoretische Perspektive und entwirft einen heterogenitätsorientierten, machtkritischen und relationalen Inklusionsbegriff, der für das Feld von Fluchtmigration, aber auch für alle anderen gesellschaftlichen Felder nutzbar gemacht werden kann. Dieser Inklusionsbegriff hat das Potenzial, Inklusion und Exklusion als aufeinander bezogene Perspektiven zu denken und in ihrer prozesshaften Herstellung in sozialen Umwelten zu kontextualisieren.

Das *dritte Kapitel* gibt Einblick in das zugrundeliegende Verständnis von Fluchtmigration und liest die Fluchtmigrationsgeschichte Deutschlands aus der Analyseperspektive von In- und Exklusion. Hierbei zeigen sich Zeitphasen übergreifende Muster der Exklusion geflüchteter Menschen aus gesellschaftlichen Systemen, aber auch partielle Öffnungen, die geflüchteten Menschen einen Aufenthalt im Zielland potenziell ermöglichen. Das Kapitel argumentiert, dass die DDR-Fluchtmigrationsgeschichte bisher noch zu wenig Beachtung in der Fluchtmigrationsforschung gefunden hat und auch die Entwicklungen ab dem „langen Sommer der Migration" im Jahr 2015 mit den darauffolgenden Prozessen und Debatten weiterführender Analysen bedürfen. An diesem Anspruch setzt das Buch mit eigenen qualitativ-empirischen Studien an. Zum einen befasst es sich mit der Fluchtmigrationsgeschichte von rund 430 Kindern, die zwischen den Jahren 1979 und 1990 aus namibischen Geflüchtetenlagern in die DDR kamen; zum anderen werden Biografien und Lebenswelten junger Geflüchteter aus dem Irak, aus Syrien und Afghanistan untersucht, die zwischen den Jahren 2010 und 2015 nach Deutschland geflohen sind.

Das *vierte Kapitel* konturiert den Inklusionsbegriff als sozialarbeiterische Perspektive in Verzahnung mit einem Verständnis Sozialer Arbeit als Menschenrechtsprofession. Es stellt eine transnationale, solidarische und konviviale Öffnung als Eckpfeiler inklusiver Sozialer Arbeit in einer transnationalen Gesellschaft heraus. Empirische Untersuchungen dieses Teils der Arbeit basieren auf Interviews mit pädagogischen Fachkräften aus der Fluchtsozialarbeit, Analysen zu Asyl verwaltenden Organisationen, ethnografischen Erkundungen zum Inklusionspotenzial solidarischer Allianzen in der Stadt und einer quantitativen Studierenden-Befragung zu Einstellungen zu Inklusion.

Der Ausblick synthetisiert die drei Forschungsbereiche Inklusion, Fluchtmigration und Soziale Arbeit und entwirft erste Überlegungen für ein gesamtgesellschaftliches Inklusionsprogramm. Die Überlegungen zielen in die Richtung, das dualistische Verständnis von Fachkräften und Adressat*innen sowie Forschenden und Beforschten zugunsten inklusiver Arbeitsbündnisse in der gemeinsamen Suche nach einer sozial gerechten Welt in Bewegung zu bringen.

2. Inklusion

Das Kapitel gibt einen Einblick in die Historie und Gegenwart der Inklusionsdebatte (Kap. 2.1) sowie in die theoretische Auseinandersetzung mit dem Inklusionsgedanken (Kap. 2.2). Es entfaltet ein heterogenitätsorientiertes, machtkritisches und relationales Verständnis von Inklusion (Kap. 2.3), das zur Reflexion jeglicher gesellschaftlicher Felder dient. In diesem Buch fungiert es als heuristisches Gerüst zur Erfassung der Lebenswirklichkeiten von Menschen, die im Diskurs als geflüchtete Menschen repräsentiert sind. Das Kapitel schließt mit ausgewählten thematischen Vertiefungen (Kap. 2.4).

2.1 Begriffshistorie

Der Inklusionsbegriff hat eine lange Geschichte und ist ohne eine Auseinandersetzung mit Exklusion und den vielen Zwischenbereichen zwischen In- und Exklusion nicht zu denken. Seine Genese basiert auf der Existenz von Exklusionsmechanismen, welche so stark wirken, dass sie einer Kritik unterzogen werden, aber nicht aufgelöst sind. Der Inklusionsbegriff ist vor allem in der Heil-, Sonder- und Behindertenpädagogik[3] verbreitet. Um die Inklusionsdebatte mit ihren Anliegen einzuordnen, ist eine Auseinandersetzung mit dieser Historie daher gewinnbringend. In der Heil-, Sonder- und Behindertenpädagogik wurde „Behinderung" bis in das letzte Drittel des 20. Jahrhunderts vor allem als Störung, Defizit und Problem verstanden, das nach einer individuellen Behandlung der betreffenden Person verlange (Röh, 2018, 14). Wocken (1998) fasst die Umgangsweisen mit Behinderung mit den Modi der Extinktion, Exklusion, Separation und Integration, ohne, dass es sich dabei um eine strikte Stufenabfolge handelt, die im Laufe der Zeit vollzogen worden sei. Vielmehr seien die Modi – die sich als Tötung, Aus-

---

[3] Die Bezeichnungen Heil-, Sonder- und Behindertenpädagogik rekurrieren auf unterschiedliche Diskurslinien und Entstehungskontexte dieser erziehungswissenschaftlichen Subdisziplin. Der Begriff „Heilpädagogik" geht auf Georgens und Deinhardt zurück und tauchte erstmals im Jahr 1861 auf (Sassenroth, 2012, 2). Zwar intendierte der Begriff eine ganzheitliche Betrachtungsweise von Menschen mit Behinderung, er ist durch das Präfix „Heil" jedoch mit einem medizinisch-therapeutischen Kontext assoziiert (Laubenstein, 2019). Der Begriff „Behindertenpädagogik" erfuhr Verbreitung nach dem Zweiten Weltkrieg und ist in sozialrechtlichen Debatten gängig. Die Bezeichnung „Sonderpädagogik" etablierte sich ab den 1960er Jahren zunächst in Westdeutschland. Sie betont die Verbesonderung von Menschen mit Behinderung in eigenen Organisationen und einer eigenen Pädagogik (Sassenroth, 2012, 3). Das Buch nutzt alle drei Begriffe je nach Bezugsrahmen.

grenzung, Verbesonderung bis hin zu einem partiellen Einbezug von Menschen mit Behinderung konkretisieren lassen – durchaus zeitgleich in der Welt vorzufinden. Sie verdeutlichen verschiedene Menschenbilder und ermöglichen eine Reflexion zu den „erheblichen Konsequenzen [...], die sich aus den Menschenbildern für Teilhabechancen und -grenzen" (ebd., 92) von Menschen mit Behinderungserfahrung ergeben. Mit Ratifizierung der UN-BRK wurde ein Wandel dieser Modi in Gang gesetzt und ein differentes Verständnis von Behinderung als Teilhabebarriere und Inklusion als Menschenrecht forciert (Dederich, 2009). Im Folgenden werden Deutung und Konstruktion von Behinderung sowie gesellschaftliche Umgangsweisen von der römischen Antike bis zur Ratifizierung der UN-BRK skizziert.

Mit Blick in die Geschichte zeigt sich in der *römischen Antike* eine Abhängigkeit gesellschaftlicher Handlungsmöglichkeiten von Menschen mit Behinderungserfahrung von Engagement und Ressourcen im privaten Umfeld. Die Geschichtsschreibung dokumentiert Fälle von Aussetzung und Tötung (Extinktion). Menschen, die als behindert bezeichnet wurden, galten als „unrein"[4] und gefährlich. Sie wurden verspottet und verachtet (Rathmayr, 2014, 45). Hierbei sind regionale und Standesunterschiede auszumachen: so dokumentiert Rathmayr (2014, 46) in der Oberschicht Hinweise auf eine gewisse Akzeptanz etwa von Blindheit oder körperlichen Gebrechen. Im *Mittelalter* war die gesellschaftliche Hierarchie durch eine Differenz der Wohlhabenden einerseits und bedürftigen, kranken sowie armen Menschen andererseits gekennzeichnet. Menschen mit Behinderungserfahrung fanden Unterstützung vor allem in den Spitälern und Klöstern. Von den höheren Schichten wurden ihnen Almosen zu Teil; dies jedoch nicht aus dem Anliegen einer Armutsbekämpfung, sondern aus dem Bestreben heraus, sich durch die Almosengabe einen Platz im Himmel zu sichern (Deller, Brake, 2014, 78–79). Die scheinbare Nächstenliebe ging mit einer Stigmatisierung der Betreffenden einher. Behinderung galt als gottgewollt und selbstverschuldet.

Ab dem 16. Jahrhundert kam es in Europa zu einer schrittweisen Umorganisation der Armenfürsorge. In London wurde im Jahr 1555 die Anstalt Bridewell errichtet, weitere Anstalten folgten unter anderem in Bristol. Die englischen Anstalten waren Vorbild für das kontinentale Europa. In Amsterdam wurde 1595 eine Besserungsanstalt für Männer, meist Bettler und straffällig gewordene Personen, aber auch Männer mit Behinderung errichtet (Wendt, 2017, 23–26). Das Konzept reiste weiter in den deutschen Raum. Anstalten entstanden in Bremen (1609), Lübeck (1613) und Hamburg (1620). Menschen mit Behinderungserfahrung wurden in diese Anstalten eingewiesen, wenn sie in der Öffentlichkeit durch ihr Verhal-

---

4   Das Buch greift diskriminierende Begrifflichkeiten wie „unrein" sowie „Blödsinnige" auf, um die historische Entwicklung im Umgang mit Menschen mit Behinderung nachzuzeichnen. Die Autorin distanziert sich von einem diskriminierenden Sprachgebrauch, der sich nicht der analytischen Aufdeckung und Dekonstruktion der Diskriminierung verschreibt.

ten auffielen (Röh, 2018, 16). In den Anstalten wurden sie auf ihre Arbeitsfähigkeit hin getestet. Einschränkungen der Arbeitsfähigkeit galten als Makel und Abweichung. Die Anstalten als ersten Ausdruck einer bürgerlichen Sozialpolitik zu verstehen, wäre somit verfehlt. Menschen wurden hier verwahrt und von der restlichen Gesellschaft exkludiert (Wendt, 2017, 27). Alle Lebensbereiche waren unter einem Dach komprimiert. Die gesellschaftliche Teilhabe war massiv eingeschränkt (Loeken, Windisch, 2013, 18). Im *Laufe des 19. Jahrhunderts* differenzierten sich die Anstalten in Pflege- und Krankenheilanstalten sowie Gefängnisse aus. Sie konstruierten unterschiedliche behandlungsbedürftige Personen(-gruppen) und schufen neue Organisationsstrukturen (Foucault, [1963] 2016). Mit Entstehung der modernen Medizin und Psychiatrie änderte sich der Blick auf Menschen mit Behinderung (Röh, 2018, 16–18). Behinderungen galten „nicht länger als ‚Gottesstrafe' oder ‚Besessenheit', sondern vielmehr als Ausdruck medizinisch zu verstehender Ursachen" (ebd., 18–19). Diagnostik und Therapie führten zu einer Differenzierung verschiedener Behinderungsarten und institutionalisierten eine Dichotomisierung zwischen ‚behinderten' und ‚nicht behinderten' Menschen. Die Pädagogik war an der Festschreibung dieser Differenz aktiv beteiligt und zeichnete sich durch eine ambivalente Perspektive auf jene aus, welche heute als pädagogische Adressat*innen bezeichnet werden. Während etwa Rousseau „die Erziehung geistig behinderter Kinder als zwecklos ablehnte" (Textor, 2015, 41), appellierte Pestalozzi dafür, alle Kinder zu fördern und pädagogisch mit ihnen zu arbeiten.

Beschult wurden Menschen mit Behinderungserfahrung erst im 19. Jahrhundert. Wilhelm von Humboldt (1763–1835) vertrat im Rahmen seines Postens als preußischer Bildungsminister von 1809 bis 1810 ein Schulsystem mit egalitärem Anspruch. Stattdessen setzte sich für Menschen mit Behinderung jedoch ein separiertes Schulwesen durch (Ellger-Rüttgard, 2016, 18). 1881 wurde die erste Hilfsklasse für Schüler*innen gegründet, „von denen man annahm, dass ihr Verstand und Sinn zu schwach sei, um für die damalige elementare Bildung empfänglich zu sein" (Textor, 2015, 41). Die Hilfsschulen waren von der damaligen Volksschule abgekoppelt. Menschen, die als geistig behindert bezeichnet werden, waren selbst vom Hilfsschulwesen ausgeschlossen und wurden von den Kirchen betreut (Ellger-Rüttgard, 2016, 19). Zwar fanden sich auch zu dieser Zeit Heilpädagog*innen, die für eine gemeinsame Schule und Pädagogik für alle Kinder einstanden, ihre Stimmen fanden jedoch wenig Gehör. Eine Einteilung „zwischen ‚Normal'- und Sonderschule" (ebd., 21) etablierte sich.

Im *Dritten Reich* standen die Hilfsschulen unter dem Primat der „Rassenhygiene". Etliche Menschen mit Behinderungserfahrung wurden als „lebensunwertes Leben" eingestuft und getötet. Das Hilfsschulwesen blieb zwar erhalten, Investitionen standen aber still, sodass die Lage nach dem Zweiten Weltkrieg „besonders katastrophal" (ebd., 22) war und sich auch heute noch ein weiterzuführender Forschungs- und Aufklärungsbedarf zur Verstrickung der Pädagogik in die nationalsozialistische Eugenik sowie Ermordung von Menschen ergibt.

Ab 1945 zeichnete sich die Sonderpädagogik durch Verdrängung aus und knüpfte an die Strukturen der Weimarer Republik an. Das schulische und außerschulische Sonderwesen wurde immer differenzierter ausgebaut. So wurde 1958 beispielsweise die „Lebenshilfe für das geistig behinderte Kind" gegründet. Die Lebenshilfe engagierte sich „beim Aufbau von Sonderkindergärten, schulischen Einrichtungen, Tageseinrichtungen und Werkstätten für [Menschen mit Behinderung], [...] [und] auch bei Wohnstätten" (Loeken, Windisch, 2013, 19). Vom Schulbesuch ausgeschlossen waren noch immer Menschen mit schweren kognitiven Beeinträchtigungen bis in die 1970er Jahre hinein. Solarová (1983, 9) bilanziert mit Blick auf diese Geschichte, dass die Sonderpädagogik danach strebte, immer differenzierter arbeiten zu können, und dabei „die Unterschiede zwischen den vielfältigen [...] Behinderungen [...] herausgearbeitet und betont [hat]. Das Ergebnis war ein stark differenziertes Sonderschulsystem mit Heimen, Sonderkindergärten, Therapiegruppen". In diesem Modell ist für Menschen mit Behinderungserfahrung ein Weg in Spezialeinrichtungen über den gesamten Lebensweg hinweg vorgesehen vom Sonderkindergarten über die Sonderschule bis hin zu Wohnheimen und Werkstätten (Frühauf, 2012, 16).

Ab den 1970er Jahren rührte sich Kritik an den aus- und besondernden Praxen, da die Etablierung von Sondereinrichtungen für die Betreffenden mit Stigmatisierung einhergeht (Wocken, 2012; Homfeldt, 1996) und eine gemeinsame Sozialisation von Schüler*innen mit und ohne Behinderungserfahrung unterbindet (Heimlich, 2003, 139–140). Die Integrative Pädagogik entstand und setzt sich seitdem für einen gemeinsamen Kindergartenbesuch sowie eine gemeinsame Beschulung von Kindern mit und ohne Behinderungserfahrung ein (Hinrichs, Schwarz, Wolfrum, 2012, 104–105). Die Integrationsidee wurde vor allem von Eltern von Kindern mit Behinderung und einer „sich kritisch verstehenden Sonderpädagogik initiiert" (Frühauf, 2012, 16), welche die separierten Lern- und Lebensorte von Kindern mit Behinderung infrage stellten und sich „gegen die Zwangsaussonderung der Kinder mit Behinderungen in Sondereinrichtungen [wehrten]" (Roebke, Hüwe, 2009, o. S.). Eine zentrale Forderung der Elternbewegung war die Wahlmöglichkeit zwischen Regel- oder Sonderbeschulung. Integrationskonzepte wurden in den einzelnen Bundesländern unterschiedlich umgesetzt und reichten von Einzelintegration bis hin zu Integrationsklassen. Ein rechtsverbindlicher Anspruch auf Integration bestand jedoch nicht. Integration war „Gnadenakt" (Wocken, 2012, o. S.) der einzelnen Schulen. 1973 legte die Bildungskommission des Deutschen Bundesrates mit ihrer „Empfehlung für die pädagogische Förderung behinderter und von Behinderung bedrohter Kinder und Jugendlicher" das erste offizielle Dokument in Deutschland vor, das ein gemeinsames Lernen und Leben aller Kindern fordert. Die Empfehlung war beeinflusst von den aktiven Eltern und einer kritischen Fachöffentlichkeit. Dieses Engagement führte in den 1980er Jahren zu integrativen Modellversuchen. Praxisinitiativen zum gemeinsamen Lernen und Leben entstanden. Dennoch ist Deutschland auch im 21. Jahrhundert von einer flächendeckenden Integration weit entfernt (Hinrichs, Schwarz, Wolfrum, 2012, 122). Zudem bleiben Integrationskonzepte trotz allen Engagements in der Logik eines Zwei-Gruppen-Denkens verhaftet: „den nichtbehinderten Kindern, den integrierenden, normalen und eigentlichen – und den behinderten Kindern, den zu integrierenden, anormalen" (Hinz, 2004, 15). Sassenroth (2012, 7) bezeichnet die Integrationsdebatte daher als eine „Durchgangsphase", die zu einem „Nebeneinander verschiedener Organisationsformen" (ebd.) geführt hat. Heimlich (2016, 121) hält fest, dass „die deutsche Integrationsentwicklung hinter den Erwartungen vieler Eltern und pädagogischer Fachkräfte zurückblieb". Vor allem Menschen mit komplexen Behinderungen sind noch immer benachteiligt und wohnen mehrheitlich in Heimen. Wocken (1998) identifiziert das Problem in einer Vergessenheit des subsidiären Vorrangs einer allgemeinen und gemeinsamen Bildung und Lebensgestaltung für alle Menschen *vor* der Separation von Menschen in Sondereinrichtungen – diese dürfe nicht Norm, sondern müsse begründungsbedürftige Ausnahme sein, die es stets zu überwinden gelte. Das Nebeneinander von Verbesonderung und Integration wird im kritisch-reflektierten Fachdiskurs als unzureichend herausgestellt und trifft auf die Leitlinie „Inklusion".

In der Bildungsdebatte tauchte der Inklusionsbegriff erstmals *Ende der 1980er Jahre* in Nordamerika auf. Zu dieser Zeit forderten Menschen mit Behinderungserfahrung sowie ihre Angehörigen und Unterstützer*innen die gemeinsame Beschulung von Menschen mit und ohne Behinderung und eine Veränderung schulischer Strukturen. In den USA löste die Diskussion die bis dahin gängige Bezeichnung „mainstreaming" ab. Seit *Mitte der 1990er Jahre* ist auch in Großbritannien von „inclusion" und nicht mehr – wie zuvor – von „integration" die Rede (Biewer, Schütz, 2016, 123). Der Grundsatz inklusiver Bildung ist in der 1994 veröffentlichten Salamanca-Erklärung der Organisation der Vereinten Nationen für Bildung, Wissenschaft und Kultur festgehalten (UNESCO, 1994). Die Salamanca-Erklärung bedenkt neben Kindern mit Behinderungserfahrung Kinder in weiteren benachteiligten Lebensverhältnissen und fordert ein Bildungswesen frei von Barrieren. Die Erklärung hält fest, „dass Schulen alle Kinder, unabhängig von ihren physischen, intellektuellen, sozialen, emotionalen, sprachlichen oder anderen Fähigkeiten aufnehmen sollen. Das soll behinderte und begabte Kinder einschließen, Straßen- ebenso wie arbeitende Kinder, Kinder von entlegenen oder nomadischen Völkern, von sprachlichen, kulturellen oder ethnischen Minoritäten sowie Kinder von anders benachteiligten Randgruppen oder -gebieten" (UNESCO, 1994, o. S.). Mit Verabschiedung der UN-BRK heben die Vereinten Nationen Inklusion schließlich als Menschenrecht hervor und gehen über das Bildungssystem als Zielrichtung von Inklusion hinaus. Die Konvention manifestiert einen Paradigmenwechsel von einem individualistischen und medizinischen Verständnis von Behinderung hin zu einem menschenrechtlichen Modell, das Behinderung als Teilhabebarriere und Menschen, die als behindert bezeichnet sind, als Subjekte mit Rechten betrachtet. Artikel 1 gibt als Zweck der Konvention an,

> „to promote, protect and ensure the full and equal enjoyment of all human rights and fundamental freedoms by all persons with disabilities, and to promote respect for their inherent dignity. Persons with disabilities include those who have long-term physical, mental, intellectual or sensory impairments which in interaction with various barriers may hinder their full and effective participation in society on an equal basis with others".

Die UN-BRK stellt eine intersektionale Betrachtungsweise heraus. „Disability" ist eine neben weiteren Kategorisierungen, die zu Benachteiligung führen können und in der Konvention benannt sind. Spätestens seit Ratifizierung der UN-BRK durch Deutschland im Jahr 2009 wird ein menschenrechtliches Inklusionsverständnis auch in der Bundesrepublik ausführlich diskutiert (Schnell, 2015; Dannenbeck, 2013; Katzenbach, 2012).

2.2 Theoretische Zugänge

Vor Ratifizierung der UN-BRK war der Inklusionsbegriff in Deutschland vorwiegend in systemtheoretischen Überlegungen gebräuchlich. Luhmann gilt als wohl „wichtigster Stichwortgeber" (Dederich, 2010, 16) der deutschsprachigen Inklusionsdebatte und versteht Gesellschaft als Netz von Funktionssystemen mit systemeigenen Logiken, die inkludieren, aber auch exkludieren. Ein System ist nach Luhmann „nicht nur auf struktureller, es ist auch auf operativer Ebene autonom" (Luhmann, 1998a, 67), das heißt autopoietisch: „Autopoietische Systeme sind Systeme, die nicht nur ihre Strukturen, sondern auch die Elemente, aus denen sie bestehen, im Netzwerk eben dieser Elemente selbst erzeugen" (ebd., 65). Autopoiesis meint dann „ein für das jeweilige System invariantes Prinzip" (ebd., 66), das zwischen System und Umwelt differenziert. Luhmanns Arbeiten zu Inklusion knüpfen an Lockwood an. Lockwood (1964) unterscheidet zwischen Systemintegration, verstanden als Beziehung zwischen gesellschaftlichen Systemen, und Sozialintegration, verstanden als Verhältnis von Menschen *zu* gesellschaftlichen Systemen. Luhmann ersetzt den Begriff der Sozialintegration durch das Begriffspaar der In- und Exklusion (Luhmann, 1998b, 619). Hierbei geht es ihm explizit *nicht* darum, zu untersuchen, welchen Zugang Individuen „zu Interaktionen oder Organisationen [haben]" (ebd., 619), sondern darum, „daß das Gesellschaftssystem Personen vorsieht und ihnen Plätze zuweist, in deren Rahmen sie erwartungskomplementär handeln können" (Luhmann, 1998b, 621). Während Luhmann bis in die 1990er Jahre hinein auch dann von Inklusion sprach, wenn Menschen durch Systeme wahrgenommen und bezeichnet werden (Dederich, 2010, 16) und in „diesem Sinne [...] [dann] der Besuch einer Sonderschule funktionale Inklusion [sei]" (ebd., 16), finden sich im zweiten Band von „Die Gesellschaft der Gesellschaft" Problematisierungen dazu, dass sich in der funktional differenzierten Gesellschaft „an den Rändern der Systeme Exklusionseffekte [bilden]" (Luhmann, 1998b, 630) und Personen(-gruppen) faktisch aus Funktionssystemen ausgeschlossen werden. Da für Luhmann die System-Umwelt-Differenz grundlegend ist und er Menschen in seiner Theorie nicht als „soziologische Kategorie" versteht (Berghaus, 2011, 20; Luhmann, 1998a, 24–26), verweilt er bei der Feststellung von gesellschaftlichen Exklusionsmechanismen und leitet, so Kronauer (2015, 27), hieraus keine hinreichenden Konsequenzen ab. Ein menschenrechtlicher Anspruch, wie er in der UN-BRK formuliert wird, ist mit der Identifizierung von Exklusionsmechanismen bei Luhmann nicht verbunden. Während sich etwa Dederich (2010, 16) in Bezug auf Luhmanns ältere Arbeiten skeptisch zeigt, ob sich auf dieser Basis Fragen von Ausschluss analysieren lassen, sehen Bommes und Scherr (1996, 102) in Luhmanns Theorie die Möglichkeit, „Exklusions- und Inklusionsmodi" (ebd.) gesellschaftlicher Systeme sowie die „direkten und indirekten Auswirkungen von Inklusionen und Exklusionen auf die Lebensführung" (Scherr, 2017, 40) differenziert herauszuarbeiten.

Mit Ratifizierung der UN-BRK hat sich die wissenschaftliche Auseinandersetzung mit dem Inklusionsbegriff erweitert und zu einer Vervielfältigung theoretischer Verständnisse geführt. Fragen von Inklusion sind mehr und mehr verwoben mit normativ-ethischen Blickrichtungen und internationalen Programmatiken (Dederich, 2020), jedoch unterscheidet sich die Begriffsverwendung mitunter erheblich. Göransson und Nilholm (2014) haben in den Jahren 2004 bis 2012 19 peer-reviewte Zeitschriftenartikel hinsichtlich des darin verwendeten Inklusionsverständnisses untersucht sowie bestehende Sekundäranalysen zum Thema Inklusion berücksichtigt. Auf Basis ihrer Analyse grenzen sie vier Verständnisse voneinander ab:

1. im ersten Verständnis meint Inklusion die Aufnahme von Schüler*innen mit Behinderung in den Regelklassen;
2. im zweiten Verständnis wird Inklusion verstanden als Adressierung der sozialen und schulischen Bedürfnisse von Kindern mit Behinderung;
3. im dritten Verständnis wird Inklusion konzeptualisiert als Berücksichtigung der Bedürfnisse aller Schüler*innen;
4. im vierten Verständnis meint Inklusion die Herstellung unterstützender Communities sowie die kritische Reflexion von Macht- und Marginalisierungsverhältnissen (ebd., 268).

Je nachdem, wie eng oder weit Inklusion verstanden wird, rücken unterschiedliche Aspekte in den Blick. In einem menschenrechtlichen Verständnis sind es Möglichkeiten und Barrieren der Teilhabe an gesellschaftlichen Organisationen und Politiken. Eine solche Sichtweise bleibt den ersten beiden Verständnissen fremd, die primär auf einzelne Schüler*innen im spezifischen Setting der Schule fokussieren. Eine uneinheitliche Konzeptualisierung von Inklusion zeigt sich auch im Fachdiskurs in Deutschland. Die in der Ratifizierung enthaltene Übersetzung der UN-BRK wurde von Politiker*innen, Verbänden und Wissenschaftler*innen kritisiert (Degener, 2009). An mehreren Stellen ist der zentrale Begriff der „inclusion" mit „Integration" übersetzt und entschärft den kritischen Gehalt der Konvention. Die wissenschaftliche und öffentliche Debatte ist in Deutschland seither gekennzeichnet durch Abgrenzung und In-Beziehung-Setzen von Integration und Inklusion. Der sowohl in der Sozialen Arbeit, Migrationspädagogik als auch in der Behindertenbewegung der 1960er und 1970er Jahre verbreitete Integrationsbegriff steht mehr denn je in der Kritik, ausgewählte Personen(-gruppen) zu homogenisieren und besondere Akteur*innen überhaupt erst zu konstruieren, sie als integrationsbedürftig zu zeichnen und dann in gesellschaftliche Referenzsysteme integrieren zu wollen – so, als seien sie nicht bereits Teil von Gesellschaft (Geisen, 2010, 28). Ein solches Integrationsverständnis dichotomisiert einen Gegensatz von Eigenem und Fremden sowie von Normalität und Abweichung (ebd.), wohingegen ein menschenrechtliches Verständnis von Inklusion gesellschaftliche Diversität anerkennt, „ohne die Gesellschaft in klar voneinander unterscheidbare, scheinbar homogene Gruppen aufzuteilen" (Georgi, Keküllüoğlu, 2018, 44). Hinz (2004) weist in seiner Gegenüberstellung von Integration und Inklusion auf eben jene Unterschiedlichkeit der Paradigmen hin. Er erachtet den Gedanken der Eingliederung von Menschen in bestehende Systeme als Spezifikum des Integrationsgedankens. Integration bleibe in einem individuumszentrierten Zwei-Gruppen-Denken verhaftet (behindert/nicht-behindert). Es sei die einzelne Person, die an bestehende Strukturen, etwa eine Klasse in der Regelschule, angepasst werden solle, damit sie ihr folgen könne. Dieses Verständnis unterscheidet sich von Inklusion als Menschenrecht mit seinem Auftrag, soziale Umwelten so zu verändern, dass alle Menschen nach eigenen Vorstellungen an ihnen teilhaben können. Die idealtypische Gegenüberstellung von Integration und Inklusion ist im deutschsprachigen Kontext genauso viel rezipiert wie kritisiert worden. Kritiker*innen werfen ein, dass individuelle Förderung in inklusiven Organisationen nicht ausreichend gewährt sein könnte oder im Integrationsansatz die Veränderung von Organisationsstrukturen bereits mitgedacht und Inklusion letztlich über den Weg der Integration zu erreichen sei (Ahrbeck, Fickler-Stang, 2017). So seien neben assimilativ ausgerichteten auch ungleichheitsorientierte Integrationsmodelle entstanden; diese hätten aber – so Hess und Moser (2009, 12) – nur marginale Verbreitung in Wissenschaft und gesellschaftlicher Diskussion erfahren.

2.3 Perspektiven. Inklusion konturieren

Dieses Buch spricht sich für einen Inklusionsbegriff aus, der sich weder auf die Konstruktion einzelner Akteur*innengruppen noch auf spezifische gesellschaftliche Felder verengt. Es denkt die Inklusionsdebatte über die Sonderpädagogik hinaus und versteht Inklusion als grundlegende erziehungswissenschaftliche Querschnittsperspektive. Zur Schärfung des Begriffs konturiert das Kapitel ein heterogenitätsorientiertes, machtkritisches und relationales Verständnis von Inklusion.

2.3.1 Heterogenität

In den letzten zehn Jahren haben erziehungswissenschaftliche Arbeiten zugenommen, die sich für eine heterogenitätsorientierte Konzeptualisierung von Inklusion in der Verschränkung von Kategorisierungen wie Behinderung, Fluchtmigration, Geschlecht, Herkunft, Sprache, Nationalität, Körperlichkeit, Religion oder sexuelle Identität aussprechen (z. B. Lindmeier, Lütje-Klose, 2015; Wansing, Westphal, 2014; Westphal, Wansing, 2019; Katzenbach, 2015; Boger, 2019; Dederich, 2020; Oehme, Schröer, 2018; Oehme, 2014). Der Heterogenitätsbegriff stammt aus dem Griechischen und lässt sich mit „Ungleichartigkeit" übersetzen (Sturm, 2016, 15). Er ist in Deutschland vor allem in der Schulpädagogik und im Diskurs rund um das Programme for International Student Assessment (PISA) verbreitet (Walgenbach, 2014, 14). In diesem Zusammenhang beschreibt der Begriff die Relevanz von Kategorisierungen wie Geschlecht oder Staatsangehörigkeit im Feld der Schule: Die Kategorisierungen sind Evaluationskriterien, mit welchen sich unterschiedliche Teilhabechancen von Schüler*innen in der Schule verdeutlichen lassen (ebd., 15–50). Das Dilemma heterogenitätsbasierter Perspektiven besteht darin, unter Rekurs auf diese Kategorisierungen und den Gedanken des Einbezugs einer spezifischen ‚Gruppe' von Schüler*innen eine vermeintliche Andersartigkeit der Schüler*innen zu (re-)produzieren, zu naturalisieren und zu zementieren (Diehm, Kuhn, Machold, 2010). Eine Reifizierung der ‚anderen' ist eine Problematik jeglicher Forschung und bedarf selbstkritischer Zugänge zum eigenen Tun, um bearbeitet werden zu können. Hierfür ist eine Haltung dahingehend bedeutsam, „dass in den Kategorien der sozialen Unterscheidungen Praktiken der Kategorisierung des Sozialen zum Ausdruck kommen" (Messerschmidt, 2017, 47). Eine solche Inklusionsperspektive stellt sich somit selbst ins Zentrum des kritischen Blicks und befragt die eigene Involviertheit in Kategorisierungsprozesse. Budde und Hummrich (2014) bündeln ein heterogenitätsorientiertes Inklusionsverständnis unter einem grundlegend reflexiven Rahmen. Ihr Anliegen ist es, Kategorisierungen in ihren Durchdringungen und damit einhergehenden Benachteiligungen sichtbar zu machen, auf ein Festschreiben impliziter Normen zu verzichten und diese zu dekonstruieren. Werde Inklusion auf eine Anerkennung und Teilhabe von Menschen mit Behinderung reduziert, bleibe der Begriff in einem Integrationsdenken verhaftet und gerate in eine „unterkomplexe Schieflage" (Budde, Hummrich, 2014, 33), die eine vermeintliche Nicht-Zugehörigkeit von Menschen mit Behinderung zu Gesellschaft geradezu selbst konstruiere (Degener, Mogge-Grotjahn, 2012, 61). Ein heterogenitätsorientiertes Inklusionsverständnis, wie es auch in diesem Buch vertreten wird, analysiert stattdessen aus einem konstruktivistischen Blick heraus, wie Unterschiede und damit einhergehende ungleiche Teilhabemöglichkeiten sozial hergestellt und „durch soziokulturelle Strukturen und institutionelle (auch wohlfahrtsstaatliche) Praktiken der verschiedenen Funktionssysteme [...] überhaupt hervorgebracht, kategorisiert und (wohlfahrtsstaatlich) bearbeitet werden" (Wansing, 2013, 24–25). Hiermit ist jedoch nicht gemeint, unterschiedliche „Ausgangs- und Rahmenbedingungen der Lebenssituation eines Menschen" (Feuser, 2013, 125) zu nivellieren, sondern subjektorientiert die Fähigkeiten und Bedürfnissen zu berücksichtigen, ohne Menschen vorschnell bestimmten Kategorisierungen zuzuordnen. Inklusion erachtet Unterstützungsbedarfe also nicht in einer essentialistischen Weise als unabdingbare Eigenschaft von Individuen (Katzenbach, 2012, 104), sondern nimmt das Zusammenspiel von verschiedenen Faktoren wie Sozialisationsbedingungen, gesellschaftlichen Strukturen, pädagogischen Einrichtungen sowie Gesundheit und Entwicklung in den Blick (Moser, 2012). Eine Heterogenitätsorientierung umfasst dann zweierlei: Zum einen ist hierunter eine intersektionale Analysebrille zur „Enttarnung hegemonialer Praxis" (Amipur, Platte, 2015, 435) zu verstehen. Heterogenität ist in diesem Sinne Ergebnis von Unterscheidungspraxis und nicht die Konsequenz statisch und naturalistisch verstandener Identitäten. Damit rücken für einen heterogenitätsorientierten Inklusionsbegriff die Unterscheidungspraktiken als solches mit ihren einschließenden wie ausschließenden Konsequenzen in den Blick. Zum anderen meint eine so verstandene Heterogenitätsorientierung die konsequente Berücksichtigung der subjektiven Lebenswelten und Perspektiven von Menschen mit all ihren Unterstützungsbedürfnissen und Fähigkeiten. Die Lebenswelt nicht vorschnell zu kategorisieren und dennoch Bedürfnisse anzuerkennen, ist ein Balanceakt, der nicht einseitig aufzulösen, sondern höchst voraussetzungsreich ist (Prengel, 2009, 143). Der Anspruch inklusiver Pädagogik besteht in diesem Sinne in einer egalitären und wechselseitigen Anerkennung der Zugehörigkeit und Verschiedenheiten aller Menschen, ohne Zugehörigkeiten und Verschiedenheiten festzuschreiben und in eine hierarchische Ordnung zu bringen (Prengel, Heinzel, 2012). Mecheril (2013, 32) spricht von einer strukturell angelegten Spannung zwischen „Anerkennung sozialer Zugehörigkeit" und „Anerkennung individueller Einzigartigkeit", Foitzik (2008) von einem Dilemma jeder differenzsensiblen Arbeit. Eine Bearbeitung dieser Paradoxie erfordert Reflexion und Sensibilität. Schütze (1992) erachtet sie als ein Grunddilemma jeglichen pädagogischen Handelns. So greife Pädagogik auf ein höhersymbolisches Sinnwissen zurück, das heißt auf „ein Wissen von allgemeinen Erscheinungen (Typen, Kategorien), Prozessen, Mechanismen" (ebd., 147). Die Individualität des Einzelfalls werde mit diesem Wissen verknüpft, dürfe aber nicht dazu führen, durch das kategoriale Sinnwissen den Einzelfall nur grob zu typisieren, deduktiv zuzuordnen und zu etikettieren: „Das Ergebnis ist sehr häufig die faktische Stigmatisierung des betroffenen Klienten. Um die vereinfachenden Typenkategorien problemlos anwendbar zu machen, klammert die Sozialarbeiterin [...] Informationen des Einzelfalls aus, die ein genaueres, differenzierendes Hinsehen erforderlich machen" (ebd., 149). Schützes Überlegungen erinnern daran, die komplexen Lebenswelten von Menschen stets im Blick zu haben und sie nicht vorschnell in vorgefertigte Schubladen zu subsumieren.

2.3.2 Machtkritik

Ein heterogenitätsorientierter Inklusionsbegriff ist verwoben mit Fragen von Macht. Weber (1972, 28) definiert Macht als „jede Chance, innerhalb einer sozialen Beziehung den eigenen Willen auch gegen Widerstreben durchzusetzen, gleichviel worauf diese Chance beruht". Macht umschreibt in diesem Verständnis die Möglichkeit, eine Perspektive auch gegen Widerstand zu verwirklichen. Gleichwohl ist Macht nicht immer als solche ersichtlich. Institutionalisiert sich Macht über einen spezifischen Zeitraum hinweg – wie etwa Vorstellungen von Normalität und Abweichung – stabilisiert sie sich zur Herrschaft (Inhetveen, 2008, 254). Mechanismen von Herrschaft, die lange und latent wirken, können dabei unhinterfragt bleiben. Sie werden erst dann sichtbar, wenn ein „Machtverdacht" (ebd., 255) aufkommt und Fragen von sozialer Ungleichheit gestellt werden. Bourdieu ([1992] 2005, 81–86) fasst diese zunächst unverdächtig wirkenden, latenten Mechanismen mit dem Begriff der symbolischen Macht. Er geht davon aus, dass symbolische Macht „in dem Maße existiert, wie es ihr gelingt, sich anerkennen zu lassen, sich Anerkennung zu verschaffen; d. h. eine (ökonomische, politische, kulturelle oder andere) Macht [...] als Gewalt, als Willkür verkennen zu lassen" (ebd., 82). Die symbolische Macht wird dann von den „Beherrschten selbst" (ebd.) als legitim und natürlich erachtet und in einer „Beziehung hingenommener Komplizenschaft" (ebd.) eben nicht infrage gestellt. Sie bleibt verborgen und erfüllt die Funktion, „bestehende Herrschaftsverhältnisse nicht als solche erkennbar werden zu lassen und die der Herrschaft Unterworfenen zum Einverständnis in ihre Lage zu veranlassen" (Peter, 2016, 346). Die Unterworfenen sind mit den „Codes" (ebd., 355) des Herrschaftssystems vertraut und haben sie „verinnerlicht und habitualisiert" (ebd.). Die symbolische Macht bleibt so lange unhinterfragt, wie es ihr gelingt, Hierarchien von dem Vorwurf der Willkür zu befreien. Einen Ausdruck symbolischer Macht identifizieren Bourdieu und Passeron ([1977] 1990) im (französischen) Bildungssystem: Denn auch, wenn das Bildungssystem für Menschen aller sozialen Gruppen zugänglich scheint, wirken die ihm inhärenten Regeln zu Umgangsformen und Sprache exklusiv. Sie sind auf die Bildungsteilnehmer*innen aus den bildungsnahen sozialen Gruppen zugeschnitten und privilegieren diese. Menschen, die dem Bildungssystem qua Ausschließung fernstehen, fehlen in der Konsequenz Habitus und Kapital, um überhaupt Zugang zu erlangen. Die vermeintliche Öffnung des Bildungssystems entlarvt sich als Schein-Öffnung und institutionell gefestigte Absicherung von Herrschaft. Keinen Zugang zu höheren Bildungsinstitutionen zu erreichen, wird dem Individuum in der meritokratischen Leistungsgesellschaft aber als selbstverschuldetes „Versagen" (Lueg, 2016, 99) zugeschrieben. Eine Unterscheidung und Ungleichbehandlung von Gruppen erhält eine Legitimierung und Stabilisierung dann dadurch, dass die Ungleichbehandlung institutionell derart gefestigt ist, dass sie von den ungleich Behandelten als natürlich verstanden und angenommen wird.

Ungleichbehandlungen machtkritisch aufzudecken, ist für den hier entfalteten Inklusionsbegriff zentral (Katzenbach, 2015, 22–23). Ein solcher Begriff ist verknüpft mit Perspektiven aus den Postcolonial Studies (Castro Varela, Dhawan, 2005, 2016) mit ihrer Frage danach, wie im Prozess des Othering differente Subjektpositionen und Ausgrenzungspraktiken erzeugt werden (Thomas-Olalde, Velho, 2011). Das Konzept des Othering geht auf Saids (1978) Klassiker Orientalism zurück. Said zeigt darin auf, wie Diskurse den ‚Orient' herstellen und ihn mit Stereotypen wie irrational und primitiv als Gegenstück zum rationalen und fortschrittlichen Westen entwerfen. Spivak (1985) schließt mit ihrer Analyse von Dokumenten zur Kolonialisierung Indiens hieran an und deckt am Beispiel von Dokumenten britischer Kolonialist*innen eine Abwertung und Entmenschlichung der Bevölkerung auf, während sich das imperiale Selbst als legitim herrschende Instanz in seiner vermeintlichen Höherwertigkeit entwirft. Die Perspektive von Othering ermöglicht, sich Gruppenkonstruktionen aus einer machtkritischen Perspektive heraus anzunähern. Othering-Mechanismen sind hierbei kein historisches Phänomen ohne Wirkmacht im heute; sie sind in gegenwärtige Diskurse zu Fluchtmigration, Behinderung oder Geschlecht eingeschrieben. Diese historisch gewachsenen Diskurse aus einer Othering-Perspektive zu befragen und Herstellungsprozesse eines Wir und die anderen zu entschlüsseln, ist für einen machtkritischen Inklusionsbegriff zentral. Eine Verbindung von Othering-Analyse und Inklusion ermöglicht, Kategorisierungen in ihrer Wirkmacht zu verstehen, die Figurationen von Etablierten und Außenseiter*innen überhaupt erst erzeugen (Elias, Scotson, 1993; Tuider, 2013, 182). Ein machtkritisches Inklusionsverständnis kann dazu beitragen, diese Prozesse der Überführung hinsichtlich ihrer ausschließenden und privilegierenden Effekte sichtbar zu machen. In einem solchen Verständnis geht es darum, Machthierarchien sowie die eigenen, disziplinären und professionellen Verstrickungen in diese aufzudecken und mit einer Reflexion von „Normalitätsvorstellungen und Normalitätskonstruktionen der Mehrheitsgesellschaft" (Bittlingmayer, Sahrai, 2016, 688) zu verbinden. Ein machtkritisches Inklusionsverständnis will durch dieses Vorgehen einer Naturalisierung von Kategorisierungen vorbeugen (Waldschmidt, 2007; Trescher, 2018) und legt Konstruktion und Abwertung von ‚anderen' und Privilegierungen eines ‚Wir' offen. Dadurch nähert sich Inklusion dem Ziel, gesellschaftliche Verhältnisse zu verändern und zu dekolonisieren (Jantzen, 2015, 46). Der Inklusionsbegriff gewinnt so an emanzipatorischem Gehalt und befähigt dazu, das kritisierte Schweigen der Inklusionsdebatte zu Exklusion zu überwinden und Inklusions- und Exklusionsforschung als gemeinsame Forschungsrichtung zu begreifen (Dederich, 2010; Kronauer, 2015). Die sozialwissenschaftliche Exklusionsforschung befasst sich mit charakteristischen Dimensionen von Exklusion in der Gegenwart wie der Erosion von Wohlfahrtsstaaten und dem Arbeitsmarkt, brüchig gewordenen sozialen Netzwerken von Menschen und einer abnehmenden sozialen Sicherung sowie Verlagerung von Risiken auf den Einzelnen (Dederich, 2010; Kronauer, 2015; Beck, [2008] 2017). Hiermit wird der Blick auf „Instanzen und Institutionen" (Kil, Kroanuer, 2011, 43) gelenkt, die Exklusion erzeugen und vermitteln. Die Zuwendung zu vermittelnden Instanzen bietet ein geeignetes Analyseinstrument, um Exklusion wie Inklusion als relatives, aufeinander bezogenes Begriffspaar zu denken (Dederich, 2010, 11). Inklusion wie Exklusion werden in ihrer sozialen Hervorgebrachtheit und als Produkt gesellschaftlicher Institutionen und (globaler) Prozesse ersichtlich.

2.3.3 Relationalität

Ein heterogenitätsorientierter und machtkritischer Inklusionsbegriff schließt an relationale Theorieperspektiven an, die in den Sozial- und Kulturwissenschaften an Aufschwung gewinnen und ein heterogenes Diskursfeld umschreiben. Als gemeinsamen Punkt weisen relationale Ansätze eine Kritik an essentialistischen Theorien auf (Altissimo et al., 2018). Sie distanzieren sich von strukturalistischen Perspektiven, die Individuen als sozial determiniert verstehen, sowie von solchen Zugängen, die Akteur*innen als gänzlich autonom zeichnen. Kraus (2017) hat diese Blickrichtung für die Soziale Arbeit nutzbar gemacht und mit den Konzepten von Lebenslage und Lebenswelt verschränkt: Während die Lebenslage die soziale Umwelt von Akteur*innen fasst, widmen sich lebensweltliche Perspektiven der subjektiven Wirklichkeitskonstruktion und dynamischen Auseinandersetzung mit der Lebenslage: „Lebensweltliche Konstruktionen vollziehen sich also *relational* zur Lebenslage und die Lebenswelt ist als Ergebnis subjektiver Konstruktionsprozesse weder von der Lebenslage determiniert, noch ist sie von dieser unabhängig" (ebd., 32; Hervorhebung C. S.). Diese Perspektive auf Prozesse von In- und Exklusion zu übertragen, schafft einen mehrdimensionalen Analyserahmen. Eine Reflexion sozialer Umwelten geht mit der Analyse subjektiven Erlebens und Gestaltens von Umwelten Hand in Hand. Verzahnt mit einer machtkritischen Brille rücken damit die Fragen ins Zentrum, welche Aspekte sozialer Umwelten von Akteur*innen als inklusiv und welche als exkludierend erlebt werden, welche Handlungs- und Gestaltungsspielräume Akteur*innen ergreifen können und wollen und welche Wahlmöglichkeiten sie hierbei haben, um die eigenen Ziele und Wünsche zu realisieren.

Ein entsprechendes Verständnis ist im Capability Approach theoretisiert (Otto, Ziegler, 2010). Dieser von Sen (2000) und Nussbaum (2011) entfaltete Ansatz befasst sich mit den Verwirklichungschancen von Menschen und hat zu einem differenzierten Verständnis von Armut und Teilhabe beigetragen. Sen (1989) differenziert in seinen Arbeiten zwischen gesellschaftlich wertgeschätzten Handlungs- und Lebensweisen („life [...] as a set of ‚doings and beings' that are valuable", ebd., 43), Gütern und Ressourcen („commodities or income", ebd., 44) und der Fähig- und Möglichkeit von Menschen, bestimmte als wertvoll erachtete Lebensweisen („functionings", ebd.) durch die Nutzbarmachung von Gütern und Ressourcen auch tatsächlich selbstbestimmt und selbstgewählt realisieren zu können („capabilities", ebd.). Capabilities werden im gesellschaftlichen Raum produziert und unterliegen sozialen Ungleichheitsverhältnissen. Sie werden „erst durch aktive Subjektivierung zu genutzten und nicht-genutzten Potentialen" (Röh, 2013, 146). Sens Differenzierung zwischen Funktionsweisen (functionings) und Verwirklichungschancen (capabilities) lenkt den Blick dabei auf die *„Menge* an Möglichkeiten, *unterschiedliche Kombinationen* bestimmter Qualitäten von Funktionsweisen zu verwirklichen" (Otto, Ziegler, 2010, 11). Der Ansatz positioniert sich gegen eine Überhöhung menschlicher Autonomie, ohne die Handlungsfähigkeit von Menschen außer Acht zu lassen. Er untersucht „die reale, praktische Freiheit der Menschen, sich für oder gegen die Realisierung bestimmter Funktionen bzw. Lebensführungsweisen *entscheiden* und [...] eine eigene Konzeption des guten Lebens *entwickeln* und *realisieren* zu können" (ebd.; Hervorhebungen C. S.). Gesellschaftliche Möglichkeitsräume, das heißt die Lebenslagen von Menschen, sowie subjektive Lebensvorstellungen und Lebenswelten sind in ihrer Verzahnung im Blick. Die eigenen Lebensvorstellungen und Ziele in spezifischen sozialen Verhältnissen realisieren zu können, macht die Verwirklichungschancen schließlich aus.

Im Unterschied zu Sen sowie der pädagogischen Rezeption des Ansatzes durch Otto und Ziegler definiert Nussbaum (2011, 38–40) in ihren Arbeiten ein spezifisches Set von zehn capabilities, das in ihrer Sicht zur Bestreitung eines guten Lebens notwendig sei. Diese capabilities umfassen (1) die Fähigkeit, ein lebenswertes Leben führen zu können; (2) sich um die eigene Gesundheit kümmern zu können; (3) körperliche Unversehrtheit; (4) Sinne gebrauchen, Vorstellungen entwerfen und den Verstand anwenden zu können; (5) Bindungen einzugehen und Gefühle zu entwickeln; (6) das Leben planen zu können; (7) Zugehörigkeit zu finden; (8) eine Beziehung zu anderen Lebewesen, zur Welt und Natur einzugehen; (9) spielen, lachen und sich erholen zu können; (10) politisch und materiell an Politik und Besitz teilzuhaben. Nussbaum formuliert mit ihrer Liste eine universelle, aber revidier- und erweiterbare „Minimalkonzeption" (Hopmann, 2019, 140) dessen, was ein ‚gutes Leben' ausmache.

In der erziehungswissenschaftlichen Inklusionsforschung wird der Capability Approach zunehmend, aber noch nicht hinreichend aufgegriffen (siehe dazu ebd.). Er verbindet Akteurs- und Strukturebene miteinander und bedenkt Zugänge zu Ressourcen sowie die subjektiven Vorstellungen eines gelingenden Lebens gleichermaßen. Mit dieser differenzierten Sichtweise ist er für den Inklusionsdiskurs besonders ertragreich und verhindert eine De-Politisierung des Inklusionsanspruchs. Bartelheimer (2007) hat diese theoretischen Überlegungen im Anliegen, einen differenzierten Teilhabebegriff zu konzeptualisierten, in ein Analysegerüst überführt. Der Teilhabebegriff taucht in der Beschreibung dessen, was Inklusion meint, immer wieder auf, um den Inklusionsbegriff zu spezifizieren – so auch in der deutschen Übersetzung der UN-BRK. Er verlangt nach einer differenzierten Bestimmung, um nicht verkürzt in einem sozialrechtlichen Sinne konzeptualisiert zu werden. Bartelheimers mehrdimensionales Teilhabeverständnis betrachtet materielle Ressourcen und Rechtsansprüche als Voraussetzungen von Teilhabe, die grundlegende Handlungsmöglichkeiten für Menschen schaffen. Um diese Möglichkeiten zu realisieren, werden von Akteur*innen individuelle Umwandlungsfaktoren, das heißt individuelle Fähigkeiten abverlangt. Zum anderen spielen gesellschaftliche Umwandlungsfaktoren wie (barrierefreie oder behindernde) Institutionen sowie Normen der Anerkennung eine Rolle. Sie ermöglichen oder verunmöglichen es Akteur*innen, die Teilhabemöglichkeit in konkrete Verwirklichungschancen zu übersetzen. Teilhabe bedeutet, bei der Verwirklichung eigener und gesellschaftlicher Ziele Wahlmöglichkeiten und Handlungsspielräume zu haben und selbstbestimmt agieren zu können (Teilhabeergebnis). Bartelheimers Teilhabeverständnis wurde von Niediek (2014) in die sonderpädagogische Diskussion zu Inklusion hineingetragen.

Diese Überlegungen lassen sich mit relationalen Perspektiven von *agency* (Handlungsfähigkeit) und *vulnerability* (Verletzbarkeit) weiter verdichten, um die Ermöglichung und/oder Verwehrung von Inklusion in sozialen Verhältnissen noch tiefergehender zu fokussieren und zu untersuchen, wie Handlungsfähigkeit in sozialen Prozessen hervorgebracht oder untergraben sowie Vulnerabilität begünstigt wird (Raithelhuber, 2016, 2018; Homfeldt, Schröer, Schweppe, 2008). Ein relationales Verständnis von Vulnerabilität versteht Menschen genauso wenig kategorisch als vulnerable Wesen (Mackenzie, Rogers, Dodds, 2013) wie ein relationales Agencyverständnis sie als unbegrenzt handlungsfähig begreift (Bethmann et al., 2012). Stattdessen reflektieren diese Ansätze, wie Handlungsfähigkeit und Vulnerabilität in bestimmten Lebenskontexten erzeugt werden und

Handlungsspielräume von Menschen beeinflussen. Damit ist dieser Perspektive ein Analyseinstrumentarium inhärent, das Vulnerabilität und Handlungsfähigkeit nicht als essentialistische Eigenschaft an spezifische Personen(-gruppen) knüpft (Danz, 2014), sondern Lebenslagen, Relationen, Diskurse, Organisationsstrukturen und Politiken untersucht. Bezogen auf Inklusion bedeutet dies, soziale Umwelten der Verletzbarkeit zu identifizieren und aufzubrechen und an der Schaffung befähigender Umwelten fortwährend zu arbeiten. Relationale Agency- und Vulnerabilitätstheorien richten ihren Blick genauso wie ein menschenrechtliches Verständnis von Inklusion auf ermöglichende oder behindernde soziale Prozesse (Orgocka, Clark-Kazak, 2012). Mit einer Verschränkung von Agency- und Vulnerabilitätsperspektiven in einem „Agency-Vulnerability-Nexus" (Schmitt, 2019a) kann so einerseits Perspektiven begegnet werden, welche befürchten, dass die menschliche Autonomie im Zuge der Inklusionsdebatte überbetont und menschliche Bedürfnisse übersehen werden – diese Perspektiven haben primär die Verletzbarkeit von Menschen im Blick. Genauso kann solchen Perspektiven begegnet werden, welche die Handlungsfähigkeiten von Menschen würdigen und potenziell Situationen des Verletzt-Werdens in der sozialen Umwelt außer Acht lassen. Vulnerabilität und Agency verdichten als zwei Seiten derselben Medaille somit den Ansatz eines relationalen Inklusionsverständnisses. Diese Perspektive thematisiert Barrieren von Handlungsfähigkeit und will politische Verantwortungsübernahme einfordern (Streich, 2009). Sie hebt hervor, dass eine inklusive Gestaltung sozialer Dienste nicht automatisch zu einer inklusiven Gesellschaft führt und eine inklusiv ausgerichtete Sozialpolitik nicht ersetzen kann. Agency- und Vulnerabilitätstheorien bieten in diesem Zusammenhang einen gesellschaftskritischen Reflexionsrahmen, um gegenwärtige Instanzen, welche In- und Exklusion vermitteln, in Relation mit subjektiv empfundenen Handlungsspielräumen abzuklopfen.

2.4 Vertiefungen

In diesem Themenfeld sind sieben Unterkapitel angesiedelt.

Das Kapitel „Paradoxien von Inklusion – Zur notwendigen Professionalisierung einer kontroversen Debatte" zeigt die komplexe Debatte rund um Inklusion in Deutschland auf und verdeutlicht eine Unschärfe in der Konzeptualisierung des Inklusionsbegriffs und eine damit einhergehende theoretische Unterbestimmung. Inklusionsansätze verorten sich zwischen einem engen, behinderungsbezogenen und breiten, heterogenitätsorientierten Verständnis. Sie changieren zwischen Spezialpädagogik und Allgemeiner Pädagogik, individueller Versorgung und Regelsystem, Ausschlussvermeidung und Eingebunden-Sein in Exklusionsmechanismen. Das Kapitel erachtet eine theoretisch-reflexive Auseinandersetzung mit diesen Spannungsfeldern als notwendigen Schritt zu einer Professionalisierung inklusiver Pädagogik und stellt vor dem Hintergrund der Auseinandersetzung mit den Paradoxien von Inklusion Überlegungen zur Konzeptualisierung eines heterogenitätsorientierten Inklusionsbegriffs an, der über die Kategorisierung „Behinderung" hinausreicht.

Diese Konzeptualisierung wird im Kapitel „Inklusion, Interkulturelle Öffnung, Diversity. Professionstheoretische Überlegungen zu einem kritisch-reflexiven Inklusionsverständnis" weiter verdichtet. In diesem Kapitel wird ein heterogenitätsorientiertes Inklusionsverständnis mit dem Ansatz der Interkulturellen Öffnung und mit diversitätsorientierten Perspektiven aus der kritischen Fluchtmigrationsforschung und den Diversity Studies verbunden. In diesem Diskursfeld werden Fragen nach gesellschaftlichem Einbezug und Ausschluss bereits seit Jahren diskutiert. Ein Dialog dieser Ansätze wird als Potenzial verstanden, um die konzeptionelle Unschärfe des Inklusionsbegriffs zu überwinden. Auf dieser Basis werden Überlegungen für ein reflexives Inklusionsverständnis vorgestellt, das sich konsequent an der Lebenslage der Adressat*innen orientiert und daher notwendigerweise eine vielfältige Heterogenitätsperspektive zugrunde legen muss. Als Dreh- und Angelpunkt von Inklusion wird die (Aus-)Bildung eines vielfaltsorientierten professionellen Habitus bestimmt, der in jeglichem Praxisfeld als Reflexionsunterstützung dient. Pädagogik wird als grundlegend inklusive Pädagogik verstanden mit ihren Eckpfeilern der Kooperation, Interprofessionalität, Prozesshaftigkeit und Institutionengestaltung von der Sonder- zur Regelversorgung im Sinne Interkultureller Öffnung.

Das Verständnis von Inklusion als professionellem Habitus wird im Kapitel „A relational concept of inclusion. Critical perspectives" unter Rekurs auf die international und interdisziplinär diskutierten Konzepte Agency und Vulnerabilität um eine explizit relationale Theorieperspektive erweitert. Relationale Agency- und Vulnerabilitätstheorien richten ihren Blick genauso wie ein menschenrechtliches Verständnis von Inklusion auf Handlungsfähigkeit ermöglichende und behindernde Prozesse in sozialen Umwelten. Sie rücken das professionelle Handeln, Organisationsstrukturen sozialer Dienste, politische Rahmenbedingungen und gesellschaftliche Diskurse in ihrer Relevanz für subjektive Handlungsspielräume in den Fokus. Einer solchen Perspektive ist ein gesellschaftskritisches Potenzial inhärent, wie es für eine Debatte unerlässlich ist, die Inklusion als gesamtgesellschaftliche Aufgabe versteht.

Im Kapitel „Agency und Vulnerabilität. Ein relationaler Zugang zu Lebenswelten geflüchteter Menschen" wird das relationale Verständnis von Inklusion auf das Feld von Fluchtmigration übertragen. Das Kapitel entwirft das Konzept des „Agency-Vulnerabilitäts-Nexus" als analytische Heuristik. Eine relationale Perspektive auf Agency und Vulnerabilität betrachtet Handlungsfähigkeit sowie Vulnerabilität als zwei Seiten derselben Medaille. Für die Fluchtmigrationsforschung sowie Praxis entfaltet ein „Agency-Vulnerabilitäts-Nexus" das Potenzial, stereotype Sichtweisen auf Menschen mit Fluchtmigrationserfahrung zu durchbrechen und den Blick auf Prozesse sozialer Ungleichheit zu lenken.

Das Kapitel „Inklusion machtkritisch denken. Erziehungs- und sozialwissenschaftliche Perspektiven" wendet sich dem Verhältnis von Macht, Diskriminierung und Inklusion zu. Er verbindet einen relationalen Inklusionsbegriff mit Theorien und Konzepten aus den Postcolonial und Disability Studies sowie mit Bourdieus Konzept symbolischer Macht. Hierdurch wird die Inklusionsdebatte um die Frage nach der sozialen Konstruiertheit von Normalität und Abweichung sowie um die damit einhergehenden Privilegierungen und Diskriminierungen gesellschaftlicher Gruppen erweitert. Inklusion wird als machtkritische Entschlüsselung von Normalitäts- und Abweichungskonstruktionen verstanden. Diese Stoßrichtung bringt verfestigte Subjektpositionen ins Wanken und geht über Inklusion als organisationale Umgestaltung von der Sonder- zur Regelversorgung hinaus. Im Zentrum steht eine Auseinandersetzung damit, wie und warum bestimmte Personen(-gruppen) zu ‚anderen' gemacht und als normabweichend konstruiert werden.

Während die ersten fünf Kapitel den Theorierahmen gesetzt haben, erproben die nächsten beiden Kapitel das erarbeitete Gerüst in qualitativ-empirischen Analysen in zwei unterschiedlichen Forschungskontexten. Das Kapitel „‚Das hier ist wirklich am Abstellgleis. Toter als tot'. Junge Pflegebedürftige als vergessene Adressat*innengruppe gesundheitsbezogener Sozialer Arbeit im Pflegeheim" exploriert den konturierten Inklusionsbegriff als heuristische Folie im Feld der Pflege. „Pflege" wird im deutschsprachigen Diskurs vorwiegend als Bedürfnis lebensälterer Menschen konstruiert. Das Kapitel stellt pflegebedürftige Menschen im Erwachsenenalter, die durch Krankheit, Unfall oder Behinderung einen Pflegebedarf aufweisen, als vergessene Adressat*innen dieser Debatte heraus. Knapp 15 Prozent der Pflegebedürftigen in Deutschland sind unter 60 Jahre alt. Sie werden zu Hause gepflegt und nehmen ambulante Unterstützung in Anspruch oder sind in stationären Altenpflegeheimen untergebracht. Die Mehrheit dieser Einrichtungen ist auf die antizipierten Bedürfnisse lebensälterer Menschen hin konzipiert. Das Kapitel gibt auf Basis von zwei Fallvignetten einen explorativen Einblick in die Lebenswelten junger Pflegebedürftiger in Altenpflegeheimen. Die Befragten fühlen sich sozial isoliert und fremdbestimmt. Inklusion und Selbstbestimmung, wie sie gegenwärtige Gesetze und Gesetzesvorhaben auch im Bereich der Pflege als Zieldimension formulieren, bleiben ihnen weitgehend verwehrt. Die Fälle stellen heraus, wie dynamisch Erkrankung in Pflegebedürftigkeit münden und mit Behinderung – verstanden als behinderte Teilhabe an Gesellschaft – verwoben sein kann. Auf Basis der Ergebnisse argumentiert das Kapitel für die Notwendigkeit einer inklusiven gesundheitsbezogenen Sozialen Arbeit als sorgende, menschenrechtsbasierte und auf die Stärkung der Handlungsfähigkeit der Betreffenden ausgerichtete Profession und Disziplin.

Das Kapitel „L'inclusion par la consommation? Les salons de coiffure afro en Allemagne comme lieu de transformation socioculturelle" richtet seinen Blick auf Konsum als Feld der Verhandlung gesellschaftlicher In- und Exklusionsprozesse. Anhand von Interviews mit Schwarzen[5] Frauen in Deutschland und Österreich wird deren normalisierter und kaum hinterfragte Ausschluss aus gesellschaftlichen Konsumprozessen und ihre machtvolle Veränderung sichtbar. Für Schwarze Frauen gibt es in beiden Ländern im Vergleich zu *weißen* Frauen weniger Möglichkeiten, auf Teint und Haarstruktur abgestimmte Produkte zu erwerben und Frisierdienstleistungen in Anspruch zu nehmen. Afrosalons und -shops wollen diese Angebotslücke durch ihre Dienstleistungen füllen. Das Kapitel verdeutlicht die soziale Innovationskraft dieser Betriebe und macht auf Basis einer Analyse von Interviews mit Salonbetreibenden gleichsam auf die Marginalisierung der Betriebe in Handwerk und Stadtgesellschaft aufmerksam. Es stellt heraus, dass ein Konsum in Afrosalons und -shops nicht zwangsläufig mit einer tatsächlichen Inklusion der Betriebe in gesellschaftliche Netzwerke einhergeht. Im Sinne der Unternehmer*innen gilt es, Exotisierung und Rassismus abzubauen und einen Wandel gesellschaftlicher Deutungsmuster zu evozieren. Konsum zeigt sich zwar als Möglichkeit, gesellschaftliche Veränderungsprozesse anzustoßen, ist dabei aber nicht ausreichend. Vielmehr ist eine rassismuskritische und diversitätsorientierte Bildungsarbeit als gesamtgesellschaftliche Aufgabe von Nöten. Sie würde nicht nur das Anliegen der Unternehmer*innen nach Teilhabe unterstützen, sondern Kundinnen mit Afrohaar einen Platz im Konsumrepertoire ermöglichen und ihre gesellschaftliche Zugehörigkeit durch ein Aufgreifen ihrer Konsumbedürfnisse untermauern.

2.4.1 Paradoxien von Inklusion

Das Thema Inklusion[6] hat in der pädagogischen Praxis, Erziehungswissenschaft und Politik Hochkonjunktur. Die kontrovers geführte Debatte verzeichnet heterogene Positionen dazu, ‚ob' und ‚wie' Inklusion konzeptionalisiert und umgesetzt werden soll. Befürworter*innen verweisen auf Benachteiligungen, soziale Ausgrenzung und Stigmatisierung von Menschen in Sondersystemen und fordern ei-

---

5   Weiß und Schwarz werden hier nicht als rassistisches Klassifikationsschema im biologistischen Sinne, sondern als soziale Positionen in rassistischen Gesellschaftsstrukturen verstanden. Schwarz wird groß geschrieben, um auf die politische Selbstbezeichnung von Menschen hinzuweisen, die von Rassismus betroffen sind. *Weiß* wird klein und kursiv geschrieben, da *weiß* nicht aus einer Widerstandsbewegung heraus entstand, und markiert die gesellschaftlich privilegierte Position, nicht rassifiziert zu werden (Sow, 2018, 25).
6   Dieses Unterkapitel wurde erstveröffentlicht als: Schmitt, C. (2016). Paradoxien von Inklusion – Zur notwendigen Professionalisierung einer kontroversen Debatte. Behindertenpädagogik, 55(3), 285–295. Es stellt eine leicht modifizierte Form der Erstveröffentlichung dar.

ne Pädagogik für alle Kinder, Jugendlichen, Erwachsenen und alte Menschen unter einem einenden Dach. Kritische Stimmen betonen die Gefahr einer Entpolitisierung gesellschaftlicher Herausforderungen, sollte Inklusion dazu instrumentalisiert werden, Individuen für den Arbeitsmarkt nutzbar zu machen und das neoliberale Paradigma des Förderns und Forderns sowie eine Ökonomisierung des Selbst zu unterstreichen. Wiederum andere sorgen sich um die erziehungswissenschaftliche Teildisziplin der Heil- und Sonderpädagogik, befürchten deren schleichende Abschaffung und eine unzureichende Unterstützung von pädagogischen Adressat*innen. In diesem Kapitel wird argumentiert, dass in den differenten Standpunkten Paradoxien von Inklusion sichtbar werden, die nicht standardisiert bearbeitet werden können. Katzenbach (2012, 82) pointiert, dass die Umsetzung von Inklusion verlange, „sich dauerhaft in Dilemmata begeben zu müssen". Diese Dilemmata mögen Widerstand erzeugen. Dabei gilt jedoch zu bedenken, dass Paradoxien jeglicher pädagogischen Arbeit inhärent sind und eine Verweigerung, sich mit ihnen auseinanderzusetzen, einer Entprofessionalisierung von Pädagogik gleichkäme (Schütze, 1992).

Deutschland hat sich mit der Ratifizierung der UN-Konvention über die Rechte von Menschen mit Behinderungen im Jahr 2009 zudem dazu *verpflichtet*, Exklusion abzubauen und Inklusion zu gestalten. Eine Staatenprüfung im Frühling 2015 verdeutlicht jedoch die bisher nur unzureichende Umsetzung in Deutschland (Hinz, Köpfer, 2016, 37). Stein (2015) hebt hervor, dass Inklusion nur dann gelingen könne, wenn gesellschaftliche Ausgrenzung, soziale Ungleichheit und verwehrte Teilhabe „in den Mittelpunkt der Auseinandersetzung um Inklusion gestellt werden" (ebd., 404). Ziel müsse sein, Strukturen zu schaffen, innerhalb welcher Menschen mit ihren unterschiedlichen Fähigkeiten und Bedürfnissen eingebunden sind. Die historische Tradition einer zielgruppenorientierten Pädagogik hat mitunter gegenteilige Effekte und kann zu Stigmatisierung und Separierung von pädagogischen Adressat*innen beitragen. Inklusion stellt diese eingespielten pädagogischen Routinen grundlegend auf den Prüfstand. Dieses Befragen stößt auf Unsicherheiten und Ablehnung (Trescher, 2015, 333). Inklusion sei „Utopie" und „Wunschdenken" (Winkler, 2014, 27). Doch an welchen Punkten reiben sich Anspruch kritischer Inklusion und pädagogische Wirklichkeit auf? Wo werden inhärente Paradoxien und Spannungsfelder des Konzepts sichtbar? Und wie können diese professionstheoretisch aufgegriffen werden?

2.4.1.1 Inklusion zwischen verkürztem und heterogenitätsorientiertem Verständnis

Inklusion geht von der Zugehörigkeit aller zu Gesellschaft über alle Lebens- und Altersphasen hinweg aus. Die „Anerkennung sozialer Zugehörigkeit" (Mecheril, 2013, 32) macht eine Positionierung gegen gesellschaftlichen Ausschluss sichtbar. Im Übereinkommen über die Rechte von Menschen mit Behinderung wird dieser

Grundsatz mit Nicht-Diskriminierung, Gleichheit aller und Forderung nach voller Teilhabe von allen Menschen an Gesellschaft unabhängig ihrer Fähigkeiten und Unterstützungsbedarfe unterstrichen. Vielfach wurde bereits darauf hingewiesen, dass ein kritisches Inklusionsverständnis über das Denken in der Kategorie „behindert/nicht-behindert" hinausgehen und sich auf Vielfalt in ihrer ganzen Breite beziehen muss (z. B. Dannenbeck, Dorrance, 2009). Inklusion von Menschen mit Behinderung ist ein Widerspruch, wenn wir von einer Zugehörigkeit aller zu Gesellschaft ausgehen. Wird Inklusion auf Anerkennung und Teilhabe von Menschen mit Behinderung reduziert, wird gar eine Nicht-Zugehörigkeit von Menschen mit Behinderung zu Gesellschaft unterstellt: „Menschen mit Behinderungen sollen ‚in die normale Gesellschaft integriert' werden, als seien sie nicht selber Bestandteil eben dieser gesellschaftlichen Normalität" (Degener, Mogge-Grotjahn, 2012, 61). In einem verkürzten Verständnis läuft Inklusion Gefahr, statt Zugehörigkeit Ausschluss zu (re-)produzieren und gesellschaftliche Ungleichverhältnisse zu zementieren. Kritisch verstandene Inklusion analysiert aus einem konstruktivistischen Blick, wie Unterschiede, Verschiedenheit und ungleiche Teilhabe sozial hergestellt und „durch soziokulturelle Strukturen und institutionelle (auch wohlfahrtsstaatliche) Praktiken [...] hervorgebracht, kategorisiert und (wohlfahrtsstaatlich) bearbeitet werden" (Wansing, 2013, 24–25). Ein solches Verständnis hat das Potenzial, vielfältige Kategorisierungen in ihrer Wirkmacht, ihren Bedingtheiten und Überschneidungen wahrzunehmen und zu bearbeiten, und knüpft an die Perspektive von Intersektionalität an. Intersektionalität fragt nach der historischen Gewordenheit von Macht- und Herrschaftsverhältnissen, die sich in Kategorien wie Behinderung, Geschlecht, Sexualität, Nation, Ethnizität niederschlagen, und will jene Kategorien gerade nicht separiert voneinander, sondern in ihren Verwobenheiten analysieren. Eine intersektionale Perspektive sucht, der heterogenen und komplexen Lebenswelt von Menschen gerecht zu werden, und schafft die Voraussetzung, vielfältige Bedarfe und Fähigkeiten wahrzunehmen, anzuerkennen und auf sie einzugehen. So verstanden strebt Inklusion „eine grundlegende (Neu-)Ausrichtung der sozialen Infrastruktur und die kritische Reflexion von Zugangsbarrieren [an] – egal aufgrund welcher Differenzlinien" (Graßhoff, Mangold, Oehme, 2014, 3). Karakaşoğlu und Amirpur (2012, 63–68) illustrieren die Notwendigkeit eines intersektionalen Blickwinkels anhand eines Beispiels: So würden Migrant*innen mit Behinderungen bisher kaum von Einrichtungen der Behindertenhilfe erreicht. Diese Gruppe wachse vor dem Hintergrund der aktuellen Zahlen an Menschen auf der Flucht und bedürfe adäquater pädagogischer Unterstützung. Auch Yıldız (2015, 54–55) kritisiert, dass Menschen mit Migrationserfahrungen in der aktuellen Inklusionsdebatte nicht angesprochen sind und sich hierdurch Exklusionsmechanismen im Inklusionsdiskurs manifestieren: „So hat Inklusion eben doch eine exkludierende Seite: zum einen in der Engführung der Inklusionsdebatte auf Menschen mit Behinderung, zum anderen in Bezug auf diejenigen, die nicht in der Akteur*innenposition bzw. Akteurposition gedacht sind, sondern als ‚Andere' inkludiert werden". Ein heterogenitätsorientierter und intersektionaler Zugang will inhärente Ausschlussprozesse in der Logik eines verkürzten Inklusionsverständnisses vermeiden. Er betrachtet Menschen und Gesellschaft in ihrer Vielfalt, identifiziert Ausschlussprozesse und Barrieren der Teilhabe in verschiedenen Kontexten, um sie sodann zu bearbeiten.

2.4.1.2 Inklusion zwischen individueller Versorgung und Regelsystem

In der Diskussion um Inklusion taucht regelmäßig die Befürchtung auf, dass Inklusion zu einer Unter- oder Nicht-Versorgung von Menschen mit hohem und komplexem Unterstützungsbedarf führen könnte. Inklusion würde Differenzen als irrelevant bezeichnen und sich damit der Pflicht entledigen, Menschen in ihren Bedarfen zu unterstützen (Winkler, 2015, 38). Eine oben skizzierte intersektionale Perspektive kann im Rahmen von Inklusion dazu beitragen, dieser artikulierten Sorge vorzubeugen und die tatsächlichen Versorgungsbedarfe wie auch Fähigkeiten und Ressourcen von pädagogischen Adressat*innen wahrzunehmen. Kritisch verstandene Inklusion will Bedarfe nicht ignorieren, sondern an den heterogenen Lebenslagen von Menschen mit und ohne Beeinträchtigung ansetzen und die „Handlungsgesamtchancen von Menschen in ihren jeweiligen Lebenslagen [befragen]" (Degener, Mogge-Grotjahn, 2012, 62). Sie ist subjektorientiert und bezieht „alle Ausgangs- und Rahmenbedingungen der Lebenssituation eines Menschen [...] [ein], seien dies z. B. eine Hirnschädigung, eine Trisomie 21 oder eine prekäre Lebenslage" (Feuser, 2013, 125). Inklusion erachtet Unterstützungsbedarfe aber nicht in einer essentialistischen Weise als unabdingbare Eigenschaft von Individuen (Katzenbach, 2012, 104), sondern nimmt das Zusammenspiel von verschiedenen Faktoren wie Sozialisationsbedingungen, gesellschaftlichen Strukturen, pädagogischen Einrichtungen sowie Gesundheit und Entwicklung in den Blick (Moser, 2012). Versteht man Unterstützungsbedarfe als Resultat dieser vielfältigen Kontexte, zeigt sich, dass Unterstützung hin zu Autonomie auch institutionelle (Um-)Gestaltung und Suchbewegungen erfordert, wie Rahmenbedingungen von und für Menschen verbessert werden können. Im Unterschied zum Integrationsansatz fragt Inklusion daher nicht danach, wie Einzelne in Regelsysteme integriert werden können, sondern strebt nach einer Gestaltung von Institutionen ohne Barrieren, die per se alle Menschen adressieren und einschließen. Diesem Anspruch ist inhärent, Verbesonderung und Stigmatisierung zu vermeiden und keine Menschen auszusondern. Die paradoxe Herausforderung, die sich durch den Inklusionsansatz stellt, lässt sich wie folgt formulieren: Wie kann ich im Rahmen von Regelsystemen individuellen Bedarfen nachkommen, ohne hierdurch wiederum eine Form von Besonderung zu schaffen? Oder, anders formuliert: Wie bringe ich soziale Zugehörigkeit und fallspezifische Besonderheit in Einklang? Weiß (2011, 13) spricht in diesem Zusammenhang von zwei Polen, die nicht einseitig aufgelöst werden dürfen. Weder dürfe Inklusion dazu führen, Bedarfe von Menschen zu vernachlässigen oder gar zu ignorieren, noch stelle eine prinzipielle Aussonderung von Menschen mit komplexem Unterstützungsbedarf aus den Regelsystemen eine adäquate Umgangsweise dar. Eine Bearbeitung dieser Paradoxie erfordert Balanceakte, Reflexion und Sensibilität, die Anke Wegner (2016) meines Erachtens in einem Interview zur Frage danach, wie Kinder mit Fluchterfahrungen beschult werden sollten, auf den Punkt gebracht hat: „So viel Regelklasse wie möglich und so viel zusätzliche Förderung wie nötig". Die Spannung zwischen Regelsystem und Förderung in besonderen Settings zeigt sich über diesen spezifischen Kontext hinaus in allen pädagogischen Feldern. Jedoch macht es einen entscheidenden Unterschied, ob das pädagogische Angebot grundsätzlich nach Zielgruppen separiert und aussondert, wie zum Beispiel im Rahmen von sogenannten Förderschulen, oder ob das Angebot alle Adressat*innen gleichermaßen umfasst. Die Anforderung des Nicht-Aussonderns ist eine Herausforderung sowohl für Schulen als auch für Einrichtungen der Kinder- und Jugendhilfe, Behindertenhilfe, Erwachsenenbildung oder Altenarbeit. Diese Herausforderung impliziert ein Zusammenrücken, Kooperieren und Umgestalten von Disziplinen und Praxen durch Kooperation und Multiprofessionalität. Ein erster Schritt kann ein wertschätzender Dialog zwischen den Disziplinen sein, die ihre Wissensbestände befragen und Vorbehalte und „gegenseitige Nichtbeachtung" (Bernasconi, Böing, 2015, 132) überwinden.

2.4.1.3 Inklusion zwischen Allgemeiner Pädagogik und Spezialpädagogik

Keinesfalls wird mit der Forderung nach Institutionen für alle Menschen spezifisches pädagogisches Fachwissen obsolet. Jedoch gilt es auf lange Sicht zu diskutieren, wie sich erziehungswissenschaftliche Disziplinen und pädagogische Praxen organisieren und verstehen wollen. Katzenbach (2005, 87–88) schlägt vor, Pädagogiken nicht über eine bestimmte Adressat*innenschaft oder spezifische Institutionen zu konstituieren, sondern von Lebens- und Problemlagen statt von bestimmten Menschengruppen auszugehen. Die verschiedenen Disziplinen würden sich dann „über ihr spezifisches Wissen und Know-how [zum Beispiel] zu krisenhaften Entwicklungsverläufen [verorten]" (ebd., 88), könnten untereinander in einen Austausch treten und Kooperationen aufbauen. Das bedeutet, dass Inklusion kein disziplinspezifischer Diskurs, zum Beispiel der Sonder- und Heilpädagogik ist, sondern in einem „spannungsgeladenen Verhältnis" (Hinz, 2009, 3) zu einer zielgruppenorientierten Pädagogik mit klientelspezifischen Institutionen steht. Inklusion erfordert also ein radikales Umdenken hin zu der Vielfalt von Menschen in ihrer ganzen Komplexität, hin zu einer Lebenslagenorientierung statt Kategorisierung, hin zu einem disziplinären Dialog und Verbund statt zu disziplinären Verinselungen. Zugleich meint Inklusion mehr als eine Addition spezifischer Wissensbestände, denn hierbei bestünde prinzipiell die Gefahr, unter dem Rahmen von Inklusion Pädagogiken doch wieder bestimmten Gruppen zuzuordnen und diese Gruppen dabei zu (re-)produzieren. Vielmehr bedarf es eines verbindenden Fundaments. Ein solches Fundament kann theoretisch hergeleitet werden und könnte sich auf pädagogische Leitmotive wie die Bildsamkeit des Menschen, die menschliche Würde und Teilhabe sowie Autonomie stützen (Bernasconi, Böing, 2015, 135–136). Inklusion ist in diesem Verständnis Allgemeine Pädagogik (Hinz, 2012) und zeichnet sich durch theoretisches Wissen zum Beispiel zu Vielfalt, Konstruktion von Vielfalt und Ausschluss sowie differenzsensible pädagogische Arbeit aus. Professionelles Handeln von Pädagog*innen wäre dann durch eine Orientierung an theoretisch herzuleitenden Leitmotiven, einen vielfaltssensiblen Habitus sowie Fachwissen gekennzeichnet. Der Professionalität der Fachkräfte obliege es, auf dieser Basis so zu agieren, dass das Fachwissen nicht dazu führt, vermeintlich ‚spezielle' Adressat*innen in der versteckten Logik einer Zielgruppenorientierung stets an bestimmte Pädagog*innen zu delegieren (Katzenbach, 2005, 90). Dieses Spannungsverhältnis von Allgemeiner Pädagogik und pädagogischem Fachwissen zu reflektieren, ist eine zukunftsweisende Aufgabe und vermag zu neuen Konzepten und Sortierungen innerhalb und zwischen den Disziplinen und Praxen führen.

2.4.1.4 Inklusion zwischen Dekategorisierung und Bedarfsorientierung

Inklusion hat zum Ziel, Etikettierung und Kategorisierung zu vermeiden. Moser (2012) geht davon aus, dass inklusive Settings auf Etikettierung und Kategorisierung verzichten können, weil pädagogische Adressat*innen vielfältig seien, und „damit die Feststellung von Verschiedenheit oder gar besonderer Verschiedenheit tautologisch wäre". Hinz (2009) sieht den „Mehrwert" von Inklusion darin, dass das Konzept ein binäres Denken (behindert/nicht behindert oder Inländer*in/Ausländer*in) überwinden will und den Blick weg von einem Kategoriendenken hin zur Frage nach Teilhabemöglichkeiten und -barrieren sowie den Fähigkeiten aller Menschen lenkt. Dies kann zum Beispiel bedeuten, die Lehrinhalte in einer Klasse so aufzubereiten, „dass in der Beschäftigung mit dem gleichen Gegenstand auf verschiedenen Zielebenen alle einen Gewinn davon haben" (Glück, 2014, 66). Hinz und Köpfer (2016) illustrieren ein solches Vorgehen am Beispiel einer Grundschule in einem sogenannten sozialen Brennpunktviertel in Hamburg, die sich durch einen Schulkonferenzbeschluss dazu verpflichtet hat, alle Kinder ihres Einzugsgebiets zu beschulen und dafür Sonderpädagog*innen sowie Erzieher*innen zugewiesen bekommt. Die Sonderpädagog*innen bilden gemeinsam mit den Grundschulpädagog*innen ein Team, das gemeinsame Lernsituationen gestaltet. Zu erwarten wäre hierbei, dass „sich mit der zunehmenden Heterogenität und der größeren Klarheit über Bedarfe der Kinder eine Extensivierung von Kooperation und [...] tendenzielle Teilung der Zuständigkeiten einstellen könnte [...]. Dies ist jedoch nicht der Fall" (ebd., 40). Hingegen lässt sich feststellen, dass die Sonderpädagog*innen mit zunehmenden Schuljahren mehr in den Unterricht mit der ganzen Klasse eingebunden sind und die Gestaltung gemeinsamer Lernsituationen einen deutlich höheren Anteil gegenüber Einzel- und Kleingruppensituationen ausmacht. Die Adressierung aller Kinder – mit ihren unterschiedlichen Fähigkeiten und Bedürfnissen – in einer Schulklasse trägt dazu bei, Stigmatisierungs- und Ausgrenzungsprozesse sowie Kategorisierungen der Schüler*innen zu vermeiden. Der dekategoriale Ansatzpunkt fragt nach den „Unterstützungsbedarfen des Systems" (ebd., 39) und verändert Organisationsstrukturen derart, dass Teilhabebarrieren abgebaut werden. Unterstützung wird als systembezogene Aufgabe verstanden: „Für die Zuweisung von unterstützenden Ressourcen folgt daraus, dass [...] die Ressource systembezogen (etwa für ganze Klassen) erfolgt" (Glück, 2014, 66). Kron (2005) wendet demgegenüber ein, dass Kategorisierungen wie ‚behindert' in vielen Kontexten Voraussetzung sind, um einen rechtlichen Anspruch auf Unterstützung einzufordern, welcher ohne die Kategorisierung nicht gewährt würde. Dieses Dilemma verweist auf die Grenzen pädagogisch-gestaltbarer Inklusion. Um dieses Dilemma des Einforderns eines Unterstützungsbedarfs durch Kategorisierung zu durchbrechen, bedarf es rechtlicher Veränderungen in den Sozialgesetzbüchern, einer Zusammenführung der Finanztöpfe (Homfeldt, 2014, 31) sowie alternativer Angebots- und Förderstrukturen, „die nonkategorial und sozialraumbezogen Bedarfe befriedigen anstatt mit immer spezifischeren Klientelbeschreibungen Angebot[e] auf dem Markt zu machen" (Hinz, 2009, 6). Eine inklusive Pädagogik muss sich Kategorisierungen besonders aufmerksam widmen und die eigenen „Verstrickungen" im Kategorisierungsprozess „selbstreflexiv bearbeiten" (Leiprecht, 2012, 58). Ausgehend von diesen Dilemmata gilt es, eigene Angebotsstrukturen zu prüfen und sich konstruktiv in politische Gestaltungsprozesse einzumischen.

2.4.1.5 Inklusion zwischen Vermeiden von Ausschluss und (gesellschaftlichen) Exklusionsmechanismen

Stellen wir uns die Frage, „wohin" eigentlich inkludiert werden soll (Bärmig, 2015), zeigt sich eine weitere grundlegende Paradoxie von Inklusion. Inklusion will soziale Ausschluss- und Ausgrenzungsprozesse verhindern, gestaltet sich dabei aber innerhalb Ausgrenzung produzierender Gesellschaftssysteme. Das Bildungssystem in Deutschland beruht auf einer institutionellen Trennung nach Leistung (Tenorth, 2011, 15–16), und in der Arbeitswelt dominiert das Kriterium der Rentabilität von Mitarbeiter*innen (Wohlfahrt, 2014, 22). Zentral ist die Frage des Nutzens und der Nutzbarmachung von Individuen für das Wirtschaftswachstum (ebd.). Inklusive Pädagogik bedarf einer theoretisch-kritischen Fundierung und Standortbestimmung, um einer Instrumentalisierung, politischen Entschärfung von Inklusion und Reduzierung auf „etwas mehr Integration"

(Dannenbeck, 2012, 107) einen kritischen Ansatz entgegenzuhalten. Hierfür ist bedeutsam, sich der Verstrickungen von Inklusion und Exklusion bewusst zu sein. Inklusion muss in Distanz zu profitorientierten Strategien rücken, insofern „der Einzelne unabhängig von seinem ‚Nutzen' wertvoll für die Gesellschaft [ist]" (Alicke, 2013a, 11). Um der Gefahr von Instrumentalisierung und Entpolitisierung ein Gegengewicht zu bieten, ist eine professionstheoretische Fundierung von Inklusion eine bedeutsame Aufgabe. Diese Fundierung braucht ein Verständnis von Inklusion, das „fundamental in die soziale Wertebasis, in institutionelle Routinen und in gesellschaftliche Machtstrukturen eingreift" (Katzenbach, 2015, 22–23). Inklusion ist mehr als Anwendungswissen und in der Lage, „gesellschaftliche Prozesse, Konflikte und Widersprüche angemessen rekonstruieren und analysieren zu können" (ebd., 23). Hiermit ist der politische Auftrag verbunden, Teilhabebarrieren grundlegend abzubauen. Teilhabebarrieren abzubauen bedeutet auch, Armut und materielle Ungleichheit zu bekämpfen, welche zu weiteren Benachteiligungen und Stigmatisierungen führt.

2.4.1.6 Folgerungen für die pädagogische (Aus-)Bildung und Praxis

Für die pädagogische (Aus-)Bildung ergibt sich aus den aufgezeigten Paradoxien von Inklusion die anspruchsvolle Aufgabe ihrer Reflexion. Jene Paradoxien sind komplex, nicht auflösbar und ebenso wenig standardisiert zu handhaben. Vielmehr verlangen sie nach Reflexion, Aushalten und nach einem Sich-Verabschieden von vermeintlich ‚einfachen Lösungen'. Sie verdeutlichen, dass Inklusion eine theoretische Fundierung braucht, um adäquat in der Praxis positioniert zu werden. Zur Professionalisierung und Schärfung von Inklusion können Diskussionen auf mindestens vier verschiedenen Ebenen hilfreich sein:

1. Es stellt sich die Frage der institutionellen Gestaltung von Inklusion als gesamtgesellschaftliche Aufgabe, das heißt mit Rückenwind und Unterstützung der Politik. Inklusion darf nicht auf ein Anwendungswissen und verschiedene Bereiche wie die Schule reduziert werden, sondern braucht finanzielle Spielräume und eine breite Konzipierung als Querschnittsaufgabe, die alle Institutionen und gesellschaftlichen Bereiche betrifft.
2. Hierin zeigt sich der disziplinäre Auftrag, ein professionstheoretisches Verständnis von Inklusion zu entwickeln, das theoretisch fundiert ist und sich nicht auf eine Kategorisierung wie „Behinderung" verkürzt. Zur Fundierung von Inklusion kann ein internationaler und interdisziplinärer Dialog eine enorme Bereicherung darstellen und die Diskussion in Deutschland vorantreiben (Katzenbach, Schnell, 2012, 23).
3. Ein theoretisch fundiertes Inklusionsverständnis gilt es, in der (Aus-)Bildung von Fachkräften zu vermitteln (z. B. Stein, 2015). Ziel ist, Akteur*innen für ausgrenzende und benachteiligende Strukturen sowie Teilhabebarrieren zu

sensibilisieren. Hierfür eignen sich Studiums- und Ausbildungskonzeptionen, die Fallarbeit, Praxisforschung und eigene Erfahrungen der Studierenden aufgreifen und so einen (selbst-)reflexiven Habitus schulen (Häcker, Walm, 2015, 85).
4. Zentral ist, die betreffenden pädagogischen Adressat*innen in der Diskussion zu hören und „Räume zum Mitreden" (Yıldız, 2015, 54) zu gestalten, insofern Inklusion zum Ziel hat, Selbstbestimmung und Teilhabe zu realisieren. Wegweisend ist in diesem Zusammenhang ein Projekt von der Stiftung Drachensee in Kiel mit der Bezeichnung „Inklusive Bildung": „Statt über Menschen mit Behinderungen zu reden, wird die Expertise in eigener Sache von Menschen mit Behinderungen vermittelt" (Homepage Inklusive Bildung, 2016). Die Teilnehmer*innen des Projekts bieten Veranstaltungen an Hochschulen sowie anderen Bildungsträgern zu Themen wie Inklusion und Förderung, Lebenswelten von Menschen mit Behinderungen oder Inklusionskompetenz aus Sicht von Expert*innen in eigener Sache an (Projekt Inklusive Bildung, 2015). Sie sammeln Erfahrungen in der Bildungsarbeit und „leisten einen wertvollen Beitrag zur inklusiven Bildung" (Homepage Inklusive Bildung, 2016).

Nimmt man all diese Ebenen zusammen, zeigt sich ein komplexes Bild zukünftiger Herausforderungen im Feld von Inklusion. Die Komplexität und Paradoxien des Feldes sollten nicht dazu führen, Inklusion als Idee zu verwerfen, sondern als Chance des Befragens pädagogischer Routinen und Haltungen mit dem Potenzial einer Neuausrichtung zu begreifen.

2.4.2 Inklusion, Interkulturelle Öffnung, Diversity. Professionstheoretische Überlegungen zu einem kritisch-reflexiven Inklusionsverständnis

Die[7] Deutsche Gesellschaft für Erziehungswissenschaft hat im Sommer 2015 einen Aufruf gestartet, um „Inklusion als Herausforderung für die Erziehungswissenschaft" zu diskutieren (DGfE, 2015). Fachverbände schreiben sich „Inklusion" auf die Fahnen und proklamieren „Inklusion jetzt!" und „just do it" (bhp, 2015). Auch im 14. Kinder- und Jugendbericht des Bundestags taucht Inklusion als zentrales Paradigma auf und bestimmt die Debatte um eine kind- und jugendge-

---

7 Dieses Unterkapitel wurde erstveröffentlicht als: Schmitt, C. (2016). Inklusion, Interkulturelle Öffnung, Diversity. Professionstheoretische Überlegungen zu einem kritisch-reflexiven Inklusionsverständnis. Zeitschrift für Inklusion-online, 2, https://www.inklusion-online.net/index.php/inklusion-online/article/view/365/295. Es stellt eine leicht modifizierte Form der Erstveröffentlichung dar.

rechte Gesellschaft als Querschnittsthematik. Trotz dieser Hochkonjunktur gilt Inklusion als vage, diffus und als „Containerbegriff" (Lüders, 2014, 24), der unterschiedlich verstanden und kontextualisiert wird (Löser, Werning, 2015). Lindmeier und Lütje-Klose (2015) identifizieren in ihrer internationalen Analyse von Inklusionskonzepten drei verschiedene Verständnisse einer „inclusive education": manche Ansätze operieren mit einem engen, behinderungsbezogenen, andere mit einem auf vielfältige Diversitätsdimensionen ausgerichteten Adressat*innenverständnis; wiederum andere richten ihren Blick auf vulnerable Gruppen, worunter sie Menschen mit Behinderung, aber auch andere als marginalisiert gedeutete Personen verstehen. In dieser Unschärfe liegt die Gefahr einer beliebigen Verwendung und auch solche Konzepte als inklusiv zu bezeichnen, die emanzipatorischen Grundgedanken eines theoretisch-reflektierten Verständnisses zuwiderlaufen (Frühauf, 2012). Mit der „theoretischen Unterdeterminierung" (Felder, 2015, 13) geht eine Unsicherheit in der pädagogischen Praxis einher. Gegenstand dieses Kapitels ist eine professionstheoretische Reflexion zum Inklusionsbegriff. Es wird argumentiert, dass zur Schärfung inklusiver Denk- und Handlungsweisen ein Blick in Debatten zu Interkultureller Öffnung und Diversity gewinnbringend sein kann (Schröer, 2015). Dabei wird die These aufgeworfen, dass Dilemmata, die im Rahmen von Inklusion auftauchen, bereits in diesen Ansätzen thematisiert werden. Das Kapitel schließt mit Überlegungen für ein reflektiertes Verständnis von Inklusion unter Einbezug einer breiten Heterogenitätsorientierung, das sich konsequent und notwendigerweise an den Lebenslagen pädagogischer Adressat*innen orientiert.

2.4.2.1 Inklusion, Interkulturelle Öffnung und Diversity im Dialog

Bis Ende des 20. Jahrhunderts reagierte Pädagogik auf ihre Adressat*innen mehrheitlich im Duktus von Homogenisierung und Separierung[8]: „Die Unterschiedlichkeit der sozialen Lebenswelt, die verschiedenartigen Voraussetzungen in pädagogischen Handlungsfeldern [...] wurden als individuelle, auf den Einzelfall bezogene Herausforderungen begriffen und beantwortet. Abweichendes Verhalten sollte [...] verhindert, Anpassung an gesellschaftliche Normalitätsvorstellungen erreicht werden" (Handschuck, Schröer, 2012, 15). Paradigmatisch war der Gedanke, Personen mit einem als hoch und besonders bewerteten pädagogischen Unterstützungsbedarf eine spezielle, auf ihre Bedürfnisse hin abgestimmte Versorgung im Rahmen gruppenspezifischer Angebote zukommen zu lassen. Institutionell führte diese Leitlinie zu ‚Sonderwegen' für als ‚beson-

---

8   Hinzuweisen ist jedoch auf vereinzelte Konzepte und Modellprojekte vor dem 21. Jahrhundert, die von der Idee einer „verallgemeinernden" statt „separierenden" Pädagogik inspiriert waren und die Ambivalenz von Besonderer und Allgemeiner Pädagogik zu Tage treten ließen (Ellger-Rüttgradt, 2016).

ders' gelabelte Personen. Den verschiedenen Adressat*innengruppen wurden eigene Pädagogiken mit spezifischem Fachwissen zugeordnet. So wurde 1881 die erste sogenannte Hilfsklasse für Schüler*innen mit Lernschwierigkeiten gegründet (Textor, 2015, 41). Hierauf folgten Gründungen von Hilfsschulen, die von der damaligen Volksschule abgekoppelt wurden. Im Dritten Reich wurden Menschen mit Behinderungserfahrung unter dem Primat der „Rassenhygiene" als nicht lebenswert kategorisiert und getötet. In der Nachkriegszeit fehlten sonderpädagogische Lehr- und Fachkräfte. Es kam zu Entwicklung und Ausbau sonderpädagogischer Ausbildung und immer differenzierter Institutionen in den 1960er und 1970er Jahren (ebd., 41–46). Die Unterschiede zwischen einzelnen Formen von Behinderung wurden betont. Institutionell wurden Sonderkindergärten, Heime und Therapiegruppen geschaffen. Die gesamten Biografien von Menschen mit Behinderung sollten sich in Spezialeinrichtungen abspielen: „Sonderkindergarten à Sonderschule à Werkstatt für behinderte Menschen à Wohnheim" (Frühauf, 2012, 16). Ein ähnliches Prozedere dokumentiert Nohl (2006, 17–18) im Umgang mit Kindern ausländischer Arbeitsmigrant*innen. Zunächst vom Schulbesuch exkludiert, wurde im Jahr 1964 auch für sie die Schulpflicht eingeführt. Kinder im Alter von über sieben Jahren wurden in speziellen Vorbereitungsklassen zum Erlernen der deutschen Sprache und in manchen Bundesländern in ‚Nationalklassen' beschult, welche Kinder aus denselben Herkunftsländern umfassten. Die sprachliche Heterogenität, unterschiedlichen Nationalitäten und Sozialisationen wurden als Problem erachtet, das durch eine „Sonderpädagogik für Ausländer*innen" bearbeitet werden sollte. Neben separierenden schulpädagogischen Maßnahmen entstanden von den Wohlfahrtsverbänden getragene „Sozialberatungsdienste für Ausländer*innen" oder „pädagogische Institutionen für ausländische Arbeitnehmer*innen und ihre Familien"(Mecheril, 2010, 56). Ab den 1970er Jahren rührte sich Kritik an den aus- und besondernden pädagogischen Praxen, da die Etablierung von Sondereinrichtungen für die betreffenden Akteur*innen mit Stigmatisierung einhergeht (Homfeldt, 1996). Studien zeigen, dass die intendierte Förderung nicht immer eintritt und beispielsweise Schulleistungen von Schüler*innen in Schulen für Schüler*innen mit Lernbehinderung stagnieren, wohingegen sich ein gemeinsames Lernen von Schüler*innen mit und ohne Behinderung förderlich auswirken kann (Heimlich, 2003,139–140). Die im Rahmen dieser Kritik entstandene Integrative Pädagogik setzt sich für ein Miteinander, einen gemeinsamen Kindergartenbesuch sowie eine gemeinsame Beschulung von Kindern mit und ohne Behinderung ein (Hinrichs, Schwarz, Wolfrum, 2012, 104–105). Die Integrationsidee „wurde mit großem Engagement von Eltern behinderter Kinder und Fachleuten einer sich kritisch verstehenden Sonderpädagogik initiiert" (Frühauf, 2012, 16). Eine zentrale Forderung der Elternbewegung war die Wahlmöglichkeit zwischen Regel- oder Sonderbeschulung. Integrationskonzepte wurden in den einzelnen Bundesländern jedoch unterschiedlich umgesetzt und reichten von

Einzelintegration bis zu Integrationsklassen oder der Ansicht, die Schulen sollten entscheiden, wie viel Integration sie leisten könnten. Wenngleich sich in diesem Rahmen engagierte Praxisbeispiele finden, ist Deutschland von einer flächendeckenden Integration weit entfernt (Hinrichs, Schwarz, Wolfrum, 2012, 122). Zugleich bleiben Integrationskonzepte bei allem Bemühen in der Logik eines Zwei-Gruppen-Denkens ‚behindert'/‚nicht behindert' verhaftet (Hinz, 2004, 15). Eine Kritik an aussondernden Konzepten zeigte sich auch in der Pädagogik mit Menschen mit Migrationsgeschichte und der Entwicklung eines interkulturellen statt defizitorientierten Arbeits- und Reflexionsansatzes, der Kulturdifferenz als Bereicherung auffasst, aber die Gefahr der Kulturalisierung birgt. Anfang der 1990er Jahre verlagerte das Konzept der Interkulturellen Öffnung die Perspektive auf die strukturellen Bedingungen, innerhalb welcher Migrationsarbeit stattfindet. Interkulturelle Öffnung kritisierte den Gedanken der Assimilation, der von Menschen mit Migrationserfahrung eine Anpassung an eine homogen verstandene Containerkultur des Aufnahmelandes erwartete. Das Konzept war darauf ausgerichtet, soziale Dienste und die Gesellschaft im Ganzen für Menschen mit Migrationsgeschichte zu öffnen und ihnen eine adäquate Versorgung in den Regelsystemen zur Verfügung zu stellen (Barwig, Hinz-Rommel, 1995). Mittlerweile hat sich die Interkulturelle Öffnung weiterentwickelt: „War es zunächst nur ein kleiner Kreis migrations- und integrationspolitisch Engagierter, der die Zugangshindernisse für Migrantinnen und Migranten zu den Regeldiensten deutscher Versorgungssysteme kritisch [...] diskutierte, so besteht heute ein breiter politischer Konsens, dass sich alle gesellschaftlich relevanten Institutionen neuen Herausforderungen und neuen Zielgruppen öffnen müssen" (Handschuck, Schröer, 2012, 17). Das Kulturverständnis reduziert sich in dieser Konzeption „nicht auf das Verhältnis zwischen Menschen unterschiedlicher Herkunft" (Schröer, 2015, 32), es umfasst die gesamte Komplexität heterogener Lebensweisen in einer pluralen Gesellschaft. An dieser Stelle zeigen sich Parallelen zur Idee von Diversity, welche die Bandbreite gesellschaftlicher Vielfalt von Geschlecht über sexuelle Orientierung, Lebensalter, Behinderung, Nationalität, Religion, Nationalität oder Herkunft wahrnehmen und anerkennen will (Schmitt, Tuider, Witte, 2015). Interkulturelle Öffnung fordert Gesellschaft heraus, sich mit dieser Pluralität mit zu verändern. Sie stellt die Frage, wie Institutionen strukturiert werden müssen, um individuellen und lebensweltlichen Verschiedenheiten innerhalb der Regelsysteme gerecht zu werden und soziale Ausgrenzung zu verhindern. Der Ansatz zielt darauf, Zugangsbarrieren in Institutionen abzubauen und den wertschätzenden Umgang mit Vielfalt in organisationalen Leitbildern zu verankern (Mayer, Vanderheiden, 2014). Die Besonderheit Interkultureller Öffnung ist, dass die Diskussion über ihren zielgruppenorientierten Ausgangspunkt und ihre Fixierung auf die Kategorie „Migration" hinausgegangen ist und Eingang in politische Konzepte und vielfältige Praxen gefunden hat. Gleichwohl sich die Praxen unterscheiden, und Interkulturelle Öffnung ebenso wie Inklusion

Gefahr läuft, als Containerbegriff missbraucht zu werden (Foitzik, 2008, 23), liegen zu Stand und Umsetzung bedeutsame Erfahrungen sowie professionstheoretische Überlegungen vor, die auch in der Diskussion um Inklusion von Bedeutung sind. Denn auch Inklusion fordert, „dass nicht der Einzelne in bestimmte Strukturen ‚integriert' werden muss, sondern dass sich die Strukturen so wandeln müssen, dass eine gleichberechtigte und selbstbestimmte Teilhabe an allen gesellschaftlichen Teilbereichen für alle möglich wird" (Alicke, 2013b, 243). Gleichsam wie Interkulturelle Öffnung problematisiert Inklusion einen defizitorientierten Blick auf Menschen und deren Kategorisierung. Inklusion will Vielfalt wertschätzen, soziale Ausgrenzung vermeiden und einen Paradigmenwechsel von einer Sonder- zur Regelversorgung initiieren. Die Vorstellung von Vielfalt als Normalität führt unweigerlich zu einem Dilemma: Gehe ich von der Annahme aus, dass Vielfalt alltäglich ist, niemand separiert werden darf und alle Menschen gleichgestellt sind, wie kann ich dann individuelle Bedarfe erfassen und ihnen nachkommen, ohne dadurch wiederum eine Form der Besonderung zu (re-)produzieren? Mecheril (2013, 32) spricht von einer strukturell angelegten Spannung zwischen „Anerkennung sozialer Zugehörigkeit" und „Anerkennung individueller Einzigartigkeit". Diese Ambivalenz könne nicht mit handlungsanleitenden Konzepten aufgehoben, sondern müsse reflexiv bearbeitet werden. Statt nach eindeutigen Lösungen zu suchen, befinden wir uns beim Nachdenken über Inklusion im Themenfeld pädagogischer Professionstheorie (Ellger-Rüttgardt, 2016, 17). Fritz Schütze (1992) hält in seinem Aufsatz „Sozialarbeit als ‚bescheidene Profession'" die Problematik der „Allgemeinen Typenkategorien und Situierung" als eines der Grunddilemmata pädagogischen Handelns fest. Die Rezeption Schützes ist im Nachdenken über Inklusion außerordentlich fruchtbar. Schützes Ausgangspunkt ist, dass jede Profession auf ein höhersymbolisches Sinnwissen zurückgreift. Dieses höhere Sinnwissen „ist ein Wissen von allgemeinen Erscheinungen (Typen, Kategorien), Prozessen, Mechanismen, die der Erfahrung nach mit den problematischen Projekten und Fällen im Gegenstands- und Handlungsbereich der Profession verbunden sind" (ebd., 147). Die Individualität des Einzelfalls wird mit diesem allgemeinen Wissen verknüpft und vermag dieses zu erweitern und verändern. Hierbei besteht prinzipiell die Gefahr, durch das kategoriale Sinnwissen den Einzelfall nur grob zu typisieren, deduktiv zuzuordnen, zu etikettieren und den Menschen zu stigmatisieren (ebd., 149). Bezogen auf Inklusion sind die Schütz'schen Überlegungen ein Plädoyer für eine Orientierung an der komplexen und heterogenen Lebenslage pädagogischer Adressat*innen. Freilich dürfen und sollen Fachkräfte hierbei auf ihren professionellen Wissensvorrat zurückgreifen und „vorläufige Hypothesen und Fragen in alltäglichen pädagogischen Situationen [...] artikulieren" (Prengel, 2009, 143). Sie müssen ihre Annahmen aber reflektieren und dürfen nicht vorschnell kategorisieren, ohne die Lebenswelt der Adressat*innen in ihren Besonderheiten wahrzunehmen. Deutlich wird, dass das Spannungsverhältnis nicht aufgelöst werden kann, sondern reflektiert werden muss, um einen fallbezogenen Umgang in der Praxis zu gestalten. Diese keineswegs neue Erkenntnis hat unter der Bezeichnung „Fallarbeit" Einzug in die (Aus-)Bildung von Pädagog*innen gehalten (z. B. Müller, 1997). Einer proklamierten Ratlosigkeit im Umgang mit Inklusion hat die Pädagogik aus ihrem reichhaltigen Schatz (professions-)theoretischer Überlegungen somit etwas anzubieten. Das in der Diskussion um Inklusion formulierte Dilemma – alle Individuen in ihrer Vielfalt achten, adressieren und gleichbehandeln, und zugleich ihre Bedarfe nicht ignorieren – wird unter Einbezug klassischer pädagogischer Denk- und Arbeitsweisen reflektier- und bearbeitbar. Eine Einübung in pädagogische Fallarbeit scheint im Nachdenken über Inklusion besonders bedeutsam und erfordert von Fachkräften ein Sinnwissen über Vielfalt. Dieses Wissen verlangt nach unbedingtem Einzug in die pädagogische Qualifizierung. Was es ausmachen könnte, sucht Beate Aschenbrenner-Wellmann (2009) mit der Bezeichnung „Diversity-Kompetenz" zu klären. Sie differenziert analytisch zwischen den drei Dimensionen „kognitiv", „affektiv" und „verhaltensbezogen" und wendet sich gegen einen Kompetenzbegriff, der sich auf eine rein verwertungslogische Komponente reduziert. Unter der ersten Ebene fasst sie Wissen über soziale Ungleichheit, Inklusion, Vielfalt, über die Entstehung und Konstruiertheit von Vielfalt sowie darüber, dass Vielfaltsperspektiven mit Spannungen einhergehen. Die affektive Dimension meint das Bewusstsein für die eigenen Werte und Einstellungen, Ambiguitätstoleranz, Einfühlungsvermögen, Offenheit und die Bereitschaft, das eigene Handeln und Denken zu reflektieren und auf den Prüfstand zu stellen. Unter dem verhaltensbezogenen Aspekt nennt sie die Fähigkeit zum nicht-wertenden Dialog und professionellen Umgang mit Verschiedenheit auf individueller, organisations- und sozialraumbezogener Ebene. Wenngleich das Modell statisch anmuten mag, geht Aschenbrenner-Wellmann von einem kontinuierlichen und nie endenden Prozess des Diversity-Lernens aus: Lerner*innen „reflektieren dabei in einer gestaltungsoffenen und heterogene Bildungsprozesse ermöglichenden Lernkultur ihre eigenen Wirklichkeitskonstruktionen durch die Begegnung und Auseinandersetzung mit Anderen. Bildung soll – allgemein gesprochen – Orientierung vermitteln und dabei insbesondere die Möglichkeit zur Selbstorientierung und Selbstreflexion erhöhen" (ebd., 62). Diese Anforderung ist für eine professionstheoretische Grundlegung von Inklusion zentral und schließt an die von Clemens Dannenbeck (2013) geforderte Inklusionsorientierung in der Pädagogik an. Inklusionsorientierung meint „Haltung im Sinne der Wertschätzung aller Menschen, unabhängig von deren jeweiligen Ressourcen und Kompetenzen" (ebd., 461). Dannenbeck und Aschenbrenner-Wellmann erachten Reflexionsfähigkeit als Basis jeglicher pädagogischen Arbeit, weshalb es „Inklusionsorientierung zu einem Querschnittsthema sämtlicher pädagogischer Ausbildungsgänge zu machen [gilt]" (ebd., 463). Eine inklusionsorientierte Pädagogik reflektiert, „dass Menschen mit unterschiedlichen Ressourcen und Potenzialen ausgestattet sind (aber immer auch ausgestattet werden)" (ebd.). Diese Wertschätzung von Vielfalt bedeute dabei nicht, "‚Behinderungen' wegzudiskutieren – sehr wohl bedeutet es aber, Entwicklungspotenziale pädagogisch als stets offen zu begreifen und Barrieren als gesellschaftlich produziert zu durchschauen" (ebd.). Das von Schütze als höhersymbolisches Sinnwissen bezeichnete professionelle Wissen ist in den Perspektiven von Aschenbrenner-Wellmann und Dannenbeck nicht durch ein ‚Sonderbehandlungswissen' für bestimmte ‚Menschengruppen' gekennzeichnet, sondern durch einen prinzipiell reflexiven Umgang mit Vielfalt in Bezug auf alle Merkmale, die in der Lebenswelt der Adressat*innen relevant werden. Aufgabe pädagogischer (Aus-)Bildung ist in der Konsequenz die Entwicklung eines ausgeprägten diversitätsreflektierten professionellen Habitus (Mecheril, 2013, 33). In Inklusionsdebatten wird regelmäßig die Frage diskutiert, ob sich Inklusion nun auf Menschen mit Behinderungen beziehe oder Menschen in ihrer komplexen Vielfältigkeit. Ein Inklusionsverständnis, das den dargelegten diversitätsreflektierten Habitus zu seinem Dreh- und Angelpunkt macht, verbietet es geradezu, sich auf eine Diversitätskategorie wie Behinderung zu beschränken. Inklusive Pädagogik ist Allgemeine Pädagogik (Hinz, 2012) und entsagt der Zuordnung zu einer spezifischen Fachrichtung. Ausgangspunkt eines reflexiv-kritischen Inklusionsverständnisses ist die gesamte, komplexe und mitunter widersprüchliche Lebenslage von Adressat*innen: "Lebenslagen umfassen materielle, kulturelle und soziale Spielräume, in denen sich [...] subjektiver Sinn auf der Grundlage relativer Handlungssicherheit entfalten kann. Ob der subjektiv-biografische Gestaltungssinn sich sozial regressiv oder sozial öffnend entwickelt, entscheidet sich nicht zuletzt daran, ob die Handlungssicherheit eingeengt oder erweitert ist" (Böhnisch, 2012, 231). Eine diversitätsreflektierte Inklusionsperspektive hat die Vielfalt der individuellen Lebenswelt sowie strukturellen Bedingtheiten durch soziale Strukturen wie pädagogische Institutionen und gesellschaftliche Machtverhältnisse im Blick (Katzenbach, 2015, 22–23). Gleichwohl erinnert eine Orientierung an den jeweiligen Lebenslagen daran, den Akteur*innen keine vereinnahmenden Normalitätsvorstellungen überzustülpen: Die Identifizierung der individuellen Situation ist angehalten, eine pädagogische Unterstützung von Menschen mit oder ohne Beeinträchtigung auf Basis tatsächlicher lebensweltlicher Bedarfe, den Handlungsmächtigkeiten (Agency) und Vorstellungen der Adressat*innen zu gestalten (Homfeldt, 2014, 28). Diese Unterstützung ist zwangsweise vielfältig und individuell different – sie unterscheidet sich je nach Versorgungsbedarf.

2.4.2.2 Ausblick. Ansatzpunkte für ein professionstheoretisches Inklusionsverständnis

Inklusion ist Zugehörigkeit und Teilhabe von Menschen an Gesellschaft von Anfang an und über alle Lebens- und Altersphasen hinweg. Vielfalt in Bezug auf Alter, Geschlecht, Behinderung, sexuelle Orientierung, Nationalität, Herkunft, Religion oder Familienstand darf nicht zu Ausgrenzung führen, sondern wird als gesellschaftliche Normalität erachtet. Ziel von Inklusion ist, dass alle Menschen in gesellschaftliche Regelsysteme eingebunden sind und nicht etwa aufgrund eines Diversitätsmerkmals ausgesondert werden. Diesen Gedanken fasst Prengel (2009) in dem Begriff der egalitären Differenz: Gleichheit im Zugang zu Institutionen und gesellschaftliche Teilhabe Aller, sowie die Anerkennung der Differenz individueller Lern- und Lebensweisen. Die Vision von Inklusion ist ein nie endender Prozess im gesellschaftlichen Umgang mit Vielfalt in der Pädagogik, aber auch allen anderen gesellschaftlichen Teilbereichen. Im Gegensatz zum Integrationsgedanken hält Inklusion nicht an einer Zwei-Gruppen-Logik „zugehörig/nicht-zugehörig", „behindert/nicht-behindert" oder „Ausländer*in/Inländer*in" fest, sondern will ein dichotomes Gruppendenken genauso überwinden wie gruppenspezifische Sonderpädagogiken, die eine solche Logik (re-)produzieren. Statt Atomisierung tritt Einheit an die Stelle, statt Homogenität Heterogenität, statt Selektion Kooperation und Gemeinsamkeit, statt äußerer Differenzierung in Sondereinrichtungen eine lebenslagenorientierte Individualisierung und Interkulturelle Öffnung der Regelsysteme (Feuser, 2009, 283). Diese inklusive Logik stößt mitunter auf Widerstand und ist krisenhaft: „persönliche Ängste und Vorbehalte [müssen] abgebaut und Ansichten neu überdacht werden" (Trescher, 2015, 333). Der Reflexion routinierter Ansichten und Institutionsmuster kommt eine enorme Bedeutung zu. Hiermit gilt es Fachkräfte nicht allein zu lassen, „denn das professionelle Handeln unterliegt einem hohen Handlungs- und Entscheidungsdruck, ist damit besonders belastet und durch hohe Verantwortung für Andere gekennzeichnet" (Helsper, 2016, 54). Dieser Herausforderung kann die Erziehungswissenschaft durch die Förderung einer „reflexiven und wissenschaftlich basierten Wissensgrundlage" (ebd.) begegnen und die Ausbildung eines reflexiv-kritischen Inklusionsverständnis als pädagogische Querschnittsaufgabe vorantreiben. Inklusion in diesem Sinne versteht sich als vielfaltsorientierter professioneller Habitus. Diese Prämisse lässt sich mit Ausführungen zu „Diversity-Kompetenz" konkretisieren: Inklusion umfasst auf einer kognitiven Ebene Wissen zu Inklusion, Ungleichheit, Ausgrenzung, Exklusion und ihren strukturellen Bedingtheiten. Auf affektiver Ebene ist ein Bewusstwerdungsprozess über und reflexives Bearbeiten der Ambivalenzen inklusiver Arbeit und eine Wertschätzung von Vielfalt gemeint, um auf der praktischen Ebene agieren und das eigene Handeln kritisch reflektieren zu können. Inklusion richtet sich dann an den heterogenen Lebenslagen pädagogischer Adressat*innen aus. Insofern verortet sie sich notwendigerweise nicht als gruppenspezifischer Ansatz für beispielsweise Menschen mit Behinderungen. Hiermit ist für die Zukunft die Herausforderung verbunden, Inklusion als Allgemeine Pädagogik zu verorten und gestalten, wodurch die disziplinär ausdifferenzierte Landschaft von Pädagogiken verändert würde. Bei aller pädagogischer Möglichkeiten ist bedeutsam, auch die Grenzen von Inklusion zu reflektieren. Gleichwohl Inklusion als Vision große Hoffnungen nährt und sich nicht die Frage des „ob", sondern des „wie" stellt (Lindemann, 2014), sind Ausgrenzungsverhältnisse immer auch gesellschaftlich und politisch (re-)produziert und gesellschaftliche Normalitätsverständnisse sind nur langsam im Wandel. Die Frage des „wohin Inkludieren?" (Bärmig, 2015) zeigt ein Spannungsfeld an, wenn bestehende Systeme einer kapitalistischen und leistungsorientierten Logik folgen und damit per se Ausschluss herstellen (Lüders, 2014, 28). Dieses Spannungsfeld kann zwar professionstheoretisch reflektiert und erforscht, aber in der Praxis nicht alleinig von der Pädagogik bearbeitet werden. Insofern ist Inklusion auch politischer Auftrag.

2.4.3 A relational concept of inclusion

The[9] International Federation of Social Workers (IFSW), a global organisation for social workers and social work organisations, considers the aim of social work to be „social change and development, social cohesion and the empowerment and liberation of people". The principles of „social justice", „collective responsibility and respect for diversities" are central to social work (IFSW, 2014). The profession aims to help people cope with life and facilitate their social, economic, cultural and political participation (Böhnisch, 2016). As such, social work fundamentally sees itself as supporting inclusion as a current underlying all social action, based on human rights (Dannenbeck, 2013). A human rights understanding of inclusion, as laid out in the Salamanca Statement of 1994 and the United Nations Convention on the Rights of Persons with Disabilities (CRPD), adopted in 2006, means people having full social participation and recognition whatever their abilities and needs, their age, their physical and mental condition, their sexual identity, their gender, their nationality or their world view. Inclusion thus boils down to the socio-political task of creating conditions under which everyone can participate. The ratification of the CRPD by the signatory states places responsibility for implementing inclusion back in the hands of the various countries.

Social inequality means that different people have different opportunities for participating in society. Capitalist, heteronormative and patriarchal social structures themselves constantly create exclusion. There are also different ideas of how professional practice, policies and organisational structures within the social services should be designed so as to actually expand service users' scope of action (Oehme, 2014). This poses a paradox: social work cannot treat inclusion as a given,

---

9   Dieses Unterkapitel wurde erstveröffentlicht als: Schmitt, C. (2019). A relational concept of inclusion. Critical perspectives. Papers of Social Pedagogy, 11(1), 60–76, DOI: 10.5604/01.3001.0013.3092. Es stellt eine leicht modifizierte Form der Erstveröffentlichung dar.

but instead has to work to introduce inclusion into exclusionary social structures, to change social environments and to facilitate participation by people who have differing life histories and are starting out in different situations (Köttig, 2017, 35–36).

This chapter offers an insight into the international debate on inclusion. It outlines trends in the discourse in Germany and takes up the controversies arising between supporters and sceptics of the human rights understanding of inclusion. It emphasises the importance of a (self-)reflective attitude in the context of the inclusion approach, as a task that spans society, and critically examines categorisation processes and established organisational structures. Finally, it proposes a relational understanding of inclusion from the perspective of an „agency-vulnerability nexus", to provide theoretical support for the socio-critical potential of a human-rights-based definition of inclusion. This places the *social production* of agency and vulnerability under the microscope. This understanding aims to identify opportunities for and barriers to participation from the actors' point of view, and to create accessible environments.

2.4.3.1 The international debate on inclusion

The term „inclusion" became known within the debate on education in North America at the end of the 1980s. At the time, people who were considered disabled, and their relatives and supporters, were calling for people with and without special educational needs to attend school together, and for schools' structure to be changed. In the USA, this discussion replaced the hitherto commonly used term „mainstreaming". Since the mid-1990s, discussion in the UK has also been about inclusion, rather than integration, the term used previously (Biewer, Schütz, 2016, 123). The principle of inclusive education is laid down in the 1994 Salamanca Statement by the United Nations Educational, Scientific and Cultural Organization (UNESCO). The background is a conference in Salamanca jointly organised by the UNESCO and the Spanish government, which was attended by 92 governments and 25 international organisations. In the Salamanca Statement (UNESCO, 1994), the participants reaffirm their concerns: „schools should accommodate all children regardless of their physical, intellectual, social, emotional, linguistic or other conditions. This should include disabled and gifted children, street and working children, children from remote or nomadic populations, children from linguistic, ethnic or cultural minorities and children from other disadvantaged or marginalized areas or groups" (ibid., 6). The statement calls for an education system without barriers. Finally, by adopting the CRPD, the United Nations elevated inclusion to the status of a human right, and extended the aim of inclusion beyond the education system. The convention represents a paradigm shift from an individualist, medical understanding of disability to a model based on human rights which sees disability as a barrier to participation, and people with a disability as subjects with rights. Article 1 describes the purpose of the convention: „to promote, protect and ensure the full and equal enjoyment of all human rights and fundamental freedoms by all persons with disabilities, and to promote respect for their inherent dignity. Persons with disabilities include those who have long-term physical, mental, intellectual or sensory impairments which in interaction with various barriers may hinder their full and effective participation in society on an equal basis with others". The convention consistently refers to the intersection between disability and other axes of difference such as gender, migration or age. It is based on an intersectional approach (Crenshaw, 1994) starting out from the categorisation „disability".

A controversial debate on inclusion has been sparked not just in social work, but also in the educational sciences and special needs education. Inclusion is defined more broadly or more narrowly in different contexts, depriving the term of some of its theoretical and political clout. Between 2004 and 2012, Göransson and Nilholm (2014) investigated peer-reviewed journal articles to explore their understanding and use of the term „inclusion". Based on their analysis, they distinguish between four understandings: „(1) inclusion as the placement of pupils with disabilities in mainstream classrooms; (2) inclusion as meeting the social/academic needs of pupils with disabilities; (3) inclusion as meeting the social/academic needs of all pupils; (4) inclusion as the creation of communities" (ibid., 268). Depending on how narrow or broad the understanding of inclusion is, different aspects come into view. In the case of a human rights understanding, those aspects are the opportunities for and barriers to participation in social organisations and policy. This perspective is alien to the first two understandings, considering their primary focus on individual schoolchildren in the specific setting of the school.

2.4.3.2 From integration to inclusion? Trends and gaps in the German discourse on inclusion

The lack of any unified concept of inclusion can also be found in the professional discourse in Germany. Germany ratified the CRPD on 26 March 2009. The German translation of the CRPD included in the ratification was heavily criticised by associations and academics. In several places, the central concept of „inclusion" is translated as „integration". This translation waters down the critical aspect of the convention (Degener, 2009).

The controversial debate in Germany is substantially shaped by the differences and connections made between the terms *Integration* and *Inklusion*. Before the ratification of the CRPD, the term *Inklusion* was mainly used in systems theory[10] (Luh-

---

10 Systems theory assumes that there are social function systems such as the labour market or the education system which can include or exclude people. Luhmann's theory deals with the

mann, 1995). The approach of *Integration* is fundamental to social work and goes back a long time, having been used both in the disability movement of the 1960s and 1970s and in the field of migration-related educational science. The fundamental task of social work is not just to support people in their lifeworlds, but also always to *adapt* them to social notions of normality; that is, to integrate them into societal reference systems such as the labour market, with its ideas of, for example, „good work ethics" or flexibility. This balancing act is described as social work's „dual mandate". It inherently entails fundamental contradictions and paradoxes.

Andreas Hinz (2004) contrasts integration and inclusion, pointing out how different the two paradigms are. He sees the fundamental idea of integration as that of bringing people (e. g. with disabilities or a background of migration) *in line* with existing systems. The reference systems used in integration suggest that there are specific notions of what constitutes normal human behaviour and existence, which people need to be „adapted" to. Integration remains locked in two-group thinking (with/without disabilities, native/foreigner, normal/different) and centres on the individual. It is individuals who have to be adapted to existing structures – e. g. mainstream schooling – enabling them to fit in. This takes the form, for example, of „integration assistants" being appointed to help children learn at school. This understanding differs from inclusion, which is a human right with a mission to change social environments so that everyone can participate in them as they see fit. Inclusion starts out from the idea that human heterogeneity is normal, takes a critical stance on ideas about what is „normal" or „different" and aims to make organisations and policies inclusive. Inclusion is thus understood as a reaction to social inequality.

This ideal-type dichotomisation of integration and inclusion has been both adopted and criticised in the German-speaking context. Critics of this contrasting view explain that the integration approach already takes into account changing organisational structures, and ultimately aims to use integration to achieve inclusion.

2.4.3.2.1 Special needs education in a state of conflict

With its demand to integrate people with disabilities into mainstream schools, the integration movement drew attention to various forms of exclusion. In Germany, the separation of people with disabilities in special schools[11], and in spe-

---

autopoiesis of social systems. It follows an analytical approach, rather than a normative one like the human rights understanding of inclusion.
11 In German, „special school" is translated either as *Förderschule* or *Sonderschule* (referring to the same institution). The former comes from the verb *fördern*, to support or promote, the latter from *sondern*, to separate or distinguish. The former underlines the aim of supporting people

cial institutions outside of school such as residential homes and workshops, has a firm institutional basis (Loeken, Windisch, 2013). In academia, future teachers study special needs education to work in special schools or special needs institutions outside of school. However, professional social workers are also employed in these fields of work.

In Germany, special needs education is an independent sub-discipline of educational science, and has been in a state of conflict since it first developed (Oehme, 2014, 34). It aims to support people with disabilities in special facilities, providing them with a safe, protective space. However, in doing so it plays a role in excluding people with disabilities from mainstream social structures. In the 1960s, the number of special needs schools shot up, followed only a short time later by criticism of children being separated into different systems, voiced by the integration movement. In 1974, the German Bundesrat's committee on education published recommendations on the educational support of children with disabilities or at risk of developing them. This was the first official document in Germany to oppose the separation of children with disabilities. The recommendation was significantly influenced by politically active parents and supporters. They questioned the idea of people with disabilities learning and living separately, and lobbied for joint kindergarten attendance and integrative schooling. People with severe cognitive impairment were still excluded from schooling until the 1970s. In the 1980s, the campaign led to integrative pilot schemes, but this did not have any wide-reaching effect. Even today, Germany is still a long way from nationwide integration either in or out of school. The integration movement has created a situation where integrative and separatist organisations exist alongside one another. People considered to have complex disabilities are often still at a disadvantage. Most live in homes. In education, there is a parallel structure of special needs and mainstream schools. A recent report on the status of school inclusion reveals that developments in inclusion have yielded only meagre results (Klemm, 2018, 17). In the 2008/2009 school year, of a total of 7,992,315 children in Years 1 to 9/10 (primary and lower secondary), 393,491 children attended a special school. In the 2016/2017 school year, out of 7,334,333 pupils, 318,002 children were taught in special schools (ibid., 9). The exclusion rate, measured as the proportion of pupils with special needs at separate special schools, out of all children attending primary school and lower secondary education, dropped only marginally, by 0.6 percentage points, from 4.9 to 4.3 per cent. At the same time, the exclusion rate differs from one federal state to another. In Bavaria, Baden-Württemberg and Rhineland-Palatinate, there were actually more children attending special schools

---

in line with their special educational needs, the latter refers to the fact that children in special schools are separated institutionally from those in mainstream schools. Whether or not children at *Förderschulen* actually receive sufficient support remains open to question, as empirical studies show (Pfahl, 2014).

in the 2016/2017 school year than in the 2008/2009 school year (ibid., 10). Empirical studies have determined that pupils in special schools are socially stigmatised, and that the performance gap between them and pupils in mainstream schools increases the longer they stay at a special school (Pfahl, 2014, 276). It is not uncommon for people classified as disabled to follow an „institutional career" spanning all ages and life stages: from special kindergartens and special schools to workshops for disabled people and residential homes (Frühauf, 2012, 16). Despite these findings, some special needs teachers still defend the special education system, seeing it as a safe haven. They express the concern that people in need of support would not get the help they need in an inclusive support environment (Felder, Schneiders, 2018), and are afraid that their discipline will be lost altogether.

While the integration movement arose thanks to the involvement of those concerned and the professional community, the context changed upon the ratification of the CRPD. Germany has undertaken to incorporate the principles of the CRPD into national law. Whether or not mainstream social and educational services open their doors no longer depends on individual activism; now, it is legally binding. Under the Convention, the separation of pupils with special educational needs is a human rights violation (Pfahl, 2012, 417).

2.4.3.2.2 *People with a background of migration and refugeeism: excluded from the debate on inclusion*

It is not only the debate on special needs education that is characterised by a shift from a paradigm of integration to one of inclusion: the same applies to the debate on migration-related educational science in Germany. Like „disability", „migration" is considered a social problem in the political discourse (Wansing, Westphal, 2014, 35). Alongside this understanding, there are also perspectives that recognise disability and migration as a normal part of diverse societies. Despite the desire for inclusion, people with disabilities are often still indiscriminately presumed to be in need of help and lacking ability. By contrast, people with a background of migration are required to „plausibly" prove their need for help, for example based on their experience as refugees, to the Federal Office for Migration and Refugees (BAMF), and are often treated with mistrust. Their flight from one country to another is treated as illegal (Castro Varela, Dhawan, 2016). They are expected „first to explain themselves" and „then to integrate themselves". In immigration policy, the debate on integration is driven by the neo-liberal principle of supporting people while also demanding that they make an effort („Fördern und Fordern"). It distinguishes between those who are „willing" to integrate and those who „refuse" (Castro Varela, 2008). Being dichotomised in this way leads to practical consequences for people's lives. If, for example, they want to stay longer, or permanently, in Germany, they have to offer proof of the efforts they have made to integrate, such as being able to speak German and earn their own way, and having attended integration courses (Westphal, Wansing, 2019, 12). Belonging is not immediate for people with experience of migration. They have to fight to stay in Germany, justify it and actually „earn" a belonging that is considered legitimate. In this respect, the paradigm of integration that is prevalent in migration policy is worlds apart from an understanding of inclusion meaning *participation in* (nationally granted) *participation rights* (Janotta, 2018, 123). The discourse on integration inherently has huge potential for division insofar as it actually produces, then perpetuates, the figure of the „Other" and an „us" that is understood as static.

In the past, people with experience of migration were long conceptualised as an exception to the norm. It is only since the start of the 2000s that Germany has acknowledged its position as a nation of immigrants; an *Einwanderungsland*. Even into the 1990s, the social services only occasionally tackled the reality of a migration society, mainly reacting to the migration that was taking place in the form of homogenisation and separation. At first, the children of immigrant „guest workers" were not allowed to attend school; later, depending on which federal state they lived in, they mainly went to separate schools. In the 1970s, „advice centres" for non-German nationals were set up. Families and children were expected to adjust to imagined „German norms and values" and the German language. They were (and still are) often indiscriminately accused of not following democratic values and, for instance, not recognising the principle of gender equality. Their respective experiences of socialisation and resources, such as speaking languages other than German, were seen as a deficit, instead of deserving recognition. In the 1980s, intercultural education concepts were designed with the aim of encouraging the non-migrant population to accept the new arrivals. Criticism grew of the way foreign nationals had been educated up to that point. In the 1990s, the discourse began to focus both on migrants' disadvantages and on how migration was a task that spans society (Mecheril, 2010, 56–57). At present, migration-related educational science is receiving increased attention within society due to the influx of refugees from countries such as Syria, Afghanistan and Iraq. Postmigrational perspectives call for the dualistic division into „us and them" to be abandoned and for people's multiple belongings, experiences of migration and flexible ways of living to be recognised, without trivialising any of the suffering experienced during flight or through experiences of being excluded (Hill, Yıldız, 2018).

With the ratification of the CRPD and the discussion on inclusion in special needs education, research into migration and refugeeism is now also increasingly drawing upon a human rights-based understanding of inclusion and calling for a critical approach in that discourse to the social exclusion of people who have experienced migration and refugeeism (Yıldız, 2015).

Political practice must be distinguished from the academic debate. A policy of separation can be seen in restrictive asylum laws, the establishment of exclusionary shared housing for refugees and defamatory discourses which indiscriminately place all refugees under suspicion of being terrorists, violent criminals or a threat to „Western" values. These policies run counter to the simultaneous discussion on inclusion. They show clearly which people or groups of people are considered part of the discourse on inclusion, and which are denied the right to inclusion, as excluded subjects. The old and new mechanisms of exclusion which are in use underline the fact that inclusion demands more than just the transformation of the organisational structures of education, the social services or the labour market. A central focus of the debate is *careful reflection on who is seen as belonging to a society, who is enabled to participate, and who is excluded from it.*

2.4.3.2.3 (Self-)reflective inclusion. A task that spans society

Germany currently presents a very mixed bag of efforts towards inclusion. Young refugees in Germany, for example, can be found living in segregated communal accommodation, in newly built special facilities or in integrative institutions within the child welfare system, alongside children who are not refugees. What type of accommodation and support they are offered depends both on the young people's age (under or over 18) and whether they entered the country with or without a legal guardian. In the education system, mainstream schools and special needs schools exist alongside one another. Depending on the region where they live, schoolchildren can choose from a different number of school types. Unlike countries such as Canada, inclusive education is still the exception rather than the rule (Köpfer, 2014). Outside school, in fields such as leisure facilities, housing or work, the level of inclusion is also still low. The fact that all organisations need to open their doors – all social services and authorities – makes it clear that inclusion is a *task spanning society and education*. This issue is highlighted in Germany by the two major professional associations for educational science and social work – the German Educational Research Association (DGfE) and the German Association of Social Work (DGSA) (DGfE, 2015; Spatscheck, Thiessen, 2017). Social work or special needs education cannot act alone. When we talk about inclusion, it is always about educational science as a whole; about how inclusion is incorporated into social policy, and about comprehensive, self-critical reflection on inclusive and exclusionary social mechanisms. A central part of this is questioning the established pedagogical „responsibilities for specific groups of clients" (Köbsell, Pfahl, 2015). In Germany, for instance, support for people with disabilities is institutionally separated from the child welfare services, the two having their foundations in separate organisations and legislature. For many years, there has been discussion about establishing a single set of child welfare services, for all young people, but this has not yet been put into practice (Oehme, Schröer, 2018). The relevance of re-examining the institutional and legal situation can also be seen at the point where „physical and psychological constitution" and „migration" overlap: until now, there has been insufficient research into the needs of refugees and migrants with physical and/or psychological impairments, and these aspects have not been taken into sufficient account in the support provided in pedagogical practice (Westphal, Wansing, 2019). The discourse on inclusion is still often related to one single categorisation, without considering how that is interlinked with other categorisations. Consequently, Budde and Hummrich (2014) call for inclusion to be „reflective", meaning that interconnections between categorisations should be made visible, along with their associated disadvantages, while implicit norms are deconstructed rather than being established. The authors argue in favour of a broad concept of inclusion, extending beyond differentialising approaches and tapping the „full potential of addressing both sides of the inclusion/exclusion coin" (ibid., n. pag.). This brings social exclusion and social inequality based on those categorisations into the centre of the debate, as fundamental societal problems. Häcker and Walm (2015, 84) differentiate between three levels on which reflection is required. Firstly, on the level of pedagogical interaction, it is important to identify and avoid exclusionary practices and to reflect on culturalising and classifying constructions of difference. Secondly, on an organisational level, the effects of rules and procedures need to be questioned: do they have exclusionary effects? How could they be made inclusive? Thirdly, on a macro level, the task is to identify fundamental social contradictions and inequalities. To professionals, for instance, an inclusive approach appears paradoxical in a school system that is intrinsically selective. Meanwhile, social workers dealing with young refugees face the highly ambivalent task of planning their support while their residency status is uncertain.

2.4.3.3 Relational inclusion, agency and vulnerability

Until now, those with a narrow understanding of inclusion primarily see people with disabilities as the target group for efforts to increase inclusion. They see „disability" not as a categorisation, but as an individual disposition that requires special support. The central means of classification into „disorders" is diagnosis. This is used to determine the support plans designed to „adapt" individuals to social environments such as a mainstream school. Inclusion fundamentally differs from this paradigm; it aims not to change individuals, but to make social environments inclusive. This is an undertaking which hinges on a large number of conditions, and requires basic funding and political support to prevent situations in which people are actively *dis-abled*. Here, disability means being unable to participate in society due to barriers originating not in the individual but in discriminative organisational structures and practices. Hendrik Trescher (2018) introduced this *relational understanding of disability* into the professional debate. Relational theories have gained momentum in the social sciences and cultural studies in recent years. They take a critical stance on essentialist theories from different epistemological positions. Leaning on Michael Foucault, Trescher (2018) understands disability as a social practice and a form of discursive exclusion. Rather than having a medicinal understanding, he does not view disability as a natural form of difference (ibid., 6), but instead asks how disabled subjects are produced in discourses. Here, disability means not being able to assume the role of a speaker in discourses; not being recognised, and being labelled as „different" based on ascribed traits. This leads to people being excluded from the group of those whose voices are heard within society. Trescher's relational understanding thus also reveals the disability of subjects who do not fall into that category in the popular discourse, such as refugees, for example if they are denied access to language courses or the labour market. Disability is understood as a situation: it is not absolute. Trescher accompanies this *relational understanding of disability* with a *relational understanding of inclusion*. Here, inclusion means the process of deconstructing barriers to participation in the discourse, and is not restricted to any individual categorisation.

This relational view can be further narrowed down using the perspectives on agency and vulnerability found in social work. *Relational perspectives on agency* see people neither as socially determined nor as fully autonomous (Raithelhuber, 2016). They investigate how agency is enabled or prevented in social processes. At the same time, a *relational understanding of vulnerability* does not categorise people as vulnerable by nature, but instead examines how vulnerability is created in particular living situations and affects people's scope for action – for example, by means of exclusionary laws or by refugees being forced to live in shared housing with no privacy or protection against sexual assault. Simone Danz (2014) introduces the significance of vulnerability into the educational debate, problematising the practice of equating disability with being in need, incomplete or not normal (ibid., 62). She sees this act of offloading humanity's shared vulnerability onto the group of people with disabilities as connected to the popular idea of what is normal: an effective, constantly improving individual. The neo-liberal discourse on the „entrepreneurial self" excludes human vulnerability from its ideology (Bröckling, 2007). Vulnerability becomes a social position that is coded as abnormal. If, on the other hand, we understand vulnerability not as an individual „deficit", but as a basic anthropological constant that arises in exclusionary relations, discourses, organisational structures and policies, we can examine its production critically. With regard to inclusion, that means *identifying and breaking down social environments that generate vulnerability and continually working to create enabling environments*. Just like the human rights understanding of inclusion, relational theories of agency and vulnerability examine the *processes in social environments which enable or hinder people* (Orgocka, Clark-Kaznak, 2012). On one hand, an *„agency-vulnerability nexus"* can be used to counter fears that the debate on inclusion will overemphasise people's autonomy and overlook their needs; the fears of positions primarily focussing on people's *vulnerability*. On the other hand, it can also counter positions which acknowledge people's agency and resources, and thus potentially overlook situations where they may be damaged by their social environment. The basic thesis is that it is not enough to view actors solely from the point of view of vulnerability, but neither does it appear helpful solely to focus on their anticipated agency. Rather, vulnerability and agency should be reflected upon as two sides of the same coin in terms of their significance for a relational understanding of inclusion. The central question is then *how agency and vulnerability are generated in organisational structures, in professional practice, in political decision-making and in social discourses (for example on disability or refugeeism)*. This perspective can potentially address the theme of the changes required to give people agency, and call for politics to take responsibility. Relational inclusion especially highlights the fact that simply making social services inclusive does not automatically lead to an inclusive society, and cannot replace inclusive social policy. People's lifeworlds are shaped not only by organisations such as their school or workplace, but also, equally, by their social background or socio-economic situation (Oehme, 2014, 33–35). If it is to retain its socio-critical potential, inclusion cannot be limited to specific settings: it needs to be discussed by society as a whole. The thought is that a relational perspective on inclusion, seen from the point of view of agency and vulnerability, can provide a framework for socio-critical reflection on this point: it spotlights processes of social enablement and social inequality as experienced by actors, and identifies what sociopolitical action needs to be taken. We generally understand social policy as being organised by the nation state. If, however, we examine the doorways and barriers to inclusion from the subjects' point of view, that outlook extends well beyond the borders of individual nation states. A relational perspective on inclusion does not stop at state borders, but instead reveals the barriers to inclusion and opportunities for participation that exist in transnational spaces. It can consider „transnational inclusion" (Amelina, 2010) as a subjective aspiration and an organisational and political challenge that is becoming increasingly relevant. It can ask how inclusion and self-determination can be made possible in the lifeworlds of people who move between several nation-state systems, such as refugees with a precarious residency status, sans-papiers or circular migrants (Raithelhuber, Sharma, Schröer, 2018).

2.4.3.4 Conclusion

The social production of inclusion and critical engagement with issues of social inequality is a genuine component not only of social work, but also of educational science as a whole. Inclusion is a collective task that goes to the core of educational action. If social work is to take its responsibility seriously, it must enter into a dialogue with other disciplines and subdisciplines, and cast a critical eye on established responsibilities, organisational structures and categorisation processes with regard to their inclusive or exclusionary potential. Inclusion is not only the responsibility of social work and education; rather, it raises the fundamental question of how to break down exclusionary practices, discourses and policies.

A process of this kind calls for both the reorganisation and rethinking of professional expertise in education and socio-political responsibility to provide the basic conditions required for inclusion to take place at all. This chapter has shown that inclusion is seen sometimes narrowly, in relation to the group of people classified as having disabilities, and sometimes as the generation of participation for any marginalised group of people. To make sure that the human rights-based understanding of inclusion, with its socio-critical elements, is not watered down, it needs to have a firm basis in reflection. This chapter has proposed a *relational understanding of inclusion that discusses fundamental aspects of barriers to participation without being limited to individual categorisations, and is enriched with the relational perspectives of agency and vulnerability*. Relational inclusion from the perspective of the theory of agency and vulnerability focuses on identifying and eliminating barriers to participation, as well as on subjective needs and vulnerabilities that require educational support and can be understood as socially evoked. This perspective thus acts as a link between those views which, by focusing on environmental barriers, run the risk of overlooking people's vulnerabilities, and those views which, by categorising people as „disabled", might seem to pay too little attention to subjective expressions of agency and the relevance of social environments. A relational perspective on inclusion is not limited either to individual nation states or to individual categorisations or organisations, such as the school. It sees inclusion as a task that falls to society as a whole. Inclusion cannot be achieved without a fundamental discussion on social inequality and socio-political involvement. Equally, the discourse must involve the viewpoints of the subjects of this debate, and enable them to participate in it.

2.4.4 Agency und Vulnerabilität. Ein relationaler Zugang zu Lebenswelten geflüchteter Menschen

Geflüchtete Menschen sind in medialen und politischen Debatten entweder paternalistisch als „Opfer", „arm" und „hilflos" oder als Bedrohung für ‚westlich' gedeutete Werte, Sicherheit und Wohlstand in Ländern des Globalen Nordens repräsentiert (Rajaram, 2002; Tošić et al., 2009; Friese, 2014). Die Pauschalisierung ‚geflüchtete Menschen' überlappt sich dabei mit geschlechterstereotypen Prozessen der Differenzierung: So sind es besonders Frauen, die diskursiv als Personen ohne Akteurinnenstatus und geflüchtete Männer, die als „Tätermänner" gezeichnet werden (Krause, 2017a). Diese Bilder konstruieren Menschen auf der Flucht als homogene Masse. Sie schüren Angst, sind verkürzt und sprechen geflüchteten Menschen entweder jegliche Handlungsfähigkeit ab oder schreiben ihnen Eigenschaften zu, die sie von einer als homogen imaginierten ‚einheimischen Bevölkerung' abgrenzen.

Das Kapitel[12] verfolgt das Ziel, stereotype Sichtweisen auf geflüchtete Menschen zu durchbrechen. Es wird die These aufgeworfen, dass eine Verbindung relationaler Agencyansätze mit relationalen Konzipierungen von Vulnerabilität Lebenswelten differenziert in den Blick nehmen kann. Relationale Agency- und Vulnerabilitätskonzepte etikettieren geflüchtete Menschen weder einseitig als handlungsfähige noch einseitig als vulnerable ‚Wesen'. Stattdessen verstehen sie Handlungsfähigkeit wie Vulnerabilität als situatives Moment innerhalb sozialer Prozesse und Beziehungen. Eine solche Perspektive reflektiert, wie Handeln in sozialen Prozessen und Beziehungen *möglich* oder *verunmöglicht* wird. In ihrer Verzahnung gedacht sind Agency und Vulnerabilität zwei Seiten derselben Medaille. Sie werden in politischen, ökonomischen, ökologischen sowie zwischenmenschlichen Relationen sozial hergestellt. Für die Fluchtmigrationsforschung sowie Praxis entfaltet ein „Agency-Vulnerabilitäts-Nexus" das Potenzial, den Blick auf Prozesse sozialer Ungleichheit in Verzahnung mit Ressourcen von Akteur*innen zu richten.

Das Kapitel führt im ersten Schritt in die heterogene Debatte um Agency ein. In einem zweiten Schritt wird ein Einblick in das interdisziplinär diskutierte Konzept „Vulnerabilität" gegeben, um im Anschluss Potenziale einer Zusammenführung beider Perspektiven unter einem relationalen Dach zu erkunden. Dem folgen Überlegungen zur Relevanz des vorgestellten Blickwinkels in der Migrations- und Fluchtforschung sowie -praxis. Den Schluss bilden Diskussion und Ausblick.

2.4.4.1 „Agency" relational denken

„Agency" ist in den letzten Jahren zu einem zentralen Konzept der Sozial-, Kultur-, Rechts- und Wirtschaftswissenschaften avanciert (Bethmann et al., 2012; Löwenstein, Emirbayer, 2017). Der englische Terminus wird im deutschsprachigen Diskurs mit Handlungsmächtigkeit, Handlungsfähigkeit oder Handlungsermächtigung übersetzt (Raithelhuber, Schröer, 2018, 49). Er fungiert über Disziplingrenzen hinweg als „Sammelbegriff" für heterogene Theoriediskurse (Homfeldt et al., 2006, 21–22). Einer sozialwissenschaftlichen Perspektive ist gemein, dass sie menschliches Handeln nicht nur als Routinehandeln erachtet. Sie geht vielmehr davon aus, dass „sich Akteure durch soziale Herausforderungen und Konflikte hiervon distanzieren können, um sich neuen sozialen Konstellationen zu stellen und im Rahmen sich verändernder Lebens- und Umweltbedingungen handelnd zu reagieren" (ebd., 23). Relationale Agencytheorien fokussieren hierbei auf die Ermöglichung und/oder Verhinderung von Handlungsfähigkeit

---

12 Dieses Unterkapitel wurde erstveröffentlicht als: Schmitt, C. (2019). Agency und Vulnerabilität. Ein relationaler Zugang zu Lebenswelten geflüchteter Menschen. Soziale Arbeit. Zeitschrift für soziale und sozialverwandte Gebiete, 68(8), 282–288. Es stellt eine leicht modifizierte Form der Erstveröffentlichung dar.

als Resultat sozialer Prozesse (Raithelhuber, 2018). Sie sehen Menschen weder in einer sozialdeterministischen Art und Weise als Produkt gesellschaftlicher und sozialisatorischer Einwirkungen noch als unbegrenzt autonom gegenüber strukturellen Zwängen an. Agency ist in diesem Verständnis keine inhärente Eigenschaft von Menschen, sondern „Folge von Positionierungen" innerhalb von Netzwerken (Altissimo et al., 2018). Diese Sichtweise löst die „klassischen Dichotomien Individuum/Gesellschaft, Struktur/Handlung, Determination/Freiheit" (Scherr, 2012, 103) zugunsten einer mehrdimensionalen Perspektive auf.

Die Soziolog*innen Emirbayer und Mische haben mit ihrem Aufsatz „What is Agency?" (1998) ein temporal reflektiertes Verständnis von Agency vorgelegt, das sie selbst als konsequent relational bezeichnen (ebd., 973). Sie entfalten die These, dass es keine individuellen Agents gebe, sondern ausschließlich Akteur*innen, die sich agentativ in und mit ihren kontextuellen Umwelten verhalten können (oder nicht): „there are no concrete agents, but only actors who engage agentically with their structuring environments" (ebd., 1004). Agency sei immer „agency *toward* something" (ebd., 973; Hervorhebung i. O.) und im Zusammenspiel von Vergangenheit, Gegenwart und Zukunft zu denken. Handeln konstituiere sich – so die These – in Konstruktion und Aushandlung von Routinen (*Iteration*), Imaginationen (*Projektivität*) und Bewertungen (*Praktische Evaluation*), wodurch Akteur*innen Umwelten nicht nur reproduzieren, sondern auch transformieren. Wenngleich diese drei Dimensionen von agency zusammenspielen, sind bestimmte Handlungsformen mal stärker an der Vergangenheit, der Gegenwart oder der Zukunft orientiert. *Iteration* meint eine Orientierung an gewohnten Denk- und Handlungsmustern. Hierdurch stellen Akteur*innen Stabilität und Verlässlichkeit in ihren Lebenswelten her. Im Modi der *Projektivität* imaginieren sie alternative Handlungs- und Denkmuster in einem kreativen Akt. Diese sozial-eingebetteten Entwürfe richten sich auf eine Zukunft, wie sie potenziell ausgestaltet sein *könnte*. Die grundlegende These ist, dass Akteur*innen in der Lage seien, über erworbene Routinen hinauszudenken und sie mit sich stellenden Handlungsproblemen und Anforderungen zu konfrontieren. Die *praktische Evaluation* meint das Beurteilen möglicher Handlungsabläufe und die Fähigkeit, eine Entscheidung zu treffen, welche über Tradiertes hinausreichen kann.

Lucius-Hoene (2012) hat die theoretischen Überlegungen zu agency in einen Analyserahmen zur Rekonstruktion von Handlungsfähigkeit in Erzählungen übersetzt (siehe für eine exemplarische Analyse zum Beispiel Armbrüster et al., 2016). Sie fragt nach dem „subjektiven Erleben von Handlungsfähigkeit und Wirkmächtigkeit aus der Perspektive von Teilnehmern an einem Geschehen" (ebd., 41). Auf einer ersten Analyseebene untersucht sie die Agentivierungen der Erzählperson, das heißt wem oder was Wirkmacht in einer bestimmten Situation zugeschrieben wird. Die zweite Ebene befragt die Interaktion zwischen Erzähler*in und Zuhörer*in vor dem Hintergrund, wie die Erzählperson „gegenüber der zuhörenden Person Handlungsmächtigkeit zum Ausdruck bringt" (ebd., 57) und verstanden werden möchte. Der dritte Schritt rekonstruiert die Wahl der erzählten Geschichte als „Möglichkeit der Ermächtigung" (ebd., 63).

Die Autor*innen entwickeln in ihren Aufsätzen entscheidende Grundpfeiler einer Agency-Analyse, lassen aber – so Löwenstein (2017) – die Bedeutung von Emotionen für ein relationales Agencyverständnis weitgehend unbeachtet. Weitere Kritik an agency-Konzepten besteht darin, Verletzlichkeiten und Handlungs*un*fähigkeiten von Akteur*innen nicht ausreichend zu betrachten und den Fokus tendenziell zu einseitig auf Prozesse der Ermöglichung zu richten. So sehen etwa Andresen und Kolleg*innen (2015, 9) in einem einseitigen Agencydiskurs die Gefahr, durch eine „starke Betonung der Eigenständigkeit […] die Verletzlichkeit" – in diesem Fall von Kindern – „ebenso zu überspielen wie ihre physische wie psychische Angewiesenheit auf bestimmte Ermöglichungsbedingungen" (ebd.).

2.4.4.2 Agency-Vulnerabilitäts-Nexus

Die Childhood Studies, aber auch Disability Studies, Humanökologie, Medizin, Naturrisikoforschung und Psychologie weisen auf die Vulnerabilität von Menschen als „anthropologische Grundkonstante" (Streich, 2009, 303) hin. Nach Lehmeyer (2018, 76) gehe ‚Menschsein' mit einer potenziellen Verletzbarkeit im physischen, psychischen, aber auch im politischen, ökonomischen und ökologischen Sinn einher – etwa aufgrund von institutioneller Diskriminierung, Ausgrenzung oder der Übereilung durch Naturkatastrophen. Vulnerabilität ist interdisziplinäres Forschungsthema und sensibilisierendes Konzept in der Analyse von Klimawandel, Hungersnöten, Armut oder der Untersuchung von Pflegebeziehungen und psychischer Gesundheit (Adger, 2006). Vulnerabilität in einem solchen Sinne zu verstehen, fordert eine relationale Perspektive geradezu ein: Vulnerabilität ist Resultat komplexer Beziehungsgeflechte, vulnerabler Lebenslagen und Lebensabschnitte. Mackenzie und Kolleg*innen (2013) legen eine Systematisierung von Vulnerabilität vor und unterscheiden zwischen inhärenter Vulnerabilität, situativer Vulnerabilität und pathogener Vulnerabilität. *Inhärente Vulnerabilität* bezieht sich auf die Verletzung menschlicher Grundbedürfnisse wie Nahrungsaufnahme, Schlaf oder Anerkennung. *Situative Vulnerabilität* resultiert aus Umwelt- und Kontexteinflüssen wie politischen Umbrüchen, institutioneller Ausgrenzung oder ökonomischer Schlechterstellung. *Pathogene Vulnerabilität* entsteht in moralisch dysfunktionalen Beziehungen, die durch Missbrauch oder Ungleichheit gekennzeichnet sind. Unabhängig von der genauen Dechiffrierung verschiedener Formen von Vulnerabilität weist das Konzept explizit auf „limits of individualism" (Hoffmaster, 2006, 43) hin und stellt in besonderer Art und Weise die Abhängigkeit menschlichen Wohlergehens von anderen Menschen, förderlichen Netzwerken, Organisationsstrukturen und politischen sowie ökologischen Kontextbedingungen heraus. Im Unterschied zum gegenwärtigen Agencydiskurs wird Vulnerabilität bereits stärker mit Fragen von Emotionalität zusammengedacht: „vulnerability engages our feelings" (ebd., 44). Gleichwohl finden sich auch in der Konzeptionalisierung von Vulnerabilität verkürzte Vorstellungen einer „individual vulnerability". Eine pauschale Attribuierung von Menschen und Personengruppen als ‚vulnerabel' birgt die Gefahr, diese nicht in ihren Ressourcen, sondern einseitig unter einem „Problemaspekt" (Bauer, Wiezorek, 2016, 20) zu stigmatisieren und von sozialer Ungleichheit und sich aufspannenden Machtrelationen vielmehr abzulenken als diese kritisch zu diskutieren und aufzubrechen.

Letztlich lässt sich konstatieren, dass sowohl Agency- als auch Vulnerabilitätsperspektiven Gefahr laufen, in einseitigen Blickrichtungen verhaftet zu bleiben. Agencyperspektiven stehen in Verdacht, Handlungsfähigkeiten tendenziell überzubetonen. Vulnerabilitätskonzepte sind mit der Kritik konfrontiert, eine defizitäre Blickrichtung auf Menschen zu konstruieren. Eine Verbindung von Agency *und* Vulnerabilität unter einem relationalen Blickwinkel offeriert ein bereicherndes Potenzial, um diese Gefahren zu minimieren und Handeln, Denken, Fühlen sowie Transformieren in, mit und durch kontextuelle Rahmungen als dynamische Relation von Handlungsfähigkeit und Verletzlichkeit zu verstehen („Agency-Vulnerabilitäts-Nexus"). Handlungsfähigkeit konstituiert sich genauso wie Vulnerabilität situativ in sozialen Prozessen. Sie ist weder absolut noch ‚Wesensmerkmal'. Beide Dimensionen stehen sich nicht konträr gegenüber, sondern sind miteinander verwoben: Handlungsfähigkeit kann auf Vulnerabilität verweisen, welche zu bewältigen versucht wird. Und Vulnerabilität ist immer die Möglichkeit ihrer (situativen) Überwindung und die Entwicklung von Widerständigkeit aufgrund von Betroffenheit – etwa von Ausgrenzung – inhärent (hooks, 1996). Gleichsam können sich Vulnerabilität und Handlungsfähigkeit je nach Bezugsrahmen überlappen und gemeinsam wirken.

2.4.4.3 Perspektiven für die Fluchtmigrationsforschung und -praxis

Eine Zusammenführung relationaler Agency- und Vulnerabilitätsperspektiven eröffnet der Fluchtmigrationsforschung und -praxis einen differenzierten Blick auf Akteur*innen mit Fluchterfahrung, der essentialistische Sichtweisen zu vermeiden sucht und Akteur*innen in ihrer sozialen Positioniertheit und Positionierung reflektiert. In den letzten Jahren hat sich in der Fluchtmigrationsforschung ein Diskurs gefestigt, Menschen mit Mobilitätserfahrungen stärker mit ihren Ressourcen und Fähigkeiten in den Blick zu nehmen. Agency stellt hierfür einen bedeutsamen methodologischen Bezugsrahmen dar (Cyrus, 2017, 114–115). Geflüchtete Menschen befinden sich aufgrund der Fluchterfahrung, neuen Lebenssituationen in den Zielländern und rechtlich-restriktiver Rahmenbedingungen in komplexen und Handlungsmöglichkeiten begrenzenden Lebenslagen. Eine Orientierung an Tradiertem (*Iteration*) kann nicht immer erfolgen – gewohnte Routinen sind durchbrochen, Bezugspersonen mitunter verstreut in mehreren Länderkontexten oder vor bzw. während der Flucht verstorben. Dennoch entfalten sie sehr wohl Handlungsfähigkeit (Geiger, 2016). Studien zeigen, wie geflüchtete Menschen Bildung selbst unter schwierigen Bedingungen gestalten (Fürstenau, Niedrig, 2007), Informationen zu Fluchtrouten und Zielländern generieren und austauschen (Fiedler, 2016), durch Protestaktionen auf ihre Lebenssituation aufmerksam machen (Rygiel, 2011), als politische Subjekte sichtbar werden (Hess et al., 2016) und (transnationale) soziale Unterstützungsnetzwerke zur Bewältigung ihres Lebensalltags über Ländergrenzen hinweg konstituieren (Bender et al., 2012). Seukwa (2006) beschreibt diese Praktiken in seiner Analyse zu jungen Geflüchteten in Hamburg als „Habitus der Überlebenskunst". Und auch Praxen, die ohne Einnahme einer Agencybrille einseitig als ‚Problem' gedeutet würden, erscheinen aus einer Agencyperspektive in ihrer Komplexität: Kohli (2006) hält beispielsweise fest, dass das Schweigen von jungen Geflüchteten gegenüber Sozialarbeiter*innen eine auf der Flucht erworbene Strategie darstellt, welche eine wichtige biografische Funktion erfüllt: die Flucht zu bewältigen und bei Anhörungen nichts zu sagen, was das Asylverfahren gefährden könnte.

Die Beispiele illustrieren, wie eng sich Handlungsfähigkeit und Vulnerabilität verschränken: die Notwendigkeit zu fliehen, der erschwerte Zugang zu Bildung und anderen gesellschaftlichen Systemen, die Trennung von Familienmitgliedern, der Zwang zur Anhörung oder die Angewiesenheit auf professionelle Unterstützung erzeugen Vulnerabilität in Form von Abhängigkeit. Geflüchtete Menschen sind angewiesen auf Akzeptanz durch andere, die für sich beanspruchen, zur ‚Mehrheitsgesellschaft' zu gehören; sie sind angewiesen darauf, als ‚legitime' Geflüchtete politisch anerkannt zu werden. *Projektivität* – als Imagination alternativer Handlungs- und Deutungsmöglichkeiten – und eine *Evaluation* dieser Möglichkeiten wird damit zu einem komplexen Unterfangen. Restriktive Umwelten, so zum Beispiel Bedingungen aufenthaltsrechtlicher Unsicherheit, erzeugen eine hohe und mitunter politisch gewollte oder in Kauf genommene Verletzlichkeit. Hieran zeigt sich die Notwendigkeit, verwehrte Handlungsfähigkeit aus einer Vulnerabilitätsperspektive tiefergehend zu reflektieren: Welches sind Bedingungen, die zu Vulnerabilität führen und welche Spuren hinterlassen sie auf emotionaler, physischer, sozialer Ebene? Wer kann innerhalb welcher Rahmungen (trotz restriktiver Umstände) Handlungsfähigkeit entfalten und auf welche Ressourcen verweisen diese Agentivierungen? Oder, anders gefragt: Welche Lebenswelten werden als vulnerabel hergestellt und wie sind Agentivierungen hier überhaupt möglich? Wie müssen sich kontextuelle Umwelten verändern, damit sich Handlungsfähigkeit nachhaltig konstituieren kann?

In der Fluchtforschung findet sich eine explizite Verzahnung der Perspektiven von Agency *und* Vulnerabilität in der Anthologie „Independent Child Migration – Insights into Agency, Vulnerability, and Structure" von Orgocka und Clark-Kazak (2012). O'Higgins (2012, 85) rekonstruiert in besagtem Band die Verwobenheit von Vulnerabilität und Handlungsfähigkeit zum Beispiel dann, wenn junge Geflüchtete sich selbst als ‚vulnerabel' etikettieren müssen, um überhaupt professionelle Unterstützung in Anspruch nehmen zu können. Die Etikettierung ist notwendig, um Handlungsfähigkeit herzustellen, während die Hervorhebung eigener Ressourcen zu einem strukturellen Ausschluss von Hilfe führen würde. Im deutschsprachigen Kontext stellen Gerarts et al. (2016) im Rahmen einer Interviewstudie mit geflüchteten Kindern im Alter von 10 und 13 Jahren die Vulnerabilität im Generationenverhältnis sowie Verletzlichkeit geflohener Kinder in Folge von Beziehungsabbrüchen und Verlusterfahrungen durch die Flucht heraus. Zugleich seien für die Kinder Schule und Spracherwerb zentral und hätten – je nach Ausgestaltung – einen Handlungsfähigkeit stärkenden Einfluss.

2.4.4.4 Diskussion

In diesem Kapitel wurde vorgeschlagen, relationale Verständnisse von agency und Vulnerabilität miteinander zu verbinden, um Lebenswelten geflüchteter Menschen in ihrer Komplexität zu erfassen. Ein differenzierter Blick auf das Wechselverhältnis von Handlungsfähigkeit und Vulnerabilität verhindert eine neoliberale Instrumentalisierung von Agency-Perspektiven, welche die Verantwortlichkeit für ein „gutes Leben" einseitig in den Kapazitäten von Individuen verortet (Ziegler, 2008). Genauso verhindert dieser Blick die pauschale Etikettierung geflüchteter Menschen als vulnerabel und führt zum Verständnis von Vulnerabilität als sozialer Herstellungspraxis. Vor dem Hintergrund politischer Debatten erfüllt die Auseinandersetzung mit agency und Vulnerabilität eine bedeutsame Funktion, denn die Unterscheidung in ‚freiwillige' und ‚erzwungene' Migration des internationalen Flüchtlingsregimes beruht auf eben jener Zuschreibung von agency *oder* Verletzlichkeit an Menschen auf der Flucht (Zwick, 2015, 277). Der hier vorgeschlagene Agency-Vulnerabilitäts-Nexus reflektiert stattdessen das Spannungsfeld, wie und wann Akteur*innen Ressourcen herstellen und entfalten können sowie wie und wann ihre Bedürfnisse verletzt, Teilhabe verwehrt und Vulnerabilität produziert wird. Diese multikontextuale Perspektive kann Kritik an sozialer Ungleichheit üben und Verantwortungsübernahme von gesellschaftlichen Instanzen einfordern, wenn Handlungsfähigkeit strukturell bedroht und eingeschränkt wird. Sie verortet Handlungsfähigkeit und Vulnerabilität als Konsequenz von Beziehungskonstellationen *zwischen* Akteur*innen („social agency" und „social vulnerability"). Der Herstellungscharakter betont die Temporalität und Veränderbarkeit von agency und Vulnerabilität und verweist auf Herausforderungen und Spielräume Sozialer Arbeit.

Der dominante politische Diskurs ist – genauso wie Teile der (pädagogischen) Organisationslandschaft und professionellen Handelns – von einem assimilatorischen Integrationsverständnis bestimmt. Die Verantwortlichkeit zur Lebensbewältigung wird unter Zuschreibung einer „individual agency" und in der Logik eines „aktivierenden Sozialstaats" einseitig in die Hände geflüchteter Menschen gelegt. Ein solcher Duktus verhält sich konträr zu einer relationalen Sichtweise und trägt vielmehr dazu bei, Vulnerabilität denn Handlungsfähigkeit herzustellen, insofern er die Gewährung von Teilhabe an ‚individuelle Kapazitäten und Anstrengungen' bei gleichzeitiger struktureller Schlechterstellung von Menschen koppelt. Diese Forderung läuft einem menschenrechtlichen Inklusionsverständnis zuwider und verdeutlicht die Notwendigkeit, Vulnerabilitäts- und Agencyperspektiven zu verzahnen und die politische sowie organisationale Herstellung von Handlungsfähigkeit und Verhinderung von Vulnerabilität als Thema auf die Agenda zu setzen. Eine *Verknüpfung relationaler Agency- und Vulnerabilitätsverständnisse* könnte vor dem Hintergrund gegenwärtiger Entwicklungen als „politiksensibilisierende Metapher" (Streich, 2009) fungieren. Für die Soziale Arbeit eröffnet sich hierdurch die Möglichkeit zur Kritik an verletzenden, ausschließenden und einschränkenden Beziehungsmustern, Diskursen, Organisationen und Politiken, ohne dabei die Ressourcen und gestalterischen Praktiken geflüchteter Menschen aus dem Blick zu verlieren.

2.4.5 Inklusion machtkritisch konturieren
Caroline Schmitt, Yasemin Uçan

Dieses Kapitel[13] entfaltet einen machtkritischen Inklusionsbegriff. Er zeigt auf, dass die grundlegenden Paradigmen eines menschenrechtlichen Inklusionsverständnisses wie eine Wertschätzung von Vielfalt und das Nicht-Aussondern spezifischer Personen(-gruppen) in ‚Sondersysteme' in bestehenden pädagogischen Konzepten bereits mitgedacht sind. Mithilfe von Bourdieus theoretischen Überlegungen zur symbolischen Macht verdichtet das Kapitel ein menschenrechtliches Inklusionsverständnis und argumentiert für eine Analyse von Unterscheidungs- und Ungleichbehandlungspraxen von Personen(-gruppen) als Grundpfeiler eines machtkritischen Begriffsverständnisses. Eine Auseinandersetzung mit Erkenntnissen aus den Postcolonial und Disability Studies sowie der kritischen Migrationsforschung erweitert die Debatte um Inklusion um die Frage nach der sozialen Konstruiertheit von ‚Normalität' und ‚Abweichung' sowie um die damit einhergehenden Privilegierungen und Diskriminierungen gesellschaftlicher Gruppen.

---

13 Dieses Unterkapitel wurde erstveröffentlicht als: Schmitt, C., Uçan, Y. (2021). Inklusion machtkritisch denken. Erziehungs- und sozialwissenschaftliche Perspektiven, in Hericks, N. (Hrsg.), Inklusion und Exklusion. Multidisziplinäre Perspektiven aus Theorie und Praxis (S. 57–78). Wiesbaden: VS. https://doi.org/10.1007/978-3-658-32550-3_4. Es stellt eine leicht modifizierte Form der Erstveröffentlichung dar.

2.4.5.1 Neuanlauf Inklusion

Der Inklusionsdiskurs reiht sich ein in eine komplexe Debatte rund um das Thema „Vielfalt". Interdisziplinär, aber auch in der Erziehungswissenschaft[14] mit ihren Subdisziplinen, reicht die Auseinandersetzung mit und Bearbeitung von Vielfalt weit in die Geschichte zurück. Die Pädagogik reagierte bis in die 1960er Jahre dominanterweise im Sinne einer intendierten Anpassung von Menschen an spezifische Normalitätsverständnisse. Als besonders klassifizierte Menschen wurden in Sonderdiensten ‚versorgt'. Spezifische Subdisziplinen wie die Sonderpädagogik entstanden und konstruierten Zielgruppen ihrer wissenschaftlichen und praktischen Auseinandersetzung, wie etwa ‚Menschen mit Behinderung' oder ‚Migrant*innen'[15]. Bösl (2010) zeichnet die Verbesonderung einer pädagogischen Adressat*innengruppe in Deutschland, nämlich derer, die als ‚behindert' gelten, nach. Sie stellt heraus, dass Behinderung im 19. Jahrhundert mehrheitlich als ‚Defekt' wahrgenommen wurde und Menschen mit Behinderung Zielobjekte von Therapie und Präventionsmaßnahmen waren. Ihrer Verfolgung und Auslöschung im Nationalsozialismus folgte noch bis in die 1970er Jahre hinein eine Perspektive auf Behinderung als Defizit und Funktionseinschränkung. In den 1960er und 1970er Jahren differenzierte sich die Sonderpädagogik in Deutschland mehr und mehr aus. Kategorien wie die jene der „Lernbehinderung" wurden neu entwickelt. Gleichsam zeichnete sich ein Wandel ab: Selbsthilfegruppen, Elterninitiativen und dem Anliegen nahestehende Wissenschaftler*innen entfalteten Gegenbilder zu einem medizinischen Verständnis von Behinderung. Sie forderten eine Integration von Menschen mit Behinderung in die gesellschaftlichen Regelsysteme und setzten sich gegen Separation und Segregation ein. Der zunehmende Protest in den 1980er Jahren ging mit der rechtlichen Verankerung des Satzes „Niemand darf wegen seiner Behinderung benachteiligt werden" in Artikel 3 des Grundgesetzes einher. Trotz dieses Engagements zeigt sich die Situation

---

14 *Erziehungswissenschaft* wird verstanden als Sozialwissenschaft, deren Gegenstand die theoretische und empirische Analyse von Erziehungs-, Bildungs- und Sozialisationsprozessen ist, wohingegen mit *Pädagogik* die Reflexion der erzieherischen Praxis gemeint ist (Brück, Weyers, 2018, 155 ff.). Subdisziplinen der Erziehungswissenschaft fokussieren auf spezifische Felder und Adressat*innen pädagogischen Handelns, wie etwa die *Sozial*pädagogik, *Sonder*pädagogik oder *Schul*pädagogik. Eine solche Ausdifferenzierung wird im Rahmen des Inklusionsdiskurses fraglich.

15 Das Kapitel reflektiert die Bezeichnungen ‚Menschen mit Behinderung' genauso wie ‚Migrant*innen' als Konsequenz von Kategorisierungsprozessen. Wer als ‚behindert' oder als ‚Migrant*in' gilt, ist keineswegs festgeschrieben, sondern in gesellschaftliche Aushandlungsprozesse eingebettet, welche wiederum auf dominante Vorstellungen von Normalität und Abweichung verweisen. Hiermit soll eine Distanz zu essentialistischen Verständnissen von Behinderung, Migration sowie weiteren Differenzlinien wie Geschlecht oder sexueller Identität markiert werden und eine Verortung in Perspektiven, welche die sozialen Herstellungsprozesse dieser Differenzlinien in den Blick nehmen, ohne die Wirkmacht dieser Kategorien und mögliche Unterstützungsbedarfe der kategorisierten Menschen infrage zu stellen.

in Deutschland bis heute weit entfernt von einer gleichberechtigten Teilhabe von Menschen mit und ohne Behinderung. In der Kinder- und Jugendhilfe sind etwa junge Menschen, die als ‚geistig' und körperlich behindert bezeichnet werden, als Empfänger*innen von Leistungen ausgeschlossen. Für sie ist die Sozialhilfe bzw. Eingliederungshilfe zuständig (Lüders, 2019). Engin (2019) zeigt für geflüchtete chronisch kranke oder behinderte Kinder große Versorgungslücken auf, die unter anderem auf eine problematische Rechtslage des Asylgesetztes und die Nicht-Umsetzung der internationalen Bestimmungen zurückzuführen sind. Und auch Wohnformen, schulische und außerschulische Bildungsorte, die politische Partizipation und Freizeitgestaltung von Menschen mit Behinderung folgt überwiegend der Logik von Separation und Segregation, wenngleich integrative und inklusive Formen des Zusammenlebens und -arbeitens zunehmen. Bittlingmayer und Sahrai (2016, 695) sprechen aus diesem Grund von Inklusion als einem „Neuanlauf", „das bereits 1994 in das Grundgesetz aufgenommene Diskriminierungsverbot für behinderte Menschen [...] im öffentlichen Bewusstsein der Gesellschaft und in den milieuspezifischen Lebenswelten zu verankern".

In der Erziehungswissenschaft zeichnet sich gegenwärtig eine Tendenz ab, den Inklusionsbegriff, wie er in der UN-Behindertenrechtskonvention (UN-BRK) entfaltet wird, breit und in der Verschränkung mit weiteren Differenzkategorien, wie zum Beispiel Migration, zu denken (z. B. Lindmeier, Lütje-Klose, 2015; Wansing, Westphal, 2014; Westphal, Wansing, 2019). Hiermit ist gemeint, die besonderen Diskriminierungserfahrungen von Menschen mit Behinderung anzuerkennen, Teilhabe herzustellen und dabei genauso intersektionale Formen von Diskriminierung entlang vielfältiger Differenzlinien wie etwa Alter, Geschlecht, äußeres Erscheinungsbild oder Nationalität zu reflektieren (Crenshaw, 1994). Das Ziel der Teilhabe aller Menschen unabhängig von ihren Fähigkeiten und Bedürfnissen verstehen solche Perspektiven als universelles Ziel. Inklusion bezieht sich damit grundlegend auf alle Organisationen, Diskurse und rechtlichen Vorschriften, welche in die Teilhabegestaltung und/oder -verwehrung von Menschen involviert sind. Inklusion ist Zielrichtung der gesamten gesellschaftlichen Architektur. Damit unterscheidet sich die Perspektive von dem ebenso kontrovers diskutierten Integrationsbegriff. Dieser steht in der Kritik, da er gesellschaftliche Referenzsysteme, in die hinein integriert werden soll, und ausgewählte Personen(-gruppen), welche als zu integrierende Akteur*innen gefasst werden, als strukturell getrennte Entitäten einander gegenüberstellt (Geisen, 2010, 28). Der Integrationsbegriff dichotomisiert einen expliziten Gegensatz von Eigenem und Fremden sowie Normalität und Abweichung (ebd.), wohingegen ein menschenrechtliches Verständnis von Inklusion gesellschaftliche Diversität anerkennt und auf die Konstruktion von Gruppen verzichten will.

2.4.5.2 One step back: Vorreiter*innen von Inklusion

Die Debatte um Inklusion hat durch die Formulierung von Inklusion als Menschenrecht eine neue Dimension erreicht. Gleichwohl sind die verhandelten Themen dieses Diskurses keine gänzlich neuen. Die Ansätze der Affirmative Action, des Diversity Managements, der Pädagogik der Vielfalt oder der Interkulturellen Öffnung haben sich seit Mitte des 20. Jahrhunderts etabliert und bedienen sich eines ähnlichen Vokabulars wie der Inklusionsdiskurs. Alle Ansätze eint der Blick auf eine Wertschätzung von Vielfalt und die Perspektive auf ein Nicht-Aussondern; sie verfolgen aber unterschiedliche Ziele, weshalb ein In-Bezug-Setzen der Blickrichtungen nicht nur der Schärfung der Spezifika des Inklusionsbegriffs dient, sondern ein unerlässliches Unterfangen darstellt, soll der Inklusionsbegriff in dieser Debatte nicht verwässern.

Die Historie von Vielfaltsansätzen lässt sich (mindestens) zurückverfolgen bis in die 1960er Jahre hinein. Mit den Bürger*innenrechtsbewegungen in den USA wie auch in Europa machten schwule, lesbische und Schwarze Menschen, Frauen, psychisch erkrankte Menschen und solche, die als behindert klassifiziert sind, auf erlebte Diskriminierung aufmerksam. Sie forderten gleiche Rechte für alle und veränderten nicht nur den gesellschaftlichen Diskurs, sondern erzeugten mit ihren Forderungen nach Teilhabe, Gleichheit und Antidiskriminierung einen Widerhall im Bildungsbereich, in der Wirtschaft, in der außerschulischen Pädagogik sowie Frauen- und Antirassismusarbeit (Prengel, 2007, 50). Alternative pädagogische Konzepte wie integrative Wohnformen und Schulmodellprojekte entstanden. In den USA hat sich ausgehend von den Bürger*innenrechtsbewegungen in den 1950er, 1960er und 1970er Jahren die Equal Employment Opportunity Commission konstituiert, welche landesweit Gesetze der Antidiskriminierung überwacht und Verstöße ahndet (Vedder, 2006, 3 f.). In den 1960er Jahren wurde der Ansatz der Affirmative Action Plans etabliert. Hiermit sind Maßnahmen des Nachteilsausgleichs gemeint, um „die Gleichheit aller Bürger*innen herzustellen und sozialer Ungleichheit bzw. (rassistischer) Diskriminierung entgegenzuwirken" (Fereidooni, Massumi, 2017, 702). Fereidooni und Massumi (ebd., 703 f.) identifizieren für die USA drei Anwendungsfelder: Erstens sind alle Empfänger*innen staatlicher Aufträge und Subventionen zur Umsetzung von Affirmative Action verpflichtet. Sie sollen die Zusammensetzung ihrer Mitarbeitenden oder etwa Studierenden so gestalten, dass keine gesellschaftlichen Gruppen ausgeschlossen sind. Zweitens müssen staatliche oder staatlich subventionierte Arbeitgeber*innen ihre Einstellungspraxis diskriminierungsfrei verantworten. Drittens sollen staatliche und staatlich subventionierte Universitäten die Unterrepräsentanz von People of Color sowie Schwarzen Mitarbeitenden und Studierenden ausgleichen.

In Deutschland ist Affirmative Action bisher zur Gleichstellung von Frauen und Menschen mit Behinderung mit dem „Gesetz zur Gleichstellung behinderter

Menschen" und dem „Gesetz für die Gleichstellung von Frauen und Männern in der Bundesverwaltung und in den Unternehmen und Gerichten des Bundes" verankert. Das Allgemeine Gleichbehandlungsgesetz (AGG) aus dem Jahr 2006 hält in § 1 ein Diskriminierungsverbot aufgrund der sogenannten „Big Six" fest: Ziel des Gesetzes ist, Benachteiligungen aus Gründen der (1) „Rasse"[16] oder wegen der ethnischen Herkunft, (2) des Geschlechts, (3) der Religion oder Weltanschauung, (4) einer Behinderung, (5) des Alters oder (6) der sexuellen Identität zu verhindern oder zu beseitigen.

Die rechtliche Verankerung von Nicht-Diskriminierung ist von der ökonomischen Strategie des Diversity Managements zu unterscheiden. Diversity Management hat sich in den 1980er Jahren in den USA als Ansatz der Organisationsentwicklung und des Personalmanagements entwickelt. Seine Ursprünge reichen bis in die Bürger*innenrechtsbewegungen zurück, die auf Seite von Arbeitgeber*innen zu einer erhöhten Sensibilität für Fragen von Gleichstellung und Diskriminierung beigetragen haben (Krell, Ortlieb, Sieben, 2018). Ziel ist eine ökonomische Nutzbarmachung der Vielfalt von Mitarbeitenden zwecks der Adressierung der Bedürfnisse einer als vielfältig antizipierten Kundschaft. Ob und wie Diversity Management in der Sozialen Arbeit, Behindertenhilfe oder im Bildungsbereich relevant und Impulsgeberin sein kann, wird kontrovers diskutiert. Kaufmann (2018, 211) differenziert zwischen rechtlich verankerten Anti-Diskriminierungsmaßnahmen als „Equity Case" und den wirtschaftlich ausgerichteten Diversitykonzepten als „Business Case". Diversity Management wird im Feld der Erziehungswissenschaft und ihrer Subdisziplinen unterschiedlich rezipiert. Während die einen auf grundlegende Unterschiede zu einer von sozialer Gerechtigkeit getragenen pädagogischen Perspektive hinweisen (Döge, Gretler Heusser, 2015), sehen andere Diversity Management als „hilfreiche Strategie auf dem Weg zu Inklusion" (Niehoff, 2009). Die Behindertenhilfe solle sich, so Niehoff, in das Diversity Management von Unternehmen einmischen, um einen inklusiven Arbeitsmarkt mitzugestalten.

Unabhängig eines Pro oder Contra von Diversity Management in Pädagogik und Sozialer Arbeit weisen Diversity Management und pädagogische Vielfaltsansätze Schnittmengen auf – wie eine Wertschätzung von Vielfalt statt einer Defizitorientierung oder eine vielfaltsorientierte Organisationsentwicklung (Schröer, 2018). Diese beiden Paradigmen finden sich etwa in Prengels (2007) „Pädagogik der Vielfalt". Prengel diskutiert in ihrem Buch die sich bereits seit Mitte der 1980er Jahre differenzierenden Ansätze und Perspektiven zum Umgang mit Vielfalt. Sie verhandelt rund zehn Jahre vor Verabschiedung der UN-BRK Thematiken, wie sie im gegenwärtigen Inklusionsdiskurs (wieder) prominent diskutiert werden.

---

16 Der Begriff der „Rasse" tritt immer wieder in Gesetzestexten in Erscheinung. Die Bezeichnung ist in Anführungszeichen gesetzt, um auf die soziale Konstruiertheit von „Rassen" aufmerksam zu machen mit dem Ziel der Abgrenzung von einem biologistischen Verständnis.

So definiert Prengel (2007, 50) „Verschiedenheit, Gleichheit, Freiheit, Menschenrechte, Anerkennung, Heterogenitätsdimensionen und Vermischungen, Tertium Comparationis, Synchronie, Diachronie, Unbestimmtheit, Größendimensionen und Überschneidungen" als Eckpfeiler ihrer Pädagogik der Vielfalt und arbeitet in Bezug auf das Feld der Schule die Spannungsfelder von Vielfaltsorientierung in der Leistungsgesellschaft heraus. Die Selektion von Schüler*innen nach dem Kriterium der Leistung und ihre Zuweisung in spezifische Schulformen und -klassen widerspreche dem Grundsatz der Nicht-Aussonderung. Prengel stellt heraus, „dass für den Übergang in gesellschaftliche Positionen Leistung ausschlaggebend ist" (ebd., 63). Sie argumentiert weiter: „Im Interesse der Chancengleichheit ihrer Adressat*innen sollte Diversity Education hierarchische Strukturen anerkennen. Die Adressat*innen wiederum sollten darauf vorbereitet und darin angeleitet werden, in ihnen bestehen zu können" (ebd.).

Die Paradoxie, Inklusion in einer selektierenden und aussondernden Gesellschaft zur Maxime zu erheben, wird gegenwärtigen wieder intensiv diskutiert (Rensinghoff, 2015). Autor*innen reflektieren die Unmöglichkeit, diese Paradoxie gänzlich aufzulösen und plädieren für die Notwendigkeit, einen diversitätsorientierten Habitus auf Seite angehender pädagogischer Fachkräfte herauszubilden und diese für Ausgrenzungs- und Diskriminierungspraxen zu sensibilisieren (Aschmann-Wellmann, 2009).

Ein reflexiver Umgang mit Paradoxien ist grundlegendes Charakteristikum professionellen pädagogischen Handelns. Systematische Reflexivität meint die „Bereitschaft und Fähigkeit zur systematischen, methodisch kontrollierten und selbstkritischen Analyse des eigenen Tuns und der dazu gehörigen Rahmenbedingungen" (Heiner, 2004, 44, zit. n. Stecklina, Wienforth, 2017, 39). Eine Reflexion von (ausgrenzenden) Kategorisierungen, wie sie in unser aller Denken eingeschrieben sind, gilt es vor allem in professionellen Arbeitsfeldern gezielt zu gestalten. Stecklina und Wienforth (2017, 39) erinnern dabei an die Bedeutsamkeit, die eigene Verstrickung – etwa die eigene Betroffenheit in Geschlechterverhältnissen – einzubeziehen, ohne sich dabei selbst anzuprangern oder den Anspruch zu erheben, sich von dieser Verstrickung gänzlich distanzieren zu können. Schütze (1992) verdeutlicht in seinem wegweisenden Aufsatz „Sozialarbeit als bescheidene Profession" die reflexive Herausforderung von Pädagog*innen, im Spannungsfeld von Nähe und Distanz, von Hilfe und Kontrolle oder von Unterstützung zur Autonomie bei gleichzeitiger Wahrung der Selbstbestimmung und Unabhängigkeit der Adressat*innen zu agieren. Jene Strukturprobleme professionellen Handelns lassen sich um die Herstellung von Teilhabemöglichkeiten mit und für Adressat*innen pädagogischen Handelns erweitern, bei gleichzeitiger Vermeidung ihrer Separation. Ein reflexiver Habitus, der jene Paradoxien zu reflektieren vermag, scheint notwendiges Fundament jeder pädagogischen Tätigkeit, reicht aber allein nicht aus, um Inklusion zu gestalten.

Im menschenrechtlichen Verständnis von Inklusion geht es genauso um organisationale Veränderungsprozesse, das heißt die Schaffung einschließender Architektur, Routinen und Regeln. Sondersysteme wie eine spezifische Förderschule für Schüler*innen mit besonderem Förderbedarf stehen genauso auf dem Prüfstand wie Werkstätten für Menschen mit Behinderung, separierende Schulklassen für geflüchtete Kinder und Jugendliche oder künstliche Inseln wie Alterspflegeheime ohne Anbindung an die sie umgebenen städtischen oder dörflichen Infrastrukturen. Die Forderung nach inklusiven sozialen Diensten und Organisationen ist nicht neu. Barwig und Hinz-Rommel (1995) entfalteten diese Idee bereits in den 1990er Jahren unter dem Begriff der Interkulturellen Öffnung. Dieser Ansatz entstand als kritische Reaktion auf die sich zunehmend pluralisierenden Sonderdienste der Migrationsarbeit. Interkulturelle Öffnung forciert stattdessen eine Öffnung der sozialen Regeldienste für alle Zielgruppen, einschließlich von Menschen mit Mobilitätserfahrung, und versteht sich als gesellschaftliche Querschnittsaufgabe. Während die Anfänge dieser Perspektive dezidiert auf eine Öffnung hin zur migrationsgesellschaftlichen Realität hin orientiert waren, hat sich der Ansatz mittlerweile selbst geöffnet: Interkulturelle Öffnung meint in diesem Sinne – analog zur Perspektive von Inklusion – eine Gestaltung von Regeldiensten und Organisationen für alle Menschen, das Verhindern von Ausgrenzung und Diskriminierung und ein stetes Befragen, ob die entsprechenden Dienste auch tatsächlich für alle Menschen zugänglich sind (Vanderheiden, Meyer, 2014).

Die UN-Behindertenrechtskonvention hebt den Abbau von Diskriminierung und die volle Teilhabe von Menschen unabhängig von ihren Fähigkeiten und Bedürfnissen als Zieldimension von Inklusion hervor (Amirpur, 2019, 265). Genauso wie im Ansatz der Interkulturellen Öffnung rückt der Fokus weg von Akteur*innen, welche jahrelang als ‚defizitär' und ‚unterstützungsbedürftig' stigmatisiert wurden, hin zu diskriminierenden Organisationsstrukturen, Handlungsweisen und Diskursen. Die UN-BRK stützt sich auf die Allgemeine Erklärung der Menschenrechte, stellt aber, analog zur UN-Kinderrechtskonvention oder der Frauenrechtskonvention, die bestehenden Diskriminierungen „bei besonders gefährdeten Gruppen – in diesem Fall konkret den Menschen mit Behinderungen" (Bittlingmayer, Sahrai, 2016, 684) heraus. Inklusion meint in einem solchen Verständnis die selbstbestimmte Teilhabe aller Menschen und ihre Nicht-Diskriminierung aufgrund von zugeschriebenen oder tatsächlichen Differenzen. Fragen der Teilhabe beschäftigen die Erziehungswissenschaft und ihre Subdisziplinen seit jeher. Neu ist im Inklusionsdiskurs aber die Fundierung von Inklusion als Menschenrecht.

2.4.5.3 One step forward: Diskriminierung, Macht und symbolische Gewalt. Eine machtkritische Perspektive auf Inklusion

Nimmt man die Stoßrichtung der UN-BRK ernst, liegt eine theoretische Untermauerung von Inklusion unter Hinzunahme theoretischer Überlegungen zu Diskriminierung auf der Hand. Scherr (2014) definiert Diskriminierung als „Kategorie der Ungleichheitsforschung" (ebd., 5), welche die Analyse der „Herstellung gesellschaftlicher Privilegien und Benachteiligungen" (ebd., 8) zum Ziel hat. Diskriminierung bezeichnet „Formen der Unterscheidung und Ungleichbehandlung von Gruppen" (Scherr, 2011a, 34), welche das Gebot der Gleichheit in modernen Gesellschaften missachten. Gomolla (2017) differenziert zwischen institutioneller und struktureller sowie direkter und indirekter Diskriminierung. Unter institutioneller Diskriminierung versteht sie „Praktiken der Herabsetzung, Benachteiligung und Ausgrenzung von sozialen Gruppen und ihnen angehörigen Personen auf der Ebene von Organisationen und der in ihnen tätigen Professionen" (ebd., 134). Verdichtet sich die Diskriminierung spezifischer Personen(-gruppen) derart, dass sie nicht mehr an einzelnen Institutionen festgemacht werden kann, spricht sie von struktureller Diskriminierung (ebd., 148). Direkte Diskriminierung meint eine intendierte Benachteiligung, etwa durch Vorschriften und Gesetze, während indirekte Diskriminierung „die gesamte Bandbreite institutioneller Vorkehrungen, Regeln und Praktiken [...] ohne Vorurteil oder negative Absicht" (ebd., 146) umfasst, welche ausschließen und Ungleichbehandlung nicht intendiert hervorrufen.

Um dem menschenrechtlichen Auftrag der Nicht-Diskriminierung gerecht zu werden, wie er in der UN-BRK formuliert ist, kann die Inklusionsdebatte auf Erfahrungen und Theorieperspektiven zurückgreifen, wie sie im Zuge von Affirmative Action, Interkultureller Öffnung und der Pädagogik der Vielfalt entwickelt wurden. Die Verschiebung einer Sonder- zur Regelversorgung sowie die Herausbildung eines diversitätsorientierten Habitus bei professionellen Fachkräften kommen als zentrale Pfeiler auch hier zum Tragen.

In der theoretischen Verdichtung eines kritischen Inklusionsbegriffs gilt es darüber hinaus, eine kritische Reflexion der „Normalitätsvorstellungen und Normalitätskonstruktionen der Mehrheitsgesellschaft unmittelbar einzubeziehen" (Bittlingmayer, Sahrai, 2016, 688). Waldschmidt (2007, 130) beschreibt das Hinterfragen von Normalitätsvorstellungen in der Diskussion um Behinderung als Leerstelle im Diskurs und kritisiert die Naturalisierung von Beeinträchtigung als scheinbar natürlich gegebene Entität von Körpern aus dem Blickwinkel der Disability Studies. Sie arbeitet unter Bezugnahme auf Foucault heraus, dass es nicht ausreicht, ausschließlich Behinderung – verstanden als behinderte Teilhabe an Gesellschaft – als gesellschaftliches Phänomen zu begreifen, sondern ebenso Beeinträchtigung in ihrer diskursiven Herstellung zu betrachten, ohne dabei die Selbstverhältnisse und Widerständigkeiten von Akteur*innen zu übersehen.

Damit rücken zentrale und bisher nicht ausreichend diskutierte Fragen in der Debatte um Inklusion ins Zentrum:

1. Wer und was wird eigentlich als ‚normal' angesehen?
2. Wer oder was wird als ‚abweichend' gezeichnet?
3. Und auf welche gesellschaftlichen Machtapparate verweisen diese Vorstellungen?

Es sind genau jene Normalitätskonstruktionen, welchen wir uns ausgehend von den Arbeiten von Waldschmidt (2007) sowie von Jantzen (2015) weiter nähern wollen. Jantzen (2015) rezipiert in seinem wegweisenden Aufsatz „Inklusion und Kolonialität – Gegenrede zu einer unpolitischen Inklusionsdebatte" machtkritische Diskurse aus der Soziologie und Sozialphilosophie des Südens, „in deren Zentrum die Analyse der Kolonialität der Macht und die Entwicklung einer Theorie und Praxis der Dekolonisierung stehen" (Jantzen, 2015, 243). Kritisch analysiert er unter Bezugnahme auf Quijano, Fanon, Dussel und Freire, wie die „Philosophie der Moderne" zu einer „Verobjektivierung des Körpers als bloße Natur" (ebd., 244) führte und abweichende Körper wie den dunkelhäutigen Körper, den weiblichen Körper und den behinderten Körper erzeugt und als minderwertig konstruiert hat (ebd., 244f.). Die Konstruktion vermeintlich normaler und abweichender Körper ziehe sich bis in den gegenwärtigen Inklusionsdiskurs hinein (ebd., 245). Eine „Epistomologie des Südens" habe die „Offenlegung der Kolonialität in allen Diskursen über Exklusion und Inklusion" sowie die Dekolonialisierung zum Ziel, verstanden als Prozess der Befreiung der Entrechteten und Unterdrückten, und müsse die Kolonialisierung und Abwertung des ‚anderen' offenlegen, um an einer Veränderung der gesellschaftlichen Verhältnisse arbeiten zu können (ebd., 246).

Wollen wir verstehen, wie sich Normalitätsverständnisse über lange Zeit halten und von uns als ‚gegebene Faktizitäten' unhinterfragt angenommen werden, gilt es, den Blick auf verborgene und machtvolle Mechanismen ihrer Legitimierung und Durchsetzung in sozialen Beziehungen zu richten.

Max Weber (1972, 28) definiert Macht als „jede Chance, innerhalb einer sozialen Beziehung den eigenen Willen auch gegen Widerstreben durchzusetzen, gleichviel worauf diese Chance beruht". Macht ist die Möglichkeit, eine Perspektive auch gegen Widerstand zu verwirklichen. Institutionalisiert sich eine solche Perspektive über einen langen Zeitraum – wie etwa spezifische Vorstellungen von Normalität und Abweichung – können wir von Herrschaft sprechen (Inhetveen, 2008, 254). Nehmen wir Formen von Herrschaft als selbstverständlich an, werden die Mechanismen der Herrschaft nicht sichtbar. Sie artikulieren sich erst dann, wenn ein „Machtverdacht" (ebd., 255) aufkommt und Fragen von sozialer Ungleichheit gestellt werden.

Der französische Soziologe Pierre Bourdieu hat einen analytischen Begriff zur Auseinandersetzung mit eben jenen zunächst unverdächtig wirkenden, unsichtbaren und latenten Mechanismen von Macht entwickelt – jenen der symbolischen Gewalt. In „Die verborgenen Mechanismen der Macht" führt Bourdieu ([1992] 2005, 82 f.) aus, dass Macht in dem Maße existiert, wie es ihr gelingt, Hierarchien zwischen Gruppen als ‚natürlich' oder ‚legitim' anerkennen zu lassen und von dem Vorwurf der Willkür zu befreien. Grundlegend ist für Bourdieu, dass „beide Seiten, die Machthaber und die Machtunterworfenen, [...] über dasselbe Deutungs- und Bewertungssystem verfügen [müssen], damit symbolische Gewalt wirksam werden kann" (Peter, 2004, 49, zit. n. Moebius, Wetterer, 2011, 2). Die Anerkennung von Hierarchien von beiden Seiten, die folglich zur Stabilisierung dieser beitragen, bezeichnet Bourdieu als „Beziehung hingenommener Komplizenschaft" (Bourdieu, [1992] 2005, 82). Die Mechanismen symbolischer Gewalt sind in diesen Beziehungen umso wirksamer, da sie auf jegliche physische Gewalt verzichten: „Die sanften und verkappten Formen der Gewalt können sich um so eher als einzige Art der Ausübung von Herrschaft und Ausbeutung durchsetzen, als die direkte und krasse Ausbeutung schwieriger ist und auf größere Mißbilligung stößt" (Bourdieu, 1993, 234).

Bourdieu und Passeron ([1977] 1990) haben diese Mechanismen am Beispiel des (französischen) Bildungssystems verdeutlicht: Denn auch, wenn das Bildungssystem für Menschen aller sozialen Gruppen zugänglich scheint, wirkten die ihm inhärenten Regeln zu Umgangsformen und Sprache insofern exklusiv, als dass sie auf die Bildungsteilnehmer*innen aus den bildungsnahen sozialen Gruppen zugeschnitten sind und diese privilegieren. Jenen, welche dem Bildungssystem qua Ausschließung fernstehen, fehlt in der Konsequenz das „kulturelle und sprachliche Rüstzeug", um überhaupt Zugang zu erlangen. Die vermeintliche Öffnung des Bildungssystems entlarvt sich als Schein-Öffnung und institutionell gefestigte Absicherung von Herrschaft. Keinen Zugang zu höheren Bildungsinstitutionen zu erreichen, wird dem Individuum aber als selbstverschuldetes Versagen zugeschrieben (Lueg, 2016, 98 f.).

Eine Unterscheidung und Ungleichbehandlung von Gruppen, wie sie aus der Perspektive von Diskriminierung untersucht wird, erhält eine Legitimierung und Stabilisierung dann auch dadurch, dass die Ungleichbehandlung institutionell derart gefestigt ist, dass sie von den ungleich Behandelten als legitim verstanden wird und in ihrer machtvollen Unterdrückung kaschiert bleibt.

Hierdurch wird eine Subjektposition hervorgebracht, der qua antizipierter Wesensart eine ‚Andersheit' zugeschrieben wird. In den Postcolonial Studies ist dieser Prozess mit der Bezeichnung des Otherings (dt. Veranderung) umschrieben. Diese Blickrichtung setzt sich kritisch mit kolonialisierenden und diskursiven Praktiken auseinander, durch die ‚die Anderen' überhaupt erst hervorgebracht werden. Sie fragt, wie im Prozess des Otherings differente Subjektpositionen und machtvolle Ausgrenzungspraktiken erzeugt werden: „that is, subjects in powerful social positions as well as those subjugated to these powerful conditions" (Thomas-Olalde, Velho, 2011, 27). Das Konzept geht zurück auf Saids (1978) Werk Orientalism. Said zeigt auf, wie Diskurse und Praxen den ‚Orient' herstellen und ihn mit Stereotypen wie feminin, irrational und primitiv als Gegenstück zum maskulinen, rationalen und fortschrittlichen Westen entwerfen (Castro Varela, Dhawan, 2005). Spivak (1985) knüpft an Said an und analysiert in ihrem Aufsatz „The Rani of Sirmur" Dokumente britischer Kolonialherren in Indien. Sie rekonstruiert die Konstruktion von Unter- und Überlegenheit von Kolonialisierten und Kolonialisatoren im Archivmaterial.

Mechanismen des Othering sind jedoch kein historisches Phänomen, sondern in gegenwärtige Diskurse zu (Flucht-)Migration, Geschlecht oder Behinderung eingeschrieben. Die Analyse von Otheringprozessen wird in der Migrationspädagogik aufgegriffen, mit der „natio-ethno-kulturelle Zugehörigkeitsordnungen in der Migrationsgesellschaft, die Macht (der Unterscheidung), die von diesen Ordnungen ausgeht, sowie die in und mittels dieser Ordnungen ermöglichten und verhinderten Bildungsprozesse in den Fokus [rücken]" (Mecheril, 2015, o. S.). Mit dem Begriff des „Migrationsanderen" führt Mecheril eine Analyseperspektive ein, welche die Herstellung von ‚den Anderen' in der Migrationsgesellschaft in den Blick nimmt. Diese Analyseperspektive lässt sich über die Frage nach Migration hinaus intersektional öffnen hin zur prinzipiellen Frage, wie und durch welche Kategorisierungen Figurationen des Anderen überhaupt erst erzeugt werden.

Die Herstellung solch dichotomer Gegensätze – wie ‚wir' und ‚die Anderen' sowie das Eigene und das Fremde – interpretiert Bauman (1995) als charakteristisch für die Epoche der Moderne, welche das Streben nach Eindeutigkeit als grundlegendes Epistem gesellschaftlich verankert. Mehrdeutigkeit und Ambivalenz werden in eine Freund-Feind-Schablone überführt (Tuider, 2013,182). Ein kritischer Inklusionsdiskurs hat sich nun aber der Aufgabe zu stellen, diese Prozesse der Überführung zu entschlüsseln und nach ihren ausschließenden Effekten zu fragen.

Eine solche Perspektive ermöglicht es, systematische und teils latente und kaschierte Ausschlussprozesse, wie sie etwa in Gesetzen oder Praktiken eingeschrieben sind, zu erfassen, so zum Beispiel im Umgang mit geflüchteten und/oder als behindert geltenden Kindern und Jugendlichen, deren Ausschluss aus den Regelsystemen mit ihren vermeintlich fehlenden Voraussetzungen zu legitimieren gesucht wird. Verstehen wir Inklusion machtkritisch, ist zentrale Aufgabe der Erziehungswissenschaft, aber auch aller anderen involvierten Disziplinen und Professionen, Machtungleichheiten, Machthierarchien und die eigenen, disziplinären und professionellen Verstrickungen in diese Ungleichheiten aufzudecken, zum Thema zu machen und zu bearbeiten. Dabei ist zu beachten, dass die eigene Verstricktheit – auch einer machtkritischen Forschung – nicht aufgelöst werden kann. Sie bleibt als Spannungsverhältnis bestehen, da kein machtneutrales Wissen vorhanden ist und somit auch eine machtkritische Forschung nicht bestehen kann, ohne „die eigene (institutionelle, disziplinäre, ökonomische und politische) Gebundenheit kritisch auszuweisen und die Machteffekte von Wissen (inklusive der eigenen Wissens-Produktion)" (Mecheril et al., 2013, 35) immer wieder auf ein Neues zu reflektieren.

2.4.5.4 Fazit und Ausblick

Versteht sich Inklusion als ein machtkritisches Befragen teils verfestigter und latent wirkender Vorstellungen von Normalität, lohnt eine Verbindung von Inklusionsdiskurs mit Erkenntnissen der Postcolonial, Disability sowie Queer Studies und kritischen Migrationsforschung. Diese interdisziplinären Perspektiven eint die Blickrichtung auf die Reflexion von ‚Normalitäts'-Verhältnissen und die hierin eingeschriebenen Vorstellungen von Normalität und Abweichung – sei es in Bezug auf die Kritik an einer heteronormativen Konstruktion sexueller Identität oder einer binären Konstruktion von Geschlecht; sei es die Kritik an Vorstellungen eines ‚nationalen Wir' und die Konstruktion eines imaginierten Gegenübers, das als ‚anders' entworfen wird, oder die Kritik an einer einseitigen Konstruktion von Menschen mit Beeinträchtigung als vulnerabel und die soziale Herstellung von vermeintlich ‚nicht-vulnerablen, nicht-behinderten Menschen', wie es die Disability Studies kritisieren (Panesar, 2019). Ein kritisches Befragen von Normalitätsverhältnissen bringt verfestigte Subjektpositionen, die zwischen privilegiert und benachteiligt changieren, ins Wanken. Damit geht diese Perspektive über eine organisationale Umgestaltung von der Sonder- zur Regelversorgung hinaus und befragt unsere Handlungs- und Orientierungsrahmen grundlegend:

- Wie und warum werden bestimmte Personen(gruppen) zu ‚anderen' gemacht und als normabweichend konstruiert?
- Welche Funktion erfüllt dieser Prozess des Otherings für Personen(-gruppen), welche als ‚normal' implizit mitgedacht sind?
- Wie sind diese Prozesse eingebunden in die Ressourcenverteilung in unseren Gesellschaften, sprich: in Prozesse der Diskriminierung der einen und gleichzeitigen Privilegierung der anderen?

Bündeln wir unsere erarbeiteten Erkenntnisse, lassen sich zur Konturierung eines machtkritischen Inklusionsbegriffs mindestens die folgenden Punkte festhalten: Durch eine Orientierung an Affirmative Action kann Inklusion eine notwendige rechtliche Stoßrichtung gewinnen und sich als verbindliche gesamtgesellschaftliche Aufgabe auf einer Makroebene verstehen. Konzepte der Interkulturellen Öffnung können auf einer Mesoebene wertvolle Anregungen zur Gestaltung einschließender, nicht-diskriminierender Regelsysteme liefern, während die Mikroebene eines Miteinanders zwischen Fachkräften und pädagogischen Adressat*innen sich an einem wertschätzenden, diversitätsorientierten Habitus orientiert, den es in der Qualifikation von Pädagog*innen zu erarbeiten gilt. Auf einer Metaebene ist zentraler Dreh- und Angelpunkt eines machtkritischen Inklusionsverständnisses, den Anspruch der Nicht-Diskriminierung in Zusammenhang zu setzen zu gesellschaftlichen Vorstellungen von Normalität und Abweichung und damit einhergehend Privilegierungen und Benachteiligungen spezifischer Personen(-gruppen) wahrzunehmen und abzubauen. Ein machtkritischer Inklusionsbegriff befragt gesellschaftliche Hierarchien, die mitunter zementiert erscheinen, nach ihrem Veränderungspotenzial, oder, in Jantzens Worten (2015), nach der Möglichkeit der Befreiung aus kolonialen und unterdrückenden Herrschaftsstrukturen. Das Herantasten an „Macht- und Dominanzstrukturen" (Amirpur, 2019, 267) kann unseres Erachtens als zentrale erziehungswissenschaftliche Perspektive in einem Diskurs gelten, der sein machtkritisches Potenzial zu verspielen droht, wenn Inklusion zu einer verkürzten Formel des ‚celebrating diversity' verkommt, statt Macht- und Dominanzstrukturen zu analysieren und aufzubrechen: „Der starke Fokus der UN-BRK auf Nichtdiskriminierung und Inklusion offenbart doch vielmehr die Notwendigkeit einer Auseinandersetzung mit der Frage: Wer wird in Deutschland wie diskriminiert und ausgegrenzt und welche Folgen haben diese Diskriminierungen und Ausgrenzungen?" (ebd.). Inklusion meint dann nicht den Einbezug von Menschen mit Behinderung, Flucht- und Migrationserfahrung, von Frauen, queeren Menschen oder anderen benachteiligten Personen(gruppen) in spezifische gesellschaftliche Systeme und deren Wertschätzung als Teil gesellschaftlicher Vielfalt, sondern versteht sich in einem machtkritischen Sinne als „Gesellschaftsforschung" (Georgi, 2015, 25), die auf der praktischen Ebene nicht nur mit organisationaler Umgestaltung, sondern einem Aufgeben der Privilegien der einen und der Nicht-Diskriminierung der anderen einhergeht.

2.4.6 Empirische Zugänge I: Inklusion und Lebenswirklichkeiten in der Pflege
Caroline Schmitt, Hans Günther Homfeldt

Der Bundestag[17] hat in den vergangenen Jahren mehrere Gesetze auf den Weg gebracht, um die gesellschaftliche Teilhabe pflegebedürftiger Menschen[18] zu för-

---

17 Dieses Unterkapitel wurde erstveröffentlicht als Schmitt, C., Homfeldt, H. G. (2020). „Das hier ist wirklich am Abstellgleis. Toter als tot". Junge Pflegebedürftige als vergessene Adressat*innengruppe gesundheitsbezogener Sozialer Arbeit im Pflegeheim. neue praxis, 50(3), 231–249. Es stellt eine leicht modifizierte Form der Erstveröffentlichung dar.
18 Die Bezeichnung „pflegebedürftige Menschen" meint Personen, „die gesundheitlich bedingte Beeinträchtigungen der Selbstständigkeit oder der Fähigkeiten aufweisen und deshalb der Hilfe durch andere bedürfen (1). Die Pflegebedürftigkeit muss auf Dauer, voraussichtlich für mindestens sechs Monate (2), und mit mindestens der in § 15 festgelegten Schwere bestehen (3)" (§ 14 Abs. 1 SGB XI). § 15 des SGB XI enthält Regulierungen zum Grad der Pflegebedürftigkeit. Der Pflegegrad wird mittels eines pflegefachlichen Begutachtungsinstruments ermittelt und von der Pflegekasse festgelegt.

dern. Das „Gesetz zur Stärkung der Gesundheitsförderung und der Prävention" (PrävG) aus dem Juli 2015 formuliert für stationäre Pflegeeinrichtungen einen Präventionsauftrag, unter Beteiligung der Betroffenen Angebote zur Gesundheitsförderung und „Stärkung der gesundheitlichen Ressourcen und Fähigkeiten" (Art. 6, § 5, Abs. 1) umzusetzen. Die Pflegestärkungsgesetze (PSG I, II und III) aus den Jahren 2015, 2016 und 2017 etablieren mit den fünf Pflegegraden ein neues Schema zur Beurteilung von Pflegebedürftigkeit und weiten den Kreis der Leistungsberechtigten und das Leistungsspektrum aus. So ist im zweiten Pflegestärkungsgesetz für Pflegebedürftige ein Anspruch auf zusätzliche soziale Betreuung und Aktivierung mit dem Ziel einer selbstbestimmten Alltagsbewältigung festgehalten. Auch das im Jahr 2017 in seiner ersten Stufe in Kraft getretene Bundesteilhabegesetz (BTHG) hat zum Ziel, Menschen mit (drohender) Behinderung und Pflegebedürftigkeit eine selbstbestimmte Lebensführung und „volle, wirksame und gleichberechtigte Teilhabe am Leben in der Gesellschaft" (§ 1) zu ermöglichen. Pflegebedürftigkeit soll vermieden, überwunden oder vermindert werden (§ 9). Das BTHG überführt die Eingliederungshilfe für Menschen mit Behinderung aus dem Sozialhilferecht des SGB XII in das SGB IX zu Rehabilitation und Teilhabe (Röh, 2019, 231). Die Eingliederungshilfe als Teil der Rehabilitation zu verstehen, ermöglicht eine größere Nähe zur gesundheitsbezogenen Sozialen Arbeit.

Trotz der Intention, die Teilhabe pflegebedürftiger Menschen zu stärken, sehen sich Gesetze und Gesetzesvorhaben regelmäßiger Kritik ausgesetzt, Selbstbestimmung und Teilhabe nicht ausreichend zu unterstützen. Im Jahr 2019 wird etwa der Entwurf des Intensivpflege- und Rehabilitationsstärkungsgesetzes (IP-REG) von Wohlfahrtsverbänden und Betroffenenorganisationen kontrovers diskutiert. Ziel des Vorhabens ist, die Situation von pflegebedürftigen Intensivpatient*innen zu verbessern, die Qualität in der stationären Pflege zu erhöhen und Abrechnungsbetrug in der ambulanten Versorgung vorzubeugen. Verbände kritisieren, dass die geplante Abwägungsentscheidung in den Händen des Medizinischen Dienstes liegen soll: Es wäre dann Aufgabe des Medizinischen Dienstes zu entscheiden, ob Patient*innen im Pflegeheim oder zu Hause versorgt werden sollen, anstatt die Wahl den Betreffenden selbst zu überlassen (siehe Stellungnahme des CBP, 2019).

Diese Gesetze und Gesetzesvorhaben ordnen sich in eine Reihe politischer Maßnahmen auf dem Weg zu einer inklusiv ausgerichteten Gesellschaft ein, die Menschen mit ihren spezifischen Bedürfnissen und Ressourcen adressiert, ohne sie auszugrenzen. Zunehmend mehr rücken die „‚Umstände', unter denen sich pflegerisches Handeln als fürsorgliches Handeln realisieren soll" (Kohlen, Giese, Riedel, 2019, 285), in diesem Zusammenhang in den Fokus.

Im Frühjahr 2020 sind die schwierigen Umstände in der Pflege, die sich durch einen hohen Bedarf an Pflege- und Sorgetätigkeiten bei gleichzeitigem Kosten- und Spardruck auszeichnen, im Zuge der Corona-Pandemie im Blick einer breiten Öffentlichkeit. Pflegebedürftige Menschen sind von der Viruskatastrophe besonders stark betroffen. Die ohnehin eingeschränkte soziale Sorge bricht durch neue Herausforderungen und Quarantänemaßnahmen weiter weg. Die Coronakrise offenbart in eklatanter Weise die ohnehin gegebene Pflegekrise. Belastungen nehmen für Pflegepersonal wie pflegebedürftige Menschen weiter zu. Die spezifische Situation lässt grundlegende Probleme wie einen Personalmangel in der Pflege deutlich hervortreten und verschärft sie noch. Die Diskussion darüber, dass in diesem Feld „systemrelevante" Fachkräfte in einem facettenreichen Aufgabenbereich agieren, will dieses Kapitel unterstreichen und die Bedeutsamkeit einer grundlegenden Stärkung sozialer Sorge und damit einhergehend der gesundheitsbezogenen Sozialen Arbeit im Feld der Pflege aufzeigen.

Nach Einführung der Pflegeversicherung 1995 wandelte sich die Pflege. War sie vorher tendenziell breit konzipiert, reorganisierten sich nach 1995 die ambulanten und stationären Dienste. Anstelle korporativer Strukturen zwischen Verbänden und Gemeinden/Landkreisen traten nun die Pflegekassen. Leistungen der Sozialen Arbeit waren fortan nicht mehr mitfinanzierbar. Pflegekassen beschränkten sich vornehmlich auf die Finanzierung von Pflegekräften (Schmidt, Klie, 1998). Die Folge sind Qualitätsdefizite und ein weitgehendes Ausbleiben sozialer Betreuung, wenn sie nicht von Angehörigen und Ehrenamtlichen übernommen wird. Eine einzig auf körperbezogene Versorgungsleistungen zentrierte Pflege wird Bewohner*innen von Pflegeeinrichtungen jedoch nicht gerecht, „denn „altersgerechte Versorgungsgestaltung bedeutet [...] vorhandene Bewältigungsfähigkeiten nicht zu beeinträchtigen und Sorge für die Aufrechterhaltung sozialer Integration sowie die Vermeidung von Diskriminierung zu tragen" (Garms-Homolova, Schaeffer, 2000, 545). Wer kann und soll diese das Wohlbefinden tragenden Versorgungsleistungen übernehmen?

In den zurückliegenden zwanzig Jahren professionalisierte sich die Pflege unter anderem durch die Etablierung der Pflegewissenschaften an den Hochschulen. Hierbei wird das Bemühen sichtbar, sich an einem weit gefassten Pflegeverständnis des ‚caring' zu orientieren. Dennoch sind biopsychosoziale Tätigkeitsanteile (u. a. die soziale Betreuung im Sinne von § 75 SGB XI) nach wie vor nicht hinlänglich in der Praxis umgesetzt. Ein umfassendes Verstehen von Situationen ist vonnöten (siehe zu Stufen von Pflegekompetenz Benner, 2000), aber gegenwärtig auf der Basis eines vertragsrechtlich gebundenen Leistungsspektrums praktisch kaum umsetzbar.

Ein auf Teilhabe ausgerichteter Denkansatz fordert nun zu neuen Mitwirkungsmöglichkeiten der Sozialen Arbeit im stationären Pflegebereich heraus. Gesundheitsförderung könnte vor diesem Hintergrund zu einer wichtigen Facette umfassender sozialer Versorgung werden, an der eine gesundheitsbezogene Soziale Arbeit mitwirken kann, nicht zuletzt als wichtiger Teil von ihr die Klinische Sozialarbeit. Die gesundheitsbezogene Soziale Arbeit kann mit ihrem lebensweltorientierten Blick, aber auch ihrer Ausrichtung auf interprofessionelle

Kooperation, eine bedeutsame Perspektive in der Diskussion um eine sorgende Pflege bereitstellen. Ihre Konzepte zur partizipativen Gestaltung sozialer Beziehungen und Umwelten (Wansing, 2005) und zu Aufrechterhaltung und Erweiterung von Handlungsfähigkeit sind für die Debatte wichtige Eckpfeiler. Will Soziale Arbeit ihrem komplexen Auftrag gerecht werden, gilt es, Pflegeheime nicht ausschließlich als „Politikfeld" (Auth, 2019a), sondern als lebensweltliche Orte (Hünersdorf, 2005) aus Perspektive pflegebedürftiger Menschen wahrzunehmen.

Dieses Kapitel knüpft an diesen Auftrag an und stellt eine Adressat*innengruppe vor, die in der Diskussion um Qualität und Teilhabeorientierung von Pflege bisher kaum Berücksichtigung erfährt. Es handelt sich um junge pflegebedürftige Menschen im Erwachsenenalter, die aufgrund von chronischen Erkrankungen, eines Unfalls oder einer Behinderung auf pflegerische Unterstützung angewiesen sind. In über 90 Prozent der Fälle werden sie von Angehörigen im eigenen zu Hause gepflegt (Destatis, 2019a). Können die Bedürfnisse zu Hause und mithilfe ambulanter Angebote nicht gedeckt werden, fragen sie eine stationäre Versorgung nach. Sie finden sich dann vor einer regional different ausgeprägten Versorgungsstruktur wider. Diese umfasst Plätze in Altenpflegeheimen und Einrichtungen der Behindertenhilfe genauso wie Einrichtungen, die sich auf die angenommenen Bedürfnisse der Adressat*innen spezialisiert haben und mit dem Etikett „Junge Pflege" für eine adressat*innenorientierte Versorgung werben. Dieses Schlagwort zirkuliert vor allem in der pflegerischen Praxis und umschreibt pflegebedürftige Menschen unter einem Lebensalter von 60 Jahren (Rothgang, Müller, 2017, 164–165).

Das Kapitel führt zunächst in das Handlungsfeld der Jungen Pflege ein, das in der Praxis langsam an Relevanz gewinnt, als Forschungsfeld aber weitgehend unbeachtet ist. Dann wir die zugrundeliegende Perspektive auf Inklusion und Teilhabe als sensibilisierende Konzepte in der empirischen Annäherung an das Feld dargelegt. Dem folgen Erläuterungen zum methodischen Vorgehen der explorativen Fallstudie: Interviewt wurden zwei pflegebedürftige Männer im Erwachsenenalter. Während der erste Interviewte in einem konventionellen Altenpflegeheim lebt, ist der zweite Interviewte in einem Altenpflegeheim mit gesondertem Konzept für „Junge Pflege" untergebracht. Die Interviews werden in einem weiteren Schritt zu Fallvignetten zusammengefasst, bevor die fallübergreifenden Themen verdichtet herausgestellt werden. Zentrales Ergebnis ist, dass sich die Befragten als sozial isoliert erleben und ihnen im Altenpflegeheim die Befriedigung ihrer Bedürfnisse und eine selbstbestimmte Lebensführung verwehrt bleiben. Beide Männer fühlen sich der Institution mit ihren standardisierten Regeln unterworfen und machen auf die Nicht-Passung ihrer Bedürfnisse mit der Form ihrer Unterbringung aufmerksam. Abschließend wird herausgestellt, dass die Erkenntnisse der politischen Stoßrichtung einer Teilhabeorientierung in der Pflege entgegenlaufen und es wird auf notwendige Verbesserungen in der Pflegeinfrastruktur und Praxis verwiesen. Für die gesundheitsbezogene Soziale Arbeit zeigt sich die Herausforderung, Bedürfnisse von pflegebedürftigen Menschen über die Lebensspanne systematisch zu erfassen und lebensweltorientierte Ansatzpunkte in diesem Bereich zu stärken.

2.4.6.1 „Junge Pflegebedürftige". Eine vergessene Adressat*innengruppe gesundheitsbezogener Sozialer Arbeit

„Pflege" wird im deutschsprachigen Diskurs vorwiegend als Bedürfnis lebensälterer Menschen konstruiert. Dabei kann eine Pflegebedürftigkeit in jedem Lebensalter und jeder Lebensphase auftreten. Sie ist ein „lebensbegleitendes Thema" (Reichert, 2010). Das „traditionelle Bild vom Erwachsenen als ‚fertigen' Menschen" (Schröer, Stiehler, 2009, 1) hat jedoch dazu beigetragen, Pflegebedürftigkeit nicht als anthropologische Grundkonstante, sondern ‚Problem' des höheren Lebensalters zu diskutieren. Dabei ist vor dem Hintergrund universeller menschlicher Verletzbarkeit, der Entgrenzung von Lebensphasen und einer Weltrisikogesellschaft (Beck, [2008] 2017) davon auszugehen, dass das Erwachsenenalter „längst einer offenen Sozialisationsdynamik unterworfen [ist]" (Schröer, Stiehler, 2009, 29) und ganz zentral – analog zur (frühen) Kindheit, Jugend, dem Alter und hohen Alter – mit vielfältigen Bewältigungsanforderungen, auch im Bereich von Gesundheit und Pflege, einhergeht (Franzkowiak, Homfeldt, Mühlum, 2011, 81). Obgleich dem Erwachsenenalter gegenwärtig mehr Aufmerksamkeit entgegengebracht wird – zum Beispiel sind ihm im „Handbuch Lebensbewältigung und Soziale Arbeit" (Stecklina, Wienforth, 2020) elf Kapitel gewidmet –, steht eine grundlegende Diskussion aus Perspektive der gesundheitsbezogenen Sozialen Arbeit noch aus. Die wissenschaftliche Auseinandersetzung verengt Pflegebedürftigkeit als zentrales Risiko „des vierten Lebensalters" (Schmidt, 2010, 173) und fokussiert auf die Beziehung zwischen lebensälteren Menschen und Pflegenden. Neue Forschungsfelder weiten den Blick über den nationalstaatlichen Tellerrand hinaus. Sie analysieren Pflegebeziehungen zwischen lebensälteren Menschen und Pfleger*innen aus dem Ausland, Altern und Pflege von Menschen aus Ländern des Globalen Nordens in Nachbarländern oder fernen Destinationen (Schilliger, 2013; Bender, Hollstein, Schweppe, 2017) und Formen kultursensibler Pflege in der Migrationsgesellschaft (Aşkın, 2018). Auch Fragen von Partizipation lebensälterer Menschen in Pflegeeinrichtungen und im Stadtteil (Heusinger, Hämel, Kümpers, 2017), Gewaltschutz und Qualitätsstandards in Privathaushalt und Pflegeheim (Horn, Schweppe, 2019) sowie Belastungen, die mit einem Pflegeverhältnis für Angehörige einhergehen, rücken zunehmend in den Blick. Hierbei werden vor allem pflegende Kinder und Jugendliche als belastete Personengruppe verstanden (Metzing, Schnepp, 2007).

Auch Konferenzen und Fachtagungen behandeln Fragen von Qualität, Teilhabe und Schutz – die Adressat*innengruppe der „Jungen Pflege" bleibt dabei aber weitgehend ausgespart. Im Programm des 9. Präventionskongresses finden sich zum Thema „Prävention und Gesundheitsförderung in der Pflege" des Bundesministeriums für Gesundheit und der Bundesvereinigung Prävention und Gesundheitsförderung e. V. im Dezember 2019 in Berlin zwar Vorträge zu Gesundheitspotenzialen im hohen Alter, partizipativer Altenpflege und Qualitätsentwicklung, die Bedürfnisse junger und erwachsener Menschen mit Pflegebedürftigkeit sind jedoch unbenannt (BVPG, 2019).

Diese Erkenntnisse markieren ein Forschungsdesiderat: Obwohl pflegebedürftige Menschen im jungen Alter sowie Erwachsenenalter bis 60 Jahre rund 15 Prozent[19] der Pflegebedürftigen in Deutschland umfassen (Rothgang et al., 2017, 164), sind sie bisher nicht in den Fokus wissenschaftlicher Studien gerückt. Der Pflegereport 2017 konstatiert Versorgungslücken „im Hinblick auf Pflegeheime, die sich auf die Versorgung junger Pflegebedürftiger spezialisiert haben" (ebd., 251). Die Wünsche dieser Adressat*innengruppe nach einem selbstbestimmten Leben werden innerhalb der bestehenden Strukturen häufig nicht erfüllt (ebd.). In der Praxis nehmen angesichts dieser Bilanz Bestrebungen zu, die Bedürfnisse der unter 60-Jährigen besser aufzugreifen. Neue Pflegeangebote entstehen, Altenpflegeeinrichtungen eröffnen Stationen der Jungen Pflege und sind im Internet gut auffindbar. Zu nennen ist etwa der „Junge Pflege Monitor" (https:// www.jungepflegemonitor.de), mit dessen Hilfe nach Plätzen für Pflegebedürftige jungen und mittleren Alters in den verschiedenen Bundesländern recherchiert werden kann. Jedoch ist das Angebot regional unterschiedlich ausgebaut und es herrscht Unklarheit über die spezifischen Konzepte einer Jungen Pflege. Merkmale und Standards werden mit wachsender praktischer Verankerung erst diskutiert und entwickelt (Kroggel, 2019).

Das vorliegende Kapitel gibt auf Basis einer explorativen Fallstudie einen Einblick in die Lebenssituation pflegebedürftiger Menschen unter dem 60. Lebensjahr.

2.4.6.2 Inklusion und Teilhabe als sensibilisierende Konzepte

Das Vorhaben lehnt sich an die Teilhabeorientierung im BTHG, den PSGs, dem PrävG und in der UN-Behindertenrechtskonvention (UN-BRK) an. In den Debatten um „gute Pflege" (Kohlen, Giese, Riedel, 2019, 283) und Inklusion von Menschen mit Behinderung und Pflegebedürftigkeit taucht der Begriff der

---

19 Zum 31.12.2017 lag die Anzahl der unter 15-Jährigen mit Pflegebedarf bei 113.854 Personen. Die Gruppe pflegebedürftiger Menschen zwischen dem 15. und 60. Lebensjahr umfasste 392.969 Menschen. Bei einer Gesamtanzahl von 3.414.378 Pflegebedürftigen im Jahr 2017 machen die unter 60-Jährigen 14,84 Prozent aller pflegebedürftigen Menschen in Deutschland aus. Über 90 Prozent von ihnen werden zu Hause gepflegt. 37.360 nehmen eine vollstationäre Versorgung, 2.570 eine teilstationäre Versorgung in einem Heim in Anspruch (Destatis, 2019a).

Teilhabe immer wieder auf, um den Inklusionsbegriff zu konkretisieren. Teilhabe umschreibt zum einen den „Zustand" (Kessl, 2013, 32) des Teilhabens und zum anderen die Herstellung von Teilhabemöglichkeiten für alle Menschen als gesamtgesellschaftliche Querschnittsaufgabe. Fragen von Teilhabe haben im Zuge der UN-BRK an Stoßkraft gewonnen und werden in verschiedenen Feldern – zum Beispiel im Rahmen der angestrebten Reform des SGB VIII hin zu einer inklusiven Kinder- und Jugendhilfe – debattiert. Diese Debatte greift grundlegende Schlüsselthemen der Sozialen Arbeit und anderer Disziplinstränge auf (Dannenbeck, 2013). Aus systemtheoretischer Perspektive meint Inklusion das Eingebunden- oder Nicht-Eingebunden-Sein in autopoietische Funktionssysteme wie den Arbeitsmarkt, das Bildungssystem oder das politische System. Luhmann (1995) geht davon aus, dass gesellschaftliche Teilsysteme in- oder exkludieren. Er hat mit seiner Theorie ein Analysegerüst zur Funktion von gesellschaftlichen Systemen aus der Vogelperspektive vorgelegt und entfaltet keinen normativen Anspruch. Die UN-BRK formuliert Inklusion hingegen als Ziel einer gleichberechtigten Teilhabe an Gesellschaft von Menschen mit unterschiedlichen physischen und psychischen Bedürfnissen. Während die normative Debatte um Inklusion die gleichberechtigte Teilhabe von Menschen mit und ohne Behinderung zum Ausgangspunkt hat, wird ein Inklusionsverständnis mit breiter Heterogenitätsorientierung zunehmend mehr diskutiert (Lüders, 2017, 180–181) und als grundlegendes erziehungswissenschaftliches Paradigma definiert. Inklusion, verstanden als Streben nach und Herstellung von Teilhabe an selbstgewählten gesellschaftlichen Zusammenhängen (Bartelheimer, 2007), stellt eine gesellschaftskritische Analyseperspektive zur Identifizierung von Teilhabemöglichkeiten und verwehrter Teilhabe bereit (Schmitt, 2018). Ein solches Verständnis wird in diesem Kapitel in Anlehnung an Hopmann und Ziegler (2017) mithilfe des Capabilities-Ansatzes als Befähigung in eine analytische Heuristik überführt. Diese Analyseperspektive setzt „den gleichsam materiell, institutionell und politisch-diskursiv strukturierten Raum gesellschaftlicher Möglichkeiten mit dem je akteursbezogenen Raum individueller Bedürfnisse und Befähigungen in Beziehung" (ebd., 90–91). Der Capabilities-Ansatz eignet sich grundlegend zur Erforschung von Inklusion und Ausschluss in jeglichen gesellschaftlichen Feldern. In diesem Kapitel dient ein solches Verständnis als sensibilisierendes Konzept (Blumer, 1954) im Feld der Pflege. Es wird in der folgenden Analyse danach gefragt, welche *Teilhabemöglichkeiten* erwachsene Menschen mit Pflegebedarf in Pflegeheimen (nicht) entfalten können, wie ihre *Bedürfnisse* innerhalb der Einrichtungen berücksichtigt sind und wie Soziale Arbeit *Teilhabe herstellen und soziale Umwelten befähigend ausrichten* kann.

2.4.6.3 Methodisches Vorgehen

Das Kapitel basiert auf zwei narrativen Interviews (Schütze, 1983), die im Dezember 2018 und Februar 2019 mit zwei Männern mittleren Alters geführt wurden[20]. Beide Männer lebten zu diesem Zeitpunkt in einem Altenpflegeheim. Eines der Altenpflegeheime ist auf die antizipierten Bedürfnisse lebensälterer Menschen ausgerichtet, während das zweite Heim angibt, ein spezifisches Angebot der Jungen Pflege bereitzustellen. Der Kontakt wurde im ersten Fall durch einen Krankenpfleger eines Dialysezentrums hergestellt, der mit dem Betreffenden bei seinen Terminen dort in einen näheren Austausch kam. Im zweiten Fall kam der Kontakt durch eine Mitarbeiterin im Altenpflegeheim zu Stande. Die Interviews wurden mit der Frage nach dem Weg ins Pflegeheim eröffnet. Beide Interviewten erlebten die Interviewsituation als Abwechslung in ihrem routinierten Heimalltag und berichteten ausgiebig von ihrer Lebenssituation. Die Interviews wurden für dieses Kapitel in einem ersten Schritt zu Fallvignetten verdichtet, welche die Geschichte der Befragten erzählen und ihr Erleben herausstellen. In einem zweiten Schritt wurden die zentralen Themen in der Lebenssituation beider Männer zusammengetragen.

2.4.6.4.1 Ergebnisse

Die Ergebnisdarstellung gibt Einblick in die Lebenswirklichkeiten zweier Männer im Alter von 45 Jahren und 57 Jahren. Beide weisen zum Interviewzeitpunkt einen pflegerischen Bedarf auf, der mit ambulanten Angeboten nicht ausreichend gedeckt werden kann.

2.4.6.4.2 Sven Müller: „Das Schlimmste, was man einem Menschen antun kann, wie im Gefängnis"

Sven Müller[21] ist 45 Jahre alt und gelernter Speditionskaufmann. Bis vor drei Jahren lebte er gemeinsam mit seiner Frau und seinem Sohn nahe einer deutschen Großstadt. Seine Biografie trennt er in zwei große Einheiten – in sein Leben vor und sein Leben nach dem Winter 2016 (Z. 24). Tag genau stellt er den Beginn seiner biografischen Abwärtsspirale heraus. Er erzählt seine Lebensgeschichte als Aneinanderreihung von Krankenhaus-, Rehabilitations- und Pflegeheimaufenthal-

---

20 Die Erhebung der beiden Interviews ist eingebettet in das explorative Forschungsprojekt „Junge Pflege. Ein vergessenes Handlungsfeld gesundheitsbezogener Sozialer Arbeit?", das von Caroline Schmitt geleitet und in Zusammenarbeit mit Hans Günther Homfeldt durchgeführt wird. Es wurde durch die (ehemaligen) wissenschaftlichen Hilfskräfte Carina Blum und Ellena Milbert unterstützt. Die Finanzierung erfolgte durch den Gleichstellungsförderfonds der Universität Trier.

21 Die Namen der Interviewten sind durch Pseudonyme ersetzt worden.

ten. Zum Interviewzeitpunkt leidet er unter Multipler Sklerose, Diabetes und ist Dialysepatient[22]. Sein Zustand hat sich verschärft, sodass er gegenwärtig an das Bett gebunden ist und sich nicht ohne Unterstützung Dritter fortbewegen kann.

Zu Beginn des Interviews schildert der Interviewte einen sich stetig verschlimmernden Krankheitsverlauf. Den Beginn markiert ein Sturz. Herr Müller reißt sich den Trizeps auf. Er kommt in ein Krankenhaus mit anschließender Kurzzeitpflege. Dort reißt „beim Umsetzen aus dem Duschstuhl ins Bett" (Z. 38) die Achillessehne und Herr Müller bricht sich das Handgelenk. Hierfür schreibt sich der Interviewte selbst die „Schuld" (Z. 39) zu: „Ich wollte nicht noch auf die Schwester warten" (Z. 39). Es folgen Aufenthalte im Krankenhaus mit Überweisung in ein Altenpflegeheim mit spezifischer Abteilung für jüngere pflegebedürftige Menschen. Die Junge Pflege erlebt Herr Müller als Etikettenschwindel: „Junge Pflege war ein Witz. Nur alte Leute" (Z. 50–51). Dem folgen mehrfache Wechsel zwischen Krankenhäusern und Pflegeheimen, bis Herr Müller schließlich in einem Altenpflegeheim an seinem Wohnort unterkommt. In diesem Pflegeheim lebt er zum Interviewzeitpunkt seit einem halben Jahr. Er bewohnt ein Einzelzimmer auf der „Demenzstation" (Z. 118).

Segregation und Isolation: „Komplett eingesperrt 24 Stunden"
Seine Lebenswelt beschreibt er als völlig segregiert. Er erlebt sich als Insasse einer geschlossenen Einrichtung: „normalerweise bin ich auch komplett eingesperrt 24 Stunden" (Z. 127–128). Eine „Betreuung findet nicht statt" (Z. 131). Für 40 Personen auf der Station ist vor- und nachmittags ein Betreuer anwesend, am Wochenende verschärft sich der Zustand: „wenn man Pech hat [...] dann ist kein Betreuer da. Dann laufen hier drei Leute von der Pflege rum, die auch noch die Küche machen müssen" (Z. 138–141). Herr Müller bilanziert die Umstände im Heim als „katastrophal" (Z. 141) – für ihn wie auch für die Senior*innen. In einem Rollstuhl kann er gegenwärtig nicht sitzen. Er ist an sein Bett gefesselt. Das Zimmer kann er nur verlassen, „wenn mich der Rettungsdienst abholt von hier zum Auto und von der Dialyse zum Auto" (Z. 182–183). Tageslicht und frische Luft werden zum unerreichbaren Luxus: „ich krieg seit drei Jahren kein Licht, keine Luft" (Z. 182). Abhängig von anderen verbringt der Interviewte sein Leben im Zimmer des Heims und vergleicht die Situation mit einer Haftanstalt: „Das ist wirklich wie Haft. Schlimmer. Die dürfen ne Stunde in den Hof" (Z. 185–186). Sein Einzel-

---

22 In beiden Fällen steht eine Krankheitsgeschichte am Anfang der Zuweisung in eine Altenpflegeeinrichtung. Der zweite Interviewte bezeichnet sich zusätzlich als Menschen mit Behinderung. Behinderung wird im SGB IX, § 2 verstanden als körperliche, seelische, geistige oder Sinnesbeeinträchtigung, die Menschen „in Wechselwirkung mit einstellungs- und umweltbedingten Barrieren an der gleichberechtigten Teilhabe an der Gesellschaft mit hoher Wahrscheinlichkeit länger als sechs Monate [hindern kann]". Die Fälle stellen heraus, wie dynamisch Erkrankung in Pflegebedürftigkeit münden und mit Behinderung – verstanden als behinderte Teilhabe an Gesellschaft – verwoben sein kann.

zimmer ist karg gestaltet, das Mobiliar ist zweckmäßig, aber nicht modern (Z. 256–257). Mit ein paar Bildern an der Wand versucht Sven Müller die Atmosphäre aufzuwerten: „hab jetzt ausm Kalender paar Bilder da ausgeschnitten, dass ich wenigstens überhaupt was an den Wänden hab [...] die Zimmer hier sind alle Standard" (Z. 161–164). Die bedrückende Atmosphäre macht der Interviewte mit dafür verantwortlich, dass Besuch von Freund*innen und Verwandten abnimmt: „Hier will nur keiner hinkommen [...]. Die Leute gehen nicht gerne in so ein Heim, das ist so bedrückend für die" (Z. 145–147). Seinen 14-jährigen Sohn hält er von einem Besuch zurück: „das möchte ich nicht, dass der das hier sieht" (Z. 177–178). Die räumliche Segregation im Altenpflegeheim geht mit einer sozialen Isolation Hand in Hand: „das hier ist wirklich am Abstellgleis. Toter als tot" (Z. 151). In den vergangenen Jahren hat Herr Müller seinen Freund*innenkreis schwinden sehen: „locker über hundert weg, weg, weg, weg, weg" (Z. 662–663). Die Kontakthaltung aus dem Altenpflegeheim wird durch eine nur unregelmäßig funktionierende Telefonverbindung (Z. 216–218) und fehlende WLAN-Ausstattung erschwert bzw. verunmöglicht: „die Telefonverbindung klappt nicht immer [...] die Heimleitung hat auch schon gesagt, hier wird wohl auch nie WLAN installiert werden, weil wer braucht dat hier" (Z. 216–219). Als Vertraute sind seine Freundin und ein Krankenpfleger der Dialysestation an seiner Seite und geben ihm emotionale und praktische Unterstützung.

Verletzung grundlegender Bedürfnisse: „dann ist hier Almabtrieb"
Sven Müller ist im Heimalltag Verletzungen seiner grundlegenden Bedürfnisse ausgesetzt. Er berichtet von akutem Schlafmangel, der durch regelmäßige Schreie älterer Bewohnerinnen in der Nacht bedingt ist: „Die eine schreit immer ‚Mama' [...], die andere schreit ‚Mutter Gottes' [...]. Das ist jede Nacht (..) da warte ich schon drauf" (Z. 235–243). Das Essen ist nicht frisch, entspricht nicht Sven Müllers Geschmack und basiert auf „Päckchensoße" (Z. 227). Beschwerden bei der Heimleitung verlaufen im Sand: „da tut sich nix" (Z. 282). Der Wunsch, an für ihn gesellschaftlich relevanten Feiertagen wie Weihnachten zu partizipieren, wird enttäuscht. Das Heim ist nur „halbherzig" (Z. 433) geschmückt. Weihnachten und Silvester enden „abends um 18 Uhr, dann ist hier Almabtrieb" (Z. 437–438). Der Interviewte fühlt sich als Objekt der standardisierten Heimroutine: „hier wird auch nicht auf wie viele Leute Rücksicht genommen. Hier wird man um 18.00 Uhr in die Kiste gelegt" (Z. 440–442). Das Bewegt- und Gehoben-Werden wie ein Objekt ist für Sven Müller bereits einige Male mit Verletzungen einhergegangen. So ist der Interviewte sechs Wochen vor dem Interview von einer Trage gefallen. Die Trage wurde von zwei jungen Frauen transportiert, welche den Befragten nicht halten konnten (Z. 594–599). Um für seine Lebenssituation in der Öffentlichkeit zu sensibilisieren, hat Sven Müller Kontakt zu einem Mitarbeiter einer Tageszeitung aufgenommen: „da sagte der zu mir [...]: ‚Tut ma leid, dat können wir net aufgreifen, dann bin ich meinen Job los'" (Z. 529–530).

Unerträgliche Lebensumstände: „wirklich Endstation"
Die Wünsche des Interviewten setzen an der unmittelbaren Verbesserung seines täglichen Umfelds an: „die Raumgestaltung, dass man net ganz so depressiv hier liegt" (Z. 735), WLAN, Telefon, eine umfangreiche „Fernsehversorgung" (Z. 750) und Möglichkeiten der Beschäftigung: „irgendwas muss man doch finden [...] und wenn sie mich unten in die Verwaltung schieben [...] Telefonzentrale" (Z. 761–764). Herr Müller ist verzweifelt und beschreibt seine Lebenssituation als unerträglich. Die mehrfachen Vergleiche mit einem Gefängnis und die Verwendung von Begriffen, die mit dem Tod assoziiert sind, verdeutlichen, dass er sich fehlplatziert, gefangen, von der Außenwelt abgeschoben und ohnmächtig fühlt. Den Ort des Altenpflegeheims mit seinen spezifischen Strukturen kann er sich nicht aneignen. Er bleibt ihm nicht nur fremd, sondern schädigt sein Wohlbefinden auf das Äußerste: „das ist für junge Menschen ganz schlimm. [...] ich gehöre im Endeffekt hier gar nicht hin. Das hier ist grausam. Ich will hier raus" (Z. 163–165). Hoffnung kann Herr Müller kaum mehr schöpfen. Er fühlt sich von Gesellschaft und Pflegeeinrichtung allein gelassen: „Das hier ist wirklich Endstation" (Z. 228–229).

2.4.6.4.3 Julian Schäfer: „die Angebote hier sind größtenteils ausgelegt auf Senioren"

Julian Schäfer ist 57 Jahre alt und gelernter Betriebswirt. Vor seiner Unterbringung in Einrichtungen der Pflege und Rehabilitation war er als Softwaretester in der Qualitätssicherung eines Unternehmens tätig (Z. 528–529). Urlaube, Sport und vielfältige Hobbies kennzeichneten sein Leben und das seiner Partnerin. Wie auch Sven Müller erinnert der Interviewte den exakten Tag seines – wie er sagt – lebensverändernden „Totalausfalls" (Z. 31) im September 2018 (Z. 30): „also innerhalb eines Tages Arme und Beine weg" (Z. 31). Herr Schäfer erleidet eine lebensverändernde Lähmung und ist zunächst auf der Intensivstation eines Krankenhauses untergebracht. Dem folgen eine Rehabilitationsmaßnahme und schließlich die Frage: „wie machen wir jetzt weiter" (Z. 35)? Gemeinsam mit seiner Partnerin präferiert der Interviewte eine Unterbringung „zu Hause" (Z. 38). Diese hätte jedoch „eine vierundzwanzig Stunden rund um die Uhr-Betreuung gebraucht" (Z. 38). Das Paar entschließt sich für die Versorgung in einer „Pflegeeinrichtung" (Z. 40) auf absehbare Zeit, „so lange, bis ich vielleicht wieder die Arme und die Hände bewegen kann" (Z. 40–41). Gemeinsam recherchieren sie Angebote aus „reinen Altersheimen" (Z. 43) und „Einrichtungen für geistig Behinderte" (Z. 44), welche eine umfassende Pflegeleistung offerieren. Durch Zufall erfahren sie von einem Heim, das den Bereich der „Jungen Pflege" abdecken soll (Z. 46–47), jedoch 100 Kilometer vom Wohnort der Schäfers entfernt liegt (Z. 56). Ein vergleichbares Angebot findet sich in der Nähe des Wohnorts nicht, weshalb Herr Schäfer ein Zweierzimmer in dem entsprechenden Pflegeheim bezieht.

Gefangen in der Routine eines Altenpflegeheims: „wie eine Maschine"
Herr Schäfer charakterisiert seinen Lebensalltag als „langweilig" (Z. 64). Obgleich er in einem Heim mit Angeboten der Jungen Pflege lebt, ist die Einrichtung „größtenteils ausgelegt auf Senioren" (Z. 67–68). Weihnachtslieder unter dem Weihnachtsbaum zu singen, entspricht nicht seinen Interessen (Z. 68–70). Als Unterbrechung der Routine hebt er „Konzerte im Sommer" (Z. 69) sowie „ab und zu mal Ausflüge" (Z. 70) hervor. Sein Alltag ist durch die institutionellen Routinen bestimmt: „morgens wird man mal gewaschen und gepflegt. Und dann bei Bedarf in den Rollstuhl gesetzt. [...] Und dann fängt's aber schon an, was mach ich dann" (Z. 65–67). Zusätzliche Angebote wie „Therapie, Ergotherapie, Physiotherapie" (Z. 129–130) kennzeichnen den „Tag" (Z. 130). Herr Schäfer erlebt sich – genau wie Sven Müller – als Objekt innerhalb eines standardisierten Ablaufs. Das „Pflegepersonal hat keine Zeit" (Z. 119), um auf individuelle Bedürfnisse einzugehen. Pflegekraft wie zu Pflegender sind Teil eines starren Programms: „da hätte man auch genauso gut eine Maschine hinstellen können, die einen morgens aus dem Regal nimmt, einen durch die Waschstraße fährt und einen anschließend wieder einlagert" (Z. 120–122). Die Aktivitäten zwischen der standardisierten Prozedur reduzieren sich auf „Fernsehen, ich surfe oder ich lese" (Z. 94). Für den Interviewten gehen diese Beschäftigungen mit hoher Anstrengung einher. Mit seinen Augen steuert er einen Computer, um in einem digitalisierten Buch zu blättern oder Seiten am PC zu wechseln, da er aufgrund seiner Lähmung Arme und Hände nicht bewegen kann. „Nach einer Stunde" (Z. 95) sind die Augen erschöpft. Der Alltag ist „eintönig" (Z. 133).

Soziale Kontakte und Neue Medien: „praktisch lebenswichtig"
Herr Schäfers Kommunikationsmöglichkeiten sind „eingeschränkt" (Z. 162). Die Mehrzahl der ihn umgebenen Senior*innen sind „verwirrt" (Z. 185). Gespräche sind kaum oder nur oberflächlich möglich. Mit den jüngeren Bewohner*innen ist er wenig im Austausch. Sie wohnen verstreut in der Einrichtung. Dem Pflegepersonal fehlt Zeit für Unterhaltungen. Betreuungspersonen sind nur „in unregelmäßigen Abständen" (Z. 124) zugegen und richten ihr „Programm" (Z. 125) an „alten Leuten" (Z. 125) aus, sodass Herr Schäfer im Heim mit „höchstens zwei Leuten [...] wirklich reden kann" (Z. 127–128). Der Befragte wünscht sich mehr soziale Einbindung. Neue Medien spielen zur Erfüllung dieses Bedürfnisses eine tragende Rolle. Das Skypen mit der Partnerin und weiteren Kontaktpersonen ist „praktisch lebenswichtig" (Z. 400). Die Internetverbindung erweist sich jedoch immer wieder als instabil: „das WLAN fällt im Moment auch tagsüber immer wieder mal aus" (Z. 375–376). Auch der Empfang von Fernsehkanälen ist reduziert. Eine Investition in die Technik könnte das Problem prinzipiell beheben: „die Technik, die benutzt wird, in die müsste man investieren" (Z. 391).

Entmündigung und Infantilisierung: „ich bin zwar behindert, aber ich bin nicht bekloppt"
Essenzielle Bedürfnisse bleiben für den Befragten unerfüllt. Herr Schäfer erläutert, wie er an Rechten einbüßt und „entmündigt" (Z. 207) wird. Die Beziehung mit den Pflegekräften ist durch Belehrung und Paternalismus geprägt: „ein Beispiel, mich wollte jetzt jemand ins Bett legen und ich sag dann nein. ‚Doch, Sie gehen jetzt ins Bett'. Dann sag ich ‚Nee, ich bestimme'. So, und das begreift auch noch nicht jeder" (Z. 210–211). Julian Schäfer versteht sich als selbstbestimmter Akteur mit Unterstützungsbedarf: „dazu gebuchte Hilfe für die Sachen, die ich nicht selber machen kann" (Z. 217–218). Dieses Selbstbild wird ihm immer wieder abgesprochen, etwa dann, wenn Fachkräfte in seinem „Wohnzimmer" (Z. 255) abfällig über andere Bewohner*innen sprechen, als sei er nicht zugegen (Z. 236–239), oder sie ihn adressieren wie ein kleines Kind (Z. 243). Herr Schäfer fordert von den betreffenden Personen einen respektvollen Umgang ein: „ich bin zwar behindert, aber ich bin nicht bekloppt. Du kannst schon mal in ganzen Sätzen mit mir reden" (Z. 243–244). Um seinen Intellekt unter Beweis zu stellen und den infantilisierenden Umgang zu karikieren, „hab ich mir dann auch angewöhnt, ihnen zu antworten in möglichst langen, verschachtelten Sätzen (lacht)" (Z. 243–244). Das Fachpersonal fühlt sich angegriffen: „wir wollten sie fertigmachen, sag ich nee" (Z. 295–296).

Fehlende Möglichkeiten der Selbstbestimmung hält der Interviewte – genau wie Sven Müller – in Bezug auf das Essensangebot fest. Zwar habe sich die Qualität bereits verbessert, jedoch sei die Auswahl „ausgerichtet an (dem) 70- und 80-jährigen Senior" (Z. 576). Empfehlungen seiner Ernährungsberaterin kann er im Altenpflegeheim nicht umsetzen: „alles schön, was Sie mir da erzählen, aber kann ich alles vergessen, ich kann mein Essen gar nicht aussuchen" (Z. 589–590). Hierdurch büßt der Interviewte an „Lebensqualität" (Z. 632) ein. Essen verkommt zur „Nahrungsaufnahme" (Z. 633).

Auf der Suche nach einer Lobby: „wo habe ich denn überhaupt die Möglichkeit mitzureden?"
Eine Lobby für seine Anliegen muss Julian Schäfer immer wieder situativ herstellen. Er stellt fehlende Teilhabe als grundlegendes Problem in seinem Lebensalltag heraus: „wie viel Teilhabe habe ich denn am Ganzen oder wo habe ich denn überhaupt die Möglichkeit mitzureden?" (Z. 717–718). Den „Heimbeirat" (Z. 719) erachtet er als Interessenvertretung der Senior*innen, wohingegen jüngeren zu Pflegenden die Mitsprache verwehrt bleibt. Als Wunsch formuliert er ein ‚Reden mit den Betreffenden' statt ‚über sie zu sprechen': „die Leute für die es gedacht ist, die müssen [...] mit ins Boot" (Z. 781–782). Auf institutioneller Ebene wünscht er sich ein praxisbezogenes „Ausbildungssystem" (Z. 691) mit kompetentem Fachpersonal. Damit einher müsse die Etablierung eines „Standards" (Z. 677) für den Bereich der Jungen Pflege gehen: „es kann nicht wirklich jemand sagen: ‚Junge Pflege, das sieht so und so aus. Das und das kriegst Du dann'" (Z. 676–677). Reflektiert durchdenkt Herr Schäfer die Spannungsfelder separierter Stationen für

Junge Pflege oder einer gemischten Unterbringung mit anderen Bewohner*innen. Man könne „eine Junge Pflege aufbauen und gruppieren nach Alter, nach Gesundheitszustand. [... sehr oft ist es ja (aber) auch nicht schlecht, wenn jetzt wirklich total unterschiedliche Leute zusammenkommen" (Z. 823–824). Zentraler Richtwert ist für den Befragten, dass die betreffenden Menschen „miteinander kommunizieren können" (Z. 824–825).

2.4.6.5 Verdichtung der Ergebnisse

Die Fallvignetten verdeutlichen ähnlich gelagerte Themen, obgleich die Unterbringung im ersten Fall in einer konventionellen Altenpflegeeinrichtung, und im zweiten Fall in einer Altenpflegeeinrichtung mit einem Bereich der Jungen Pflege erfolgt. Die Interviewten stellen die *Segregation der Einrichtung* als Teilhabebarriere heraus. Die räumliche Trennung vom gesellschaftlichen Leben geht mit *sozialer Isolation* einher. Soziale Kontakte brechen ab – Pflegebedürftigkeit und schwindende soziale Netzwerke stehen in unmittelbarem Zusammenhang und schaffen eine durch Benachteiligung gekennzeichnete Lebenslage (Klärner et al., 2020). Pflege- und Betreuungspersonal können dem *Bedürfnis nach Austausch* nicht nachkommen, weil in der routinierten Pflege- und Betreuungsarbeit hierfür keine Zeit vorgesehen ist. Die Unterbringung auf Stationen mit demenziell erkrankten Personen lässt für die Befragten nur wenig Raum zur Erfüllung ihres Bedürfnisses nach intensiver Kommunikation. Bestehende Kontakte jenseits des Heims werden durch Neue Medien aufrechtzuerhalten versucht. Hier stellt sich eine *unzureichende technische Ausstattung* in beiden Pflegeeinrichtungen als zusätzliche Barriere heraus. Die soziale Isolation ist begleitet von der Verwehrung entscheidender menschlicher Bedürfnisse: die Selbstbestimmung wird durch die *institutionellen Logiken* beschnitten. Diese Problematik betrifft die Lebenswelt der lebensälteren Menschen vor Ort gleichermaßen. Infantilisierung, Paternalismus und mechanistische Praktiken des Pflegens führen dazu, dass sich die Befragten als fremdbestimmte Objekte erleben. Sowohl in der Auswahl ihres Essens als auch Gestaltung ihres Zimmers und freier Zeitfenster sind sie von den Angebotsstrukturen der Altenpflegeheime abhängig, die ihre Bedürfnisse jedoch nicht oder nur partiell aufgreifen. Die Befragten zeichnen die Altenpflegeheime als disziplinierende Institutionen (Foucault, [1976] 2019). Sie üben Kontrolle auf die Körper der Betreffenden aus, bestimmen Tagesrhythmus, den räumlichen Bewegungsradius sowie die (Un-)Möglichkeit der Kontakthaltung in ‚das Außen'. Die Alltagswelt ist durch die institutionelle Logik vorstrukturiert. Die Befragten sind als zu versorgende Körper Element einer Pflegeinfrastruktur, die keinen Raum für Beziehungspflege und Sinnlichkeit lässt. Hierdurch finden subjektive Dimensionen menschlichen Wohlergehens keine Resonanz. Der Leib, „das individuelle, radikal subjektive Fühlen" (Villa, 2007, 10), tritt hinter einem körperlichen Versorgungsaspekt zurück und damit auch die unlösbare Verbindung von

Selbstbewusstsein und Leibbewusstsein. Der Körper verschränkt „Geschichte und Biographie, Erfahrung und Bedeutung, soziales Handeln und Lage" (Schache, 2019, 23). Eine Umsorge der Betreffenden mit ihren „Körperleiben" (Villa, 2007, 10) hat im Altenpflegeheim für die beiden jungen Pflegebedürftigen jedoch keinen Raum.

Die Erfahrungen der Gesprächspartner stehen menschenrechtlichen Forderungen auf UN- und nationalstaatlicher Ebene entgegen: Teilhabe, verstanden als „aktive Teilnahme und Beteiligt-Werden an Entscheidungs- und Gestaltungsprozessen" (Wesselmann, 2019, 97), bleibt für die Befragten ein unerfüllter Wunsch. Die Fallvignetten verweisen auf strukturelle Problemlagen, welche die lebensweltliche Situation beider Befragten maßgeblich rahmen: vielfältige Aufgaben des Pflegepersonals treffen auf Zeitdruck und hohe Belegungszahlen bei geringer Personalausstattung. Pflege verkürzt sich unter diesen Bedingungen „in einzelne zu verrichtende Tätigkeiten" (Hünersdorf, 2005, 111). Eine „sorgende Pflege" (ebd., 113) verschwindet und der biografisch-narrative Zugang zwischen pflegender und pflegebedürftiger Person ist versperrt. Eine „gemeinsame *Interaktionsgeschichte* als Teil ihrer je verschiedenen *Lebensgeschichten*" (Langenbach, Koerfer, 2006, 210) und damit „eine Partnerschaft in der Lebenswelt" findet nicht statt. Die Bewältigung von Lücken der Versorgung obliegt in erster Linie den pflegebedürftigen Menschen selbst. Damit fügt sich ihre Lebenssituation in den Slogan eines aktivierenden Sozialstaats („Fördern und Fordern") ein mit einer entscheidenden Schieflage: Angebote zur Unterstützung und Förderung erleben die befragten Akteure unter den spezifischen Bedingungen kaum; stattdessen sind sie mit ihrer schwierigen Situation alleingelassen und gefordert, sie selbst zu verbessern, wenngleich ihr Einfluss auf eine nachhaltige, institutionelle Stärkung einer sozialen Sorge im Pflegeheim gering bleibt. Menschliche Sorge verkommt unter dem latent sichtbar werdenden institutionellen und politischen Appell an eine *Selbst*sorge, die unter Bedingungen eines hohen Unterstützungsbedarfs von den Betreffenden nicht geleistet werden kann, zu einer Farce (Rau, 2020). Lücken in der Unterstützung der Betreffenden sind die Folge.

2.4.6.6 Infrastrukturen der Pflege. Bedingungen Junger Pflege in Pflegeheimen und Ansatzpunkte gesundheitsbezogener Sozialer Arbeit

Die Abwesenheit sorgender Pflege und sozialarbeiterischer Betreuung in der Lebenswelt der Befragten überrascht auf den ersten Blick, denn Statistiken zeigen eine Zunahme des Personals in Pflegeheimen zwischen den Jahren 2007 und 2017. In diesem Zeitfenster ist die Zahl der Beschäftigten von 573.545 auf 764.648 angestiegen (Destatis, 2019b). Der Anteil von Fachkräften aus dem Berufsfeld „Erziehung, Sozialarbeit und Heilerziehungspflege" in der Pflege ist im besagten Zeitraum jedoch gesunken. Während im Jahr 2012 noch 12.000 Fachkräfte aus dem sozialen Bereich in der stationären und teilstationären Pflege tätig waren, liegt ihre

Zahl im Jahr 2017 nunmehr bei 11.000 (Destatis, 2019c). Fachkräfte mit Berufsabschluss in Sozialpädagogik und Sozialarbeit machen hiervon lediglich 6.926 Personen aus (Destatis, 2018: 148). Das Gros der Beschäftigten stellen Pflegefachkräfte, die in ihrer zentralen Bedeutsamkeit keineswegs zu negieren sind. Jedoch sind sie durch eine „Expansion der Pflegeinfrastruktur" (Auth, 2019b, 92) bei gleichzeitiger „Trägerkonkurrenz" (ebd.) und Kostendruck in Deutschland stark belastet. Ihr Berufsalltag ist durch ein hohes Arbeitsaufkommen bei knapper Personalbemessung gekennzeichnet, wodurch die Pflegetätigkeit „vielfach aus ihrem sozialem Kontext herausgerissen [wird]" (ebd., 93). Eine gesundheitsbezogene Soziale Arbeit spielt innerhalb dieser Rahmenbedingungen – im Unterschied zu Ländern wie Kanada oder den USA – eine nur marginale Rolle (Dettmers, Bischkopf, 2019, 13), sodass eine Teilhabeorientierung, wie sie BTHG, PrävG, PSGs und UN-BRK formulieren, nur unzureichend umgesetzt werden kann.

Die abnehmenden Beschäftigungszahlen von Fachkräften Sozialer Arbeit in Pflegeheimen (Blankenburg, Cosanne, 2019, 141) machen vor dem Hintergrund der Interviewergebnisse auf vielfältige Problemlagen aufmerksam. Sie fordern Pflegeheime grundlegend heraus, die Diversität ihrer Zielgruppen zu reflektieren und ihre Infrastruktur an der Vielfalt der Adressat*innen auszurichten (Brzoska, Yilmaz-Aslan, Probst, 2018). Hiermit ist im vorliegenden Fall insbesondere die Berücksichtigung spezifischer Bedürfnisse aufgrund des erwachsenen Lebensalters gemeint. Prinzipiell ist eine solche reflexive Haltung intersektional auszurichten, sodass Bedürfnisse auch an den Schnittstellen etwa geschlechts-, migrations- oder altersbezogener Achsen in den Blick geraten. Bezogen auf junge Pflegebedürftige heißt dies, Hilfebedarfe frühzeitig mit den Leistungsträgern und -erbringern zu ermitteln (Blankenburg, Cosanne, 2019, 144). Für die gesundheitsbezogene Soziale Arbeit ergibt sich die Möglichkeit, in einer sektorenübergreifenden Versorgungsplanung in komplexen Fallkonstellationen tätig zu werden und persönliche Bedarfe in Abstimmung mit den Betreffenden in Bezug auf eine passende stationäre Bleibe herauszuarbeiten. Thomas und Schweizer (2019, 124 f.) konstatieren, dass Möglichkeiten für Menschen mit Behinderung und Pflegebedürftigkeit nach wie vor in hohem Maße eingeschränkt sind, in stationären Settings über die Bedingungen ihrer Lebensqualität zu entscheiden. Personenzentrierung bedeutet, durch die Aufschlüsselung der einzelnen Leistungen die Leistungsberechtigten in die Lage zu versetzen, möglichst selbstbestimmt zu wählen (ebd., 125). Im Vorfeld der Unterbringung ist ein erheblicher Mehraufwand zur Bedarfsermittlung vonnöten. Im Zuge des Inkrafttretens des dritten Teils des BTHGes zum 1.1.2020 tritt die Ermittlung des individuellen Bedarfs, orientiert an der ICF, noch stärker in den Vordergrund (siehe auch die Definition von Behinderung im § 2 des SGB IX).

Die Heterogenität von Pflegeeinrichtungen, -konzepten und infrastrukturellen Rahmenbedingungen macht weitere, kontrastierende qualitativ-empirische wie auch quantitative Untersuchungen notwendig, welche die Perspektiven von jungen und erwachsenen Bewohner*innen in verschiedenen Unterbringungsformaten systematisch vergleichen sowie die Perspektive von Fachkräften auf ihren Arbeitsalltag analysieren. So zeigen Beispiele aus der Praxis durchaus das Bestreben, teilhabeorientierte Unterbringungsformen zu ermöglichen. Das Generationenhaus „Heslach" der Rudolf Schmid und Hermann Schmid Stiftung bietet etwa ein spezifisches Wohnkonzept „für die Pflege von jungen Menschen an [...]. In einem eigenen Bereich [...] leben junge Pflegebedürftige im Alter zwischen 25 und 50 Jahren, die wegen Multipler Sklerose, ALS, Chorea Huntington, Schlaganfall oder anderer schwerer neurologischer Erkrankungen auf Hilfe angewiesen sind" (Leben & Wohnen, o. J.). Ziel ist, die dort untergebrachten Menschen in das gesellschaftliche Leben einzubinden, etwa durch bedürfnisgerechte Motorradtouren. Auch das Sanatorium West in Berlin-Lankwitz offeriert seit Juni 2009 ein Konzept für die Unterbringung erwachsener Pflegebedürftiger: „die Ein- und Zweibettzimmer sind mit Flachbildfernsehern, DVD-Playern, WLAN-Internet und natürlich Telefon altersgerecht ausgestattet. Die derzeitige Altersstruktur dieses Wohnbereichs reicht von Ende 20 bis Ende 50" (Focke, 2010, 30). Ziel sei, „die Autonomieerfahrung des/der zu Pflegenden stetig zu steigern" (ebd., 30).

Um den gegenwärtigen Stand der Jungen Pflege systematisch zu erfassen, sind diese vielfältigen Angebotsstrukturen in die Analyse einzubeziehen, durch die Identifizierung von Leerstellen und Best-Practice-Beispielen an der Implementierung einer teilhabeorientierten Jungen Pflege zu arbeiten und Ansatzpunkte der gesundheitsbezogenen Sozialen Arbeit aufzugreifen.

Gesundheitsbezogene Soziale Arbeit zielt darauf, Teilhabe von Menschen – insbesondere in kritischen Lebenssituationen der Angewiesenheit – (wieder-)herzustellen, menschliche Bedürfnisse wahrzunehmen und befähigende Beziehungen und Mitwelten zu schaffen. Mit ihrem weiten Gesundheitsverständnis bietet sie vielversprechende Anknüpfungspunkte. Die Ergebnisse der Fallanalysen stellen heraus, wie eng Gesundheit und Fragen von Teilhabe und sozialer Gerechtigkeit miteinander verwoben sind (Klärner et al., 2020) und wie ein Pflegebedarf zu gesundheitsbedingter Benachteiligung führen kann und eine Verlaufskurve des Erleidens freisetzt, die mit einer „sukzessiven Kompetenzreduktion" (Gerhardt, 1986, 27) verknüpft ist. In den beiden Interviews scheinen „zwei gegenläufige Elemente strukturbildend. Zum einen wirkt das Erleiden als Zerfall der unfragwürdigen sozialen Identität und Zukunftsorientierung, zum anderen wirkt das Handeln als sich gegen den Statusverlust stemmender Drang zur Wiederherstellung der gesellschaftlichen Verortung. Diese Duplizität von Erleiden und Handeln setzt voraus, daß beide analytisch auf einem Kontinuum angeordnet gedacht werden" (ebd., 30).

Das Hauptanliegen von Gesundheitsförderung ist die Befähigung zu einem höheren Maß an Selbstbestimmung über die eigenen gesundheitsbezogenen Belange (Walther, 2019, 11) und damit die Emanzipation von Paternalismus, der mit seinen Strebungen die Eigenmächtigkeit von Pflegebedürftigen übersieht. „Gesundheit entsteht im Balancieren von eigenen Möglichkeiten und Zielvorstellungen mit den äußeren Bedingungen und Anforderungen des Lebens. Aber wie gelingt das in paternalistisch geleiteten Institutionen?" (ebd.). Was ist zu tun, um die Gesundheit von Pflegebedürftigen zu fördern? Unerlässlich nötig ist es, ihre Handlungsfähigkeit zu stärken. Homfeldt (2020) konkretisiert diese Aufgabe, indem er zwischen dem *risikogruppenbezogenen*, *versorgungsbezogenen* und *lebensweltbezogenen Ansatz* unterscheidet. Im ersten Ansatz steht das persönliche Handeln, im zweiten die pflegerische Versorgung und im dritten der Erhalt und Aufbau sozialer und unterstützender Netzwerke im Vordergrund. Die Fallbeispiele geben Indizien dafür, dass der lebensweltorientierte Ansatz noch zu wenig berücksichtigt ist, obgleich die Inanspruchnahme von Pflege in einem stationären Setting in aller Regel mit einer Reduktion sozialer Kontakte einhergeht, welche zur Bewältigung und Unterstützung dieses Übergangs jedoch von großer Bedeutung sind. Eingebettet in die Debatte um Inklusion als gesellschaftliche Querschnittsperspektive, ist Aufgabe gesundheitsbezogener Sozialer Arbeit, Räume von Gesundheit partizipativ auszurichten und an den Schnittstellen von Sozialer Arbeit, Medizin, Pflegeberufen und Sozialpolitik adressat*innen- und bedürfnisorientiert mit den Betreffenden auf eine Verbesserung ihrer Lebenslage und eine „Gesundheit fördernde Gesamtpolitik" (Franzkowiak, Homfeldt, Mühlum, 2011, 268) hinzuwirken.

Für das Feld der Jungen Pflege offerieren die Befragten als Experten in eigener Sache unmittelbare Ansatzpunkte:

1. *Soziale Netzwerke*: Die Befragten stellen Investitionen in Medientechnik als wichtigen Grundpfeiler heraus, um soziale Beziehungen aus den Altenpflegeheimen heraus erhalten und aufbauen zu können. Eine mediale Infrastruktur ist höchst bedeutsam, um Netzwerke zu erhalten, erweitern und einer Vereinsamung und hierdurch evozierten psychischen Belastung entgegenzusteuern. Vor diesem Hintergrund sollten die Netzwerke möglichst emotional tragfähig sein und über reine Rollenbeziehungen hinausgehen (Gahleitner, 2017, 274).
2. *Mobilität und selbstbestimmte Freizeitgestaltung*: Hierfür ist eine materielle und personelle Infrastruktur notwendig – wie Transportmöglichkeiten für Menschen, die an das Bett gebunden sind, oder Zeitressourcen der Mitarbeitenden. Zugleich ist zu fragen, wie Mobilität grundlegend möglich gemacht werden kann. Die Segregation von Pflegeheimen am Rande menschlicher Sozialräume baut eine Barriere zunächst auf. Dezentrale Formen der Unterbringung stellen hierzu eine wirkmächtige Alternative dar.
3. *Die Organisation der sozialen Dienste*: Die Befragten fühlen sich in ihrer Selbstbestimmung verletzt: Essen, Raumgestaltung und Tagesrhythmus seien von den Routinen der Heime vorstrukturiert. Das Handeln der Fachkräfte nehmen sie als starr wirkende Einhaltung von Routinen wahr. Die Mitgestaltung bei

Regeln und Strukturen durch die Pflegebedürftigen trägt dazu bei, eine Passung zwischen den Angeboten der Einrichtungen und den Bedürfnissen der Betreffenden aufzubauen. Richtungsgeber kann dabei die ICF sein (Röh, 2018, 57–59), auf deren Grundlage die gesundheitsbezogene Soziale Arbeit, speziell die Klinische Sozialarbeit, für Entwicklung und Umsetzung teilhabebezogener Konzepte, biopsychosozial ausgerichteter Arbeitsansätze und kooperativer Leistungserbringungen zuständig ist. Die Klinische Sozialarbeit ist durch ihre Ausrichtung auf hard-to-reach-Adressat*innen insbesondere für die Arbeit mit jungen Pflegebedürftigen in stationären Settings geeignet.

4. *Selbstbestimmung und Individualisierung der Versorgung*: Selbstbestimmung „als Kardinalwert in der Behindertenhilfe" (ebd., 72) führt in ihrer konsequenten Ermöglichung zu einer Individualisierung von Versorgung und Unterstützung, wie sie den in unserer Studie Befragten fehlt, aber als notwendig vorschwebt. Nötig sind Selbstbestimmung und Teilhabe insbesondere vor dem Hintergrund eines in der Regel schmerzhaften Verlustes von „normalem Leben". Zur Individualisierung der Versorgung und Unterstützung gehört auch eine eingehende Biografiearbeit. Sie ermöglicht Einbettung im stationären Alltag, schafft Vertrauen und ist wissensbezogener Bestandteil in der alltäglichen pflegerischen Beziehungsgestaltung. Um einer „Exklusionskarriere Behinderung" (Wansing, 2005, 99) gegenzusteuern, sind vor allem Übergänge einfühlsam zu gestalten.

5. *Interprofessionelle Kooperation*: Wie in den beiden Fallvignetten ersichtlich, sind Eingliederungshilfen, die auf Teilhabe aufbauen, komplex und in der Regel vorwiegend interprofessionell zu leisten (zur Komplexität interprofessioneller Kooperation z. B. Amstutz et al., 2019). Ethische Prinzipien zu Selbstbestimmung und Teilhabe, wie sie zum Beispiel im Kodex der International Federation of Social Workers (2014) niedergelegt sind, bilden die Grundlage, die professionelle Beziehung zwischen Pflegekräften und Empfänger*innen der Pflegeleistung würde- und respektvoll zu gestalten. Die auf Messbarkeit fokussierte Leistungserbringung in der Pflegeversicherung von 1995 erfuhr auf diesem Wege eine massive Kritik. Die „kommunikativen, ethischen und verständigungsorientierten Dimensionen des Pflegeprozesses" (Gröning, Yardley, 2018, 1139), die weitgehend aus dem Pflegevorgang herausgenommen wurden, sind als Eckpfeiler einer sozialen Pflege zu reintegrieren. Sie sollte die Pflegenden auch von ihrem alltäglichen Zeitstress befreien. Zwar setzte bereits nach 1995 eine heftige Kritik gegen die Verrichtungsorientierung des Pflegegesetzes ein, jedoch können die angesprochenen Innovationsbedarfe auch im zweiten Pflegestärkungsgesetz (2015) noch nicht in Gänze umgesetzt werden, obwohl es weit über das Gesetz von 1995 hinausgeht.

6. *Hochschulische Ausbildung*: Es bedarf einer hochschulischen Ausbildung von Fachkräften, die sich fachinhaltlich gegen ein Systemdenken wendet, das für Fürsorgehandeln und Sonderwelten für Menschen mit Behinderungen steht

(Thomas, Schweizer, 2019, 124) und sich gegen Paternalismus im Berufsfeld wappnet. Eine theoretisch reflektierte Ausbildung, nicht zuletzt im Bereich der Beziehungsgestaltung (Gahleitner, 2017), ist eine wichtige Voraussetzung für eine gelingende Arbeitsbeziehung. In Bezug auf das hochschulische Pflegestudium hebt Vosseler (2015, 224 f.) hervor, die hochschulische Ausbildung solle an Qualifikationsanforderungen des Arbeitsmarktes ausgerichtet sein und damit an beruflich verwertbaren Qualifikationen. Die Akademisierung der Pflegeausbildung könne „jedoch auch zu Widersprüchen im Arbeitsalltag der Pflegenden" (2015, 224) führen. Eine Reflexivität fördernde hochschulische Ausbildung begünstigt die Entwicklung der Fähigkeit im späteren Berufsfeld, bedürfnisorientierte Beziehungsgestaltungen zu entwickeln. Diese Überlegungen sind gleichfalls ein wichtiger Bestandteil in der Debatte um einen Qualifikationsrahmen in der gesundheitsbezogenen Sozialen Arbeit in Deutschland (Dettmers, Bischkopf, 2019).
7. *Junge Pflegebedürftige*: Die Adressat*innengruppe altersentsprechend zu betreuen, wird in den Vignetten mehrfach als Herausforderung deutlich. Interessen wie auch Tagesrhythmus unterscheiden sich von den Anliegen alter Menschen. Junge Pflegebedürftige sind in die *Professionalisierung des Feldes als Expert*innen ihres Lebensalltags* einzubinden. Die Fallanalysen zeigen, dass sie aus eigener Betroffenheit heraus reflektiert Strukturänderungen denken und wertvolle Ideen für die Gestaltung einer Jungen Pflege entwickeln. In dem Maße wie diese im Beziehungsgeschehen eingebunden sind, entsteht Geborgenheit und Bindungssicherheit. Zwar ist das Bindungsanliegen in der Kindheit besonders stark ausgeprägt, bleibt aber über das gesamte Erwachsenenalter bis ins hohe Alter erhalten (Gahleitner, 2017, 241).

Anliegen des Kapitels ist es, für die Lebenssituation von pflegebedürftigen Menschen im Erwachsenenalter zu sensibilisieren. Das Kapitel hat, ausgehend von der Perspektive der Betreffenden, erste Anknüpfungspunkte für eine Gestaltung des Feldes der Jungen Pflege eröffnet und will zu einer weiterführenden Diskussion in der gesundheitsbezogenen Sozialen Arbeit, insbesondere auch in der Klinischen Sozialarbeit, anregen.

2.4.7 Empirische Zugänge II : L'inclusion par la consommation ? Les salons de coiffure afro en Allemagne comme lieu de transformation socioculturelle

Par manque de salons spécialisés et de professionnels formés, les femmes noires allemandes ont des dificultés pour se faire coiffer. En pointant une ofre de coiffure souvent inadaptée, ces clientes noires dénoncent une discrimination qui pèse sur leur chevelure. Une enquête[23] révèle que leurs expériences d'exclusion, de marginalisation et d'exotisation sont aussi partagées par les gérants de salons afros. Ces derniers entendent sortir de leur niche commerciale, en ne visant plus uniquement une clientèle issue de l'immigration africaine ou aux cheveux afro. Cependant, ils continuent d'afronter les préjugés racialisés au sein de la société allemande.

Entre les années 1980 et 1990, des salons afro[24] ont ouvert leurs portes en République fédérale d'Allemagne, à l'initiative de migrants entrepreneurs issus de pays africains. À partir des années 1990 et suite à la réuniication du pays, ces salons se sont développés sur l'ensemble du territoire. Ils répondaient à l'époque et encore aujourd'hui aux attentes d'un marché que l'onpourrait qualiier de „niche". Les prestations et produits de coifage qu'ils proposent sont en efet prioritairement destinés à des femmes aux cheveux afro, qui ne sont toujours pas considérées comme des clientes à part entière dans les salons „classiques". En Allemagne, les gérants de salons comme les coiffeurs professionnels ne maîtrisent pas les techniques nécessaires pour réaliser des tresses ou du tissage[25] car ces savoir-faire ne font pas partie du parcours d'apprentissage professionnel. Ce chapitre ofre un aperçu de la siginication de ces salons de coiffure dupoint de vue des clientes et des gérants[26]. Il s'appuie sur une enquête ethnographique menée entre 2010 et 2014 dans des salons de coiffure afro en Allemagne de l'Ouest. L'enquête visait à connaître l'expérience des gérants de salons de coiffure afro en Allemagne. Comment se sont-ils intégrés aux structures sociales dupays? Quelles stratégies élaborent-ils pour créer et maintenir leurs entreprises? Pour ce faire, j'ai d'abord mené des recherches sur Internet et par téléphone pour mener des entretiens informels. Je me suis également rendue dans des salons de coiffure afro pour entrer en contact avec des gérants. Dans un second temps, j'ai fait de l'observation participante dans 3 des 5 salons préalablement identiiés, puis des entretiens qualitatifs et de la collecte de données. Le chapitre s'intéresse aux expériences des clientes confrontées à l'absence d'ofre et aux aspirations des gérants de salons de coiffure afro. Ceux-ci recherchent une forme de reconnaissance sociale et de valorisation

---

23 Dieses Unterkapitel wurde erstveröffentlicht als Schmitt, C. (2018). L'inclusion par la consommation ? Les salons de coiffure afro en Allemagne comme lieu de transformation socioculturelle. Hommes et Migrations. Au prisme de la consummation, 1320, 41–48, DOI : 10.4000/hommesmigrations.4046. Traducteur : Céline Corsini. Es stellt eine leicht modifizierte Form der Erstveröffentlichung dar.

24 Les salons de coiffure afro proposent tout un ensemble de coiffures comme les tresses plaquées cornrows, les tissages ou les tresses zigzag, originaires de pays africains et de communautés afro-américaines.

25 Technique qui consiste à coudre des cheveux synthétiques ou naturels aux racines naturelles de la cliente.

26 Dans le cadre de l'étude, je me suis principalement entretenue avec des femmes. Leurs coiffures sont généralement plus élaborées que celles des hommes, le besoin d'une expertise spécifique est donc plus prononcé.

de leur ofre ainsi que leur pleine inclusion dans les métiers de la coiffure en Allemagne. Par leur activité, ils ne ciblent pas seulement des clients aux cheveux afro, mais une clientèle bien plus large. En conclusion, le chapitre s'interroge sur la possibilité que la difusion de ces produits et de ces prestations contribue (ou non) à la normalisation des salons afro en Allemagne et à leur inclusion au coeur de la société.

2.4.7.1 Les salons de coiffure afro : au départ, une „niche" de marché

Julia est une femme noire[27] allemande, ille d'une mère blanche germanophone et d'un père noir américain. Elle a grandi dans une région rurale à l'ouest de l'Allemagne. Elle décrit sa première (et dernière visite) dans un salon de coiffure „allemand" : la coiffeuse ne savait pas la coiffer et a réalisé une coupe qui ne correspondait pas à la nature de ses cheveux.

> „Je (me suis rendue) une fois dans ma vie chez le coiffeur et c'était un désastre absolu, parce que je voulais une coupe dégradée et la coiffeuse m'a dit qu'elle savait comment s'y prendre [...] et je me suis retrouvée avec la pire des coiffures : courte sur le dessus, longue dans la nuque[28] [...]. C'était une coiffeuse de province [...] qui n'a manifestement pas su quoi faire avec mon type de cheveux".

De nombreuses clientes interrogées rapportent des expériences similaires: malgré leur manqué d'expertise technique, des coiffeuses tentent de coiffer ou de couper leurs cheveux. Déçues du résultat, elles quittent le salon quand elles ne sont tout simplement pas ignorées ou éconduites dès qu'elles franchissent le seuil de ce type d'établissement:

> „Quand une personne noire se rend chez un coiffeur allemand avec ses cheveux crépus, il lui dit tout d'abord : [...] Oh non, pour l'amour du ciel, on ne peut pas couper ça". C'est toujours le même refrain : „stop, tu es diférente, tes cheveux ne sont pas pareils, stop! Ça, on ne sait pas faire". (Lilly, gérante d'un salon pour clientèle avec et sans cheveux afro)

---

27 Les termes Noir et de Blanc ne sont pas ici entendus comme des concepts établis par la nature, mais comme des constructions sociales. En mettant une majuscule aux termes Noir et Blanc, je souhaite éviter toute classification raciste. Noir est un terme politique qui désigne des personnes victimes du racisme. Blanc décrit une position, souvent tacite, et qui se distingue par un statut dominant (Arndt, Hornscheidt, 2009).

28 Le terme Vokuhila est utilisé dans l'original et est une contraction courante en allemand de l'expression „Vorne kurz, hinten lang", qui signifie littéralement „court devant, long derrière". Dans les années 1980, c'était une coiffure très à la mode. La coiffure se caractérise par une frange et des côtés très courts et des cheveux longs à l'arrière et dans la nuque.

Les femmes rencontrées ont vécu cette expérience non seulement en Allemagne, mais également dans d'autres pays européens. Elles ne trouvent pas de salon adapté à leurs besoins. Ainsi, une jeune Autrichienne décrit: „il n'y a pas vraiment de coiffeurs [...], du moins dans les pays germanophones, il n'y en a que [quelques-uns] [...]. Alors, aller chez le coiffeur [...] vous pouvez tout de suite oublier" (Mona, blogueuse sur le thème des cheveux afro). Du fait de cette absence d'ofre, Mona prend ellemême soin de ses cheveux et de sa coiffure. Elle s'est également lancée dans le conseil en techniques de coiffage des cheveux afro par le biais de vidéos qu'elle poste sur le site YouTube. Elle partage aussi ses connaissances avec d'autres femmes par le biais de son blog sur les cheveux afro.

2.4.7.2 L'exclusion par la consommation, une forme d'exclusion sociale

Ces témoignages mettent en lumière le vécu quotidien des femmes noires etmétissées en Allemagne ou dans d'autres pays tels que l'Autriche: on ne tient également pas compte de leurs besoins dans les salons de coiffure „classiques" et elles ont, de ce fait, le sentiment d'être mises „à l'écart":

> „États-unis, Belgique, Paris, Angleterre, voilà des endroits où il existe une culture noire [...], où les noirs font partie du paysage, tout simplement. en Allemagne, ce n'est pas comme ça" (Lilly, gérante d'un salon pour clientèle avec et sans cheveux afro).

Lilly souligne que l'exclusion ne se cantonne pas au domaine de la coiffure, mais aussi à celui du maquillage qui est inexistant pour les femmes à la peau foncée en Allemagne: „Impossible de trouver des produits de maquillage pour les peaux foncées, à moins d'aller chez Douglas ou chez Bobbi Brown, pour nous les noires, y'a rien du tout". Aida Bosch (2010) relate dans son ouvrage Consommation et Exclusion comment des formes d'exclusion et aussi d'inclusion sont négociées sur un plan symbolique par le biais de la consommation. Les consommateurs et les consommatrices utilisent des produits et des services pour se créer une identité et une appartenance sociale. La consommation permet de former un sentiment de participation locale selon Silvia Surrenti (2009, 205). Non seulement, elle fonde des liens avec des objets mais aussi avec d'autres personnes et avec des lieux de consommation. Ces processus sont précisément difficiles en Allemagne pour les femmes noires, du fait de la faible présence d'une industrie cosmétique dédiée ou d'un secteur professionnel de la coiffure: des biens de première nécessité sont inexistants ou ne sont accessibles que dans certains commerces de niche. Avoir accès à de la consommation est inalement la manifestation d'une forme „d'égalité et d'individualité", comme l'airme Norbert Schneider (2000, 21).

En Allemagne, cependant, les Noires ne peuvent pas consommer comme les Blanches. L'absence ou le caractère limité de l'ofre de consommation leur donne l'impression d'être enmarge de la société, de ne pas avoir leur place en Allemagne, et de ne tout simplement pas être sur un pied d' égalité par rapport aux autres Allemandes.

2.4.7.3 Des coiffures exotisées au prisme de l'identité dominante

Pour ces femmes, les salons de coiffure afro sont des lieux que l'on pourrait qualiier d'identitaires car ils proposent des prestations vraiment adaptées à la clientèle aux cheveux afro, qu'elles soient afro allemandes, issues de l'immigration africaine ou afro-américaines.

Au moment de l'enquête, la plateforme en ligne afroport.de – un portail germanophone sur l'art, la culture et le commerce africains – recensait plus de 150 salons de coiffure afro en Allemagne[29]. On peut, toutefois, tabler sur une augmentation du nombre de salons de coiffure afro dans le pays, enparticulier dans les centres urbains. Elle suivrait celle du nombre de migrants originaires d'Afrique[30]. De même, on constate que l'ofre de coiffures afro, même dans les salons de coiffure non spécialisés, tend à se populariser: l'adoption des tresses plaquées ou cornrows dans le catalogue de la chaîne de salon de coiffure Unisex, qui opère dans toute l'Allemagne, peut être considérée comme un indicateur de cette pénétration lente des styles de coiffures afro dans la consommation dite „grand public", en dehors des seuls salons spécialisés. Les personnes concernées disposent ainsi de lieux qui répondent à leurs attentes en Allemagne. Un gérant de salon afro insiste sur la signiication de son ofre et de ses produits pour l'identité de sa clientèle: „tout cela fait partie de la psyché de ces personnes; et c'est pourquoi, quand quelque chose leur manque, elles souhaitent retrouver ce qu'elles connaissent [...] et achètent certaines [...] choses pour s'épanouir". Pour ce qui est de la clientèle, les avis sont parfois plus partagés: certaines clientes – comme Diana, originaire du Kenya – critiquent les prix élevés dans ces salons de coiffure afro par rapport à ceux pratiqués dans sonpays d'origine: „Dans mon pays, je vais me faire coiffer toutes les deux semaines, ou toutes les semaines [...]. C'est très bon marché [...] ici, en Allemagne, c'est beaucoup trop cher". Au Kenya, Diana paie environ 20 euros pour un tissage. En Allemagne, le prix minimum est de 70 euros, et cela n'inclut pas le coût des mèches à poser. Pendant l'étude, Diana venait d'entrer en contact

---

29 En 2015, 80700 salons de coiffure étaient enregistrés à la Fédération nationale de l'artisanat allemand (Zentralverband des deutschen Handwerks). Il n'existe pas de chiffres officiels pour les salons afro. Voir das Statistik-Portal, Zentralverband des deutschen Handwerks (Zdh), Anzahl der Unternehmen im Friseurhandwerk in Deutschland von 2000 bis 2015, in Statista, consulté le 3 mai 2017: https://de.statista.com/statistik/daten/studie/30562/umfrage/unternehmen-im-friseurhandwerk-in-deutschland/.

30 Voir das Statistik-Portal, Statistisches Bundesamt, Anzahl der Ausländer in Deutschland nach Herkunftsland in den Jahren 2014 und 2015, in Statista, consulté le 3 mai 2017: https://de.statista.com/statistik/daten/studie/1221/umfrage/anzahl-der-auslaender-in-deutschland-nach-herkunftsland/?itemsPerPage=25&q=afrikaner %20deutschland.

avec une femme qui coiffe à domicile, à un prix plus avantageux que dans un salon: „en tant que cliente privée chez cette femme, c'est moins cher". Contrairement à Diana, Lilia, originaire d'Afrique du Sud, conie être prête à payer plus cher pour la prestation si le coiffeur ou la coiffeuse dispose des compétences techniques: „Ça ne me dérange pas de dépenser beaucoup d'argent si je sais que la personne prend bien soin de mes cheveux". Les salons visités au cours de mon enquête de terrain bénéiciaient d'un très fort traic, preuve de leur succès. Mais les clientes citées plus haut montrent qu'il existe aumoins deux types de proil: celles qui souhaitent bénéicier des services d'un professionnel de coiffures afro quel qu'en soit le prix, et celles qui se plaignent des tarifs de ces salons. Elles se font alors coiffer par des particuliers qui disposent de connaissances, mais qui, en règle générale, n'ont pas de qualifications professionnelles. Mais cette transformation progressive des modes de consommation „dominants" amenée par le développement de ces salons afro sur l'ensemble du territoire se traduit-elle par leur inclusion réelle au coeur de la société allemande? Assiste-t-on à une pleine reconnaissance de l'activité commerciale de ces entrepreneurs? Dans mon enquête, j'ai intégré la perspective des clientes, mais aussi des gérants. Il en ressort que la préoccupation principale de cesentrepreneurs est d'être pleinement reconnus et non pas d'être considérés comme prestataire de „services exotiques" dédiés à un „groupe en particulier" d'individus. Cependant, leurs expériences au quotidien ne répondent pas à cette attente.

Sortir de la marginalisation: le pari des entrepreneurs
Aron, 57 ans, exploite un salon de coiffure afro depuis le milieu des années 1990 dans une zone urbaine à l'ouest de l'Allemagne. Avant d'ouvrir son salon, il a dû obtenir un brevet de maîtrise de coiffeur, diplôme obligatoire pour exercer en Allemagne[31]. Les coifures afro n'étant pas enseignées dans ce diplôme, sa femme a appris les techniques de coifage dans une école aux États-Unis où il existe de nombreux cursus, formations et écoles de tressage. Ils ont ainsi tous les deux beaucoup investi en termes de temps et d'argent dans leur formation professionnelle. Depuis plus de 15 ans, Aron dirige son entreprise avec succès. Il a néanmoins l'impression de rester en marge de la société et soufre de cette expérience: „nous faisons cavalier seul", „nous passons complètement inaperçus" et „nous voulons aussi nous sentir utiles" dit-il au cours de l'entretien. Pour lutter contre cette marginalisation, il développe diférentes stratégies et aspire à créer un réseau avec d'autres salons de coifure afro. Il veut ainsi faire en sorte que sa branche d'activité soit reconnue comme professionnelle et sérieuse:

---

31 L'obtention de ce diplôme est la voie habituelle pour avoir le droit d'ouvrir un salon de coiffure en allemagne. il est toutefois possible d'exploiter son propre salon sans passer ce diplôme, à condition de remplir les conditions de l'autorisation d'exercer (Ausübungsberechtigung) définies au § 7b du Code de l'artisanat (Handwerksordnung) ou d'une dérogation aux termes du § 8 de ce même Code.

„Il est important [...] de générer une coopération [...] et en se présentant bien, on pourrait obtenir une meilleure [...] visibilité". Il souhaite également travailler en réseau avec les chambres de commerce et d'industrie, la chambre desmétiers, des investisseurs et des élus locaux : „Je [voudrais] discuter avec eux du fait [...], qu'en s'organisant correctement, on peut arriver à de grandes choses ; en matière de formations pour les jeunes [...] fabriquer plus de produits en Allemagne et les rendre facilement accessibles ici".

Aron fait oice de porte-parole des gérants de salons afro – un entrepreneur social (Roberts, Woods, 2005) – qui veut attirer l'attention sur l'expertise mise en oeuvre dans sa branche d'activités et qui s'engage pour une meilleure inclusion sociale de ces salons de coifure. Il soutient l'idée selon laquelle son salon ferait partie „d'une contagion culturelle dans cette grande société" et pourrait ainsi contribuer à la difusion, la création et la reconnaissance de son métier. Cependant, sa lutte pour la reconnaissance au sens de Honneth (2012) se heurte au modèle de la société majoritaire et à ce qu'elle déinit comme digne de l'être. Aron peut, en efet, se mettre à son compte sur le plan juridique, mais la reconnaissance sociale de son activité, qu'il recherche activement, reste jusqu'à présent limitée.

Salons pour „Blancs" ou „Noirs" : une séparation imaginaire
Le cas de Lilly est similaire. Elle a 27 ans aumoment de l'enquête. En 1990, elle a émigré du Ghana vers l'Allemagne avec l'ensemble de sa famille. Après avoir fréquenté l'école en Allemagne, elle décide de suivre une formation de coifeuse, puis passe le brevet de maîtrise. Elle ouvre alors sonpropre salon qu'elle gère depuis deux ans et demi. Elle souhaitait faire de son salon un lieu de services pour les personnes „à la peau foncée" et „ses semblables". En même temps, elle se défend de considérer son salon exclusivement comme „un lieu africain". Son idée était de construire un espace où les connaissances acquises au cours de sa formation de coifeuse „allemande" et celles sur les coifures afro pourraient être mêlées : „en fait, j'ai l'avantage de savoir faire les deux". Elle aimerait que ses prestations soient considérées comme la norme en Allemagne et non pas comme quelque chose d'exotique. Cependant, son expérience quotidienne lui montre que les clientes aux cheveux non afro ne fréquentent son salon que lorsqu'elles recherchent une „expérience exotique" :

„seulement lorsqu'[on] associe quelque chose de spécial et d'exotique à la coiffure [...] on se dit : Je vais faire des tresses rasta [...]. Ce n'est pas du tout le message que je veux faire passer".

Lilly ne vise pas à créer un „salon noir pour les personnes aux cheveux afro", mais souhaite justement briser cette frontière entre salons „Noirs" et „Blancs" :

„se spécialiser uniquement dans le noir noir noir [...], je trouve que c'est un peu stupide, parce que c'est se mettre tout seul un peu à la marge". Dans son salon, en revanche, „tout le monde est bienvenu".

Cette volonté de sortir d'une niche est présente dans les discours de tous les interlocuteurs que j'ai rencontrés. Les gérants de salon ne visent pas uniquement une clientèle issue de l'immigration africaine ou aux cheveux afro, mais tous ceux qui pourraient être intéressés par leurs prestations. Dans lemême temps, ils partagent des expériences d'exclusion, de marginalisation et d'exotisation. Pour Lilly, le problème de l'exotisation dépasse le cadre de son salon. En raison de sa couleur de peau, elle a dû s'y prendre à plusieurs reprises avant de trouver un soutien pour pouvoir se mettre à son compte:

„Il faut toujours se battre pour atteindre ses objectifs en Allemagne si on est une personne de couleur [...] et j'ai dû me battre longtemps [...]. Pour faire bref, j'ai suivi un cours pour devenir auto-entrepreneur dispensé par l'agence pour l'emploi".

Elle attire l'attention sur un problème social: dans de nombreux contextes, les Noirs ne sont pas considérés comme faisant partie intégrante de la société allemande. Selon les termes de Paul Mecheril et Thomas Teo (1994, 9–23), ils deviennent des „autres Allemands" (andere Deutsche). Ce terme tente de saisir les expériences vécues par des personnes qui ont vécu une partie signiicative de leur socialisation en Allemagne mais qui, du fait de caractéristiques sociales ou de leur physionomie, ne correspondent pas à l'idéal-type supposé de l'Allemand standard, car leurs parents (ou l'un de leurs parents) ou ascendant sont considérés comme venant d'un autre milieu culturel. Dans la perception sociale, les Noirs en Allemagne sont positionnés comme non-membres et donc exclus d'un „nous" imaginaire.

Faire tomber les barrières bureaucratiques
Sophie a aussi fait l'expérience de formes d'exclusion. Née au Bénin, en Afrique de l'Ouest, elle a aujourd'hui 35 ans. Aumilieu des années 1980, elle émigre avec sa famille en France. Elle y va à l'école et à l'université puis travaille pendant plusieurs années comme juriste d'entreprise. Lorsqu'on propose un emploi en Allemagne à son mari, le couple décide d'émigrer. Au moment de l'enquête, Sophie vient de se mettre à son compte avec son salon de coifure: ouvrir un salon a toujours été son rêve. En Allemagne, elle constate qu'il existe des salons de coiffure afromais que ceux-ci ne correspondent pas à son idée d'une prestation de qualité. Sophie décide alors d'ouvrir son propre salon de coiffure. Cependant, comme dans le cas des gérants présentés plus haut, il lui est impossible d'acquérir les connaissances nécessaires. Par conséquent, elle se lance dans un voyage d'études international et suit des cours dans des écoles à Londres, Paris et Cotonou (Bénin). Son objectif

est d'accroître et de consolider ses connaissances de la coifure qu'elle a acquises dans le contexte de sa socialisation, grâce à une qualiication formelle. De retour en Allemagne, elle est confrontée à une très forte opacité bureaucratique. Grâce à ses ressources inancières, elle engage les services d'un comptable. Il se charge de faire reconnaître juridiquement les certiicats de coifure qu'elle a obtenus: „Mon comptable a tout fait". Il obtient une dérogation de la chambre des métiers. Sophie a depuis le droit de réaliser des „coifures africaines". Cette autorisation spéciale est soumise à certaines conditions[32]: l'accès à la profession est très réglementé. La jeune femme a cependant réussi à se mettre à son comptemalgré un cadre administratif et juridique complexe. Toutefois, l'histoire de Sophie montre également que, sans soutien, elle aurait eu dumal à réaliser son projet.

2.4.7.4 Développer sa capacité d'action en situation de précarité

Les propositions commerciales des entrepreneurs présentés plus haut ont pour objectif d'accroître leur capacité d'action (agency), même dans des conditions précaires. Les gérants de salon font face à des mécanismes de marginalisation, à des obstacles institutionnels et à l'exotisation de leur ofre. Néanmoins, ils concrétisent leur désir de réalisation de soi: ils créent des réseaux, mobilisent des ressources monétaires, s'adressent à une large clientèle avec ou sans cheveux afro et issue ou non de la migration. Ils contribuent ainsi „par le bas" à un échange culturel d'éléments de savoirs et à une internationalisation des métiers de la coifure en Allemagne. Les entrepreneursmigrants s'approprient leur environnement. Ces processus d'appropriation sont l'expression d'une éducation informelle. Les acteurs cherchent à conquérir une „place" dans la société et à abolir la perception sociale de leur entreprise comme „exotique" et „marginale": leurs salons ont vocation à devenir des lieux de consommation ouverts à tout type de public. Hildegard Bockhorst (2011, 213–245) qualifie ces processus d'éducation et d'appropriation dans des conditions précaires d' „éducation à l'art de vivre" (Lebenskunstbildung). Louis Henri Seukwa (2006) évoque quant à lui un „habitus de l'art de la survie" (Habitus der Überlebenskunst). L'enquête révèle l'extrême volonté et la capacité de résistance des personnes interrogées. Ces entrepreneurs sont des „agents du changement" et des „entrepreneurs socioculturels". Ils enrichissent le répertoire de la beauté culturelle et veulent faire évoluer le champ des positions sociales: ils cherchent à sortir d'une niche de consommation qui leur a été assignée ain de se rapprocher du coeur de l'industrie de la coifure. Felicitas Hillmann (2009)

---

32 Cette dérogation peut être obtenue par toute personne qui est en mesure de (1) faire la preuve des connaissances et aptitudes requises dans le métier spécifique; (2) prouver que passer l'examen de maîtrise représenterait, au moment du dépôt du dossier, une charge excessive (on examine ici les conditions de vie au cas par cas); (3) produire des diplômes obtenus à l'étranger, par exemple, dont on peut admettre l'équivalence. note de l'auteure.

et Claudia Lintner (2015) ont mis en lumière le potentiel culturel et social des entreprises de migrants. Selon Lintner (2015, 1601), elles représentent une nouvelle arène pour l'action socioéconomique et politique. Hillmann (2009, 102) met l'accent sur la force d'innovation sociale de ces entrepreneurs, mais énumère en même temps les conditions nécessaires. Le potentiel d'innovation peut se déployer si les eforts du bas (c'est-à-dire des entrepreneurs) et ceux du haut (par exemple les villes, la Chambre de commerce et de l'industrie, les projets de Conseils de quartiers – Quartiersmanagement) convergent, et si de nouvelles formes d'organisations sociales s'implantent de façon pérenne. Hillmann utilise l'exemple de Berlin pour montrer qu'une alliance hétéroclite de groupes d'intérêt, de collectivités locales, d'entreprises et d'associations demigrants peut se mettre en place et favoriser l'entrepreneuriat migrant autant par le bas que par le haut.

Ce processus faisait encore défaut dans les salons de coiffure afro étudiés. Tandis que le potentiel de transformation des entrepreneurs gagne en visibilité, les personnes interrogées ne sont pas encore intégrées dans les réseaux locaux publics et privés. Or cette synergie est nécessaire si l'on veut pleinement inclure ces entreprises dans le paysage urbain et dans la branche professionnelle. Dans une Allemagne où l'activité de coifeur est très réglementée, se pose alors la question des conditions juridiques et institutionnelles qu'il faudrait revisiter pour faciliter le développement de ces entrepreneurs indépendants. Ici, un dialogue doit s'engager entre tous les acteurs pour parvenir à des solutions pérennes.

2.4.7.5 Transformation des pratiques et modication des représentations

Cependant, ces approches n'épuisent pas la question posée: est-ce que inalement l'accès à la consommation, facilité par les salons de coiffure afro, mène à l'inclusion sociale des chefs d'entreprise à l'origine de ces salons? Michael Parzer, Franz Astleithner et Irene Rieder (2016) montrent, dans une enquête sur des supermarchés gérés par des migrants à Vienne, que la consommation dans ces commerces n'est pas nécessairement associée à une reconnaissance réelle des gérants et des entreprises. Les auteurs identiient deux types d'achats: la „consommation par commodité" et la „consommation à caractère exceptionnel". Dans la première catégorie, le commerce tenu par des entrepreneurs migrants est perçu comme une alternative parmi d'autres, et certains clients qui les fréquentent le font malgré le fait qu'ils soient tenus par des migrants. Dans la catégorie de la „consommation à caractère exceptionnel", en revanche, le déclencheur de la fréquentation est la recherche d'exotisme: „La consommation à caractère exceptionnel est liée à l'attrait d'une expérience extraordinaire fondée sur la perception d'une ‚touche ethnique' du commerce, des gérants, du personnel et des produits ‚exotiques' proposés" (ibid., 32). Les clients qui agissent par désir d'exotisme ou ceux qui fréquentent par défaut des commerces tenus par des migrants sont la preuve que la consommation seule n'engendre pas automatiquement l'inclusion et une valorisation de ces commerces. Ces deux types de clients vont à l'encontre des eforts d'adaptation réalisés par les gérants de salon de coifure afro et construisent, consolident même, la dichotomie entre „nous" et „eux". Des réseaux de soutien, un dialogue entre les entrepreneurs et la société civile ainsi que d'autres initiatives sont des conditions nécessaires, mais pas suisantes de l'inclusion. Pour aller dans le sens des entrepreneurs, il est nécessaire de faire disparaître l'étiquette „exotique" et, simultanément, en accroissant la fréquentation de ces commerces, d'initier un changement des schémas d'interprétation sociaux. La consommation peut faciliter des premiers contacts basés sur la reconnaissance et permet ainsi de jeter des passerelles. Mais ces initiatives des créateurs de salon ne portent pas automatiquement leurs fruits.

Au contraire, un travail d'éducation critique sur le racisme et une meilleure prise en compte de la diversité culturelle présente sur le territoire doit devenir un objectif pour la société dans son ensemble: la concevoir et la mettre enplace est une mission d'avenir qui ne touche pas seulement l'entrepreneuriat migrant. Ce travail d'éducation soutiendrait non seulement la quête de reconnaissance et d'inclusion dans la société civile des entrepreneurs migrants, mais permettrait également aux clientes aux cheveux afro de trouver leur place dans l'ofre de consommation. En s'emparant de leurs besoins de consommation et en les reconnaissant pleinement, il serait alors ainsi possible de renforcer leur sentiment d'appartenance à la société allemande.

3. Fluchtmigration

Ein Inklusionsbegriff, wie im vorangegangenen Kapitel entfaltet, ermöglicht eine Analyse und Reorganisation nicht nur der Sonder- und Behindertenpädagogik. Er ist Grundlage für eine Reflexion auch der Fluchtmigrationsforschung und -praxis. Aus einer heterogenitätsorientierten, machtkritischen und relationalen Inklusionsperspektive lässt sich die Fluchtmigrationsgeschichte Deutschlands erzählen als Geschichte von In- und Exklusion derer, die als Migrant*innen und Geflüchtete mit zahlreichen Zwischen-Einordnungen kategorisiert sind. Eine so verstandene Narration fokussiert darauf, die soziale Herstellung dieser Kategorien und die damit einhergehenden (Un-)Möglichkeiten gesellschaftlicher Teilhabe zu untersuchen. Sie offenbart Kontinuitäten in der Separierung geflüchteter Menschen, von Rassismus und Rechtsextremismus, aber auch von Öffnungsprozessen und Widerständigkeit. Im Folgenden wird zunächst ein Einblick in das zugrunde liegende Verständnis von Fluchtmigration gegeben (Kap. 3.1). Dem folgt eine historische Einordnung der gesellschaftlichen und pädagogischen Auseinandersetzung mit Fluchtmigration nicht nur, aber vor allem mit Fokus auf Deutschland (Kap. 3.2). Hierbei zeigt sich die Notwendigkeit eines Paradigmenwechsels von der Integration zur Inklusion (Kap. 3.3). Empirische Erkenntnisse zum Fluchtmigrationsgeschehen in der ehemaligen DDR und im Zuge des „langen Sommers der Migration" werden als weiter aufzubrechende Forschungsfelder herausgestellt, an welchen das Buch mit Projekten und Beiträgen in diesem Themenfeld ansetzt (Kap. 3.4).

3.1 Begriffsverständnis

Fluchtmigration ist ein weiter Begriff und in der scientific community genauso wenig einheitlich definiert wie in der öffentlichen Debatte. Er vereint die zwei Begrifflichkeiten „Flucht" und „Migration", die jeweils für sich selbst stehend bereits komplex sind. Eine allgemeine Theorie der Fluchtmigration existiert bislang nicht (Poutrus, 2018, 12), sodass sich dieses Kapitel auf verschiedene theoretische Perspektiven stützt, um das eigene Arbeitsverständnis von Fluchtmigration herauszuarbeiten.

3.1.1 Wissenschaftliche Einordnung

Treibel (2008, 21) versteht unter Migration einen „auf Dauer angelegte[n] bzw. dauerhaft werdende[n] Wechsel in eine andere Gesellschaft bzw. in eine andere Region von einzelnen oder mehreren Menschen". Für Hill (2019, 11) bedeutet Migration „menschliche Bewegung und lässt sich auf vielfältigste Weise thematisieren". Pries (2003, 27–29) differenziert zwischen den vier Idealtypen der (1) Emigration bzw. Immigration, (2) Rückkehr-Migration, (3) Diaspora-Migration und (4) Transmigration. Emigration und Immigration umschreiben den dauerhaften Wechsel von einem in ein anderes Land. Rückkehr-Migration meint eine zeitlich befristete Migration, etwa zum Zweck des Gelderwerbs, mit anschließender Rückkehr in das Herkunftsland. Die Diaspora-Migration bezeichnet Akteur*innengruppen, die sich zwar räumlich in einem anderem als ihrem Herkunftsland niederlassen, sich soziokulturell aber im Herkunftsland verorten. Mit transnationaler Migration ist ein manifester Wechsel zwischen mehreren Lebensorten als Normalzustand und die Konstruktion pluri-lokaler Sozialräume über Ländergrenzen hinweg gemeint. In einem weiten Verständnis schließt transnationale Migration „Zugehörigkeitsgefühle, kulturelle Gemeinsamkeiten, Kommunikationsverflechtungen, Arbeitszusammenhänge und die alltägliche Lebenspraxis sowie die hierauf bezogenen gesellschaftlichen Ordnungen und Regulierungen, die die Grenzen von Nationalstaaten überschreiten" (Pries, 2002, 264), mit ein. In einem engen Sinne sind damit „nur sehr dauerhafte, massive und strukturierte bzw. institutionalisierte Beziehungen [...] über nationalgesellschaftliche Grenzen hinweg" (ebd.) gemeint. Fluchtmigration kommt als eigener Typus in dieser Unterscheidung nicht vor, wird aber häufig als Unterform von Migration verstanden, „die von besonderen Notlagen begleitet wird" (Frieters-Reermann, 2013, 12). So differenziert etwa Carey (2018, 21) zwischen Fluchtmigration und Arbeitsmarktmigration: Arbeitsmarktmigration meint für ihn die Bewegung von Menschen hin zu den global relevanten „Arbeitsmarkt-Orten" (ebd.). Fluchtmigration kennzeichne sich dadurch, dass staatliche, halbstaatliche und parastaatliche Akteur*innen „(Über-)Lebensmöglichkeiten und körperliche Unversehrtheit, Freiheit und politische Partizipationschancen, Souveränität und Sicherheit von Einzelnen oder Kollektiven so gefährden, dass [...] Menschen ihre Herkunftsorte verlassen müssen" (ebd., 23). Die Bezeichnung „Flucht" meine dann die Reaktion auf die fehlenden (Über-)Lebensmöglichkeiten und eine Bewegung weg vom Ort des eigentlichen Aufenthalts. Auch Oltmer (2016, 18) betrachtet Flucht als ein „Ausweichen vor Gewalt, die zumeist aus politischen, ethno-nationalen, rassistischen, genderspezifischen oder religiösen Gründen ausgeübt oder angedroht wird" (ebd.). Er verweist darauf, dass Fluchtbewegungen wenig linear sind. Die Menschen bewegen sich etappenweise: „Häufig lässt sich zunächst ein überstürztes Ausweichen in einen anderen, als sicher erscheinenden Zufluchtsort in der Nähe ausmachen, dann das Weiterwandern zu Verwandten und Bekannten in einer benachbarten Region beziehungsweise einem Nachbarstaat oder das Aufsuchen eines informellen oder regulären Lagers. Muster von (mehrfacher) Rückkehr und erneuter Flucht finden sich ebenfalls häufig. [...] Häufig müssen sich Menschen auf Dauer oder auf längere Sicht auf die (prekäre) Existenz als Flüchtling einrichten" (ebd., 18). Eingeschränkte Teilhabemöglichkeiten führen bei geflüchteten Menschen nicht selten zu Verletzlichkeit; die Menschen werden immobilisiert, zum Beispiel in Gefängnissen, Lagern oder bei Push-Backs und am Zugang zu (finanziellen) Ressourcen und zum regulären Arbeitsmarkt gehindert (Xypolytas, 2018).

3.1.2 Politische und asylrechtliche Klassifikationen

Von der wissenschaftlichen Auseinandersetzung ist die politisch-asylrechtliche Aneignung der Termini zu trennen. In Politik und Recht dienen ‚Migration' und ‚Fluchtmigration' der Klassifizierung von Einwanderungstypen, die mit unterschiedlichen Rechten und Pflichten belegt werden. Die Intention besteht darin, zwischen Menschen mit vermeintlich ‚legitimem' Anspruch auf ein Bleiberecht und sogenannten ‚Wirtschaftsmigrant*innen' zu unterscheiden, die Deutschland aus der Intention heraus betreten würden, ein besseres Leben zu führen, aber keine legitimen Fluchtgründe hätten (Eisenhuth, 2015, 25). Dieses Buch greift die Unterscheidung zwischen Menschen mit legitimen und illegitimen Fluchtgründen nicht auf, sondern wendet sich dieser Unterscheidung aus einem heterogenitätsorientierten, machtkritischen und relationalen Inklusionsbegriff zu. Aus einer Inklusionsperspektive werden die Klassifikationen selbst zum Analysegegenstand gemacht. Das Erkenntnisinteresse besteht dann darin zu rekonstruieren, wie Bewegungen von Personen in einen nationalstaatlichen Container hinein klassifiziert und eingeordnet, wie sie ermöglicht, gesteuert, aber auch verhindert werden. Diese Perspektive fokussiert auf die soziale Herstellung von Unterscheidungen zwischen Menschen (Hirschauer, Boll, 2017). Die Unterscheidung, wer als Migrant*in und wer als Geflüchtete*r gilt, wird von der Autorin als soziale Konstruktion verstanden, die Menschen eine soziale Position innerhalb einer nationalstaatlich strukturierten Welt zuweist und sie auf Basis spezifischer Kriterien überhaupt erst zu Migrant*innen oder Geflüchteten macht (Kleist, 2019; Ebner von Eschenbach, 2016; Nail, 2016, 235). Die eingenommene Perspektive grenzt sich von einem essentialistischen Verständnis ab, das Migrant*innen und Geflüchtete als statische Personentypen mit vermeintlich eindeutigen Eigenschaften zeichnet. Analysegegenstand sind die Kategorisierungs- und Kontrollmechanismen von Politik und Recht, von Organisationen der Asylverwaltung (Lahusen, Schneider, 2017) und die Klassifizierungen, mit denen die betreffenden Menschen auch in der Sozialen Arbeit konfrontiert sind (Graßhoff, 2020, 517; Castro Varela, Mecheril, 2010, 35). Grundsätzlich lässt sich aus einer solchen Perspektive fragen, wer wann, von wem und anhand welcher Kriterien als Migrant*in oder Geflüchteter kategorisiert wird und wer unbenannt als Nicht-Migrant*in und Nicht-Geflüchtete*r oder etwa als Tourist*in oder mobile*r Expatriate gilt (Khakpour, Mecheril, 2018; Reuter, 2010; Schweppe, Sharma, 2015) sowie welche Teilhabeoptionen und -barrieren damit einhergehen, ohne dabei die Handlungsfähigkeiten sowie Eigensinnig- und Widerständigkeiten von Akteur*innen aus dem Blick zu verlieren (Motzek-Öz, 2017, 2019). Die spezifischen Ausprägungen von Kategorisierungen sind rückgebunden an nationalstaatliche Bestimmungen dazu, wer zu einem Land zugehörig sei und wer nicht. Das Statistische Bundesamt hat zur Bestimmung von Zugehörigkeiten das Konstrukt des Migrationshintergrundes etabliert. Demnach ‚habe' eine Person einen Migrationshintergrund,

> „wenn sie selbst oder mindestens ein Elternteil nicht mit deutscher Staatsangehörigkeit geboren wurde. Im Einzelnen umfasst diese Definition zugewanderte und nicht zugewanderte Ausländerinnen und Ausländer, zugewanderte und nicht zugewanderte Eingebürgerte, (Spät-)Aussiedlerinnen und (Spät-)Aussiedler sowie die als Deutsche geborenen Nachkommen dieser Gruppen. Die Vertriebenen des Zweiten Weltkrieges haben (gemäß Bundesvertriebenengesetz) einen gesonderten Status; sie und ihre Nachkommen zählen daher nicht zur Bevölkerung mit Migrationshintergrund" (Destatis, 2020, o. S.).

Das Konstrukt des Migrationshintergrunds wurde ursprünglich zur Erfassung einer heterogenen Bevölkerung in die Statistik eingeführt und sollte die bis 2004 gängige Dichotomie von Ausländer*innen und Deutschen erweitern (Will, 2018, 2). Die Kategorie bleibt aber in einer ethnisierenden Perspektive verhaftet, insofern „es um ethnische Abstammung geht und nicht um Migrationserfahrung, wie es der Begriff Migrationshintergrund nahelegt" (ebd.). Diese Verhaftung birgt die Gefahr einer Stigmatisierung von Menschen als ‚anders' und ‚besonders' (Hamburger, Stauf, 2009). Auf die Verbesonderung von Menschen, die teils schon seit Generationen in Deutschland leben, aber durch die Bezeichnung „Migrationshintergrund" immer wieder aus der Gruppe der Zugehörigen herausgehoben werden, machen wissenschaftliche Auseinandersetzungen mit „dem Migrationshintergrund" seit Jahrzehnten aufmerksam (Akbaba, 2017; Munsch, 2014; Castro Varela, 2013). Die ausschließende Komponente des Begriffs führt zu immer wieder neu aufkommenden Diskussionen zu Begriffsalternativen wie „Einwander*innen und ihre Nachkommen", „Menschen aus Einwander*innenfamilien", „mehrheimische Menschen" oder „Menschen mit internationaler Geschichte" (Mediendienst Integration, 2020). Dabei gilt es zu bedenken, ob der Kontext „Migration" für den interessierenden Forschungs- oder Sachzusammenhang überhaupt von Relevanz ist und gesondert hervorgehoben werden muss.

Analoge definitorische Setzungen finden sich zur Bezeichnung „Geflüchtete*r" und „Flüchtling". Nach der Genfer Flüchtlingskonvention gilt eine Person als „Flüchtling", wenn sie

> „sich außerhalb des Landes befindet, dessen Staatsangehörigkeit sie besitzt oder in dem sie ihren ständigen Wohnsitz hat, und die wegen ihrer Rasse, Religion, Nationalität, Zugehörigkeit zu einer bestimmten sozialen Gruppe oder wegen ihrer politischen Überzeugung eine wohlbegründete Furcht vor Verfolgung hat und den Schutz dieses Landes nicht in Anspruch nehmen kann oder wegen dieser Furcht vor Verfolgung nicht dorthin zurückkehren kann".

Ob Menschen als „Flüchtlinge" klassifiziert werden oder nicht, ist folgenreich und in nationales Recht eingeschrieben. Die Klassifikation entscheidet darüber, welche Teilhaberechte den Betreffenden gewährt und welche gesellschaftlichen Systeme Menschen im aufnehmenden Land zugänglich, teilweise zugänglich oder versperrt sind und ob die entsprechende Person zurückgewiesen wird (Scherr, 2015a, 2015b). In Deutschland ist das Bundesamt für Migration und Flüchtlinge (BAMF) für das Asylverfahren zuständig. Asylsuchende erhalten mit Äußerung ihres Asylbegehrens eine Aufenthaltsgestattung (§ 55 AsylG). Erwachsene Asylsuchende und Familien werden zunächst einer Landeserstaufnahmeeinrichtung zugewiesen, minderjährige Alleinreisende in einer Einrichtung der Kinder- und Jugendhilfe untergebracht. Die Bundesländer sind zur Bereitstellung von Aufnahmeeinrichtungen verpflichtet (§ 44 AsylG). Sie nehmen geflüchtete Menschen nach den Vorgaben des Königsteiner Schlüssels auf, der auf Basis von Einwohner*innenzahl und Steuereinnahmen eines Bundeslandes errechnet, wie viele Menschen ihm zugeteilt werden (§ 45 AsylG). Geflüchtete Menschen werden im Zuge ihres Asylverfahrens hinsichtlich ihres Asyl- und Schutzstatus kategorisiert. Im Asylverfahren wird geprüft, ob Deutschland oder ein anderer Mitgliedsstaat der EU nach den Richtlinien des Dublin-Verfahrens für das Asylverfahren zuständig ist. Im Fall einer Zuständigkeit wird ausgehandelt, ob eine politische Verfolgung vorliegt (Art. 16a GG) oder Flüchtlingsschutz (§ 3 AsylG) oder subsidiärer Schutz (§ 4 AsylG) gewährt werden. Ist dies nicht möglich, kann ein mögliches Abschiebungsverbot (AufenthG § 60, Abs. 5 und 7) geprüft werden. Wird der Antrag auf Asyl abgelehnt, verpflichtet die Ausreiseaufforderung die entsprechende Person zum Verlassen des Landes. Eine Abschiebung (AufenthG § 58) kann gegen den Willen der Person durchgeführt werden, wenn diese der Aufforderung nicht nachkommt. Eine Duldung des Aufenthalts kann dann ausgesprochen werden, wenn Abschiebehindernisse vorliegen, etwa die Staatsangehörigkeit ungeklärt ist oder gesundheitliche Risiken eine Abschiebung nicht zulassen (Öndül, 2018, 117–120). Zusätzlich zu den Möglichkeiten des Asylrechts können geflüchtete Menschen in Deutschland über humanitäre Aufnahme- und Resettlementprogramme aufgenommen werden. Für diese Programme kommen

Personen dann infrage, wenn sie „aus ihrem Herkunftsland in ein anderes Land geflohen sind, das ihnen aber keine langfristige Aufenthaltsperspektive bietet" (Hanewinkel, Oltmer, 2017, 9). Zudem müssen sie von der UNHCR als Geflüchtete anerkannt sein. Die vielfältigen Klassifikationen verdeutlichen, dass die politische Anerkennung von Fluchtgründen ein Aushandlungsprozess darüber ist, was überhaupt als legitimer Fluchtgrund zugelassen ist oder nicht. So können eine Fluchtmigration aus ökonomischer Not oder vor Klimakatastrophen bisher nicht als legitime Gründe für einen Anspruch auf ein Bleiberecht in Deutschland geltend gemacht werden.

3.1.3 Arbeitsdefinition „Fluchtmigration" und „geflüchtete Menschen"

Insofern die politischen Klassifikationen selbst zum Analysegegenstand gemacht werden müssen, lässt sich aus der asylrechtlichen Debatte kein wissenschaftlich tragfähiges Verständnis von Fluchtmigration ableiten. Stattdessen wird orientiert an der wissenschaftlichen Diskussion ein eigenes Verständnis von Fluchtmigration herausgearbeitet. Entgegen der politischen Intention geht es hierbei nicht um eine Suche nach einer eindeutigen Unterscheidbarkeit von Flucht und Migration, stattdessen wird die Komposition „Fluchtmigration" ganz bewusst genutzt. Hiermit soll auf die Unschärfen zwischen der Klassifikation menschlicher Bewegungen als freiwillig oder unfreiwillig aufmerksam gemacht werden. Eine vermeintlich eindeutige Klassifikation hat mit der „Wirklichkeit des Wanderungsgeschehens mit ihren vielen Übergangsformen zwischen den verschiedensten und auf die verschiedenste Weise motivierten Wanderungsbewegungen" (Bade, 2002, 5) wenig gemein und dient, wie aufgezeigt, vielmehr dem politischen Zweck, Fluchtmigrationsbewegungen legitimieren oder illegalisieren zu wollen.

Das Verständnis von „Fluchtmigration" setzt sich in dieser Arbeit aus fünf Dimensionen zusammen und umfasst:

1. die *subjektiv erlebte Notwendigkeit* von Menschen, den Lebensmittelpunkt verlassen zu müssen, um die eigenen Überlebensmöglichkeiten zu sichern;
2. den *Prozess des Fliehens*, der als „*Flucht*" bezeichnet wird. Dieser Prozess ist nicht immer geradlinig, sondern von Etappen des Sich-Weiterbewegens, Immobilisiert-Werdens, Umsteuerns und Weiterfliehen-Könnens durchzogen. Im Zuge dieses Prozesses büßen Menschen nicht selten an Handlungsfähigkeit ein und erfahren Verletzungen des Körpers, der Psyche und der zu achtenden Menschenwürde. Gleichzeitig ist der Prozess des Fliehens aber auch Ausdruck von Handlungsfähigkeit. Geflüchtete Menschen entwickeln vor und im Zuge ihrer Fluchtmigration Fähigkeiten, diesen Prozess zu navigieren und zu gestalten. Die Flucht ist somit als Verzahnung von Ver-

letzlichkeit und Handlungsfähigkeit zu verstehen (Agency-Vulnerabilitäts-Nexus);
3. eine räumliche und/oder symbolisch-imaginierte *Bewegung*. Fluchtmigration bezeichnet ein Sich-Wegbewegen vom gewöhnlichen Lebensmittelpunkt hin zu anderen Orten, von denen angenommen und erhofft wird, dass sie zu einer Abwehr von Gefahr und Verbesserung der Lebenslage beitragen. Die Bewegung kann lokal nah oder fern sein, den Wechsel von Regionen oder das Überschreiten von Ländergrenzen umfassen. Zugleich kann Fluchtmigration auch ein Imaginieren einer räumlichen Bewegung bedeuten – zum Beispiel dann, wenn Personen in Situationen völliger räumlicher Immobilisierung durch eine symbolische Verbundenheit zu anderen Orten oder die Vorstellung, zu fliehen, versuchen, ihre Immobilisierung auszuhalten;
4. das *Phänomen* kollektiv sichtbar werdender Fluchtbewegungen. Durch die Erweiterung von Fluchtmigration als subjektiv erlebter und zu bewältigender Prozess hin zu den potenziell kollektiven Dimensionen von Fluchtmigration können die gesellschaftlichen Bedingungen, die viele Menschen gleichermaßen betreffen – wie etwa Krieg, Verfolgung und Verelendung – und die darin zum Ausdruck kommenden globalen Ungleichheiten als gesamtgesellschaftliches Problem thematisiert werden;
5. die *politische und gesellschaftliche Debatte* darüber, wie mit Fluchtmigrationsprozessen *umgegangen* werden soll. Fluchtmigration ist Thema in den Medien, der Politik, der Zivilgesellschaft sowie in der Sozialen Arbeit und verlangt nach Ländergrenzen überschreitenden Lösungen, damit Bedingungen für Fluchtprozesse abgebaut und allen Menschen ein sicheres und würdevolles Leben in der Weltgesellschaft möglich ist.

Mit „geflüchteten Menschen" sind in dieser Arbeit Personen gemeint, die ihre Bewegung – das heißt das Verlassen ihres gewohnten Lebensumfelds – als ein Fliehen-Müssen begreifen. Hiermit grenzt sich die Begriffsverwendung unter Anerkennung des subjektiven Erlebens von einer asylrechtlichen Kategorisierung ab, welche diese Bezeichnung nur für jene Personen vorsieht, deren Fluchtgründe rechtlich als solche anerkannt werden. In diesem Verständnis stehen hingegen die subjektiven Deutungen der Betreffenden im Zentrum. Der gängige Begriff „Flüchtling" wird vermieden, da das Suffix „-ling" in verniedlichender Weise Gebrauch in der deutschen Sprache findet. Dennoch ist auch die Bezeichnung „geflüchtete Menschen" unzureichend. Ihr haftet die Gefahr an, verschiedene Menschen unter einem subsumierenden Etikett zu homogenisieren. Daher findet die Bezeichnung im Idealfall nur dann Anwendung, wenn sie von den entsprechenden Personen selbst genutzt wird. Jedoch ist das Wissen um die Eigennutzung oder Ablehnung des Begriffs nicht immer vorhanden, sodass die Autorin zumindest auf die Fraglichkeit eines ‚Sprechen-Über' hinweisen will. Bereits Hannah Arendt stellte in ihrem prominenten Essay „Wir Flüchtlinge" aus dem Exil in den USA gleich zu Beginn heraus: „Vor allem mögen wir es nicht, wenn man uns ‚Flüchtlinge' nennt. Wir selbst bezeichnen uns als ‚Neuankömmlinge' oder ‚Einwanderer'" (Arendt, [1943] 2018, 9). Arendt kritisiert die Klassifizierung ihrer Person und weiterer Menschen im Flüchtlingsbegriff und sensibilisiert dafür, immer dann, wenn möglich, mit den Bezeichnungen zu arbeiten, welche diejenigen, um die es geht, selbst verwenden.

3.2 Fluchtmigrationsgeschichten

Dieses Kapitel ist auf der Metaebene der Thematik „Fluchtmigration und Inklusion" angesiedelt und gibt einen Einblick in die deutsche Fluchtmigrationsgeschichte und in pädagogische Umgangsweisen mit Fluchtmigration. Der historische Blick ermöglicht es, Kontinuitäten und Wandlungen von Fluchtmigrationsprozessen und damit einhergehende Inklusionspotenziale und Exklusionsproblematiken zu identifizieren. Er verkürzt sich nicht auf Fluchtbewegungen aus offensichtlicher Verfolgung heraus, sondern ermöglicht, die Vielfalt und Uneindeutigkeiten menschlicher Bewegungen wahrzunehmen. Dies zum einen, um im Kapitel keinen asylrechtlich-klassifizierenden Fluchtmigrationsbegriff zu konstruieren; und zum anderen, um die Vielfältigkeit menschlicher Bewegungen als Normalität in der Menschheitsgeschichte herauszustellen. Die Fluchtmigrationsgeschichte Deutschlands ist – wie jede Geschichte – keine Geschichte fortschreitender Demokratisierung (Maurer, 2006). Sie ist durch Ambivalenzen, Brüche und Rückschritte gekennzeichnet. In der Literatur wird sie immer wieder in Phasen aufgeteilt (Berlinghoff, 2018; Gögercin, 2018; Schirilla, 2016; Handschuck, Schröer, 2012, 21–32; Mecheril et al., 2010). Eine Phasenaufteilung versteht sich als Heuristik und pragmatische Strukturierung (Hamburger, 1999). Je nach Perspektive kann sie unterschiedlich vorgenommen werden und bleibt eine unter mehreren Möglichkeiten (Auernheimer, 2016, 38). Phaseneinteilungen sollen nicht darüber hinwegtäuschen, dass Spezifika einzelner Phasen nicht zwingend als beendet anzusehen sind. So ermöglicht eine solche Einteilung geradezu die Reflexion von Kontinuitäten und Wandlungen – etwa im Hinblick auf In- und Exklusionsprozesse in den Lebenswelten geflüchteter Menschen. In diesem Kapitel kann nicht die gesamte Menschheitsgeschichte mit all ihren Bewegungen nachgezeichnet werden. Stattdessen wird ein Schwerpunkt in der Betrachtung gesetzt, der immer auf ein ‚davor' verweist. Diese Setzung wird professions- und disziplingeschichtlich begründet. Die Soziale Arbeit hat sich seit ihrer Etablierung mit Fragen von Armut und Diskriminierung befasst; eine migrationsbezogene Soziale Arbeit entstand jedoch erst nach dem Zweiten Weltkrieg (Gögercin, 2018, 31), weshalb die folgenden Ausführungen auf Entwicklungen im 20. Jahrhundert fokussieren. Ein fragmentarischer Blick auf globale Fluchtmigrationsprozesse vor dem 20. Jahrhundert soll jedoch vermeiden,

Fluchtmigration als Phänomen nur der jüngsten Geschichte und Gegenwart in Deutschland zu repräsentieren. Die Narration zu den Migrationshintergründen Deutschlands wird häufig erst mit der Zuwanderung von Arbeitsmigrant*innen ab den 1950er Jahren begonnen und die Anwerbung von Arbeitsmigrant*innen dann „fälschlicherweise als eine Art Stunde Null der Ausländerzuwanderung [konstruiert]" (Kaelble, 2007, 240). Eine nur zögerliche Vergewisserung der deutschen Migrationsgeschichten ist nicht etwa Ausdruck fehlender Bewegungen, sondern „verlorener Erinnerung an die eigenen Migrationshintergründe" (Bade, 2017, 12).

Nach der Skizzierung dieser historisch weit zurückreichenden Migrationshintergründe folgt eine Auseinandersetzung mit Fluchtmigration im Zuge des Ersten und Zweiten Weltkriegs sowie im Nachkriegsdeutschland. Hierbei nimmt das Kapitel immer wieder Bezug auf globale Entwicklungen und beleuchtet dann die Phase der Arbeitsmigration von 1955 bis 1973, die Phase der Familienzusammenführung von 1973 bis 1981 und Phase von Fluchtmigrationsabwehr in den 1980er Jahren in Westdeutschland. Hiervon unterschieden wird die Fluchtmigrationsgeschichte der DDR, bevor sich mit Fluchtmigration im wiedervereinigten Deutschland der 1990er Jahre, rassistischer Gewalt und dem Asylkompromiss auseinandergesetzt wird. Das Kapitel endet mit der Phase des Integrationsdiskurses in den 2000er Jahren und den Geschehnissen rund um den „langen Sommer der Migration".

3.2.1 Frühe Neuzeit und 19. Jahrhundert

Fluchtmigrationsbewegungen sind wesentlich älter als die Gründung von Nationalstaaten und konstitutives Element der Menschheitsgeschichte (Berlinghoff, 2018; Oltmer, 2016; Bade, Oltmer, 2004, 5). Bade (2017, 12) pointiert Fluchtmigrationsbewegungen als „Grundbedingungen menschlicher Existenz". Der Homo sapiens habe sich in der Welt als „Homo migrans" (ebd.) ausgebreitet – dies nicht immer gewaltlos, sondern begleitet von Verfolgung, Kolonialisierung und Ausbeutung. Mit Blick in die Frühe Neuzeit sind im Europa des 15. Jahrhunderts etwa die Verfolgung von jüdischen Menschen zur Zeit der Kreuzzüge zu nennen; mit der Reformation nahm die Verfolgung ‚Andersgläubiger' zwischen dem frühen 16. Jahrhundert und dem späten 18. Jahrhundert weiter zu (Carey, 2018, 24). Im 17. und 18. Jahrhundert fanden zahlreiche Wanderungsbewegungen statt, beispielsweise im Zuge des Dreißigjährigen Kriegs von 1618 bis 1648. Mit Beginn der Ausbeutung von Menschen und Ressourcen in Übersee etablierten europäische Kolonialist*innen einen transatlantischen Handel mit versklavten Menschen, vorwiegend aus Westafrika, dem westlichen Zentralafrika und dem Indischen Ozean und Arabien (ebd., 21). Im 17. Jahrhundert wurden ca. 1,2 Millionen Menschen versklavt und verschleppt, zwischen dem 17. und 18. Jahrhundert waren es rund 4,2 und bis zum Jahr 1867 weitere 3,4 Millionen (ebd.). Von dieser Deportation zu unterscheiden sind die Siedlungswanderungen in den Osten Europas sowie die „transatlantische Massenabwanderung" (Hanewinkel, Oltmer, 2017, 1) im 19. Jahrhundert. Gründe für die Massenmigrationen aus Europa waren Verelendung und Verarmung, Unterdrückung, aber auch der hohe Arbeitskräftebedarf, der mit der Kolonialisierung Amerikas in Übersee aufkam (Carey, 2018, 22). Zwischen 1816 und 1914 sind allein 5,5 Millionen deutsche Emigrant*innen in die USA übergesiedelt und stellten dort zwischen 1861 und 1890 die größte Einwander*innengruppe (Hanewinkel, Oltmer, 2017, 2). Die Ausführungen verdeutlichen: Europa war für viele Jahrhunderte primär ein Auswanderungs- und Deportationskontinent. Erst ab der zweiten Hälfte des 20. Jahrhundert fand eine Richtungswende „vom Kontinent der weltumspannenden Auswanderung zu einem der wichtigsten Einwanderungskontinente [statt]" (Kaelble, 2007, 239). Es sollte jedoch bis in die 2000er Jahre dauern, bis auch Deutschland sich schließlich als Einwanderungsland verstand.

3.2.2 Erster Weltkrieg (1914–1918) und Weimarer Republik (1918–1933)

Im Zuge des Ersten Weltkriegs (1914–1918) begann, was als „Jahrhundert der Flüchtlinge" (Nuscheler, 2004, 31) in die Geschichte einging. Um sich einer historischen Einordnung der Gewalt und Vertreibung in der ersten Hälfte des 20. Jahrhunderts anzunähern, ist ein Blick auf die Entwicklungen im 19. Jahrhundert notwendig (Loch, Kaufmann, Werber, 2014, 3). Dieses war in Europa durch einen Übergang von monarchisch-absoluten Herrschaftsformen hin zu souverän verstandenen Nationengebilden gekennzeichnet (Leonhard, 2014). Die neuen Nationalstaaten strebten nach innerer Nationalisierung und sozialer Homogenisierung, welche durch „gewaltsame Nivellierung" (Oltmer, 2016, 19) von hierzu differenten Lebensentwürfen im 20. Jahrhundert durchgesetzt werden sollte. Die nationalistischen, faschistischen und kommunistischen Systeme dieser Zeit zwangen bis zum Zweiten Weltkrieg und in seiner Folge mehr als 60 Millionen Menschen zur Flucht (Nuscheler, 2004, 32). Die rasante „Entwurzelung" (ebd.) nahm ihren Verlauf mit Beginn des Ersten Weltkriegs im Jahr 1914. Als am 4. August deutsche Truppen in Belgien einfielen, galten drei Monate später mehr als 1,4 Millionen Belgier*innen als vertrieben. Auf nicht besetzten russischen Territorien meldeten die Behörden des russischen Zaren im Juli 1917 mindestens sieben Millionen Geflüchtete und Evakuierte (Oltmer, 2016, 20–21). Insgesamt fielen in den 52 Monaten des Ersten Weltkriegs etwa 800.000 Zivilpersonen, im deutschsprachigen Raum waren dies vorwiegend Frauen und Kinder (Hering, Münchmeier, 2003, 81). Sieben bis acht Millionen Menschen wurden im Krieg zu Kriegsgefangenen und waren immobilisiert (Carey, 2018, 25). Krieg und Elend führten zu einem erhöhten Bedarf sozialer Hilfe. Von Notlagen betroffen war die gesamte Bevölkerung, sodass sich Hilfen auf kommunaler und staatlicher Ebene institutionalisierten. In den Städten eröffneten Kriegsfürsorgeämter zur Versorgung von Familien mit dem Lebensnotwendigsten. Auf professioneller Ebene trug der Bedarf an Fachkräften zu einer „Pädagogisierung des Handelns" (Hering, Münchmeier, 2003, 95) bei. Soziale Fachkräfte hatten mit geflüchteten und vertriebenen Menschen zu tun, ein explizites Handlungsfeld der Fluchtsozialarbeit gab es jedoch nicht. Vielmehr etablierte sich, was später als Armenfürsorge, Gesundheitsfürsorge, Betriebs- und Familienfürsorge bezeichnet wurde. Kritisch ist hierbei anzumerken, dass die sozialen Hilfen dieser Zeit nicht verkürzt als gesellschaftliche Problemlöseinstanzen wahrzunehmen sind; auch sie waren bereits während des Ersten Weltkriegs in nationalistische, homogenisierende und rassenhygienische Deutungsmuster verstrickt (ebd., 104) und ebneten den Weg in den Nationalsozialismus. Am 9. November 1918 wurde schließlich die Deutsche Republik ausgerufen. Das Ende des Ersten Weltkrieges führte zur ersten parlamentarischen Demokratie Deutschlands. Bis zur Machtübernahme der Nationalsozialist*innen fanden zahlreiche Menschen in der Weimarer Republik Zuflucht. Hierunter waren Menschen, die nach der russischen Oktoberrevolution von 1917 und Gründung der Sowjetunion im Dezember 1922 flohen (Schattenberg, 2014, 30) sowie jüdische Menschen auf der Flucht vor Pogromen und Antisemitismus andernorts in Europa. Oltmer (2016, 21) schätzt die europaweit von Flucht, Vertreibung, Umsiedlung und Deportation betroffenen Menschen in den 1920er Jahren auf mindestens 9,5 Millionen.

3.2.3 Nationalsozialismus und Zweiter Weltkrieg (1933–1945)

Mit Machtübernahme der Nationalsozialist*innen entwickelte sich Deutschland zu einem „asylfeindlichen Staat" (Hanewinkel, Oltmer, 2017, 2). Diese Zeit ist durch Verfolgung, Massenmord und eine sich festigende Konstruktion rassifizierter anderer gekennzeichnet. Gogolin und Krüger-Potratz (2006, 37) bezeichnen den Nationalsozialismus als das „schwierigste und widersprüchlichste Kapitel" (ebd.) deutscher Migrationsgeschichte: „Einheimische wurden zu Fremden gemacht. Sie wurden als ‚rassisch-Andersartige' ausgegrenzt, verfolgt und vernichtet: insbesondere Juden und Sinti" (ebd.). Ihnen wurden ihr Menschsein, ihre Gleichheit und ihre zu achtende Menschenwürde abgesprochen. Auch homosexuelle Menschen und Personen, die als behindert galten, wurden als nicht-zugehörig zur konstruierten Idee der ‚deutschen Nation' gezeichnet und als Out-Group und ‚Untermenschen' stigmatisiert. Zahlreiche Menschen flohen, sofern es ihnen möglich war. Oltmer (2016, 22) zeichnet die Fluchtbewegungen in drei großen Wellen nach: 1933 wurde mit der Machtergreifung Hitlers die erste, 1935 mit Verabschiedung der „Nürnberger Gesetze" die zweite und 1938 mit den Novemberpogromen die dritte Fluchtwelle ausgelöst. Mit Ausbruch des Zweiten

Weltkriegs und dem 1941 erlassenen Abwanderungsverbot für jüdische Menschen wurden Fluchtprozesse schließlich massiv verhindert (ebd.). Rund acht Millionen Zwangsarbeiter*innen wurden vor allem aus Russland, Frankreich und Italien zwangsdeportiert, in Lagern in Deutschland zwangskaserniert und in der (Kriegs-)Industrie und Landwirtschaft zur Arbeit gezwungen. Nicht alle hatten die Möglichkeit zu fliehen oder sich bis zur Entmachtung der Nazidiktatur in Sicherheit zu bringen. Sie waren dem Terror ausgeliefert und wurden im Zuge des begangenen Genozids ermordet. Rund sechs Millionen jüdische Menschen wurden europaweit in die Vernichtungslager deportiert (Berlinghoff, 2018). Etwa 300.000 jüdischen Menschen gelang nach 1933 die Flucht aus Deutschland. Sie wurden von mehr als 80 Staaten aufgenommen, mehr als die Hälfte floh in die USA (Oltmer, 2016, 22). Aus Osteuropa wurden rund neun Millionen Menschen vertrieben, „u. a. um Platz für etwa eine Million ‚Volksdeutsche' zu machen, die außerhalb des Reiches lebten und die hierüber umgesiedelt wurden oder werden sollten" (Berlinghoff, 2018, o. S.). Die Soziale Arbeit war im Nationalsozialismus ideologisch durchtränkt. „[E]ugenische Erfassungs- und Selektionsapparate" (Hammerschmidt, Weber, Seidenstücker, 2017, 82) führten zu einer Dichotomisierung pädagogischer Adressat*innen in ‚erbgesund' und ‚hochwertig' sowie ‚erbkrank' und ‚minderwertig'. Heil- und Pflegeanstalten waren Orte zur Durchsetzung der Rassenideologie, der Zwangssterilisation und Tötung. Auch die in der Weimarer Republik (weiter-)entwickelten Wohlfahrtsverbände wurden 1933 umgestaltet. Die Arbeiterwohlfahrt wurde verboten, die Zentralwohlfahrtsstelle der deutschen Juden zwangsaufgelöst. Bestand hatten weiterhin die Innere Mission, der Caritasverband und das Deutsches Rote Kreuz (Hammerschmidt, Weber, Seidenstücker, 2017, 83). Im Zentrum des rassistischen Fürsorgewesens standen die 1931 gegründete Nationalsozialistische Volkswohlfahrt (NSV) und das staatliche Winterhilfswerk (WHW). Unterstützung von NSV und WHW erhielten ausschließlich Personen, die als ‚erbgesund' und ‚hochwertig' klassifiziert waren: „Sämtliche Aktivitäten auf dem Gebiet der Fürsorge wurden folglich nationalsozialistischen Ideologien unterworfen. Fürsorge zielte nicht mehr auf ein bedürftiges Individuum, sondern orientierte sich an den ‚gesunden Teilen' der Bevölkerung" (Deller, Brake, 2014, 90). Eine Fluchtmigrationssozialarbeit für alle von Elend und Vertreibung betroffenen Personen konnte unter der rassistischen Ideologie nicht entstehen und wurde aktiv verhindert.

3.2.4 Nachkriegszeit

Nach dem Krieg galten in Europa rund 60 Millionen Menschen, das heißt zehn Prozent der Bevölkerung, als geflohen, vertrieben und deportiert (Oltmer, 2016, 19). Das Nachkriegsdeutschland war geprägt durch die Gemengelage von Rückkehrenden, die Aufnahme von Flüchtenden und die politische Teilung des

Landes. Schätzungen zufolge lebten zwischen 11 und 13 Millionen Displaced Persons aus ca. 20 verschiedenen Ländern in Deutschland (Kaelble, 2007, 241). Hierzu zählten Kriegsgefangene, Überlebende der Konzentrationslager und ausländische Zwangsarbeitende. Die Mehrheit von ihnen wurde noch 1945 umgesiedelt oder rückgeführt (Berlinghoff, 2018). Hinzu kamen rund 10 Millionen Menschen, die vor den Bombardements aus den Städten aufs Land und in andere Regionen geflohen waren (Oltmer, 2018, 33). Mehr als 700.000 Menschen offerierte die westalliierte Seite, nach Übersee auszuwandern. Auch noch im Jahr 1949 verließen mehr als 270.000 Menschen die Bundesrepublik und migrierten in die USA, aber auch nach Kanada, Brasilien und Argentinien, um „der miserablen materiellen Situation im kriegszerstörten Europa [zu entkommen]" (Kaelble, 2007, 244). Von 1946 bis zum Jahr 1961 lag die Anzahl auswandernder Deutscher nach Übersee bei insgesamt 779.770 (Oltmer, 2018, 33). Im Juli 1945 kam zur Organisation von Umsiedlungen ein Team der im November 1943 in Washington gegründeten United Nations Relief and Rehabilitation Administration (UNRRA) der Vereinten Nationen nach Deutschland. Das UNRRA-Team versorgte die Bevölkerung mit lebenswichtigen Gütern und unterstützte dabei, Displaced Personen statistisch zu erfassen und ihre Um- und Rücksiedlungen zu organisieren. Von 1947 bis 1952 übernahm die neu gegründete Internationale Flüchtlingsorganisation (IRO) diese Aufgabe. Im Dezember 1950 entstand das neue Amt des Hohen Flüchtlingskommissars der Vereinten Nationen (UNHCR). 1951 wurde die Genfer Flüchtlingskonvention verabschiedet. Die Genfer Flüchtlingskonvention verstand sich als Reaktion auf die Fluchtbewegungen im Zuge des Zweiten Weltkriegs. Sie war zunächst nicht auf einen globalen Umgang mit Fluchtmigrationsfragen, sondern europäisch ausgerichtet. Ziel war, geflüchteten Menschen nach den gewaltvollen Vertreibungen im Zweiten Weltkrieg ein Ankommen zu ermöglichen. Erst im Jahr 1967 wurde die Konvention „im Kontext der weitreichenden Kämpfe um die Ablösung der europäischen Kolonialherrschaft [erweitert], die Millionen von Flüchtlingen produzierte" (Oltmer, 2016, 20). In Deutschland wurde in Folge der Gräuel des Zweiten Weltkriegs das Recht auf Asyl auf Entscheidung des Parlamentarischen Rats 1948/1949 hin in das Grundgesetz aufgenommen. Dem Parlamentarischen Rat war jedoch primär daran gelegen, ein „Asylrecht für Deutsche" (Herbert, Schönhagen, 2020, 28) einzurichten im Hinblick auf jene Personen, die in der Sowjetischen Besatzungszone verfolgt wurden. Die allgemeine Formulierung „Politisch Verfolgte genießen Asyl" sollte die Alliierten nicht alarmieren, „die einer Privilegierung deutscher gegenüber ausländischen Verfolgten nicht zustimmten" (ebd., 28–29). Das Recht auf Asyl wurde auch dahingehend ausgelegt, NS-Verbrecher*innen, die ins Ausland geflohen waren, ein Zurückkommen zu ermöglichen (ebd., 29). Die US-Militärregierung verfolgte hingegen das Anliegen, den westdeutschen Staat zur Aufnahme Geflüchteter und Vertriebener aus Ostmitteleuropa zu bewegen. Bis in die 1970er Jahre wurde das Asylrecht in der Bundesrepublik „nur selten und nahezu ausschließlich auf Flüchtlinge aus den kommunistischen Staaten des Ostblocks angewandt, von denen im Durchschnitt jährlich 2000 bis 3000 ins Land kamen" (ebd., 29). Die Betroffenen fanden in Kirchen, Wohlfahrtsverbänden und den ersten migrantischen Selbsthilfeorganisationen wie dem Bund der Vertriebenen Ansprechpartner*innen für ihre Belange (Gögercin, 2018, 32). Rückkehrer*innen und Übersiedelnde waren in lokale Aushandlungen und Konflikte involviert. Unterschiedliche Religionen und soziokulturelle Unterschiede wurden nicht selten als Differenz erlebt. Die Zerstörung von mehr als vier Millionen Wohnungen im Krieg und die Knappheit an Unterkünften erzeugten ein Konkurrenzdenken (Oltmer, 2018, 32).

3.2.5 Arbeitsmigration von 1955 bis 1973

In den 1950er Jahren wurde Deutschland wieder aufgebaut. Der Marshall-Plan wurde am 3. April 1948 von US-Präsident Harry Truman unterzeichnet und sollte Europas Wirtschaft wieder zum Laufen bringen (Hardach, 1994). In den 1950er Jahren vollzog sich der angestrebte Aufschwung und führte zu einem hohen Bedarf an Mitarbeitenden vor allem in der Stahl- und Automobilindustrie sowie im Berg-, Hoch- und Tiefbau. Zwischen 1949 und 1961 zogen rund 500.000 Menschen von Ost- nach Westdeutschland, um in Westdeutschland in diesen Bereichen zu arbeiten. Ab 1961 machte sich durch den Bau der Berliner Mauer der fehlende Zuzug an Fachkräften aus der DDR bemerkbar (Griese, Marburger, 2012, 2–3). Schon zuvor hatten Landwirte und Unternehmen auf Basis persönlicher Kontakte Arbeitskräfte aus dem Ausland, vor allem aus Österreich und Italien beschäftigt, und individuelle Strategien entwickelt, um ihre Arbeitsplätze zu besetzen (Berlinghoff, 2018). Die Bundesrepublik wollte eine Ausbreitung ungeregelter Arbeitsmigration verhindern und die Arbeitsmigration stattdessen politisch steuern. Sie schloss zur Kompensation des Arbeitskräftemangels Anwerbevereinbarungen mit südeuropäischen und nordafrikanischen Ländern im Mittelmeerraum (Handschuck, Schröer, 2012, 22). Auch andere europäische Länder warben um Arbeitsmigrant*innen im Ausland und die bilateralen Abkommen entwickelten sich zu einem „zentralen migrationspolitischen Instrument" (Oltmer, 2018, 33). Um 1970 lebten etwa 10 Millionen Menschen aus dem Ausland in Westeuropa, vor allem in Deutschland, der Schweiz, in Belgien, Frankreich und Schweden (Kaelble, 2007, 248). Die Anwerbepolitik blieb dabei nationalstaatlich organisiert, eine gesamteuropäische Koordination gab es nicht (ebd., 250). In Westdeutschland handelte die Regierung Anwerbevereinbarung mit Italien (1955), Griechenland (1960), Spanien (1960), der Türkei (1961), mit Marokko (1963), Portugal (1964) Tunesien (1965) und Jugoslawien (1968) aus. Die Arbeitsmigrant*innen sollten für eine abgesteckte Zeit in Deutschland arbeiten, mit dem verdienten Geld in ihr Herkunftsland zurückkehren und durch neue

Arbeitskräfte ausgetauscht werden (Rotationsprinzip). Sie erhielten zunächst ein Aufenthaltsrecht von einem Jahr mit Koppelung an den Arbeitgeber (Herbert, 2013). Die Gewerkschaften stimmten den Anwerbeabkommen in der Hoffnung zu, dass die Arbeitsmigrant*innen jene Arbeitsplätze einnehmen würden, die deutsche Arbeiter*innen wenig attraktiv fanden (Hamburger, 1999). Den Arbeiter*innen wurden einfache Tätigkeiten ohne hohen Qualifikationsbedarf und Arbeiten mit hoher körperlicher und gesundheitlicher Beanspruchung und niedrigem Lohnniveau zugewiesen (Hanewinkel, Oltmer, 2018, 3). Rund 75 Prozent arbeiteten als an- oder ungelernte Arbeiter*innen (Hebert, 2013). Im Jahr 1964 wurde der ein millionste Arbeitnehmer aus dem Ausland gezählt und öffentlich mit einem Motorrad beschenkt (Seifert, 2012). In der Bevölkerung stießen die Arbeitsmigrant*innen zunächst auf wenig Interesse und galten als „Begleiterscheinung des Wirtschaftswunders" (Hebert, 2013, o. S.). Erst im Jahr 1965 – auf dem Höhepunkt des Zuzugs ausländischer Beschäftigter – änderte sich das gesellschaftliche Klima und ein Ausländergesetz wurde verabschiedet. Die Arbeitslosigkeit nahm zu und inländische Arbeitende forderten einen Vorrang vor ausländischen Beschäftigten. Zur Zeit der wirtschaftlichen Rezession von 1966/1967 kehrten rund 300.000 Arbeiter*innen in ihre Herkunftsländer zurück. Zwischen 1968 und 1973 wurden mit wirtschaftlicher Besserstellung dann wieder mehr als 1,5 Millionen Beschäftigte ins Land geholt (Herbert, 2013). Die Betreffenden waren bis in die 1960er Jahre mit der Bewältigung ihrer Lebenssituation auf sich allein gestellt (Auernheimer, 2016, 39). Ihr Alltag war durch die Arbeit bestimmt. Sie lebten in Wohnheimen mit schlechtem Standard, die von den Betrieben bereitgestellt und finanziert wurden. Der schlechte Standard unterschied sich von der Ausstattung der Wohnheime für deutsche Arbeitnehmer*innen und hielt sich bis in die 1970er hinein (Dünnwald, 2011, 8–9). Erst mit Entstehen der ersten Migrant*innenselbstorganisationen fanden die Arbeitsmigrant*innen Ansprechpartner*innen für ihre Belange. Sie organisierten sich und schufen kulturelle wie sportliche Angebote (Handschuck, Schröer, 2012, 23). Von der Pädagogik blieben sie weitgehend unbeachtet, weshalb Mecheril (2010, 56–57) das Zeitfenster von 1955 bis 1975 als „Dekade diskursiver Stille" bezeichnet. Für die Beschäftigten war ein Zugang zu sozialen Regeldiensten schlichtweg nicht vorgesehen und es dauerte bis in die 1970er Jahre, bis der Caritasverband, die Arbeiterwohlfahrt und Diakonie als eine der ersten und auf eigene Initiative auf die jeweiligen Nationalitäten ausgerichtete Hilfen vor allem durch muttersprachlich Beratende organisierten (Gögercin, 2018, 33).

3.2.6 Anwerbestopp, Familienzusammenführung und Assimilationismus (1973–1981)

Im Sommer 1973 kam es erneut zu einem politischen Richtungswechsel und die Bundesregierung wollte die Zahl der Arbeitsmigrant*innen reduzieren. Mit der Ölkrise im Herbst 1973 und wachsenden Kritik der Gewerkschaften wurde noch im selben Jahr der sogenannte Anwerbestopp erlassen und der Zuzug neuer Arbeitsmigrant*innen begrenzt (Hamburger, 2018, 1011). Der Anwerbestopp hatte unmittelbare Auswirkungen auf Personen mit türkischer oder jugoslawischer Staatsangehörigkeit. Italienische und spanische Arbeitsmigrant*innen waren hiervon nicht betroffen. Sie profitierten von der Freizügigkeit in der Europäischen Wirtschaftsgemeinschaft und die Dichotomie Inländer*in/Ausländer*in verschob sich in Richtung EG-Inländer*in/EG-Ausländer*in (Herbert, 2015; Kaelble, 2007, 253). Diese Entwicklungen verdeutlichen die Gleichzeitigkeit von In- und Exklusionsmechanismen migrierender Menschen mit zahlreichen Zwischenbereichen. Während für manche, besonders benötigte Gruppen Zugänge zum Arbeitsmarkt in Deutschland nach wie vor möglich waren, schlossen die Regulierungen andere Personen(-gruppen), vor allem aus Nicht-EG-Ländern, aus. In den Römischen Verträgen wurde das Ziel der Freizügigkeit im europäischen Binnenmarkt bereits 1957 festgehalten. Ab dem Jahr 1961 war eine Arbeitsaufnahme in einem anderen Mitgliedstaat grundsätzlich möglich, eine Visumspflicht bestand nicht mehr. 1964 wurde der „Inländervorrang" aufgehoben und ab 1968 entfiel im neuen Binnenraum die Beantragung einer Arbeitserlaubnis (Oltmer, 2018, 35). Auch bestanden weitere Ausnahmen: So wurden etwa Bergleute und Krankenschwestern aus Südkorea in der Bundesrepublik aufgenommen (Bartmann, Garz, Lee, 2012). Hiervon ungetrübt bestand das politische Ziel darin, den Anteil der ausländischen Bevölkerung in der Summe zu reduzieren. Dieses Ziel wurde nicht erreicht. Zwar sank der Anteil ausländischer Beschäftigter von 1973 bis 1978 von etwa 1,8 Millionen auf 900.000, jedoch stieg die Zahl der ausländischen Bevölkerung in Deutschland von 1972 bis 1980 sogar um eine Million an (Herbert, 2013). Während der Anteil nicht-deutscher Personen an der Wohnbevölkerung im Jahr 1960 bei 1,2 Prozent lag, wuchs er bis zum Jahr 1970 auf 4,9 und erreichte 1980 einen Wert von 7,3 Prozent. Im Jahr 1980 stellten türkische (33 Prozent), jugoslawische (14 Prozent) und italienische Staatsangehörige (13,9 Prozent) die größten Gruppen (Oltmer, 2018, 34). Die Prozentzahlen verdeutlichen, dass nicht alle Arbeitsmigrant*innen das Land nach dem Anwerbestopp verließen. Viele Menschen blieben und holten ihre Familien nach. Unsicherheiten über den Fortbestand des eigenen Arbeitsplatzes und die politischen Entwicklungen sowie lukrative Marktlücken führten dazu, dass eine wachsende Zahl die Unternehmen verließ und eigene Betriebe gründete (Leicht et al., 2017, 3) – dies vor allem in strukturschwachen Stadtteilen, die hierdurch aufgewertet wurden und einen neuen urbanen Charakter erhielten. Die ersten migrantischen Gründungen erfolgten zunächst in wenig reglementierten Branchen wie dem Gaststättengewerbe (Möhring, 2011). Hierfür brauchten die Gründer*innen eine Erlaubnis der zuständigen Ausländerbehörde, denn in der Regel verfügten sie nur über eine befristete Aufenthaltserlaubnis mit Ausschluss einer selbstständigen Tätigkeit. Dieser Vermerk konnte, je nach Ermessen der Behörde, gelöscht werden. Manche Gründungsinteressierte verhalfen sich damit, kein kommerzielles Gewerbe, sondern „ein Lokal in Form eines gemeinnützigen Vereins" (ebd., 56) anzumelden. Von diesen ersten Betrieben profitierten vor allem jene, die ihre Familien nachholten und wichtige Kundschaft darstellten. Mit dem Familiennachzug diversifizierte sich die Gruppe der bis dahin mehrheitlich männlichen Migrant*innen zwischen 20 und 50 Jahren hinsichtlich des Alters und Geschlechts (Gögercin, 2018, 33). Die zusammengeführten Familien suchten in Deutschland nach geeignetem Wohnraum, Bildungsangeboten und Lebensperspektiven. Die Schulpflicht wurde auf die Kinder der zugezogenen Familien ausgedehnt (Auernheimer, 2016, 39). Sie wurden nach und nach in das Bildungssystem integriert, aber erst mit steigender Anzahl als Zielgruppe der Sozialen Arbeit wahrgenommen (Hamburger, 1999). Im Laufe der 1970er Jahre institutionalisierte sich schließlich die Ausländerpädagogik an den Hochschulen und es wurden Fort- und Weiterbildungen für Lehrer*innen eingeleitet (Auernheimer, 2016, 40). Es waren die Kinder und Eltern aus anderen Ländern, die als Herausforderung und Problem für das Bildungssystem und die Gesellschaft galten und zum „Gegenstand kompensatorischer Bemühungen" (Mecheril, 2010, 56) wurden. Der „Defizitdiskurs" (ebd.) stigmatisierte die neuen Mitbürger*innen mit ihren Sozialisationen, die sich, so die Annahme, von den Lebensweisen der ‚Einheimischen' unterscheiden würden. Die muttersprachlichen Kenntnisse der Kinder galten als Makel. In Ausländer*innen- und Vorbereitungsklassen wurden sie nicht selten vom Regelunterricht separiert – eine Strategie, die sich auch heute noch im Umgang mit geflüchteten Kindern und Jugendlichen offenbart. Von Kindern und Eltern wurde eine assimilatorische Anpassung an imaginierte deutsche Normen und Werte und die deutsche Sprache erwartet. Schulen und Lehrer*innen zeigten sich mit den „Ausländerkindern" überfordert. Sie wurden vielfach als die ‚anderen' verstanden. Die Veranderung festigte, was Auernheimer (2016, 41) als „strukturelle Marginalität" und Handschuck und Schröer (2012, 23) als „zementierte Randständigkeit" mit biografischer Wirkmacht umschreiben. Die Kinder der Arbeitsmigrant*innen stießen auch nach ihrer Schulzeit vielfach auf Barrieren und Diskriminierung und hatten es schwer, eine Ausbildungsstelle oder einen Arbeitsplatz zu finden. In der Pädagogik gingen die Sichtweisen zu den notwendigen Konsequenzen auseinander: „Eine Gruppe von Wissenschaftlern sah in der rechtlichen und sozialen Diskriminierung der Ausländer das ausschlaggebende Problem [...]. Dem stand das Plädoyer für eine Erziehung zum interkulturellen Verstehen gegenüber, um damit zum Abbau von Diskriminierung beizutragen" (Auernheimer, 2016, 42). Die anfängliche

Zielgruppenorientierung sollte einer Differenzpädagogik weichen und brachte, so Hamburger (1999), die Doppelgesichtigkeit der Sozialen Arbeit zum Ausdruck: Diese wollte sich einerseits gesellschaftlichen Problemen entgegenstellen, andererseits konstruierte sie die vermeintlich ‚anderen' aber mit.

3.2.7 DDR-Fluchtmigrationsgeschichte (1949–1990)

Im Zuge der Arbeitsmigration sind rund 14 Millionen Menschen nach Westdeutschland gekommen, wovon 11 Millionen wieder in ihre Herkunftsländer zurückkehrten (Schirilla, 2016, 22). Aber nicht nur der ‚Westen', auch Deutschlands Osten war nach dem Zweiten Weltkrieg durch Wanderungsbewegungen geprägt. 1947 lebten rund 4,1 Millionen geflüchtete Menschen in der sowjetischen Besatzungszone. Mit Gründung der DDR am 7. Oktober 1949 wurde offiziell von Umsiedler*innen und Neubürger*innen gesprochen. Die Wortwahl „sollte der Bevölkerung signalisieren, dass die Flüchtlingsintegration abgeschlossen sei" (Pürckhauer, Lorenz, 2019, o. S.). Schätzungen gehen zudem von 10 Millionen Soldaten und Zivilpersonen aus der Sowjetunion und ihren Nachfolgestaaten aus, die sich zwischen 1945 und 1994 im Osten Deutschlands aufhielten (Poutrus, 2005, 122). Sie bildeten die größte Gruppe ausländischer Personen und lebten segregiert am Truppenstandort mit wenig privaten Kontakten zur ostdeutschen Bevölkerung (Glorius, 2020, 214). Doch nicht primär Migrationen aus dem Ausland, sondern vor allem Abwanderung und Flucht bestimmten die Lebenswirklichkeiten im Land. Zwischen der Staatsgründung und dem Mauerbau 1961 machten sich mindestens 2,7 Millionen Menschen auf den Weg nach Westdeutschland (Bade, Oltmer, 2004, 90), während rund 500.000 Menschen von Westdeutschland nach Ostdeutschland übersiedelten. Der „massive Bevölkerungsverlust" (Glorius, 2020, 212) wurde zum Problem. Der Mauerbau sollte eine weitere Abwanderung verhindern. Jedoch wagten auch nach 1961 zahlreiche Menschen die Flucht unter Inkaufnahme lebensbedrohlicher Hindernisse. Bis zur Wiedervereinigung flohen rund 600.000 Menschen. Viele wurden getötet, andere schafften den Weg hinter die Grenze. In der Bundesrepublik wurden die Fluchtmotive nicht immer anerkannt. Den Menschen wurde unterstellt, aus rein wirtschaftlichen und individuellen Interessen nach Westdeutschland gekommen zu sein (Berlinghoff, 2018). Im Jahr 1989 war die Bevölkerung in der DDR von einst 19,1 auf 16,4 Millionen Menschen gesunken (Pürckauer, Lorenz, 2019). Die abnehmende Bevölkerungszahl hatte bereits zu Beginn der 1960er Jahre zu einem Mangel an Arbeitskräften auf dem Arbeitsmarkt geführt. Die DDR schloss, ähnlich wie Westdeutschland, Abkommen zur Rekrutierung von Arbeitskräften mit europäischen Ländern wie Polen (1963), aber auch mit außereuropäischen Staaten wie Algerien (1974), Kuba (1978), Mosambik (1979), Vietnam (1980), der Mongolei (1982), Angola (1985), China (1986) und Nordkorea

(1986) (Heyden, Schleicher, Schleicher, 1993, 1994). Von 1966 bis 1989 stieg die Zahl der sogenannten Vertragsarbeitenden auf 94.000 an, wovon Vietnames*innen mit 59.000 Menschen die größte Gruppe bildeten. Die Vertragsarbeiter*innen waren – wie auch in Westdeutschland – in Tätigkeitsfeldern beschäftigt, für die sich nicht ausreichend DDR-Bürger*innen fanden. Zwar erhielten sie in vielen Bereichen denselben Lohn wie die übliche Bevölkerung, jedoch wurde ein Teil des Gehalts einbehalten und an die Entsendeländer ausgezahlt (Glorius, 2020, 214). Die Arbeiter*innen verrichteten schwere körperliche Arbeit, waren in der industriellen Produktion im Schichtdienst tätig und bedienten Maschinen (Poutrus, 2005, 130). Neben den Werksvertragsarbeitenden gab es Beschäftigte im Außendienst, „die als Angestellte ausländischer Außenhandelsfirmen (meist im Bauwesen) in der DDR eingesetzt wurden, sowie Saisonkräfte für Erntearbeiten" (Glorius, 2020, 213). Rund 85 Prozent der Arbeiter*innen waren jung und männlich. Eine Ausnahme waren Arbeiter*innen aus Vietnam mit einem Frauenanteil von 37 Prozent (ebd.). Während ihres Aufenthalts unterlagen sie einer „staatlich verordneten Abgrenzung" (Poutrus, 2005, 129). Sie lebten separiert in Sammelunterkünften. Ausstattung und Wohnfläche waren genau definiert: „Fünf Quadratmeter pro Person, maximal vier Personen pro Raum, für 50 Personen ein Klubraum" (ebd., 129). Die Anstellung war befristet und in der Regel an einen einzelnen Betrieb gebunden. Die Aufenthaltsgenehmigung konnte jederzeit beendet werden. Der Lebensalltag war strikt kontrolliert. Familiennachzug wurde nicht gestattet, stattdessen wurden „familienfeindliche Regelungen" (Bade, Oltmer, 2004, 94) umgesetzt. Wollten Vertragsarbeitende eine*n Partner*in aus der DDR heiraten, bedufte es der Zustimmung beider Staaten. Auf Schwangerschaften wurde mit Abtreibung reagiert. Nur polnischen Frauen war es erlaubt, in der DDR zu entbinden. Erst zwei Jahre vor dem Niedergang der DDR zeigten sich Modifizierungen dieser Regularien und es gab Bemühungen, gemeinsam mit schwangeren Frauen einvernehmliche Lösungen auszuhandeln (Poutrus, 2005, 132–133).

Für Asyl suchende Menschen bestand in der DDR keine „Rechtswegegarantie" (Poutrus, 2005, 126). Alle Entscheidungen oblagen dem Politbüro der Sozialistischen Einheitspartei Deutschlands (SED), dem Sekretariat des Zentralkommitees der SED sowie dem Ministerrat (Bade, Oltmer, 2004, 95). Zwischen 1949 und 1970 erhielten griechische Kinder und Jugendliche kommunistischer Eltern, politisch Geflüchtete aus Spanien sowie rund 2.000 Chilen*innen Asyl zugesprochen. Auch Funktionär*innen der Nationalen Befreiungsfront Algeriens (FLN), des südafrikanischen National Congress (ANC), der Palästinensischen Befreiungsorganisation (PLO) und namibischen South West Africa People's Organisation (SWAPO) wurde ein politisch begründeter Aufenthalt gewährt (Poutrus, 2005, 128). Die Gesamtanzahl an Geflüchteten wird im Vergleich zu Westdeutschland gering eingeschätzt. Mit der Wende kehrte die Mehrheit von ihnen in die Herkunftsländer zurück. 1989 wurden nur noch 482 Griech*innen und 334 Chilen*innen verzeichnet (Pürckhauer, Lorenz, 2019).

Eine weitere Gruppe ausländischer Menschen waren Studierende aus rund 125 verschiedenen Herkunftsländern. Ihre Zahl lag von 1951 bis 1989 zwischen 64.000 und 78.400. Hierzu zählten Studierende aus sozialistischen wie aus nicht-sozialistischen Ländern: „Zur international betriebenen Image-Werbung der DDR gehörte es […], dass sie Studenten beinahe jeden Landes der Welt ermöglichte, an ihren Universitäten zu studieren" (Poutrus, 2005, 124). Die Studierenden wurden von der SED vor allem als „diplomatisches und handelspolitisches Kapital [angesehen]" (ebd., 125). Eheschließungen zwischen ausländischen Studierenden und DDR-Bürger*innen wurden genauso abgelehnt wie im Fall der Vertragsarbeitenden. Hinter der „Rhetorik des Internationalismus und der Solidarität" (ebd.) verbarg sich ein gefestigter Nationalismus und eine „staatlich verordnete Segregation" (Bade, Oltmer, 2004, 95). Von sozialer Betreuung waren ausländische Menschen weitgehend ausgeschlossen. Die öffentliche Auseinandersetzung mit ihnen sowie Lobbybildung wurde unterbunden. Nur vereinzelt, etwa von den Kirchen, erhielten ausländische Mitbürger*innen Unterstützung: „Trotz der Lehre vom ‚proletarischen Internationalismus' waren Ausländer keine gleichberechtigten Mitglieder einer transnational gedachten sozialistischen, sondern geduldete Gäste einer national definierten deutschen Gemeinschaft" (Poutrus, 2005, 133). Glorius (2020, 215) zeigt jedoch auf, dass ein eindimensionales Bild der unterdrückten ‚anderen' in Deutschlands Osten erweitert werden muss. So habe es subversive Unterlaufungen der staatlichen Segregationsverordnungen gegeben. Vertragsarbeitende schufen sich Treffpunkte auf öffentlichen Plätzen, besuchten Tanzveranstaltungen und gingen private Kontakte zu DDR-Bürger*innen ein. Hierauf reagierte das Regime mit dem Versuch, eigene „Ausländerclubs" einzurichten. Vor allem zum Ende der DDR hin nahmen rassistische, rechtsextreme und antisemitische Übergriffe zu.

3.2.8 1990er Jahre. Ende des Kalten Krieges und Asylkompromiss

Mit dem Zusammenbruch der Sowjetunion kam es zu neuen Fluchtmigrationsbewegungen zwischen ‚Osten' und ‚Westen'. Am 3. Oktober 1990 wurde der Beitritt der DDR zur Bundesrepublik Deutschland offiziell. Die „westdeutschen Migrationsregularien" (Glorius, 2020, 217) wurden auf die ostdeutschen Bundesländer übertragen und die illegalisierten Fluchtbewegungen von der DDR nach Westdeutschland obsolet. Aus der ehemaligen Sowjetunion zogen rund 1,9 Millionen Menschen nach Deutschland (Schirilla, 2016, 25), mehrheitlich (Spät-)Aussiedler*innen, Asylsuchende und jüdische Kontingentflüchtlinge (Gögercin, 2018, 35). Berlinghoff (2018) geht von einer Nettozuwanderung von 3,7 Millionen Menschen bis zum Jahr 1993 aus, wenn geflüchtete Menschen, Geschäftsleute,

Studierende, Arbeitskräfte und (Spät-)Aussiedler*innen gleichermaßen berücksichtigt werden. Mit dem Aussiedler*innenbegriff sind Deutsche gemeint, die nach dem Zweiten Weltkrieg in Ost-, Ostmittel- und Südosteuropa lebten. Ihnen wurde durch das Bundesvertriebenen- und Flüchtlingsgesetz von 1953 die Aufnahme als deutsche Staatsbürger*innen zugesichert (Hanewinkel, Oltmer, 2017, 3). Rechtlich waren sie der nicht-migrantischen Gesellschaft gleichgestellt. Herausforderungen bestanden in der häufig fehlenden Anerkennung von Schul-, Berufs- und Hochschulabschlüssen. Diese Entwertungspraxis führte zu einer strukturellen Diskriminierung der Betreffenden.

1990 erreichten die Fluchtmigrationsbewegungen mit 400.000 Aussiedler*innen und 1992 mit rund 400.000 Asylsuchenden – mehrheitlich Menschen, die vor dem Bürgerkrieg in Jugoslawien flohen sowie Roma aus Rumänien und Bulgarien – einen Höchststand (Gögercin, 2018, 35). Die Politik reagierte mit „Eindämmung" (Handschuck, Schröer, 2012, 25) und wollte ausländische Personen zur Rückkehr bewegen. Politische Restriktionen, eine Verschärfung der Asylgesetzgebung und ein Rückkehrförderungsgesetz (1983/1984) wurden etabliert und trugen zu einem feindlichen Klima bei. 1993 beschloss der Bundestag den sogenannten Asylkompromiss und schränkte das 1949 auf Drängen der US-Amerikaner*innen eingeführte Grundrecht auf Asyl ein (Herbert, 2015). Einen Anspruch auf Asyl hat seither *nicht* mehr, „wer aus einem Mitgliedstaat der Europäischen Gemeinschaften oder aus einem anderen Drittstaat einreist, in dem die Anwendung des Abkommens über die Rechtsstellung der Flüchtlinge und der Konvention zum Schutze der Menschenrechte und Grundfreiheiten sichergestellt ist" (Art. 16a, Abs. 2 GG). Bade (2017, 27) bilanziert die 1990er Jahre in der Rückschau als „verlorenes Jahrzehnt für die Gestaltung von Migration und Integration als Schlüsselbereiche der Gesellschaftspolitik" (Bade, 2017, 27). Der politische Abwehr-Duktus hat stattdessen mit einem Klima rassistischer Morde und Anschläge auf Geflüchtetenunterkünfte und migrierte Personen(-gruppen) interagiert: „Die Ortsnamen Rostock, Hoyerswerda, Mölln oder Solingen sind zum Synonym für Gewalt, Verfolgung und Mord geworden" (Handschuck, Schröer, 2012, 26). So wollten mehrere hundert Jugendliche im September 1991 im sächsischen Hoyerswerda ein Wohnheim für Asylbewerber*innen stürmen. Sie zündeten Brandsätze und warfen Steine. Im Oktober 1991 wurden vier geflüchtete Kinder im niederrheinischen Hünxe durch einen Brandanschlag schwer verletzt. Im März 1992 prügelten Rechtsextremist*innen in Saal bei Rostock einen Mann aus Rumänien zu Tode. Im Juni 1992 wurde in Stuttgart ein Mann aus Albanien ermordet. In Rostock-Lichtenhagen versuchten am 22. August 1992 mehr als 1.000 Jugendliche ein Wohnheim für geflüchtete Menschen zu stürmen, steckten das Haus in Brand und formierten einen Mob (Herbert, 2015) – um einige Beispiele rassistischer Morde und Übergriffe zu nennen. Hamburger (1999) erinnert daran, ohne damit die Gewalt nivellieren zu wollen, dass die Betroffenen der Situation nicht als reine ‚Opfer' gegenüberstanden, sondern sich verstärkt organisierten und Kampagnen zur Wahl von Ausländerbeiräten und für Einbürgerungen starteten. Auch auf zivilgesellschaftlicher und pädagogischer Seite gab es Widerstand (Detjen, 2020, 23). In der Sozialen Arbeit und Schulpädagogik nahm eine Auseinandersetzung mit Rechtsextremismus und Rezeption von Rassismustheorien und antirassistischen Konzepten aus Großbritannien, den Niederlanden und Frankreich zu (Auernheimer, 2016, 43). Pädagogik, soziale Bewegungen und Teile der Politik griffen Ideen des Multikulturalismus auf und wollten dem Rassismus ein neues Paradigma entgegensetzen (Handschuck, Schröer, 2012, 26). Die Forderungen nach einer toleranten Gesellschaft fanden ihre Entsprechung in der sich neu etablierenden Interkulturellen Pädagogik als erziehungswissenschaftliche Teildisziplin (Mecheril, 2010, 57). Ansätze interkultureller Kompetenz und Öffnung entstanden und reflektierten Prozesse der Marginalisierung und Benachteiligung von Migrant*innen im Bildungssystem und den sozialen Diensten (Barwig, Hinz Rommel, 1995). Sozialwissenschaftliche Forderungen nach einem politischen Bekenntnis zu einem Deutschland als Einwanderungsland wurden laut, fanden aber (noch) keine Resonanz (Hamburger, 1999).

3.2.9 Von den 2000er Jahren bis in die Gegenwart. Integrationsdiskurs und „langer Sommer der Migration"

In den 2000er Jahren wurden Zuzug und Niederlassung für Menschen aus osteuropäischen Ländern in Deutschland erleichtert. Zum 1. Mai 2004 traten Estland, Lettland, Litauen, Malta, Polen, die Slowakei, Slowenien, Tschechien, Ungarn und der griechische Teil Zyperns der Europäischen Union (EU) bei. Am 1. Januar 2007 stießen Bulgarien und Rumänien dazu. Kennzeichnend für die 2000er Jahre ist das veränderte Selbstverständnis Deutschlands, ein Einwanderungsland zu sein. Deutschland kehrte ab von einem „völkischen Abstammungsrecht, das Staatsangehörigkeit im Prinzip allein an Abstammung bindet" (Mecheril, 2010, 58). Die Kategorie des Migrationshintergrundes ist seit 2005 im Mikrozensus festgehalten (Gögercin, 2018, 37). Im selben Jahr wurde das Bundesamt für Migration und Flüchtlinge (BAMF) in der Erwartung gegründet, „eine zentrale Behörde mit erweiterten Zuständigkeiten werde Asyl und Integration rationaler und effektiver organisieren" (Thränhardt, 2020, 37). Der Posten der Integrationsbeauftragten, die Formate der Islamkonferenz, des Integrationsgipfels und des Nationalen Integrationsplans wurden eingeführt. Die Karriere des Integrationsbegriffs ist seither begleitet von kontroversen Debatten in Politik, Wissenschaft und Öffentlichkeit. Der migrationspolitische Integrationsdiskurs orientiert sich am neoliberalen Prinzip von „Fördern und Fordern" und unterscheidet zwischen ‚integrationswilligen' und sich der Integration ‚verweigernden' Personen (Castro Varela, 2008). Diese Einteilung geht mit lebenspraktischen Konsequenzen einher. So müssen Personen, welche ihren Aufenthalt in Deutschland verlängern oder verstetigen wollen, Integrationsleistungen nachweisen, zum Beispiel Kenntnisse der deutschen Sprache, den Besuch von Integrationskursen oder die selbstständige Absicherung des Lebensunterhalts (Westphal, Wansing, 2019, 12). Der Aufenthalt in Deutschland muss erkämpft, gerechtfertigt und verdient werden. Die Kritik am Gedanken von Integration trägt dazu bei, dass „sich die ausdifferenzierende gegenwartsbezogene wie historische Migrationsforschung vom Primat der Integration als Untersuchungsgegenstand [entfernt]" (Poutrus, 2018, 12). Die öffentliche Debatte unterscheidet sich jedoch von einem kritischen Wissenschaftsdiskurs und verschärft sich seit Mitte des 21. Jahrhunderts, insofern Deutschland zum ersten Mal in seiner Geschichte „in erheblichem Umfang" (Oltmer, 2018, 36) mit Fluchtmigrationsbewegungen aus Nicht-EU-Ländern konfrontiert ist. Die globalen Fluchtmigrationsbewegungen erreichten mit Krieg und Unruhen in Syrien, Venezuela, Afghanistan, Myanmar, dem Irak, aber auch dem Südsudan und weiteren Ländern einen Höchststand seit ihrer Aufzeichnung nach dem Zweiten Weltkrieg. Vor allem in den Jahren 2015 und 2016 waren entsprechende „Schicksalsvergleiche" (Scholz, 2016) in der Öffentlichkeit immer wieder zu vernehmen. Von 2010 bis 2019 stieg die weltweite Zahl an Menschen auf der Flucht von 41,1 auf 79,5 Millionen an (UNHCR, 2020). Im langen Sommer der Migration im Jahr 2015 spitzte sich die Notlage zu (Hess et al., 2016). Das in Europa gültige Dublinabkommen, nach welchem das von Asyl suchenden Menschen als erstes betretene EU-Land für die Abwicklung des Asylverfahrens zuständig ist, hat seither nur noch formal Bestand. Die Dublinregelung legt die Zuständigkeit für Fluchtmigration in die Verantwortung einiger weniger Staaten an den südlichen Rändern Europas wie Griechenland oder Italien. Geflüchtete Menschen haben das Grenzregime der Europäischen Union partiell jedoch außer Kraft gesetzt. So richtete das BAMF im August 2015 eine interne Weisung an seine Außenstellen: Geflüchteten Menschen aus Syrien solle die Einreise nach Deutschland nicht verweigert werden, auch, wenn die Registrierung in einem anderen Land hätte erfolgen müssen (Herbert, Schönhagen, 2020, 27). Die Weisung drang an die Öffentlichkeit. Am 4. September 2015 marschierten rund 3.000 geflüchtete Menschen von Budapest in Richtung Österreich und Deutschland. Der Zug wurde unter dem Namen „march of hope" bekannt und forderte die deutsche Bundeskanzlerin Merkel und den österreichischen Bundeskanzler Faymann heraus. Beide kamen zu dem Schluss, „dass eine Verweigerung der Einreise nur mit massiver Gewalt durchzusetzen sei und zu einer humanitären Katastrophe führen würde" (ebd., 28). Sie gewährten die Durchreise und nahmen die Menschen auf. Die Bevölkerung reagierte gespalten. Während die einen argumentierten, durch den Entschluss weitere Fluchtmigrationsbewegungen zu provozieren, unterstützen andere das Vorgehen und fordern nachhaltige Umgangsweisen mit Menschen auf der Flucht. In Deutschland kam es durch die historisch, nicht jedoch im globalen Vergleich als hoch zu bewertende Anzahl an Schutz suchenden

Menschen, zu einer Verwaltungs- und Infrastrukturkrise (Hanewinkel, 2015). 2015 erreichte die Anzahl der Asylantragsstellenden rund eine Million (Gögercin, 2018, 37). Dieser Wert war zum damaligen Zeitpunkt der höchste in der Geschichte der Bundesrepublik (Hanewinkel, Oltmer, 2018, 29). Gleichwohl darf er nicht darüber hinwegtäuschen, dass der Großteil fliehender Menschen nicht in Deutschland und der EU, sondern in Geflüchtetenlagern von Nachbarstaaten oder Regionen im eigenen Land nach Schutz sucht (UNHCR, 2020). Nur eine vergleichsweise geringe Anzahl erreicht die EU-Außengrenzen und europäische Länder. Innerhalb der EU weist die statistische Rechnung Doppelzählungen auf und geht mit erheblichen Unsicherheiten einher (Kleist, 2015). Im Jahr 2020 gelten von 79,5 Millionen Menschen auf der Flucht 45,7 Millionen als internally displaced persons. Sie fliehen an einen anderen Ort innerhalb des eigenen Herkunftslands. Weniger als 26 Millionen Menschen fliehen über Ländergrenzen hinweg. Hiervon leben 80 Prozent in den Nachbarstaaten (UNHCR, 2020). Gründe, warum Menschen Europa in der Mehrheit der Fälle nicht erreichen, liegen in der europäischen Fluchtmigrationsabwehr an den EU-Außengrenzen und der exterritorialisierten Grenzsicherung in den Herkunftsländern und auf den Fluchtrouten begründet (Laube, 2014). Nach wie vor ist es bedrohten Menschen nicht möglich, einen Asylantrag zu stellen, ohne sich auf den gefährlichen Weg nach Europa zu begeben. Dennoch hat sich im Globalen Norden das politisch und medial (re-)produzierte Bild einer diese Länder „überrollenden Flüchtlingskrise" stabilisiert (Akpınar, Wagner, 2019; Engel et al., 2019). Diese Krise ist jedoch in aller erster Linie eine Krise derer, die „angesichts existenzieller Bedrohungen den Fluchtweg ergriffen haben und ums Überleben kämpfen" (Hill, 2018, 110) sowie eine grundlegende Krise einer Gesellschaft, die bisher keinen menschenrechtlich orientierten Umgang mit flüchtenden Menschen gefunden hat. Ungeklärt sind die „Verantwortlichkeit in Flüchtlingsfragen, die Durchsetzung wirksamer Regelungen für den Flüchtlingsschutz sowie die Sicherung humanitärer Standards für die Lebensbedingungen von Flüchtlingen" (Poutrus, 2018, 14). 2015 belebte das solidarische Bekenntnis zu einer „Willkommenskultur" – wie es eng mit Angela Merkels Zusicherung „Wir schaffen das" verbunden ist – noch das bürgerschaftliche Engagement (Institut für Demoskopie, 2017). Seither sind neue Initiativen des Zusammenlebens geflüchteter und nicht-geflüchteter Menschen in den Kommunen und Städten entstanden (Schiffauer, Eilert, Rudloff, 2017) und werden unter dem Etikett der solidarischen Stadt verhandelt (Augustín, Jørgensen, 2019; Bauder, Gonzales, 2018; Scherr, Hofmann, 2018). Zugleich sind diese Engagement-Formen eingebunden in ein Kräftefeld gegenläufiger Orientierungen (Bayertz, 1998). Das Erstarken rechtsextremer, rassistischer und populistischer Bewegungen sowie damit einhergehende Anschläge auf geflüchtete Menschen und Geflüchtetenunterkünfte machen gesellschaftliche Problemlagen besonders offensichtlich (Christ, Meininghaus, Röing, 2017; Foroutan et al., 2017; Fachgruppe Migraas et al., 2020). Das politische Klima ist sich am Verschieben

(Kleist, Göken, 2017). Willkommenskultur und bejahender Grundtenor treffen auf verschärfte Grenzabschottung, Segregation geflüchteter Menschen in Lagern und Großunterkünften mit unzureichendem Schutz sowie auf den Versuch, eine Zunahme von Abschiebungen zu forcieren und die Anzahl geflüchteter Menschen zu begrenzen (Scherr, Scherschel, 2019, 79–95; Schader et al., 2018; Schießl, 2018; Hess et al., 2016).

Zur Zeit der Fertigstellung dieses Buchs haben der seit Februar 2022 anhaltende Angriffskrieg Russlands gegen die Ukraine und das Sterben im Mittelmeer sowie Abschottungsversuche an den EU-Außengrenzen die Debatte um Fluchtmigration weiter verschärft. Es wird einmal mehr sichtbar, dass neue Wege des Umgangs mit Fluchtmigration dringend benötigt werden.

3.2.10 Kontinuitäten und Zuspitzungen

Der historische Überblick verdeutlicht das immer wieder virulent werdende Spannungsfeld von In- und Exklusion im Umgang mit Fluchtmigration. Fluchtmigrationsbewegungen gehören zwar konstitutiv zur Menschheitsgeschichte dazu, haben aber bisher nicht zu nachhaltigen Umgangsweisen mit geflüchteten Menschen geführt. Auch sind es weder in der Vergangenheit noch gegenwärtig Europa und Deutschland allein, die von Fluchtmigrationsprozessen tangiert sind. Vielmehr lässt sich nachzeichnen, dass auch Menschen aus Europa immer schon in Bewegung und auf Aufnahme andernorts angewiesen waren und Europa selbst vielfältige Migrationshintergründe aufweist (Bade, 2017, 12). Fluchtmigration ist ein kontinuierlich relevantes und globales Phänomen und lässt sich mit einem in zweierlei Richtung zielenden Mechanismus greifen: *Zum einen* zeigt sich mit Blick in die Geschichte der Mechanismus, *bereits ansässige* Menschen auf Basis spezifischer Kategorisierungen als ‚die anderen' zu rassifizieren, sie zur Flucht zu zwingen oder zu bedrohen und zu töten; *zum anderen* tritt immer wieder der Mechanismus zu Tage, *neu* zu einem spezifischen Territorium hinzukommende Menschen zu ‚anderen' zu machen und ihnen die Aufnahme entweder nur unter bestimmten Bedingungen zu gewähren oder gänzlich zu untersagen. Beide Mechanismen sind potenziell miteinander verzahnt und veranschaulichen, dass nicht Menschen auf der Flucht die Herausforderung sind, die es zu bewältigen gilt, sondern Rassifizierungen, welche über In- und Exklusion von Menschen wachen. In- und Exklusionsprozesse sind dabei nicht dichotom zu verstehen, sondern machen graduelle Zwischenbereiche auf. Sie lassen sich mit den von Wocken (1998) differenzierten Modi der Extinktion (Tötung), Exklusion (Ausschließung), Separation (Verbesonderung) und Integration (partieller Einbezug) greifen (vgl. Kap. 2.1). Geflüchtete Menschen zu töten (*Extinktion*), ist mit Blick in die Geschichte kein neues Phänomen. Flucht vor nationalistischen Systemen und Krieg mündete historisch nicht immer in der Gewährung von Schutz andernorts.

Auch heute sterben Menschen während und nach ihrer Flucht, zum Beispiel durch unterlassene Hilfeleistung bei Seenot auf dem Mittelmeer oder durch rassistische Anschläge und Angriffe im aufnehmenden Land (BKA, 2019). Eine Abwehr geflüchteter Menschen (*Exklusion*), wie etwa im Zuge des Asylkompromisses von 1973, findet sich im 21. Jahrhundert in Fällen der Zurückdrängung von Menschen mit Asylbegehren an den EU-Außengrenzen (Kopp, 2015). Im Umgang mit Arbeitsmigrant*innen wurden *separierende* Formen der Unterbringung sowie eine separierende Beschulung ihrer Kinder aufgearbeitet. Sowohl in Bezug auf Wohnen als auch in Bezug auf Bildung und weitere gesellschaftliche Bereiche sind separierende Mechanismen beispielsweise in Geflüchtetenunterkünften nach wie vor virulent (Bayerischer Flüchtlingsrat, 2019). *Integrative* Bemühungen lassen sich im Einbezug der Kinder der Arbeitsmigrant*innen zwar in den 1980er Jahren aufzeigen und heute werden geflüchtete Menschen in manchen Bundesländern und Kommunen unter bestimmten Bedingungen nicht (nur) in separierenden Vorbereitungsklassen beschult, sondern in die Regelklassen integriert, dennoch sind ‚kulturelle Assimilationsappelle' Anforderungen, wie sie die Debatte auch im 21. Jahrhundert bestimmen. Auf Ebene des Arbeitsmarkts sind integrative Öffnungen vor allem dann zu vernehmen, wenn Fluchtmigrant*innen „einen wirtschaftlichen und/oder arbeitsmarktpolitischen (Mehr-)Wert versprechen" (Kollender, Kourabas, 2020, 87).

Die Modi offenbaren: Zwar erfährt das Selbstverständnis Deutschlands als Migrationsgesellschaft in den letzten Jahren durchaus Widerhall, es mündet aber nicht automatisch in einer bejahenden Inklusion, verstanden als bedingungslose Zugehörigkeit geflüchteter Menschen zu Gesellschaft. Zugehörigkeit wird geflüchteten Menschen am Ort ihres Aufenthalts nicht per se gewährt, sondern ihnen mitunter abgesprochen oder muss durch den Nachweis von Integrationsbemühungen erst ‚verdient' werden. Der Nationalstaat ist damit einerseits Garant sozialer Absicherung, von Schutz und Teilhabe für die einen, andererseits aber Exklusionsinstanz für die anderen. Zugangsregelungen werden politisch ausgehandelt und in rechtlich bindende Regeln übersetzt. Je nach Klassifizierung als Asylberechtigte*r, Arbeitsmigrant*in oder auch als Tourist*in sind die Teilhabeoptionen im nationalstaatlichen Container different verteilt. Geflüchtete Menschen als passive Objekte dieser Zuweisungspraxis zu verstehen, wäre trotz ausschließender Mechanismen jedoch verfehlt. Die Geschichte zeigt immer wieder die Eigensinnigkeit und Handlungsfähigkeit von Menschen, die ihnen zugewiesene Position subversiv zu unterlaufen, zum Beispiel in Protestaktionen, solidarischen Allianzen und der Formierung von Selbstorganisationen (Ataç, Rygiel, Stierl, 2016). In der Öffentlichkeit unterliegen Exklusionsmechanismen kontroversen Auseinandersetzungen, werden angeprangert und durch Ausübung von Widerstand auf die Ebene der Debattierwürdigkeit gehoben (Bayerischer Flüchtlingsrat, 2019). Neben Kontinuitäten gesellschaftlicher In- und Exklusionsmechanismen ist mit Blick auf die steigenden Zahlen an Menschen auf der Flucht augenscheinlich, dass die Fluchtmigrationsbewegungen auf globaler Ebene ein neues Ausmaß erreichen. Für Problemlagen wie Kriege, Verfolgung, Armut und Klimakrise sind bisher keine nachhaltigen Lösungen auf Ebene der Weltgesellschaft gefunden. Von einem Verschwinden von Fluchtmigrationsbewegungen ist nicht auszugehen (Otten, 2018, 89), sodass die Dringlichkeit zur Exploration neuer Wege zunimmt. Paradoxerweise trifft diese Dringlichkeit auf nationalstaatliche Schließungstendenzen und Grenzabschottung.

3.3 Perspektiven. Von Integration zu Inklusion

Vor dem Hintergrund der steigenden Anzahl an Menschen auf der Flucht gewinnt die Forschung zu Fluchtmigration in Deutschland an Aufwind und entwickelt sich vergleichbar mit den Refugee and Forced Migration Studies im angelsächsischen Raum auch in der Bundesrepublik zu einer interdisziplinären Area Study (Aden et al., 2019, 303; Kleist, 2019, 2018). In diesem Aufwind liegt Potenzial, aus dem Feld der Fluchtmigrationsforschung heraus inklusive Umgangsweisen mit Fluchtmigration zu explorieren. Die Fluchtmigrationsforschung hat sich – wie die Sonderpädagogik – jahrzehntelang mit Theorien der Integration befasst und zwischen Migrant*innen und Nicht-Migrant*innen und Prozessen der Eingliederung erstgenannter in die zumeist nationalstaatlich verstandenen Lebenswelten letztgenannter unterschieden. Integration ist hierbei wissenschaftliches wie „normativ-politisches Konzept" (Geißler, 2004, 287). Die Anfänge dieser Perspektive gehen auf die Arbeiten der Chicagoer School in der ersten Hälfte des 20. Jahrhunderts in den USA zurück. Die Chicago School prägte ein Assimilationsverständnis, das von der Entwicklungsabfolge Kontakt, Konkurrenz, Konflikt, Akkommodation bis hin zu Assimilation und Auflösung von Differenz ausgeht (Nieswand, 2015). Der universell und unidirektional gedachte Prozess suggeriert einen klaren Start- und Endpunkt (Feldmeyer, 2018, 37). Migrant*innen werden in diesem Modell als Träger*innen statischer Nationalkultur verstanden, die mit einem hierzu differenten Kultursystem in Kontakt treten. In Deutschland griff unter anderem Esser (2001) das US-amerikanische Assimilationsmodell auf und erweiterte es. Unter Bezugnahme auf Lockwood differenziert er zwischen System- und Sozialintegration: „Während beim Problem der sozialen Integration die geordneten oder konfliktgeladenen Beziehungen der Handelnden eines sozialen Systems zur Debatte stehen, dreht es sich beim Problem der Systemintegration um die geordneten oder konfliktgeladenen Beziehungen zwischen den Teilen eines sozialen Systems" (Lockwood, 1971, 125, zit. n. Greve, 2018, 196). Systemintegration beziehe sich auf die Ganzheit von Gesellschaft und ihre Institutionen, Sozialintegration auf die „Integration der Akteure [...] ‚in' das System hinein" (Esser, 2001, 66). Sozialintegration könne nach Esser in der Aufnahmegesellschaft, Herkunftsgesellschaft oder in „ethnischen

Gemeinden" im Aufnahmeland erfolgen und führe zu Segmentation, Marginalität, Assimilation oder Mehrfachintegration, wobei Mehrfachintegration „ein logisch zwar möglicher, faktisch jedoch kaum wahrscheinlicher Fall [sei]" (ebd., 70). Sozialintegration in der Aufnahmegesellschaft sei „nur in der Form der Assimilation möglich" (ebd.). Assimilation meine „die (Ak-)Kulturation in die Aufnahmegesellschaft in Hinsicht auf Wissen und Kompetenzen, die Platzierung und Inklusion in die funktionalen Sphären der Aufnahmegesellschaft, die Aufnahme von interethnischen Kontakten, sozialen Beziehungen und Tauschakten mit den Einheimischen und die emotionale Unterstützung nicht der Herkunfts-, sondern der Aufnahmegesellschaft" (ebd., 70). In assimilativ ausgerichteten Integrationstheorien manifestiert sich ein binäres Denken im „Grundmodell einer nationalstaatlichen Integration" (Heckmann, 1997, 82): entweder seien Menschen an die statisch verstandene Kultur des Aufnahmelands oder an die statisch verstandene Kultur des Herkunftslandes angepasst. Die Problematik eines so verstandenen Integrationsbegriffs liegt in der Zementierung einer imaginierten Binarität von ‚den Fremden' einerseits und ‚den Einheimischen' andererseits. Die Dichotomisierung erzeugt überhaupt erst Differenz und bringt zwei vermeintlich homogene Gruppierungen hervor (Nail, 2016; Plößer, 2010). Sie führt zu einer Stereotypisierung der hergestellten ‚Fremden' und transportiert diskriminierende Bilder in die Öffentlichkeit. Die Annahme ist, dass als Migrant*innen und Geflüchtete bezeichnete Menschen „in einem anderen Land als Deutschland und einer anderen Kultur als der ‚deutschen' verortet seien und sich deshalb von ‚den Deutschen' unterscheiden würden. Ihnen wird unterstellt, Defizite an ‚deutschem Wissen' und ‚deutschen Werten' auf[zu]weisen, was ihre ‚Integration' in die ‚deutsche Gesellschaft' [...] behindern würde" (Böcker, Goel, Heft, 2010, 305). Strukturelle Barrieren und Diskriminierung werden durch eine solche Sichtweise ausgeblendet und „bestehende Verhältnisse gesellschaftlicher Ungleichheiten" (Castro Varela, Mecheril, 2010, 48) verfestigt. In der politischen Debatte geht diese Differenzkonstruktion mit Integrationsappellen an jene einher, welche als die ‚anderen' konstruiert sind (Janotta, 2018). Sie sollen sich an die Gepflogenheiten und ‚Kultur' der aufnehmenden Gesellschaft anpassen – so, als sei diese ‚Kultur' einheitlich und klar konturiert. Ein statisches und national verkürztes Kulturverständnis wird in den Transnational Studies und der kritischen Migrationsforschung seit Jahrzehnten kritisiert und die Überwindung eines „methodologischen Nationalismus" (Wimmer, Glick Schiller, 2002) gefordert. Diese Forschungsrichtungen lehnen ein Verständnis von Migrationsforschung als „Forschung über Migrant*innen" (Römhild, 2015, 39) ab. Statt einer „sich immer wieder nur selbst illustrierenden und reproduzierenden ‚Migrantologie', die ihren vermeintlichen Gegenpart – die Gesellschaft der weißen, nationalen, sesshaften Nicht-Migranten – gleich mitkonstruiert" (ebd.), fordern sie einen Perspektivwechsel: Die Migrationsforschung müsse „‚entmigrantisiert' und die Forschung über Gesellschaft und Kultur dagegen ‚migrantisiert' werden" (Römhild, 2015, 39). Entmigrantisierung meint eine nicht-verandernde Forschung, die selbstkritisch mit Kategorisierungen umgeht, diese selbst zum Forschungsgegenstand macht und Migration als gesellschaftlichen Prozess und nicht als Integrations*problem* Einzelner untersucht. Eine migrantisierte Gesellschaftsforschung konstruiert menschliche Bewegungen nicht als normabweichend, sondern versteht „Migration als konstitutives Merkmal von Gesellschaft" (Böhmer, Goebel, 2020, 167). Die Konstruktion von ‚Fremden' und ‚Einheimischen' kann so überwunden werden. Bewegungen werden in diesem Verständnis gesellschaftstheoretisch analysiert und nicht verkürzt als Handlungen ‚der anderen' und ‚Bedrohung' markiert. Diese Überlegungen machen eine anti-essentialistische Fluchtmigrationsforschung denkbar (ebd., 165). Die Auseinandersetzung mit Fluchtmigration meint dann eine Auseinandersetzung mit Gesellschaft als Ganzes und führt nicht mehr zu einer Absprache von Zugehörigkeit jener, die sich in der Welt aus verschiedensten Gründen bewegen. Vielmehr rücken Fragen nach den gesellschaftlichen Bedingtheiten von Bewegung sowie von Immobilisierung, zur kritischen Analyse der Kategorisierung von Bewegungen und zu ihren Wirkmächtigkeiten ins Zentrum. Diese Konzeptualisierung ist in der Denkhaltung inklusiv angelegt: Der Ansatz will die (Re-)Produktion der Figur von ‚den zu Integrierenden und Nicht-Zugehörigen' und ‚den bereits Integrierten und Zugehörigen' hinter sich lassen und Möglichkeiten von Inklusion für alle in einer transnationalisierten Gesellschaft erforschen und herstellen. Inklusion läutet so einen umfassenden „Perspektivwechsel" (Gag, Voges, 2014, 11) nicht nur in der Sonderpädagogik, sondern auch in der Auseinandersetzung mit Fluchtmigration ein (Diehm, 2011; Yıldız, 2015; Wansing, Westphal, 2014) und steht „für ein allumfassendes Verständnis von gleichberechtigter Einschließung aller Menschen" (Gag, Voges, 2014, 10). Der Begriff hat das Potenzial, den problematischen Integrationsbegriff abzulösen und ein neues Leitbild in der Fluchtmigrationsforschung und Asylpolitik anzustoßen (ebd., 11).

3.4 Forschungsprojekte im Themenfeld

Inklusionsdebatte und Fluchtmigrationsforschung werden in diesem Buch im Zuge zweier qualitativ-empirischer Forschungsprojekte zusammengeführt. Die Projekte befassen sich mit In- und Exklusionsprozessen in den Lebenswelten geflüchteter Menschen zu zwei differenten Zeiten. Einmal stehen die Lebenswelten und Biografien einer weitgehend unerforscht gebliebenen DDR-Fluchtmigrationsgeschichte im Zentrum sowie einmal die Lebenswelten und Biografien junger Menschen, die zwischen den Jahren 2010 und 2015 nach Deutschland geflohen sind.

3.4.1 Vergessene Geschichten. Kinder aus namibischen Geflüchtetenlagern in der DDR

Im Vergleich zum westdeutschen bleibt Wissen zum ostdeutschen Fluchtmigrationsgeschehen bisher marginal (Glorius, 2020, 211). Die vorliegende Forschung wird eher randständig wahrgenommen und Fluchtmigration vorwiegend als ‚westdeutsches' Thema debattiert. Goel (2013) deutet die Marginalisierung von DDR-Fluchtmigrationsforschung als politisch begründet. Sie diene dazu, einen ‚rassistischen Osten' zu konstruieren und das Bild zu festigen, Rassismus sei kein Problem im Westen Deutschlands. Eine Analyse, die aufzeige, dass sich Menschen mit Migrationserfahrung im Osten Deutschlands aufhielten und zugehörig fühlten, würde diese Binarität aufbrechen. Jedoch erschwere die nach der Wende in vielen Fällen erfolgte Rückführung von Menschen aus dem Ausland eine adäquate Aufarbeitung.

Ein Teil des vorliegenden Buchs widmet sich dem Vorhaben, vergessene DDR-Fluchtmigrationsgeschichte zu ergründen. Es basiert auf der wissenschaftlichen Tätigkeit der Autorin in einem Forschungsprojekt zu den transnationalen Biografien und Lebenswelten einer Gruppe von Kindern, die im öffentlichen, medialen und wissenschaftlichen Diskurs als „DDR-Kinder aus Namibia"[33] bezeichnet sind (Schmitt, Witte, 2018, 2021; Polat, 2017; Witte et al., 2014; Schmitt, Witte, Polat, 2014; Witte, Klein-Zimmer, Schmitt, 2013). Bei den „DDR-Kindern aus Namibia" handelt es sich um rund 430 Personen, die Teil einer internationalen Kooperation der SED und der namibischen Befreiungsbewegung South West African People's Organization (SWAPO) wurden. Zwischen den Jahren 1979 und 1989 wurden sie im Kindes- und Jugendalter aus Geflüchtetenlagern namibischer Nachbarstaaten in die DDR gebracht und wuchsen dort auf. Die jungen Menschen schildern ihre Zeit in der DDR in ambivalenten Erzählungen. Sie entkamen zwar dem Leben in den Geflüchtetenlagern, lebten in der DDR jedoch weitgehend separiert von der üblichen Bevölkerung in einem zum Kinderheim umfunktionierten Gutshaus im mecklenburgischen Bellin und galten von Anfang an als „namibisch" (Witte et al., 2014). Im Zuge eines eigens für sie entwickelten Schul- und Bildungsprogramms sollten sie zur zukünftigen gesellschaftlichen Elite Namibias ausgebildet werden (BArch DR 2/50600). Die Ausbildung vollzog sich im Tandem von Erzieherinnen aus Namibia und Erzieherinnen aus der DDR. Täglich nahmen die Kinder an der sogenannten ‚Kulturstunde' teil. Die ihnen zugeschriebene Zugehörigkeit zu Na-

---

33 Die Bezeichnung „DDR-Kinder aus Namibia" wird vom Projektteam bewusst in Anführungszeichen gesetzt. Sie droht zum einen, infantilisierend zu sein, insofern die ehemaligen Kinder heute erwachsen sind; zum anderen suggeriert sie eine homogene Gruppe (kritisch Dahinden, Fischer, Menet, 2021). Auch die Bezeichnung „namibische Kinder" wird in Anführungszeichen gesetzt, da „namibisch" in erster Linie ein zugeschriebenes Attribut ist, das nicht zwingend der Selbstidentifikation all derer entspricht, die in der DDR aufgewachsen sind.

mibia sollte ihnen stets vor Augen gehalten werden (BArch DR2/12321 a, b). Der zugeschriebene Platz wurde von den jungen Menschen jedoch immer wieder aufgebrochen. Vor allem im Jugendalter bestanden Kontakte auch zu anderen jungen Menschen in der DDR. Auch die sprachliche Heterogenität von Erst- und Zweitsprache wurde in neuen Sprachpraxen kreativ verwoben. Die DDR wurde für Viele von ihnen zu einem zu Hause. Mit der Unabhängigkeit Namibias und der Wende in Deutschland wurden die jungen Menschen im August 1990 in der Gemengelage der politischen Ereignisse jedoch plötzlich und unvorbereitet nach Namibia überführt, in ein Land, das viele von ihnen nicht kannten oder das ihnen fremd geworden war. In der zugeschriebenen ‚Heimat' wurden nicht alle der heutigen Erwachsenen ‚heimisch'. Aushandlungen von Zugehörigkeit sind für sie bis in die heutige Zeit thematisch.

Die Biografien und Lebenswelten der ehemaligen „DDR-Kinder aus Namibia" sind der Gegenstand unseres Forschungsprojekts. Zwischen den Jahren 2013 und 2019 wurden insgesamt 30 biografisch-narrative Interviews mit den heutigen Erwachsenen geführt (Schütze, 1983). Das zunächst vom Zentrum für Schul-, Bildungs- und Hochschulforschung der Johannes Gutenberg-Universität Mainz geförderte Forschungsprojekt wird seit 2023 unter der Leitung von Matthias D. Witte und in Kooperation mit Sarala Krishnamurthy und der Autorin von der Deutschen Forschungsgemeinschaft (DFG) gefördert (Titel: „Fluchtmigration und Generationenbeziehungen. Zur adoleszenten Transformation elterlicher Flucht- und Remigrationserfahrungen am Beispiel der Kinder der ‚DDR-Kinder aus Namibia'", Projektnummer 515408579).

Die im Zuge des Projekts geführten Interviews wurden mit der Bitte begonnen, die eigene Lebensgeschichte zu erzählen. Im exmanenten Nachfrageteil standen, falls nicht bereits angesprochen, Fragen zu den biografischen Stationen der Befragten zwischen Geflüchtetenlager, DDR und der Überführung nach Namibia im Fokus. Zusätzlich zu den Interviews wurde Archivmaterial zur politischen Kooperation zwischen SED und SWAPO in Archiven in Deutschland und Namibia zusammengetragen. Der Kontakt zu den Befragten wurde mithilfe eines Gatekeepers und nach dem Schneeballprinzip hergestellt. Der erhobene Materialkorpus wurde mit objektiv-hermeneutischen (Oevermann, 2002), narrations- (Schütze, 1983) und metaphernanalytischen Verfahren (Schmitt, 2017) ausgewertet. Zwei ausgewählte Veröffentlichungen sind in diesem Buch abgedruckt. Zentrales Ergebnis der Analysen ist, dass die internationale Vernetzung zwischen SWAPO- und DDR-Führung in den Biografien der Befragten vielfältige Bewältigungsanforderungen evoziert hat. Inklusion, verstanden als Zugehörigkeit unabhängig von Nationalität, Sprache, Geschlecht, Sozialisation und den eigenen Fähigkeiten und Bedürfnissen, ist den Erwachsenen weder in Namibia noch in Deutschland gegeben. Auch 30 Jahre nach der Wende in Deutschland und nach der Unabhängigkeit Namibias ringen die ehemaligen Kinder um eine Anerkennung ihrer transnationalen Lebensverläufe und der politischen Fremdbestimmung, die ihnen im Kindes- und Jugendalter widerfahren ist. Dennoch sind sie keine Opfer ihrer Umstände: Manche von ihnen gründeten eigene Familien und schlugen arrivierte berufliche Karrieren ein. Andere wiederum suchten nach Bewältigung ihrer Lebenssituation im Drogenkonsum und illegalisierten Tätigkeiten und konnten nur partiell Handlungsfähigkeit herstellen, das biografisch Erlebte aber nicht nachhaltig bewältigen (Armbrüster et al., 2016).

3.4.2 Junge Geflüchtete nach dem langen Sommer der Migration

Die Gefahr, durch Fluchtmigration an Zugehörigkeit und Teilhabe einzubüßen, ist keine spezifische Erfahrung der ehemals in die DDR überführten Kinder und Jugendlichen. Vielmehr zieht sich die Verwehrung von Zugehörigkeit und Teilhabe geflüchteter Menschen als Konstante bis in die heutige Zeit. Empirische Arbeiten dieses Teils des Buchs befassen sich mit den Biografien und Lebenswelten von zehn jungen Menschen, die zwischen den Jahren 2010 und 2015 aus Syrien, dem Irak und aus Afghanistan nach Deutschland geflohen sind. Im Unterschied zu den Akteur*innen im vorangegangenen Kapitel steht hier keine Personengruppe im Zentrum, die ganz unmittelbar einen partiell gemeinsamen Sozialisationsraum teilt. Zwar haben die Befragten alle selbst erlebt, was öffentlich als „Flüchtlingskrise" ausgerufen wurde, ihre transnationalen Biografien spannen sich aber zwischen unterschiedlichen Herkunfts- und Transitländern auf. Eine politische Metaerzählung, wie sie zur Kooperation von SWAPO und SED und den geteilten Lebensumständen der heutigen Erwachsenen in der DDR vorgenommen wurde, kann somit nicht erfolgen. Das verbindende Element der Biografien besteht darin, in einem ähnlichen Zeitfenster aus unterschiedlichen Motiven heraus mit differenten Ausgangsbedingungen und auf unterschiedliche Weise nach Deutschland geflohen zu sein. Die Biografieanalysen geben in der Summe einen Einblick in das subjektive Erleben von Fluchtmigration. Die offenen Leitfadeninterviews wurden im Frühjahr 2016 erhoben (Przyborski, Wohlrab-Sahr, 2010, 138–145). Die Forschung wurde durch die institutsinterne Förderung des Instituts für Erziehungswissenschaft der Johannes Gutenberg-Universität Mainz gefördert. Ziel war die Rekonstruktion der biografischen Verläufe aus einer inklusionstheoretischen Perspektive. Im Zentrum stand die Frage, welche Möglichkeiten und Barrieren von Teilhabe sich in den Lebenswelten der jungen Menschen auftun. Die Interviewten waren zum Interviewzeitpunkt zwischen 17 und 31 Jahre alt und allesamt männlich. Zu weiblichen Personen konnte kein Kontakt hergestellt werden. Dies liegt zum einen darin begründet, dass einreisende junge Menschen im gewählten Zeitfenster mehrheitlich männlich waren, zum anderen wurden Kontaktanfragen in Einrichtungen für Mädchen und Frauen von Fachkräften nicht bejaht. Dies lässt Rückschlüsse darauf zu, dass die Fluchtmigrationserfahrung die dort untergebrachten Frauen und Mädchen in besonderer Art und

Weise vulnerabilisiert und ein Sprechen darüber mit einer externen Person verunmöglicht hat. Bei der Auswahl der männlichen Befragten unterstützten pädagogische Fachkräfte und Volunteers. Sie fungierten als Gatekeeper*innen und traten mit den jungen Menschen in Kontakt, informierten über das Forschungsanliegen und fragten nach, ob ein Interesse zur Mitwirkung besteht. Die Gatekeeper*innen wurden gebeten, nur solche jungen Menschen anzufragen, welche aus ihrer Sicht in einer geeigneten Verfasstheit waren. So sollte verhindert werden, Menschen durch das Forschungsanliegen zu überfordern und gegebenenfalls zu (re-)traumatisieren. Die Interviews mit den jungen Menschen waren offen gestaltet mit Raum für Narration und an die spezifische Gesprächssituation angepasst. Die Themenblöcke umfassten (je nach Wunsch und Relevanzsetzung des Gegenübers) das Leben vor der Fluchtmigration, die Erlebnisse während der Flucht, die Lebenssituation in Deutschland sowie Wünsche und Perspektiven für die Zukunft. Bei den Interviews war ein sensibles Vorgehen bedeutsam, da die jungen Menschen bereits Erfahrungen mit Anhörungen durch das BAMF und Polizist*innen gemacht hatten. Vor den Interviews wurde zu verstehen gegeben, dass es sich um ein Gespräch mit Interesse an der Sichtweise des Gegenübers handelt. Die eigene Tätigkeit als Wissenschaftlerin war besonders wichtig zu klären, um sich von Polizei und Ausländerbehörde abzugrenzen. Neun der Interviews wurden in der deutschen, eines in englischer Sprache geführt. Hierdurch fügt sich die Arbeit unwillentlich in einen assimilativen Integrationsdiskurs ein: Eine Stimme hat bekommen, wer zum Interviewzeitpunkt bereits ausreichend Deutsch sprach oder der dominanten Sprache Englisch mächtig war. Diese Limitierung ist in der Analyse zu bedenken. Von der Hinzuziehung von Übersetzer*innen wurde abgesehen, um das im Vorfeld mithilfe der Gatekeeper*innen aufgebaute Vertrauensverhältnis nicht zu gefährden. Das Material wurde mit unterschiedlichen Zugängen ausgewertet. Die Analysen erfolgten nach dem sequenziellen Vorgehen in der objektiven Hermeneutik (Oevermann, 2002) sowie dem kategorialen Vorgehen der Grounded Theory (Strauss, Corbin, 1996). Die Ergebnisse verdeutlichen, dass die Befragten um Inklusion in Deutschland ringen. In der Schule erleben sie die separierenden Klassen als Teilhabebarriere (Schmitt, 2018). Das Warten auf den Ausgang des Asylantrags, die Beschneidungen im Zugang zum Bildungswesen und Arbeitsmarkt sowie eine finanzielle Schlechterstellung verhindern ein Ankommen in Deutschland genauso wie die hohe Abhängigkeit von der Unterstützung durch Dritte. Trotz dieser Teilhabebarrieren zeigt sich die Handlungsfähigkeit der Interviewten, sich eine Zukunft in Deutschland aufbauen und erfolgreiche Bildungswege und Berufskarrieren durchlaufen zu wollen. Zur Realisierung ihrer Ziele spielen Mediator*innen an der Schnittstelle von Ausschluss und Teilhabe eine bedeutende Rolle: Pädagogische Fachkräfte, freundschaftliche Netzwerke und Beziehungen zu Volunteers können zu mehr Teilhabe in Deutschland beitragen (Friedrichs-Liesenkötter, Schmitt, 2017). Die erfahrene Unterstützung bleibt dabei aber ambivalent: Sie fungiert einerseits als Schaltstelle zur Herstellung von Inklusion, andererseits wird sie dann als Belastung erlebt, wenn Unterstützung nicht zurückgegeben und kein reziprokes Beziehungsverhältnis aufgebaut werden kann (Schmitt, 2021).

Zusammengenommen weisen die Forschungsergebnisse zu den Biografien der „DDR-Kinder aus Namibia" und den Biografien junger Geflüchteter Analogien auf: In beiden Kontexten ist ein Ringen um Inklusion biografisch relevant. Unabhängig von den gesellschaftlichen Spezifika verdeutlichen die Ergebnisse eine Zeitspanne übergreifende Erfahrung von Rassismus, Verbesonderung und Separation und machen Kontinuitäten im gesellschaftlichen Umgang mit Fluchtmigration sichtbar. Die Ergebnisse unterstreichen die Notwendigkeit, Inklusionsbestrebungen, wie sie in der UN-BRK als gesellschaftliche Querschnittsperspektive formuliert sind, im Umgang mit geflüchteten Menschen umzusetzen.

3.5 Vertiefungen

Das Themenfeld umfasst sieben Unterkapitel.

Das Kapitel „Transnationale Lebensbewältigung" widmet sich dem Themenfeld aus einer Vogelperspektive und reflektiert das Streben nach Inklusion als spannungsvolle Bewältigungsaufgabe des freigesetzten Menschen in der Weltrisikogesellschaft. Das Lebensbewältigungskonzept zielt auf die Analyse des Erlebens und Bewältigungshandelns von Menschen in kritischen Lebenskonstellationen und seine sozial-gesellschaftliche Einbettung. Handlungs- und Bewältigungsmöglichkeiten werden Menschen auf der Welt in unterschiedlicher Weise ermöglicht; vor allem transnationale Bewegungsoptionen sind sozial ungleich verteilt und abhängig davon, ob menschliche Bewegungen von nationalstaatlichen Regimes als ‚nützlich' oder ‚Problem' kategorisiert werden. Während Personen, die als mobile Expert*innen gelten, Nationalgrenzen in der Regel problemlos überwinden und Kontakte über Ländergrenzen hinweg aufrechterhalten, sind geflüchtete Menschen von Separation und Exklusion betroffen.

Ausgehend von dieser Problemdiagnose befassen sich die weiteren fünf Kapitel aus einer biografischen Brille heraus mit den Teilhabemöglichkeiten und -begrenzungen geflüchteter Menschen. Sie basieren auf den beiden Forschungsprojekten zu Fluchtbiografien der sogenannten „DDR-Kinder aus Namibia" sowie junger Geflüchteter im Zuge des „langen Sommers der Migration". Das Kapitel „Inklusion als Analyseperspektive in der Fluchtforschung" verdeutlicht auf Basis qualitativer Interviews mit jungen Geflüchteten aus Syrien, dem Irak und Afghanistan das subjektive Erleben ihrer Schul- und Bildungssituation in Deutschland. Die Beschulung folgt der Logik von Integration, nicht von Inklusion. Die jungen Menschen erleben sich als separiert vom schulischen Regelsystem. Eine Teilhabe müssen sie erst erkämpfen und sich qua ‚Leistung' für die Integration in das reguläre Bildungssystem qualifizieren. Die Ergebnisse knüpfen an Erkenntnisse zur Beschulung der Kinder der Arbeitsmigrant*innen ab den 1980er Jahren an und rekonstruieren Formen der Separierung im Bildungswesen als kontinuierliche Umgangsweise mit Fluchtmigration in Deutschland.

Eine Problematisierung separierter Beschulung zeigt sich auch in den Interviews der in die DDR überführten Kinder. Auch sie besuchten isolierte Klassen und waren von den üblichen Schüler*innen weitgehend getrennt. Im Kapitel „,You are special'. Othering in biographies of ,GDR children from Namibia'" wird der Mechanismus der Separation aus Sicht der heutigen Erwachsenen unter Hinzunahme der postkolonialen Theorieperspektive von Othering rekonstruiert. Die Interviewten wurden in der DDR als different und zugehörig zu Namibia definiert. Die separate Beschulung führte ihnen diese Zuweisung stets vor Augen. Mit ihrer Überführung in das unabhängige Namibia sahen sie sich dann aber damit konfrontiert, auch in Namibia als ‚nicht-zugehörig' positioniert zu werden. Sie galten als die „DDRler". Auch von der Bevölkerung mit deutscher Migrationsgeschichte wurden sie nicht anerkannt. Die Suche nach gesellschaftlicher Zugehörigkeit wurde zum leidvollen Unterfangen und evoziert biografische Aushandlungsprozesse bis in die heutige Zeit.

Die Erfahrung von Nicht-Zugehörigkeit ist dabei nicht zwingend an eine eigene Fluchtmigrationserfahrung gekoppelt. Das Kapitel „Refugees across the generations. Generational relations between the ‚GDR children of Namibia' and their children" stellt auf Basis von zwei qualitativen Interviews mit Kindern der ehemaligen „DDR-Kinder aus Namibia" die intergenerationale Wirkmächtigkeit der elterlichen Erfahrung in den Biografien und Lebenswelten der nächsten Generation heraus. Es rekonstruiert eine Parallelität der Krisen in beiden Generationen: Eltern wie Kinder treffen auf Strukturen, die durch Separation gekennzeichnet sind. Hierdurch werden auch bei den Kindern biografische Bewältigungsprozesse angestoßen, die zwischen der Erschließung transnationaler Handlungsräume und einem Streben nach monokultureller Verortung divergieren. Als deutschsprechende Schwarze Menschen sind die Kinder genau wie ihre Eltern auf der Suche nach einem gesellschaftlichen Ort, machen aber die Erfahrung von Veranderung.

Othering-Mechanismen festigen die Konstruktion eines ‚Wir' und die ‚anderen' über die Zeit hinweg. Inklusion zielt auf ein Durchbrechen dieser Binarität. Bleiben geflüchtete Menschen in der Position der ‚anderen' gefangen, geht dies für sie mit enormen Belastungen einher. Diese Belastungen werden im Kapitel „,I want to give something back'. Social Support and Reciprocity in the Lives of Young Refugees" untersucht. Auf Basis der Interviews mit den jungen Menschen aus Syrien, Afghanistan und dem Irak wird veranschaulicht, dass sich Otheringprozesse selbst in prinzipiell bejahenden Unterstützungsprozessen zu Volunteers und pädagogischen Fachkräften zementieren. So bringen die Befragten zum Ausdruck, Unterstützung von Fachkräften und Ehrenamtlichen zu erhalten, aber unter der Rolle der Empfangenden von Unterstützung zu leiden. Die jungen Menschen wollen reziprok agieren und für die erhaltene Unterstützung etwas zurückgeben. Rechtliche Restriktionen erschweren oder verhindern ihre Einbindung in den Bildungs- und Arbeitsmarkt und eine Akkumulation finanzieller Mittel. Hierdurch wird den Einschätzungen der Befragten zufolge die Möglichkeit einer reziproken Beziehungsgestaltung unterbunden. Ein agentatives Selbstbild kann nur schwer aufrechterhalten werden. Der Selbstwert ist bedroht. Das Kapitel erweitert Sahlins Typologie reziproker Beziehungen (generalisierte, balancierte und negative Reziprozität) auf Basis dieser Ergebnisse um den Typus der verwehrten Reziprozität. Dieser Typus untermauert, dass Inklusion nicht nur die Bereitstellung von Unterstützung meint, sondern die Schaffung von Möglichkeitsräumen, innerhalb welcher geflüchtete Menschen für erfahrene Unterstützung etwas zurückgeben und sich selbstbestimmt in die Gesellschaft einbringen können.

Die Relevanz reziproker Unterstützungsnetzwerke ist auch Thema des Kapitels „Digitale Medien als Mediatoren von Agency. Empirische Einblicke in Medienpraktiken junger Geflüchteter und die (medien-)pädagogische Arbeit". Das Kapitel rekonstruiert, wie die Befragten ihre Fluchtmigration gemeinsam mit Familienangehörigen und Freund*innen organisieren und auf der Flucht sowohl Unterstützung geben als auch in Anspruch nehmen. Im Zielland sind reziproke Unterstützungsnetzwerke zwischen geflüchteten Menschen weiterhin hoch bedeutsam, zugleich stoßen professionelle Angebote pädagogischer Fachkräfte und Beziehungen zu Volunteers hinzu. Zum Erhalt und Ausbau der Unterstützungsnetzwerke fungieren digitale Medien als vermittelnde Instanzen von Handlungsfähigkeit. Bereits während der Flucht ermöglichen sie die Kontakthaltung mit anderen; im Zielland sind sie Bindeglied zu Fachkräften und bürgerschaftlich Engagierten.

Das letzte Kapitel des Themenfelds „Partizipative Fluchtmigrationsforschung. Eine Suchbewegung" begibt sich von den biografischen Analysen zum Inklusionserleben geflüchteter Menschen auf eine methodologische Ebene. Es fragt danach, wie Fluchtmigrationsforschung nicht nur *zu* Menschen mit Fluchtmigrationserfahrung, sondern *mit ihnen gemeinsam* gestaltet werden kann. Die Frage nach den Möglichkeiten kollaborativen Forschens drängte sich in selbstkritischer Weise auf. Die eigene Forschung konzipierte die Autorin ohne wesentlichen den Einbezug derer, um die es in der Forschung geht. Inklusion lässt sich jedoch nicht nur als Forschung zu Teilhabefragen verstehen, sondern ebenso als Reflexionsanstoß zu den eigenen in- und exkludierenden Vorgehensweisen in der Forschungspraxis. Im Kapitel werden mit Blick auf die internationale Debatte zu participatory research Überlegungen entfaltet, wie Forschung diejenigen, die konventionell als die ‚Beforschten' gelten, in empowernder Weise in Forschungsprozesse einbeziehen kann. Das Kapitel lotet Potenziale, aber auch Herausforderungen und Grenzen partizipativer Fluchtmigrationsforschung aus. Als zentral wird die Einnahme einer reflexiven Haltung seitens der Forscher*innen erachtet, Verantwortung für den Forschungsprozess zu übernehmen, Herrschaftsverhältnisse in den Blick zu nehmen und das eigene Tätigkeitsfeld einer steten Reflexion zu unterziehen.

3.5.1 Transnationale Lebensbewältigung

Eine transnationale Perspektive ist – ebenso wie der Ansatz der Lebensbewältigung – offen und anschlussfähig an vielfältige Theorien und Praxisdiskussionen, so etwa an die Debatten um Fluchtmigration und Inklusion. In den letzten Jahren werden Forderungen nach einer Verknüpfung transnationaler Perspektiven mit praktischen Ansätzen und gängigen Sozialtheorien laut (z. B. Dahinden, 2013). Das Kapitel[34] greift dieses Anliegen auf und stellt Verbindungslinien zwischen dem Ansatz der Lebensbewältigung und einer transnationalen Perspektive für die Soziale Arbeit heraus.

3.5.1.1 Transnationale Zugänge

Menschen sind in zunehmender Weise in Lebensbezüge eingebunden, die nationalstaatliche Grenzen überschreiten (Schröer, Schweppe, 2018, 1693). Sie können regelmäßig zwischen mehreren Nationalstaaten mobil sein, sich mehreren Ländern zugehörig fühlen oder durch neue Kommunikationstechnologien an grenzüberschreitenden Netzwerken teilhaben, ohne ihren Wohnort je verlassen zu haben. Das grenzüberschreitende „Wandern" von Menschen, aber auch von Dingen, Diskursen und Ideen, ist kein neues Phänomen. Jedoch haben grenzüberschreitende Prozesse durch veränderte Kommunikationstechnologien, Mobilitätsmöglichkeiten, Globalisierung, Kriege und Naturkatastrophen oder Flucht und soziale Ungleichheiten in vielen Teilen der Welt eine neue Qualität erreicht (Vertovec, 2009). Seit Beginn der 1990er Jahre haben sich die Bezeichnungen „Transnationalität" oder „Transnationalisierung" für diese Entwicklungen durchgesetzt. Während die Bezeichnung „Transnationalisierung" auf das prozesshafte Element grenzüberschreitender Vernetzungen fokussiert, bezeichnet „Transnationalität" die Konstruktion „von gemeinsamen Sinnhorizonten und Zugehörigkeitsgefühlen" (Kaelble, Kirsch, Schmidt-Gernig, 2002, 10). Amelina, Faist und Nergiz (2013) sprechen von einem „transnational turn", der die Migrationsforschung, aber auch andere Forschungsrichtungen und Disziplinen wie die

---

34 Dieses Unterkapitel wurde erstveröffentlicht als: Schmitt, C. (2020). Transnationale Lebensbewältigung, in Stecklina, G., Wienforth, J. (Hrsg.), Handbuch Lebensbewältigung und Soziale Arbeit (S. 575–584). Weinheim, Basel: Beltz Juventa. Es stellt eine leicht modifizierte Form der Erstveröffentlichung dar.

Literaturwissenschaften, American Studies oder Geschichtswissenschaften im wahrsten Sinne des Wortes gewandelt hat. Ein transnationaler Ansatz versteht sich als sensibilisierende Perspektive, um soziale Prozesse und Lebensentwürfe über nationalstaatliche Grenzen hinweg erfassen zu können. Er unterscheidet sich von Begriffen wie Globalisierung und Internationalisierung. Während Globalisierung sich mit den Auswirkungen weltumspannender Prozesse befasst, richten Untersuchungen aus einem transnationalen Zugang heraus ihren Blick auf konkrete Beziehungen von Personen, Communities oder Organisationen, die über mehrere Nationalstaaten miteinander verflochten sind, sich aber nicht global konstituieren müssen. Hierbei geht es darum, physische, mentale und symbolische Bewegungen in ihrer Bedeutung aus Akteur*innensicht zu explorieren. Die Perspektive von Internationalisierung bezieht sich auf zwischenstaatliche Beziehungen und länderübergreifende Dialoge und Vergleiche (Toukan, Gaztambide-Fernández, Anwaruddin, 2017, 2). Transnationale Ansätze fragen hingegen danach, wann Akteur*innen nationale Bezüge selbst relevant machen (oder Bezüge als national suggeriert bekommen), national deuten und wann und wie diese Bezüge überschritten werden (Bender et al., 2013, 11). Bereits hier deutet sich an, was für einen transnationalen Blick konstitutiv ist: Er stellt die Bedeutung von Nationalstaaten nicht infrage, sondern setzt den Nationalstaat als potenziell relevante Einheit voraus. Denn noch immer greifen Nationalstaaten „tief in die Lebensverhältnisse von Menschen ein" (Buschmann, Graßhoff, Schweppe, 2016, 133) – denken wir an den Zugang zum Bildungssystem, Arbeitsmarkt, an Einreisebestimmungen und die damit einhergehenden Ein- und Ausschlussmechanismen.

In ihren Anfängen befassten sich transnational ausgerichtete Studien mit den Lebenswelten von Menschen mit Migrationserfahrung. Sie untersuchten Pendelmigration, mobile Bildungskarrieren und damit einhergehende Konsequenzen für Identifikationen, Ressourcenausstattung und Netzwerke der betreffenden Akteur*innen. Wegweisende Werke gingen vor allem von der sozial- und kulturwissenschaftlichen Migrationsforschung in den USA aus (z. B. Glick Schiller, Basch, Blanc-Szanton, 1992). Die Autor*innen erweiterten mit ihren Untersuchungen die bis dahin gängige Vorstellung von Migration als einem durch Push- und Pull-Faktoren angestoßenen unidirektionalen Wanderungsprozess von einem Land in ein anderes. Sie zeigen auf, wie Migrant*innen über Ländergrenzen hinweg multiple Verbindungen zwischen mehreren Orten herstellen, kommunizieren, ökonomisch aktiv sind und transnationale Familiennetzwerke gestalten (,ways of being') und wie sie transnationale Orientierungen und Zugehörigkeitsvorstellungen entwickeln (,ways of belonging') (Levitt, Glick Schiller, 2004). In der Sozialen Arbeit gilt Midgley (2001) als einer der Pionier*innen, die Transnationalität und Soziale Arbeit in einen Zusammenhang setzten (siehe auch Furman, Negi, Salvador, 2010, 3). In den vergangenen Jahren hielt die transnationale Forschungsperspektive auch Einzug in die sozialwissenschaftlichen und sozialpädagogischen Debatten in Deutschland (z. B. Homfeldt, Schröer, Schweppe, 2008; Mau, 2007). Ehemals nationalstaatlich konnotierte Konzepte wurden im Zuge der neuen Erkenntnisse geöffnet: Pries (2010, 59) erweiterte die Typologie der Migrationsformen „Emigration/Immigration", „Rückkehr-Migration" sowie „Diaspora-Migration" um den Typus der „Transmigration". Mit der Bezeichnung Inkorporation benennt er die simultane Einbindung von Transmigrant*innen in die Herkunfts- wie Ankunftsgesellschaften und an dritte Orte. Dabei unterscheidet er zwischen einem engen und einem weiten Verständnis von Transnationalismus. In einem weiten Begriffsverständnis umfasst Transnationalismus „Zugehörigkeitsgefühle, [...] Kommunikationsverflechtungen, Arbeitszusammenhänge und die alltägliche Lebenspraxis sowie die hierauf bezogenen gesellschaftlichen Ordnungen und Regulierungen, die die Grenzen von Nationalstaaten überschreiten" (Pries, 2002, 264). In einem engen Sinne sind damit „nur sehr dauerhafte, massive und strukturierte bzw. institutionalisierte Beziehungen [...], die pluri-lokal über nationalgesellschaftliche Grenzen hinweg existieren" (ebd.), gemeint. Konzepte wie jene der „transnationalen sozialen Räume" (Faist, 1997) oder „transnationalen sozialen Felder" (Levitt, Glick Schiller, 2004) verweisen auf das Entstehen erweiterter Zugänge, um grenzüberschreitende Phänomene zu greifen. Die veränderten Begrifflichkeiten markieren den zentralen Belang einer transnationalen Perspektive, auf die Problematik eines „methodologischen Nationalismus" aufmerksam zu machen (Wimmer, Glick Schiller, 2002). Hiermit ist eine unhinterfragte Gleichsetzung von Gesellschaft mit Nationalgesellschaft, von Kultur mit Nationalkultur und von Handlungsraum mit einem nationalstaatlichen Handlungsraum gemeint. Eine transnationale Perspektive will eine solche Naturalisierung von Kategorien wie ‚Nation', ‚Kultur' oder ‚Raum' durchbrechen und stellt dem eine dynamische Blickrichtung aus Sicht der betreffenden Akteur*innen entgegen. In den vergangenen Jahren hat sich die Diskussion um Transnationalität aus ihrem Ursprungskontext – der Migrationsforschung – gelöst. Transnationale Prozesse tangieren nicht nur geflüchtete und migrierte Menschen, sondern schlagen sich strukturell in den Lebenswelten vieler Menschen nieder. Beispiele hierfür reichen von transnational organisierten Flashmobs und Protesten bis hin zu jungen Menschen in intensivpädagogischen Auslandsprojekten, im internationalen Volunteering oder Schüler*innenaustausch, die hierdurch transnationale Zukunftsperspektiven entfalten – etwa den Wunsch, Ausbildung und Beruf in mehreren Ländern zu verwirklichen und biografisch bedeutsame Kontakte nach Deutschland und in andere Länder aufrechtzuerhalten (z. B. Witte, 2009). Gleichweg werden Lebenswelten vor Ort durch Migrationsprozesse und eine Pluralisierung von Lebenswelten immer vielfältiger, dies betrifft auch jene Menschen, welche keine nationalstaatlichen Grenzen überschreiten.

3.5.1.2 Lebensbewältigung und Transnationalität

Mit Einnahme einer transnationalen Perspektive geht einher, die Ressourcen und Fähigkeiten von Akteur*innen, sich in transnationalen Räumen zu bewegen, wahrzunehmen und anzuerkennen. Gleichsam gilt es, ihre Wünsche und Ziele aus einer agency-Perspektive zu reflektieren: Transnationale Lebenswelten können einerseits Handlungsfähigkeiten erweitern. Sie können aber auch belasten und die Handlungsfähigkeit einschränken (Bender et al., 2015, 13) – womit wir am Punkt der Zusammenführung von Lebensbewältigung und Transnationalität angelangt sind. Lebensbewältigungsansatz wie transnationale Perspektive rücken die Handlungsfähigkeit von Menschen in ihr Zentrum, wenngleich mit differenter Akzentuierung. Im Lebensbewältigungsansatz steht das subjektive Streben nach Handlungsfähigkeit in kritischen Lebenskonstellationen im Fokus. Der Ansatz der Lebensbewältigung versteht sich als sozialpädagogische Reaktion auf den freigesetzten Menschen in einer anomischen Gesellschaft. Handlungsfähigkeit erscheint angesichts des Verlusts von Rückhalt in der Risikogesellschaft als gefährdetes Unterfangen. Ausgangspunkt der transnational studies war es, eine defizitäre Betrachtungsweise von Migrationsphänomenen zu durchbrechen und Ressourcen sowie Spielräume von Transmigrant*innen zur Gestaltung transnationaler Lebenswelten explizit herauszustellen[35].

Das Lebensbewältigungskonzept zielt als „Theorie-Praxis-Modell" (Böhnisch, 2016, 11) in dreierlei Richtung: erstens schlüsselt es Erleben und Bewältigungshandeln von Menschen in kritischen Lebenskonstellationen auf, zweitens reflektiert es die sozial-gesellschaftliche Einbettung dieses Handelns, und drittens hat es zum Ziel, hieraus Handlungsanforderungen für die Soziale Arbeit abzuleiten. Durch die Verzahnung der Akteur*innenperspektive mit gesellschaftlichen Bedingungen kommt das sozialpädagogische Bewältigungskonzept notwendigerweise in Kontakt mit transnational aufgespannten Lebenswelten. Böhnisch fasst die gesellschaftliche Dimension des Ansatzes mit dem Begriff der Lebenslage. Vor dem Hintergrund des digitalen Kapitalismus versteht er Prozesse der Lebensbewältigung als entgrenzt, der ‚gesellschaftspolitische Ort der Lebensbewältigung' müsse neu erschlossen werden (auch Lenz, Schefold, Schröer, 2004, 12). Während Böhnisch eine sozialstrukturelle Differenzierung von Bewältigungskonstellationen bereits für die Lebensphasen des Kindes-, Jugend- und Erwachsenenalters sowie Alters explizit hat, steht eine sozialräumliche

---

35 Gegenwärtig immer stärker zu Tage tretende Grenzziehungs- und Abschottungsprozesse vieler Nationalstaaten und eine versuchte Eindämmung transnationaler Bewegungen von Menschen, die als Geflüchtete und Migrant*innen kategorisiert sind, fordern Pionier*innen der transnational studies zu einer selbstkritischen Reflexion transnationaler Konzepte und Theoriebildung auf. So hält etwa Glick Schiller (2018) fest, die transnational studies müssten eine *verhinderte* Mobilität und eine *verhinderte* transnationale Lebensgestaltung stärker als bisher in den Blick nehmen.

Systematisierung des Lebensbewältigungsansatzes hinsichtlich der Konstellationen von Bewältigungslagen und von Bewältigungshandeln in transnationalen Räumen noch aus. Die These dieses Kapitels ist, dass eine Systematisierung der sozialräumlichen Ausrichtung des Lebensbewältigungsansatzes in lokalen, regionalen, nationalstaatlichen und transnationalen Räumen neben der zeitlichen Systematisierung von biografischem Werden und Sein einen fruchtbaren Beitrag zu einer transnationalen Öffnung des Ansatzes leisten kann. Eine entsprechende Öffnung deutet Böhnisch (1999) bereits selbst an, indem er einen „sozialräumlichen Zugang" (ebd., 287) zu den Lebenswelten von Adressat*innen Sozialer Arbeit fordert. Soziale Arbeit habe nach den „sozialräumlich-biografischen Kompetenzen des Sich-Zurechtfindens, Rückhalt-Suchens" (ebd., 288) und nach dem sozialintegrativen Handeln von Akteur*innen zu fragen. Durch die biografisch-sozialräumliche Orientierung zeigt sich das Lebensbewältigungskonzept in seiner ganzen Offenheit, es ist per se kein national begrenztes Konzept (auch Huber, 2017, 133). In Bezug auf die Lebenslage von Migrant*innen stellt Böhnisch (2016) fest, dass diese zwischen „der Kultur ihrer Herkunftsgesellschaft" und „der Aufnahmegesellschaft" (ebd., 183) oszillieren. Schauen wir uns die biografisch-sozialräumlichen Orientierungen von Transmigrant*innen an, rücken nun eben jene transnationalen sozialen Räume zwischen Herkunfts- und Ankunftsgesellschaft und weiteren Kontexten in den Blick. Studien zu transnationalen Lebenswelten zeigen auf, wie irreguläre Arbeitsmigrant*innen in Deutschland die Trennung von ihren Familien im Herkunftsland genauso bewältigen müssen wie prekäre Arbeitsbedingungen in Deutschland (z. B. Hollstein, 2017). Bewältigungsanforderungen können sich auch durch die Verweigerung von Zugehörigkeit ‚hier' und ‚da' herauskristallisieren oder durch einen fehlenden Zugang zu sozialen Diensten für geflüchtete Menschen, die mehrere Nationalstaaten auf dem Weg zu ihrem Zielland durchqueren, aber aufgrund fehlender Staatsangehörigkeit zu diesen Ländern von der Inanspruchnahme sozialstaatlicher Unterstützung ausgeschlossen sind und länderübergreifend informelle Unterstützungsnetzwerke auf der Flucht aufbauen. Die biografisch-sozialräumlichen Orientierungen der Akteur*innen konstituieren transnationale Räume und verflechten multiple Orte miteinander; räumliche Einheiten wie der Nationalstaat oder Lokalitäten verschwinden also nicht einfach, sondern werden von den Akteur*innen über Ländergrenzen hinweg verbunden (Reutlinger, 2011, 43). Doch nicht nur die spezifischen Bewältigungsanforderungen, auch Strategien der Lebensbewältigung spannen sich in transnationalen Räumen auf: Die Hausarbeiterin in Hongkong, welche von ihrem Kind auf den Philippinen getrennt ist, kann durch regelmäßige Anrufe oder das ritualisierte ‚Geschichten vorlesen' vor der Computerkamera transnationale Formen von Mutterschaft erproben und im virtuellen Raum (zumindest partiell) familiale Praxen aufrechthalten. Für geflüchtete Jugendliche in Wohngruppen kann das Kochen von Speisen aus dem Herkunftsland symbolische Verbindungen ‚nach Hause' stiften und Zugehörigkeit über Ländergrenzen hinweg aufrechterhalten. Und für rassistisch diskriminierte Frauen aus unterschiedlichen Ländern kann der Austausch in der Schicksalsgemeinschaft eines Online-Blogs Unterstützung geben und zur Initiierung gleichzeitiger Proteste an verschiedenen Standorten der Welt führen. Transnationale Lebensbewältigung meint damit zweierlei: einerseits umfasst der Begriff die Konfrontation von Menschen mit Bewältigungsanforderungen in transnationalen sozialen Räumen; andererseits ist hiermit das Streben nach Handlungsfähigkeit in transnationalen sozialen Räumen mit dem Ziel gemeint, Selbstwert, soziale Einbindung, Zugehörigkeit und Orientierung sowie Anerkennung und Normalisierung herzustellen (auch Huber, 2013, 56). Aus einer transnationalen Bewältigungsperspektive lassen sich so (mindestens) vier Fragen formulieren:

1. Welche Bewältigungsanforderungen, aber auch Möglichkeiten zur Steigerung von Handlungsfähigkeit kristallisieren sich in transnationalen sozialen Räumen heraus und welche Bedeutung haben diese für Selbstwert, Anerkennung und Selbstwirksamkeit von Akteur*innen? (psychodynamische Dimension von Lebensbewältigung, Böhnisch, 2016, 11)
2. Welche Ressourcen können Akteur*innen zur Bewältigung von Lebensanforderungen in lokalen, regionalen, nationalstaatlichen und/oder transnationalen Räumen erschließen? Wo bleiben Ressourcen verschlossen? (sozialdynamische, interaktive Dimension von Lebensbewältigung, ebd., 12)
3. Welche sozialstrukturellen und sozialpolitischen Bedingungen eröffnen und/oder verschließen Handlungsfähigkeit in transnationalen sozialen Räumen? (gesellschaftliche Dimension von Lebensbewältigung, ebd.)
4. Wie kann Soziale Arbeit die Akteur*innen in ihrem Bewältigungshandeln in transnationalen sozialen Räumen unterstützen? (Handlungsaufforderung von Lebensbewältigung, ebd.)

Während das sozialpädagogische Konzept der Lebensbewältigung Fragen nach sozialpädagogischer Unterstützung zur Lebensbewältigung aufwirft, ist eine transnationale Perspektive nicht per se sozialpädagogisch rückgebunden. Eine notwendige Rückbindung ergibt sich aber dann, wenn transnationale Lebenswelten „nicht anerkannt werden, nicht in Formen sozialer Sicherung eingebettet sind, sie nicht offen gelebt werden dürfen oder diskriminiert werden" (Schröer, Schweppe, 2018, 1701).

3.5.1.3 Perspektiven einer bewältigungsorientierten, transnational ausgerichteten Praxis Sozialer Arbeit

Eine bewältigungsorientierte, transnational ausgerichtete Soziale Arbeit agiert im Spannungsfeld sozialstaatlicher Einbettung und transnationaler Öffnung. Für die Soziale Arbeit gilt es, transnationale Lebenswelten nicht als Spezifikum, sondern als Lebenswirklichkeit vieler Menschen zu erachten. Bedeutsam ist in diesem Verständnis ein kritisch-reflexiver Umgang mit den eigenen Normalitätsvorstellungen – zum Beispiel damit, welche Vorstellung wir von familialen Netzwerken haben, von Bildungsverläufen oder Orten der Unterstützung. Sind wir von transnationalen Handlungsräumen irritiert, lässt sich diese Irritation als Potenzial zur Erschließung vielfältiger Arbeitsformen mit Adressat*innen Sozialer Arbeit begreifen. Hierbei sind stets die transnationalen Ressourcen und Netzwerke der Akteur*innen wahrzunehmen und hinsichtlich ihrer Unterstützungspotenziale und -bedarfe zu explorieren: Ein aus Brasilien nach Deutschland migrierter Jugendlicher, der sich ein Smartphone wünscht, um in sozialen Netzwerken aktiv zu sein, erscheint aus einer solchen Perspektive nicht als „Teenager mit überzogenen Konsumvorstellungen" (Duscha, Witte, 2013, 12), sondern als Netzwerker im transnationalen Raum, „dem es gelingt, familiale und freundschaftliche Kontakte über tausende Kilometer zu erhalten" (ebd.). Mit solch transnationalen Handlungsräumen gehen nicht selten Mehrfachzugehörigkeiten und Loyalitäten zu mehreren Orten und Kontexten einher (Schirilla, 2018). Diese anzuerkennen überwindet eine dichotome Integrationslogik, welche eine ‚Entweder-Oder-Zugehörigkeit' aus einer verengten nationalstaatlichen Perspektive einfordert. Stattdessen eröffnen sich Möglichkeit und Notwendigkeit, multiple Verortungen als Ressource und Ausdruck von Lebensbewältigung sichtbar zu machen. Im praktischen Handeln greift eine so verstandene Soziale Arbeit Potenziale (wie z. B. Sprachkompetenzen), aber auch Belastungen in transnationalen sozialen Räumen auf: Mit (jungen) Menschen, deren Handlungsräume sich durch Migrationserfahrungen der eigenen Familie, durch internationalen Austausch oder medial transportierte Imaginationen über andere Länder von einem nationalstaatlichen Orientierungsrahmen lösen, gilt es – zum Beispiel in der Beratung – multiple, auch grenzüberschreitende Möglichkeiten des weiteren (Lebens- und Bildungs-)Weges auszuloten. Genauso aufzugreifen sind Belastungen, etwa, wenn junge Geflüchtete in Sorge um Familienangehörige und Freund*innen sind, die nicht mit fliehen konnten oder während der Flucht von ihnen getrennt wurden. Psychosoziale Unterstützung in der Bewältigung dieser Situation kann hier ebenso erforderlich sein wie eine Expansion des professionellen Handlungsraums, zum Beispiel eine Zusammenarbeit mit internationalen Suchdiensten. Von Relevanz ist ein Aufbau grenzüberschreitender Hilfenetzwerke immer dann, wenn Unterstützung und Bewältigungsanforderungen in den Lebenswelten von Menschen an mehr als einem Ort stattfinden. Sozialarbeiter*innen können fragen, wo und wie sich die Lebenswelt der Akteur*innen aufspannt, wo persönliche Ressourcen lokalisiert sind, wo Unterstützung zur Lebensbewältigung benötigt wird und wer eine solche Unterstützung leisten könnte (Duscha, Witte, 2013, 13). Dieser Blick ermöglicht Sozialer Arbeit eine transnationale Ausdehnung ihres Denk- und Handlungsraums. Als zukunftsweisende Aufgabe verbindet sich hiermit eine gesetzliche Öffnung hin zu transnationalen Unterstützungsformen, welche bisher vor allem innerhalb eines nationalstaatlichen Containers erbracht werden. Der Nationalstaat als Rahmen, innerhalb dessen soziale Dienstleistungen ermöglicht, aber auch vorenthalten werden, erscheint immer noch als machtvoller Garant von Hilfe (Schwarzer, 2016). Kriterium ist mitunter der Aufenthaltsstatus von Menschen, welcher über Zugang oder Nicht-Zugang zu sozialer Hilfe wacht. Diese Prozesse des Ein- und Ausschlusses zu reflektieren und zugunsten einer Unterstützung zur transnationalen Lebensbewältigung und Gestaltung transnationaler Sozialräume zu öffnen, stellt eine wichtige Schaltstelle transnationaler, bewältigungsorientierter Sozialer Arbeit dar. Hiermit ist die wegweisende Aufgabe verbunden, soziale Sicherung (auch) jenseits ihrer nationalstaatlichen Organisiertheit neu zu denken (Raithelhuber, Sharma, Schröer, 2018) und transnational zu entwickeln.

3.5.2 Inklusion als Analyseperspektive in der Fluchtmigrationsforschung

Deutschland hat sich durch die Ratifizierung der UN-Behindertenrechtskonvention (UN-BRK) gesetzlich zur Gestaltung einer inklusiven Gesellschaft verpflichtet. Artikel 1 formuliert als Zweck des Übereinkommens, „den vollen und gleichberechtigten Genuss aller Menschenrechte und Grundfreiheiten durch alle Menschen mit Behinderungen zu fördern, zu schützen und zu gewährleisten und die Achtung der ihnen innewohnenden Würde zu fördern". Inklusion ist Menschenrecht. Damit Menschen mit Behinderung gleichberechtigt an gesellschaftlichen Bereichen wie Bildung, Arbeit, Politik, Freizeit teilhaben, sind inklusive Gesellschaftsstrukturen zu schaffen. Diskussionen um Inklusion finden besonders intensiv in der Sonder- und Schulpädagogik statt. Die UN-BRK fordert ein inklusives Bildungswesen und den Abbau von Sonderbeschulung. Eine inklusive Schule ist in Deutschland jedoch praktisch noch nicht erreicht und weiterhin anzustrebendes Ziel. Der Ausschuss für die Rechte von Menschen mit Behinderungen kritisiert in der Staatenprüfung Deutschlands im Frühjahr 2015, „dass der Großteil der Schülerinnen und Schüler mit Behinderungen in dem Bildungssystem des Vertragsstaats segregierte Förderschulen besucht" (CRPD, 2015, 8). Auch in anderen Bereichen gesellschaftlichen Lebens wie Wohnen oder politische Partizipation ist Inklusion bisher nur unzureichend umgesetzt. Mehrfach taucht in dem Dokument die Forderung auf, Formen intersektionaler Diskriminierung zu erfassen und Inklusion als „umfassendes querschnittsbezogenes Recht zu entwickeln" (ebd., 3). Der Ausschuss kritisiert explizit die Lage von Kindern mit Behinderung und Fluchterfahrung; sie seien systematisch benachteiligt und bisher nicht im Blick politischer Bemühungen. Für sie und für erwachsene Geflüchtete mit Behinderung sei der Zugang zu Gesundheit erschwert. Der Ausschuss empfiehlt Deutschland unter anderem, „Pläne für die Zugänglichkeit von Gesundheitsdiensten, einschließlich Diensten für Flüchtlinge, zu erarbeiten und umzusetzen" (ebd., 9). Die Bemerkungen des Ausschusses verdeutlichen die Notwendigkeit eines breiten Inklusionsverständnisses, welches sich nicht auf einzelne Heterogenitätsdimensionen verengt. Die Deutsche Gesellschaft für Erziehungswissenschaft (DGfE) veröffentlichte im Januar 2017 eine Stellungnahme, um die erziehungswissenschaftliche Aufgabe rund um das Thema Inklusion zu diskutieren. Sie spricht sich für eine Erforschung und Bearbeitung von „Benachteiligungspraktiken oder Behinderungsdynamiken" (DGfE, 2017, 7) aus einer mehrdimensionalen Perspektive aus. Inklusion solle als Thema nicht an „wenige teildisziplinäre Diskursstränge innerhalb der Erziehungswissenschaft ‚delegiert' [...], sondern als Reflexionsfolie aller erziehungswissenschaftlich relevanten Fragestellungen und Zusammenhänge – im Sinne einer Querschnittsaufgabe – aufgegriffen werden" (ebd., 6). Auch im 15. Kinder- und Jugendbericht wird Inklusion als generelle Herausforderung für ein inklusives Alltagsleben herausgestellt (BMFSFJ, 2017, 45). Inklusion strebt in diesem breiten Sinne eine (Neu-)Ausrichtung des Sozial- und Bildungswesens und von Gesellschaft an. Vielfaltsdimensionen wie Alter, physische Fähigkeiten, Geschlecht oder Nationalität dürfen nicht zu Ausgrenzung und Verwehrung gesellschaftlicher Teilhabe führen und müssen in ihrem Zusammenspiel reflektiert werden (z. B. Budde, Hummrich, 2015).

In diesem Kapitel[36] wird argumentiert, dass ein Inklusionsbegriff mit einer breiten Heterogenitätsorientierung ein sensibilisierendes Konzept zur Untersuchung von Teilhabeprozessen junger Geflüchteter sein kann. Zunächst wird die aktuelle Verschiebung von Integrationsperspektiven zu Inklusionsperspektiven in der Migrations- und Fluchtforschung dargestellt. Dann wird das Anliegen des menschenrechtlichen Verständnisses von Inklusion in einen Analyserahmen für die Fluchtforschung übersetzt. Anhand eines Forschungsprojekts verdeutlicht das Kapitel die Perspektive junger Geflüchteter in Deutschland auf ihre Schul- und Bildungssituation. Zentrales Ergebnis ist, dass die Beschulung der Logik von Integration, nicht von Inklusion folgt. Die Ergebnisse knüpfen an Erkenntnisse zur Beschulung der Kinder von Migrant*innen in der Vergangenheit an und rekonstruieren Formen der Separierung als pfadabhängige Umgangsweise mit Migration in Deutschland. Auf Basis dieser Ergebnisse wird für eine Zusammenführung der Diskussionen zu Inklusion in den pädagogischen Teildisziplinen und eine Inklusionspädagogik plädiert, welche Teilhabeprozesse aus Akteur*innensicht beforscht und Räume der Teilhabe gestaltet.

---

36 Dieses Unterkapitel wurde erstveröffentlicht als: Schmitt, C. (2018). Inklusion als Analyseperspektive in der Fluchtforschung. Zeitschrift für Sozialpädagogik, 16(2), 118–137. Es stellt eine leicht modifizierte Form der Erstveröffentlichung dar.

3.5.2.1 „Integration" und „Inklusion" in der Migrations- und Fluchtforschung

Inklusion hält als Perspektive zunehmend Eingang in die Migrations- und Fluchtforschung. Migrations- und Fluchtforschung haben sich in der Vergangenheit genauso wie die Sonderpädagogik mit Theorien der Integration befasst. Sie unterscheiden – grob gesprochen – zwischen Migrant*innen und Nicht-Migrant*innen und untersuchen Prozesse der Eingliederung erstgenannter in die (zumeist nationalstaatlich verstandenen) Lebenswelten letztgenannter. Integration meint dabei ein kontrovers diskutiertes „wissenschaftlich-analytisches und normativ-politisches Konzept" (Geißler, 2004, 287).

Die Anfänge dieser Perspektive gehen auf Arbeiten der Chicagoer School in der ersten Hälfte des 20. Jahrhunderts in den USA zurück. Sie prägte ein Assimilationsverständnis, das von der Entwicklungsabfolge Kontakt, Konkurrenz, Konflikt, Akkommodation bis hin zu Assimilation und Auflösung von Differenz ausgeht (ausführlich Nieswand, 2015). In Deutschland griff Esser (2001) das US-amerikanische Assimilationsmodell auf und erweiterte es. Unter Bezugnahme auf Lockwood (1964) differenziert er zwischen System- und Sozialintegration. Systemintegration beziehe sich auf die Ganzheit von Gesellschaft und ihre Institutionen, Sozialintegration auf die „Integration der *Akteure* [...] ‚in' das System hinein" (ebd., 66; Hervorhebung i. O.). Sozialintegration könne in der Aufnahmegesellschaft, Herkunftsgesellschaft oder in „ethnischen Gemeinden" im Aufnahmeland erfolgen und führe zu Segmentation, Marginalität, Assimilation oder Mehrfachintegration, wobei Mehrfachintegration „ein logisch zwar möglicher, faktisch jedoch kaum wahrscheinlicher Fall [sei]" (ebd., 70). Sozialintegration in der Aufnahmegesellschaft sei „eigentlich *nur* in der Form der *Assimilation* möglich" (ebd.; Hervorhebungen i. O.). Assimilation bezeichne

> „die (Ak-)Kulturation in die *Aufnahme*gesellschaft in Hinsicht auf Wissen und Kompetenzen, die Platzierung und Inklusion in die funktionalen Sphären der *Aufnahme*gesellschaft, die Aufnahme von *inter*ethnischen Kontakten, sozialen Beziehungen und Tauschakten mit den Einheimischen und die emotionale Unterstützung nicht der Herkunfts-, sondern der *Aufnahme*gesellschaft" (ebd., 70; Hervorhebungen i. O.).

In dieser Schilderung manifestiert sich ein binäres Denken: entweder seien Migrant*innen an Aufnahme- *oder* Herkunftsgesellschaft angepasst. Ähnlich wie Esser geht Heckmanns Integrationstheorie (1997) vom „Grundmodell einer nationalstaatlichen Integration" (ebd., 82) aus. Heckmann versteht Integration als Prozess, „durch den eine Migrationsbevölkerung einen Mitgliederstatus in der Gesellschaft [...] erwirbt" (ebd., 1). Zwar hebt er „eine Offenheit der Aufnahmegesellschaft" (Heckmann, 2015, 73) als Bedingung von Integration hervor, die Dichotomie von Herkunfts- und Ankunftsgesellschaft wird jedoch auch von ihm (re-)produziert. Die Transnational Studies beanstanden ein nationalstaatliches Verständnis von Integration, suggeriert es doch einen unidirektionalen Prozess der Einpassung von Migrant*innen in die Strukturen des Ziellandes, ohne empirisch offen mögliche Prozesse der Mehrfacheinbindung zu berücksichtigen. Stattdessen haben sie das Potenzial, einen „methodologischen Nationalismus" (Wimmer, Glick Schiller, 2002) zu überwinden und Lebenswelten von Transmigrant*innen zwischen mehreren Orten über Ländergrenzen hinweg zu erfassen (siehe u. a. Pries, 2010; Homfeldt, Schröer, Schweppe, 2008; Faist, Fauser, Reisenauer, 2014). Amelina (2010) und Nieswand (2008) sprechen im Fall der Teilhabe von Migrant*innen an unterschiedlichen nationalstaatlichen Standorten von transnationaler und multipler Inklusion. Entgegen der Behauptung, Mehrfachverortungen seien „empirisch [...] außerordentlich selten" (Esser, 2001, 70) und kämen „allenfalls für Diplomatenkinder oder Akademiker in Frage" (ebd.), weisen empirische Studien auf transnationale Verortungen und Beziehungen in vielfältigen alltagsweltlichen Bezügen hin (u. a. Mau, 2007; Bender et al., 2015). Auch diversitätstheoretische Perspektiven üben Kritik an Integrationstheorien. Sie heben die soziale Konstruiertheit der Grenzziehungen Migrant*in/Nicht-Migrant*in sowie fremd/einheimisch hervor (z. B. Nail, 2016; Schweppe, Sharma, 2015; Plößer, 2010) und dekonstruieren, was in traditionellen Integrationsansätzen als essentialistischer Fixpunkt erscheint. Die problematische Grundannahme ist, dass als Migrant*innen bezeichnete Akteur*innen „in einem anderen Land als Deutschland und einer anderen Kultur als der ‚deutschen' verortet seien und sich deshalb von ‚den Deutschen' unterscheiden würden. Ihnen wird unterstellt, Defizite an ‚deutschem Wissen' und ‚deutschen Werten' auf[zu]weisen, was ihre ‚Integration' in die ‚deutsche Gesellschaft' [...] behindern würde" (Böcker, Goel, Heft, 2010, 305)[37]. Strukturelle Barrieren und Diskriminierung (z. B. im Bildungsbereich und auf dem Arbeitsmarkt) werden durch eine solche Sichtweise ausgeblendet und „bestehende Verhältnisse gesellschaftlicher Ungleichheiten" (Castro Varela, Mecheril, 2010, 48) verfestigt.

Aufgrund der kritischen Einwände haben sich in Migrations- und Fluchtforschung alternative Termini und Blickrichtungen etabliert, wie etwa Inkorporation (z. B. Glick Schiller, Çağlar, Guldbrandsen, 2006; Martiniello, Rath, 2010; Carstensen-Egwuom, 2011) oder embeddedness (z. B. Kloosterman, 2010; Kloosterman, Rath, 2001). Stärker als der Integrationsbegriff heben sie die Wechselwirkung zwischen Gestaltungsspielräumen von Akteur*innen und restriktiven oder ermöglichenden Rahmenbedingungen hervor. Mit Ratifizierung der UN-BRK und der Diskussion zu Inklusion in der Sonderpädagogik nimmt die Migrations- und Fluchtforschung nun auch vermehrt Bezug auf ein menschenrechtliches Inklusionsverständnis (z. B. Diehm, 2011; Yıldız, 2015; Wansing

---

[37] Wenngleich Vertreter*innen von Integrationsansätzen nicht selten Kritik am klassischen Assimilationsparadigma üben, lassen sich beide Ansätze dann kaum mehr unterscheiden, wenn „Kulturdifferenz" als vermeintliche Ursache von Marginalisierung gedeutet wird (Nieswand, 2008, 37).

Westphal, 2014; Spatscheck, 2016). Gag und Voges (2014) sehen Inklusion als Ausgangspunkt für einen „Perspektivwechsel" (ebd., 11) in Theorie und Praxis: Inklusion stehe „für ein allumfassendes Verständnis von gleichberechtigter Einschließung aller Menschen" (ebd., 10) und müsse „die Entwicklung eines neuen politischen Leitbildes in der deutschen Flüchtlings- und Asylpolitik [anstoßen]" (ebd., 11). Im Gegensatz zu Gag und Voges spricht Schröer (2013) nicht von einem gänzlich neuen Paradigma, sondern einer strategischen Ablösung des negativ konnotierten Integrationsbegriffs. Ungeachtet der Frage, ob es sich bei Inklusion um eine Ablösung oder Weiterentwicklung integrationspädagogischer Diskurse handelt, liegt darin die Chance einer prinzipiellen Anerkennung von Zugehörigkeit aller Menschen zu Gesellschaft, einer Reflexion von Grenzziehungs- und Kategorisierungsprozessen und Gestaltung inklusiver Organisationsstrukturen. Wie Hinz (2012) aus dem Feld der Sonderpädagogik heraus formuliert, will Inklusion ein Zwei-Gruppen-Denken in „behindert/nicht-behindert" oder „Ausländer*in/Inländer*in" überwinden und Akteur*innen nicht verkürzt, sondern in ihren komplexen Lebenslagen wahrnehmen. Die Reproduktion eines „wir und die anderen" zeigt sich als Gefahr nicht nur in sonderpädagogischen Diskursen um Behinderung und Integration, sondern auch in integrationspädagogischen Theorien der Migrations- und Fluchtforschung.

3.5.2.2 Inklusion als Analyserahmen

Georgi (2015, 27) erachtet Inklusion sowohl als „Programmatik für die Etablierung inklusiver Strukturen" als auch als „Analyserahmen für Teilhabebarrieren". Diese mehrdimensionale Perspektive auf Inklusion wirft die Frage auf, wie das menschenrechtsorientierte Verständnis von Inklusion in einen Analyserahmen zur Erforschung von Inklusion übersetzt werden kann. Ein differenzierter Teilhabebegriff – so meine These – stellt hierfür das analytische Gerüst bereit und verfeinert die Definition von Inklusion. In der UN-BRK und wissenschaftlichen Literatur zu Inklusion taucht der Begriff der Teilhabe immer wieder auf. Teilhabe meint die Ermöglichung subjektiv angestrebter Lebensweisen (Kessl, 2013, 32) sowie den „Zustand" (ebd.) des Teilhabens an etwas Übergreifenden. Behrendt (2017, 54) begreift eine „positive Teilhabe am Sozialen" als „Schnittmenge aller Inklusionsauffassungen". Nach Behrendt muss ein differenzierter Inklusionsbegriff Aussagen zu vier Teilhabedimensionen umfassen:

1. Inklusionssubjekt: „Wer ist Träger bzw. das Subjekt sozialer Teilhabe?" (ebd., 55)
2. Inklusionsobjekt: „Was ist das Objekt bzw. der Gegenstand sozialer Teilhabe?" (ebd.)
3. Inklusionsinstanz: „Was ist die Instanz bzw. dasjenige, das soziale Teilhabe regelt?" (ebd.)

4. Inklusionsregeln: „Nach welchen Regeln oder Standards findet In- und Exklusion statt? (ebd., 56)

Auch Bartelheimer (2007) hat in Anlehnung an Sen ein mehrdimensionales Teilhabeverständnis entwickelt. Er betrachtet „materielle Ressourcen und Rechtsansprüche" als Voraussetzungen von Teilhabe, die grundlegende Handlungsmöglichkeiten für Menschen schaffen. Um diese Möglichkeiten zu realisieren, werden von Akteur*innen „individuelle Umwandlungsfaktoren" abverlangt – hiermit sind die individuellen Fähigkeiten gemeint. Zum anderen spielen „gesellschaftliche Umwandlungsfaktoren" wie (barrierefreie oder behindernde) Institutionen sowie Normen der Anerkennung eine Rolle. Sie ermöglichen oder verunmöglichen es Akteur*innen, die Teilhabemöglichkeit in konkrete „Verwirklichungschancen" zu übersetzen. Teilhabe heißt, bei der Verwirklichung dieser Chancen „Wahlmöglichkeiten und Handlungsspielräume" zu haben und sich gemäß eigener und gesellschaftlicher Ziele verwirklichen zu können („Teilhabeergebnis") (siehe Abbildung 1).

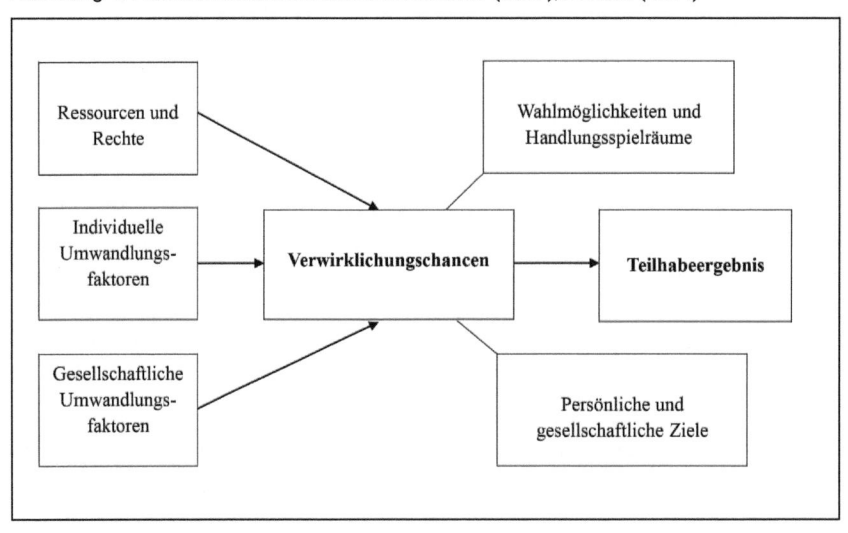

Abbildung 1: Teilhabeverständnis nach Bartelheimer (2007), Niediek (2014)

Bartelheimers Teilhabeverständnis wurde von Imke Niediek (2014) in die sonderpädagogische Debatte zu Inklusion hineingetragen. Es lässt sich differenziert mit Behrendts Überlegungen verbinden und hat das Potenzial, Inklusion als analytische Perspektive (auch) für die Migrations- und Fluchtforschung zu schärfen.

3.5.2.3 Methodisches Vorgehen

In dem Forschungsprojekt „Flucht und Inklusion – Historische und zeitgenössische Analysen zur Teilhabe von Geflüchteten" bearbeite ich ein Teilprojekt zur Teilhabe junger Geflüchteter, die aus ihren Herkunftsländern nach Deutschland fliehen mussten. Im Frühjahr 2016 habe ich zehn offene Leitfadeninterviews (Przyborski, Wohlrab-Sahr, 2010, 138–145) mit jungen Geflüchteten sowie dreizehn Expert*inneninterviews (Meuser, Nagel, 1997) mit pädagogischen Fachkräften in der Flüchtlingshilfe im Rhein Main-Gebiet geführt. Im Rahmen meines Projekts habe ich Möglichkeiten und Barrieren der Teilhabe in den Lebenswelten der jungen Menschen rekonstruiert. Die interviewten Geflüchteten waren zum Interviewzeitpunkt zwischen 17 und 31 Jahre alt und sind zwischen den Jahren 2010 und 2015 aus Syrien, Afghanistan und dem Irak nach Deutschland geflohen. Als Gatekeeper in das Feld fungierten pädagogische Fachkräfte sowie bürgerschaftlich engagierte Personen in der Fluchtarbeit. Die Gatekeeper traten im Vorfeld der Interviews mit den jungen Menschen in Kontakt, informierten sie über das Forschungsanliegen und fragten nach, ob ein Interesse zur Mitwirkung besteht. Die Fragebereiche umfassten folgende Themenblöcke: 1) Leben vor der Flucht; 2) Erfahrungen während der Flucht; 3) Lebenssituation in Deutschland (u. a. Schule, Bildung, Arbeit; Wohnen; Freizeit; Kontakte); 4) Wünsche und Perspektiven für die Zukunft. Bei den Interviews war ein sensibles Vorgehen bedeutsam, da die jungen Menschen bereits Erfahrungen mit Anhörungen durch das Bundesamt für Migration und Flüchtlinge (BAMF) oder Polizist*innen gemacht haben. Die erlebte Praxis der Anhörung spiegelt sich in den Interviews wider. Fluchtwege wurden in der Regel detailliert wiedergegeben[38]. Diese Form der Narration vermittelt den Druck, der auf den jungen Menschen lastet, möglichst eindeutige, plausible und keine widersprüchlichen Angaben zu Fluchtgründen und Fluchtverlauf zu machen, um das Asylverfahren nicht zu gefährden. Die Praxis des Befragens ist für die jungen Menschen unmittelbar verknüpft mit der für sie existenziellen Entscheidung über ihren Verbleib in Deutschland. Vor Beginn des Interviews war somit Anliegen, die Leitfadeninterviews ausführlich zu erörtern und zu verdeutlichen, dass es um das Einholen ihrer individuellen Geschichten und Einschätzungen geht, welche in anonymisierter Form wissenschaftlich aufgearbeitet werden.

---

38 Zu den üblichen Fragen im Rahmen der Anhörung vor einer der Außenstellen des BAMF gehören unter anderem: „Bitte schildern Sie mir, wie und wann Sie nach Deutschland gekommen sind. Geben Sie dabei an, wann und auf welche Weise Sie Ihr Herkunftsland verlassen haben, über welche anderen Länder Sie gereist sind und wie die Einreise nach Deutschland erfolgte!" sowie „Wann sind Sie in die Bundesrepublik Deutschland eingereist?". Die jungen Geflüchteten werden durch pädagogische Fachkräfte auf die Anhörung vorbereitet. Der Fragebogen wurde im Mai 2017 im Rahmen einer ethnografischen Erkundung zu Vorbereitungsgesprächen auf Anhörungen vor dem BAMF von einer Studierenden gesichtet.

Neun der Interviews wurden in der deutschen, eines in englischer Sprache geführt. Hierdurch ergibt sich eine Beschneidung des Feldes, da nur Personen interviewt werden konnten, welche einer der beiden Sprachen mächtig sind. Die deutschsprachigen Interviews müssen vor dem Hintergrund der gewählten Dominanzsprache „Deutsch" reflektiert werden: Die Interviewten verdeutlichen alle, wie bedeutsam der Erwerb der deutschen Sprache für sie ist, um an Gesellschaft teilzuhaben. In ihren Äußerungen wird ein Assimilationsdruck sichtbar. Die auf Deutsch geführten Interviews ordnen sich unwillentlich in die Logik eines assimilativen Integrationsvorgangs ein, da nur interviewt wird, wer Deutsch (oder Englisch) spricht. Gegenstand der vorliegenden Analyse sind drei deutschsprachige Interviews. Die Auswertung des Materials erfolgt nach dem kategorialen Vorgehen der Grounded Theory (Strauss, Corbin, 1996): „Bildungsaspiration" wurde als Kategorie aus den Interviews herausgearbeitet (offenes Kodieren), mithilfe des sensibilisierenden Analyserahmens zu Inklusion vertieft (axiales Kodieren) und zu der Schlüsselkategorie „Ringen um Teilhabe" verdichtet (selektives Kodieren).

3.5.2.4 Ergebnisse

Ein zentrales Ziel aller Interviewten ist der Zugang zu Bildung und die Bestreitung eines erfolgreichen Bildungsweges in Deutschland. Die Bildungssituation analysiere ich im Folgenden auf Basis von drei Interviews unter Hinzunahme von Inklusion als Analyserahmen, um neben dem individuellen Erleben der Befragten gesellschaftliche Rahmenbedingungen aufzufangen und zu reflektieren.

3.5.2.4.1 Bildungsaspiration unter restriktiven Bedingungen

P1 ist in Afghanistan aufgewachsen. In seinem zweiten Lebensjahr starben beide Elternteile bei einem Raketenangriff. Der Junge lebte fortan bei seiner Tante. Als ihn „islamische Kämpfer" (Z. 65) zum Soldaten ausbilden wollten, floh er im Alter von 16 Jahren allein aus Afghanistan nach Deutschland. Zum Interviewzeitpunkt lebt er seit fünf Jahren in Deutschland. Er wurde zunächst in einer Einrichtung des Jugendwohnens untergebracht, wo ihm eine Betreuerin zur Seite stand. Mittlerweile hat P1 eine eigene Wohnung bezogen. Im Interview berichtet er von seinen Schulerfahrungen und erzählt die Geschichte eines „Aufsteigers", der sich trotz schwieriger Bedingungen in Deutschland nach oben gekämpft hat:

> „die Schule (.) da wo ich besucht hab da warn auch Flüchtlinge [...] von Polen von (.) ähm Marokko von (.) Syrien, damals auch. War ne Klasse [...] die hams auch auf Niveau geguckt. Wer kommt s- weiter. So wie DSDS [...] wer weiter kommt. dann kommt weiter, wer bleibt der bleibt [...] (habs) mir Mühe gegeben [...] ich hab mir alles alles selbst verdient. (.) ich habs gelernt, bestanden und dann am Ende d- ein Jahr könnte ich net. Weil die Sprache ich habs kaum verstanden der einfachste Fach (.) war

s- Mathematik für mich. Chemie war auch einfach. (.) und ähm (.) Englisch wars auch einfach [...] außer Deutsch [...] deswegen ich habs erste Jahr nicht bestanden. zweites Jahr [...] ich hatte Sprachkurs besucht. Die Frau ((Name der Betreuerin im Jugendwohnen)) und ((Name einer Einrichtung)) hats ermöglicht gehabt und dann [...] hab ich das [...] gepackt" (Z. 355–375).

Die gesellschaftlichen Umwandlungsfaktoren, das heißt die Bedingungen, mit welchen P1 in Deutschland konfrontiert wird, ist die Beschulung in einer Klasse mit Migrant*innen und Geflüchteten. Es hat den Anschein, als handele es sich hierbei um eine sogenannte Flüchtlings- oder Vorbereitungsklasse, die der Aufnahme in den Regelunterricht in manchen Bundesländern vorgeschaltet ist. P1 soll die deutsche Sprache lernen und wird in Fächern wie Deutsch, Mathematik, Chemie und Englisch beschult. Die Zugehörigkeit zum regulären Unterricht muss durch eine Anpassung an das sprachliche Dominanzsystem in Deutschland – an die deutsche Sprache – erst erkämpft werden und verlangt individuelle Umwandlungsfaktoren von P1 ab. Somit folgen die möglichen Verwirklichungschancen der Logik von Integration, nicht von Inklusion. Aus rechtlicher Sicht ist P1 zum Zeitpunkt seiner Einreise noch nicht volljährig, für ihn gilt die Schulpflicht. Durch die Ratifizierung der UN-Kinderrechtskonvention (UN-KRK) und die Rücknahme der Vorbehaltserklärung im Jahr 2010 hat sich Deutschland verpflichtet, jedem Kind das Recht auf Bildung zu gewähren (Art. 28). Auch in Artikel 22 der Genfer Flüchtlingskonvention und in der EU-Aufnahmerichtlinie (2013/33) ist das Recht auf Bildung festgehalten (Klaus, Millies, 2017, 8–9). Für die Ausgestaltung des Rechts sind in Deutschland die Bundesländer mit ihren jeweiligen Rahmenlehrplänen und Schulregelungen zuständig.

Als Ressource, um in der Schule bestehen zu können, fungiert für P1 ein zusätzlicher Sprachkurs jenseits des Schulunterrichts, der von seiner Betreuerin im Haus des Jugendwohnens ermöglicht wird. Hierdurch wird die Teilhabemöglichkeit in der Schule potenziell erhöht – der Sprachkurs kann Gatekeeper zu mehr Teilhabe in der Schule sein. Handlungsspielräume und Wahlmöglichkeiten zu der erfahrenen Beschulung benennt P1 keine. Stattdessen gilt es, von den Lehrer*innen ausgewählt und als so leistungsstark erachtet zu werden, dass er die Klasse verlassen kann und weiterkommt. Ein zentrales Kriterium für ein Weiterkommen ist die deutsche Sprache. Er vergleicht die Situation mit der Castingshow „Deutschland sucht den Superstar" (DSDS), in der Sänger*innen immer wieder neue Gesangsanforderungen erhalten und eine Jury über ihr Vorankommen oder Ausscheiden aus der Sendung entscheidet. Der Vergleich spiegelt P1s Abhängigkeit von einer entscheidenden Instanz wider, die über den Zugang zu regulärer Bildung wacht. Gleichzeitig nehmen die individuellen Umwandlungsfaktoren eine zentrale Rolle ein: P1 gibt sich Mühe, lernt nach einem fehlgeschlagenen Versuch immer mehr und erreicht schließlich das angestrebte Qualifikationsniveau. Auch im weiteren Interviewverlauf präsentiert er eine aufsteigende Bildungskarriere: Die Art und Weise der Geschichtenversion repräsentiert den Erzählenden als Agenten, der selbst unter restriktiven Bedingungen seinen Weg geht. Die spezifische Präsentation seiner Geschichte vermag Teil des Bewältigungshandelns von P1 sein, der in prekären Lebenssituationen seine Handlungsfähigkeit und sein Selbstwirksamkeitserleben aufrechterhalten will. Er schafft die Schule, erreicht die Mittlere Reife und beginnt eine Ausbildung zum Krankenpfleger, die er zum Interviewzeitpunkt erfolgreich abgeschlossen hat. Im Frühjahr 2016 habe er „angefangen normal zu arbeiten" (Z. 336) – damit benennt er das Teilhabeergebnis (siehe Abbildung 2). Mit der Bestreitung des aufgezeigten Bildungsweges durch Schule, Ausbildung und Arbeitsstelle verbindet er, in Deutschland einen als „normal" gedeuteten Lebensweg zu gehen. Er führe jetzt ein Leben wie „ganz normales Mensch" (Z. 599):

> „ich kenn fast halb ((Name des Wohnorts)) (.) die Jugendliche. Wenn ich hier rausgehe dann (.) bis zu Hause, hallo hi wie geht's dir? (so bis dann) (.) ganz ((Name des Wohnorts)) ja. Nicht ganz aber so fast halb [...] oft Shisha rauchen gehen [...] ich nehm (mit) gern mit Leute teil und (.) unterhalt ich mich so gern mit Leute" (Z. 601–605).

Interessanterweise spricht P1 davon, „teil" zu haben. Die Teilhabe manifestiert sich in lokalen Zugehörigkeitsbekundungen durch gegenseitiges Grüßen auf der Straße und gemeinsame Aktivitäten mit Freund*innen, aber auch dadurch, dass P1 seine Fähigkeiten und Kompetenzen in Deutschland einbringen kann (Reziprozität): Er sammelt Kleiderspenden im Freundes- und Bekanntenkreis für neu ankommende Geflüchtete und kauft Bedarfsgüter von seinem Gehalt als Krankenpfleger ein. Mit seinem Auto fährt er die Kleidung zu der Erstaufnahmeeinrichtung, in welcher er einst selbst für kurze Zeit untergebracht war:

> „ich verdiene gut, und ich bin mit meiner Ausbildung fertig, ich hab nen Job. Ich kann manchmal dafür auch was bezahlen also, (.) ja und ich hab alles gesammelt und mit dem Auto (.) bin selbst nach ((Ort der Erstaufnahmeeinrichtung)) gefahrn" (Z. 215–218).

Angesprochen auf seine weiteren Ziele, führt P1 aus, sich „weiterbilden immer weiter" und den Beruf des Arztes anzustreben: „ich will auch irgendwann Medizin studieren" (Z. 490).

Abbildung 2: Teilhabemöglichkeiten und -barrieren von P1

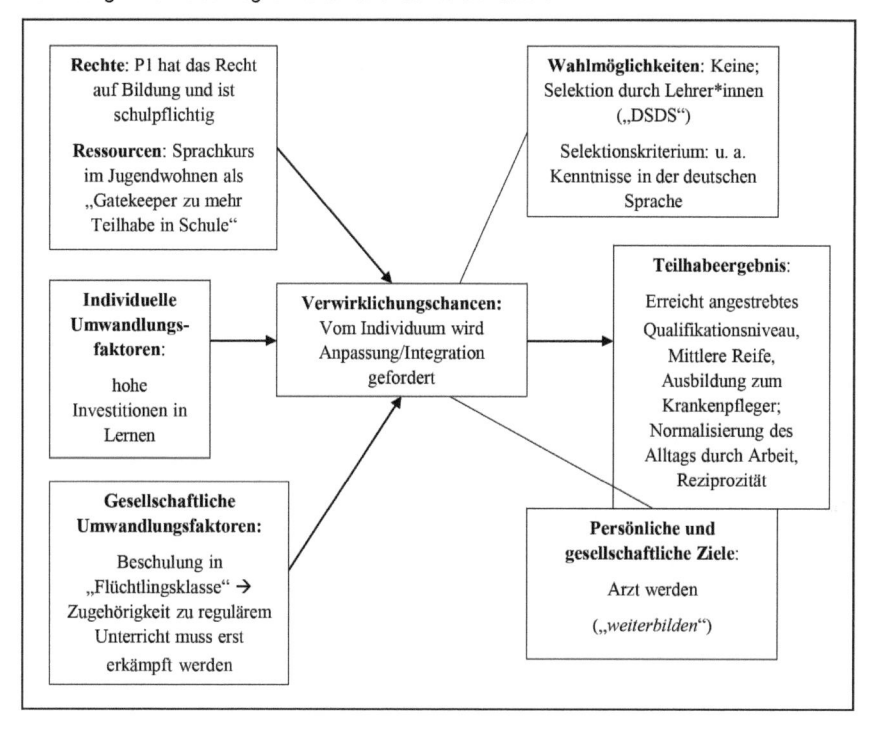

Rechte: P1 hat das Recht auf Bildung und ist schulpflichtig	**Wahlmöglichkeiten:** Keine; Selektion durch Lehrer*innen („DSDS")
Ressourcen: Sprachkurs im Jugendwohnen als „Gatekeeper zu mehr Teilhabe in Schule"	Selektionskriterium: u. a. Kenntnisse in der deutschen Sprache

Individuelle Umwandlungsfaktoren: hohe Investitionen in Lernen	**Verwirklichungschancen:** Vom Individuum wird Anpassung/Integration gefordert	**Teilhabeergebnis:** Erreicht angestrebtes Qualifikationsniveau, Mittlere Reife, Ausbildung zum Krankenpfleger; Normalisierung des Alltags durch Arbeit, Reziprozität
Gesellschaftliche Umwandlungsfaktoren: Beschulung in „Flüchtlingsklasse" → Zugehörigkeit zu regulärem Unterricht muss erst erkämpft werden		**Persönliche und gesellschaftliche Ziele:** Arzt werden („*weiterbilden*")

3.5.2.4.2 Separierung in „Flüchtlingsklassen" als Teilhabebarriere

Die enormen Investitionen in Bildung zeigen sich auch in anderen Fällen. So berichtet ein junger Geflüchteter davon, mit dem Fußballspielen wieder aufgehört zu haben, um mehr Zeit zum Lernen zu haben. Genauso wie P1 sucht er über individuelle Anstrengungen seine Ziele zu erreichen:

> „ich spielte in ein Verein (.) aber ja jetzt nicht mehr [...] isch musste auch lernen und isch hab keine Zeit gehabt" (Z. 417–419).

P2 ist zum Interviewzeitpunkt 17 Jahre alt und aus Afghanistan nach Deutschland geflohen. Vor seiner Flucht hat er keine Schulbildung genießen können („ich nie in die Schule war"; Z. 445), sondern arbeitete über längere Zeiträume irregulär im Nachbarland Iran auf einer Baustelle. Nachdem er von der iranischen Polizei festgenommen und wieder aus dem Gefängnis entlassen wurde, konnte er seine Familie nicht mehr finden und machte sich auf den Weg nach Deutschland. Auch P2 ist in Deutschland – wie ehemals P1 – in einer Einrichtung des Jugendwohnens untergebracht und besucht dort einen Sprachkurs. Er wurde zunächst in einer „Flüchtlingsklasse" an einer berufsbildenden Schule beschult, bevor er in eine Klasse seiner „Fachrichtung" wechselte:

„seitdem äh diese Woche Montag bin ich [...] bei meiner Fachrichtung ja. Und früher war ich beim Flüchtlingsklasse [...] Flüchtlingsklasse war (.) nicht so toll. Also (.) da waren keine Deutsche und (.) die sind alle Flüchtlinge und die sprechen ihre ihre Mut- Muttersprache (.) und versteht man nichts. [...] von ve- verschiedene Länder so hm (.) keine Ahnung Albanien und S-Syrien" (Z. 367–382).

P2 markiert in der Sequenz die Heterogenität der gesprochenen Muttersprachen in der „Flüchtlingsklasse". Hierdurch fehlt es ihm an Verständigungs- und Kontaktmöglichkeiten in einem übergreifenden, gemeinsamen Kommunikationsrahmen. Er bevorzugt eine gemeinsame Beschulung mit deutschsprachigen Mitschüler*innen, um auch mit nicht-geflüchteten Personen in Kontakt zu kommen. Zur Zielerreichung stellt der Jugendliche jugendtypische Aktivitäten im Sport zurück, wodurch sich ihm Verwirklichungschancen und Teilhabemöglichkeiten in anderen zentralen Lebensbereichen jenseits der Schule verschließen. P2 erlebt die Investitionen in Schule, Ausbildung und Weiterqualifizierung als notwendige Bedingung für seinen Verbleib in Deutschland. Schule und Ausbildung schützen ihn zum Interviewzeitpunkt vor einer Abschiebung: „danach muss (mal) gucken ja" (Z. 561). Nach § 60a Abs. 24 ff. AufenthG ist die Ablegung einer Ausbildung unter bestimmten Voraussetzungen ein Duldungsgrund und kann eine Abschiebung aussetzen. Wer eine unbefristete Niederlassungserlaubnis erwirken möchte, muss die erforderlichen Deutschkenntnisse nachweisen – insofern korreliert das Bildungs- und Sprachniveau in Deutschland mit den aufenthaltsrechtlichen Bleibechancen, was den erlebten Druck der jungen Menschen, Deutsch zu lernen und bildungserfolgreich zu sein, strukturell begründet. Umso weniger verwundert es, dass die Fokussierung auf Bildung und Erwerb der deutschen Sprache sich wie ein roter Faden durch die Interviews zieht.

3.5.2.4.3 Ringen um Teilhabe am Regelunterricht

So auch im Fall von P3. P3 ist zum Interviewzeitpunkt 18 Jahre alt und im Jahr 2012 aus Syrien nach Deutschland geflohen, um einer Rekrutierung als Soldat durch „Assad und diese Gruppe" (Z. 29) zu entgehen. In Syrien hat er die Schule besucht. Die Adoleszenz endet abrupt, als der Vater ihn mithilfe von Schmugglern aus dem Land bringen lässt. In Deutschland wohnt P3 in einer Jugendeinrichtung und besucht zur Zeit des Interviews eine „Flüchtlingsklasse" an einer berufsbildenden Schule. Im Interview hebt er seine Unzufriedenheit mit der Separierung vom Regelunterricht hervor:

P3: „Klasse [...] nur für Flüchtlinge [...] also letztes Jahr [...] wir waren nur drei äh Schüler ähm ähm und dann so äh nach de fünf Monat oder sechs Monaten ähm neue Schüler sind gekommen (.) viele neue [...] immer mehr. Und also [...] wir drei [...] haben gelernt und gelernt und immer diese Flüchtlinge wenn in unsere ge- äh Klasse gekommen (.) sind ähm, wi-wir sind unterfordert [...] deswegen bin ich

nicht zufrieden für meine Klasse also es ist wir sind unterfordert (.) und ja. (.) und ich wollte eigentlich fü- also normale Klasse gehen zum Beispiel eine eine deutsche Klasse also damit ich bisschen meine Deutsch verbessern und so (.) aber die Lehrer die sagen nein also (.) ich darf nicht da gehen
I: Hast du schon mal gefragt?
P3: Ja ich hab vielmal mit meiner Lehrerin da so diskutiert oder so (.) aber (.) die sagen nein [...] ich weiß immer noch nicht also wichtige Grund" (Z. 384–416).In der Sequenz spielt die Dichotomisierung Flüchtling/Deutsche eine zentrale Rolle: P3 ist von den „normalen deutschen Klassen" separiert. Vehement versucht er, aus der ihm zugedachten Position auszubrechen und als Teil der üblichen Schüler*innenschaft angenommen zu werden. Hierzu grenzt er sich von „immer diese Flüchtlinge" ab. Als Differenzmarker fungiert das Kriterium der Leistung. P3 reproduziert die Differenzmarkierung des Schulsystems, das vorgibt, nach Leistung zu selektieren und fügt sich in diese Logik ein. Er verzweifelt nahezu daran, der Separierung in der Flüchtlingsklasse trotz erbrachter Leistung nicht entkommen zu können. Für P3 sind die eingeschränkten Lern- und Bildungsmöglichkeiten in der Flüchtlingsklasse das zentrale Problem. In die Klasse kommen stetig neue Schüler*innen mit unterschiedlichem Unterstützungsbedarf hinzu. Einen individualisierten Lernplan scheint es für P3 nicht zu geben, sodass er hinter seinen Möglichkeiten zurückbleibt. Die separierte Beschulung erlebt er als unüberwindbare Barriere (keine Wahlmöglichkeiten im Sinne von Bartelheimer). Dennoch drückt sich in der Interaktion mit der Lehrkraft seine Handlungsfähigkeit selbst unter Bedingungen von Restriktion aus: P3 erlebt die Lehrerin als Kontrollperson, die über Inklusion entscheidet (Behrendt, 2017) und verlangt von ihr eine Begründung für seine institutionelle Verbesonderung. Eine Antwort bleibt ihm jedoch verwehrt. Wie P1 ist er abhängig von einer machtvollen Entscheidungsinstanz, welche über den weiteren Bildungsweg wacht. Mit allen Mitteln sucht P3, sich den antizipierten Kriterien der Lehrkraft anzupassen und seinen Bildungsweg zu beschreiben. Wie P2 zieht er sich hierfür zurück und verbringt viel Zeit in seinem Zimmer, um zu lernen:

„ich lerne manchmal in meinem Zimmer oder fast immer also (.) in meinem Zimmer, ich lese". (Z. 267–268)

Angesprochen auf seine Wünsche stellt er heraus:

„gut lernen Sprache schneller fertig machen oder gute Wohnung bekommen hier im friede Land oder Deutschland [...] ähm meine Familie zusammenfassen" (Z. 316–318).

Die Kenntnis der deutschen Sprache und Teilhabe an Bildung erscheinen als Bedingung für ein Leben in Frieden und für eine Familienzusammenführung in der Zukunft. Ein friedvolles Leben ist P3 nicht bedingungslos gegeben, sondern muss durch Investitionen in Bildung erst erkämpft werden. Teilhabe von Anfang, wie es die menschenrechtliche Diskussion zu Inklusion fordert, gibt es für den Jugendlichen nicht. Die zeitliche Dimension („schnell fertig machen") drückt das Durchlaufen eines notwendigen Ablaufprogramms aus, um Teilhabe in Deutschland herzustellen. Nach Beendigung von Schule und Ausbildung will P3 in einem sozialen Berufsfeld arbeiten:

> „ich will eine Job so bekommen für also die Leute so helfen (.) ich mag gerne also die Leute so helfen (..) und ich hab so Sozialarbeiter [...] gesehen [...] also ich mag gerne das Pädagoge wird" (Z. 447–455).

P3 will nicht Empfänger von Unterstützung sein, sondern mit der eigenen beruflichen Tätigkeit einen Beitrag zur Gesellschaft leisten (Reziprozität).

3.5.2.5 Zusammenfassung der Analyseergebnisse

Die Analyse verdeutlicht einerseits die starke Bildungsaspiration der jungen Menschen, ihre Ressourcen und Handlungsfähigkeiten (individuelle Umwandlungsfaktoren), gleichzeitig dokumentiert sie Ausgrenzungserfahrungen und Teilhabebarrieren (Dausien, 2017, 101). Für P1 haben sich seine angestrebten Ziele erfüllt: Er hat Schule und Ausbildung erfolgreich absolviert und – unter enormen Anstrengungen – einen assimilatorischen Integrationsprozess durchlaufen. Seine Fähigkeiten kann er mittlerweile reziprok in Deutschland einbringen. P2 und P3 leben zum Interviewzeitpunkt in einem Provisorium. Schule und Ausbildung gilt es zunächst zu bewältigen. P2 hat den Übergang in den regulären Unterricht geschafft. Wie es weitergehen wird, erscheint ihm unsicher (Z. 561). P3 fühlt sich in der Schule separiert und verspürt eine Unsicherheit, inwieweit sich seine Bildungsaspiration tatsächlich verwirklichen lässt. Der gesellschaftliche Umwandlungsfaktor „Schule" funktioniert in den aufgezeigten Fällen nicht nach einer inklusiven, sondern einer integrativen Logik. Die Regeln, nach welchen Zugang zum regulären Bildungssystem gewährt wird, bleiben mitunter diffus, wenngleich die jungen Menschen deutsche Sprachekompetenzen als zentrales Kriterium für ein Weiterkommen im Bildungssystem antizipieren. Damit geht einher, dass sie keine Wahlmöglichkeit neben der separierenden Beschulung haben. Die separierte Beschulung entspricht nicht den Wünschen der Befragten. Sie haben zum Ziel, sich eine sichere Existenz in Deutschland aufzubauen, wofür Bildung im Regelsystem als Bedingung erscheint. Die jungen Befragten entsprechen in ihrem Bildungsstreben dem in Politik und Medien gezeichneten diskursiven Bild des „erwünschten nützlichen, gebildeten Flüchtlings" und heben ihre Fähigkeiten und Kompetenzen hervor. Hierdurch untermauern sie ihr Streben nach Reziprozität: Sie wollen an Gesellschaft teilhaben und sich aktiv einbringen. In der Zielrealisierung nehmen sie die Separierung in „Flüchtlingsklassen" als Teilhabebarriere wahr, welche es aus eigener Kraft heraus zu überwinden gilt. In den Aussagen zeigt sich ein Assimilationsdruck, schnell die deutsche Sprache lernen zu müssen. Dieser Anforderung können sie in Flüchtlingsklassen, die nicht zwischen individuellen Lernbedarfen differenzieren, nur begrenzt nachkommen – der vermeintliche Schonraum zum Deutschlernen unterstützt nicht, sondern behindert. Zugunsten des Lernens werden jugendtypische Aktivitäten wie Fußballspielen zurückgestellt; somit verwehrt der Assimilationsdruck im Bereich Bildung und Sprache Teilhabe in anderen zentralen Bereichen des Lebens. Der Wunsch der Jugendlichen ist Zugehörigkeit von Anfang an: Sie wollen inkludiert sein in die üblichen Schulklassen und eine Passung zwischen den ihnen vermittelten Ansprüchen und den eigenen Fähigkeiten herstellen. Die existenzielle Not und das Kämpfen um ein Leben in Sicherheit sind Grundpfeiler der Bildungsaspiration. Sie verweisen auf das strukturelle Problem der nur unzureichenden und bedingungsvollen Ausstattung der jungen Menschen mit Bleiberechten.

3.5.2.6 Diskussion

Anliegen des Kapitels war, die menschenrechtliche Diskussion um Inklusion in die Fluchtforschung hineinzutragen und in einen Analyserahmen für Forschung in diesem Feld zu übersetzen. Die Ergebnisse der Analyse verdeutlichen, wie viel die Interviewten in Bildung und das Erlernen der deutschen Sprache investieren und wie sie um Teilhabe in Deutschland ringen. Das Ringen um Teilhabe fungiert als Schlüsselkategorie: Die jungen Menschen aktivieren ihre individuellen Fähigkeiten, wollen diese mit allen Mitteln ausbauen, um die restriktive Ausbildung in der Flüchtlingsklasse hinter sich zu lassen und am regulären Bildungssystem teilzuhaben. Bildung verkommt in dieser Logik zu einer Arbeit („workload") (Dausien, 2017, 93), welche keinerlei Wahlmöglichkeiten und Räume für eigene Verwirklichungsideen vorsieht. Stattdessen zeigt sich eine hohe Abhängigkeit der jungen Menschen von Lehrkräften, welche in den Augen der jungen Menschen über ihr Vorankommen wachen und als (ein) Selektionskriterium die Kenntnis der deutschen Sprache anlegen. Deutschsprechen ist ein „Kontrollinstrument" (Knappik, Thoma, 2015, 9), mit dem die Sprache der Mehrheitsgesellschaft stabilisiert und der Ausschluss mehr- und anderssprachiger Menschen machtvoll durchgesetzt wird (ebd., 11). Aufgrund ihrer separierten Stellung im Bildungssystem können sich die jungen Menschen nicht per se als zugehörig erleben. Erst durch Unterricht und Ausbildung im regulären Bildungssystem erfahren sie – trotz vielfältiger biografischer Brüche und Belastungen – erste Möglichkeiten einer Stabilisierung und Normalisierung ihres neu aufzubauenden Alltags in Deutschland. Die Separierung von Geflüchteten und Migrant*innen im Bildungssystem stellt keineswegs eine neue Entwicklung dar. Das strukturelle Spannungsfeld zwischen Ausgliederung und Eingliederung zeigte sich bereits im Umgang mit den Kindern von Arbeitsmigrant*innen. Auch sie wurden unter anderem in separierten Klassen beschult (z. B. Mecheril,

2010, 56). Vermeintliche „Defizite" in Bildung und Sprache sollten durch einen speziellen Unterricht ausgeglichen werden. Die kritische Migrationsforschung diskutiert seit Jahren, inwiefern die normative Setzung einer als adäquat erachteten Sprachkompetenz im Deutschen als Kriterium für mehr oder weniger Teilhabe fungieren darf. So machen unter anderem Fürstenau und Gomolla (2011) auf das Potenzial von Mehrsprachigkeit und verschiedenen Sprachen im Unterricht aufmerksam. Ansätze wie Prengels „Pädagogik der Vielfalt" (2006) oder die von Barwig und Hinz-Rommel (1995) in den 1990er Jahren vorangetriebene Idee der Interkulturellen Öffnung diskutieren Formen der Verbesonderung bereits seit Jahrzehnten als problematische Figuration des Ausschlusses und stellen Teilhabe, Organisationsentwicklung und Gleichberechtigung als Maxime einer kritischen Migrationspädagogik heraus. Gleichzeitig erleben wir im zeitgenössischen Umgang mit Geflüchteten die pfadabhängige Persistenz verbesondernder Praktiken. Die Verbesonderung verdeutlicht, dass sich Assimilationismus und traditionelle Integrationsvorstellungen zwar analytisch dekonstruieren lassen, sie als Phänomene der Migrationsgesellschaft jedoch überdauern (Otto, Schrödter, 2006, 10).

Das Mercator-Institut für Sprachförderung und Deutsch als Zweitsprache sowie das Zentrum für Lehrer*innenbildung der Universität Köln halten fest, dass Schüler*innen mit Fluchterfahrung in vielen Bundesländern in speziell eingerichteten Klassen unterrichtet werden (Massumi et al., 2015, 11). Die Aufnahme in eine Regelklasse sei von den Deutschkenntnissen der Schüler*innen, aber auch von der Ressourcenausstattung der Schulen (Räume, Personal, Organisationsstruktur) abhängig. Für Rheinland-Pfalz und Hessen verzeichnen die Autor*innen die Präsenz von „Eingliederungslehrgängen; Sprachvorkursen; Stütz- und Förderunterricht" sowie „Deutsch-Förderkursen; Intensivkursen (darin Alphabetisierungskurse enthalten); Intensivklassen (darin Alphabetisierungskurse enthalten)" (ebd., 12). Auf Basis der Analyse lässt sich festhalten, dass sich die Befragten eine Zugehörigkeit und gleichberechtigte Teilhabe am regulären Bildungssystem und Kontakt zu allen Schüler*innen wünschen. Aus einer menschenrechtlichen Inklusionsperspektive gelten junge Geflüchtete genauso als Inklusionssubjekte wie alle weiteren Schüler*innen. Schule und weiterführende Bildungsinstanzen wie Ausbildungsbetriebe und Universitäten haben sich organisational so zu gestalten, dass alle Kinder, Jugendliche und junge Erwachsene von Anfang an zugehörig sind und keine Beschämungs- und Verbesonderungserfahrungen machen. Hiermit geht einher, das Spannungsfeld von Regelklasse und zusätzlicher Unterstützung professionell auszubalancieren. Seit Unterzeichnung der UN-BRK befindet sich das Schulsystem in Deutschland in einem Wandlungs- und Öffnungsprozess. Den Umgang mit Geflüchteten in Schulen gilt es in die Debatte um Inklusion aufzunehmen, um eine Benachteiligung der jungen Menschen zu vermeiden und ihre Wünsche einzubeziehen. Inklusion ist kein Sonderthema für ‚spezifische Adressat*innengruppen', sondern reflektiert den

Umgang mit Bedarfen und Ressourcen einer vielfältigen Schüler*innenschaft auf professioneller Ebene (Ausbildung eines vielfaltsorientierten Habitus) und als organisationale Aufgabe (Gestaltung inklusiver Schulstrukturen). Inklusionspädagogik befasst sich mit Teilhabegestaltung und dem Abbau von Ausgrenzung und Diskriminierung in allen lebensweltlichen Belangen, sodass Menschen ihre Verwirklichungschancen gemäß ihrer Ziele und Wünsche gleichberechtigt ergreifen können. Hierzu gehört notwendigerweise ein Zusammenrücken der pädagogischen Teildisziplinen, um Formen intersektionaler Diskriminierung zu erfassen und Teilhabe und Unterstützung zu gestalten. Insofern junge Geflüchtete lebensweltlich in einem Spannungsfeld von Asylgesetzgebung und Kinder- und Jugendhilfegesetz angesiedelt sind, hat Inklusionspädagogik auch den menschenrechtlichen Auftrag, rechtliche Missstände und Benachteiligungen advokatorisch auf die politische Agenda zu bringen.

Das Kapitel hat den Fokus auf die schulische Situation junger Geflüchteter gesetzt, weist aber darauf hin, dass Inklusion als menschenrechtliche Perspektive und Analyserahmen in allen gesellschaftlichen Bereichen von Relevanz ist. Für die zeitgenössische Fluchtforschung ist zentral, Teilhabe aus der Perspektive von Geflüchteten zu erforschen, dabei auf historische (Dis-)Kontinuitäten aufmerksam zu machen und Teilhabe und Abbau von Separierung als Anliegen in die wissenschaftliche, praktische und politische Diskussion einzubringen.

3.5.3 „You are special": Othering in biographies of „GDR children from Namibia"
Caroline Schmitt, Matthias D. Witte

At end of the Second World War, Germany was divided into four zones occupied by the victorious powers: the United States of America, Great Britain, the Soviet Union and France. In 1949, the German Democratic Republic (GDR) emerged from the Soviet occupation zone. Until its reunification with the Federal Republic of Germany in 1990, it followed the principles of the Soviet states (Megas, 2015). The GDR maintained links with countries in the Middle East, Latin America, Asia and Africa (Winrow, 1990) pursuing its economic and political interests with these cooperations. Its constitution did, however, also adhere to the principle of international solidarity with countries „fighting against imperialism and its colonial regime for national freedom and independence" (Constitution of the GDR, Section 6, Subsection 3). One of the partners cooperating with the GDR was the independence movement South West African People's Organization (SWAPO) which fought against the South African occupying powers in what is now Namibia between 1960 and 1990 (Van der Heyden, 2013). The GDR supported the SWAPO in its struggle for independence by sending relief aid and offering training. Between 1979 and 1989, this cooperation led to the GDR taking in some 430 children from

Namibian refugee camps in Zambia and Angola. In addition, the GDR took in children of SWAPO functionaries. These children were to be educated in the GDR and form an elite in Namibia upon its liberation (Kenna, 1999). While the SWAPO activists fought to liberate Namibia, the „GDR children from Namibia" – as they were known – stayed in what had once been a manor house about 50 kilometres south of the Baltic Sea in the Mecklenburg village of Bellin. They went to primary school in the neighbouring town of Zehna. Many of them spent most of their childhood and adolescence in the GDR. In early adolescence, they were moved to an Oberschule (a kind of secondary school) and lived in the „School of Friendship" boarding school in Staßfurt near Magdeburg. One of the aims of their upbringing and schooling was to familiarize the children with GDR and socialism while at the same time preparing them for life in Namibia after its liberation. The children's stay in the GDR was intended to be temporary from the start. In August 1990, the children and young people were flown out to Namibia after Namibia had gained its independence on 21 March 1990 and German reunification had taken place. In our article, we analyse the children's (now adults') experiences against the theoretical backdrop of „othering". Othering is a process of distinguishing between an „us" and „the others" during which the „us" allocates itself an identity, homogenizes „the others" and positions them as not belonging to „us" (MacQuarrie, 2010).

The chapter[39] regards the relationship between those who are othered and those who other in its complexity, reciprocity (Bhabha, 1994) and its consequences for the children's constructions of belonging and positioning. It reconstructs that the former children were located and perceived as others in the GDR as well as in Namibia. In the GDR, they received a culturalist education building on a binary between the GDR and Namibia. With the decline of the GDR, the children's experience of othering tapered in their social environment. Part of their surroundings did not recognize the children as being equals and devaluated them. In Namibia too, the young people were in an outsider position – as German-speaking blacks they could not find a social place in society and made significant othering experiences. Despite the othering in the GDR and Namibia, the children were able to act. They irritated the dichotomous order of othering and created spaces of agency (Bhabha, 1994). Nonetheless, the experienced othering continues to have an effect – the struggle for belonging is ambivalent and challenging. For a stable sense of belonging, another person has to recognize that construction of belonging (Honneth, 2001). If that does not occur, the universal urge for belonging gets thwarted. The chapter develops the thesis that the GDR children's spheres of experience produce negotiations of othering as their official allocation

---

39 Dieses Unterkapitel wurde erstveröffentlicht als: Schmitt, C., Witte, M. D. (2018). „You are special": othering in biographies of „GDR children from Namibia". Ethnic and Racial Studies, 41(7), 1352–1369, DOI: http://dx.doi.org/10.1080/01419870.2017.1287417. Es stellt eine leicht modifizierte Form der Erstveröffentlichung dar.

to Namibia runs counter to their lifeworlds. This thesis is being explored by using ten biographical interviews with former GDR children as well as documents from the federal archive in Berlin. The analysis of the interviews and archive material is based upon three research questions:

- How are the „GDR children from Namibia" positioned by others and how do they position themselves?
- What forms of othering can be reconstructed in their biographies?
- How do they suffer the othering while at the same time creating spaces of agency?

3.5.3.1 Othering as a theoretical perspective

Othering is an interdisciplinary perspective which is especially prevalent in Postcolonial, Gender and Cultural Studies. The concept goes back to Said's (1978) work about the social construction of the „Orient" by the Western world. In his book Orientalism, Said analyses how the so-called Occident creates a collective identity by constructing an opposite: „The Oriental is characterized by his barbarity, his savageness and his race. [...] Orientalism is the discourse through which the West constructs the otherness of the Turks, Moroccans, Persians, Indians, Japanese" (Staszak, 2009, 4). While Said describes Othering without even mentioning the term, Spivak (1985) lays out the concept in her article „The Rani of Sirmur: An Essay in Reading the Archives". Spivak points out examples of Othering in archive material from the British colonial power in India: the population in India is described as „native" in the sense of being underdeveloped while the colonialists are represented as „the subject of science or knowledge" (256). Othering is regarded as a powerful process of differentiation which constructs an „in-group" and an „out-group" (Barter-Godfrey, Taket, 2009, 166–167). The construction of an outside „first makes possible the demarcation of the inside society and makes appear as factual and given a ‚We' that – though void of meaning and as such unfathomable – is seemingly incontestable" (Thomas-Olalde, Velho, 2011, 36). The construction of the „other" is typically annotated with pejorative and essential connotations (Holslag, 2015, 108). These connotations vary from obvious denigration to ostensibly appreciative exoticisms which equally „serves to comfort the Self in its feeling of superiority" (Staszak, 2009, 1). „Otherness" is thus based not on essential differences between people, but on discourses and practices of representation which lump people together into a group and label them as „other" and different from a norm without realizing the complexity of their identifications. The ones who are labelled as „other" are marked and become visible, „the ‚majority' who produces and constructs these minoritized Others remain unmarked" (Thomas-Olalde, Velho, 2011, 42). Bhabha (1994) emphasizes the fluid and ambivalent relationship between the supposed opposition scheme of „us" and „the others". He conceives this binarity as less rigid and does not see the power exclusively on the side of those who oppress. In his analysis about colonial relations, Bhabha also describes that the perception of power by the colonial masters was not fixed. The colonialists were afraid of the colonized who adapted to the colonial order in a sense of a „colonial mimicry". They were both similar and different simultaneously: „a subject of a difference that is almost the same, but not quite" (Bhabha, 1994, 86). Bhabha aims to break up a „simplistic polarity between the ruler and the ruled" (ibid., 220). Instead he suggests a „notion of ‚the people' as being constructed (through cultural difference and hybridity [...])" and a sensitivity to the ambivalent nature of power positions (ibid., 221). In doing so, he makes it possible to take into account the agency of the oppressed and to transcend the alleged binarity of othering. He shifts „from the identification of images as positive or negative, to an understanding of the processes of subjectification made possible (and plausible) through stereotypical discourse" (Bhabha, 1983, 18). By focusing on those ambiguities of othering, Bhabha's theory is suitable as an analytical lens for a subject-oriented approach to individual othering experiences as described in this chapter. We analyse which positions are ascribed to the so-called GDR children from Namibia and which processes of subjectification emerge from that.

3.5.3.2 State of research

So far, no study has deliberately analysed othering experiences of „GDR children from Namibia". The studies by Timm (2007), Rüchel (2001), Reuter and Scheunpflug (2006), Krause (2009), Sikora (1995), Owens (2001) and Schmidt-Lauber (1998) do, however, contain passages in which othering experiences are mentioned implicitly. Rüchel (2001, 50) notes that the full integration of the children into GDR society was never intended. On the contrary: the fact that the Namibian children were housed in a SWAPO children's home set up especially for them and taught in separate classes underlined the temporary nature of their stay and emphasized their special position. They always remained the Namibian children. Kenna (1999) underlines that the children went through „the normal GDR kindergarten programme, a kind of pre-school" (ibid., 21) emphasizing that the „normal GDR teachers" were entrusted with „special tasks" (ibid., 25). These descriptions clearly depict a balancing act between the children being normalized while at the same time being othered. This balancing act is also described by Reuter and Scheunpflug (2006) and by Krause (2009) who examine the concept behind the „School of Friendship" in Staßfurt. The school was once a boarding school at secondary level attended by GDR children. On one hand, the children received a typical GDR education; on the other hand, they were taught in separate classes marking them as different to other schoolchildren. When the children returnedl[40] to Namibia, Sikora (1995), Owens (2001) and Schmidt-Lauber (1998) reveal that they were considered to be „from the GDR" and „German" by their families and were not in fact seen as „Namibian". Many of them were the first black schoolchildren to attend schools previously only frequented by the German-speaking, white population racism there. Based on archive materials and interviews depicting the point of view of former GDR children from Namibia, this article reconstructs othering experiences apparent in previous studies, thus opening up a desideratum.

3.5.3.3 History of SWAPO and GDR cooperation

The colonization of the area today known as Namibia began „with the earlier activities of European travellers, hunters, traders and missionaries who paved the way for that conquest" (Likuwa, 2015, 106). German colonial rule lasted from 1884 to 1915. In 1919, the League of Nations declared the former colony of German South West Africa a mandate territory under the administration of South Africa and South Africa excluded the entire black population from the self-administration measures. As the Apartheid laws and discrimination by white South Africans took hold, resistance grew among the black population. Several anti-colonial movements emerged including the SWAPO in 1960 with Sam Nujoma as its president (Katjavivi, 1988). The armed struggle against the South African occupation by the People's Liberation Army of Namibia, the military branch of the SWAPO, received the support of the UN General Assembly. In 1966, the United Nations revoked the South African mandate in Resolution 2145, and in 1971, the International Court of Justice in Den Haag came to the same conclusion. In 1976, in Resolution 31/146, the UN General Assembly declared SWAPO „the sole and authentic representative of the Namibian people". South Africa reacted to the expansion of SWAPO by increasingly persecuting, intimidating and imprisoning its followers. Sam Nujoma sought and found support from the Socialist and Communist-led countries in the form of relief aid and weapons (Schleicher, Schleicher, 1997, 181–183). One important partner was the GDR. Although the GDR pursued economic interests, the principle of international solidarity was set down as a basic maxim. Cooperation between SWAPO and GDR intensified after South African troops attacked the refugee camp of Kassinga in Angola, in May 1978 killing 600 Namibians. In June 1979, Sam Nujoma expressed a wish to take in children from SWAPO refugee camps and their caretakers to protect them against further attacks and to offer them an education in the GDR (BArch DR2/50600). On 12 September 1979, the SED Central Committee approved the admission of 80 pre-schoolers and 15 caretakers (BArch DY30/JIV/2/3/2960). On 18 December 1979, the children, aged be-

---

40 Not all of the young people were actually returned to Namibia. Many were born in refugee camps outside of Namibia and had never seen Namibia before they went to live in the GDR.

tween three and seven, arrived in the GDR unseen by the public eye. The relief programme was intended to end when Namibia became independent. By 1990 the number of children had risen to about 430.

3.5.3.4 Research methods

This analysis is based on ten biographical interviews with former „GDR children from Namibia" which we held in October 2013 and March 2014 in Namibia. In all interviews, the introductory question was a request to tell their personal life story (Schütze, 1983). The interviewees were not interrupted, meaning that they were able to tell whatever they considered relevant to their story. At the end of the first narrative, we started out by asking follow-up questions referring to what had been said. This part was followed by questions about the project's central lines of questioning to ensure that the material was comparable. In all cases, the interviews were held in German. The quoted sequences in the presentation of results have been translated from German to English. For this article, we subjected the material gathered to a structural qualitative analysis of the content (Mayring, 2008). The analysis of the interviews is supplemented by primary sources from the federal archives in Berlin. The archive material was also translated from German into English. We analysed the interviews and archive data pursuant to the following questions:

- Where do the data show differentiations between „us" and „them"?
- Who are the ones labelling, who are the ones being labelled as „others"?
- Where and how does the alleged dichotomy breach?
- Where and how do the data show spaces and boundaries of agency?

3.5.3.5 Othering in the biographies of „GDR children from Namibia"

The chapter presents the actors' experiences of othering and their coping strategies alongside the biographical stages of the refugee camp, the SWAPO children's home in Bellin, the school in Staßfurt and their return to and life in post-colonial Namibia. The analysis also reveals moments of resistance and ambivalence in which the subjects come into view in their agency.

3.5.3.5.1 Refugee camp: biological-racial differentiation between black and white

Before they travelled to Germany, most of the „GDR children" lived in SWAPO refugee camps in Zambia and Angola. Their families fled from the South African occupying forces. Many of the children were born in the camps: „I was […] born uh in […] a refugee camp then in Angola, because here [in Namibia] there [was] the system of Apartheid" (Person 1, 21–24). In the 1960s, the South African occupying forces introduced the racist system of Apartheid in Namibia which divided people into black and white, devalued the black population costing many lives. Apartheid is based on a belief in „races" ascribing a lower status to non-white people. This form of racist othering creates a binary system which became existential for the families of the former „GDR children from Namibia": „the white people colonised us before and = and they did it to us" (Person 2, 1212–1213). Racism became ingrained in the children's experience of the world leading to a rejection of white people: „We hated white people" (Person 3, 373). However, the binary system of white enemies and black oppressed people was irritated when a „white woman" came to one of the refugee camps and selected children to come to the GDR:

> „she had a list and [...] a few weeks later, everyone who was standing there [...] was sitting in a truck on the way to Luanda [...] then on the plane. All of a sudden we were in the GDR" (Person 3, 88–96).

Luanda is the capital of Angola where many of the „GDR children from Namibia" were flown out to East Germany. Up to this point, the children associated whiteness with fear and existential threat. In this context, however, the „white woman" takes on the position of a rescuer. At the same time, she is the person who has the power and uses it: she fetches the children from the refugee camp and takes them to the nearest airport. The image of the „white enemy" becomes brittle and experiences an irritation. It persists, however, in its power, as the behaviour of a boy at the airport underpins. The boy runs away from a man because he was light-skinned: „I clear off because the man was white" (Person 4, 74–75).

3.5.3.5.2 SWAPO children's home: culturalist differentiation between „Namibia" and „GDR"

In the GDR, the children were housed in a former manor house in the village of Bellin. There, they were cared for by Namibian women who had accompanied them and underwent a training course as carers in the Pedagogical School for Kindergarten Teachers in Schwerin. There were also carers from the GDR who had been prepared for the children's arrival (BArch DR2/11382). Though the pedagogical staff consisted of carers with different skin colours, the children were mostly surrounded by people with light skin which irritated the young people: „what was curious for us is that there were so many white people [...] for us a white person wasn't the best. [...] We was-were always told: U-huh. The enemy is white" (Person 3, 100–106). „Curious" shows that the children at first found it hard to come to grips with their new living situation, and that the binary scheme of „white enemy" and „black oppressed" could not be directly transferred to their new lifeworld. Despite this irritation, the children soon felt at home in Bellin. One of the interviewees describes how she „settled down quickly" (Person 5, 24). This sequence supports the idea that the children break down the racist, binary system of black and white at least partially during everyday life in Bellin. Nonetheless, the breakdown did not result in living conditions where the children were seen as a natural part of life in the GDR while growing up. To protect them against SWAPO's opponents, the children's home was cut off from the outside world: „We weren't really (.) among the population we were more off to one side" (Person 5, 24–29). The speed in which they settled in is thus limited to the microcosm of the GDR children's home which gives the impression of an island with its own logic of raising and socializing the children separately. One example of this logic is the special system specifically designed for raising the young people. Their education was taken care of by caretakers from the GDR and Namibia who were divided into tandems and trios – each one responsible for groups of 12 girls and boys (BArch DR2/11382). This binational care was intended to ensure that the children were raised „in the spirit of the aims and duties of the SWAPO and its struggle for independence" while at the same time getting prepared to „deal with the requirements expected of them upon their return to their native country" (BArch DR2/12321a). The programme of education and child-raising demonstrates that a racist differentiation according to dark and light skin colour loses its relevance in the children's home, and is replaced by a culturalist differentiation between „GDR" and „Namibian". This does clearly position the children as Namibian and different to the GDR based on a territorial-cultural understanding of belonging and the idea of a national culture. This understanding of cultural difference not only formed the basis for the educational programme, but was also (re)produced by social practices. In the children's home, the children took part in a so-called culture lesson during which they were expected to play the drums and dance: „we practised dancing [...] with drums and some steps [...] then we had on Ovambo skirts and had to do a show" (Person 3, 1355–1361). The interviewee describes how the public performance of dancing did not take place at their own request. These were regular performances at various venues in the vicinity of the children's home: „We always had to per = perform everywhere. [...] all the time for = for people but not = not = not doing what we wanted, instead we always had to do our songs and dances" (Person 3, 474–476). The sequence illustrates the paradox of closure and opening at the same time: On the one hand, the children are separated in their lifeworld in Bellin; on the other hand, they are exhibited through the performances in front of others. The children come across as puppets who act in front of an audience due to forces outside their control. The image is taken further: „I always had [...] the feeling that we were like trained monkeys" (Person 3, 2052–2055). The term „trained monkeys" underlines the idea of the children being controlled by outside influences and reveals them as objects whose will has to be „broken" like that of a dancing bear. The performance of what are supposed to be Namibian traditions portrays the children as bearers of „Namibian culture". The children were forced to adopt what was imagined as „Namibian cultural assets".

The pressure they experienced clearly shows that the „trainers" had the power to decide on what the children were to be. While Namibian culture, labelled as different, is made visible through performances, music and dance, the surroundings and supposed normality of the GDR remains unmarked. The American literary theorist bell hooks (1992, 73) identifies this specific form of othering as exoticizing. Exoticizing is when others are admired for their „typical characteristics". This is a process which creates others in the first place and puts them at distance from perceived own cultural specificities. By defining and localizing the other, the „we" is pleased with its supposed normality and superiority. By means of the exoticizing performance of the children on a stage and the reactions of the audience, an ambivalent space of „inbetweeness" arises (Bhabha, 1994). This space is characterized by a simultaneous separation and appropriation of the children putting the children in the paradoxical situation of being part and not-being part of the situational setting and the GDR. This ambivalence is expressed by the audience's emotional reactions and becomes visible: „The applause often did not end, and tears ran out of the people's eyes when we began to sing and dance" (Person 4, 285–286). On the one hand, the children were perceived as culturally different from the GDR, and they were pushed away from a „we". On the other hand, the audience is just appropriating the children in their supposed otherness. The result of othering remains unchanged – the children remain outgrouped and „special".

The children often adopted a playful attitude to these powerful marking processes described here, breaking the culturalist differentiation between „GDR" and „Namibia". One example is Oshi German. Oshi German is a secret language which the children invented. It combines lexeme from Oshivambo and German and unites it to a new language (Zappen-Thompson 2010): new words with their own meaning. The language thus is an expression of agency since the children turn their everyday experiences into a unified whole by refusing to accept their one-sided ascription as Namibian. Through their own language, they create a new, third space in which new possibilities and positionings of „not being fixed" emerge (Bhabha, 1990, 211). The language of Oshi German does not fit the binary logic of cultural othering (Namibia vs. GDR), but is just created within this binary frame while transcending it. It is a space of enunciation in which the GDR children underpin their hybrid and fluid lifeworld experiences.

3.5.3.5.3 School materials: culturalist and biological-racist categories interact

In September 1981, the children started school in the neighbouring village of Zehna at the Dr Salvador Allende Polytechnic Secondary School of General Education. There, they were taught in separate classes using a modified GDR syllabus which stood out for its teaching matter specific to the GDR and Namibia. The collection of loose-leaf sheets on „Changing Africa. Freedom and Independence for the People of Namibia" is a blend of teaching matter on GDR and Namibia. This corroborates the binary logic of the ascribed difference between Namibia and the GDR. In local history lessons, for example, the topic of German communist leader Ernst Thälmann and his life was extended to include role models for the SWAPO Pioneers (BArch DR2/12321b). Being taught in special classes meant that the children did not have much contact with other pupils at their school: „we just always stayed together" (Person 6, 476–492). The separate classes led to territorial boundary work on the school grounds: „we were on our side, they were on their side" (Person 5, 195). Along with this spatial separation, the children in Zehna also experienced biological racism: „They always said, yeah, the golliwogs are here" (Person 7, 144–148). This biological othering differentiates by skin colour and (re)produces a dichotomy of black and white. Blacks get marked and positioned linguistically („golliwogs" – in German Negerküsse or „negro kisses", a racist name for chocolate-coated marshmallow teacakes) and through social practices (exclusion). The lexeme „Neger" is an item of colonial-racist vocabulary with whom the children get confronted with. The children stick to these ascriptions of cultural and biological difference and use the old markers of difference in the interview situation to describe how they were singled out by words and metaphors. The white primary schoolers adopt a position of power using it to denigrate the „GDR children from Namibia" racially and refusing to accept them as part of school life. As a result, the young people are ascribed the position of a minority based on their skin colour which becomes rooted in their self-image: „we're the only black children" (Person 7, 44).

The biologistic classification based on supposed race shows a continuity to their experiences in the refugee camps: the scheme of the white oppressor gains a stronghold again in the school of Zehna. In this case, however, it is not white South Africans which racially derogate the children, but the peer group. The racist devaluation by other children takes place in a life phase during which the peer group is of big importance and may have contributed to an even greater isolation of the children in school.

After having finished Year 4, the children and young people moved. In the school year of 1985/1986, sixty children moved from Bellin to the town of Staßfurt near Magdeburg (BArch DY/30/JIV/2/3/3620) where they lived in the „School of Friendship" boarding school. The „School of Friendship" housed roughly 900 schoolchildren from Mozambique, Vietnam and Cuba who were also in the GDR as part of a solidarity project. The children's lifeworlds became more diversified which many of the young people experienced as a form of „freedom": „we could go out, we could go into town [...] we could go to clubs" (Person 3, 1916–1918). However, this freedom was not reflected in the way the children and young people were schooled. The „GDR children from Namibia" attended a school in Löderburg and continued to be taught according to a modified syllabus and in special classes: „in our own classes, black classes" (Person 8, Interview 1, 271). Some of the interviewees recount that they had „very little contact with the white people" (Person 2, 121). With the fall of socialism in the 1990s, the young people were increasingly confronted with racism: „racism from the neighbours [...] when they spoke ill of us" (Person 9, 372–336). Another interviewee remembers an attack on the boarding school:

> „the right-wing demonstrations started like in Magdeburg and in Staßfurt, with the people saying foreigners out (speaks quietly) and we want Germany and Germany should go back out to the colonies. In Staßfurt there was a demo [...] by right-wingers, with a stone thrown through the window" (Person 10, 289–294).

The racist attacks can be grasped with the image of a pulling loop. The children believed that racist attacks and persecution – as they knew them from the refugee camps – belonged to the past. Instead, they had to experience how the racist climate presses forward to them more and more in the time the GDR declines – over the peer group, the neighbourhood into their own room. They experience rejection, psychological damage and violence and persist not solely in the position of the „others", but are combated actively. The young people are confronted with demands that Germany should re-acquire its previous colonies. They are downgraded as „colonized" and are denied any belonging to GDR. Owing to skin colour they are positioned outside GDR – in an area that has once been incorporated as „colony" by Germany. Experiencing such racism at the end of the GDR in Staßfurt stood in stark contrast to the experiences in Bellin („in Bellin we never experienced anything like that") as well as what they were taught about the GDR in school: „away was the pioneering spirit, solidarity and friendship between nations. It was all past" (Person 4, 1782–1783).

3.5.3.5.4 Life in post-colonial Namibia: denied belonging

After Germany was reunified and Namibia gained its independence on 21 March 1990, the children and young people were flown out to Namibia. It was earlier than originally planned and without any preparation (BArch DA2/13854). Many children and adolescents were unable to finish their school qualification in GDR. The children were first taken to a boarding school in the Windhoek Township of Katutura. Many of them describe their arrival as a shock: „it was a culture shock" (Person 3, 1742). The colonial stereotypes they had been taught about for years as their „home country of Namibia" did not match their experiences: They told us „that people in Namibia pick up the nice fruits from trees in the forest when they are hungry, that no one wears clothes and that the weather is always warm" (Person 4, 1738–1740). GDR teaching did not take into account the heterogeneity of lifeworlds in Namibia. Instead it persisted on a „natural(ized), unifying discourse of ‚nation', ‚peoples', or authentic ‚folk' tradition" (Bhabha, 1994, 172). All of the interviewees remember their arrival and new beginnings in Namibia as a huge disillusion. The educational programme in the GDR was meant to train the children to become the future elite of Namibia. With the return, the children and young people felt like foreigners and outsiders in their new environment: „you just had the feeling that you didn't fit in" (Person 5, 444–450). In their families, they found themselves confronted with ascriptions: „they thought we- we were the laziest [...] they thought we were strange" (Person 3, 954–955). Many went to German-speaking schools where their presence shook up the hierarchical order of black and white: „We were the first blacks ever to attend the school and were only really there because we spoke German" (Person 5, 467–468). Though they were familiar with the language and curriculum, dynamics of othering were expressed at the schools to an exceptionally great extent. The white teaching staff and white pupils looked down on the young people for racist reasons and did not recognize them as equal members of the student community: „The German Namibians soon had problems with us. [...] It was pure racism back then, Apartheid" (Person 6, 1072–1076). Another interviewee describes how they were denied belonging to their new environment for reasons of racism: „you're special, you're not-you're not from round here" (Person 5, 571–572). The young people were denied belonging to Namibia which they had been taught for many years was their „home country". They are localized outside Namibia („not from round here") and outside of standard ideas about normality („special") on the margins of society.

The binary order of white oppressors and black oppressed from which the young people wanted to escape already in the refugee camp is being revived again in Namibia. The children and young people come (back) to a country that is still characterized by the old power relations. There continues to be a racist separation between black and white, although the black resistance movement SWAPO is in power as ruling party now. Furthermore, not only does the promise of SWAPO and the GDR fail that the children will constitute the elite when returning to Namibia, but the children find themselves on the margins of Namibian society. The belonging to Namibia which has always been communicated to them in GDR as „their country" is permanently denied. This shows a threefold deprivation of belonging – in GDR, the children have always been the „other"; also in Namibia, they are not seen as being equals; and lastly they are not perceived as the elite as was promised to them. This marginality clarifies the biographical challenge the children faced and continue to face to this day: where do I belong; where can I be recognized as the person I am with my biography? The young people were denied to find any „place" for themselves in Namibia: the whites thought of them as black and their families thought of them as Germans: „when I came here I wasn't black enough for my family and wasn't German enough for the whites = for the Germans" (Person 10, 317–320).

Through their denied belonging, the children and young people refer to the values they learned in GDR. Both at home and in school, they were brought up with the idea of the collective, which has been inscribed to them. The collective now serves as a coping strategy to deal with the experience of exclusion. The youths continue to form a group. In this group, they activate the elite thinking again and again: „it is the collective which always comes back to you" (Person 8, 210–211). They organize themselves as a peer community in the formalized „Ossi-Club" founded by the social worker Hallo Hopf in Windhoek in 1994. The „Ossi-Club" was meant to support the young people in their everyday lives and to provide a platform for exchange. Several years later this led to the self-initiated „Freundeskreis der Ossis" (Person 8, 220–221) for friends of the former GDR: „you were always in a group, and then we had founded our GDR circle" (Person 3, 1839–1840). The official language of the association was „Oshi German". By forming the association, the young people created a space where they could define themselves independently of social workers and building on their own ideas.

With this association, the young people wanted to accomplish „charitable goals" and contribute to an „intercultural understanding in Namibian society" (Hashingola, 2006). They were seeking contact with Namibian society in order to establish connectivity to others and biographical coherence. They wanted to implement the educational ideal through their association. They were inculcated with this ideal in the GDR – namely, to shape society in a free Namibia. The élitist thinking continued to exist in the association and may even have contributed to a hardening of their marginal position and self-demarcation: „if one compares the group of former GDR children with a group of Namibian children, then – the stronger personalities are always among the Ex-GDRs" (Person 2, 1287–1289). This constructed difference illustrates how people who were and are othered, now become persons themselves othering people who did not grow up in the GDR.

The „Freundeskreis" represents a twofold change of perspective: recipients of support in the „Ossi-Club" become actors with their own agency, and victims of othering now create boundaries towards others themselves.

At the time of the interviews in 2013 and 2014, however, the peer community had lost some of its significance revealing limits of the collective agency in the association. The members, now adults, went off on heterogeneous paths in life distancing themselves from a collectivization based on their specific biographies.

The break of the collective may be explained by various reasons: it can be an expression of passing from adolescent to adult where new coping demands are placed on the young people such as family planning or finding a career. Another reason could be that the association could not implement their goals and that the members did not find a way out of their marginal positions. Some female interviewees explained that they went into politics since they were socialized in the GDR with an emancipated image of women. In Namibia they work to break down patriarchal structures:

„I can make a difference here [in Namibia] and I can also do something positive [...] for society. And that's where we come back to the start again. The reason I flew out to Germany is being fulfilled now, as now I work in politics" (Person 10, 442–447).

As a result, they combine their experiences gained in Namibia and the GDR and apply them locally. In contrast to othering, this social commitment enables them to position themselves as shaping society: „I like to campaign in society" (Person 10, 725). During these interviews, these former GDR children describe how they detach themselves from simplified ascriptions such as „Ex-GDR". Instead they described how they feel at home in Germany and Namibia – and express forms of hybrid belonging: „I'm just as much at home in Germany as I am at home in Namibia" (Person 10, 368–369). One point which is problematic in this regard is that most of the former „GDR children from Namibia" do not have German citizenship preventing them from living out their everyday lives in both national contexts. What is common to all of them is the strong effect of the othering experiences in GDR and Namibia.

3.5.3.6 Conclusion

This chapter dealt with biographies of the „GDR children from Namibia". In the GDR, the children were raised and schooled following a special educational programme including elements of the GDR syllabus supplemented by teaching matters considered to be specific to Namibia. The culture lessons involved „Namibian" dances and songs with the children being presented to an audience in an exoticizing manner. The children were positioned as culturally different from everyday life in GDR. Their culturalization was pushed through with institutional power. They were ascribed a belonging to Namibia even though many of the children had never seen the country as they were born in SWAPO refugee camps in Angola and Zambia. This culturalizing positioning of the children can be seen as cultural othering: a distinction is made between GDR and Namibia based on a static idea of culture. Culture is conceptionalized as a closed, national culture. The children's institutional positioning as „Namibian" is an indication of the powerful practices of ascription in this setting of child-raising and schooling. Apart from the cultural othering, the young people who moved – when older – from the Bellin children's home to the boarding school in Staßfurt encountered racism, especially towards the end of the GDR in 1989 and 1990. In Staßfurt they came into contact with local peers from the GDR who racially abused them and put them down based on ascribed biological categories. The experiences of the young people are shaped by both – biological-racist forms of othering and a culturalist othering. In case of biological-racist othering, the othering is primarily related to physical features and in case of culturalizing othering to supposed cultural differences. To the children, the consequence is the same – they are out-grouped. After their return to Namibia, the children were considered „different" by their families: they were the children from GDR and were not perceived as Namibians. They were the first blacks to attend German-speaking schools which had until then been reserved for the country's white minority. This resulted in unease among their fellow pupils and teachers as they were used to a racist social structure which separated white and black people. The other pupils did not acknowledge the „GDR children from Namibia" as equals, instead positioning them as „special". Again, biological-racist and cultural othering denied the young people any belonging – to their family, to Namibia or to GDR. Based on the material it was possible to reconstruct not only how the young people were being othered but also how they created spaces of agency and irritated the categories of othering (Bhabha, 1994). In GDR they developed their own secret language which transcends the culturalist othering and combines elements of their mother language Oshivambo with the German language. In Namibia they initially coped with processes of exclusion through collectivization as a peer community, meeting at the „Ossi-Club" and funding the „Freundeskreis Ex-DDRler". The „Freundeskreis" provides a link to society in Namibia where the young people aspired to initiate intercultural exchange. In their self-selected processes of positioning, the actors do not come across solely as victims of othering. Instead, they deal with this experience, and develop own constructions of belonging and community. In some cases, people even extend the idea of a single nationalist belonging and express identification with both the GDR and Namibia. However, the limits of agency of the former GDR children lie in the non-recognition of their biographical experiences by third parties.

A connecting factor for future research would be an analysis of today's living environments of the former GDR children from Namibia: What imprint did the (othering) experiences in GDR and in Namibia leave on their biographies? How do today's adults position themselves in the here and now? And how do their life trajectories differ depending on their gender?

This chapter has illustrated a historical case of forced and politically controlled flight. It points out that flight and related questions of inclusion are not a new phenomenon. Refugees fought and still struggle to participate in societies that are shaped by global processes. Othering – as a central exclusion mechanism – poses high demands on coping. Even if subjects create their spaces of agency, the case of the GDR children from Namibia underpins the strong (biographical) effectiveness of racist categorizations. It elucidates how people are bound by and involved in processes of culturalization and racialization and that these constructions lead to ambivalent forms of positioning and identification.

3.5.4 Refugees across the generations. Generational relations between the ‚GDR children of Namibia' and their children
Caroline Schmitt, Matthias D. Witte

The concept of ‚generation' has a rich theoretical history. Kant, Rousseau, Dilthey and Bernfeld conceived of ‚generation' in the context of people's education, upbringing and biography. Despite the existence of such a rich theoretical tradition, little empirical work has so far been undertaken on the subject (e. g. Portes, Zhou, 1993; Levitt, Waters, 2002). Current research pays insufficient attention to the importance of generational relations between parents with refugee experiences and their children. This chapter[41] addresses what is a virtual blind spot in the refugee history of the German Democratic Republic (GDR)[42]: It examines for the first time the generational relations (Kaufmann, 1993) between the so-called ‚GDR children of Namibia' and their children. The ‚GDR children of Namibia' are a group of around 430 people. Between 1979 and 1989, they were removed from Namibian refugee camps and taken to the GDR. Their flight was initiated by the leadership of the SWAPO and the SED. SWAPO was established in 1960 with the aim of ending South Africa's occupation of the territory which is now modern Namibia. Namibia was under German colonial rule from 1884 to 1915. During that period, the Germans exercised a strict racial segregation and foreign rule in what was called ‚German South West Africa' (Melber, 2014). They committed genocide to three quarters of the Herero and half of the Nama people between 1904 and 1908 (Leys, Saul, 1995). In 1919, the League of Nations awarded South Africa a mandate to govern the territory of Namibia. South Africa then transferred the apartheid system to Namibia and segregated, persecuted and murdered black Namibians. Sam Nujoma became the leader of the liberation movement and embarked upon a search for support among socialist and communist countries in the struggle for a free Namibia. The GDR was a significant partner. Enshrined in its constitution was an obligation to show international solidarity with subjugated nations and colonised people in their struggle for independence (Winrow, 1990). In a first stage from 1960 to 1977, the relations between SWAPO and GDR were characterised by political and paramilitary cooperation as well as by training assistance. Between 1977 and 1982, the cooperation intensified due to close, high-level contacts and a further aggravation of the situation in occupied Namibia (Schleicher, 2006, 118). From

---

41 Dieses Unterkapitel wurde erstveröffentlicht als: Schmitt, C., Witte, M. D. (2019). Refugees across the generations. Generational relations between the ‚GDR children of Namibia' and their children. Journal of Ethnic and Migration Studies, 47(17), 4118–4134, DOI: https://doi.org/10.1080/1369183X.2019.1580566. Es stellt eine leicht modifizierte Form der Erstveröffentlichung dar.

42 Germany was divided into the four occupation zones of the victorious powers after the end of World War II. The GDR emerged in 1949 out of the Soviet Occupation Zone (SBZ) and oriented itself toward the Soviet Union until it was united with the Federal Republic of Germany in 1990.

the late 1960s SWAPO members also made connections with the three Angolan liberation movements and created SWAPO quarters and refugee camps in Southern Angola (Shigwedha, 2014). On the 4th of May 1978, the South African Defense Force (SADF) attacked the Cassinga refugee camp in Angola, killing between 600 and 1,200 people. The survivors were taken prisoner to the Kaiganachab concentration camp west of Mariental (Dierks, 2003, 312). After the attack of Cassinga, the collaboration between GDR and SWAPO reached an unprecedented level of intensity: In June 1979, Nujoma requested that children be taken to the GDR from Namibian refugee camps together with some of their future caretakers. On 12th of September 1979, the Central Committee of the SED approved the admission of 80 preschoolers and 15 female adults to be educated in GDR as care workers for the children. In the years prior to Namibia's independence on 21 March 1990 and the reunification of Germany, the number of people involved grew to a total of 430 children and adolescents. The youngsters were housed in a children's home in Bellin, Mecklenburg, attended primary school in Zehna and spent their adolescent years at the boarding school complex ‚School of Friendship' (Kenna, 1999). The ‚School of Friendship' started in 1982 and was located in the town of Staßfurt. It housed around 900 adolescents from Mozambique who were trained by 100 Mozambican and German pedagogues. In addition, the boarding school was home and workplace to the adolescent Namibians and their teachers from 1985 to 1990. The children's repatriation to a country – Namibia – which was unfamiliar to most of them, came suddenly. They were unable to complete their schooling and suddenly found themselves in a country which, following independence, was having to establish new infrastructures. In Namibia, a colonial-patterned segregation of state and private schools and a predominance of black students in less well-equipped schools has been established (e. g. Weiland, 2011). The former GDR children confused the separation of black and white after their return. In the post-independent-period, they were the first black children attending German-language schools in Namibia, where they were confronted by racism. These German-speaking schools have been established by the German community in Namibia. To date, there are around 20,000 German-speaking white Namibians living in the country (Shah, Zappen-Thompson, 2018). Studies show that big parts of the German community in Namibia uphold and glorify racist-colonial interpretation patterns (Mühr, 2004; Kössler, 2013; Melber, 2013). There is a discrepancy between the cultures of remembrance and the historiography of the Germans in Namibia and the black population (Zeller, 2004). The ‚GDR children' returned to a country where negotiations were necessary and were fraught with tension as a result of the transformational phase in which Namibian society found itself.

It is not only in their own biographies that the displacement experienced by the ‚GDR children of Namibia' acquires its relevance. It also acquires intergenerational and intragenerational significance in the dynamic process of generational relations with their own children. This chapter analyses the generational relations between the children of the now adult ‚GDR children' and examines the following research questions:

- What significance do the experiences of the parental generation growing up as refugee children in the GDR have for the intergenerational relations between children and their parents?
- What significance do the parents' experiences have for the intragenerational relations of the children?

3.5.4.1 Generational relations

Theories underlying the concept of ‚generation' proceed from the premise that a generation consists of people who are relatively similar, roughly the same age and who have lived through the same set of social experiences under the same historical conditions. In contrast to the concept of biological descent, this way of understanding generation reflects the intergenerational and intragenerational relations which exist between people in connection with socio-cultural societal relations and processes of transformation. Franz-Xaver Kaufmann (1993) paves the way for multiple definitions with his term ‚generational relations': Generational relations refers first of all to the way in which young and old interact with each other, and secondly to the relations between people within a single generation. Intergenerational relations are characterised by the older generation passing experiences and resources to the younger generation on a daily basis (reproduction) as well as the younger generation taking traditional approaches and ideas and adapting them to their own needs (modification). Intragenerational relations – in contrast to the conception of purely homogeneous age-groups – divide people up into small, heterogeneous groups according to the challenges facing their members, their living environments and their patterns of socialisation. Karl Mannheim (1928) points out that generations are not to be understood essentialistically as socially cohesive groups. Instead, he makes the case for a theoretical differentiation between generational relations and distinguishes between generational layering, generational connection and generational units. Whilst generational layering means being born into the same historical-social space, generational connection means participation in the same common events at a particular point in time in the sense of a shared fate. A generational unit encompasses age-groups with shared, collective interpretations and similar processing patterns. It is through these that feelings of attachment arise.

3.5.4.2 State of research

Kenna (1999) reconstructs the lives of the ‚GDR children of Namibia' chronologically and describes the official institutions involved. Other studies have focused on the conditions surrounding their childhoods at the SWAPO children's home in Bellin (Rüchel 2001; Timm 2007). Reuter and Scheunpflug (2006) conducted a case study on the ‚School of friendship'. Their focus is on a solidarity project between Mozambique and the GDR, and makes only passing reference to the Namibian context. Krause (2009), in contrast, concentrates on the Namibian side of the ‚School of friendship'. Sikora (1995) and Owens (2001) study the life situation of the children and adolescents starting with their repatriation to Namibia. However, these studies are primarily devoted to the effects of a socialist socialisation on the children's later lives, the construction of their ‚Germanness' in Namibia (Schmidt-Lauber, 1998) and their experiences with racism.

To date, the children of the former refugee children from Namibia have not been an object of study. There are, however, studies on the ‚second migrant generation' in other fields of research. The term ‚second generation' refers to the children of migrant parents and implies that there is a difference between them and the children of non-migrant mothers and fathers. This differentiation is to be found in migration societies across the world (Alba, 2005). In this field of discourse, the ‚second generation' is understood as a group experiencing identity-related cultural conflict between two or more countries (e. g. Schrader, Nikles, Griese, 1979; Portes, Zhou, 1993). It was only in the early 1990s that Transnational Studies established a discourse focusing on the ‚second generation' as a potential resource: Studies have documented how the ‚second generation' behaves in a transnational, multilingual environment, how they tap into new educational opportunities and how they identify with multiple countries (e. g. Jones-Correa, 2002; Levitt, Waters, 2002). These studies also expose the daily racism and practice of othering the ‚second generation' faces when changing between school systems in two different countries. In contrast to the ‚second migrant generation' in existing research, the children of the former ‚GDR children of Namibia' do not live in the country to which their parents emigrated, since the GDR no longer exists.

3.5.4.3 Materials and methods

This chapter is based on two interviews, which we conducted in Namibia in October 2017 with two offspring of the former ‚GDR children'. During our first and second field trips to Namibia in October 2013 and March 2014, we came into contact with the mother of one of the girls. The contact to her daughter was established through the mother. In the second case, the mother was already deceased and the father was not a contact person, so the contact was arranged for us by the former foster family and the head of the school the young girl is attending. The interviewees were chosen in contrast to their family network (contact to mother vs. no parental contact), city of residence (urban city vs. little town) and current situation of living (together with mother vs. boarding school) (see the idea of ‚theoretical sampling', Strauss, Corbin, 1997). As interview method, we used the narrative interview form (Schütze, 1983). The interviews start by asking about the interviewee's life story and contain, in a follow-up phase, questions about the interviewee's everyday life, parental upbringing and biographical significance of the GDR. The first interviewee communicated with her mother in both English and German. The interview was conducted in German with the option of switching to English at any time. It was translated into English for the chapter. The stimulus of the second interview began in German and the interviewee then switched to English. In the results section, we present a summarised and condensed insight into the biographies of both mothers (Tanja and Larissa). In a second step, we subject the interviews with the two adolescents (Belinda and Sunna) to objective-hermeneutic analysis (Oevermann, 2002). As is customary in an objective-hermeneutic approach, we initially dispense with our contextual knowledge. By doing this, we are able – based on the inner context alone, namely the purely textual content – to uncover multiple interpretations, of which one interpretation transpires to be the central one during the course of the analysis.

3.5.4.4 Results

Using the two case studies, the results section presents the generational relations between the two ‚GDR children of Namibia' and their daughters.

3.5.4.4.1 ‚My mother knows how to make me responsible' – generational relations as Symbiosis and the development of transnational enabling spaces

Tanja was a child when she was brought from a Namibian refugee camp in Angola to the GDR in 1979. She lived in the GDR until her ‚repatriation' in 1990. Having arrived back in Namibia, her biological family decided to send Tanja to Swakopmund to live with her wealthy uncle. In Swakopmund, she attended a German boarding school. After graduating from school, she worked at the Goethe-Institute[43] in Windhoek, applied for a scholarship and, with the support of a married couple from Germany, began to study journalism. Tanja became pregnant and gave birth to her daughter Belinda in 2003. She worked at a Namibian Ministry before becoming active in opposition politics. Following her separation from her partner, she has been raising Belinda as a single mother. Tanja reports on her experiences of racism following her return to Namibia. As a German-speaking woman, it was difficult for her to find a place in society. In her interview, she comes across as a strong and independent person who sees herself as a ‚builder of bridges' for a

---

43 The Goethe-Institute's aim is to promote knowledge of the German language abroad and to create international cultural cooperations with other countries. As the Federal Republic of Germany's cultural institute it operates worldwide.

‚multicultural Namibia'. She would like to pass on her commitment to work for a better society to her daughter Belinda. But despite her social and political engagement, she still finds herself stuck in a difficult position. As an opposition politician, she is fighting for the equality of the sexes as much as she is a Namibia which is free from corruption and apartheid. But at the same time, her engagement is still trapped between the enduring binary opposites of black and white, and the still unsatisfactory status of women in society. Tanja traces her political commitment to gender equality in Namibia back to her education in the GDR, which she characterises as emancipatory. The commitment in the field of gender equality thus establishes continuity between her phase of life in the GDR and her life in Namibia and appears as a biographically relevant constant. Her income is, despite her professional position, hardly sufficient for herself and her daughter. Although Namibia declared its independence in 1990, the colonial legacy such as poverty of big parts of the black population, privileging of the white population (in school, education, on the job market or in land ownership) and the economic inequality are still challenging Namibia to this day (Chiwara, Lombard, 2017). The prospects held out to Tanja in the GDR which promised a ‚good life in Namibia' were disappointed. At the time of the interview, her daughter was 14 years old and living together with her mother in an apartment on the edge of the Katutura township in Windhoek.

Linguistic socialisation as ‚Misfit'
In reaction to the interviewer's prompting to relate her own life story, Belinda says:

> „Mmm (.) erm so I am Belinda, am 14 years old. I am an only child and my mother is a single [alleinstehende] mother" (l. 4–5).

The interviewee's focus is, after giving some short information about herself, on her mother who she marks out as occupying the role of a ‚single mother'. She uses the German word ‚alleinstehend' – literally meaning ‚standing alone'. ‚alleinstehend' is a metaphor for an adult person without a long-term partner. ‚allein' [‚alone'] stresses the absence of a partner, whilst ‚stehend' [‚standing'] indicates that her mother still has her ‚head held high' and is coping with the challenges confronting mother and daughter on a daily basis. In contrast to the language code ‚alleinerziehend' – literally ‚parenting alone' – this sequence focuses on the social position of the mother-daughter unit without the presence of a partner or father. This does not seem to have adversely affected Belinda's upbringing. Instead, it is fair to assume that there is a close relationship between mother and daughter. Belinda continues as follows:

> „when I was small [...] I just simply only spoke German and English because my mother didn't speak much to me in Oshivambo because she grew up in Germany and

> my father only spoke English to me because his erm language is not all that easy for me" (5–8).

In Belinda's view of the world, the language a person ‚grows up with' is of the utmost importance. Her own childhood she stresses the absence of Oshivambo, which her mother is unable to speak. But this situation is also immediately legitimised by the interviewee: Her mother ‚grew up' in the GDR. Regarding her father, we discover that he speaks a further language besides English, but that this language is too complex for Belinda. English therefore forms the basis of their linguistic bond. This implies that her father does not speak German and also uses English to communicate with Belinda's mother. But English and German are not sufficient to cover all of Belinda's needs. Oshivambo appears to be an attractive language which she would also like to speak. Belinda feels that her linguistic socialisation is unsatisfactory. She lives in Namibia, a country with diverse language groups. In Namibia, English serves as the official language used by official bodies. German is one of Namibias thirteen national languages. ‚National languages' are those languages spoken as a mother tongue in a country (Shah, Zappen-Thompson, 2018). Whilst English and German are useful languages on the world market and both spoken in Namibia, they do not grant her local affiliation to the largest population group in Namibia – the Ovambos. Ovambo is spoken as a main language by 48,9 percent of the Namibian population (ibid.). It is precisely the group of the Ovambo – to which Belinda's grandmother, uncle and aunts on her mother's side are affiliated – to which she would like to belong. As a German and English-speaking black person, the languages that she has learned from her parents have the potential to exclude her from this social environment. German is not spoken in the area she lives in Katutura. It is therefore fair to assume that Belinda – analagously to the situation her mother found herself in after her return to Namibia from the GDR – as a German-speaking black person – is not granted a place in either.

Racism in the Namibian education system
Belinda provides details of her socialisation in German-speaking institutions in Windhoek which are attended by white, German-speaking children and adolescents:

> „I also went to a German kindergarten, spoke German there and […] in a German school […] in Windhoek, er started the first grade there […] I was […] the only black child that had German as their first language. […] from the first to the seventh grade" (9–14).

This sequence consolidates the thesis that the mother's experience of being a German-speaking black person in a minority position is reproduced in her daughter's biography thirty years later. Her institutional life takes place in educational institutions which are marked as ‚German'. The condition for accessing them is having ‚German as a mother tongue'. In Namibia, German is the language of that part of the white population that sees itself as being of ‚German descent'. Belinda is the ‚only black' child at the school. Saying ‚only black' [‚einzigste'] indicates the distinctively different position ascribed to her in the school because she stands out due to her skin colour. It is her language skills which allow her access to the institutions of the ‚German native-speaker classes' (36–37), but which do not – from the perspective of the white teachers, parents and students – fulfil the phenotypical criteria of ‚being white'. She is not fully accepted as a German native-speaker. The normative element of ‚being white' reflects a historically-established, colonial and racist power relationship (e. g. Dikötter, 2008). Belinda has already used the word ‚only' in the opening sequence: Belinda is the ‚only' child of her mother. And she is the ‚only' black girl in the school. In her case it is possible to speak of ‚multiple exceptionalisation' which in the first case is based on her family constellation, and in the second case is based on the power relationships in the racist social structures. These power relationships are also reflected in the interaction between the students and teachers:

> „in the erm primary classes there was quite a bit of racism and sometimes er the teacher would sit me alone [...] at the back of the class [...] that was not a nice experience" (38–39).

Belinda's exceptionalisation goes hand in hand with her spatial separation from the rest of the class within the classroom. The black girl must sit alone at the back while the white children dominate the foremost section. Belinda was also given unequal treatment by the teaching staff during school excursions: ‚they were also racist to me and sometimes the [...] other children got lots of for example drinks. [...] and I [...] was only allowed one [...] by the teacher' (61–70). In contrast to her white classmates, Belinda was forbidden to go to parties: ‚I was not allowed to go there because I was black' (58–59). Fellow students did not invite her and the student's parents did not want Belinda to join the gatherings. When Belinda was attending the third grade, her mother Tanja made an appointment with her teacher in order to talk about these incidents. In order to prevent the situation escalating further, Belinda began to keep similar subsequent incidents secret from her mother (78–82). She is forced to submit to the existing dominant power relationships if she wishes to make progress in her school education. In her fourth grade, she finally changed classes. Her exceptionalised position in her old class ended, but it was at one and the same time paradoxically reinforced by switching to a class which consisted primarily of black, English-speaking students:

> „in the fourth grade, those of us similar ones were separated and then I was with erm English-speaking children who therefore had the [...] same culture as my mother

had and in that class we also spoke Oshivambo or other languages and Afrikaans and stuff" (40–43).

Belinda is now together with ‚similar' children who are also categorised as ‚being black'. Her self-categorization suggests an external labelling process: Despite her mother-tongue being ‚German', she is not accepted as being ‚similar' to the German-speaking children. The school system separates the children into classes with light-skinned, German-speaking children, and classes where the majority are dark-skinned, non-German-speaking children. The colonial order is restored and Belinda – as an ‚irritant' in this order – is returned to her supposedly correct place. ‚Spoke [...] other languages' indicates that she has been accepted as a non-native-speaker in Oshivambo and Afrikaans and that she has once again been given a voice. Among the group of black children like herself, she experiences that ‚racism is not tolerated' (102). She is now taught by ‚black teachers' (103) as well, and in English.

As Belinda completed her eighth grade, she moved again to a German-speaking school context and visited a German secondary school in a prosperous neighbourhood of Windhoek. She was put in a class which taught German for native-speakers. Her numerous switches between classes operating in German for native speakers and classes held in English highlight Belinda's difficulty finding a ‚suitable place' in the Namibian education system. She finds herself in a quandary: The German-language educational environment enjoys a high standard, but remains mired in racist attitudes. The English-language educational environment cannot meet the needs of Belinda's German-language socialisation.

‚Walking in her mother's Footsteps'
Belinda's latest move back into a German-speaking educational environment reveals the educational aims her mother has for her, namely to provide a good future for her daughter and to free her from poverty:

> „she has to pay for my school, everything [...] I just wish that my mother and I are ok again [...] that I can just do my school well so that [...] I [have] a good future" (270–276).

Belinda feels her mother's financial burden and shares in her struggle to improve their situation. She understands that it is her education that serves as the foundation for this plan. Her socialisation in German educational institutions appears to hold out some promise in this regard; Belinda is willing to endure the experiences of racism this brings with it. It is her accumulated educational capital that – it is hoped – will allow her to go to Germany (278–279). In Germany, she would like to ‚maybe study' (282) and accumulate further educational capital. Nevertheless, she sees her professional life as being in Namibia. She wishes to become a lawyer, to fight against social injustice and corruption, and for the rights of the children of divorced parents (286–365). Whilst the career she envisages for herself differs from that of her mother's (politician), the target dimensions of the mother's and daughter's professional aims are the same and derive from their biographical experiences of exclusion. The career choice of mother and daughter can be seen as an aftermath of the mother's political education in the GDR: To shape societal transformation processes becomes a multi-generational family project.

Raising children as a transnational and collective project
Belinda describes her mother as ‚not the typical Ovambo mother' (230). Her mother wishes to pass her maxim of gender equality to her daughter and chooses a liberated way of upbringing:

> „my mother believes that if you don't allow your child to do something [...] one day she will do it. [...] my mother has her own way of doing things [...] of raising me [...] I am very thankful for it" (238–242).

Belinda cites the emancipated character of her maternal upbringing: Women should not be ‚downgraded' and have to occupy a subordinate position to men (I2, 247–299). Her mother lives out this positive image of women in her own life. She says that she was raised as an emancipated woman in the GDR in accordance with the women's roles that were the norm there, and had taught her daughter that the sexes were equal. Here, it is evident that there has been a transnational and intergenerational transfer of parenting styles from one context (her upbringing in the GDR) to another (parent-child relationship between mother and daughter in Namibia). Her experience of difference in her upbringing is – in contrast to the exceptionalisation that Belinda experiences at school – positively connotated, and leads to the formation of a reflexive-emancipatory ‚mindset' (I2, 249). Her mother functions as an exemplary role-model; Belinda adopts her attitudes. Her mother uses ‚tests' to check the degree to which Belinda has internalised her mother's attitudes:

> ‚my mother gives me tests [...] to see whether I am responsible or not. And sometimes she leaves me alone at home and then she says: I want the house to be clean. [...] I always do it' (I2, 262–265).

The fact that she adapts her behaviour to certain of her mother's specific behavioural patterns is not significant on its own; of importance is the reflexive penetration of this behaviour through to her own attitudes. Her maternal upbringing leads Belinda to address certain issues of her own choosing; for example, she raises the topic of poverty in the interview. She speaks both of the poverty in Namibia and the poverty confronting family constellations supported by single mothers: ‚they can't send their children to school [...] even if the school is free, they have to pay the taxi money' (346–347). This sequence highlights Belinda's ability to grasp the consequences of poverty in all its forms. Her understanding goes beyond the Namibian context, with her drawing on the circumstances prevalent in other countries as a template for comparison. She is sensitised for inequalities in a cross-border radius:

> „Namibia [is] very very poor [...] if South Africa improves its system, then we have to as well because we're together. But other countries like Angola have lots of people living in poverty" (I2, 84–90).

Her international comparison opens up a new dimension in the debate, namely an element of transnational knowledge that feeds Belinda's cosmopolitan view of the world. By placing the actions of politicians in Botswana and Namibia in relation to each other, she comes to the conclusion that politicians in Namibia should give people on the street a lift when they need one:

> „in Botswana, if you [are driving] a government car [...] and someone simply says: I have to go here or there. Then that car must take that person there. But here in Namibia we don't have that. [...] they just buy really expensive cars" (56–62).

In order to find solutions to the social problems in Namibia, Belinda searches for examples of best practice in other countries, uses this knowledge to formulate new ideas or suggests transferring good practice to Namibia. The cornerstone for her transnational perspective is her mother's transnational biography. Whilst her mother has experienced physical mobility between several countries, her daughter exhibits a mobility of the mind which is not necessarily the consequence of actually crossing any borders, but which certainly influences her ‚mindset'. Her ‚mindset' has been formed from her early childhood on by a multiplicity of influences on her lifeworld: Her multilingual upbringing enables Belinda to ‚feel at home [...] in several cultures' (119–120). She speaks ‚English and Afrikaans and German' (115–116) with her mother, and learns Oshivambo (144) with her Oshivambo-speaking relatives and friends. She is able to communicate with people at home in Namibia as well as with various other groups beyond Namibia's borders. She views her multilingualism favourably for its enabling potential – despite the exceptionalisation this brings about in her local space – and it makes her happy: ‚I really like it' (119). The foundations for transnational mobility in the future have already been laid. But it is not only in its transnational perspective that Belinda's maternal upbringing opens new potentials for Belinda to lead a fulfilling life; Belinda is also closely involved with the network of former ‚GDR children'. Belinda has particularly close contact with a young woman (‚auntie Ines', I2 46). The collective support network belonging to the older generation of ‚ex-GDR-children' is being transferred to their children: Ines enables Belinda to participate in hosting a ‚children's radio broadcast' (I2 13). Her work as a radio presenter is in turn related to the experiences of her mother and ‚auntie Ines' in the GDR: ‚we read German books on the radio' (I2 34). Here, her German-speaking socialisation comes to the fore and emerges from the small insular world shared by mother and daughter. The German-speaking black girl has acquired a public presence on the radio thanks to Ines's intergenerational transmission of transnational capital.

3.5.4.4.2 ‚When my Mum was still alive, we only spoke German and now there is no one to speak German with' – generational relations as schism and the search for ‚monocultural localisation'

It was not possible to conduct an interview with Larissa because the young woman had already died at a young age following her return to Namibia. Her brief biographical portrait is based on information taken from conversations with other interviewees. Larissa – just like Tanja – was taken to the GDR at a young age. After returning to Namibia, she and other ‚GDR children' were taken in by a German woman living in Swakopmund. When the woman decided to move back to Germany, Larissa's circumstances changed once again. She was taken in by a white German family – friends of her former foster mother. At the age of 18, Larissa became pregnant. At the end of the 1990s, she gave birth to Sunna. The father was – like Larissa – an ‚ex-GDR-child'. Sunna also lived with the German family in Swakopmund. She had only occasional contact with her father. In the mid-2010s, Larissa took her own life. According to statements made by other ‚GDR children', she was unable to come to terms with her own life experiences.

At the time of the interview, Sunna was 19 years old, living in a home for school children in Swakopmund and attending the 11th grade at a high school. She no longer had any contact with her mother's former foster family. She still maintained family contacts with her grandmother who lived in Ovamboland in the north of Namibia.

‚German' socialisation and linguistic ‚Misfit'

The interview with Sunna begins with an exchange regarding which language to use. The interviewer asks if the interview should be conducted in German. Sunna declines: ‚in English please' (13). There follows a general exchange before the interviewer inserts the question regarding her life story. Sunna begins her narration after a brief pause for thought:

„I enjoyed my life when I was younger. Erm firstly because my mom raised me as a single parent and she raised me in a German manner, because that's how she was raised" (89–91).

Sunna differentiates between her younger years and the more recent phase in her life. That she enjoyed her life when she was younger implies that she is suffering in the here and now. Her earlier happy life is rooted in the time she spent together with her mother. Her mother raised Sunna alone; Sunna does not regret her father's absence, in fact she sees it as a positive condition for her own development. It is striking how similar her opening narration is to Belinda's: Belinda also stresses that she has been raised by her mother alone. Mirroring Belinda's case, this sequence implies a strong relationship between Sunna and her mother. Sunna characterises her mother's parenting style as ‚German'. What she means by this remains open at this point. Nevertheless, it is striking that she categorises her mother's parenting style by using a national reference rather than adjectives that refer to the relational quality of her upbringing. Sunna associates the use of certain parenting styles with national characteristics. She locates the reasons for the ‚German' way she was brought up in her mother's particular socialisation. She continues by addressing the problems that have resulted from her ‚German' upbringing:

„I wasn't privileged […] to grow up in my roots like I'm an Oshiwambo speaking person and I didn't get to learn the language. And my mum grew me up in a German way where I spoke German, I went to German schools, I went to German Kindergarten. And ja, I basically almost had like a German lifestyle" (91–95).

In Sunna's eyes, the children and adolescents who grew up in Namibia speaking Oshivambo were privileged to have done so. Her upbringing was disconnected from her ‚roots' and she did not learn the language. She uses the metaphor of roots to conjure an image of a deeply established ‚core identity' which unfolds through a person's language and upbringing. Her mother's parenting, however, has resulted in her feeling ‚uprooted'. Although Sunna does not speak Oshivambo, she refers to herself as an ‚Oshivambo-speaking person', thereby expressing her innate sense of belonging to the Ovambo people. In her eyes, she has been brought up with the ‚wrong' language, has been raised in German-speaking educational institutions and has led an almost ‚German lifestyle'. ‚almost' is a difference marker – the difference to a ‚really German lifestyle' lies in her having been refused access to the German-speaking community in Namibia because of the colour of her skin. Just as in Belinda's case, a racist line of demarcation becomes visible, a line which sees language and skin colour as an ostensible ‚racial characteristic', thereby constructing a potent division between those on the inside and those on the outside. In answer to the question how she feels about ‚this German lifestyle' (96), Sunna explains:

„I thought it was normal. But as I grow up, I was like everyone else can speak their own mothertongue but I can't, because I speak a foreign language" (96–98).

Whilst she sees her upbringing and socialisation in her early years as ‚normal' and does not problematise it, her use of ‚but' expresses a disjunctive relativisation of this statement: As she grows older, Sunna starts to notice the difference between herself and ‚all the others'. When other people use Oshivambo they are using their ‚mother tongue'. She on the other hand speaks a foreign language. Sunna distances herself from the German language. It is not ‚hers' but ‚foreign'. This distancing process is a self-protective coping mechanism: Firstly, she associates the German language with her dead mother, and secondly, she learns German to be the language of the white Germans in Namibia. Consequently, she speaks English rather than German and has learned Oshivambo by interacting with her friends (125–126). Her attempt to learn Oshivambo can be interpreted as an attempt to find her place in Namibia among Oshivambo-speaking people:

„I'm Oshivambo, but I don't speak the language" (100–102).

From a transnational and translocal perspective, her biographical narrations so far reveal multiple simultaneous connections: The Ovambo live for the most part in the north of Namibia; the German language reflects her mother's socialisation in the GDR, and Sunna herself was born in Swakopmund, a coastal town which to a large degree stands as a symbol for the German colonisation. Sunna has stopped speaking German since her mother's death:

„when my mum was still alive, we only spoke German and there is no one else to speak German with, so my German is fading away, cause I keep on speaking English and Afrikaans" (137–140).

The death of her mother has removed the referential framework that Sunna needed to speak German to any great extent. At school and in the boarding school, the children primarily speak English and Afrikaans. She is slowly losing the German language, but she no longer wishes to have it in her life anyway. In distancing herself from the language, she is also distancing herself from her mother's white foster family as well.

The children's shared experience of being caught ‚in-between'
Sunna's rejection of the German language lies – according to our thesis – in her never-ending experience of exclusion and ostensible non-affiliation to any social group. One example for this is the very close relationship that she maintained with her mother's foster mother: ‚she was like my grandmother' (289). Life for her in her foster family represented normality for her; being black or white was of no consequence within the small family group:

„it felt right to be there […] like [Grandmother's Name] is white and I am black, I didn't see like there is a problem" (288–290).

199

If they walked through the little town, people would try and tell them that a black child and a white grandmother did not belong together:

> „they would always ask me questions like: How is she your grandmother? And I would just say [...] it's just normal [...]: It's my mum's mum. And then they would ask like: How? Like then why are you black and she is white?" (311–313).

Sunna continually found herself confronted with the question how a white woman could be her grandmother. The people asking her refused to accept her answers; this left Sunna feeling unsettled and insecure. The ubiquitous feeling she has of not belonging to the German-speaking white community makes her turn away from it. She questions the right of German-speaking white people to be in the country: ‚I grew up and realize that it's not even an indigenous language in Namibia' (214–215). This sequence forges a link between language and territoriality and locates the German language outside Namibia. In Sunna's eyes, the languages belonging to Namibia are those which were spoken by the indigenous population living in the country prior to its colonisation. This sequence reverses – at least situationally – power constellations: whereas previously it was the German-speaking whites who refused to acknowledge Sunna as being one of them, here it is Sunna who refuses that white German people have a legitimate right to be in Namibia. Sunna finds a sense of belonging together with the other children of the ‚ex-GDR-children'. Their parents still maintain active contact with each other. The parents' network of contacts is replicated by their children, and is intensified as ever more of the children of the ‚ex-GDR-children' get to know each other: ‚our mums would visit each other and we would know each other here and there' (161–162). The link that binds the children together is their shared experience of being ‚in-between'. They share this experience and do not need to explain it to each other.

Upringing as a ‚monocultural project'
Sunna's experience of dislocation leads her to seek clarity, something that she believes she will find in ostensibly clearly definable groups (the Ovambos). Her attempt to bring an end to the ambiguity in her life becomes clear in her criticism of a multilingual upbringing:

> „I find it better if a couple of maybe one child or two children speak the same language instead of only me and my mother speaking maybe German and then we have to talk another language with my dad" (205–208).

In contrast to Belinda, Sunna wishes to belong to a static, monolingual and monocultural group. Hybridity (e. g. Bhabha, 1994) does not correspond to reality as she has experienced it. Her search for homogeneity is an attempt to carry on functioning in a dichotomised society and simultaneously a modification of her mother's parenting style:

> „my mother had a choice to teach me the language Oshiwambo or German and she took German. But then I would prefer to learn the language Oshiwambo, because then I would communicate better with the people in the North" (217–220).

Sunna characterises her mother as a competent speaker of both languages – Oshivambo and German –, but bringing Sunna up bilingually was not an option she considered. This sequence epitomises the intergenerational transfer of a monocultural habitus from mother to daughter. Here, the mother transfers approaches to parenting that she knows from the GDR to her lifeworld in Namibia. Sunna labels these approaches to parenting as typically ‚German‘:

> „what Germans would do like [...] here it's not really normal, that kids get read bedtime stories or [...] we have table manners, but it's not as strict as it is in Germany" (190–194).

The interviewee describes ‚strict table manners‘ and ‚bedtime stories‘ as being atypical for Namibia. She herself feels that she belongs to a ‚Namibian we‘, to which her mother seems not to belong. Their generational relations manifest themselves as a schism: Sunna's mother uses the German language and her experiences of the GDR to guide her in her decisions, but it is fair to assume that she failed to gain acceptance in the German-speaking community in Namibia. There was no way for a transnational and transcultural habitus to come into being. One potential reaction to this – as in the case of Sunna – was withdrawal. Sunna purges the ‚German‘ from her life in order to protect herself from experiences of rejection – such as those her mother experienced – and holds fast to the idea of a monocultural habitus. She describes herself as belonging to the ‚Namibian Ovambo‘. The danger is, however, that Sunna – as a German-speaking black woman – finds that the sense of belonging she seeks based on an unequivocal affiliation to the Ovambo will remain barred to her. The discursive labelling as ‚other‘ which the parental generation of ‚ex-GDR-children‘ experienced thirty years previously is being reproduced in the subsequent generation. Her inability to gain access to this community might well be a reason why Sunna sees her professional future abroad. She would like to study in England (254). Studying in Germany is out of the question (267–273). But whilst she breaks with her mother's sense of national location, there is one constant that becomes visible as a result of her educational goals: She follows her mother's advice not to become a teacher and is considering taking a degree in logistics: ‚she just said that I could do something better‘ (247). Echoing the way her mother was raised in the GDR, she reproduces the idea of an elite education. The teaching profession is less reputable in Namibia than a position in the business world. Teachers are paid very differently depending on the region they work in and they are usually poorly paid (e. g. Ralaingita, 2008). That Sunna picks up on the idea to work in logistics might be explained by her belief that a job in the business world might bring with it a privileged position in society. Whilst Belinda sees her future as a lawyer involved in critical social issues and thereby belonging to the political elite, Sunna is striving to become part of an economic elite. In both cases, the elite education that their mothers were given in the GDR manifests itself intergenerationally in the lives of Belinda and Sunna.

3.5.4.5 Discussion

This chapter has used two case studies to present the generational effects of an aspect of GDR migration and refugee history which has to date remained largely unresearched. Whilst the ‚GDR children of Namibia' are slowly receiving greater attention in scholarly studies, the lifeworld of their children has yet to be examined. The children's biographies continue to be impacted by their parents' experience of being refugees fleeing to the GDR, as well as the German colonisation of Namibia. Both events are intertwined with each other and are addressed by the interviewees in their biographies. Mannheim (1928) describes generational layering as one generation inheriting the same specific socio-historical spaces. These spaces differ only slightly between the parental and subsequent generations. Indeed, it is evident that there is a parallelism of crises in the biography of the ‚ex-GDR-children' and their children. As German-speaking black people, both the parents and the children fall into ‚in-betweenness': They feel neither accepted as a part of the German-speaking white community nor of the Ovambo.

The children's upbringing is highly ambivalent in its effects. The children's parents have raised them in accordance with their own upbringing in the GDR (reproduction). The parents' approaches to parenting and the practices they use clash with the rigid social structures prevalent in Namibia, which leave little space for hybridity beyond the black-white dichotomy. These structures equate the German language with white people, and languages such as Oshivambo with black people.

Society's inability to recognise the diverse nature of the parents' biographies is passed on to the next generation of children. The children acknowlededge that it has (as yet) been impossible for their own parents to permanently escape this ‚void', and they blend their own conceptions of upbringing and culture with that of their parents' (modification). These cases reveal the contrastive coping strategies used by the children, ranging from the development of a transnational habitus to the search for ‚monocultural localisation' and the belief in a static cultural heritage. In the words of Mannheim (1928), whilst those involved do indeed participate in the same generational connection – as German-speaking black people in Namibia they share the same fate – they handle it in different ways. The children's different coping mechanisms drive home how difficult it is to speak of one generational unit (or a ‚second generation of ex-GDR-children') which, by definition, would otherwise develop common processing strategies. Instead, it becomes apparent how different the children's paths through life are, despite them emerging from the same ‚social void'. Contact between them is established through their parents; the younger generation get to know each other and lay the foundations for their own intergenerational, translocal community. Whether this social void can ever be filled and a place be found for all those involved ties in closely with the need to forge inclusive social structures. The question of inclusion exists not only in this field of research, which spans Namibia, the former GDR and Germany; it also exists in transnational migrant societies across the world.

It is not only current flight and migration dynamics but also historical that need to be examined with regard to their relative biographical impact until today. The field of historical GDR migration and flight research still is a research desideratum: The multi-generational effects of the international cooperation of the GDR with Namibia, Mozambique, Angola, Ethiopia, Cuba and Vietnam can be grasped by multi-generational case studies. Such case studies show that although these international cooperations are historically concluded they continue to resonate in family biographies to this day.

3.5.5 ‚I want to give something back.' Social Support and Reciprocity in the Lives of Young Refugees

In recent years[44], research on refuge has increased in response to the global rise of people who are forced to leave their places of residence. During the „long summer of migration" in 2015, volunteers created a „culture of welcome" in Germany, Austria, and other European countries (Hamann, Karakayali, 2016). They helped refugees[45] upon their arrival at the main train station in cities such as Munich, or supported professionals in social service institutions. At the same time, populists and right-wing parties are on the rise. They gained a voice in the parliaments of many European countries such as Germany, Austria, Hungary, and the Netherlands. Rightwing parties and populism in the United States and Australia are also a problem (Siim et al., 2019). In this mélange of solidarity and rejection, asylum-

---

44 Dieses Unterkapitel wurde erstveröffentlicht als: Schmitt, C. (2021). „I want to give something back". Social Support and Reciprocity in the Lives of Young Refugees. Refuge: Canada's Journal on Refugees, 37(2), 3–12, DOI: https://doi.org/10.25071/1920-7336.40690. Es stellt eine leicht modifizierte Form der Erstveröffentlichung dar.
45 The term „refugee" appears in Article 1 of the Geneva Convention Relating to the Status of Refugees. The terms „refugees" and „asylum-seeking people" are both used in this chapter. The latter highlights people's abilities to act in their search for asylum. It also emphasizes that the reasons for flight are not always accepted as such by the countries of destination. Being categorized as a refugee thus has enormous consequences for people's agency, since the provision or denial of residence controls access to goods, services, and societal systems such as the labour market or the health system. I understand the terms „flight" and „refugee" as the subjectively experienced need for people to leave their place of residence in order to secure their survival.

seeking people receive material support in their countries of arrival. Whether and how they are seen as having a right to a different form of support is part of controversial public negotiations. In Germany, for example, the head of Die Tafeln of the city of Essen, a non-profit social movement that gives food to people in need, decided in February 2018 to give no more food for refugees, because older German people might feel disadvantaged in comparison to those seeking asylum. This incident is a moment in a debate on allowing or denying support for refugees within hostile nation states. In this debate, refugees are represented primarily as beneficiaries of support and receivers of welfare state benefits that could also favour other people in need (such as homeless or poor people). This problematic image constructs a binary between people perceived as having a „genuine right" to support within a welfare state system, and those whose rights are seen as negotiable. Also in the academic literature, refugees are seen primarily as recipients of support (Barnes, Aguilar, 2007, 235). Little is known about how they experience received (or denied) support from volunteers and professionals and how they may or may not participate in reciprocal exchanges. Reciprocity influences well-being. It is the principle of mutual giving and taking in social relationships and is a universal moral code (Gouldner, 1960, 1984/2005). The exchange of birthday or wedding presents or the mutual offering of assistance during a loss or special events are examples of reciprocal behaviour (Stegbauer, 2011). Reciprocity can be viewed from different perspectives: What motivates someone to give? What kind of relationship does that person have with the receiver? How does the recipient perceive the receiving of support?

In this chapter, the meaning of reciprocity in social support relations of asylum seekers is interpreted on the basis of 10 qualitative interviews with young refugees who fled to Germany from Syria, Afghanistan, and Iraq. I chose this focus on the basis of the content of the interviewees' narratives. The material was analyzed using a grounded theory approach. The chapter examines three research questions:

1. What forms of social support relationships are revealed in the material?
2. How do the young refugees experience these relationships?
3. What is the meaning of reciprocity in the social support relationships of the young people?

First, the chapter provides insight into the bureaucracy that confronts young refugees in Germany. This section is followed by explanations of the theoretical perspective of „reciprocity" and the state of research. The next section describes the methods used in the research project. The focus is on the interview analysis and a theoretical conclusion. The analysis highlights the young people's wish for reciprocity as a need in the country of destination and expands upon Sahlin's typology of reciprocal relationships (generalized, balanced, and negative reciprocity) by the type of „refused reciprocity". „Refused reciprocity" occurs when people are keen to reciprocate for support they have received, but they live in environments that restrict their agency. The chapter concludes with implications for an inclusive approach that considers the possibility of reciprocity as a condition for participation of young refugees in receiving countries. It argues that participation means not only provision of support, but creation of opportunities for people to experience themselves as self-effective actors.

3.5.5.1 Young Refugees in Germany

Young refugees are a heterogeneous group. They have their own wishes and coping challenges on their way to adulthood. In this phase of life, they are forced to flee. At the end of 2019, 79,5 million people were on the run. Twenty-six million searched for refuge in other countries; 45,7 million were internally displaced. Forty per cent of the world's displaced people were children. Seventy-three per cent of those who crossed the borders of their home country were hosted in neighbouring states (UNHCR, 2020). Only a comparatively small proportion were able to reach countries within the European Union, although numbers of refugees rose in countries such as Germany. Between 2013 and 2017, Germany received about 1,6 million applications for asylum (BAMF, 2019, 5). Numbers have decreased since 2017, with increased restrictions at European borders. At the time of data collection, the main countries of origin for applicants were Syria, Iraq, and Afghanistan – which are reflected in the sample of this study. Within recent years, about two-thirds of all asylum applicants have been under the age of 30. About 50 per cent were minors. Almost two-thirds of all applications were filed by males (BAMF, 2019). In January 2019, 41,211 refugees were registered as unaccompanied minors and were cared for by child and youth services (ism, 2019, 3). This figure does not include possibly even greater numbers of unregistered minors. Once young people arrive in Germany, they find themselves entangled in institutional and legal responsibilities. Accommodation and care depend on whether the young people are under the age of 18 and whether they arrive with a parent or family or without a custodian. Adult asylum seekers and refugee families are admitted to initial reception centres. For unaccompanied minors, clearance by the youth office is initiated. A guardian is assigned to them and their needs are determined. Accompanied children usually live with their parents or other custodians in initial reception centres. Adult refugees and families receive a certificate of notification as asylum seekers. If they are allowed to stay in Germany, they are distributed to the federal states. They live in receiving institutions that are responsible for their (medical) care, or they can live in their own flats if housing is available. Refugees apply for asylum at the Federal Office for Migration and Refugees.

3.5.5.2 Reciprocity as Theoretical Perspective

Simmel ([1908] 2005) describes gratitude as a social bond. Gratitude may cause interactions and social exchanges in response to a voluntary act of giving (ibid., 104). Members of society consider it to be ethical-obligatory. Mauss ([1968] 2005) explains social cohesion through social exchange. He presents a comparative study on the exchange of gifts in „pre-modern societies". For him, these societies can be understood by virtue of the principle of reciprocity. Blau ([1968] 2005) explains reciprocity not only as an integrative mechanism, but as a device that can generate a divergence of power and social asymmetry. He assumes that people initiate contacts with the expectation of a certain outcome. Reciprocity is the obligation to give in return once a person has benefitted from a contact. The paradox of social exchange is that reciprocity not only creates friendship; it may also lead to status differences between people (ibid., 126–132), such as when the giver claims a superordinate status and creates dependency. Gouldner ([1960] 1984/2005) describes reciprocity as a universal norm and distinguishes between reciprocity and charity. In the latter, the giver does not expect compensation. Gouldner extends the discussion on reciprocity by questioning the perspectives of giver and recipient: even if a giver defines the giving solely in terms of charity, the recipient does not necessarily interpret it in the same way. The recipient may interpret a charitable action in terms of reciprocity and may feel compelled to return it. Sahlin ([1965] 1999), however, emphasizes that reciprocity is embedded in societal structures. He distinguishes between generalized, balanced, and negative reciprocity (ibid., 154). Generalized reciprocity is an altruistic exchange with a weak expectation of reciprocity; balanced or symmetric reciprocity implies a direct exchange of equal value by the involved parties (such as a gift exchange), whereas negative reciprocity is an attempt to receive a gift without expectation of return. For the current analysis, the focus is on how the interviewed actors are involved in social exchanges, and their capacity to give and receive.

3.5.5.3 State of Research

Social support alleviates detrimental life events and circumstances. It can promote well-being and prevent disruption, stresses, and strain. A main component of support relationships is reciprocity. Several studies explore the meaning of reciprocity in networks of old people (Brown et al., 2003), in the workplace (Bowling et al., 2005), in families and among friends (Nelson, 2000), in communities (Wellmann, Wortley, 1990), and in caregiver relationships (Neufeld, Harrison, 1995) as well as its role in coping with illness (Takizawa et al., 2006). The studies conclude that reciprocity is indispensable to well-being. They point out that giving support is just as important as or even more important than receiving support (Brown et al., 2003; Väänänen et al., 2005). If social support is to be truly supportive, it is essential to give and receive it (Williams, 1995). Dunbar et al. (1998) studied distress in social support relationships of people categorized as having and not having a disability. They found that people categorized as „having a disability" can in some cases experience depression when they receive support. Their results underpin the inequity hypothesis, which states that unequal relationships create stress, such as when someone receives more support than she or he is able to return. Shumaker and Brownell (1984) offer the thesis that people who feel unable to return a benefit „may be less likely to seek assistance or accept it when offered" (ibid., 14). A relationship between provider and receiver could come to an end because the imbalance is too great. Jung (1990) suggests the possibility that the receipt of support, without previous giving of support in return, may have different effects (the feeling of guilt) than the receipt of support from persons with whom there is a previous or expected future reciprocated exchange of support (ibid., 250). Whether support is provided by friends, family members, or strangers can thus make a significant difference in the recipient's experience.

Reciprocity has been given little attention in research on refuge. However, some studies do refer to reciprocity in passing. In their analysis of community social support for Cuban refugees in Texas, Barnes and Aguilar (2007, 235) found that they receive support before the potential for a reciprocal relationship can arise. In their study on social support networks of Somali refugees in Canada, Stewart et al. (2008, 137) showed that the Somalis in their research value reciprocity. However, they perceive their current living situation as impersonal and do not benefit from reciprocal relationships. Smith (2016) and Maiter et al. (2008) discuss the importance of reciprocity in theatre and community projects with asylum-seeking people. The cooperation of refugees, locals, and pedagogical staff creates a venue for mutual exchange. Breithecker and Stöckinger (2020) led interviews with 12 volunteers in refugee work in a German town. The authors found that the motives to engage range from commitment, to magnanimity, to self-interest. Some respondents said they expected thanks from the refugees. While these studies hint at the importance of reciprocal relationships and the perspective of volunteers, there is still a need for studies that systematically reconstruct reciprocity in the biographies of refugees from the perspective of the refugees themselves.

3.5.5.4 Methods

In spring 2016, I conducted 10 qualitative interviews (Przyborski, Wohlrab-Sahr, 2010, 138–145) with young refugees in the Rhine-Main region of Germany. The project[46] reconstructed possibilities for and barriers to participation in the lives of young people. The interviewees[47] were aged between 17 and 31 at the time of the interviews and fled to Germany from Syria, Iraq, and Afghanistan between 2010 and 2015 (see Table 1). All of them arrived in Germany without their parents or other custodians. While some were accommodated in facilities of youth welfare, others received barely sufficient support from social workers. The interviews explored life before the young people were forced to leave their home countries; experiences during flight; the living situation in Germany; and desires for the future. Initially the topic of reciprocity was not the focus of the study. It was made relevant by the interviewees themselves.

Table 1: Study Sample (own illustration)

Name	Age	Country of origin
Alexander	27	Syria
Amir	24	Syria
Bassam	18	Syria
Daniel	17	Iraq
Fatih	22	Afghanistan
Karim	25	Syria
Marku	31	Syria
Said	24	Syria
Tarek	23	Syria
Zarif	23	Syria

Taking a sensitive approach was important, since the young people had already experienced hearings by the Federal Office for Migration and Flight and interrogations by police officers. Contact was initiated with the help of gatekeepers with whom the young people had already built trusting relationships. These gatekeepers (social workers in social services, as well as volunteers) were requested to ask for an interview with young people who were psychologically capable of doing so and who had an interest in telling their story. The procedure was explained to participants in detail. It was important to clarify the researcher's interest in their individual views. The interviews were conducted in German and English. The sam-

---

46 The project was funded by the Institute of Education at Mainz University in Germany. Data collection and analysis as well as all procedures followed were in accordance with the ethical standards of the university's Ethical Commision of Faculty 02: Social Sciences, Media, and Sports.
47 Names of interviewees have been replaced by pseudonyms. The author expresses her heartfelt thanks to the participants for sharing their stories.

ple was limited to young people who were able to communicate in either language. Despite this challenge, the interposition of an interpreter was omitted in order to avoid artificiality. The interviews held in German were translated into English for this chapter. The analysis was done using category building in grounded theory (Strauss, Corbin, 1996). Topics were identified in the material (open coding), and categories were built and related to one another (axial coding). The results were gathered in the key category „wish for reciprocity" (Strauss, Corbin, 1996).

3.5.5.5 Results

This section identifies family members, friends, and other refugees on the run as well as social workers in the welfare system and informal support givers in the migration country as relevant support givers. While the young people were receiving and providing support before and during their flight, they ran the danger of being mainly assigned the role of recipients of support in the country of destination.

3.5.5.5.1 Exchange of Money, Information, and Experiences: Social Support Before and During Flight

Bassam was 18 years old at the time of the interview. In 2012 he fled from Syria, where he had lived with his parents and six siblings and attended school. Because Bassam was to be drafted into Assad's army, the family decided that he should leave the country. He was supported by his father, who „for this group […] gave money […] then I went to Turkey". Other interviewees named friends who helped organize their flight. Zarif was 23 years old and fled to Germany in 2015. He studied civil engineering in a city near Aleppo. His priority was to complete his undergraduate studies despite the dangerous situation in Syria. Before he finally fled, Zarif visited his parents in Aleppo and was picked up by members of the Islamic State but managed to escape. A friend loaned him the money for the journey. Both friends fled together. Twenty-four-year-old Said also fled with a friend from Syria. Said's mother died 10 years beforehand, while his father lived with his stepmother in Jordan. The friends were fleeing to Germany and assisted each other during the whole trip: „He was with me until now". But it was not only family and friends who supported the organization of flight. Friends from other countries also played a central role, as emphasized by 25-year-old Karim.

Karim studied engineering in Syria and fled to Germany in 2015. He left Syria when he received a „decision" to go to „Assad's army". Karim was supported by friends in Sweden, France, and Germany whom he contacted via Facebook. His friend in Germany described the country as safe: „Then I have told everyone that I am going to Germany". The support that these young men received went handin-hand with the desire to support those left behind and to repay the money borrowed as quickly as possible. Zarif reported his sense of pressure to return what he had borrowed: „I have no money [...]. And at the same time I must pay for my friend". Zarif lived with other Syrian refugees in a house in a small village. He attended school and hoped to pass his German language exam level B1 in a few months. He repeatedly voiced his concern about not knowing how things would develop. His situation was characterized by dependence on government services.

Said also had to draw on money from others to pay for his flight. He received emotional and financial support from his father. In return, he wanted to improve the living circumstances of his family and friends by studying in Germany: „I can study here and I can build something for my friends and for my family". While some of the young refugees had recourse to support networks, others began their flight with almost no support and became dependent upon strangers. Daniel was 17 years old at the time of the interview. When he was two months old, his family fled from the Taliban in Afghanistan and sought refuge in neighbouring Iran. The family lived unregistered and changed their residence regularly in order to remain undiscovered by the authorities. At the age of 13, Daniel began to work on a construction site, where the police found him. He was deported to Afghanistan without the knowledge of his family. Daniel had to be completely self-sufficient because he had no family contacts there. He travelled back to Iran and searched for his family for an entire year, but without success. Finally, he decided to flee with a friend. With the help of smugglers Daniel and his friend travelled from Iran to Turkey: „For two days, we just ran". They had no plans for the rest of their route. In Turkey, they met another escape helper who offered to bring them to Greece for a sum of money. The two were transported by car, ran for more than a day on foot, and covered part of the dangerous route by rubber raft across the Mediterranean Sea. After arriving in Greece, Daniel was completely disorientated: „I did not know where to go". He got to know other refugees, who advised him to go to Germany. The cases illustrate the creation of mutual support networks during flight. These networks were of great importance, especially for those who had no support in the organization of their flight. They consisted of people in similar situations, grew by directly sharing information, and – with exception of the service of smugglers – required no service in return. Those young people who had received the support of family and friends felt an urgent wish and pressure to „give something back". The experience of support went hand-in-hand with reciprocity intended in the future.

3.5.5.5.2 The Receiving of Support in Host Countries

Narrations about support and reciprocity in the country of destination, Germany, occupied the largest share of the interviews. The young men mentioned family members in Germany, teachers and caretakers in pedagogical institutions, and volunteers, as well as employees of social welfare services as part of their support network. Whether or not the young people had become part of the German youth welfare system made a big difference in the support they received and whether or not they could reciprocate.

From Recipient to Giver: Reciprocity as a Consequence of Support in Youth Welfare Facilities
Fatih was 22 years old at the time of the interview. In 2010, he entered Germany as an unaccompanied minor. Fatih was born in Kabul, Afghanistan. When he was two years old, his home was hit by a rocket. Fatih's parents died and he grew up with his aunt and cousin. At the age of 16, he and his cousin were to be recruited by „Islamic fighters". „Then I had to flee". Fatih fled to Germany and was picked up by the police, who brought him to a clearing house for unaccompanied minor refugees. He claimed to have relatives in the Rhine Main area who had lived there for twenty years: „I contacted my aunt from there […]: ‚Your nephew is here'". Fatih spent three months in the clearing house. During that time he received support from his cousins: „My cousin was always there. My girl cousin was there […]. Here I have this problem […] we somehow managed it, until I learned the language". In addition to practical support, Fatih's relatives gave him confidence. Their support enabled him to become increasingly independent. Finally, Fatih was accommodated in a youth welfare house close to where his relatives lived and was able to increase his contacts with them. Fatih highlighted the importance of his caregiver. She was always there for him: she made „everything possible". She worked as a link between the institution and the school and motivated Fatih to graduate: „Mrs. ((name)) took care that I could attend school […]. I did not like school […] and then Mrs. ((name)) said to me, ‚You have to go to school". Fatih emphasized his caregiver's encouragement: she „always told me we did it so far, we will also handle the rest". It is striking that Fatih said „we", signalling that his caregiver was always at his side. She strengthened his „self-confidence" and helped him „to keep my path straight and then go". Meanwhile, Fatih had completed his training as a nurse and worked in a clinic. In the future, he hoped to „study medicine". He moved into his own flat but still was in close contact with his caregiver, the young people in the youth facility, and the clearing house where he first lived. He visited „his old caregivers from time to time", collected „clothes" and gave them to the „new refugees there". He received clothing from his circle of friends or bought it himself: „I collect or either buy. I have enough money now and I earn well".

Fatih's case clarifies how the initial support of relatives and the child and youth services gradually became superfluous and enabled the young man to become autonomous. The experience of receiving support transformed into a reciprocal relationship. Now Fatih could support others. Or, in Sahlin's words, the young man established reciprocity and symmetry in contrast to a previously unbalanced relationship.

Bassam, housed in a youth welfare facility as well, also emphasized the importance of reciprocity for his future. Bassam was picked up by the police when he arrived in Germany. He was kept in a basketball court and had to sleep on the ground. From Munich, he was taken to three more cities. For three months, he lived in a clearing house for unaccompanied minors before he was finally taken to a youth house. At the time of the interview, Bassam had lived in Germany for half a year. Like in Fatih's case, social workers in the youth welfare house fulfilled an important function. Bassam visited a refugee class in a vocational school but was dissatisfied with his separation from local pupils and the slow learning pace: „Class [...] only for refugees [...] we are under-challenged". In the youth welfare house, Bassam received tutoring in German in order to be able to learn according to his abilities. The tutor was compensating for Bassam's schooling experiences and met his wish for education. Bassam felt empowered to go his own way with the help he received. The support from social workers even served as a role model. Bassam aimed to learn a social profession „to help the people. [...] I like to be a pedagogue". He became familiar with the profession as a recipient of support and wanted to give support by bringing his knowledge and professional commitment into society in the future.

Caught in the Trap of the Receiver: Denied Reciprocity and Irregular Support of Refugees Above the Age of 18
While young people in the child and youth welfare system received constant support from pedagogues, the situation of those outside the child and youth welfare system differed. Zarif, Karim, Said, Tarek, Alexander, Amir, and Markus were not included in facilities of the youth system because they were older than 18 when they entered Germany. They lived together with other asylum-seeking people in small houses and apartments. Only Alexander and Tarek reported the support of professionals. Tarek was 23 years old. He fled to Germany from Syria and lived with other young men from Syria in a house in a small village in Hessia. The young men were visited weekly by staff from the social welfare centre, who helped them organize an internet connection and translate letters. At the age of 27, Alexander fled to Germany from Damascus, together with his three brothers. Like Tarek, they all lived together in a rented apartment. Alexander mentioned two employees of the social welfare department as supportive contacts. At the beginning of his time in Germany, he and his brothers were placed in a camp with many more people: „If you need to eat, you have to wait for four hours [...]. It was not clean. A month in the tent and other people in a building". Finally, two staff from the welfare department helped him to leave the camp and move into his own flat: „They gave this place to us". Once they arrived in their new apartment, Alexander could establish contact with a cultural centre in the city, where he met other people, listened to „music", and went to „parties". The low-threshold cultural centre acted as a networking hub. It allowed contact with other refugees and locals. Support from the large welfare associations did not play a big role in his life. Asked whether he received support from social institutions such as Caritas, Karim did not know what kind of support Caritas would provide. Instead, contacts with volunteers

were highly relevant in the lives of all the young men. Zarif described making the acquaintance of a young woman in Germany as a turning point after flight:

> „She helped me a lot. She has found a flat [...] she is very active, everything. When I want an appointment with a doctor, she does it. When I want to meet with others, she does [...] like my [...] big sister. [...] I learn at school. I want to go to university faster".

The woman provided practical support and acted as a gatekeeper to more participation in Germany, integrated the young man into everyday life, and translated between the official and school structures and Zarif's lifeworld. The sequence shows that providing and receiving practical support was accompanied by strong emotional ties, as he referred to the young woman as „sister". At the same time, Zarif stated that he had „a lot of stress" when he called „the girl". In the future, he did not want to continue receiving support, but aimed to return something:

> „People are very, very nice and very good and very helpful. In the future, I want to give something back for this country. [...] Thank you for Mrs. Merkel [...]. Thank you for German people. I would like to study here in Germany. I also would like to help people in the future for Germany".

Zarif clearly demonstrated his wish and desire for reciprocity: like Bassam and Fatih, he wished to contribute to the common good. To be unable to contribute thus far, however, led to „stress". He was grateful for the support given to him by the state and individuals: „Germany paid for my food and drink. Paid for everything". Simultaneously, the support had become a burden: „I want to give something back here. But first maybe I need one year to finish my German language course [...]. I would like to learn and I would like to work". Zarif clarified that he could reciprocate only if he had access to German language courses, education, and the labour market, in order to be able to provide for himself by earning his keep. Tarek was also aware of this dilemma: he wanted to give something in return for the support he received, but that was not yet possible. He received support from a female volunteer: „I do not know what I can do for ((name of the woman)) always helps". The woman compiled grammar exercises so that Tarek could learn German language at his individual level. Said also received informal support from a family: if he received incomprehensible letters from the authorities, he photographed them with his smartphone and sent the photo via WhatsApp to the family, who provided quick feedback. The family compensated for difficulties such as a monolingual contact with authorities and supports with the help of digital media. Beyond practical support, the family fulfilled emotional functions: „We can eat together and we can sit together and just talk". The family served as a guide, thus enabling Said to acclimate himself in Germany: „They are like one who stood behind you and he or she tells you go from there and go from there and do this and don't do this". Said also experienced support as both a chance and a burden. He was looking for ways to return to the family but could not find forms of reciprocity that seemed appropriate: „The word ‚thank you' is not enough". As a barrier to reciprocal action, Said mentioned his missing work permit and an imposed waiting: „I prefer to work something to [...] help someone but I'm still in my house and just waiting [...] no one likes to sit for nothing". Despite these barriers, Said imagined a transnational space of action. He wanted to build a life in Germany and in Syria, his home country:

> „I prefer to make something in this country [...] also I will try to build something in my country. If I have allow to stay in this country I will. [...] But no one knows what happens. Maybe [...] they will sent all of us to Syria. [...] I prefer to build my country and this deep connection between me and this country".

Said aimed to return the support he had experienced by committing to Germany. That led to a strong identification with Germany – in addition to his identification with Syria. Whether he could build a future transnationally in both countries depended on whether he was granted a long-term residence permit.

Amir and Markus also hoped to remain in Germany. Their desire seemed linked directly to their wish for reciprocity and their gratitude. Markus completed his law studies in Syria. He was 31 years old and lived in a shared flat in a city in the Rhine Main region. His goal was to study in Germany and to find a good workplace. When asked at the end of the interview whether he wanted to add anything further, he said, „Thank you for Germany. Thank you for the German people and thank you for you". Markus considered „close contact with neighbours, with friends", and togetherness and reciprocity as strong values of his country of origin. He aimed to put those very same values into practice in Germany. Amir shared this strong wish „to give something back". Amir was 24 years old, having fled Syria and now living in a Hessian city. He had to cancel his studies in economics in his home country because of the war and was attending an integration course. With the support of volunteers he found his own apartment and intended to study in Germany in order to contribute to society: „In five years [...] with work [...] I hope to help back".

3.5.5.6 Wish for Reciprocity: A Theoretical Conclusion

The young people's narrations highlight their wish for reciprocity as an urgent need, especially in their country of destination. They experienced the support of professionals, volunteers, and family members already living in Germany. Practical support was given by helping with translations, teaching the German language, and organizing appointments. Emotional support was given by listening, encouraging, and strengthening young people's self-confidence. The results show that young refugees above the age of 18 who were cared for in youth facilities obtained a wider range of support from pedagogical staff as compared to those young people who were not cared for by youth services as a result of their greater age. The ones who lived in houses and apartments depended mainly on representatives from the social welfare department, cultural centres, and volunteers. Some respondents felt unable to respond adequately to the support of volunteers and suffered as a consequence. Experiencing a power imbalance led to stress (see also Blau, [1968] 2005; Dunbar et al., 1998; Shumaker, Brownell, 1984). Barriers to reciprocity were difficult or delayed access to education and work. The interviewees wanted to earn a livelihood but depended on state and individual support – with the exception of Fatih. Fatih finished his training and returned the support to newly arrived refugees by reciprocating with donating clothing and being available as a contact person. Other interviewees imagined reciprocating in the future: they wanted to express their gratitude to individuals and to the state of Germany and strove to contribute their abilities to the common good. Their strong orientation towards occupations that offer professional help and support such as doctors and social workers is striking. By lending support, the young people could experience self-efficacy. The experience of agency is key, especially in the context of flight: the young people managed to flee and were now trapped in strong dependencies. Refugees who received support from the youth welfare system were more able to build reciprocal social conditions as opposed to young refugees beyond the reach of the youth welfare system. Thus, those older than 18 years of age depended more on informal support from individuals, reinforcing their sense of being unable to return adequately. Based on this analysis, Sahlin's ([1965] 1999) differentiation between social interactions in generalized, balanced, and negative reciprocity can be extended to „refused reciprocity", such as when people are keen to reciprocate received support but live in environments that restrict their ability to act (or, in their understanding, prevent them from doing so adequately). Society as a whole must respond to such refused reciprocity by recognizing young people's capacities, skills, and knowledge. It is important to reduce social barriers that increase their vulnerability, and instead to strengthen their agency. To accept their right to self-determination means to provide them with a legal status that gives them the power to go their own way in society and create independence.

3.5.5.7 Discussion

The well-being of young refugees is linked to their potential reciprocal action. The provision of support must go handin-hand with strengthening young people's ability to act. It must not put them in a position of dependency but needs to support their self-determination. In public discourse, young asylum seekers become visible mainly as recipients of support. It is important to take into account their capacities, knowledge, and need for reciprocity and to create social environments in which reciprocity can arise. This is precisely what young people wish and need. To reach this goal, they must have a right of residence and access to societal systems such as education or work. If access is denied, reciprocal action is hardly possible. While the young people know exactly what they want to achieve in Germany and how to create reciprocity, they need inclusive conditions at the political level. Social welfare systems must prevent refugees' dependence on informal support, since it may evoke even greater feelings of commitment than formal support networks do. Youth and welfare services must provide support to all young refugees, regardless of whether they are above or under the age of 18. Informal support relationships can then be a complementary aid and will not need to fill the gap in missing professional structures.

3.5.6 Digitale Medien als Mediatoren von Agency. Empirische Einblicke in Medienpraktiken junger Geflüchteter und die (medien-)pädagogische Arbeit
Henrike Friedrichs-Liesenkötter, Caroline Schmitt

Junge Geflüchtete nutzen digitale Medien zum einen in einer jugendtypischen Weise (Vernetzung mit Freund*innen auf Facebook und WhatsApp, Videos schauen auf YouTube). Zum anderen nehmen digitale Medien für sie aber auch spezifische Funktionen ein. Sie können in der Fluchtorganisation, Orientierung im Zielland und Kontakthaltung zu Verwandten in anderen Ländern unterstützen sowie Informationen zur Lage in den Herkunftsländern transportieren. Medien kommt dabei eine ambivalente Funktion zu. Sie vermitteln Informationen; diese sind aber mitunter nur schwer zu verarbeiten und führen bei den jungen Menschen nicht selten zu hohen Bewältigungsanforderungen. Auch in der (medien-)pädagogischen Praxis zeigt sich diese Ambivalenz: Medien können beim Zugang zu jungen Geflüchteten helfen und Bildungsprozesse gezielt begleiten, aber auch zu neuen pädagogischen Herausforderungen führen, wenn sie die jungen Menschen triggern und soziale Krisen evozieren.

Das vorliegende[48] Kapitel[49] analysiert die Bedeutung digitaler Medien für junge Geflüchtete unter Hinzunahme von Agencytheorien und Diskursen um Medienbildung. Die Ergebnisse basieren auf zwei qualitativ-empirischen Forschungsprojekten zu jungen Geflüchteten in Deutschland. In beiden Projekten wurden leitfadengestützte Interviews mit jungen Menschen mit Fluchthintergrund sowie Expert*inneninterviews mit pädagogischen Fachkräften geführt. Die Analyse erfolgt nach den Verfahren der Grounded Theory. Ziel ist es, die Bedeutung digitaler Medien für junge Geflüchtete und innerhalb der (medien-)pädagogischen Arbeit aufzuzeigen sowie Implikationen für Forschung und Praxis in Schule und Sozialer Arbeit aus einer Adressat*innenperspektive abzuleiten.

Das Kapitel gibt zunächst einen Einblick in den Forschungsstand zur Mediennutzung von Geflüchteten. In einem nächsten Schritt werden Zielsetzung und Methodik der beiden Forschungsprojekte geklärt. Mittels der sensibilisierenden Konzepte Agency und Medienbildung erfolgt die Darstellung der Analyseergebnisse der Interviews mit jungen Menschen mit Fluchterfahrung sowie der Expert*inneninterviews mit pädagogischen Fachkräften. Daran anknüpfend werden die Ergebnisse theoretisch verdichtet. Das Kapitel schließt mit Implikationen zur (medien-)pädagogischen Arbeit mit jungen Geflüchteten.

3.5.6.1 Forschungsstand

Studien zur Mediennutzung von Geflüchteten zeigen eine hohe Relevanz von Internet und Smartphones vor, während und nach der Flucht auf: Kutscher und Kreß (2015, 2017) führten 17 Einzelinterviews sowie eine Gruppendiskussion mit männlichen Geflüchteten zwischen 15 und 19 Jahren durch. Sie konstatieren, dass das Internet für junge Geflüchtete in allen Phasen der Flucht ebenso wichtig wie Essen und ein „basales Grundbedürfnis" (Kutscher, Kreß, 2015, 25) sei. Fiedler (2016) hat teilstandardisierte qualitative Interviews mit Geflüchteten aus Syrien und dem Irak geführt: Er hält fest, dass Fernsehsender, Newsportale und soziale Medien wie Facebook zentral seien, um ein Überblickswissen für eine mögliche

---

48 Dieses Unterkapitel wurde erstveröffentlicht als: Friedrichs-Liesenkötter, H., Schmitt, C. (2017). Digitale Medien als Mediatoren von Agency. Empirische Einblicke in Medienpraktiken junger Geflüchteter und die (medien-)pädagogische Arbeit. Medienimpulse, 55(3), 1–33, DOI: https://doi.org/10.21243/mi-03-17-08. Es stellt eine leicht modifizierte Form der Erstveröffentlichung dar.

49 Die Autorinnen Friedrichs-Liesenkötter und Schmitt haben gleichermaßen zu diesem Kapitel beigetragen. Das Kapitel entstand aus der Idee, Erkenntnisse aus zwei Forschungsprojekten zu verknüpfen, um vielfältige Einblicke in das interessierende Feld zu generieren. Henrike Friedrichs-Liesenkötter dankt Freya-Maria Müller für die Unterstützung bei der Interviewführung, Transkription und Analyse sowie Maisa Mora für die Interviewführung, Transkription und Übersetzung der arabischsprachigen Interviews. Caroline Schmitt dankt Kira-Maria Höll und Luise Holly Fischer für die Unterstützung bei der Transkription.

Flucht zu generieren. So werden vor der Flucht Informationen zu möglichen Ankunftsländern und Fluchtwegen von Bekannten eingeholt, die sich bereits in Europa aufhalten. Während der Flucht besteht ein Austausch mit anderen Flüchtenden über soziale Netzwerke und Instant-Messenger, die Informationen weitergeben, etwa, wenn sie schon eine Etappe weiter auf der Flucht vorangeschritten sind (ebd., 10–18). Einerseits dienen das Handy und Smartphone als unerlässliches Kommunikationsinstrument: zu anderen Flüchtenden, zur Familie und zu Bekannten, im Austausch mit Schlepper*innen, als Hilfsmittel, um Notrufe abzusetzen und als Navigationsinstrument für Fluchtwege (siehe auch Kutscher, Kreß, 2015; Gillespie et al., 2016). Andererseits geht mit der Mobilfunknutzung die Möglichkeit einer Überwachung einher: So können Geheimdienste Nachrichten potenziell abhören und lesen, sodass Behörden des Ankunftslands an der Grenze zwischen ‚gewollten und nicht gewollten' flüchtenden Menschen unterscheiden können (Fiedler, 2016, 10–13). Um eine Überwachung zu vermeiden, wenden Menschen auf der Flucht verschiedene Strategien an, wie etwa nur Informationen zur Flucht zu suchen, sie jedoch nicht selbst zu verbreiten, sich in einer codierten Sprache auszutauschen (ebd.) oder über anonymisierte Accounts in sozialen Netzwerken wie Twitter zu agieren (Gillespie et al., 2016). Mit Ankunft in Deutschland werden die im Vorfeld vermittelten Bilder über die Bundesrepublik häufig enttäuscht, da viele geflüchtete Menschen überfüllte Geflüchtetenunterkünfte oder den hohen Bürokratieaufwand beim Stellen eines Asylantrags nicht erwartet haben (Richter, Kunst, Emmer, 2016; Fiedler, 2016). Zur Kommunikation mit Familie, Peers und pädagogischen Fachkräften werden von den Jugendlichen Apps wie WhatsApp, Viber, Skype und Facebook genutzt (ebd., 2). Der Kontakt zur Familie im Herkunftsland ist jedoch mitunter durch emotionale Belastungen geprägt: Witteborn (2015) beobachtet im Rahmen teilnehmender Beobachtungen mit geflüchteten Menschen in Deutschland, dass durch die gemeinsame Skype-Nutzung ein intimer Rahmen für den Austausch mit der Familie geschaffen wird, in welchem Bildschirme berührt, neugeborene Babys bestaunt werden oder gemeinsam gelacht wird. Gleichzeitig rufen die Gespräche Stress aufseiten der Geflüchteten hervor, wenn eigene und durch die Familie an sie herangetragene Erwartungen (hinsichtlich Bleiberecht, Arbeit, Versenden von Geld) nicht erfüllt werden können (ebd., 350 ff.). Auch für die Orientierung in Deutschland sind digitale Medien zentral: Beispielsweise nutzen Geflüchtete das Internet, um sich auf Stellenangebote zu bewerben, Informationen zu Bildung und Gesundheit einzuholen und sich mit sozialen, religiösen oder kulturellen Gruppen zu vernetzen (ebd., 350 ff.; für Australien Alam, Imran, 2015, 12 ff.). Bei Jugendlichen sind laut Kutscher und Kreß (2015, 2) YouTube, Navigationsapps sowie Deutschlernapps beliebt. Somit zeigen sich auch „jugendtypische Nutzungsweisen digitaler Medien" (ebd.), die „unabhängig vom Flüchtlingsstatus" sind (ebd.). Bisherige empirische Studien pointieren die Vielfalt der Mediennutzung durch junge Geflüchtete. Weiterführende Studien zur Bedeutung von Medien in Bildungs- und Lernkontexten und eine Analyse ihrer Bedeutung vor der Folie *Agency* fehlen bislang jedoch. An diesem Desiderat setzt das vorliegende Kapitel mit beiden Forschungsprojekten an.

3.5.6.2 Methodik

Die Analyse basiert auf zwei universitären Forschungsprojekten mit einer qualitativen Forschungslogik. In beiden Studien wurden sowohl junge Geflüchtete als auch pädagogische Fachkräfte befragt. Das Forschungsprojekt von Henrike Friedrichs-Liesenkötter mit dem Titel „Die Bedeutung digitaler Medien für junge Geflüchtete. Eine explorative qualitative Studie mit Geflüchteten und Pädagog*innen in Nordrhein-Westfalen" wurde von 12/2016 bis 03/2017 an der Universität Bielefeld durchgeführt und wird seit 04/2017 an der Leuphana Universität Lüneburg fortgeführt. Insgesamt wurden 18 leitfadengestützte Interviews mit jungen Menschen mit Fluchterfahrung (Przyborski, Wohlrab-Sahr, 2010, 138–145) sowie neun leitfadengestützte Expert*inneninterviews (Meuser, Nagel, 1997) mit pädagogischen Fachkräften in Nordrhein-Westfalen geführt. Das Sample der jungen Geflüchteten umfasst Jugendliche und junge Erwachsene mit Fluchthintergrund im Alter von 14 bis 23 Jahren, das Durchschnittsalter liegt bei 18 Jahren. Der Großteil der jungen Geflüchteten ist männlich, im Sample sind nur vier weibliche junge Geflüchtete vertreten, worin sich die höhere Geschlechterverteilung aufseiten geflüchteter Männer widerspiegelt (BAMF, 2017, 7). Die Jugendlichen und jungen Erwachsenen stammen aus verschiedenen Herkunftsländern, am häufigsten aus Syrien. Zum Zeitpunkt der Erhebung zählte Syrien, gefolgt von Afghanistan und dem Irak, zu den am stärksten vertretenen Herkunftsländern von Asylantragsteller*innen in Deutschland (ebd., 5). Die Interviews mit den jungen Geflüchteten fanden in deutscher, englischer, französischer und arabischer Sprache statt. Die befragten Pädagog*innen sind in unterschiedlichen beruflichen Feldern tätig: Als Lehrkraft oder Sozialpädagog*in in der Schule, als Medienpädagog*innen, die außerschulische Praxisprojekte mit geflüchteten Menschen durchführen, als Sozialpädagog*innen in Jugendzentren, Clearingstellen, in einem Mädchenhaus sowie in übergeordneten kommunalen Strukturen wie einem Amt für Jugend und Familie. Insgesamt wurden neun Interviews mit acht weiblichen und drei männlichen Befragten zwischen 26 und 60 Jahren geführt, an einem Interview nahmen drei Pädagog*innen teil.

Das Forschungsprojekt „Flucht und Inklusion. Historische und zeitgenössische Analysen zur Teilhabe von Geflüchteten" von Caroline Schmitt ist an der Johannes Gutenberg-Universität Mainz angesiedelt. Caroline Schmitt untersucht in einem Teilprojekt Möglichkeiten und Barrieren der Teilhabe in den Lebenswelten junger Geflüchteter, die aus ihren Herkunftsländern nach Deutschland fliehen mussten. Im Frühjahr 2016 wurden zehn Leitfadeninterviews mit jungen Geflüchteten sowie dreizehn Expert*inneninterviews mit pädagogischen Fachkräften im Rhein Main-Gebiet geführt. Die interviewten Geflüchteten sind alle männlich, waren zum Interviewzeitpunkt zwischen 17 und 31 Jahren alt und sind zwischen den Jahren 2010 und 2015 aus Syrien, Irak und Afghanistan nach Deutschland geflohen. Auch im Sample der Studie von Schmitt spiegeln sich die Hauptherkunftsländer von Asylantragssteller*innen zum Zeitpunkt der Erhebung wider. Die Interviewsprachen waren Deutsch und Englisch. Die Fallauswahl erfährt an dieser Stelle eine Beschneidung, da nur solche Geflüchtete an einem Interview teilnehmen konnten, welche einer der beiden Sprachen mächtig sind. Von der Zwischenschaltung eines*einer Dolmetscher*in wurde abgesehen, um eine zusätzliche Verkünstlichung der Interviewsituation zu vermeiden. Die Expert*inneninterviews wurden mit pädagogischen Fachkräften in verschiedenen Tätigkeitsfeldern der Fluchtarbeit geführt. Diese umfassen die Arbeit in Notaufnahmeeinrichtungen, Clearingstellen, Beratungsstellen sowie in den Folgemaßnahmen Jugendwohnen, betreutes Wohnen und Heimunterbringung. Die befragten Fachkräfte waren zum Interviewzeitpunkt im Altersspektrum der frühen zwanziger Jahre bis hin zum 61. Lebensjahr angesiedelt. In beiden Forschungsprojekten erfolgte der Feldzugang durch die Unterstützung von bürgerschaftlich Engagierten sowie pädagogischen Fachkräften. Für das vorliegende Kapitel werden die erhobenen Materialien beider Projekte zusammengeführt. Hierdurch liegt eine vielfältige Materialbasis zugrunde: Während das Forschungsprojekt von Henrike Friedrichs-Liesenkötter explizit nach der Bedeutung von Medien für Geflüchtete und für die pädagogische Arbeit von Fachkräften fragt, analysiert das Forschungsprojekt von Caroline Schmitt jene Interviews, in denen digitale Medien von Geflüchteten und Fachkräften selbst relevant gemacht werden. Das Material wird vor dem Hintergrund zweier Forschungsfragen untersucht:

- Welche Bedeutung erfahren digitale Medien für junge Menschen mit Fluchterfahrung (*Perspektive der Geflüchteten*)?
- Welche Bedeutung erfahren digitale Medien für Fachkräfte in der (medien-)pädagogischen Arbeit mit jungen Geflüchteten (*Perspektive der Fachkräfte*)?

Relevante Themen wurden aus dem Material herausgearbeitet, zu ersten Kodes verdichtet (offenes Kodieren), im Rahmen des axialen Kodierens zueinander in Bezug gesetzt und zu übergeordneten Kategorien gebündelt (selektives Kodieren) (Strauss, Corbin, 1996).

3.5.6.3 Agency und Medienbildung als sensibilisierende Konzepte zur Analyse

Nach Sichtung der Interviews kristallisierten sich Fragen nach Handlungsfähigkeit und Medienbildung als zentrale Themen heraus. Aus diesem Grund wurde das Material unter Zuhilfenahme der sensibilisierenden Konzepte Agency und Medienbildung analysiert. In der qualitativen Sozialforschung fungiert Agency als Sammelbezeichnung für heterogene theoretische Orientierungen. Wir beziehen uns auf ein relationales Agencyverständnis (Raithelhuber, 2012; Scherr, 2012). Agency-Theorien betrachten Akteur*innen als Gestalter*innen ihrer Wirklichkeit (Homfeldt, Schröer, Schweppe, 2006, 23.25) und analysieren das Erleben von Handlungsmöglichkeiten und -beschränkungen aus deren Perspektive (Lucius-Hoene, 2012, 41). Dabei ist die Ausgangsthese, „daß menschliche Handlungen nicht nur durch Routinen bestimmt werden, die in der Vergangenheit entwickelt wurden, sondern daß sich Akteure durch soziale Herausforderungen und Konflikte von diesen distanzieren können, um sich neuen sozialen Konstellationen zu stellen" (ebd., 23; sic). Agency nimmt einen dediziert zeitlichen Blick auf die Ebenen Vergangenheit, Gegenwart und Zukunft ein (Emirbayer, Mische, 1998). In diesem Kapitel analysieren wir Handlungsfähigkeit von Geflüchteten in Relation zu Medien, die, so unsere Annahme, als „social agents" (Gell, 1998, 17) fungieren können. Der Sozialanthropologe Gell begreift Dinge als Akteur*innen, von welchen Agency ausgehen oder durch welche Agency ausgelöst und verstärkt werden kann (ebd., 17–18). In der Analyse der Interviews mit den jungen Geflüchteten wird der Frage nachgegangen, inwiefern Medien in den Lebenswelten von Geflüchteten Wirkmacht entfalten und/oder durch Geflüchtete wirkmächtig genutzt und mit Bedeutung versehen werden (siehe auch Bender et al., 2015, 163–185). Im Hinblick auf die Analyse der Expert*inneninterviews wird eruiert, inwiefern digitale Medien in der pädagogischen und explizit medienpädagogischen Arbeit von den Fachkräften eingesetzt werden, um Handlungsfähigkeit aufseiten der jungen Geflüchteten zu stärken. An dieser Stelle erfährt Agency eine Verknüpfung mit Diskursen um Medienbildung in Schule und außerschulischen Bildungskontexten: In der Analyse wird Agency in Relation zu einem Lernen mit Medien sowie einem Lernen über Medien gesetzt, Letzteres im Sinne einer Medienkompetenzförderung (Baacke, 1996; DGfE Sektion Medienpädagogik, 2016). Darüber hinaus wird in der Analyse das Eröffnen von Artikulations- und Partizipationsmöglichkeiten als weiteres Ziel von Medienpädagog*innen in Praxisprojekten der Medienbildung betrachtet und mit dem Ziel der Stärkung von Handlungsfähigkeit aufseiten der jungen Geflüchteten verknüpft.

3.5.6.4 Analyseergebnisse

Die Ergebnisdarstellung orientiert sich an den gebildeten Kategorien zu den Interviews mit den jungen Geflüchteten und den pädagogischen Fachkräften. In der Analyse wurden die Relevanzsetzungen der Interviewten in den Blick genommen. In beiden Studien zeigt sich eine Vielzahl jugendtypischer Nutzungsweisen von Medien aufseiten der jungen Geflüchteten, wie etwa die intensive Nutzung von Facebook oder WhatsApp oder die Vorliebe der jungen Geflüchteten für YouTube. Gleichwohl erfüllen digitale Medien vor dem Hintergrund der Fluchterfahrung der jungen Menschen darüber hinausgehende Funktionen und offenbaren Spezifika im Unterschied zur Mediennutzung nicht geflüchteter Jugendlicher.

3.5.6.4.1 Bedeutung von Medien für junge Menschen mit Fluchterfahrung
Die Interviewanalysen verdeutlichen, dass digitale Medien, allen voran Internet und Smart- wie Mobilphone, eine bedeutende Funktion im Leben von jungen Geflüchteten einnehmen. Sie unterstützen diese bei Fluchtorganisation, familialer Kontakthaltung, Alltagsgestaltung und Teilhabeherstellung in Deutschland.

Internet als Mittel zur Fluchtorganisation und Fluchthelfer
Karim ist 25 Jahre alt und im Jahr 2015 aus Syrien nach Deutschland geflohen. Vor seiner Flucht war er Student in Syrien und hat Bauingenieurwesen auf Bachelor studiert. Karim hat Syrien verlassen, als er einen „Bescheid" (Z. 136) erhielt, zu „Assad Armee" (Z. 137) gehen zu müssen: „wenn ich in Syrien bleiben, ich muss nach äh Assad Arme gehen das is nicht gut für mich" (Z. 138–139). Seine Flucht trat er mit dem Wunsch nach einem „safety life" (Z. 141) an. Er informierte sich über sein angestrebtes Zielland im Internet und konnte Informationen über das Onlinenetzwerk Facebook einholen: „ich suche über ein Land (.) ich möchte studieren und arbeiten auch und eine Familie machen. Äh ich suche bei Facebook" (Z. 13–15). Zudem kontaktierte er Freunde in Schweden, Frankreich und Deutschland. Ausschlaggebend für die Bestimmung des Ziellands Deutschland waren Informationen eines Freundes, der seit zwei Jahren in Deutschland lebt, das Land als sicher und die Menschen als freundlich einstuft und Karim auf mögliche Bildungsperspektiven aufmerksam macht: „äh ich frage eine Freund in Schweden, isch habe auch ein Freund in Französisch äh isch finde am besten Deutschland [...] wir haben hier in Deutschland Freiheit [...] ich suche über bei Internet, bei einem Freund. Er hat äh er hat zwei Jahre in Deutschland hat gesagt alles in Ordnung in Deutschland. Alles alles okay. Dann dann ich hab allen Bescheid gesagt isch fahre nach Deutschland" (Z. 153 ff.). Auch der 28-jährige Said aus Syrien benennt digitale Medien als ausschlaggebend für die Auswahl des Ziellands Deutschland. Relevant waren für ihn die medial zirkulierenden Bilder und Imaginationen zur Bundesrepublik: „I always want to see and make a visit for this country [.] when I was in Syria I always äh you know the mondial sport? [.] I love always äh look for Germany" (Z. 215–221).

Die Interviewanalysen zeigen die bedeutende Funktion von Medien für die Fluchtentscheidung und -organisation auf (siehe auch Fiedler, 2016): Zum einen, in dem über mediale Bilder Vorstellungen über Deutschland als erstrebenswertes Zielland erzeugt werden, zum anderen, in dem über digitale Medien Kontakt zu bekannten Personen hergestellt wird. Die Kontaktpersonen in Europa fungieren als beratende Expert*innen. Medien und Kontaktpersonen unterstützen somit als soziale Akteur*innen die Fluchtorganisation, wirken auf die Entscheidung für ein Zielland ein und stärken die jungen Menschen in ihrer Handlungsfähigkeit: Schließlich können diese der lebensbedrohenden Situation im Herkunftsland entkommen.

Digitale Medien als Mittel familialer Kontakthaltung
Digitale Medien ermöglichen im Zielland die Kontakthaltung zu Familienangehörigen in anderen Ländern. Dies ist jedoch nur möglich, wenn die Geflüchteten noch über die Kontaktdaten ihrer Familie verfügen. Während dies etwa für den 19-jährigen Didier aus der Demokratischen Republik Kongo nicht der Fall ist, haben andere Geflüchtete regelmäßigen Kontakt zur Familie. Der 23-jährige Tarek aus Damaskus etwa erzählt, alle zwei Tage mit seinen Eltern und Geschwistern in Syrien zu telefonieren oder zu skypen (Z. 43–45). Amir, 24 Jahre alt und ebenfalls von Syrien nach Deutschland geflohen, ist über WhatsApp und das soziale Netzwerk Facebook mit seinen Eltern und Schwestern in Syrien sowie seinem Bruder im Libanon verbunden (Z. 119–133). Der 18-jährige Bassam wiederum telefoniert nur einmal im Monat mit seinen Eltern (Z. 76) und kann keine Möglichkeit der Onlinekommunikation ergreifen, da „in Syrien [...] Internet is schlecht" (Z. 510). Auch der 25-jährige Karim aus Syrien berichtet von der Schwierigkeit der Kontakthaltung im Fall von Stromausfall im Herkunftsland: „das is schwer weil äh das Internet in Syrien sehr schlecht und langsam. Manchmal keine elektrisch, kein Internet. Manchmal ich habe ein Kontakt" (Z. 64–66). Es kann an dieser Stelle davon ausgegangen werden, dass der Zugang zum Netz in Syrien nicht flächendeckend, sondern je nach Grad der Zerstörung nur noch partiell vorhanden ist. Hürden der Kontakthaltung sind neben kaputten Leitungen und Stromausfällen auch politisch bedingt: Karim deutet aus Perspektive seiner Familie in Syrien die Schwierigkeiten an, die potenziell durch ein Telefonat mit dem Sohn in Deutschland entstehen können: „für meine Familie sehr schwer Kontakt mit mir. Manchmal verboten [...] von Polizei: warum anrufst du äh nach Deutschland?" (Z. 62–73). Das Medienhandeln der Familie unterliegt der staatlichen Kontrolle, da Karim vor der Rekrutierung durch die Truppen Assads geflohen ist. Der Kontakt zum geflohenen Sohn ist nur eingeschränkt und im Verborgenen möglich.

Die Fälle verdeutlichen die Bedeutsamkeit infrastruktureller und politischer Bedingungen im Ziel- *und* Herkunftsland, um Kontakt über Medien halten zu können. Hinzu kommt die Vulnerabilität von Geflüchteten gegenüber Kontrollinstanzen wie der Polizei, wie Daniel verdeutlicht. Er ist zum Interviewzeitpunkt 17 Jahre alt, lebte vor seiner Flucht mit seiner Familie unregistriert im Iran und arbeitete auf einer Baustelle. Alle zwei bis drei Monate wechselte die Familie ihren Wohnsitz, um nicht von der iranischen Polizei entdeckt zu werden.

Im Alter von 13 oder 14 Jahren wurde Daniel von der Polizei auf der Baustelle festgenommen, eine Woche inhaftiert und ohne das Wissen seiner Familie nach Afghanistan, das Herkunftsland der Familie, abgeschoben. In Afghanistan war er vollkommen auf sich allein gestellt, da er keine familiären Kontakte in seinem Geburtsland hat. Er reiste allein in den Iran zurück, um bei seiner Familie zu sein, wurde aber erneut von der Polizei aufgegriffen. Die Polizisten nahmen dem Jungen das Handy ab und demolierten es. Daniel konnte fortan keinen telefonischen Kontakt mehr zu seiner Familie aufnehmen und verfügt nicht mehr über die Telefonnummern, die ausschließlich im Gerät gespeichert waren. Er suchte seine Familie ohne Erfolg ein Jahr lang im Iran. Schließlich entschloss er sich zur Flucht, da er vor Ort keine Zukunftsperspektive für sich sah. Die hohe Abhängigkeit von Mobiltelefonen verdeutlicht auch der 16-jährige Farid. Sein Smartphone funktioniert aufgrund eines Wasserschadens durch die Flucht nicht mehr, was die Kommunikation mit anderen erschwert: „das ist [...] nass, ne, wenn ich eine Ruf bekomme, dann kann ich horen nichts, die horen ist kaputt, ne, weil [...] in Griechenland ist ein große Meer, ne, das ist nass" (Z. 379–381).

Die Fallbeispiele zeigen auf, wie voraussetzungsreich die Kontakthaltung von Geflüchteten und ihren Familienmitgliedern über Ländergrenzen hinweg ist. Digitale Medien haben einerseits eine *ermöglichende* Funktion und verbinden Familienmitglieder an unterschiedlichen Standorten, gleichzeitig sind Geflüchtete in hohem Maße von einem Zugang zu Medien *abhängig*, damit Familiennetzwerke nicht zerbrechen. Voraussetzungen der Mediennutzung sind Infrastruktur (Zugang zu Strom und Internet), politisches Klima (staatlich gewährte Freiräume) sowie ein sensibler Umgang von Seiten behördlicher und pädagogischer Mitarbeiter*innen, welche um die zentrale Bedeutung digitaler Medien zur Aufrechterhaltung von Familiennetzwerken wissen sollten. Medien fungieren in diesen Fällen als Dinge mit maßgeblichem Einfluss auf subjektive Handlungsfähigkeiten.

Internet und Smartphone als Alltagsunterstützung im Zielland
Des Weiteren stellen Internet und Smartphone in Deutschland ein Mittel zur Alltagsunterstützung und Herstellung von mehr Handlungsfähigkeit dar. Zentral ist der Wunsch der jungen Geflüchteten, Deutsch zu lernen. Der 23-jährige Roben aus Bangladesch verfügt über zehn verschieden ausgerichtete Deutschlern-Apps auf seinem Smartphone. Auch Tarek hebt hervor, wie bedeutsam der Zugang zum Internet für ihn ist, um Briefe in die deutsche Sprache zu übersetzen und in der Schule mitzukommen: „for äh übersetzten Brief und äh for Schule" (Z. 275–276). Gleichermaßen äußert Karim, „google translate Wörterbuch [...] YouTube" (Z. 79–80) zum Bestehen in der Schule zu benötigen. Neben Deutschlernapps und Übersetzungen mittels Internet und Google Translate rezipieren die jungen Geflüchteten deutschsprachige Filme und Musik (meist über YouTube), um sich an die deutsche Sprache zu gewöhnen. Doch beim Erlernen der deutschen Sprache über digitale Medien stoßen die jungen Geflüchteten an Grenzen. Der 24-jährige Said aus Syrien berichtet: „I try to learn Deutsch from from äh internet. It was also interesting [...] I am good in grammar but in talking I can't" (Z. 167–168). Zwar lässt sich online das grammatikalische Regelwerk der deutschen Sprache erschließen, der Spracherwerb im Netz ersetzt das alltägliche Einüben und Praktizieren der Sprache jedoch nicht. Wenn Said deutschsprachige Inhalte nicht versteht, werden er und seine geflüchteten Freunde ehrenamtlich von einer Familie unterstützt. Diese Form informeller Unterstützung wird mithilfe digitaler Medien organisiert: Erhält Said für ihn unverständliche Briefe von Behörden,

fotografiert er sie mit der Fotofunktion seines Smartphones ab, schickt das Foto via WhatsApp an die Familie und bekommt eine rasche Rückmeldung: „When you sent a photo for them, directly they answer" (Z. 183–185). WhatsApp und Mobiltelefon kompensieren strukturelle Schwierigkeiten wie einen monolingualen Behördenkontakt und sind gleichzeitig Mittel zur Organisation niedrigschwelliger Unterstützung durch die ehrenamtlich engagierte Familie. An den Fallbeispielen zeigt sich, dass der Zugang zum Netz in zentraler Weise mit Teilhabemöglichkeiten am Alltag und im Bildungsbereich verknüpft ist. Umso herausfordernder ist es für die jungen Menschen, wenn kein flächendeckender WLAN-Zugang besteht. So lebt Tarek derzeit gemeinsam mit anderen jungen Geflüchteten in einer Wohnung ohne Internetzugang. Der für ihn zuständige Mitarbeiter des Sozialamts hat ihn ermutigt, den Netzzugang vom Vermieter einzufordern: „er sagt [...] können wir ähm mit äh Vermieter sagen wir möchten Internet" (Z. 273–275). Auch in den Clearingeinrichtungen besteht nicht immer ein flächendeckender WLAN-Zugang: „diese Wlan ist funktioniert nicht for funktioniert for 20 für Menschen" (Farid, 16 Jahre, aus Afghanistan).

Es zeigt sich zusammenfassend, dass der Zugang zu digitalen Medien maßgeblich über Handlungsfähigkeiten in Deutschland entscheidet. Internet und WhatsApp sind zentrale Ressourcen im Spracherwerb und Bindeglied in informellen Unterstützungsprozessen. Sie können potenziell zu einer Steigerung von Agency im Zielland beitragen; hierzu bedarf es eines Zugangs zu WLAN in den Wohnungen und Unterkünften für junge Geflüchtete.

3.5.6.4.2 Bedeutung von Medien in der (medien-)pädagogischen Arbeit

Für pädagogische Fachkräfte können digitale Medien unterschiedliche Bedeutungen innehaben. Sie können zu pädagogischen Zwecken intentional eingesetzt werden oder als Teil der Lebenswelten junger Geflüchteter in die Interaktion zwischen Fachkraft und jungen Geflüchteten hineinspielen.

Emotionale Belastung durch den Transport von Geschehnissen über digitale Medien
Die 31-jährige Linda arbeitet als Sozialarbeiterin in einer Clearingstelle für unbegleitete minderjährige Geflüchtete. Im Interview verdeutlicht sie, wie das Kriegsgeschehen und die Situation der zurückgelassenen oder noch fliehenden Familien über WhatsApp und Skype unmittelbar in die Clearingstelle transportiert werden: „Du bist direkt immer verbunden mit diesen Jungs, mit dem Krieg. [...] Dann kam in den Nachrichten etwas über Afghanistan und ein Anschlag und Tote und in dem Moment hatten die Jungs WhatsApp-Nachrichten und haben binnen Sekunden später dann im Prinzip überprüft, ob noch alle leben zuhause und was da los ist und das ist ganz nah, das ist direkt da" (Z. 461–466). Linda verfolgt den Fluchtweg der Familien mit den Jugendlichen und steht ihnen auch in der Nacht bei. Sie betet mit ihnen und bittet die Jugendlichen, sie über die Situation ihrer Verwandten zu

informieren: „mit einem Jugendlichen habe ich die ganze Zeit verfolgt, da war der Onkel ist dann auf das Boot und dann haben wir die ganze Nacht habe ich gesagt, ich bete mit ihm und ich denke mit ihm an den Onkel und bitte sage mir Bescheid, ob er [...] überlebt hat" (Z. 471–475). Linda betont die Relevanz der Fluchterfahrungen von Angehörigen für ihre Arbeit mit den jungen Menschen vor Ort. Durch digitale Medien sind die Jugendlichen in die familiären Fluchterfahrungen eingebunden: „Die sind ja vernetzt und das hat immer eine Folge [...] wie es denen psychisch geht, was mit ihren Familien ist [...]. Die sind ja alle in Facebook vernetzt" (Z. 475–480). Eine Herausforderung der pädagogischen Arbeit sei es, die Jugendlichen aufzufangen und ihre Emotionen auszuhalten: „dass sie wütend sind, dass sie verzweifelt sind" (Z. 499–500). Eine Strategie, mit belastenden Ereignissen oder Ungewissheit über das Schicksal der Eltern umzugehen, bestehe in der Ablenkung der jungen Menschen: „wir hatten jetzt Jugendliche, dass sich dann die Eltern haben sich auf den Weg gemacht nach Deutschland, die haben dann vier Wochen nichts von zuhause gehört und wussten okay, die sind jetzt auf dem Boot, jetzt sind die vielleicht in der Türkei [...]. Da haben wir halt geguckt, dass wir ganz viel mit den Jugendlichen unternehmen und sie ein bisschen ablenken" (Z. 501–507). Für Linda ist der unmittelbare Beistand und die Anteilnahme an den Schicksalen der Familien zentral. Schwierige Situationen wie Drogenkonsum der Jugendlichen und selbstverletzendes Verhalten könnten nur aufgefangen werden, weil das Team in der Einrichtung professionell und trotz aller Herausforderungen zuversichtlich sei: „Wir vor Ort wissen, dass wir das hinkriegen und dass wir da ein professionelles Team sind" (Z. 513–515). Ähnlich wie Linda berichtet auch Rainer, der eine Clearingstelle für unbegleitete minderjährige Geflüchtete leitet, von „Problemen", die dadurch entstehen, dass Jugendliche durch das Anschauen von Videos zu Kriegsszenen getriggert werden. Die emotionale Belastung hat starke Ausmaße für die Jugendlichen und wird auf Objekte wie den Computer transferiert: „wir haben das Problem gehabt, also um das kurz einmal bildlich dann zu machen, auch Jugendliche, die dann sich bestimmte Videos angucken und dann halt [...] getriggert werden und dann auch anfangen, den Computer, an dem sie gerade sitzen, an dem sie arbeiten wollen auch kaputt zu machen, weil durch Trigger Traumatisierungen eben wieder aufkommen" (Z. 111–116). Doch nicht nur der Transport von Geschehnissen im Herkunftsland kann potenziell krisenhaft verlaufen. Auch die mediale Berichterstattung in Deutschland über Geflüchtete kann zu Belastungen führen. Linda erzählt, dass einige junge Geflüchtete nach den Ereignissen in der Silvesternacht 2015/2016 in Köln höchst beunruhigt waren. In der Silvesternacht kam es in Köln zu sexuellen Übergriffen an Frauen durch Gruppen junger Männer, die als „nordafrikanisch aussehend" und „muslimisch" kategorisiert wurden. In Folge dieser Nacht wurden die medial transportierten Diskurse um „Flucht" und „sexuelle Übergriffe" stark verknüpft (Keskinkõlõç, 2017, 69); die jungen Geflüchteten fürchten seither eine pauschale Etikettierung als „sexuell übergriffig": „Vier Jungs [haben] mit mir geredet und mich gefragt, ob man nun so über sie denkt. Und ein Junge [...] hat versucht mir zu erklären, dass ähm dass [er] Moslem [ist] und dass (wenn) man aus Syrien stammt oder wo er auch herkommt, nichts für ihn damit zu tun hat, dass man auch gleich so mit Frauen umgeht. Also den hat das richtig beschäftigt und der hat immer zu mir gesagt, ‚it's about respect and it's about being human and you can be human as a Muslim or as a Christian'" (Z. 427–433). Der Jugendliche dekonstruiert, dass ein Muslimisch-Sein gleichbedeutend mit einer Aberkennung von Frauen sei und verweist auf die Orientierung an Respekt und Menschlichkeit als gemeinsamen Rahmen, den er zum Beispiel mit der Pädagogin teilt. Die Pädagogin fängt diese Ohnmachtserfahrung der jungen Menschen auf und zeigt sich solidarisch; gleichwohl verweist das Fallbeispiel auf eine hierüber hinausreichende notwendige rassismuskritische Arbeit.

Die Fallbeispiele verdeutlichen die ambivalente Rolle digitaler Medien in pädagogischen Einrichtungen: Die jungen Geflüchteten sind durch die Mediennutzung einerseits in Kenntnis über die Situation ihrer Angehörigen, was eine potenziell beruhigende Wirkung haben kann. Digitale Medien können ihre Handlungsfähigkeit stärken, weil der Kontakt gehalten wird. Das medial transportierte Wissen kann aber auch beunruhigen, wenn die jungen Menschen von weiteren Kriegsentwicklungen in ihrem Herkunftsland erfahren oder sich als frauenverachtend aufgrund des eigenen Aussehens und der religiösen Zugehörigkeit etikettiert sehen. Dieses Spannungsfeld tut sich auch für die Fachkräfte auf: Sie erkennen den medialen Kontakt der jungen Menschen zu ihren Familien an, sind in ihrer professionellen Rolle aber mit neuen Herausforderungen konfrontiert. Die medial transportierten Informationen erfordern eine hohe Sensibilität und Flexibilität im Umgang mit den jungen Menschen. unabhängig davon, ob es sich um Informationen aus den Herkunftsländern der Geflüchteten handelt oder um die mediale Berichterstattung in Deutschland, wie die Debatte um die Kölner Silvesternacht zeigt.

Lernen mit Medien als didaktische Unterstützung in der Schule
Für den Bildungskontext Schule berichten die 54-jährige Lehrerin Kathrin und der 26-jährige Schulsozialarbeiter Christian von einem didaktischen Einsatz digitaler Medien im Unterricht. Sie beziehen sich vor allem auf ein Lernen mit Medien. Kathrin ist an einer Hauptschule tätig, Christian arbeitet als Schulsozialarbeiter in einer internationalen Klasse eines Gymnasiums. An beiden Schulen besuchen geflüchtete und migrierte Schüler*innen den Regelunterricht und erhalten zusätzlichen Unterricht zum Erwerb der deutschen Sprache. Digitale Medien werden genutzt, um die Unterrichtsinhalte verständlich zu vermitteln: Kathrin verwendet in ihrem Unterricht Whiteboards, über die sie zum Unterrichtsinhalt passende Filme aus den online gestützten Mediatheken von Fernsehsendern abspielt. Einen solchen Medieneinsatz sieht sie im zeitgenössischen Unterricht als essenziell an, da es ihren Schüler*innen schwerfalle, gleich ob geflüchtet oder nicht, längere Texte nachzuvollziehen. Christian berichtet von einem Medieneinsatz in

Projekten der internationalen Klasse zur Förderung der Schreib- und Lesekompetenz: Die Schüler*innen haben mit Unterstützung einen eigenen Zeitungsartikel erstellt. Durch die visuelle Auseinandersetzung mit Liedtexten, die an einem Beamer präsentiert werden, wird die Sprachkompetenz gefördert: „Jetzt zum Beispiel Sankt Martin oder so, die Lieder werden dann eingespielt und dann teilt der den Mantel in dem Song und jeder versteht das dann da ha, darum geht's" (Z. 89–91). Die Schüler*innen dürfen zu Übersetzungszwecken im Unterricht ausnahmsweise ihre Smartphones heranziehen; diese weisen laut Christian Vorteile gegenüber einem klassischen Wörterbuch auf, da „es […] dann doch teilweise unkomplizierter [ist], wenn die ihre eigene Sprache kurz ins Handy eintippen und dann wissen, was die Vokabel grade bedeutet" (Z. 92–93). Ein gezielter Einsatz von Sprachlernapps findet im Unterricht an beiden Schulen nicht statt. Dass Lernapps keine Anwendung finden, scheint mit den prinzipiellen Rahmenbedingungen zusammenzuhängen, die in vielen Schulen gegeben sind. An beiden Schulen des Samples bestehen Smartphone-Verbote für den Unterricht, welche von den Lehrkräften bei Bedarf ausgehebelt werden können. Christian ist der Nutzung von Lernapps gegenüber prinzipiell aufgeschlossen, für einen solchen Einsatz müsste das Smartphone-Verbot jedoch abgeschafft werden: „weil das würd sich ja in nem krassen Widerspruch beggegnen, wenn man sagt: ‚In der Schule kein Handy' und dann Lernapp" (Z. 359–361). Eine Medienkompetenzförderung aufseiten der Schüler*innen hinsichtlich ihrer Medienkritikfähigkeit, beispielsweise eine Sensibilisierung für Datenschutzproblematiken oder Cybermobbing, sehen sowohl Christian als auch Kathrin als relevante Aufgaben der Schule an. Dies sei, so Kathrin, für alle Schüler*innen, mit und ohne Fluchterfahrung, wichtig. Während Kathrin eine Auseinandersetzung im begrenzten Umfang anregt (bspw. durch Elternabende), sieht Christian eine Medienkompetenzförderung zwar als wichtige Aufgabe der Schule an, diese würde jedoch in zeitlicher Konkurrenz zum Erlernen der deutschen Sprache stehen. Auch würden sich Lehrpersonen häufig sträuben, „das als ihren Aufgabenbereich […] wahrzunehmen" (Z. 341–343).

Zusammenfassend lässt sich formulieren, dass die an Schulen befragten Pädagog*innen vor allem *mediendidaktische* Einsatzmöglichkeiten (Lernen *mit* Medien) nutzen. Digitale Medien kommen dann zum Einsatz, wenn mit ihnen Unterrichtsinhalte bzw. die deutsche Sprache verständlicher vermittelt werden können, wodurch die Handlungsfähigkeit der Schüler*innen gestärkt werden kann.

Medienkompetenzförderung (Lernen über Medien) und Stärkung von Artikulations- und Partizipationsmöglichkeiten durch außerschulische medienpädagogische Projekte

Die Interviewten in der außerschulischen medienpädagogischen Arbeit mit geflüchteten Personen adressieren vielfältige Zielgruppen und berichten von verschiedenen medienpädagogischen Projekten und Projektzielen. Für alle Befragten ist eine Medienkompetenzförderung aufseiten der Geflüchteten ein zentrales Ziel. Die 35-jährige Sarah arbeitet als Projektleitung in einem medienpädagogischen Projekt einer Einrichtung der politischen Bildung. Das Projekt verfolgt das Ziel, „benachteiligte Jugendliche mittels digitaler Medien zu politischer Beteiligung, aber auch gesellschaftlicher Beteiligung zu [...] befähigen" (Z. 44–46). Das Projekt sei eine „Mischung zwischen Medienkompetenzförderung und politischer Bildung" (Z. 46–47). Zu ihren Aufgaben gehört die Durchführung medienpädagogischer Projekte mit unbegleiteten minderjährigen Geflüchteten. Die 57-jährige Maria arbeitet bei einem medienpädagogischen Verband. Im Rahmen ihrer Tätigkeit führt sie medienpädagogische Projekte in Jugendeinrichtungen durch und arbeitet mit Unterkünften für Geflüchtete zusammen, in denen sie Film- und Fotoprojekte anbietet. Hierbei kombiniert sie die Förderung von Medienkompetenz mit weiteren pädagogischen Zielen wie in einem Fotoprojekt mit 12- bis 14-Jährigen zum Thema eigene Ängste und Freude: „Medienkompetenz, ja. Was da noch ein bisschen mehr rein kam, was wir uns so als Ziel gesetzt haben, gerade bei diesen Fotoprojekten [...]. Da haben wir uns ziemlich viele Gedanken gemacht. Das ist so diese Selbstwirksamkeit mehr so zu unterstützen" (Z. 790–793). Hannah, 28 Jahre, arbeitet als redaktionelle Leitung bei einem Kanal des Bürgerfunks, in welchem eine regelmäßige Fernsehsendung produziert wird, die geflüchtete Zuschauer*innen dabei unterstützen soll, sich in Deutschland zurechtzufinden. Die thematischen Vorgaben zur Medienarbeit unterscheiden sich je nach Projekt. Während die Teilnehmer*innen in einigen Projekten eigene Schwerpunkte setzen können, ist dies in anderen vorgegeben. Sarah berichtet von einem Video, das mit männlichen unbegleiteten Geflüchteten erstellt und auf einem Jugendhilfetag vorgeführt wurde, um auf die Gruppe der unbegleiteten minderjährigen Geflüchteten und die Herausforderungen nach der Ankunft in Deutschland (z. B. das Verfahren der Altersfeststellung) aufmerksam zu machen. Hier bestand die politische Zielstellung in der Sensibilisierung der nicht-geflüchteten Bevölkerung für die Belange der jungen Menschen. Die Medienpädagogin Maria arbeitete in einem Projekt mit einem Clearinghaus zusammen. Gemeinsam mit männlichen unbegleiteten Geflüchteten erstellte sie eine Fotoserie zur Bedienung von Haushaltsgeräten, da die jungen Männer mit deren Handhabung nicht vertraut waren und Haushaltsgeräte im Vorfeld kaputtgegangen sind. Zudem setzen sich die Geflüchteten in den Medienprojekten teilweise mit den eigenen Erfahrungen auseinander. Hannah berichtet von einem Stummfilmprojekt, in dem die erwachsenen Geflüchteten selbst die Themen auswählen konnten und ihre Emotionen über die Videos transportierten: „ihre inneren Probleme, Unruhe oder was sie da für so Gedanken hatten, kam das raus. Einer hat seine Geliebte dort verlassen. Er wollte hier her kommen glaube ich und sie nicht und die mussten sich trennen. [...] Dieses ‚ich vermisse meine Heimat' wurde sehr stark thematisiert [...], Liebe wurde öfters mal thematisiert und diese Probleme auch. Und die Erinnerung jemand ist verstorben [...] und das haben die dann so durch die Filme äußern können. Das sind sehr traurige Geschichten geworden, aber sehr gut gemacht" (Z. 469–476). Eine explizit anvisierte Auseinandersetzung mit Fluchterfahrungen erfolgt in den Projekten nicht, auch aufgrund der Befürchtung, zusätzliche emotionale Belastungen zu erzeugen und für diesen Umstand nicht entsprechen ausgebildet zu sein. So gibt Maria zu bedenken, dass hierzu eine zusätzliche psychologische Betreuung vonnöten wäre. Die Interviews verdeutlichen die von den Pädagog*innen anvisierte Stärkung von Agency über handlungsorientierte medienpädagogische Projekte auf verschiedenen Ebenen: Die Förderung von Medienkompetenz, die Verarbeitung eigener Erlebnisse und die Vermittlung von Alltagskompetenzen jeweils über die Gestaltung eigener Medienprodukte. Gleichzeitig richten sich die Medienproduktionen an externe Rezipient*innen: zur Sensibilisierung der nicht-geflüchteten Bevölkerung und als Informationslieferanten für geflüchtete Zuschauer*innen. Häufig wird in den medienpädagogischen Projekten mit dem Medien Film oder Foto gearbeitet, was eine Auseinandersetzung mit selbst gesetzten Themen ermöglicht.

Außerschulische inklusive medienpädagogische Projekte als Chance zur Teilhabe
Einige der befragten Medienpädagog*innen haben den Anspruch, inklusive Projekte mit Geflüchteten zu gestalten. Sie wollen die Teilhabe von benachteiligten Personen stärken und die Dichotomisierung benachteiligt/nicht benachteiligt durch gemeinsame Medienprojekte durchbrechen (siehe auch Behr, 2017). Die Medienwissenschaftlerin Hannah und die Pädagogin Sarah wollen inklusive medienpädagogische Projekte umzusetzen und bewerten die Umsetzung unterschiedlich: Hannah berichtet von der Produktion einer Fernsehsendung für geflüchtete Zuschauer*innen. An ihr nehmen sowohl Muttersprachler*innen im Deutschen als auch Nicht-Muttersprachler*innen mit Flucht- und Migrationserfahrung teil. Die Teilnehmer*innen sind zwischen 20 und 40 Jahren alt. Die Zusammenarbeit von herkunftsdeutschen und geflüchteten Personen bzw. Personen mit Migrationshintergrund sieht Hannah als große Bereicherung für alle Beteiligten an und wünscht sich weitere derartige Projekte. Zum einen sieht sie eine deutliche Verbesserung der deutschen Sprachkenntnisse der Betreffenden; diesbezüglich habe das Projekt „unglaublich viel geholfen" (Z. 324). Zudem würde durch die Zusammenarbeit ein gegenseitiges Verständnis für die jeweiligen Lebenswelten aufgebaut: „Die Kultur, die Hintergründe, die Geschichte, die Küche. [...] Die tauschen sich da super aus". Der Gruppenzusammenhalt unter den Projektteilnehmer*innen ist derart stark, dass Hannah die Gruppe als „kleine Familie" (Z. 325) bezeichnet. Während in diesem Fall das

Zusammenwirken von geflüchteten und nicht geflüchteten Personen in der Struktur des Projekts angelegt ist, wirken andere Strukturen einer inklusiven (medien-)pädagogischen Arbeit entgegen, wie etwa eine schlechte Anbindung mit öffentlichen Verkehrsmitteln, bereits bestehende, geschlossene Gruppenstrukturen oder ein unausgewogenes Geschlechterverhältnis. So reflektiert Sarah über ein Filmprojekt, in dem Jugendliche mit und ohne Fluchterfahrung als Team zusammenarbeiten sollten: „dann waren zwei Mädels am ersten Tag da, die irgendwie ganz interessiert waren, aber [...] man hat halt sofort gemerkt, okay, die Jungs sind irgendwie so so ein Grüppchen für sich und es war ganz schwer, da eine Mischung reinzubekommen [...] einfach [...] nicht optimal und die sind quasi bei diesem ersten Tag waren sie dabei und dann sind sie auch nicht wiedergekommen" (Z. 250–257). Sarah verdeutlicht im Interview die Bedeutsamkeit, den Projektrahmen so zu konzipieren, dass alle Beteiligten zusammenkommen. So wird etwa die Einrichtung der politischen Bildung, in der Sarah tätig ist, zukünftig mit einem Jugendzentrum zusammenarbeiten, das ohnehin von Jugendlichen mit und ohne Fluchterfahrung besucht wird.

Die Fallbeispiele zeigen auf, dass ein gemeinsames Agieren von geflüchteten und nicht geflüchteten Personen in medienpädagogischen Projekten die Handlungsfähigkeit aller Beteiligten steigern und ein Kennenlernen nach Einschätzung der Medienpädagog*innen ermöglichen und stärken kann.

WhatsApp als niedrigschwellige Kontaktmöglichkeit
Eine Frage nach einer adäquaten Kommunikation mit Teilnehmer*innen und Schüler*innen ist für die befragten Pädagog*innen sowohl im schulischen als auch außerschulischen Bereich von großer Relevanz. So stellt sich die Frage, inwiefern soziale Netzwerke wie WhatsApp in die pädagogische Arbeit eingebunden werden sollen, da die meisten Geflüchteten diese stark nutzen. Die Lehrerin Kathrin verwendet WhatsApp in einem von ihr geleiteten ehrenamtlichem Theater- und Musikprojekt, an dem ca. 20 geflüchtete und nicht geflüchtete junge Menschen teilnehmen. In einer gemeinsamen WhatsApp-Gruppe mit den Projektteilnehmer*innen ist sie sehr aktiv und versucht, die jungen Geflüchteten zur Partizipation anzuregen, indem sie „manchmal [...] nur irgendwelchen Quatsch" postet, „um die Jugendlichen ans Reden zu kriegen, dass die mitmachen, also so als Aufforderung, sich daran zu beteiligen, ja. Und das auch zu lesen, was die anderen geschrieben haben" (Z. 159–162). Diesen Kontakt schätzt Kathrin aufgrund seiner Niedrigschwelligkeit. Ihre Strategie scheint aufzugehen: Zum einen würden „sich immer mehr Leute auch dadran beteiligen" (Z. 158), zum anderen würden die Jugendlichen Inhalte in der WhatsApp-Gruppe anmerken, die sie bei einem privaten Treffen der Theatergruppe aus Schüchternheit nicht geäußert hätten. Auch Hannah berichtet von einem niedrigschwelligen Kontakt über Facebook oder WhatsApp mit den Teilnehmer*innen des außerschulischen Videoprojekts. Sie wurde von den Teilnehmer*innen nur zu Projektzwecken

kontaktiert und somit „nicht gestalkt" (Z. 599). Rainer, Leiter einer Clearingeinrichtung, kommuniziert ebenfalls über WhatsApp mit den Jugendlichen der Einrichtung. Diese würden jedoch oftmals nicht antworten, da sie sich kontrolliert fühlten: „wir haben ein Diensthandy, wo WhatsApp drauf ist, dass die Jugendlichen auch das nutzen können, bisher is' eigentlich, dass es kaum wer von den Jugendlichen nutzt, weil im Prinzip sind wir ja Eltern und Kontakt zu den Eltern will man sowieso nicht haben [...] in der Regel ist es, du hast gerade ‚nen Termin oder wo bist du, die Ausgehzeit ist zu Ende etc." (Z. 200–208).

Die Fallbeispiele zeigen auf, dass sich soziale Netzwerke wie WhatsApp oder Facebook zwecks einer niedrigschwelligen Kontaktaufnahme mit jungen Geflüchteten eignen können. Hierzu bedarf es jedoch eines Interesses aufseiten der Geflüchteten, sich an der Kommunikation zu beteiligen, wie es bei interessanten außerschulischen Projekten gegeben sein kann. Wie das Fallbeispiel von Kathrin zeigt, kann es durchaus gelingen, die Partizipation und Handlungsfähigkeit (wie ein Sich-Öffnen und Erzählen) von Geflüchteten zu stärken.

3.5.6.5 Verdichtung der Analyseergebnisse: Medien als Mediatoren von Agency

Zentrales Ergebnis der Analyse ist die Bedeutung von Medien für die Herstellung von Handlungsfähigkeit aufseiten junger Geflüchteter (siehe Abbildung 3). Medien können Handlungsfähigkeit ermöglichend und Handlungsfähigkeit begrenzend zugleich wirken und sind *Mediatoren von Agency*. Mediatoren verstehen wir als zwischengeschaltete Instanzen: Sie changieren zwischen strukturell gegebenen Handlungsmöglichkeiten und Restriktionen einerseits und den Wünschen und Bedürfnissen von Menschen andererseits. In den aufgezeigten Fällen vermitteln digitale Medien zwischen den komplexen Lebenswelten der jungen Geflüchteten und dem Streben der jungen Geflüchteten nach Sicherheit, Bildung und Teilhabe sowie zwischen den bestehenden Handlungsanforderungen an die Fachkräfte und dem pädagogischen Ziel, das Bedürfnis der jungen Geflüchteten nach Handlungsfähigkeit zu stärken.

Für *junge Geflüchtete* spielen digitale Medien eine entscheidende Rolle in der *Fluchtvorbereitung und Entscheidung* für ein bestimmtes Zielland. Medien stellen Informationen zur Flucht bereit. Sie üben damit *Macht* auf die Entscheidungen der Geflüchteten aus und können Fluchthandeln und Handlungsspielräume beeinflussen. Gleichzeitig ist das Medienhandeln selbst Ausdruck von Handlungsfähigkeit der Geflüchteten. Die jungen Menschen nutzen digitale Medien gezielt, um die Notlagen in ihren Herkunftsländern zu bewältigen und für sich neue Handlungsmöglichkeiten zu erschließen. *Während der Flucht und in Deutschland* verbinden Medien wie Facebook und WhatsApp die jungen Menschen mit Familienmitgliedern an verschiedenen Standorten, gleichzeitig kann der *Kontakt zur Familie* belasten. Um den Kontakt aufrechtzuerhalten, bedarf es *infrastruktureller Voraussetzungen* (Zugang zu Internet, Strom, politische gewährte Möglichkeit zur Kom-

Abbildung 3: Digitale Medien als Mediatoren von Agency junger Geflüchteter

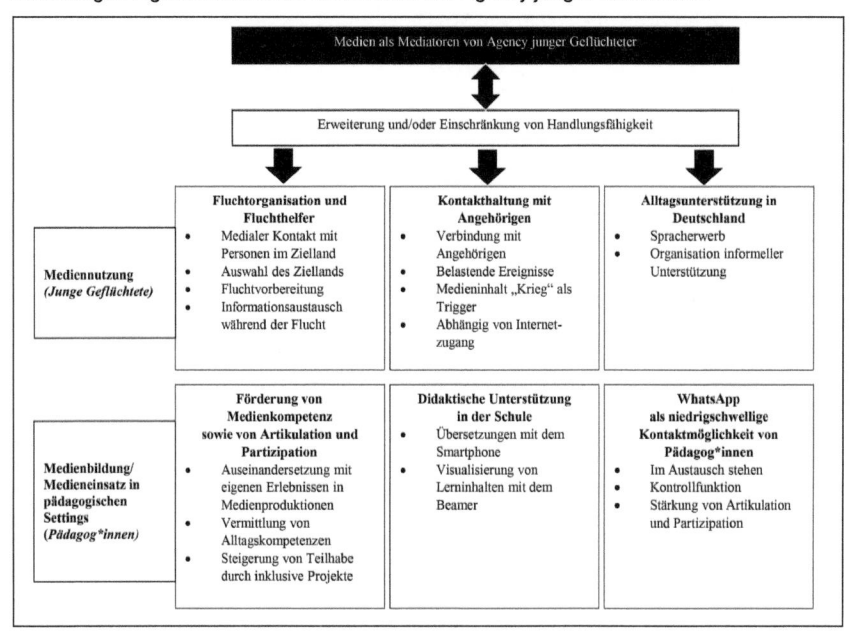

		Medien als Mediatoren von Agency junger Geflüchteter	
		Erweiterung und/oder Einschränkung von Handlungsfähigkeit	
Mediennutzung (*Junge Geflüchtete*)	**Fluchtorganisation und Fluchthelfer** • Medialer Kontakt mit Personen im Zielland • Auswahl des Ziellands • Fluchtvorbereitung • Informationsaustausch während der Flucht	**Kontakthaltung mit Angehörigen** • Verbindung mit Angehörigen • Belastende Ereignisse • Medieninhalt „Krieg" als Trigger • Abhängig von Internetzugang	**Alltagsunterstützung in Deutschland** • Spracherwerb • Organisation informeller Unterstützung
Medienbildung/ Medieneinsatz in pädagogischen Settings (*Pädagog*innen*)	**Förderung von Medienkompetenz sowie von Artikulation und Partizipation** • Auseinandersetzung mit eigenen Erlebnissen in Medienproduktionen • Vermittlung von Alltagskompetenzen • Steigerung von Teilhabe durch inklusive Projekte	**Didaktische Unterstützung in der Schule** • Übersetzungen mit dem Smartphone • Visualisierung von Lerninhalten mit dem Beamer	**WhatsApp als niedrigschwellige Kontaktmöglichkeit von Pädagog*innen** • Im Austausch stehen • Kontrollfunktion • Stärkung von Artikulation und Partizipation

munikation). Hieran zeigt sich, dass Medien wiederum selbst eingebettet sind in Strukturen, die ihre Nutzung ermöglichen oder behindern. Im Zielland fungieren digitale Medien vor allem *in Lern- und Bildungsprozessen* als *Mediatoren von Teilhabe*. Deutschlernapps und YouTube werden auf dem eigenen Smartphone genutzt und sind zentrale Ressource im *Spracherwerb*. WhatsApp stößt zudem *informelle Unterstützungsprozesse* an, etwa, wenn deutschsprachige Ehrenamtliche als ‚Dolmetscher*innen' für den Umgang mit behördlichen Dokumenten agieren.

Die *befragten Pädagog*innen* setzen digitale Medien oftmals gezielt zur Steigerung der Handlungsfähigkeit von jungen Geflüchteten ein. Sie arbeiten mit Medien im schulischen Kontext zu didaktischen Zwecken (*Lernen mit Medien*) und nutzen sie in (medien-)pädagogischen Projekten zur Stärkung von Medienkompetenz (*Lernen über Medien*) und/oder der *Artikulations- und Partizipationsmöglichkeiten* von jungen Geflüchteten. Digitale Medien werden genutzt, um die Ziele und Erwartungen der Fachkräfte zu unterstützen und eine Brücke zu den jungen Geflüchteten zu schlagen. Die befragten Pädagog*innen verbinden mit der Mediennutzung die Hoffnung, die jungen Menschen in ihren Lebenswelten zu erreichen und in ihren Bildungs- und Aneignungsprozessen in Deutschland zu stärken. In verschiedenen pädagogischen Settings wirken Medien zudem unmittelbar und ungerichtet in die pädagogische Arbeit hinein, worauf die pädagogischen Fachkräfte reagieren (müssen). So stehen die Pädagog*innen in den Unterkünften für junge Geflüchtete vor der Herausforderung, medial transferierte Ereignisse aus

den Herkunftsländern und die mediale Berichterstattung in Deutschland mit den jungen Geflüchteten aufzuarbeiten. Hierbei handelt es sich weniger um einen gezielten Einsatz digitaler Medien als Mediatoren zur Herstellung von Handlungsfähigkeiten in den Lebenswelten der jungen Menschen. Vielmehr fungieren die Medien in diesem Fall als Vermittler struktureller Belastungen, worin sich die ambivalente Bedeutung digitaler Medien verdeutlicht. Kontroversen herrschen bei den Fachkräften über den
Einsatz von WhatsApp oder Facebook in der Arbeit mit den jungen Menschen. Die Interviewanalysen stellen heraus, dass diese Medien Artikulation und Partizipation von Geflüchteten potenziell stärken können. Inwiefern sie gezielt als Mediatoren von Handlungsfähigkeit eingesetzt werden können, gilt es zukünftig weiter zu explorieren.

3.5.6.6 Implikationen für die (medien-)pädagogische Arbeit mit jungen Geflüchteten

Auf Basis der Ergebnisse lassen sich Thesen zur (medien-)pädagogischen Arbeit mit jungen Geflüchteten aufstellen. Diese verstehen sich weniger als Lösung für erfolgreiche (medien-)pädagogische Arbeit, sondern als reflexives Instrument für die pädagogische Praxis und weitere Forschungsprojekte. Die Ergebnisse zeigen, wie bedeutsam eine Sensibilisierung von Pädagog*innen für die Relevanz digitaler Medien und deren Funktion als Mediatoren von Agency ist. Vor allem das Smartphone in Verbindung zum Internet ist zentrale Bedingung, um den Kontakt zu Familie und Freund*innen aus dem Herkunftsland oder an anderen Standorten zu halten. Ein in Kinder- und Jugendhilfeeinrichtungen, Clearingstellen sowie anderen Unterbringungsformen funktionierender WLAN-Zugang ist eine grundlegende Bedingung, um dem Kommunikationsbedürfnis der Jugendlichen gerecht zu werden und ihre Handlungsfähigkeit aufrechtzuerhalten. Auch im schulischen Kontext ist eine entsprechende Infrastruktur mittels WLAN-Zugang von hoher Relevanz, da diese erst Medienbildung in Form eines Lernens mit Medien ermöglicht und stärkende Effekte auf die Handlungsfähigkeit von Geflüchteten haben kann. Schulübergreifende Smartphone-Verbote im Unterricht gilt es in diesem Zusammenhang kritisch zu reflektieren. Pädagog*innen in Einrichtungen wie Clearinghäusern sind zentrale Bezugspersonen für junge Geflüchtete, welche bei belastenden Geschehnissen, die oftmals medial transportiert werden (bspw. YouTube-Videos, welche die Zerstörung des Herkunftsorts zeigen), emotional unterstützen. Um diese Aufgabe bewältigen zu können, sind Beratungs- und Fortbildungsangebote und eine intensive Zusammenarbeit mit beispielsweise Psycholog*innen notwendig.

Inklusive medienpädagogische Projekte bedürfen einer entsprechenden Projektstruktur, in der geflüchtete und nicht geflüchtete Personen zusammenkommen und ausgrenzende Mechanismen abgebaut werden. Möglich ist dies etwa über medienpädagogische Projekte in Jugendzentren. WhatsApp stellt prinzipiell eine niedrigschwellige Kontaktmöglichkeit zu jungen Geflüchteten dar. Einrichtungen können diese Einsatzmöglichkeit reflektieren und bei Wunsch der pädagogischen Fachkräfte dienstbezogene Smartphones anschaffen, da die Herausgabe der eigenen Nummer nicht immer im Interesse der Mitarbeiter*innen liegt.

Das Kapitel hat die ambivalente Bedeutung digitaler Medien im Feld von Flucht und des Ankommens im Zielland herausgestellt. Inwiefern Medien als Mediatoren von Handlungs(un)fähigkeit fungieren, lässt sich über die spezifischen Fälle hinaus auch in anderen Kontexten reflektieren. Für zukünftige Forschung relevant ist die Sichtweise von Geflüchteten auf den Umgang mit Medien in pädagogischen Settings, wie beispielsweise die gemeinsame Nutzung von sozialen Netzwerken wie WhatsApp.

3.5.7 Partizipative Fluchtmigrationsforschung. Eine Suchbewegung
Samia Aden, Caroline Schmitt, Yasemin Uçan, Constantin Wagner, Jan Wienforth

Spätestens[50] seit dem „langen Sommer der Migration" im Jahr 2015 (Hess et al., 2016) ist Fluchtmigration[51] ein zentrales Thema hiesiger öffentlicher und wissenschaftlicher Debatten. In den letzten Jahren ist ein enormer Anstieg der Zahl der Forschungsprojekte zu Fluchtmigration in den verschiedensten Disziplinen zu vielfältigen Fragestellungen zu verzeichnen. Auch wenn die wissenschaftliche Auseinandersetzung mit Fluchtmigration in Deutschland kein gänzlich neues Phänomen ist und es stets Forschung hierzu gab, wurde diese bis zum Sommer

---

50 Dieses Unterkapitel wurde erstveröffentlicht als: Aden, S., Schmitt, C., Uçan, Y., Wagner, C., Wienforth, J. (2019). Partizipative Fluchtmigrationsforschung. Eine Suchbewegung. Zeitschrift für Flucht- und Flüchtlingsforschung (Z'Flucht), 3(2), 302–319, DOI: https://doi.org/10.5771/2509-9485-2019-2-302. Es stellt eine leicht modifizierte Form der Erstveröffentlichung dar.

51 Mit dem Begriff Fluchtmigration soll einerseits der Tatsache Rechnung getragen werden, dass Flucht nicht erst mit Beginn der gestiegenen Fluchtzuwanderungen in den Jahren 2014 und 2015 sowie einer intensivierten Institutionalisierung des behördlichen Umgangs mit Flucht diskutiert wird, sondern immer schon ein immanentes Thema der Migrationsforschung ist. Der Begriff formuliert ein Verständnis, welches Flucht als zeitlich und räumlich dynamisches Phänomen und prozesshaft betrachtet. Für Bade (o. J., 5) liegt „zwischen freiwilligen und unfreiwilligen Migrationen [...] die eigentliche Wirklichkeit des Wanderungsgeschehens mit ihren vielen Übergangsformen zwischen den verschiedensten und auf die verschiedenste Weise motivierten Wanderungsbewegungen". So werden politische, wirtschaftliche, klimatische und individuelle Motive für Fluchtmigrationsbewegungen als potentiell miteinander verschränkt verstanden. Flucht findet innerhalb von globalen Macht- und Ungleichheitsverhältnissen statt und ist von sich verändernden politischrechtlichen Rahmenbedingungen für Mobilität sowie nicht zuletzt von den jeweils migrationsgesellschaftlichen Verhältnissen abhängig. Der Begriff Fluchtmigration impliziert eine Kritik an machtvollen Unterscheidungen von legitimer und illegitimer Migration und damit einhergehenden sozialen Platzverweisen und -zuweisungen.

2015 deutlich weniger wahrgenommen (Kleist, 2018). In den letzten Jahren etabliert sich nun auch im deutschsprachigen Raum eine Forschungsrichtung, die sich – analog zu den Refugee and Forced Migration Studies im angelsächsischen Wissenschaftsraum – dezidiert mit Fragen von Fluchtmigration befasst. Hierbei schlägt sich der Einfluss gesellschaftlicher Debatten und Herrschaftsverhältnisse in den Themen der Forschungsprojekte zu Fluchtmigration nieder: Kleist (2018) konstatiert in seiner Analyse zu den Inhalten von Forschungsprojekten seit dem Jahr 2011 eine Schwerpunktsetzung auf Fragen von „Integration und Teilhabe", während etwa Projekte unter dem Dachthema „Gewaltmigration" nur zehn Prozent ausmachen. Die gegenwärtige Etablierung von Fluchtmigrationsforschung im deutschsprachigen Raum wirft Fragen zu forschungsethischen Standards ebenso wie zu wissenschaftlichen Selbstverständnissen von Forscher*innen und Überlegungen zu einer gewünschten Politisierung der Fluchtmigrationsforschung auf: Wie lässt sich Fluchtmigrationsforschung verstehen? Ist sie wissenschaftliche Grundlagenforschung ohne die aktive Mitgestaltung ihrer Subjekte, anwendungsorientierte, sozialtechnologische Praxisforschung oder eine (macht-)kritische und postmigrantische Grenzregimeforschung, die in ihren Auswirkungen auf die Lebenswelten der betroffenen Menschen zu reflektieren ist und diese (zumindest potenziell) als Partner*innen und Mitgestalter*innen von Forschung versteht (Aden et al., 2019)? Gilt es hier überhaupt, eine vermeintlich eindeutige Entscheidung zu treffen oder braucht Fluchtmigrationsforschung nicht gar die Vielfalt all der genannten Zugänge?

Diese Fragen sind nicht neu. Sie können allerdings im Zuge eines an Resonanz gewinnenden Forschungsfeldes dezidierter ausgehandelt werden. Dies bedeutet, Forschungsaktivitäten sowie Formen und Prozesse der Wissensproduktion innerhalb der scientific community und unter Einbezug von Praktiker*innen, Migrant*innenselbstorganisationen, Aktivist*innen sowie Geflüchteten kritisch zu beleuchten. Darüber hinaus können so alte und neue Wege für die Öffnung und De-Hierarchisierung des Forschungsfeldes diskutiert und beschritten werden, um die historisch gewachsene Struktur infrage zu stellen, die mit einer strikten Trennung von Forschenden und ‚Be-Forschten' einhergeht. Auch wenn damit nicht per se die Qualität bisheriger Forschungsarbeiten infrage zu stellen ist, ist davon auszugehen, dass diese Struktur eine tendenziell problematische Vereinseitigung darstellen kann: Said (1978) hat in seinem viel zitierten Klassiker Orientalism genauso wie Vertreter*innen der ethnologischen Writing Culture-Debatte (Clifford, Marcus, 1986) herausgearbeitet, dass die gesellschaftliche Position von Autor*innen gravierende erkenntnistheoretische Folgen hat, Gruppen durch Zuschreibungen erst als solche hergestellt werden und die Kategorisierung von Personengruppen auf die Wirklichkeit dieser Gruppen zurückwirkt. Um diesem Phänomen zu begegnen, möchten wir eine Suchbewegung zu Möglichkeiten und Grenzen partizipativ angelegter Fluchtmigrationsforschung anstoßen. Dabei gehen wir nicht davon aus, dass partizipative Forschungszugänge immer und uneingeschränkt adäquat sind. Vielmehr möchten wir Impulse für die Debatte um Fluchtmigrationsforschung geben und eruieren, wie partizipative Ansätze für das Feld fruchtbar gemacht werden können. Diese Überlegungen stellen wir ausgehend von unserer disziplinären Perspektive – der Sozialen Arbeit sowie der erziehungswissenschaftlichen Fluchtmigrationsforschung – an.

Entsprechend erörtert das Kapitel partizipative Forschungsansätze in ihren Potenzialen und Spannungsfeldern. Es gibt einen Einblick in die methodologischen Grundannahmen, die Historie sowie die facettenreichen Ausgestaltungsmöglichkeiten partizipativer Forschung, um darauf aufbauend Potenziale und Spannungsfelder partizipativen Forschens in der Fluchtmigrationsforschung zu erkunden. Es reflektiert die konventionell getrennten Rollen von Forschenden und Zu-Beforschenden kritisch, erörtert Möglichkeiten sowie Grenzen des Einbezugs geflüchteter Menschen als Forschungspartner*innen und stellt die Relationen zwischen hauptberuflich Forschenden und möglichen Co-Forschenden als prinzipiell verhandelbar heraus. Als zentral wird die Einnahme einer reflexiven Haltung seitens der Forscher*innen vorgeschlagen, die Verantwortung für den Forschungsprozess übernehmen, Herrschaftsverhältnisse in den Blick nehmen und das eigene Tätigkeitsfeld einer steten Reflexion unterziehen. Das Kapitel schließt mit weiterführenden Perspektiven.

3.5.7.1 Partizipative Forschung. Einblick in vielfältige Perspektiven und Ansätze

Mit dem umbrella term ‚partizipative Forschung' wird ein höchst heterogenes Feld mit unterschiedlichen Zielsetzungen und Denktraditionen bezeichnet, das sich seit seiner Entstehung stetig ausdifferenziert hat und gegenwärtig zunehmend interdisziplinär wahrgenommen und angewendet wird (von Unger, 2014). Partizipativ ausgerichtete Forschungsprojekte finden sich in zahlreichen Disziplinen und Forschungszugängen – von den Disability Studies über die Gesundheitsforschung (u. a. Betancourt et al., 2015; Wieland et al., 2012; Afifi et al., 2011), Psychologie (u. a. Vandreier, 2011), Kinder- und Jugendforschung (u. a. Norton, Sliep, 2018; Rogers et al., 2018; Cahill, 2010) bis hin zur Forschung in Flüchtlingscamps (Cooper, 2005) sowie in Grenzgebieten auf den Fluchtrouten (Starodub, 2018). Gemeinsame Grundannahme unterschiedlicher partizipativer Ansätze ist, dass als marginalisiert wahrgenommene Gruppen nicht mehr primär als Informationsquellen in Forschungsprozessen adressiert werden, deren Gegenstand sie sind. Vielmehr sind sie als potenziell teilnehmende und teilhabende Forschungspartner* innen im Prozess der Wissensproduktion gedacht. Die Teilhabe reicht von einer losen Kooperation mit Praxispartner*innen bis hin zu einer konsequent dialogischen und gleichberechtigten Mitverantwortung im gesamten Forschungsprozess (Kaltmeier, 2012). Hier zeigt sich der Versuch, nicht mehr Wissen über Personen(-gruppen) und Communities, sondern darüber hinaus auch Wissen gemeinsam mit ihnen zu produzieren. Durch dieses Vorgehen können die Stimmen derjenigen Gehör finden, die als ‚Beforschte' unmittelbar von den Forschungsvorhaben betroffen sind und deren lebensweltliche Zusammenhänge von den Forschungsergebnissen beeinflusst werden könn(t)en (von Unger, 2014; Bergold, Thomas, 2012). In der Sozialforschung wurde immer wieder über Forschungsstrategien diskutiert, die nicht ausschließlich auf eine abstrakte Produktion von Wissen abzielen, sondern Wissen mit und für Betreffende produzieren und gesellschaftliche Lebenszusammenhänge aktiv mitgestalten. Als Beispiele lassen sich Ansätze der Action Research (z. B. Moser, 1975), der Praxisforschung (z. B. Heiner, 1988) oder der Militant Research (z. B. Becksteiner, 2011) nennen. Action Research (dt. Aktionsforschung) ist eine komplexe methodologische Konzeption (Albano, 2012). Die Bezeichnung geht auf den US-amerikanischen Soziologen und sozialen Reformer Collier (1945) zurück, der die Ausbeutung der American Indian Communities in den USA im 19. und 20. Jahrhundert untersuchte. Collier versteht Action Research als Ausgangspunkt zur Initiierung gesellschaftlicher Veränderungsprozesse und Form demokratischer Aushandlung gesellschaftlich relevanter Probleme (Neilsen, 2006, 391). Der Sozialpsychologe Lewin (1946, 1953) hat die Perspektive von Action Research methodologisch verdichtet und gilt im akademischen Diskurs als ihr Begründer (Masters, 1995). In Mittel- und Südamerika ist der Ansatz eng verbunden mit den Arbeiten des Pädagogen Freire, der Bildung als Praxis der Freiheit erachtet (Arbeitsgruppe Paolo Freire Hamburg, 1973). Forschung ermöglicht in diesem Zusammenhang einen Prozess der Bewusstwerdung (conscientiziation), durch welchen unterdrückte Gruppen ein Wissen zu den Umständen ihrer Marginalisierung erlangen und gesellschaftliche Transformationsprozesse anstoßen können. Anders als im angloamerikanischen Raum konnte dieser Ansatz sich im deutschsprachigen Forschungsstil nicht nachhaltig etablieren (von Unger et al., 2007).

Genauso wie Action Research hinterfragt auch der Ansatz der Praxisforschung eine Trennung in Grundlagenforschung und angewandte Forschung. Die von Moser in die deutschsprachige, vor allem pädagogische Debatte, eingebrachte Perspektive hat im Unterschied zur Aktionsforschung nicht primär politisch-gesellschaftliche Veränderungen zum Ziel, sondern orientiert sich an den „Bedürfnissen der ihr zugeordneten Praxisfelder" (Moser, 1998, 50). Praxisforschung versteht sich als Brücke zwischen Wissenschaftsdiskurs und Praxis und ist anwendungsorientiert. Einem unbedingten Einbezug betroffener Akteur*innen in den Forschungsprozess steht Moser (1998, 52) skeptisch gegenüber: Forschung dürfe nicht zu einer Handlungsmethode verkommen und sei auf ein fundiertes methodisches Wissen angewiesen. Deutlich wird, dass Action Research wie auch Praxisforschung sich zwar hinsichtlich des Grads ihrer intendierten gesellschaftspolitischen Einflussnahme unterscheiden, aber beide im akademischen Diskurs entwickelt wurden.

Hiervon different ist die im deutschsprachigen Raum bisher kaum zur Kenntnis genommene Militant Research[52]. Militant Research zielt auf eine „Theoriebildung von unten" (Becksteiner, 2011) und geht auf politische Kämpfe vor allem der Arbeiter*innenbewegung im Italien der 1960er Jahre zurück. Militant Research findet vorwiegend in Analysen sozialer Bewegungen Verbreitung und hat bisher kaum Einfluss auf die akademische Debatte um partizipative Forschung genommen (Garelli, Tazzioli, 2013, 246).

Von Unger (2014, 99) erachtet das kooperative Handeln von Forschenden und Co-Forscher*innen in der sozialen Wirklichkeit als zentralen Referenzpunkt partizipativer Forschung, während der Großteil der qualitativen Forschung (lediglich) auf die Repräsentation der sozialen Wirklichkeit abzielt. Partizipativ angelegte Forschungsansätze unterscheiden sich somit hinsichtlich des Grades der Involviertheit von Betroffenen, ihres emanzipatorischen Impetus und ihres Interventionscharakters. Partizipativ ausgerichtete Forschungsprojekte haben Empowerment und Agency, eine Erhöhung der Selbstermächtigung, die Förderung von Resilienz und interkulturelle Lernprozesse sowie damit einhergehende soziale Veränderungen zum Ziel (u. a. Starodub, 2018; Cooper, 2005). Daher verstehen wir in diesem Kapitel unter Co-Forscher*innen diejenigen, die (unabhängig von ihrem tatsächlichen Rechtsstatus) unmittelbar Erfahrungen der Fluchtmigration gemacht haben und öffentlich – etwa im Rahmen asyl- und ausländerrechtlicher Verfahren – als Geflüchtete adressiert werden. Der kurze Überblick über unterschiedliche partizipative Forschungsstrategien verdeutlicht, dass diese auf eine lange und heterogene Tradition zurückblicken und mit unterschiedlichen Perspektiven auf die Beteiligung der Beforschten arbeiten. Gleichzeitig wird hier die Bandbreite der unterschiedlichen Möglichkeiten partizipativen Forschens deutlich. Im Folgenden wollen wir ausloten, was diese Strategien konkret für das Feld der Fluchtmigrationsforschung bedeuten.

3.5.7.2 Herausforderungen und Potenziale partizipativer Fluchtmigrationsforschung

In der deutschsprachigen Fluchtmigrationsforschung werden partizipative Forschungsansätze bislang noch selten diskutiert und umgesetzt (Afeworki Abay, Engin, 2019; von Unger, 2014: 99), während sie in der englischsprachigen Forschung mehr Aufmerksamkeit erfahren. In den internationalen Debatten der sozialwissenschaftlichen refugee studies wird mit dem Begriff des „dualen imperativs" (Ja-

---

52 Militant Research ist ein feststehender Begriff, hat jedoch – so unsere These – ein irritierendes Potential, wenn er in der Fluchtmigrationsforschung gebraucht wird. Die betreffenden Akteur*innen fliehen nicht selten vor militärischer Gewalt. In der Fluchtmigrationsforschung gilt es somit, den Gebrauch dieses Begriffs kritisch zu reflektieren und auf seine spezifische Historie aufmerksam zu machen, um Fehlinterpretationen zu vermeiden.

cobsen, Landau, 2003, 185; von Unger, 2018, [13–14]) ein doppeltes Prinzip eingefordert: Aufgrund der humanitären Lage Geflüchteter soll Forschung über geflüchtete Menschen sowohl ethischen und wissenschaftlichen Standards entsprechen als auch politische und praxisrelevante Zielsetzungen verfolgen (Jacobsen, Landau, 2003, 186–187). Mackenzie et al. (2007, 310; 316) formulieren, dass sich Forschung ihrer genuinen Verantwortung entzieht und als unethisch zu betrachten ist, wenn sie keinen wechselseitigen Nutzen für Geflüchtete und jene hat, die konventionell als die Forschenden gelten.

3.5.7.2.1 Herausforderungen und Begrenzungen partizipativer Forschung

Wissenschaftsstrukturen und -kulturen sind an vielen Stellen inkompatibel mit partizipativen Ansätzen und herausgefordert, sich zu öffnen. So haben es partizipative Forschungsvorhaben schwer, ihre Ansätze gegenüber der scientific community als ‚objektiv' und wissenschaftlich zu legitimieren (Bergold, Thomas, 2012; Goeke, Kubanski, 2012). Die Idee von Empowerment mit und durch Forschung ist bisher wenig anerkannt (Graßhoff, 2018, 678). Der Vorwurf fehlender ‚Objektivität' erscheint allerdings nur dann diskussionswürdig, wenn diese als konstitutives Kriterium zur Generierung von Wissen betont wird. Mit dem Vorwurf mangelnder Objektivität konfrontiert sehen sich generell vor allem diejenigen Forschungsfelder, die eine machtkritische Perspektive auf gesellschaftliche Ungleichheit im Allgemeinen einnehmen.

Wenn Partizipation in Forschungsprozessen ernst genommen und konsequent umgesetzt wird, erfordert dies organisatorische, soziale und materielle Voraussetzungen (Due et al., 2014). Als Herausforderungen partizipativen Forschens mit Geflüchteten werden in der Literatur sprachliche Barrieren, kulturelle, finanzielle Hürden, ein erschwerter Vertrauensaufbau und Interessenkonflikte sowie nur schwer oder nicht zu erfüllende Erwartungen auf Seiten der Co-Forscher*innen beschrieben (u. a. Betancourt et al., 2015). Partizipative Forschung braucht sichere Räume für Teilnehmende (Bergold, Thomas, 2012, [34–37]). Sie muss vertrauensvolle Beziehungen aufbauen können, welche das Konzept des „iterative consent" berücksichtigen, das heißt einen fortwährenden Prozess der Aushandlung und Aktualisierung der informierten Zustimmung (Mackenzie et al., 2007). Geflüchtete, die sich in Forschungsprojekten beteiligen, können mitunter die Hoffnung haben, hierüber Vorteile im Ausgang ihres Asylanerkennungsverfahrens zu erwirken (Behrensen, Westphal, 2009) – gerade hier ist eine Verständigung über die Grenzen der Einflussnahme von Forschenden von großer Bedeutung. Aushandlung bedeutet auch, einer Ausbeutung der Ressourcen geflüchteter Menschen im Forschungsprozess entgegenzuwirken. Dies ist insbesondere dann zu reflektieren, wenn mit Projekt- und Finanzierungsende ein Abschluss der partizipativen Aktivitäten einhergeht (Chatty et al., 2005).

Der Einbezug der Ressourcen geflüchteter Menschen (wie ihrer Mehrsprachigkeit, ihre fluchtmigrationsspezifische Sensibilität und Vertrauenswürdigkeit) und ihre Rolle als Forschungsassistent*innen, Transkriptionshilfen, Informant*innen, Gatekeeper sowie Teilnehmende in Interpretationsgruppen ist angemessen zu entlohnen. Hierfür sind Zeit- und Geldressourcen notwendig. Kriterien der Forschungsförderung, eigensinnige Antragslogiken, Qualifikations- und Publikationsstrategien können dem diametral gegenüberstehen. So erhalten Forscher*innen, die ihre Qualifikationsarbeiten partizipativ ausrichten möchten, hierfür aufgrund der Struktur des Wissenschaftsbetriebs kaum Möglichkeiten (Bergold, Thomas, 2012, [84]).

Bei Veröffentlichungen ist einerseits zu fragen, in welchen Formaten und Medien, aber auch in welchen Sprachen und Sprachstilen Ergebnisse publiziert und wie der Zugang der Co-Forscher*innen dazu gewährleistet werden kann (Mackenzie et al., 2007, 305–306). Andererseits ist die unterschiedliche Relevanz von Publikationen zu betrachten: Die Idee der Co-Autor*innenschaft verleiht der eigenen Forschung möglicherweise den Stempel ethisch guter Forschung und erweitert die Publikationsliste der Forschenden. Für geflüchtete Co-Forscher*innen trägt eine Veröffentlichung allein wahrscheinlich nur wenig zur Verbesserung der Lebenswirklichkeit bei. Sie kann unter Umständen gar Gefahren bergen: Krause (2017, 3–5) thematisiert im Rahmen der Reflexion einer Feldforschung, dass das Forschungsteam Abstand davon genommen hat, gemeinsam mit Männern als mögliche Opfer sexueller Gewalt zu forschen, da aufgrund der politischen Situation und der Kriminalisierung von LGBT in Uganda nicht sichergestellt werden konnte, dass keine Gefahren für sie aufkommen würden. Eine Darstellung von entsprechenden Gewalterfahrungen durch Betroffene hätte als homosexueller Akt interpretiert und repressive Maßnahmen für die Betroffenen nach sich ziehen können. Dies stellt die Bedeutung heraus, zu prüfen, ob und wie durch Positionierungen im zu beforschenden Feld und eine öffentliche Präsentation von Daten problematische Konsequenzen für die Co-Forscher*innen drohen (Bergold, Thomas, 2012, [109]). Partizipative Forschung kann auf bestehende methodologische und methodische Wissensbestände zurückgreifen. Wo sich dies in den Aushandlungsprozessen mit Co-Forscher*innen als nicht adäquat erweist, kann und muss sie neue und alternative methodische Wege beschreiten.

Partizipative Forschung darf aus unserer Sicht jedoch nicht auf die Frage nach der konkreten methodischen Umsetzung reduziert werden. Vielmehr stellen sich Fragen nach der Generierung und Auswertung von Daten nur vor dem Hintergrund einer bestimmten Forschungshaltung. Die Anforderung an hauptberufliche Wissenschaftler*innen ist es, den Forschungsprozess so zu arrangieren, dass alle Beteiligten das Forschungsvorhaben mitgestalten und ihre jeweiligen Kompetenzen, Erfahrungen und Wissensbestände einfließen lassen können. In der forschenden Zusammenarbeit gilt es, in Aushandlungsprozessen zwischen allen am Forschungsprozess Beteiligten demokratische

Prinzipien umzusetzen (Götsch et al., 2012, 14). Gleichzeitig leben aber einige der potenziellen Co-Forscher*innen im Kontext von Fluchtmigration unter prekären Bedingungen, in denen ihnen ein Status als Bürger*innen nicht gewährt wird, sie nicht als mündige Subjekte adressiert werden und ihnen – als non-citizens – demokratische Teilhabe verwehrt bleibt. Permanente aufenthaltsrechtliche Unsicherheit kann eine kontinuierliche Mitarbeit in Forschungsprojekten nicht nur erschweren, sondern behindert oder verunmöglicht gar die Umsetzung von erwünschten Interventionen in die sozialen Verhältnisse hinein, wie sie von geflüchteten Menschen artikuliert werden. Partizipative Forschung muss daher kritisch reflektieren, was sie unter Demokratie und Teilhabe versteht und wie sie Beteiligung, aber auch Hierarchien und Macht in ihren Prozessen gestaltet (Götsch et al., 2012, 27–29). Hierzu gehört auch, wer in welcher Weise als Co-Forscher*in adressiert wird: Die Ansprache als ‚betroffene', ‚vulnerable', ‚marginalisierte' oder ‚geflüchtete' Person reproduziert unausweichlich einen Subjektstatus, den sich die Personen selbst möglicherweise nicht zuschreiben. Die Auswahl von Personengruppen – etwa von Geflüchteten mit einer sogenannten ‚guten Bleibeperspektive' oder mit hohen Chancen auf dem Arbeitsmarkt – ist bezüglich ihrer inhärenten Machtstrukturen kritisch zu prüfen, insofern sie machtvolle Unterscheidungspraxen politischer und öffentlicher Debatten reifiziert.

3.5.7.2.2 Potenziale partizipativer Forschung

Dem in partizipativen Ansätzen zentralen Gedanken von Empowerment ist ein Spannungsfeld inhärent, da der Ansatz durch sein Ziel, Akteur*innen stärken zu wollen, implizit von deren Machtlosigkeit ausgeht. Ob sich Akteur*innen jedoch tatsächlich als machtlos verstehen, gilt es im Zuge partizipativer Forschungsansätze gemeinsam mit den Co-Forscher*innen zu klären. Insofern ist hier kritisch zu reflektieren, ob und inwieweit eine sich als empowernd verstehende Position auch paternalistisch geprägt sein kann (von Unger, 2018, [11]). Hiermit verbunden ist die Frage, ob es die Akteur*innen sind, auf welche das Empowerment gerichtet ist, oder ob vielmehr eine Veränderung gesellschaftlicher Strukturen in den Blick gerät, welche vermeintlich machtlose Gruppen durch strukturelle Teilhabeverwehrung und Vulnerabilität überhaupt erst herstellen (Unger, 2018, [7]).

Der Einbezug von Geflüchteten wurde in den vergangenen Jahren immer wieder thematisiert (etwa Krause, 2017b; Doná, 2007) und dabei die Frage der Repräsentationsmacht neu gestellt: Wer generiert welches Wissen über wen und wer profitiert auf welche Weise von akademischen Aktivitäten und Erkenntnissen – und wer nicht (Riaño, 2012)? Mit der Reflexion dieser Fragen geht ein Bewusstsein über die Gewaltförmigkeit und Macht von Wissen einher (Spivak, 1988; Foucault, 1974).

In der Forschung mit ‚unbegleiteten, minderjährigen Flüchtlingen' und Erzieher*innen in der Heimunterbringung haben Rogers et al. (2018, 111) mithilfe von photovoice-Ansätzen Jugendliche dazu aufgefordert, ihr alltägliches Leben aufzunehmen. Neben Ausstellungen mit den Jugendlichen sind die Fotos als Grundlage für Diskussionen mit den Erzieher*innen zum Einsatz gekommen. Die Diskussion der Fotos erzeugte auf Seite der Erzieher*innen einen kritischen Dialog und führte zu einem Perspektivwechsel von risiko- und problemzentrierten Sichtweisen hin zu einer differenzierten Auseinandersetzung mit den Lebenswelten der Jugendlichen (Rogers et al., 2018, 111). Gesundheitsbezogene Studien betonen die partizipative Erarbeitung medizinischer Angebote gemeinsam mit geflüchteten Menschen als Chance, um diese Zielgruppe mit den jeweiligen Angeboten auch tatsächlich zu erreichen (z. B. Hanza et al., 2016). Afeworki Abay und Engin (2019) verstehen partizipative Forschung mit Menschen an der Schnittstelle von Behinderung und Migration als Versuch, Forschungspartner*innen am Prozess der Wissensgenerierung zu beteiligen, die häufig als ‚unbefragbar' konstruiert werden.

Die Autor*innen kritisieren, dass in Studien zu Behinderung und Migration in der Regel mit Fachexpert*innen, wie etwa den rechtlichen Betreuer*innen, statt den Betreffenden selbst gesprochen wird. Als alternatives Vorgehen schlagen sie einen Reflexionsprozess in der Konzipierung von Forschungsvorhaben vor: Der Interviewleitfaden solle stets soziale, kulturelle, sprachliche, geistig-seelische bzw. psychische und körperliche Aspekte der zu Befragenden berücksichtigen. Die Betreffenden seien in die Konzipierung des Erhebungsdesigns genauso einzubeziehen wie in den weiteren Forschungsprozess. So kann beispielsweise im Kontext von (Flucht-)Migration und Behinderung – aber auch darüber hinaus – von hoher Relevanz sein, Interviewleitfäden in leichter Sprache[53] zu entwickeln (Afeworki Abay, Engin, 2019).

Insbesondere im Hinblick auf den Fluchtmigrationskontext lassen partizipative Ansätze Potenziale für ein forschungsethisch adäquateres Setting erkennen (Mackenzie et al., 2007; Chatty et al., 2005). Sie offerieren alternative und solidarische Formen de-hierarchisierender Wissensproduktion und Möglichkeiten für neue methodologische Debatten (Starodub, 2018; Jacobsen, Landau, 2003). So kann beispielsweise im Rahmen der Forschung mit verfolgten und geflohenen Wissenschaftler*innen darüber nachgedacht werden, wie diese Zugang zum hiesigen akademischen Raum erhalten. Hierfür ist ein von Kaltmeier (2012) vorgeschlagenes Forschen und eine gemeinsame Co-Autor*innenschaft mit nicht-geflohenen Wissenschaftler*innen ein Weg, um Co-Forscher*innen sichtbar zu machen und ihre Ressourcen in die Fluchtmigrationsforschung einzubinden. In

---

53 Unter leichter Sprache wird eine verständliche Sprache mit konkretem Regelwerk verstanden, die Informationen Menschen mit kognitiver Beeinträchtigung, Nicht-Erstsprachler*innen und allen anderen Leser*innen gleichermaßen zugänglich machen soll (BMAS, 2014).

der Forschung mit Kindern verweisen Due et al. (2014) auf die Möglichkeit, in partizipativ angelegten methodischen Ansätzen über ihre Gestik, Mimik und Körpersprache wahrzunehmen, mit welchen Forschungsmethoden sich ein Kind im Erhebungsprozess wohl fühlt und wann es dies nicht mehr tut. Dies ist vor allem relevant, weil bei Kindern in der Regel Eltern oder andere Sorgeberechtigte ihr informiertes Einverständnis über die Teilnahme an der Forschung erteilen. Damit die freiwillige Teilnahme der Kinder im gesamten Forschungsprozess gewährleistet werden kann, braucht es kindgerechte Zugänge.

Für eine vertrauensvolle Beziehungsarbeit mit Co-Forscher*innen schlagen Mackenzie et al. (2007, 309–312) das Konzept einer ‚Relational Autonomy' vor. Hierzu zählt das Fragen danach, was Partizipation für die Forschungspartner*innen konkret bedeutet (Collie et al., 2010). Menschen, die sich im Asylverfahren befinden und sich mit existentiellen Herausforderungen wie einem Leben in Gemeinschaftsunterkünften und einer Kategorisierung als ‚Menschen mit schlechter Bleibeperspektive' auseinandersetzen, können schlichtweg kein Interesse an der Teilnahme an einem Forschungsprojekt oder hierfür keine Zeit zur Verfügung haben. Es braucht daher die Reflexion darüber, wie ein paternalistisches Vorgehen in der Relation aller an der Forschung Beteiligten vermieden werden kann.

3.5.7.3 Ausblick: Fluchtmigrationsforschung demokratischer gestalten? Von Ansätzen und Perspektiven hin zu einer reflexiven Haltung

Partizipative Ansätze bergen für die Fluchtmigrationsforschung das Potenzial einer kritischen Reflexion darüber, wer als Subjekt der Forschung mitgedacht und wer bisher allenfalls am Rande wahrgenommen wird. Eine solche Reflexion ist nicht nur eine zukunftsweisende und entscheidende Frage für die Ausgestaltung des hiesigen Forschungsfeldes, sondern auch eine selbstkritische Anfrage an die Gesamtheit sozialwissenschaftlicher Forschung. Die zunehmende Institutionalisierung von Fluchtmigrationsforschung schafft neue Möglichkeiten, Themen und Perspektiven auf die Agenda zu setzen, die bislang in der akademischen Welt nur vereinzelt repräsentiert sind. Bemühungen um eine Öffnung des Forschungsfeldes rufen grundständige Fragen ethischer Standards, wissenschaftlicher Selbstverständnisse und Überlegungen zum Grad an gewünschter Politisierung auf (Aden et al., 2019).

Partizipative Forschungsansätze ermöglichen es, an die Lebenswelten der Betroffenen anzuschließen, ihren Stimmen Gehör zu verschaffen und ihr „Wissen und ihr Können in den Forschungsprozess einzubringen und damit andere Perspektiven und neue Erkenntnisse zu gewinnen" (Bergold, Thomas, 2012, 42). Die Spannungsfelder partizipativer Forschung weisen auf eine notwendige Reflexion zu Auswirkungen der eigenen Forschung und zu Möglichkeiten des Einbezugs der von Forschung tangierten Menschen als Aufgabe von (Fluchtmigrations-)Forschung hin. Notwendig ist – so unsere Schlussfolgerung – eine Reflexion der eigenen Position im Feld und deren Implikationen für eine reflektierte Forschungspraxis und Professionsethik.

Krause (2017b) schlägt in ihren ethischen Überlegungen zur Feldforschung eine „Do No Harm-Analyse" vor. Die (potenzielle) Vulnerabilität von Personengruppen müsse im Rahmen des Forschungsdesigns beachtet werden, „um mögliche negative Einflüsse auf das Umfeld, (Re-)Traumatisierung der Personen sowie Produktion von Gefahren für die Teilnehmenden durch die Interaktion und Datenerhebung zu vermeiden" (Krause, 2017b, 3). Darüber hinausgehend ließe sich eine „How To Improve-Analyse" einfordern, die darauf abzielt, die Kontexte der von der Forschung betroffenen Personen zu verbessern. Die Ethical Guidelines for Good Research Practice (2007) des Refugee Studies Centre der University of Oxford fordern jedenfalls Wissenschaftler*innen dazu auf, ihre Ergebnisse zu Gunsten der betreffenden Akteur*innen zu kommunizieren: „[They] should use the possibilities open to them to extend the scope of social inquiry, and to communicate their findings, for the benefit of the widest possible community" (Refugee Studies Centre, 2007, 171).

Partizipative Forschung kann epistemische Gewalt und strukturelle Ungleichheiten gleichsam jedoch nicht im Sinne eines ‚Allheilmittels' auflösen. Castro Varelas und Heinemanns (2016, 52) Warnung vor einer „romantisierten Solidarität" lässt sich auf partizipativ ausgerichtete Forschungsansätze übertragen und markiert eine Paradoxie: Einerseits sind auch partizipative Forschungsansätze durch Grenzen gekennzeichnet, andererseits ist partizipative Forschung stets aufs Neue herausgefordert, diese Grenzen nicht einfach anzunehmen und sich eben nicht mit einer vermeintlich ‚nützlichen' Wissensgenerierung zu begnügen.

Diesem Anliegen gerecht zu werden, erfordert eine grundlegende reflexive Haltung. Eine solche Haltung hat zum Ziel, gesellschaftliche Strukturen, die Machtasymmetrien erst hervorbringen, als solche zu erkennen und zu verändern. Widerstandspotenziale, Kritik, Empowerment und Bündnisarbeit sind dabei aber nicht zwingend an partizipative Ansätze gebunden. Eine partizipativ-reflexive Haltung kann sich auch darin ausdrücken, einen Perspektivwechsel durchzuführen und „homework" (Spivak, 1990, 62–63) zu erledigen. Als „homework" bezeichnet Spivak die kritische Reflexion der eigenen akademischen Wissensproduktion hinsichtlich ihres Eingebunden-Seins in rassistische, (post-)koloniale Strukturen. Diese Wissensproduktion benötige ein „Verlernen" vermeintlich selbstverständlicher, internalisierter Positionen und eigener Privilegien (Spivak, 1990, 9).

Spivaks Position macht die Fluchtmigrationsforschung anschlussfähig an eine critical whiteness-Perspektive, die sexistische, klassistische und vor allem rassistische Strukturen und Dominanzen in Räumen der Wissensproduktion thematisiert sowie vorhandene De-Thematisierungen beleuchtet. Damit wird auch das Leitbild ‚professioneller Distanz' infrage gestellt und mit der jeweiligen Involviertheit und Positionalität – und sogar mit den eigenen Emotionen – (neu) befasst. Dies impliziert, institutionelle, akademische Praxen und die Privilegien der an der Wissensproduktion Beteiligten infrage zu stellen. Die partizipative Gestaltung kann bestehende Herrschaftsverhältnisse und postkoloniale (Welt-)Verhältnisse sowie unsere darin verstrickten akademischen Forschungspraktiken thematisieren.

Grundlegend erscheint die Einnahme einer reflektierten Haltung, die dazu auffordert, Machtverhältnisse im Forschungskontext überhaupt wahrzunehmen und zu bearbeiten. Diese Bearbeitung kann auf verschiedene Weise erfolgen: über partizipative Forschungsdesigns; über eine Platzierung von Forschungsergebnissen jenseits des wissenschaftlichen Elfenbeinturms, um etwa eine Öffentlichkeit für Ausgrenzungsverhältnisse zu sensibilisieren; oder über eine Übersetzung von Forschungsergebnissen in eine rassismuskritische Bildungsarbeit, die Dominanzverhältnisse aufzubrechen sucht. Das Feld der Fluchtmigrationsforschung würde seine Praxis dann nicht (mehr) als Forschung über geflüchtete Menschen, sondern – in relationaler Perspektive – als Forschung zu Lebensumständen von Menschen, Machtkonstellationen, politischen Strukturen, gesellschaftlichen Ein- und Ausgrenzungsprozessen sowie als Forschung mit Geflüchteten verstehen: Bisher wird in der deutschsprachigen Fluchtmigrationsforschung nur wenig Bezug auf die Perspektiven und Argumente von Selbstorganisationen Geflüchteter genommen[54]. Eine Diskussion zu partizipativer Forschung und ein Einbezug von Selbstorganisationen geflüchteter Menschen haben jedoch das Potenzial, die Fluchtmigrationsforschung gegenstandsangemessener zu gestalten. Genauso vielfältig wie die inhärenten Spannungsfelder und Machtverhältnisse von Forschung sind auch die Wege ihrer Reflexion. Zu einer solchen vielfältigen Reflexion will das Kapitel beitragen.

---

54 Die Problematik erscheint nicht als Spezifikum der Fluchtmigrationsforschung, sondern ist beispielhaft für die gegenwärtige gesellschaftliche und wissenschaftliche Wissensproduktion. In Deutschland wurden etwa die betroffenen Familien des Terrors des Nationalsozialistischen Untergrunds (NSU) mit ihrem Wissen, ihren Perspektiven und Anliegen mehrheitlich vom journalistischen, kriminalistischen und sozialarbeiterischen Feld ignoriert (Siri, 2018).

4. Soziale Arbeit

Das Kapitel konturiert Soziale Arbeit als global zuständige Menschenrechtsprofession und verbindet dieses Verständnis mit dem Inklusionsdiskurs. Es gibt Einblick in Gegenstand und Definition Sozialer Arbeit (Kap. 4.1). Dem folgt ein Überblick zu Professionstheorien Sozialer Arbeit in Deutschland (Kap. 4.2), um vor allem machtkritische und relationale Ansätze als professionstheoretische Basis einer inklusiv ausgerichteten Sozialen Arbeit (nicht nur) im Kontext von Fluchtmigration nutzbar zu machen. Als weiterführende Perspektiven werden eine transnationale, solidarische und konviviale Öffnung Sozialer Arbeit herausgearbeitet (Kap. 4.3). Das Kapitel schließt mit einer Skizzierung der Projekte und Unterkapitel in diesem Themenfeld (Kap. 4.4).

4.1 Begriffsverständnis

In der Suche nach einem disziplinären und professionellen Selbstverständnis schlagen die Vertreter*innen aus dem Feld der Sozialen Arbeit vielfältige Wege ein (Bettinger, 2013). Bereits die historische Auseinandersetzung mit dem, was heute als Gegenstand Sozialer Arbeit gilt, verweist auf eine begrifflich-konzeptionelle Vielfalt: Von Mittelalter bis zur Industrialisierung waren „Mildtätigkeit" und in der Weimarer Republik „Fürsorge" und „Wohlfahrtspflege" gängige Bezeichnungen für soziale Tätigkeiten. Sie wurden mit der Professionalisierung des Fachs von den Begriffen „Sozialarbeit", „Sozialpädagogik" und „Soziale Arbeit" abgelöst. Diese Vielfalt verdeutlicht, dass das Feld der sozialen Hilfe keineswegs klar absteckbar, sondern aus verschiedenen Traditionen zusammengewachsen ist (Münchmeier, 2018, 527). In Deutschland wird historisch zwischen Sozialarbeit und Sozialpädagogik unterschieden. Sozialarbeit wird seit Beginn des 20. Jahrhunderts an den Hochschulen gelehrt. Ihre Anfänge reichen zurück bis in die Armenfürsorge. Sozialpädagogik etablierte sich als eigenständige Studienrichtung in den 1950er Jahren unter dem Dach der Erziehungswissenschaft und entstand im Umfeld der zunächst von jungen Menschen selbst organisierten Jugendbewegung zu Beginn des 20. Jahrhunderts. Beide Stränge – Sozialarbeit wie Sozialpädagogik – sind nicht trennscharf voneinander zu separieren. Ihre Geschichten sind durch Gemeinsamkeiten geprägt (Eßer, 2018). Um die „Einheit von Sozialpädagogik und Sozialarbeit" (Thole, 2012, 20) herauszustellen, wird in dieser Arbeit die Bezeichnung Soziale Arbeit genutzt. Die Vielfalt Sozialer Arbeit macht jedoch nicht an der Bezeichnungspraxis Halt. Mit der Professionalisierung dieser im Unterschied zur Medizin oder Juristerei jungen Disziplin und Profession hat sich in den vergangenen Jahrzehnten ein facettenreiches Theorierepertoire entfaltet (ebd.). May (2010) unterscheidet zwischen alltags-, lebenswelt-, lebenslagen- und lebensbewältigungsorientierten, professionalisierungstheoretischen, systemtheoretischen, diskursanalytischen und psychoanalytischen Ansätzen. Auf Ebene der professionellen Praxis reichen die Handlungsmethoden von Einzelfallhilfe über Gruppen- bis hin zur Gemeinwesenarbeit. Die klassische Trias ist sich stetig am Ausdifferenzieren und Weiterentwickeln und lässt sich in direkt interventionsbezogene, indirekt interventionsbezogene und struktur- und organisationsbezogene Konzepte und Methode gruppieren (Galuske, 2013, 168) sowie hinsichtlich ihrer Funktion in Lebenswelt ergänzende, unterstützende oder ersetzende Ansätze unterscheiden. Vor dem Hintergrund der Fülle historischer Bezugsstränge, Bezeichnungspraxen, Theorien und Handlungsmethoden allein in Deutschland ist bemerkenswert, dass auf internationaler Ebene eine Verständigung zum Gegenstandsbereich einer Social Work stattgefunden hat. Sie hat ihren Niederschlag in einer globalen Definition gefunden, die hinter den nationalstaatlichen Besonderheiten Sozialer Arbeit zugunsten einer globalen Perspektive auf die Disziplin und Profession zurücktritt (Deller, Brake, 2014, 13) und in Deutschland Unterstützung durch den Deutschen Berufsverband für Soziale Arbeit (DBSH) erfährt:

> „Social work is a practice-based profession and an academic discipline that promotes social change and development, social cohesion, and the empowerment and liberation of people. Principles of social justice, human rights, collective responsibility and respect for diversities are central to social work. Underpinned by theories of social work, social sciences, humanities and indigenous knowledges, social work engages people and structures to address life challenges and enhance wellbeing. The above definition may be amplified at national and/or regional levels" (IFSW, 2014, o. S.).

In dieser Definition wird Soziale Arbeit als Menschenrechtsprofession konturiert und entlang der zentralen Begriffe des sozialen Wandels, der sozialen Entwicklung, des sozialen Zusammenhalts, Empowerments und der Befreiung der Menschen aus ausgrenzenden und marginalisierenden Lebensumständen auf ein professionsethisches Grundgerüst gestellt (Cox, Pawar, 2006; Prasad, 2018; Straub, 2016; Ife, 2008). Dieses Gerüst fungiert als Orientierungsrahmen und ermöglicht Sozialarbeitenden, das eigene Handeln und gesellschaftliche Verhältnisse zu reflektieren sowie den pädagogischen Handlungsauftrag gegenüber Dritten, auch potenziellen Gegenspieler*innen, zu legitimieren (Röh, 2018, 35). Im deutschsprachigen Diskurs zählt Staub-Bernasconi (2019) zu einer der prominentesten Vertreter*innen einer Sozialen Arbeit als Menschenrechtsprofession (Eckstein, Gharwal, 2016, 16). Sie argumentiert für eine Erweiterung des Doppelten Mandats (Böhnisch, Lösch, 1973) – verstanden als reflexive Aushandlung von Adressat*innenunterstützung einerseits und gesellschaftlicher Ordnungs- und

Normalisierungsfunktion andererseits – um ein drittes Selbstmandat (Staub-Bernasconi, 2019, 85–87). In ihrem Konzept des Trippelmandats erarbeitet sie eine menschenrechtliche Orientierung als Bezugsgröße Sozialer Arbeit. Die Bezugnahme auf die Menschenrechte ist nach Staub-Bernasconi (2019, 9) dreidimensional und umfasst eine rechtliche, ethische und professionspolitisch-handlungstheoretische Komponente. Sie ermöglicht die Reflexion sozialarbeiterischer Praxis und gesellschaftlicher Verhältnisse vor dem Hintergrund, ob und inwiefern diese menschenrechtlich basiert seien. Eine alleinige Referenz auf nationalstaatliche und internationale Rechtsgrundlagen und Politiken, etwa die nationalstaatliche Asyl- und Ausländer*innenpolitik, genügt hierbei nicht, da Menschenrechte darauf angewiesen sind, in nationalstaatliches Recht und nationalstaatliche Regularien überführt zu werden – ein Mechanismus, der kein Automatismus ist und Raum für Leerstellen lässt. Im Fall von Verletzungen, „die ein grundlegendes Menschenrecht tangieren, gilt es zu klären, ob gegen Gesetze verstoßen wurde, ob Diskriminierung vorliegt, welches Grundrecht oder Menschenrecht tangiert sein könnte und ob es unmittelbare Möglichkeiten des Eingreifens gibt, die zum Handlungsrahmen des Sozialarbeiters bzw. der Sozialarbeiterin gehören" (Großmaß, 2010, 25). Zudem lassen sich globale und miteinander verwobene Problemlagen wie Kriege, Klimakrise, Armut und Fluchtmigration nicht mehr nur allein unter Referenz auf nationalstaatliche Ordnungsperspektiven bearbeiten. Sie fordern die Soziale Arbeit heraus, ihren „methodologischen Nationalismus" (Wimmer, Glick Schiller, 2002) zu überwinden und sich qua Mandat in die Bearbeitung globaler Problemlagen über den nationalstaatlichen Tellerrand hinaus zu involvieren. Eine so verstandene Soziale Arbeit ist in besonderer Weise anschlussfähig an die Inklusionsdebatte, da beide Diskursstränge den menschenrechtlichen Gleichheitsanspruch in ihr Zentrum stellen und alle Menschen als gleich betrachten, „und zwar allein, weil er oder sie Mensch ist" (Pollmann, 2008, 4). Die Menschenrechtsorientierung korrespondiert mit dem sozialarbeiterischen Auftrag, sozialen Wandel zu befördern hin zu einer inklusiven, nicht-ausschließenden, zukunftsfähigen Gesellschaft, an der alle Menschen unabhängig von ihren Fähigkeiten und Bedürfnissen teilhaben. Diese Aufgabe verlangt nach Übersetzer*innen (Staub-Bernasconi, 2019, 173), welche sich für eine menschenrechtsorientierte Umgangsweise mit allen Menschen und die Umsetzung und Einhaltung von Menschenrechten auch im Kontext von Fluchtmigration auf lokaler, regionaler, inter- und transnationaler Ebene einsetzen und inklusive Formen des Zusammenlebens explorieren. Erweiternd in der Debatte sind die Einwände zu sehen, eine alleinige Fundierung Sozialer Arbeit als Menschenrechtsprofession sei dann nicht ausreichend, wenn sie bei der Konstatierung einer Diskrepanz von Status quo und menschenrechtlichen Standards verweile. So heben Anhorn und Kolleg*innen (2012) hervor, dass eine kritische Soziale Arbeit nicht allein aus abstrakten Normen abgeleitet werden könne, sondern aus „der eingehenden Darstellung und Analyse der spezifischen, historisch-gesellschaftlichen Wirklichkeit" (ebd., 18), der „konkreten individuellen und kollektiven Erfahrungen der Unterdrückung" (ebd.) sowie „Möglichkeiten der Emanzipation, der Autonomie, der sozialen Gleichheit, der Partizipation" (ebd.). Die Autor*innen verweisen auf die Notwendigkeit „einer ‚wirklichkeitsgesättigten', herrschaftskritischen Analyse der historisch-gesellschaftlichen Bedingungen der Gegenwartsgesellschaft" (ebd., 20). Eine solche Analyse erwächst aus dem Verständnis einer selbstkritischen Sozialen Arbeit, in welcher die Menschenrechte Berücksichtigung finden und mit professionsethischen, -theoretischen und -analytischen Perspektiven verbunden sind.

4.2 Professionstheoretische Einordnung

Das Kapitel vertieft das Verständnis Sozialer Arbeit als Menschenrechtsprofession um professionstheoretische Überlegungen zum pädagogischen Handeln. In Deutschland haben vor allem die interaktionistische Professionstheorie nach Schütze (1992) sowie die strukturtheoretische Professionstheorie nach Oevermann (1996) vielfache Beachtung erfahren (Müller-Hermann, Becker-Lenz, 2018, 688; Helsper, Krüger, Rabe-Kleberg, 2000). In diesem Kapitel wird neben den Perspektiven von Schütze und Oevermann auf die Arbeiten von Dewe und Otto, Heiner, Kunstreich und Köngeter eingegangen.

Im interaktionistischen Verständnis nach Schütze (2000) steht das professionelle Handeln mit seinen paradoxen, teils widersprüchlichen Bedingungen im Fokus. Professionelle sind mit ambivalenten Handlungsaufträgen konfrontiert – etwa, gemeinsam mit ihren Adressat*innen Autonomie herzustellen, sie aber gleichzeitig zu kontrollieren. Einen Umgang mit diesen Spannungsfeldern zu finden, ist für die Fachkräfte zentral. Hierbei sind sie immer wieder auf andere Professionen und Instanzen angewiesen, zum Beispiel im Fall von Kindeswohlgefährdungen auf das Familiengericht, weshalb Schütze (1992) von „Sozialarbeit" als einer bescheidenen Profession spricht. Im Unterschied zu Schütze geht Oevermann in seiner Theorie von modernisierungstheoretischen Überlegungen aus. Er fasst Professionen als Instanzen der „stellvertretenden Krisenbewältigung" (Oevermann, 2013, 219) und Produkt sozialer Problemlagen. Professionelle zielten auf eine (Wieder-)Herstellung von Autonomie in der Lebenspraxis von Adressat*innen und gingen mit ihnen ein „Arbeitsbündnis" (ebd., 123) ein. Das Bündnis sei vom Zusammenspiel von Fachkraft und Adressat*in abhängig. Es könne nur unter dem Primat der Freiwilligkeit gelingen und werde durch die institutionelle Rahmung pädagogischen Handelns strukturell blockiert. Charakteristika dieser Beziehung seien die „Spannung von Entscheidungszwang und Begründungsverpflichtung, von Rekonstruktions- und Subsumtionslogik und schließlich von unterschiedlichen Facetten einer sowohl diffusen, partikularistischen und zugleich spezifischen, universalistischen und rollenförmigen

Beziehungsstruktur" (Helsper, Krüger, Rabe-Kleberg, 2000, 7). Dewe und Otto (2002) entfalten eine reflexive Sozialpädagogik und verfolgen das Anliegen einer „systematische[n] Reinterpretation der Professionalisierungstheorie" (ebd., 179). Im Fokus stehen „die Analyse der objektiven Bedingungen und Folgen des Handelns von professionell Tätigen und die Frage [...] der Betrachtung, inwieweit eine Professionalisierung der Sozialen Arbeit politisch und wissenschaftlich umgesetzt werden kann" (ebd.). Hiermit geht der disziplinäre Auftrag einher, in den „Mikrobereich" (Dewe, 2009, 52) pädagogischen Handelns einzutauchen, um „die empirisch beobachtbaren Formen von Professionalität und das damit einhergehende Professionswissen" (ebd., 54) zu erfassen und Professionalisierung in spezifischen sozialen Verhältnissen aus Sicht der Professionellen nachzuzeichnen. An dieses Vorhaben schließt Heiner (2004) an und erweitert den Professionsdiskurs um eine „handlungstheoretische Perspektive" (Motzke, 2014, 207). Sie erarbeitet auf Basis von empirisch basierten Fallreflexionen einen Idealtyp sozialarbeiterischer Professionalität, der dem pädagogischen Handeln als Reflexionsfolie dienlich sein soll und als Ziel Sozialer Arbeit die Herstellung von „Autonomie der Lebenspraxis" (Heiner, 2004, 42) festhält. Soziale Arbeit komme einerseits die Aufgabe zu, Akteur*innen zu befähigen sowie andererseits, ihre Existenzbedingungen zu verändern (ebd.). Pädagogisches Handeln sei dann als professionell zu bewerten, wenn die handlungsmethodische Vorgehensweise „(a) ressourcenorientiert, (b) mehrdimensional, (c) mehrperspektivisch, (d) vernetzend, (e) alltagsorientiert, (f) umfeldbezogen und (g) partizipativ" (ebd.) sei. Wie Dewe und Otto hebt auch Heiner die Fähigkeit zur Reflexivität als professionelle Basis hervor. Eine reflexive Kompetenz sei die „Voraussetzung für die Realisierung methodischer Prinzipien" (ebd., 43) und „fundamentales Merkmal" (ebd.) jeglichen professionellen Handelns. Kunstreich (2017) verbindet die Professionsdebatte noch stärker als die bisher aufgezeigten Ansätze mit machtkritischen Perspektiven. Er reflektiert Soziale Arbeit in ihrer hegemonialen Funktion, Herrschaft abzusichern. Soziale Arbeit bringe soziale Probleme selbst aktiv hervor und erhalte sie, indem sie sich von einem Laientum abgrenze und soziale Probleme selbst benenne (ebd., 118–119). Kunstreich plädiert für eine Soziale Arbeit, die ihre professionelle Verortung selbstkritisch befragt, einen „Perspektivwechsel" (ebd., 120) vornimmt und sich selbst zum Analysegegenstand macht: „Nun sind wir selbst gefragt, wie wir unser Verhältnis zu den Adressatinnen und anderen Teilen der Gesellschaft definieren wollen. Es geht damit um die Analyse von Beziehungen, von Relationen, in die wir selbst verstrickt sind" (ebd.). In diesem Verständnis konkretisiert sich ein Verständnis Kritischer Sozialer Arbeit (Anhorn et al., 2012). Kritik wird „als analytische Kategorie konzipiert, die auf die Rekonstruktion (und Kritik) von gesellschaftlichen Herrschaftsverhältnissen zielt, die benennbaren sozialen Gruppen den legitimen Zugang zu materiellen, sozialen, politischen und kulturellen Ressourcen erschwert bzw. verweigert" (Anhorn et al., 2012, 4). Diese Konzipierung entbettet Soziale Arbeit aus einem paternalistischen

Hilfeduktus und unterzieht sie genauso wie alle anderen sozialen Verhältnisse einer steten Befragung. Wertvoll erscheint eine Verzahnung kritischer Sozialer Arbeit mit dem von Köngeter (2009) eingeführten Ansatz relationaler Professionalität. Nach Köngeter lässt sich die Frage nach der Professionalität Sozialer Arbeit „nur an beruflichem Handeln in seinem Vollzug" (ebd., 287) entscheiden. Auf Basis einer empirischen Analyse professionellen Handelns im Bereich der Kinder- und Jugendhilfe konturiert Köngeter den Ansatz relationaler Professionalität, der sich durch „Vernetzheit" (ebd., 287), „das relationale Eingebunden-Sein in weitere Arbeits- und Sozialbeziehungen" (ebd.), „Prozessualität" (ebd.), „Interdependenzen mit anderen Hilfe- und Unterstützungsprozessen" (ebd.) und die „Einbettung der professionellen Deutungen und Praktiken in ein heterogenes und konfliktbeladenes Feld von weiteren alltäglichen und professionellen Deutungen und Praktiken" (ebd., 287–288) auszeichnet. Köngeter interessiert sich für die komplexe Einbettung professionellen Handelns und die Hervorbringung desselben im Zusammenspiel mit verschiedenen Instanzen, Diskursen und Involvierten. Damit ermöglicht er eine Übersetzung machtkritischer Perspektiven, wie sie Kunstreich und Kolleg*innen entfaltet haben, in eine Analyseperspektive.

Für eine menschenrechtlich ausgerichtete Soziale Arbeit sind die machtkritische Konzeptualisierung nach Kunstreich und das relationale Professionalitätsverständnis nach Köngeter wichtige Heuristiken in der kritischen Auseinandersetzung mit professionellem Handeln im Kontext von Fluchtmigration. Der machtkritische Blick sensibilisiert für die Analyse von Kategorisierungsprozesse (Kap. 2.3 und Kap. 3.3). Mit einer relationalen Brille wird der Reflexionsraum über den einzelnen Nationalstaat hinaus geöffnet. So können Länderübergreifende Einflussfaktoren wie transnationale Familiensysteme oder rechtliche Möglichkeiten und Grenzen, die sich aus dem Aufenthaltsstatus der Adressat*innen ergeben, sozialarbeiterisch eingefangen werden.

4.3 Perspektiven. Inklusion gestalten

Studien zu sozialarbeiterischen Perspektiven und ihren professionellen Handlungspraxen stellen im Feld von Fluchtmigration auch mehr als fünf Jahre nach dem „langen Sommer der Migration" ein in Deutschland bisher nur wenig aufgebrochenes Forschungsdesiderat dar. Erste Untersuchungen rekonstruieren die Dilemmata von Sozialarbeitenden, in der pädagogischen Arbeit mit geflüchteten Menschen ihrem pädagogischen Mandat nicht oder nur teilweise gerecht werden zu können, etwa, wenn Menschen separiert und ohne ausreichende Rückzugsmöglichkeiten in Geflüchtetenunterkünften am Rande von Städten leben oder Sozialarbeitende zur Mitwirkung an Abschiebepraktiken aufgefordert werden (Schäuble, 2018; Eichinger, Schäuble, 2018; Muy, 2018). Grundlegende Herausforderungen, wie das Ausbalancieren von Hilfe und Kontrolle, erfahren in diesem Feld eine Zuspitzung: Wie kann Soziale Arbeit ihrem pädagogischen Auftrag gerecht werden, wenn Bleibeperspektive und rechtlicher Status ihrer Adressat*innen in der Schwebe hängen, die Lebens- und Wohnbedingungen der Menschen aktiv eingeschränkt werden und die staatliche Zielrichtung die Aufnahme geflüchteter Menschen begrenzen will (Schmitt, 2019b)? Der Auftrag Sozialer Arbeit und die Logik des Ausländer- und Asylgesetzes stehen einander gegenüber und fordern die Soziale Arbeit heraus, sich zu den Rahmungen ihres Handelns zu positionieren (Scherr, 2018). In den letzten Jahren sind politische Positionierungen aus dem Feld der Sozialen Arbeit vermehrt zu vernehmen wie beispielsweise das Positionspapier „Soziale Arbeit mit Geflüchteten in Gemeinschaftsunterkünften – Professionelle Standards und sozialpolitische Basis" der Initiative Hochschullehrender zu Sozialer Arbeit in Gemeinschaftsunterkünften (2016). In diesem Papier fordern Professor*innen und Unterstützer*innen, die Unterbringung geflüchteter Menschen strukturell zu verbessern und Menschenrechte einzuhalten. Sozialarbeiter*innen soll das Papier unterstützen, „sich in ihrem Handeln [...] auf geteilte berufsethische und fachliche Standards zu berufen. Ferner soll es dazu beitragen, mehr Transparenz und Verbindlichkeit hinsichtlich der Leistungen der Sozialen Arbeit herzustellen und die erforderlichen Rahmenbedingungen einzufordern" (ebd., 3). Positionierungen wie diese verdeutlichen, dass in der Sozialen Arbeit ein Bewusstsein für die Gefahr vorherrscht, im Kontext von Fluchtmigration das eigene pädagogische Mandat nicht ausreichend erfüllen zu können. Die vorliegende Empirie exemplifiziert, dass diese Gefahr durchaus gegeben ist und Sozialarbeitende nicht selten bis hin zur eigenen Erschöpfung arbeiten, um ihren pädagogischen Auftrag auch unter aussichtslos erscheinenden Bedingungen zumindest nicht aufzugeben (Schmitt, Aden, 2020). Das grundlegende Dilemma liegt in einer nationalstaatlichen Weltordnung begründet. Soziale Unterstützungsleistungen sind in Ländern des Globalen Nordens mit wohlfahrtsstaatlichen Strukturen an nationalstaatliche Zugehörigkeitskonstruktionen gekoppelt.

Wohlfahrtsstaatliche Systeme basieren aber auf der Logik, in erster Linie ihren Staatsbürger*innen soziale Absicherung bereitzustellen. Volle Bürger*innenrechte werden „einer exklusiven Wir-Gruppe" (Mecheril, 2020, 102) gewährt, während Rechtsansprüche für geflüchtete Menschen ohne deutsche Staatsbürgerschaft begrenzt bleiben (Goebel, 2018, 91). Staatliche Versorgungsstrukturen sind damit einerseits Garant von Unterstützung und Teilhabe, andererseits exkludieren sie solche Personen aus gesellschaftlichen Teilsystemen, deren Aufenthalt als illegitim oder zweifelhaft eingestuft wird. Hierbei lassen sie primär Öffnungen für jene zu, welche als ‚leistungswillig', ‚integrierbar' und ‚nützlich' erscheinen (Janotta, 2018; Kollender, Kourabas, 2020; siehe Kap. 3.2.10). Das Spannungsfeld zwischen staatlichen Partikularinteressen, die Anzahl an Asylantragssteller*innen zu begrenzen, und dem universalistischen Unterstützungsauftrag und Gleichheitsanspruch Sozialer Arbeit (Scherr, 2020a), kann durch die gängigen Professionstheorien in Deutschland zwar aufgeschlüsselt, nicht aber in ausreichendem Maße bearbeitet werden. Handlungsdilemmata von Sozialarbeitenden bestehen darin, dass das pädagogische Mandat prinzipiell *nicht* nationalstaatlich begrenzt ist und bedroht wird, wenn der Nationalstaat spezifische Menschen aus seinen sozialen Versorgungssystemen gezielt ausschließt. Soziale Arbeit ist gemäß dem Verständnis der IFSW (2014) immer dann zuständig, wenn Grundsätze der sozialen Gerechtigkeit, kollektiven Verantwortung füreinander und gegenseitigen Achtung sowie das menschliche Wohlbefinden und Menschenrechte nicht gewahrt sind, zu erodieren drohen und gestärkt werden müssen (Schröer, Schweppe, 2018). Raithelhuber, Sharma und Schröer (2018, 13–14) führen diese Problematisierung noch einen Schritt weiter und argumentieren, dass für die Soziale Arbeit nicht ausreichend sei, danach zu fragen, wie mobile Menschen Zugang zu Ressourcen innerhalb von Nationalstaaten erhalten können. Vielmehr müssten die nationalstaatliche Kopplung von Hilfegewährung an das machtvolle Instrument der Staatsangehörigkeit grundsätzlich kritisch auf den Prüfstand gestellt und alternative Modelle Sozialer Arbeit entwickelt werden (Raithelhuber, Sharma, Schröer, 2018, 13–14). Um im Zuge ihrer nationalstaatlichen Einbettung nicht selbst zu einer Exklusion geflüchteter Menschen aus sozialen Unterstützungsleistungen beizutragen und primär Exklusionsverwalterin statt Inklusionsvermittlerin zu sein (Bommes, Scherr, 1996), ist die Soziale Arbeit herausgefordert, neue Wege zu bestreiten. Im folgenden Kapitel werden eine transnationale, solidarische, postmigrantische sowie konviviale Ausrichtung Sozialer Arbeit als weiterführende Perspektiven vorgeschlagen.

4.3.1 Transnationale Inklusion

Will Soziale Arbeit geflüchtete Menschen nicht aus ihrem Adressat*innenkreis ausschließen, kann sie sich nicht mit der Feststellung einer Kollisionen von staatlichen Partikularinteressen mit ihrem pädagogischen Auftrag begnügen. Aus ihrem Anspruch heraus, allen Menschen gleichermaßen verpflichtet zu sein, gilt es, nach Wegen zu suchen, geflüchteten Menschen Zugehörigkeit und Teilhabe zu ermöglichen. Ein zentraler Schritt ist eine Vergewisserung über diese Zuständigkeit und eine transnationale Öffnung Sozialer Arbeit. Der Begriff der Transnationalität umschreibt Grenzen überschreitende Sozialräume, Praktiken, Imaginationen und Deutungen (Kap. 3.1.1). Er geht zurück auf die Migrationsforschung der 1980er Jahre und erweitert ein unidirektionales Migrationsverständnis um sich transnational aufspannende Migrationsbewegungen (Levitt, Glick Schiller, 2004). Die Auseinandersetzung mit transnationalen Perspektiven hat in den vergangenen vierzig Jahren zu einer vielfältigen Erforschung transnationaler Migrationsbewegungen und Rekonstruktion von Handlungsmöglichkeiten wie

Belastungen auf Seite der betreffenden Menschen auch in der Sozialen Arbeit in Deutschland geführt (Homfeldt, Schröer, Schweppe, 2008; Schirilla, 2018). Bisher ist jedoch noch nicht hinreichend geklärt, was eine professionelle transnationale Soziale Arbeit im Einzelnen ausmacht und ob es sich bei ihr um eine spezifische Verästelung oder querliegende Perspektive Sozialer Arbeit handelt. Weitgehend unstrittig ist die Zuständigkeit Sozialer Arbeit immer dann, wenn transnationale Lebenswelten „nicht anerkannt werden, nicht in Formen sozialer Sicherung eingebettet sind, sie nicht offen gelebt werden dürfen oder diskriminiert werden" (Schröer, Schweppe, 2018, 1701). Von wissenschaftlicher Seite werden die Ansatzpunkte formuliert, mit Sozialarbeitenden in anderen Ländern zu kooperieren, Ländergrenzen übergreifende Kinderschutzsysteme zu entwickeln, mit internationalen Suchdiensten zusammenzuarbeiten sowie transnationale Netzwerke von Jugendlichen und Familien anzuerkennen (z. B. Schulze-Krüdener, Diwersy, 2020; Duscha, Witte, 2013). Furman, Negi und Salvador (2010, 8) bündeln diese Sichtweise in ihrem Verständnis transnationaler Sozialer Arbeit als „an emerging field of practice that (a) is designed to serve transnational populations; (b) operates across nation-state boundaries, whether physically or through new technologies; and (c) is informed by and addresses complex transnational problems and dilemmas". Diese Überlegungen verlangen nach einer Öffnung sozialer Dienste, ihrer Arbeitsstrukturen und Handlungs- und Deutungsmuster (Schwarzer, Kämmerer-Rütten, Schleyer-Lindenmann, 2016). Schwarzer (2016) macht darüber hinaus auf die machtkritische Komponente transnationaler Sozialer Arbeit aufmerksam: So sei ihre Aufgabe, Grenzziehungsprozesse wie ‚zugehörig zu einem Land' und ‚nicht zugehörig zu einem Land' zu erfassen und dekonstruieren. Will eine transnationale Soziale Arbeit diese Binarität nicht (re-)produzieren, kann sie ihren Ansatzpunkt nicht aus einer Veranderung von Personen(-gruppen) als ‚die Geflüchteten' und ‚die Migrant*innen' heraus, sondern nur fallbezogen und lebensweltorientiert bestimmen (Thiersch, 1992). Zuständig ist sie immer dann, wenn Menschen ausgeschlossen werden oder ihre Teilhabe bedroht ist. Ihre Zuständigkeit ist dabei nicht territorial begrenzt. Die transnationale Zuständigkeit Sozialer Arbeit trifft in Ländern wie Deutschland jedoch auf ihre wohlfahrtsstaatliche und gesetzliche Einbettung. Vom Gesetzgeber wird Soziale Arbeit primär als Dienstleisterin im Inland und engeren sozialen Umfeld der Adressat*innen verstanden. So hält beispielsweise § 27, SGB VIII, Abs. 2 hält fest, dass sich

> „Art und Umfang der Hilfe [...] nach dem erzieherischen Bedarf im Einzelfall [richten]; dabei soll das engere soziale Umfeld des Kindes oder des Jugendlichen einbezogen werden. Die Hilfe ist in der Regel im Inland zu erbringen; sie darf nur dann im Ausland erbracht werden, wenn dies nach Maßgabe der Hilfeplanung zur Erreichung des Hilfezieles im Einzelfall erforderlich ist".

Der gesetzliche Rahmen erachtet Soziale Arbeit im Inland zwar bisher als Norm, benennt aber die Option, Unterstützungsleistungen potenziell auch Länder übergreifend zu konzipieren. Diesen Möglichkeitsrahmen auszuschöpfen und weiterzuentwickeln, ist für die Soziale Arbeit angesichts mobiler Adressat*innen bedeutsam, denn das Normalitätsverständnis unbewegter, lokal ansässiger Adressat*innen entspricht den Lebenswelten vieler Menschen nicht (Ferron et al., 2019). Zur Transnationalisierung der sozialarbeiterischen Profession kann eine intensive Aufarbeitung ihrer Ländergrenzen überschreitenden Geschichte maßgeblich beitragen. Ein nationalstaatlich begrenztes Verständnis war den Pionier*innen des Fachs zu Beginn des 20. Jahrhunderts fremd. So war etwa Alice Salomon, eine der Mitbegründer*innen Sozialer Arbeit in Deutschland, über Ländergrenzen hinweg vernetzt. Sie gründete 1908 die erste Soziale Frauenschule Deutschlands in Berlin sowie 1929 das Internationale Komitee Sozialer Frauenschulen (Schilling, Klus, 2015, 39). Salomon organisierte internationale Kongresse und Ausstellungen und pflegte einen intensiven Schriftverkehr mit Sozialarbeiter*innen im Ausland (Homfeldt, 2004, 5). Ihr Engagement gipfelte in der Präsidentschaft der International Association of Schools of Social Work (Healy, 2001, 29). Die grenzüberschreitenden Aktivitäten von historisch zentralen Figuren werden zunehmend erforscht (Köngeter, 2013). Sie zielen auf eine Öffnung des Fachs und können im hier und jetzt zu einem Orientierungsanker werden. Eine Expansion des sozialarbeiterischen Handlungsrahmens verfolgt das professionelle Ziel, Inklusion nicht verkürzt als Auftrag im Inland, sondern als Auftrag in den komplexen Zwischenräumen einzelner Nationalstaaten, an nationalstaatlichen Außengrenzen und in segregierten und separierten Räumen innerhalb von Nationalstaaten zu begreifen. Um diesen Punkt zu unterstreichen und einen methodologischen Nationalismus im Inklusionsdenken zu überwinden, lässt sich explizit von transnationaler Inklusion (Amelina, 2010) sprechen. Die Perspektive transnationaler Inklusion stellt die Analyse Ländergrenzen überschreitender Problemlagen, das subjektive Streben von Menschen nach Inklusion mit unterschiedlichem rechtlichen Status und Mobilitätserfahrungen (Glick Schiller, Salazar, 2012) in transnationalisierten Lebenswelten und die damit einhergehenden Herausforderungen für die Soziale Arbeit in ihr Zentrum. Dieses Unterfangen verlangt auf der praktischen Ebene danach, die globalen Organisationen Sozialer Arbeit zu stärken und nachhaltige, transnationale Handlungsstrukturen zu entwickeln (Homfeldt, Schneider, 2008).

4.3.2 Solidarität und Postmigration

Ein gesellschaftlicher Bereich, der sich der Herstellung von Inklusion in transnationalen Lebenswelten explizit widmet, sind zivilgesellschaftliche Initiativen. Seit dem „langen Sommer der Migration", aber auch bereits vor diesem Zeitpunkt, streben Kollektive nach Teilhabe und Zugehörigkeit von geflüchteten Menschen in der Stadt und auf dem Land. Vor allem in den Städten sind vielfältige Nachbarschaftsprojekte, inklusive Wohnformen, politische Artikulations- sowie Kulturräume des Zusammenseins und -arbeitens entstanden. Sie offerieren kreative Alltagsangebote wie ein gemeinsames Musizieren, aber auch Hausaufgabenhilfen oder Sprachtandems (Schiffauer, Eilert, Rudloff, 2017; Projektkollektiv aus:druck, 2012). Was auf parteipolitischer Ebene als Problem verhandelt wird („Flüchtlingskrise"), führt vor Ort zu kreativen Bündnissen. Die Protagonist*innen dieser Bündnisse setzen Projekte um, die ein inklusives Miteinander von Menschen mit unterschiedlicher Herkunft, Sozialisation und Lebensweise befördern sollen. Mit ihrem Handeln bringen sie informelle und soziale Bildungs- und Aneignungsprozesse zum Ausdruck (Sting, 2018, 406–407) und übernehmen kollektiv Verantwortung in der produktiven Auseinandersetzung mit sozialen Ungleichheitsprozessen. Getragen sind diese Allianzen nicht (zwingend) von dem Gedanken professioneller Unterstützung; stattdessen ist auffallend, dass sich Projekte häufig als solidarisch verstehen und bezeichnen (Bauder, 2021). Der Begriff der Solidarität ist nicht eindeutig und verweist auf unterschiedliche wissenschaftliche und politische Diskurslinien. Dallinger (2009, 12) differenziert zwischen einem gesellschaftstheoretischen Diskurs zu Solidarität und seiner spezifischen Historie vom Römischen Recht über die Französische Revolution bis hin zur Arbeiter*innenbewegung und Institutionalisierung im Wohlfahrtsstaat (Bude, 2019; Pühringer, Pühringer, 2011). Theoretische Perspektiven wurden unter anderem von Durkheim ([1930] 2019) entfaltet. Durkheim differenziert zwischen mechanischer und organischer Solidarität. Mit mechanischer Solidarität bezeichnet er ein Band zwischen Menschen, das durch kollektive Identitäten, lokale Verwobenheiten und Gemeinsamkeiten wie Religionszugehörigkeit zusammengehalten wird. Organische Solidarität meint die gegenseitige Angewiesenheit von Menschen in einer arbeitsteiligen Gesellschaft, deren Zusammenhalt sich durch gemeinsame Interessen festigt (ebd., 229–237). Gegenwärtige Arbeiten stellen heraus, dass solidarische Allianzen in einer transnationalisierten und pluralisierten Welt noch viel mehr als bisher in den Blick zu nehmen sind (Schwiertz, Schwenken, 2020). Sie zeichnen sich durch eine Verbündung von Menschen mit gemeinsamem Ziel und gemeinsamer Vision aus der unmittelbar oder mittelbar geteilten Erfahrung von Unterdrückung und Suche nach gerechten Formen des Zusammenlebens aus (Scherr, 2019) – dies unter Bedingungen von Diversität und pluralen Lebenswelten. Solidarität kann hierbei als die affektive Dimension von Inklusion betrachtet werden. Sie bringt Menschen zusammen und lässt sie Anteil am Leben der jeweils anderen nehmen. Solidarität kann die Vorstellung eines inklusiven Zusammenlebens von Menschen unter Bedingungen von Heterogenität und Transnationalisierung potenziell beleben (Bude, 2015). Ein Beispiel sind Städte in Europa, die sich zu solidarischen Städten erklärt haben (Doomernik, Ardon, 2018). Die Idee der solidarischen Stadt orientiert sich am Konzept der

Sanctuary City, das in den USA und in Kanada bereits seit den 1980er Jahren Verbreitung erfährt (Bauder, Gonzales, 2018). Sanctuary Cities wollen Menschen einen Zugang zu Bildungsinstitutionen, zum Wohnungsmarkt und zu medizinischer Versorgung ermöglichen, ohne dass Betreffende hierfür einen Nachweis zu ihrem Aufenthaltsstatus geben müssen. Sie bauen städtische Netzwerke auf und entwickeln Lösungen zur Teilhabe von Menschen ohne Bleiberecht und mit unsicherem Aufenthaltsstatus. Die Idee der solidarischen Stadt ist an diesem Ansatz orientiert. Ihr Engagement treiben solidarische Stadtallianzen in transurbanen Netzwerken wie dem Netzwerk Solidarity City (https://solidarity-city.eu/de/) voran. Das Netzwerk Solidarity City fordert eine zugängliche Stadtinfrastruktur für alle vor Ort lebenden Menschen:

„Alle Menschen, die in einer Stadt leben ...
- sollen ein Recht auf Daseinsgrundversorgung haben
- soll Zugang zu Infrastrukturen der Stadt gewährt werden
- soll Bildung und Weiterbildung ermöglicht werden
- sollen medizinische Beratung und Versorgung in Anspruch nehmen können
- sollen politisch mitbestimmen dürfen
- sollen das Recht auf kulturelle Teilhabe haben
- sollen das Recht zu bleiben haben!" (Netzwerk Solidarity City, 2020).

Die Initiative beruft sich auf eine resident citizenship (Darling, Bauder, 2019), die den Zugang zu sozialen Leistungen – etwa zur Gesundheitsversorgung, zu Bildung, zu Wohnraum und Arbeit – an den Ort des Lebens knüpft und von der potenziellen Barriere lösen will, eine spezifische Staatsbürgerschaft haben zu müssen, um teilhaben zu können. Die Zugehörigkeit der Anwesenden in der Stadt ist qua Dasein gegeben und wird nicht infrage gestellt. Dieser Blick kehrt die dominanten Integrationsappelle an nationalstaatliche Normalitätsverständnisse um und fordert zu einer inklusiven Raumgestaltung auf.

Solidarische Allianzen stoßen gegenwärtig vor allem in der postmigrantischen Forschung, der Geografie, Stadt- und Bildungsforschung auf Interesse. Postmigrantische Zugänge haben ihren Ursprung in der Kunst- und Kulturszene (Foroutan, 2016, 227; Yıldız, 2018; Hill, Yıldız, 2018). Der Begriff des Postmigrantischen ist in Deutschland im Jahr 2008 von der Kulturschaffenden Shermin Langhoff eingeführt worden. Langhoff übernahm die Leitung des Berliner Theaters Ballhaus Naunynstraße und setzte den Schwerpunkt auf postmigrantische Kulturproduktionen: „Damit wollte sie bewusst machen, dass ihre Form der Theaterproduktion kein ‚migrantisches Theater' sei, sondern eines, das – auf der heutigen Gesellschaftsdynamik beruhend – deutsche Gesellschaft, Geschichte und Kultur reflektiert" (Foroutan, 2016, 230). Das Präfix ‚Post' macht die Trennlinie zwischen Migrant*innen und Nicht-Migrant*innen in ihrem Konstruktionscharakter sichtbar und vollzieht einen Perspektivwechsel (Terkessidis, 2017, 19–20). Die wissenschaftliche Analyse richtet sich nicht auf die vermeintlich ‚anderen', sondern „auf Fragen der ökonomischen, geschlechtsspezifischen, machtorientierten, kulturell und ethnisch bzw. rassistisch legitimierten Ungleichheit" (Foroutan, 2016, 232). Das Anliegen, ausgrenzende Kategorisierungen zu überwinden, weist eine Nähe zu einem heterogenitätsorientierten, machtkritischen und relationalen Inklusionsbegriff auf. Es geht im postmigrantischen Diskurs darum, eine neue Perspektive zu schaffen (Foroutan, 2016, 231). Inklusion und Postmigration miteinander zu konfrontieren, ebnet der Sozialen Arbeit den Weg für einen „Kurswechsel"(Römhild, 2015, 39) in den konventionellen Fluchtmigrationsdebatten. Ein solcher Kurswechsel zeichnet sich dadurch aus, sich von nationalistischen Debatten zu sogenannten ‚Parallelgesellschaften' abzuwenden und „die Perspektiven und Erfahrungen von Migration" (Yıldız, Hill, 2015, 11) konsequent in den Mittelpunkt zu stellen. In dieser Sichtweise rücken neben den Belastungen von Fluchtmigrationsprozessen kreative Allianzen ins Zentrum, welche ausgrenzende Kategorisierungen in ihrem Wirken irritieren, aufbrechen und neue Ideen generieren. In der Sozialen Arbeit werden diese kreativen Perspektivwechsel noch nicht ausreichend als „Kulturen des Sozialen" (Kessl, Maurer, 2019, 171) berücksichtigt. Dabei weist die Soziale Arbeit in ihrer Historie eine enge Verbundenheit mit zivilgesellschaftlichen Bewegungen wie etwa der Frauenbewegung auf. Diese greifen soziale Probleme auf, mit denen sich auch die Soziale Arbeit beschäftigt (Wagner, 2009, 9), und haben „auf den Entstehungs- und Etablierungsprozess dieser Profession sowie auf deren weitere Ausgestaltung zum Teil erheblichen Einfluss gehabt"(ebd., 13). Will sich die Soziale Arbeit transnational öffnen, lohnt eine Auseinandersetzung mit „kosmopolitischen Interventionen" (Römhild, 2018, 66) von ‚unten'. Diese Interventionen liefern neue Einsichten auch für den Inklusionsansatz. Denn: Zivilgesellschaftliche Allianzen setzen nicht das einzelne, als defizitär konstruierte Individuum in den Fokus, sondern kollektiv hergestellte soziale Räume, in welchen durch ein Zusammenführen der Handlungsfähigkeiten ganzer Kollektive neue Umwelten entstehen. Ein sozialarbeiterischer Bogen hin zu diesen Engagement-Formen lässt sich mit Referenz auf Kunstreich (2017) schlagen. Kunstreich (2017) entfaltet aus dem Anspruch heraus, Soziale Arbeit „aus der Sackgasse des Professionalismus" (ebd., 117) zu befreien und über einen paternalistischen Hilfeduktus hinauszudenken, eine Perspektive solidarischer Professionalität (May, 2010, 77–78). Hiermit ist eine Professionalität gemeint, die gesellschaftliche und politische Problemlagen grundlegend reflektiert und mit Betroffenen solidarisch verbunden ist. Soziale Arbeit könne sich so „aus ihrer strukturkonservativen Einbettung in die hegemoniale Ordnung" (ebd., 123) lösen und den Sockel vermeintlicher Expertise *über* die betreffenden Adressat*innen verlassen. Im Zentrum von Kunstreichs Argumentation steht der „soziale Code ‚mit'" (ebd., 124), verstanden als kollektive Gesellschaftsgestaltung von Fachkräften der Sozialen Arbeit gemeinsam *mit* den betreffenden Menschen. In dieser gemeinsamen Sozialität visioniert Kunstreich „die Aufhebung der disziplinierenden Institutionen in kooperierende Assoziationen in Form von Sozialgenossenschaften und lokalen Ressourcenfonds, die die Mitglieder selbst produktiv realisieren – sowohl die Nutzerinnen als auch die Professionellen" (ebd., 124). Solidarität bedeutet dann ein partnerschaftliches Agieren und die Schaffung neuer sozialer Räume gemeinsam mit jenen, die konventionell als ‚die Adressat*innen' gelten und mit zivilgesellschaftlichen Allianzen.

4.3.3 Konvivialismus als Rahmen für eine politische Soziale Arbeit

Eine Verbündung von Sozialer Arbeit und Zivilgesellschaft lässt sich unter dem Rahmen von Konvivialismus denken. Mit dem Adjektiv „konvivial" (lat. con-vivere, dt.: miteinander leben) sind kosmopolitische Praxen des Zusammenlebens und -seins gemeint, „die in die herrschende gesellschaftliche Normalität intervenieren" (Römhild, 2018, 66). Der Begriff umschreibt solidarische Praktiken zur Herstellung von Gemeinschaftlichkeit, fungiert aber auch als „Analysewerkzeug" (Meyer, 2018, 260), „um sich tiefergreifend mit der Condition humaine und verschiedenen Vorstellungen des Miteinanders in migrationsgeprägten Gesellschaften auseinanderzusetzen" (ebd.). Hinter dem Begriff verbirgt sich eine Suchbewegung dahingehend, wie gutes Zusammenleben in der transnationalisierten Gesellschaft gestaltet werden kann. Impulsgebend sind unter anderem die Arbeiten von Ivan Illich (1973), Paul Gilroy (2006) und in jüngerer Zeit Arbeiten von einem Zusammenschluss von mehr als 60 Intellektuellen und Wissenschaftler*innen, darunter Alain Caillé, Chantal Mouffe und Eva Illouz (Adloff, Leggewie, 2014), sowie Beiträge von Erol Yıldız und Florian Ohnmacht (2020).

Illich (1973, 11) verband mit „konvival" bereits in den 1970er Jahren eine Kritik an der Idee eines grenzenlosen, industriellen Wachstums sowie ein verantwortungsbewusstes Handeln in der Welt: „Society can be destroyed when further growth of mass production renders the milieu hostile, when it extinguishes the free use of the natural abilities of society's members, when it isolates people from each other". Gilroy (2006) bezieht den Begriff auf das Zusammenleben in der Migrationsgesellschaft und bezeichnet mit „konvivial" kreative, widerständige Praktiken gegen Rassismus sowie alltägliche Formen der Intervention unter Bedingungen von Vielfalt. Yıldız und Ohnmacht (2020) knüpfen an Gilroy an und suchen nach einer „konvivialen Ethik" (ebd., 153). Eine konviviale Ethik exploriert über ein nationalistisches, kulturalistisches, klassistisches und geschlechtsspezifisches Schubladendenken hinaus Wege und Möglichkeiten eines friedlichen und zukunftsfähigen Zusammenlebens in der Welt.

Seit dem Jahr 2013 beschäftigt sich zudem eine Gruppe hauptsächlich französischer Intellektueller und Wissenschaftler*innen mit Konvivialismus als „neue[r] Philosophie" (Adloff, 2020, 35). Die Gruppe hat unter anderem das Erste und Zweite Konvivialistische Manifest (Adloff, Leggewie, 2014; Die konvivialistische Internationale, 2020) veröffentlicht. Hierbei handelt es sich um Schriftstücke, die im Austausch gemeinsam entwickelt wurden. In den Manifesten wird Konvivialismus als alternative Realutopie zur neoliberalen Idee verstanden, Konvivialität meint hingegen die gelebte Praxis dieser Idee (Adloff, 2020, 36). Die Verfasser*innen teilen hierbei die „Gewissheit" (Die konvivialistische Internationale, 2020, 15), dass den Vereinen, Netzwerken und Menschen, „die sich dem Zugriff des neoliberalen Kapitalismus zu entziehen versuchen, am meisten eine explizite und nachdrücklich geteilte Verständigung auf einige zentrale Werte oder Prinzipien fehlt" (ebd.). Die Manifeste richten sich gegen den Gedanken grenzenlosen Wachstums (ebd., 33) und erarbeiten Prinzipien einer gemeinsamen Sozialität (ebd., 40–42). Sie verstehen Menschen in ihren Beziehungen untereinander und zur Natur, heben „Interdependenz" (ebd., 46) hervor und fordern eine Begrenzung des grenzenlosen Verlangens nach Naturbeherrschung und -ausbeutung sowie nach Warenreichtum und -wachstum (ebd., 48). Im Fokus stehen „Aktionen [...], die dazu beitragen, soziale Beziehungen harmonischer zu gestalten" (Die konvivialistische Internationale, 2020, 48–49). Als erstrebenswert entwerfen die Autor*innen eine Entwicklung von der Weltgesellschaft hin zu einer „Weltgemeinschaft" (ebd., 87; Hervorhebung C. S.). Diese Weltgemeinschaft könne nur durch ein „neues Weltbewusstsein" (ebd., 23), ein „Gleichgewicht zwischen privaten, gemeinsamen, kollektiven und öffentlichen Gütern" (ebd., 53), eine Abkehr von dem Gedanken grenzenlosen Wachstums, einen Ressourcen schonenden Umgang in der Welt, ökologische Verantwortungsübernahme, Entmarktlichung und in Demokratien gelingen (ebd., 73–86). Die konvivialistische Idee liefert mit ihrer Fokussierung auf Sozialität, Interdependenz und Nachhaltigkeit Anknüpfungspunkte an die Soziale Arbeit. Sie kann Verbindungen zwischen verschiedenen Professionen, Disziplinen, politischen Instanzen und der Zivilgesellschaft begünstigen, aber auch selbst zum Analysegegenstand werden. So gilt es zu beachten, dass es sich bei der Auseinandersetzung mit Konvivialismus um eine vergleichsweise neue Debatte handelt. In der Sozialen Arbeit stellt sie bisweilen noch ein Desiderat dar. Aufgegriffen werden konviviale Ideen vor allem in der Soziologie sowie Friedensforschung und -bildung (Adloff, Costa, 2020; Gruber, 2017). Gruber (2017) spricht konvivialistischen Perspektiven Potenzial zu, die Entwicklung zu Fragen eines ‚guten Lebens' und „Gegendiskurse" (ebd., 51) zu Neoliberalismus und (Post-)Kolonialismus voranzutreiben. Im Vergleich zu einer Marginalisierung, Separierung und Abschottung geflüchteter Menschen setzen konvivialistische Perspektiven einen anderen Fokus. Sie fragen nach gemeinschaftlichen Lebensweisen im Zusammenspiel von Mensch, Tieren, der Umwelt, Politik, Zivilgesellschaft, Kunst, Wirtschaft und Wissenschaft. Für die Soziale Arbeit bietet die konvivialistische Debatte neue Perspektiven zur Kooperation und Vernetzung in der Weltgesellschaft und zur Auseinandersetzung mit den unter diesem Rahmen entwickelten Realutopien. Auch wenn die Konvivialistischen Manifeste keine expliziten Bezüge zu einem menschrechtlichen und machtkritischen Inklusionsbegriff herstellen, so wird die Nähe der Perspektiven dennoch ersichtlich. Für den Inklusionsdiskurs und die Debatte zu Fluchtmigration bieten konviviale Perspektiven die Möglichkeit, eine breite Sicht auf Teilhabe in der transnationalen Gesellschaft einzunehmen, Problemlagen wie Kriege und Unruhen in ihrer Verzahnung mit Klimakrise und Neoliberalismus zu reflektieren und die Soziale Arbeit politisch zu rahmen.

4.4 Forschungsprojekte im Themenfeld

Die Untersuchungen dieses Teils des Buchs widmen sich den Möglichkeiten und Begrenzungen pädagogischen Handelns in der Fluchtmigrationsarbeit und dem Hinausdenken über den Status quo.

4.4.1 Soziale Arbeit mit geflüchteten Menschen

Im Frühjahr 2016 hat die Autorin dreizehn offene Leitfadeninterviews mit hauptamtlich beschäftigten Fachkräften in der Fluchtsozialarbeit in einem urbanen Raum in Deutschland durchgeführt, um die Perspektiven auf ihr Arbeitsfeld, ihre professionellen Orientierungen und (Un-)Möglichkeiten zur Herstellung von Inklusion in der Zusammenarbeit mit minderjährigen Geflüchteten zu rekonstruieren. Die Fachkräfte wurden auf Basis eines offenen Leitfadens interviewt. Sie waren zum Interviewzeitpunkt zwischen 24 und 61 Jahren alt und mit jungen Geflüchteten in Clearingstellen, pädagogischen Folgeeinrichtungen, Gemeinschaftsunterkünften sowie in der Asylverfahrens- und Sozialberatung in Kontakt. Durch das Sample sollten möglichst vielfältig diejenigen Instanzen abgedeckt werden, in welchen Pädagog*innen und junge Geflüchtete aufeinandertreffen. Zwölf der Befragten ordnen sich dem weiblichen, eine Person dem männlichen Geschlecht und niemand der Identifizierung „divers" zu. Die Interviews wurden nach der objektiven Hermeneutik (Oevermann, 2002) in Verzahnung mit der Typenbildung nach Kelle und Kluge (2010) ausgewertet.

Mit Konzipierung und Umsetzung sogenannter „AnKER-Zentren" im Frühjahr 2018 wurde der Radius dieses Themenbereichs ausgeweitet. AnKER ist ein Akronym für „Ankunft, Entscheidung und Rückführung". „AnKER-Zentren" sind Organisationen der Asylverwaltung und waren zum Untersuchungszeitpunkt in den Bundesländern Bayern, Saarland und Sachsen umgesetzt. Das Konzept zielte auf eine bundesweite Vereinheitlichung der Erstaufnahme geflüchteter Menschen in Deutschland. Anliegen ist eine Unterbringung der Menschen in einer Großeinrichtung unmittelbar nach ihrer Ankunft in Deutschland, eine schnelle Bearbeitung von Asylanträgen und Einteilung von Asylantragssteller*innen in Menschen mit „guter" und „schlechter" Bleibeperspektive (Koalitionsvertrag, 2018, 107–109). Die Zentren sind auf ein Einhalten behördlicher Regularien ausgerichtet, während sozialarbeiterisches Handeln fall- und lebensweltbezogen sein soll. In der Auseinandersetzung mit dieser Asyl verwaltenden Organisation wurde in einem ersten Schritt eine Dokumentenanalyse nach der Objektiven Hermeneutik (Oevermann, 2002) durchgeführt. Die Analyse basiert auf dem Entwurf der Zentren im Koalitionsvertrag der Großen Koalition aus dem Frühjahr 2018. Diese Analyse wurde in einem zweiten Schritt um eine explorative Studie zum Thema „Sozialraum ‚AnKER-Zentrum'. Lebenswirklichkeiten geflüchteter Menschen in Deutschland" von Juni 2019 bis März 2020 ergänzt. Im Zuge des Projekts wurden acht teilnehmende Beobachtungseinheiten in einer Geflüchtetenunterkunft sowie drei offene Leitfadeninterviews und informelle Gespräche mit pädagogischen Mitarbeiter*innen geführt. Die Interviews wurden in Kombination mit den Beobachtungsprotokollen zu Fallvignetten verdichtet und mithilfe des kategorialen Verfahrens in der Grounded Theory (Strauss, Corbin, 1996) ausgewertet.

4.4.2 Inklusion als Habitus und Lehrforschungsthema

In diesem Themenfeld sind Untersuchungen angesiedelt, die auf eine fortwährende Vermittlung und Erarbeitung eines inklusiven Habitus als Bildungsaufgabe zielen. Ein inklusiver Habitus ist sowohl für das professionelle Handeln in der pädagogischen Praxis als auch in der Forschung zentral. Er kann nicht vorausgesetzt, sondern muss an den Universitäten und Hochschulen kontinuierlich eingeübt werden. Die Ausbildung muss dabei an den Einstellungen von Studierenden ansetzen und diese zu einem inklusiven Habitus befähigen (Ebert, 2010, 202). Um diesem Anliegen gerecht werden zu können, ist ein Wissen dazu nötig, welche Einstellungen bei Studierenden zu Inklusion vorliegen. Dieser Frage wurde in einem quantitativen Forschungsprojekt zu „Studierenden-Perspektiven auf Inklusion (SPiN)" (zusammen mit Besa, K.-S., Röhrig, E. D., Tull, M.) in Zusammenarbeit der Fächer Bildungswissenschaften und Erziehungswissenschaft an der Universität Trier nachgegangen. Im Zentrum stand Inklusion im Handlungs- und Arbeitsfeld der Schule. Schule wird hierbei als interprofessionelles Feld nicht nur von Lehrer*innen, sondern auch von Sozialarbeitenden verstanden. Die Befragung fand in zwei Vorlesungen zu Beginn des Sommersemesters 2019 mit 460 Studienanfänger*innen im zweiten Studiensemester der Bachelorstudiengänge Bildungswissenschaften und Erziehungswissenschaft statt. 325 der Befragten ordnen sich dem weiblichen Geschlecht, 135 dem männlichen Geschlecht und 0 der Kategorie „divers" zu. 136 der Teilnehmer*innen studierten Erziehungswissenschaft, 326 der Befragten Bildungswissenschaften im Lehramt. Zwei Studierende studierten Lehramt wie auch Sozial- und Organisationspädagogik.

Das Durchschnittsalter der Befragten betrug 22 Jahre. Dem Fragebogen lagen folgende Forschungsfragen zugrunde:

- F1: Welche Einstellungen zu Inklusion haben Studierende der Bildungswissenschaften und Erziehungswissenschaft mit Schwerpunkt auf Sozial- und Organisationspädagogik zu Beginn ihres Studiums zu Inklusion?
- F2: Welche Überzeugungen liegen bei den Studierenden zur Rolle einer Lehrkraft vor?
- F3: Welche Ausprägungen allgemeiner Selbstwirksamkeitserwartung lassen sich bei den Studierenden beobachten?
- F4: Welchen Einfluss haben Überzeugungen zur Rolle einer Lehrkraft auf die Einstellungen zu Inklusion?
- F5: Werden diese Einflüsse durch Selbstwirksamkeitserwartungen moderiert?

Der Fragebogen umfasste 200 Items zu den Konstrukten „Einstellungen zu Inklusion", „Überzeugungen zu Bildung und Lernen", „Professions- und Rollenverständnisse", „Individuelle Förderung, Diagnostik und Partizipation", „Persönlichkeit und Selbstwirksamkeit", „Kooperativitätsvertrauen", „Bürgerschaftliches Engagement" und „Persönliche Angaben". Die mit paper-and-pencil-Verfahren erhobenen Daten wurden mit der Software SPSS Statistics 25 ausgewertet. Auf Basis der Ergebnisse wurden Bedarfe für die professionstheoretische Vermittlung eines inklusiven professionellen Habitus in der universitären Lehre der beiden Studiengänge identifiziert.

In einem weiteren Projekt ging es um eine sensibilisierende Forschung gemeinsam mit Studierenden zu Inklusionsinstanzen in der Stadt. Es handelt sich um ein empirisches Lehr-Forschungsprojekt, das im Wintersemester 2019/2020 zum Thema „Orte der Solidarität" an der Universität Trier umgesetzt wurde (zusammen mit Schmitz, A.). Ziel des Projektes war, gemeinsam mit Studierenden zu solidarischen Allianzen zu forschen. Hierdurch wurde bei den Studierenden eine Sensibilität für das lokale Potenzial von ‚Inklusion von unten' und die Handlungsfähigkeiten von Menschen in der Stadt hergestellt. Im Zuge des Projekts wurden Orte in Trier im Zuge von Stadtteilbegehungen (Deinet, Krisch, 2009) aufgesucht und Solidaritätsverständnisse wie solidarische Praktiken untersucht. Die Studierenden erwarben Kenntnisse, um informelle Gespräche und Interviews zu führen. Das Material wurde nach dem kategorialen Verfahren der Grounded Theory (Strauss, Corbin, 1996) ausgewertet und zu Fallgeschichten synthetisiert.

4.5 Vertiefungen

Das Themenfeld umfasst acht Unterkapitel.

Das Kapitel „Mobilität und Migration. Soziale Arbeit auf dem Weg zu einem neuen Paradigma?" setzt sich grundlagentheoretisch mit Handlungsafforderungen und Professionsverständnis einer Sozialer Arbeit unter Bedingungen von Fluchtmigrationsprozessen auseinander und versteht sich als Einführungstext für Studierende. Mit Blick auf die Soziale Arbeit stellt das Kapitel eine Selbstreflexivität in all ihren Arbeits- und Handlungsfeldern als zentral heraus, um ausgrenzende Kategorisierungen zu vermeiden. Auf disziplinärer Ebene wird für eine Verbindung Sozialer Arbeit mit den Mobility Studies argumentiert. Eine Verzahnung birgt das Potenzial, Fluchtmigration nicht als Ausnahmeerscheinung, sondern als kritisch wahrzunehmende Kategorisierung von Mobilität zu denken. Für die Soziale Arbeit ergibt sich hieraus der Arbeitsauftrag, Zusammenhänge zwischen Mobilität und Immobilisierung in ihrer Herstellung und in ihren Konsequenzen zu erfassen.

Das Kapitel „Arbeitsbeziehungen mit jungen Geflüchteten. Pädagogische Fachkräfte zwischen anwaltschaftlicher Vertretung und verbesondernder Stigmatisierung" wandert von der grundlagentheoretischen Diskussion auf die Mikroebene. Er rückt die pädagogische Arbeitsbeziehung zwischen Fachkraft und Adressat*in als Scharnierstelle mit Potenzial zur Ermöglichung, aber auch Verwehrung von Inklusion in den Fokus. Auf Basis von 13 Interviews mit pädagogischen Fachkräften wird offengelegt, wie Fachkräfte die Arbeitsbeziehung mit jungen Geflüchteten ausrichten, ihren pädagogischen Auftrag verstehen und welche Sichtweise sie auf die jungen Akteur*innen einnehmen. Das Kapitel typologisiert die fünf Beziehungstypen der anwaltschaftlichen, freundschaftlichen, realitätsvermittelnden, ambivalenten und verbesondernden Beziehung. Die Ergebnisse verdeutlichen die Notwendigkeit, die Orientierungen von Fachkräften aus einer machtkritischen Perspektive zu beleuchten. Die Perspektive, welche auf die jungen Menschen eingenommen wird, entscheidet mit darüber, ob und wie Inklusion gemeinsam mit den jungen Menschen unter herausfordernden politischen Rahmenbedingungen hergestellt werden kann. Die Ergebnisse untermauern die hohe Relevanz von Fallreflexion, welche die jeweiligen Positioniertheiten von Fachkräften, Adressat*innen, Organisationskulturen, gesellschaftlichen und politischen Diskursen und Rahmungen aufgreift – im beruflichen Leben, aber auch als inklusionsorientierten Habitus, den es in Ausbildung und Studium zu vermitteln gilt.

Das Kapitel „Transnationale Elternarbeit. Pädagogische Arbeitsbeziehungen mit abwesenden Eltern geflüchteter Minderjähriger in der stationären Kinder- und Jugendhilfe" setzt sich mich den Sichtweisen und dem Arbeitsverständnis von elf pädagogischen Fachkräften aus demselben Sample auseinander. Es rekonstruiert, welche Sichtweise die Pädagog*innen auf die physisch abwesenden Eltern unbegleiteter Geflüchteter einnehmen und reflektiert auf Basis der Ergebnisse Möglichkeiten und Grenzen einer transnationalen Elternarbeit. Ergebnis der Analyse ist eine Typologie von Elternarbeit in einem transnationalisierten Familiennetzwerk mit den Typen der Anerkennung, Ratlosigkeit, Ambivalenz, Vermittlung und Ablehnung. Charakteristika von Elternarbeit reichen von einer vielfältigen Nutzung digitaler Medien zum Zweck der Familienzusammenführung über die (Neu-)Aushandlung familiärer Rollenbeziehungen über Ländergrenzen hinweg bis hin zu der Vorstellung, Eltern verlören ihre Relevanz, sobald sich ihre Kinder getrennt von ihnen in einem anderen Land aufhalten. Auffallend ist, dass sich die gegenüber den jungen Geflüchteten eingenommene Perspektive in der Perspektive gegenüber den Eltern reproduziert. Wer die Sichtweisen der Kinder und Jugendlichen anerkennt, erkennt auch die Eltern als Partner*innen in der Arbeitsbeziehung an. Wer die jungen Menschen aus einem defizitären Blickwinkel heraus betrachtet, (re-)produziert diese Sichtweise in der Perspektive auf die Eltern.

Wie eine von Anerkennung getragenen Sichtweise auf geflüchtete Menschen in die pädagogische Arbeit hineinwirken kann, verdeutlicht das Kapitel „Soziale Arbeit in Geflüchtetenunterkünften. Menschenrechte unter Verschluss". Es wird die Perspektive einer Pädagogin auf ihre Tätigkeit in einem Kinderhort auf dem Gelände eines „AnKER-Zentrums" untersucht. Das Kapitel basiert auf Beobachtungsmaterial, einem qualitativen Interview und Auszügen aus dem pädagogischen Hort-Konzept. Die Ergebnisse veranschaulichen, dass sich die Fachkraft auf ihr pädagogisches Mandat beruft und Teilhabe im Kinderhort herstellen will, dabei aber an Grenzen einer restriktiven Asylgesetzgebung und Grenzen der eigenen Belastbarkeit stößt. Ausgehend von diesem Fall wird für eine menschenrechtsbasierte und interprofessionelle Verortung Sozialer Arbeit im Spannungsfeld von nationalstaatlichen Partikularinteressen und universalistischem Gleichheitsanspruch plädiert.

Das Kapitel „Vermessen, Klassifizieren, Zuweisen. Das AnKER-Zentrum als machtvolle Organisation der Asylverwaltung" wendet sich den Strukturlogiken von „AnKER-Zentren" zu. Im Mittelpunkt steht eine objektiv-hermeneutische Analyse eines Auszugs aus dem Koalitionsvertrag der Großen Koalition aus dem Frühjahr 2018. Ziel ist es, die Mechanismen der Asylverwaltung zu rekonstruieren, welche in diesem Dokument zum Ausdruck kommen. Die Analyse veranschaulicht, dass der Koalitionsvertrag das „AnKER-Zentrum" als Kontrollinstanz konstruiert. Geflüchtete Menschen sollen vermessen, klassifiziert und letztlich ihren Herkunftsländern oder den Kommunen in Deutschland zugewiesen werden. Mit Foucault lassen sich „AnKER-Zentren" als Disziplinarinstitutionen fassen. Inklusion ist nicht angedacht, die Organisationen erfüllen einen separierenden und mitunter exkludierenden Verwaltungszweck. Werden derartige Konzipierungen von Geflüchtetenunterkünften in die Praxis übersetzt, sind die Handlungsspielräume der geflüchteten Menschen durch Restriktionen begrenzt und verlangen von der Sozialen Arbeit, sich als organisationsgestaltende Instanz zu begreifen und in die Ausgestaltung der Unterkünfte zu involvieren.

Die exkludierenden Effekte von Geflüchtetenunterkünften werden im Kapitel „Contemplating the Corona Crisis Through a Postmigrant Lens? From Segregative Refugee Accomodations to a Vision of Solidarity" zum Anlass genommen,

Visionen für einen solidarischen und normalisierten Umgang mit Fluchtmigration zu entfalten. Ausgangspunkt ist eine Zuspitzung der Unterbringungssituation geflüchteter Menschen im Zuge der Corona-Pandemie. Das Kapitel gibt einen Einblick in die Lebenssituation von Menschen in Großeinrichtungen und Lagern in Deutschland, Griechenland und Kenia. Im Kontrast hierzu verdeutlicht es das inklusive Potenzial solidarischer Allianzen in Städten, welche ausgehend von der Idee einer urban citizenship eine Teilhabe für alle Menschen vor Ort fordern und umsetzen wollen.

Das inklusive Potenzial solidarischer Allianzen wird im Kapitel „Inklusive Solidarität. Ethnografische Erkundungen im urbanen Raum" am Beispiel der Stadt Trier veranschaulicht. Das Kapitel hält die Ergebnisse des Lehr-Forschungsprojekts an der Universität Trier zum Thema „Orte der Solidarität" aus dem Wintersemester 2019/2020 fest. In solidarischen Wohngemeinschaften, Cafés, in einem Umsonst-Laden und im Schuhgeschäft schaffen Menschen Knotenpunkte des Zusammenseins und emanzipatorische Lebenspraxen, um Menschen miteinander zu verbinden anstatt Ausgrenzung zu (re-)produzieren. Das verbindende Band reicht von der geteilten Erfahrung, im safe space eines Queer-Cafés Zugehörigkeit zu finden, bis hin zu der solidarischen Praktik, abhängig von der eigenen finanziellen Situation einen guten Preis für ein Paar Schuhe aushandeln zu können. Das gemeinsame Merkmal dieser vielfältigen Orte ist eine lebenspraktisch werdende inklusive Solidarität als urbane Antwort auf gesellschaftliche Ausgrenzungs- und Spaltungstendenzen. Mit der inklusiven Ausrichtung gehen von diesen Orten gesellschaftliche Impulse aus, die für alle Menschen in einer Gesellschaft wichtig sind und im urbanen Raum neue Bildungs- und Sozialisationsinstanzen entstehen lassen. Sie liefern wichtige Ansatzpunkte für die Soziale Arbeit, wie Veränderungen hin zu einer inklusiven und solidarischen Gesellschaft ganz konkret gestaltet werden können.

Das letzte Kapitel des Themenfelds „Auf dem Weg zu einem inklusiven professionellen Habitus? Einstellungen angehender Lehrkräfte und Sozialpädagog*innen zu Inklusion" widmet sich der Ausbildung eines inklusiven Habitus im Studium. Ein inklusiver Habitus ist sowohl für inklusives Handeln in der pädagogischen Praxis als auch in der Forschung zentral. Er kann nicht vorausgesetzt, sondern muss an den Universitäten und Hochschulen vermittelt und in Auseinandersetzung mit Literatur und der reflexiven Durchdringung eigener Praxiserfahrungen eingeübt werden. Hierbei gilt es, die Einstellungen zu Inklusion von Studienanfänger*innen in der Universitäts- und Hochschulausbildung aufzugreifen. Das Kapitel gibt auf Basis der quantitativen Ergebnisse des Projekts „Studierenden-Perspektiven auf Inklusion (SPiN)" Einblick in die Einstellungen zu Inklusion in der Schule von 460 Studienanfänger*innen der Bachelorstudiengänge „Bildungswissenschaften" und „Erziehungswissenschaft: Sozial- und Organisationspädagogik". Ergebnis ist, dass beide Studierendengruppen Inklusion als relevante Perspektive im Handlungsfeld der Schule erachten. Angehende

Sozialpädagog*innen zeigen sich im Vergleich zu Studierenden des Lehramts optimistischer, was die fachliche Förderung in einer inklusiven Schule anbelangt. Für Studierende des Lehramts verdeutlichen die Ergebnisse eine stärkere Fokussierung auf die Lehrer*innenrolle im Sinne des Vermittelns von Fachkenntnissen. Grundsätzlich geben die Ergebnisse Hinweise auf die Notwendigkeit, im Studium dezidiert in allen disziplinären Kontexten – ob Erziehungswissenschaft oder Bildungswissenschaften – rollenreflexive Studienanteile zu berücksichtigen. Formate, die sich mit Kategorisierungen und Othering-Prozessen auseinandersetzen, sind für alle Studiengruppen relevant, um Inklusion tatsächlich als Querschnittsaufgabe zu realisieren. Andernfalls droht der reflexive Anspruch des Nicht-Aussonderns verkürzt an die Soziale Arbeit delegiert zu werden, gleichsam es sich hierbei um einen grundlegend pädagogischen Anspruch und entscheidenden Ankerpunkt eines inklusiven professionellen Habitus handelt.

4.5.1 Mobilität und Migration. Soziale Arbeit auf dem Weg zu einem neuen Paradigma?

Der Wecker klingelt[55]. Ich stehe auf und schalte mein Handy an. Eine Freundin aus London lässt über WhatsApp grüßen und fragt, wann wir wieder einmal skypen wollen. Im Bad ruft die Morgenroutine, ich freue mich, dass heute Wasser aus dem Hahn kommt. Mit der Leitung gab es vor einer Weile Probleme. Am Frühstückstisch bin ich dankbar, mein Porridge mit Trauben aus Südafrika und Kulturheidelbeeren aus Chile verfeinern zu dürfen. Nach einer schnellen Mahlzeit verlasse ich meine Wohnung und fahre mit dem Auto zur Arbeit. Dabei denke ich mir, mal wieder auf das Fahrrad umsteigen zu können, der Umwelt zu Liebe. Für die heutige Seminarsitzung haben Studierende einen Text zu Sozialarbeit in Nichtregierungsorganisationen (NGOs) in Namibia vorbereitet, den ich in einem universitären Onlineportal hochgeladen habe. Dies ist bereits die vorletzte Sitzung des Wintersemesters. In der vorlesungsfreien Zeit werde ich nach Kanada fliegen, um mit Kolleg*innen über unsere Forschungsthemen in einen Austausch zu kommen. Den Flug muss ich noch buchen. Gut, dass mein Reisepass noch gültig ist. Ich frage mich jedoch, ob ich eigentlich ein Visum für Kanada brauche. Hier sollte ich mich einmal erkundigen.

Was haben die Schilderungen meiner Alltagsroutine eines zufällig ausgewählten Tages mit unserem Thema – Mobilität und Migration – zu tun? Es geht in dem

---

55 Dieses Unterkapitel wurde erstveröffentlicht als: Schmitt, C. (2022). Mobilität und Migration. Soziale Arbeit auf dem Weg zu einem neuen Paradigma? in Diwersy, B., Köngeter, S. (Hrsg.), Internationalisierung und Transnationalisierung der Sozialen Arbeit (S. 89–114). Baltmannsweiler: Schneider Hohengehren. Es stellt eine leicht modifizierte Form der Erstveröffentlichung dar.

Abschnitt um (1) Dinge, die selbst in Bewegung sind. Und es geht um Elemente einer immobilen, an einem konkreten Ort installierten Infrastruktur (2), die Bewegungen prinzipiell ermöglicht. Es geht um (3) soziale Ungleichheitsverhältnisse, in denen Bewegungen für manche selbstverständlich sind, während andere hieran gehindert werden. Und es geht um Dinge, die diese Ungleichheitsverhältnisse widerspiegeln. Schließlich handelt der Abschnitt von (4) Bewegungen, die sich unabhängig von der An- oder Abwesenheit einzelner Menschen vollziehen, wie eine Zirkulation von Texten in virtuellen Netzwerken.

Dinge sind das Handy, der Wasserhahn, das Auto und Fahrrad, Trauben und Kulturheidelbeeren, ein Seminartext und ein Reisepass. Das Handy ist ein tragbares Objekt. Es begleitet uns bei unseren physischen Bewegungen im Raum und verbindet uns mit anderen. Der Wasserhahn ist ein fest installiertes Element einer komplexen Infrastruktur, welche die Bewegung des Wassers zu einem bestimmten Punkt lenkt, zum Beispiel direkt in unser Badezimmer. Das Auto gilt als prototypisches Beispiel für Mobilität schlechthin. Es ermöglicht uns, größere Strecken in vergleichbar kurzer Zeit zurückzulegen und bewegt uns im physischen Sinne von A nach B. Zugleich sind wir mit unseren Autos und Fahrrädern auf Beschilderungen, Routen und Navigationssysteme angewiesen. Diese Netzwerke strukturieren sich durch Regeln und steuern Bewegung via Tempolimit oder Abgrenzungen zwischen Straße, Radweg und Gehweg. In ihnen zirkulieren Waren wie Trauben und Heidelbeeren teils über große Distanzen und Ländergrenzen hinweg. Diese Waren sind Ausdruck globaler Märkte und globalen Handels. Sie können auf soziale Ungleichheitsverhältnisse verweisen, wenn sie etwa günstig und unter prekären Bedingungen sowie zu Lasten der Umwelt in einem Land produziert und dann zu einem ‚Schleuderpreis' in anderen Ländern verkauft werden. Auch der Reisepass ist Symbol von Bewegung und Ausdruck von Ungleichheit zugleich. Er materialisiert eine nationalstaatliche Ordnung und weist aus, zu welchem Land eine bestimmte Person qua Staatsbürgerschaft zugehörig sein soll. Privilegierten Personen erlaubt er, unter bestimmten Bedingungen länderübergreifend mobil zu sein – zum Beispiel, wenn im Vorfeld ein Visum beantragt wurde. Haben wir keinen oder den ‚falschen' Pass oder kann uns kein Pass ausgestellt werden – etwa, weil in unserem Land Krieg herrscht und die behördliche Infrastruktur zusammengebrochen ist –, irritieren wir eine Weltordnung, die auf abgesteckten nationalstaatlichen Mitgliedschaften beruht. Mitunter kann es für uns schwierig werden, auf legalem Weg in ein anderes Land zu reisen.

Am Beispiel des Reisepasses sehen wir, dass im Alltag von manchen Menschen eine grenzüberschreitende Mobilität wie die Auslandsreise Normalität ist, andere werden wiederum am Grenzübertritt gehindert. Doch nicht nur materiell greifbare Dinge wie ein Pass sind Ausdruck von Mobilität. Auch Bilder und Texte, wie ein Seminartext, zirkulieren in Netzwerken, ohne dass wir ihre Zirkulation unmittelbar verfolgen können.

So findet Mobilität auch unabhängig von der An- und Abwesenheit einzelner Akteur*innen statt. Virtuelle Bewegungen gehen dabei – genauso wie physische Bewegungen von Menschen und sichtbare Objektbewegungen – mit Transformationen einher. Ein hochgeladener Text kann beim Download anders aussehen, wenn wir die Datei in einer niedrigeren Auflösung abspeichern. Und auch Menschen verändern sich in und durch Mobilität. Ihre Erfahrungen, Orientierungen und Deutungen von Welt sind in Bewegung – zum Beispiel, weil sie sich mehreren Orten oder Ländern verbunden fühlen, oder weil der Urlaub am ‚Sehnsuchtsziel' letztlich den Anstoß zur Auswanderung gibt. Mobilität konstituiert – so können wir bis hierhin zusammenfassen – unsere Wirklichkeit, unser Denken, Handeln, Fühlen, unsere Identifikationen und Netzwerke. Gleichsam bringen wir als aktive Gestalter*innen von Welt selbst Mobilität hervor.

Spielen Sie doch einmal gedanklich eine alltägliche Szenerie aus Ihrem Leben durch. Wann, wie und wo spielt Mobilität in Ihrem Leben eine Rolle? Wann können Sie wie mobil sein und stoßen Sie auch auf Barrieren der Mobilität?

Dieses Kapitel reflektiert im Folgenden die zentralen Begriffe Mobilität und Migration. Es wirft Reflexionsanstöße dazu auf, welche Personengruppen in einer durch Mobilität gekennzeichneten Welt tatsächlich physisch mobil sein können und welche Personen hieran gehindert werden. Hiermit geht die Frage einher, welche Mobilität als ‚erwünscht' und welche als ‚Problem' erscheint. Die Unterscheidung in ‚erwünschte' und ‚unerwünschte' Mobilität spiegelt sich in omnipräsenter Art und Weise anhand der Differenzierung in Migrant*innen und Nicht-Migrant*innen wider, weshalb sich das Kapitel dieser prominenten Figuration annimmt, um sie zu problematisieren. Zunächst verortet es die Ursprünge dieser Unterscheidung in der Konstruktion von Nationalstaaten. Damit einhergehend zeigt es auf, wie Soziale Arbeit in das Herstellen dieser Unterscheidung involviert war und ist und diskutiert den Umgang mit Menschen mit Migrationserfahrungen exemplarisch am Beispiel Deutschlands. In einem weiteren Schritt exploriert es theoretische Perspektiven zur Erfassung von Migrationsphänomenen und reflektiert, wie sich das Verständnis von Migration als unidirektionale Wanderungsbewegung von einem Kontext in einen anderen ausdifferenziert hat und stellt die Perspektive transnationaler Migration vor. Hieran anschließend werden Bezugspunkte dieser Überlegungen für die Soziale Arbeit mit ihren vielfältigen Praxisfeldern herausgearbeitet. Als grundlegend wird eine machtkritische und (selbst-)reflexive Haltung in allen Arbeits- und Handlungsfeldern unseres Fachs herausgestellt. Die Auseinandersetzung mit Mobilität und Migration wird als Querschnittsthema diskutiert. Schließlich verbindet das Kapitel Transnational Studies und Mobility Studies miteinander. Die Mobility Studies sind vor allem in der (Kultur-)Anthropologie, Technik- und Kommunikationsforschung sowie (Stadt-)Geografie präsent. Es wird vorgeschlagen, diese Blickrichtung auch in der Sozialen Arbeit nutzbar zu machen, um (Im-)Mobilität mit all ihren Facetten aus einer sozialen Ungleichheitsperspektive zu diskutieren. Hiermit ist die zukunftweisende Aufgabe verbunden, Teilhabe, soziale Unterstützung und „Social Protection" in einer mobilen Welt für und gemeinsam mit Adressat*innen der Sozialen Arbeit zu gestalten.

Soziale Ungleichheiten

Der Begriff „soziale Ungleichheiten" bezeichnet aus sozialwissenschaftlicher Sicht „bestimmte vorteilhafte und nachhaltige Lebensbedingungen von Menschen, die ihnen aufgrund ihrer Positionen in gesellschaftlichen Beziehungsgefügen zukommen" (Hradil, 2016, 248). Diese Bedingungen zeichnen sich dadurch aus, dass sie den Zugang zu knappen und begehrten Gütern von gesellschaftlichem Wert regulieren und diese Güter ungleich verteilen. Von sozialen Ungleichheiten zu sprechen setzt voraus, dass es Vorstellungen über Verteilungsmechanismen in der Gesellschaft gibt, „damit Vor- bzw. Nachteile als ‚soziale Ungleichheit' gelten können" (ebd., 249). Soziale Ungleichheiten sind vielfach mit diskriminierenden Unterscheidungen verknüpft (Scherr, 2014), zum Beispiel dann, wenn eine Wohnung nur an Personengruppen einer bestimmten Nationalität vermietet werden soll. Die Verzahnung von sozialen Ungleichheiten und Diskriminierung wird auch in der Sozialen Arbeit und der kritischen Migrationsforschung untersucht. So ist es die Soziale Arbeit, die ihren Interventionsauftrag gerade daraus ableitet, dass soziale Ungleichheiten wie „Klassenverhältnisse, Geschlechterverhältnisse oder Rassismus" (Frühauf, 2017, 124) Diskriminierung (re-)produzieren, bestimmte Personen(-gruppen) an den gesellschaftlichen Rand drängen und eine „ungleiche Verteilung von Lebenschancen" (Burzan, 2007, 7) schaffen. Diese ungleichen Lebenschancen stehen im Widerspruch zum Selbstverständnis moderner Gesellschaften als ‚gleich' und ‚frei' (Scherr, 2014, 1) und verdienen sozialarbeiterische Wach- und Aufmerksamkeit: Soziale Arbeit ist angehalten, Partizipation zu ermöglichen und in die gesellschaftlichen Verhältnisse einzugreifen. In der Forschung nehmen Ansätze zu, die soziale Ungleichheiten in ihrer Herstellung genau untersuchen wollen und hierzu Verschränkungen in den Blick nehmen (Intersektionalität): so können sich etwa die Mobilitäts(un)möglichkeiten von einer weißen, in Deutschland geborenen Frau mit Universitätsabschluss und eines aus Afghanistan nach Deutschland geflohenen Mannes, der in seinem eigentlichen Beruf des Anwalts keine Anstellung findet, unterscheiden.

4.5.1.1 Erklärung der zentralen Begriffe: Mobilität und Migration

Mobilität ist kein Sonderthema, das ausschließlich Menschen betrifft, die etwa auf der Flucht sind oder aufgrund ihres Berufes ständig mit dem Flugzeug von einem zum nächsten Ort jetten. Vielmehr ist Mobilität strukturierendes Merkmal unserer aller Alltagswelten. Wir bewegen uns tagtäglich in Infrastrukturen der Mobilität und stellen diese selbst mit her. Manchmal bewegen wir unsere Körper: Mobilität ist das Gehen auf dem Gehweg, das Flanieren in der Stadt, das Wandern auf einem Fernwanderweg, der Roadtrip mit dem Auto, die Fernreise mit dem Flugzeug, der Gang zum Nachbarn gegenüber und die Fahrt mit dem Rad zur Freundin. Manchmal sind wir immobil mobil: Wir tauschen Ideen und Texte aus, schreiben Nachrichten und versenden sie mit Onlinediensten, laden Bilder im Internet hoch und geben einen Blumengruß im Netz bei einem Zustelldienst für eine uns bedeutsame Person in Auftrag, während wir selbst auf dem Sofa sitzen. Und auch unabhängig von unserem eigenen Tun findet Mobilität permanent statt: Denken wir an den Fluss ganzer Finanzströme, die eine Eigendynamik zu entfalten scheinen und losgelöst von einzelnen Akteur*innen in Bewegung sind.

Mobilität

Der Begriff der Mobilität impliziert die konkreten physischen Bewegungen von Menschen und Dingen genauso wie die Bedingungen, die eine solche Bewegung möglich machen oder verunmöglichen. Zugleich lenkt er unseren Blick auf Bewegungen, mit welchen keine unmittelbar sichtbare Bewegung einhergeht, wie etwa der Fluss von Daten in digitalisierten Netzwerken.

Der Philosoph Thomas Nail (2019, 1) spricht in seinem Buch „Being and Motion" von einem Zeitalter der Bewegung. Mehr denn je würden Menschen und Dinge in einer bis dato nicht dagewesene Regelmäßigkeit große Distanzen zurücklegen und dies schneller als je zuvor. Verwoben mit diesen vielen Bewegungen bilden sich Instanzen heraus, die diese Bewegungen mit steuern, strukturieren und mitunter auch kontrollieren und bekämpfen wollen. Solche Instanzen sind zum Beispiel Regierungen von Nationalstaaten, aber auch internationale Regelungen und Diskurse, zum Beispiel zum Thema der Grenzsicherung. Mit dem Begriff der Mobilitätsregime ist eine analytische Haltung gemeint, dieses Netz aus Instanzen kritisch zu reflektieren. Denn ein solches Netz aus Instanzen positioniert manche Personen(-gruppen) auf der ‚Sonnenseite' der Mobilität, während andere Personen(-gruppen) an ihrer Bewegung gehindert werden. Mobile Diplomat*innen, Manager*innen oder Tourist*innen gelten häufig als Brückenbauer*innen zwischen einzelnen Staaten, als Motor von Innovation und Wirtschaftsfaktor. Ihre Bewegungen sind nicht nur akzeptiert, sondern werden gefördert und gezielt angestoßen. Hingegen sind Bewegungen von Menschen, die als Migrant*innen oder Geflüchtete kategorisiert werden, nicht selten als ‚Herausforderung' und ‚Problem', mitunter sogar als ‚Krise' konnotiert. Politiken unterscheiden zwischen gewollten und nützlichen Zuwandernden einerseits und unerwünschten oder gar vermeintlich ‚gefährlichen' Zuwandernden andererseits. Letzteren soll, wenn überhaupt, nur begrenzt ‚Einlass' in andere Länder gewährt werden. Mitunter zielen Politiken darauf, die Einreise von Menschen gänzlich zu unterbinden und Nationalstaaten – zum Beispiel in Ländern des Globalen Nordens – durch Grenzkontrollen abzuschirmen. Ihre Aushandlungen von Mobilität verweisen auf ein nationalstaatliches Selbstverständnis: Wer wird als zugehörig anerkannt? Und wer gilt als nicht-zugehörig? Mobilität lässt sich, wie diese Beispiele zeigen, nicht unabhängig von Fragen nach Macht und sozialer Ungleichheit denken. Aus einer Mobilitätsperspektive heraus werden also Grenzziehungsprozesse sichtbar, das heißt Aushandlungen von Inklusion und Exklusion.

Mobilitätsregime

Der Begriff Mobilitätsregime umschreibt eine kritische Analyseperspektive (Glick Schiller, Salazar, 2012). Diese Perspektive zeichnet sich durch eine Reflexion dazu aus, ob und wie Menschen, Kollektive, Dinge und Diskurse sich bewegen können oder hieran gehindert werden.

Der Regimebegriff lenkt unseren Blick auf ein Netz aus Kategorisierungs- und Kontrollmechanismen, wie zum Beispiel auf Einreisebestimmungen eines Staates oder darauf, wer Zugang zu Transportmitteln hat und sich im Nahraum, aber auch über Ländergrenzen hinweg bewegen kann und wer nicht. Mobilität und Immobilität sind Ausdruck sozialer Ungleichheitsverhältnisse und von Machtrelationen. Der Regimebegriff fragt explizit nach Privilegiertheiten und Benachteiligungen. Hierbei geht es nicht nur um die Bewegungen von Menschen; wir können zum Beispiel auch danach fragen, welche Deutungen von Welt, welches Wissen und welche wissenschaftlichen Texte in der Welt zirkulieren, und welche Perspektiven weitgehend unbeachtet bleiben und warum.

Die Zahlen des UN-Flüchtlingshilfswerks zu Menschen, die innerhalb ihres Landes oder über Ländergrenzen hinweg fliehen und Asyl suchen, haben eine nie da gewesene Dimension seit Aufzeichnung dieser Daten nach dem Zweiten Weltkrieg erreicht. Im Frühjahr 2020 liegt ihre Anzahl bei 70,8 Millionen Menschen weltweit (UNHCR, 2020). Zeitgleich boomt der Tourismus. Die Reisebranche[56] ist spezialisiert darauf, Menschen ein Urlaubsangebot an nahen oder entlegenen Orten bereitzustellen. Backpacker*innen reisen – so ihre Eigendeutung – ‚individuell' und sind manchmal Wochen, Monate, Jahre unterwegs. Das Reisen gilt einerseits als Ausdruck von Wohlstand und Freiheit, gleichsam weisen Forschungsergebnisse auf „dystopische Züge" (Karentzos, Kittner, Reuter, 2010, 10) des Reisens wie ökologische Schäden und eine Exotisierung von ganzen Regionen, Ländern und Menschengruppen hin. Auf den ersten Blick scheint naheliegend, zwischen scheinbar freiwilligen und auf Wohlstand basierenden Formen von Mobilität und erzwungener Mobilität zu unterscheiden und Soziale Arbeit als zuständig für letztere zu begreifen. Bei genauer Betrachtung wird jedoch augenscheinlich, dass eine solche Differenzierung schwierig ist: Als freiwillig oder erzwungen gedeutete Formen von Mobilität rücken eng zusammen, sind miteinander verwoben und weniger scharf als gedacht voneinander zu trennen. Sie sind

---

56 Im Frühjahr 2020 – zum Zeitpunkt der Finalisierung dieses Texts – ist die Reisemobilität sowie die Mobilität im unmittelbaren Nahraum eingeschränkt und die Frage wird gestellt, wie sich eine globale Viruskatastrophe zukünftig auf Formen des Reisens, aber auch grundsätzlich auf unsere Mobilitäten auswirken wird.

stattdessen in ihren Zusammenhängen und Überlappungen zu denken. So werden etwa ‚erschöpfte afrikanische Geflüchtete Tourist*innen auf den Kanaren am Strand vor die Füße gespült'. Menschen reisen als Tourist*innen in ein Land ein und entscheiden sich nach Ablauf des Visums zu bleiben. Sie werden zu ‚irregulären Migrant*innen'. Menschen mit Migrationserfahrung, die in einem Land als nicht-zugehörig gelabelt werden, vermarkten ihre Lebensweise als ‚exotisch', schaffen Chinatowns in New York und London oder Asia-Zentren in Berlin, um eine ‚nicht-migrantische Mehrheitsgesellschaft' in ihrem Wunsch nach ‚dem anderen' zu adressieren und ‚über die Runden zu kommen', aber auch, um eigene Konsumbedürfnisse zu befriedigen und einen Platz in der Gesellschaft zu finden (Reuter, 2010). Studierende der Sozialen Arbeit gehen als Volunteers in andere Länder, um in sozialen Einrichtungen oder Communities zu arbeiten – sind sie nun Migrant*innen, Voluntourist*innen, ‚moderne Missionar* innen', junge Expatriats oder gut situierte Youngsters, die zeitlich begrenzt Strukturen ihres Alltags im Herkunftsland auf der Suche nach einer ‚außergewöhnlichen' Erfahrung verlassen (Blum, Schäfer, 2018)?

Grundsätzlich lassen sich Kategorisierungen mobiler Menschen kritisch überdenken. Ist Mobilität freiwillig, wenn Menschen vor Ort keine Zukunftsperspektive für sich entwickeln können und ihr Land oder ihre Region verlassen? Muss Mobilität immer erzwungen sein, damit sie legitim erscheint? Und wer oder was entscheidet darüber und etikettiert, wer als Migrant*in gilt und wer nicht?

Kategorisierungen wie Migrant*in und Nicht-Migrant*in oder Tourist*in und Geflüchtete werden oft als ‚Wesensarten' von Menschen wahrgenommen und missverstanden. Sie erscheinen als Entitäten, so, als seien diese Unterscheidungen schon immer da gewesen und unabänderlich. Stattdessen handelt es sich hierbei um Konstruktionen, das heißt um menschlichgemachte Eingruppierungen. Cornelia Schweppe und Nandita Sharma (2015, 2) bringen die soziale Konstruiertheit dieser ‚Personentypen' kritisch auf den Punkt und fragen: „Why are only some people who are mobile across the space called ‚migrants' while others are not?"

Wollen wir dieser Frage nachspüren, lohnt ein Blick in die Geschichte zur Entstehung von Nationalstaaten. Nationalstaaten sind ein entscheidendes unsere Welt strukturierendes Merkmal. Sie entwickelten sich ab dem 19. Jahrhundert als einflussreiche und historisch gewachsene Gebilde der Moderne. Demnach sind sie keine ahistorischen, naturgegebenen Einheiten, sondern basieren auf der Vorstellung einer Nation – verstanden als homogener Verbund ihrer Mitglieder –, die mit einem spezifischen Staatsterritorium zusammenfällt (Anderson, [1983] 2006). Die Mitgliedschaft zu Nationalstaaten wird durch die Staatsbürgerschaft festgeschrieben und ausgewiesen und verschafft ihren Mitgliedern in wohlfahrtsstaatlichen Gesellschaftsstrukturen Zugang zu geteilten Gütern, etwa zu den Sozialversicherungssystemen. Genauso wie Nationalstaaten Zugang und

Zugehörigkeit herstellen, grenzen sie andere aus ihrer Mitgliedschaft aus und knüpfen eine potenzielle Zugehörigkeit an die Erfüllung bestimmter Kriterien. Denken wir zum Beispiel an die erforderlichen Sprach- und Landeskenntnisse, welche diejenigen nachweisen müssen, die die deutsche Staatsangehörigkeit beantragen; oder aber an das Kriterium der politischen Verfolgung, welches Menschen erfüllen sollen, wenn sie in Deutschland politisches Asyl beantragen. Solche Kriterien werden in differenter Art und Weise an Menschen(-gruppen) herangetragen: Für Menschen, von welchen sich Nationalstaaten einen Gewinn versprechen, werden Möglichkeiten der Einreise und Mitgliedschaft gelockert – so hat die Politik etwa die Möglichkeiten der Einreise zwecks Aufnahme einer Arbeitstätigkeit im Altenpflegesektor in den letzten Jahren aufgeweicht, da sich hier ein Fachkräftemangel abzeichnet, der mit ‚inländischen Arbeitskräften' nicht zu decken ist. Andere Personen werden wiederum als Bedrohung konstruiert und von einer Einreise abgehalten. Beispielsweise sind vor allem geflüchtete Männer aus nordafrikanischen Ländern vermehrt als ‚Tätermänner' im politisch-medialen Diskurs repräsentiert. Sie werden als mit ‚deutschen Werten' unvereinbar gezeichnet und als Gruppe homogenisiert.

Hier zeigt sich ein Prozess der Differenzierung: Mobile Menschen, die als Geflüchtete und Migrant*innen klassifiziert sind, werden durch Migrationssteuerung und zu erfüllende Kriterienkataloge einer Überprüfung unterzogen und von Nationalstaaten ‚auf Distanz gehalten', während benötigte Fachkräfte, aber auch Tourist*innen, in der Regel auf keine oder geringe Barrieren stoßen, wollen sie länderübergreifend mobil sein. Sie werden auch nicht als Migrant*innen wahrgenommen, sondern schlichtweg als mobile Akteur*innen.

Migrant*in: Die Bezeichnung Migrant*in verweist nicht auf eine statische Personengruppe, sondern ist eine soziale Eingruppierung, die aus einer machtvollen Position heraus vorgenommen wird. Sie ist eine Erfindung von Nationalstaaten und lässt immer mitschwingen, was begrifflich nicht benannt wird – die ‚Nicht-Migrant*innen'. Der Begriff der ‚Migrant*in' zeichnet eine Differenz zu der Gruppe der ‚Nicht- Migrant*innen'. Es handelt sich um eine Unterscheidung, die anhand eines spezifischen Merkmals getroffen wird. Dabei unterliegt es politischen Aushandlungen, wer als ‚Migrant*in' gilt und wer nicht. Diese Aushandlungen stellen Zugehörigkeiten und Nicht-Zugehörigkeiten her (Castro Varela, 2018). Sie zeigen sich zum Beispiel an der Bezeichnung „mit Migrationshintergrund", wie sie in amtlichen Statistiken in Deutschland Verwendung findet. Gemäß dieser Statistik ‚hat' eine Person dann einen Migrationshintergrund, wenn sie selbst oder mindestens ein Elternteil nicht mit deutscher Staatsangehörigkeit geboren wurde.

Personen, die mit Bleibeabsicht nach Deutschland einreisen, treffen auf einen machtvollen Integrationsdiskurs, der von ihnen erwartet, sich an Normen und Werte einer ‚vorgestellten Nation' anzupassen. Nationalstaaten basieren auf der Idee einer imaginierten gemeinsamen ‚Nationalkultur', Tradition und Herkunft.

Sie gehen von einer territorial ansässigen Bevölkerung aus, die sich in einem spezifischen nationalstaatlichen Containerraum aufhält, sich mit diesem identifiziert, dort aufwächst, arbeitet und altert und eine gemeinsame Lebensweise und Sprache teilt. Mobilität, wie sie unserer aller Leben in zentraler Weise kennzeichnet, wird aus Perspektive von Nationalstaaten dann zu einem ‚Problem', wenn sie das konstruierte Selbstverständnis von Nationalstaaten irritiert und – möglicherweise – zu ändern bestrebt. Die Konstruktion eines solchen Selbstverständnisses tritt zum Beispiel dann zu Tage, wenn Politiker*innen deklarieren, der Islam gehöre nicht[57] zu Deutschland, sei nicht Teil eines imaginierten ‚deutschen Wertesystems' und werde durch Migrant*innen überhaupt erst nach Deutschland eingeführt. Eine solche Aussage übersieht, dass Menschen muslimischen Glaubens seit vielen Jahren in Deutschland leben. Zugleich zeichnet sie die Bevölkerung Deutschlands als homogene Gruppe mit einheitlichem Werteverständnis. Dieses Bild steht in einem Spannungsverhältnis zu wissenschaftlichen Erkenntnissen, die aufweisen, dass die Bevölkerung Deutschlands und anderer Länder vielfältig ist – etwa hinsichtlich ihrer Weltanschauungen, gesprochenen Sprachen und Zugehörigkeitsverständnisse. Der Soziologe und Ethnologe Steven Vertovec (2007) spricht von einer „Super-Diversity", einer Vielfalt in der Vielfalt, die Gesellschaft heute ausmache. Mit diesem Begriff verweist er auf die vielfältigen Biografien und Lebensweisen von Menschen, die sich durch differente Zugehörigkeitsvorstellungen, differente Rechtsstatus, Sprachen, kulturelle Praktiken und Migrationswege auszeichnen. Die Migrationsforscher Klaus J. Bade und Jochem Oltmer (2004) sehen Migration als gesellschaftlichen ‚Normalfall' an. Und die Mobilitätsforscher*innen Mimi Sheller und John Urry (2006) zeigen auf, dass Mobilität seit jeher zur Menschheitsgeschichte dazugehört, sich durch rasante technische Entwicklungen im 20. und 21. Jahrhundert weiter potenziert und es somit wirklichkeitsfern ist, von ‚homogenen Nationengebilden' auszugehen.

4.5.1.2 Relevanz von Mobilität und Migration für die Soziale Arbeit

Während sich die Welt im 21. Jahrhundert zwar durch eine beschleunigte und verdichtete Mobilität auszeichnet, sind Nationalstaat, Staatsangehörigkeit und nationalstaatliche Grenzen noch immer zentrale Steuerungsinstanzen. Selbst international ausgehandelte Abkommen wie die Menschenrechte oder UN-Behindertenrechtskonvention werden mit ihren umzusetzenden Zielen an nationalstaatliche Systeme rückgekoppelt (Raithelhuber, Sharma, Schröer, 2018, 1). Und auch der Blick in die Geschichte zeigt: Deutschland und andere Nationalstaaten reagieren auf Mobilität vor allem in der Logik einer Problematisierung, Steuerung und

---

57 Auch die Aussage, welche Religionen vermeintlich zu Deutschland genuin dazugehören, ist eine Konstruktion und geht mit spezifischen Annahmen einher, woran sich eine solche Zugehörigkeit festmachen lasse.

Eindämmung. Sie intendieren, vor allem die Mobilität von Personen, die als Migrant*innen und Geflüchtete kategorisiert werden, zu kontrollieren und einzuschränken.

Die Migrationsgeschichte aus und nach Deutschland ist ein anschauliches Beispiel dafür und lässt sich analytisch in verschiedene Phasen einteilen. Während sich seit seiner Gründung von Deutschland als einem Ein- und Auswanderungsland sprechen lässt, findet sich im politischen Diskurs eine kontroverse Debatte hierzu. Schauen wir uns die Zeit während und nach dem Nationalsozialismus an, registrieren wir zahlreiche (Im-)Mobilitäten: Menschen wurden von Nationalsozialist*innen verfolgt. Jüdische Menschen, Homosexuelle und Menschen, die als behindert gelten, wurden als nicht-zugehörig zur konstruierten Idee der ‚deutschen Nation' gezeichnet und als Out-Group und ‚Untermenschen' stigmatisiert und kaum anerkannt. Nicht alle hatten die Möglichkeit zur Flucht und waren dem Terror ausgeliefert; viele wurden im Zuge des begangenen Genozids ermordet. Andere konnten sich ins Ausland retten, sie wurden zu Flüchtenden. Mit Ende der NS-Zeit kehrten manche von ihnen zurück. Diese Bewegungen liefen nicht immer ohne Konflikte ab. Unterschiedliche Religionen und soziokulturelle Unterschiede wurden von ‚Zugezogenen' und ‚lokal Ansässigen' ausgehandelt. Von diesem Geschehen zu unterscheiden ist die Phase der Arbeitsmigration zwischen Ende der 1950er Jahre und 1973. Sogenannte Arbeitsmigrant*innen wurden aus Griechenland und Spanien, der Türkei, aus Italien, Portugal, Griechenland, Jugoslawien, Tunesien und Marokko angeworben, um einen Fachkräftemangel auf dem inländischen Arbeitsmarkt zu kompensieren. In diesem Zeitraum sind etwa 14 Millionen Menschen nach Deutschland gekommen, wovon 11 Millionen wieder in ihre Herkunftsländer zurückgekehrt sind (Schirilla, 2016, 22). Manche von ihnen sind geblieben, haben ihre Familien nachgeholt und damit den politischen Plan („Kommen und wieder gehen") durchkreuzt. Sie sind als die ‚Gastarbeiter*innen' in die deutsche Geschichte eingegangen. Mit dem Anwerbestopp von 1973 war schließlich der Zuzug neuer Migrant*innen beendet. Die verbliebenen Menschen lebten weitgehend auf sich allein gestellt. Viele verloren mit dem Strukturwandel in der Industrie und der Ölkrise ihre Arbeitsplätze. Deutschland erlebte zu dieser Zeit erste Wellen migrantischer Unternehmensgründungen, unter anderem in strukturschwachen Stadtteilen, die durch die neuen Unternehmer*innen aufgewertet wurden und einen neuen urbanen Charakter erhielten. Auch in der ehemaligen DDR kam es zu einem Zuzug von Migrant*innen aus anderen Ländern: So handelte die Sozialistische Einheitspartei Deutschlands (SED) Abkommen mit Ländern wie Kuba, Vietnam, Namibia oder Mosambik aus. Arbeitsmigrant*innen, aber auch Geflüchtete, lebten über Jahre hinweg in der DDR. Ihre Geschichten sind bis heute nur zum Teil wissenschaftlich aufgearbeitet und bedürfen fortwährender Recherchen.

Eine weitere Etappe deutscher Migrationsgeschichte ist die Migration von Aussiedler*innen und Spätaussiedler*innen. Diese etwa vier Millionen Menschen sind „Nachkommen von Deutschen, die vor mehreren hundert Jahren nach Osteuropa bzw. Russland ausgewandert sind und sich dort niedergelassen haben. Diese haben dort wechselnde deutsche Identitäten bewahrt und haben, wenn sie die deutsche Volkszugehörigkeit nachweisen können, einen Anspruch auf einen deutschen Pass" (Schirilla, 2016, 24). Aussiedler*innen kamen in den 1980er Jahren aus Ost- und Mitteleuropa. Mit Fall des sogenannten ‚Eisernen Vorhangs' zogen in den 1990er Jahren 1,9 Millionen Menschen aus der ehemaligen Sowjetunion nach Deutschland (Schirilla, 2016, 25). Formal gesehen waren (Spät-)Aussiedler*innen bis zum Jahr 2005 rechtlich der ‚Mehrheitsgesellschaft' gleichgestellt. Herausforderungen und Probleme zeigten sich jedoch in der häufig fehlenden Anerkennung von Schul-, Berufs- und Hochschulabschlüssen. Diese Entwertungspraxis führte zu einer strukturellen Schlechterstellung und Diskriminierung der betreffenden Akteur*innen.

In den vergangenen Jahren umfassen Migrationsbewegungen nach Deutschland vor allem Menschen aus anderen EU-Ländern, aber auch Menschen auf der Flucht aus Kriegsregionen wie der Ukraine, aus Syrien, Afghanistan oder dem Irak. Hierbei gilt kritisch zu reflektieren, dass die Mehrheit der Geflüchteten, rund 85 Prozent, es gar nicht erst bis nach Deutschland und in andere Industrieländer schafft, sondern entgegen des medial und politisch viel beschworenen Bildes von ‚Flüchtlingsströmen nach Europa' Zuflucht in angrenzenden Nachbarstaaten findet (UNHCR, 2018).

Während wir uns nun dezidiert die Migrationen nach Deutschland vergegenwärtigt haben, gilt gleichsam zumindest zu benennen, dass Menschen nicht nur nach Deutschland migrieren, sondern auch aus Deutschland emigrieren. Formen der Auswanderung sind vielfältig und umfassen Migrant*innen, die im Alter in ihre Herkunftsländer zurückkehren, aber auch Rentner*innen, die ihren Lebensabend in speziell errichteten Alterspflegeheimen in Thailand oder Polen verbringen (Bender et al., 2019) oder Menschen in der Mitte ihres Lebens, die zur Verwirklichung ihrer Vorstellungen eines ‚guten Lebens' in ein anderes Land ziehen. Für die Soziale Arbeit lassen sich hinsichtlich der Migrationen nach Deutschland differente migrationsgesellschaftliche Diskurse und pädagogische Reaktionen identifizieren (Mecheril, 2010, 56–57). In der „Dekade diskursiver Stille" der 1960er Jahre reagierte Soziale Arbeit in keiner nennenswerten Weise auf die zugezogenen Arbeitsmigrant*innen, insofern ihre baldige Rückkehr in die Herkunftsländer antizipiert wurde. In den 1970er Jahren festigte sich dann, was der kritische Migrationspädagoge Paul Mecheril als „Dekade des Defizitdiskurses" umschreibt. In Schulen zeigten sich Lehrer*innen und Eltern mit den ‚Ausländerkindern' überfordert. Sie wurden vielfach als die ‚anderen' und ‚besonderen' verstanden. Von ihnen wurde eine assimilatorische Anpassung an imaginierte deutsche Normen und Werte und die deutsche Sprache gefordert. Kinder und Familien wurden zum „Gegenstand kompensatorischer Bemühungen" (Mecheril, 2010, 56) und waren nicht mit ihren Ressourcen und Bedürfnissen, sondern mit ihren vermeintlichen Defiziten im Blick.

Assimilation

Der Perspektive von Assimilation liegt die Konstruktion, das heißt die soziale Herstellung einer homogenen Gruppe von vermeintlich ‚Einheimischen' und vermeintlich ‚Fremden' zugrunde. Assimilation meint eine Angleichung der Gruppe der ‚Fremden' an die Normen, Werte und Lebensweisen der Gruppe der ‚Einheimischen'. Forderungen nach Assimilation sind in gängigen politischen Diskursen an jene Menschen gerichtet, die als Migrant*innen oder Geflüchtete kategorisiert werden. Dieses Verständnis geht auf Arbeiten der Chicagoer School in der ersten Hälfte des 20. Jahrhunderts in den USA zurück. Die Chicagoer School wurde von den Soziologen Robert Ezra Park (1864–1944) und William I. Thomas (1863–1947) begründet. Park prägte den sogenannten „Race-Relations-Cycle". Dieses Stufenmodell geht von der Abfolge „Kontakt", „Konkurrenz", „Konflikt", „Akkommodation" bis hin zu „Assimilation" und „Auflösung von Differenz" aus (ausführlich Treibel, 2008, 84–96). Es wurde in Deutschland vor allem von Hartmut Esser (2001) aufgegriffen und wird von Vertreter*innen der Transnational Studies und kritischen Migrationsforschung kritisiert. Der „Race-Relations-Cycle" erzeugt einander gegenüberstehende Gruppen überhaupt erst und setzt Kulturdifferenz voraus. Dabei lassen sich Menschen nicht einfach in Schablonen einordnen und auch innerhalb eines Nationalstaates gibt es keine homogenen Gruppen von ‚Einheimischen', da sich Gesellschaft durch Vielfalt auszeichnet.

Für Kinder wurden ‚Ausländer- und Vorbereitungsklassen' sowie für Familien sogenannte ‚Sozialberatungsstellen für Ausländer' eingerichtet. Diese Angebote entstanden jenseits der sozialen Regeldienste als separierte Versorgungsinseln und sollten die vermeintlichen Defizite der neuen Adressat*innengruppe auffangen. In den 1980er Jahren entfaltete sich die „Dekade des Differenzdiskurses": Die verbesondernde Ausländerpädagogik wurde einer Kritik unterzogen. Neu entstandene Ansätze der interkulturellen Bildung und Kompetenz hatten zum Ziel, zur Akzeptanz einer angenommenen Unterschiedlichkeit von Migrant*innen und Nicht-Migrant*innen und einer Annäherung im Unterschied beizutragen. Sie gingen dabei weiterhin von einer Differenz von Migrant*innen und Nicht-Migrant*innen aus. Benachteiligungen im Bildungssystem wurden angeprangert, eine multikulturelle und tolerante Gesellschaft gefordert. In den 1990er Jahren erreichten rassistische Übergriffe hohe Aufmerksamkeit nicht nur in der Fachöffentlichkeit. Rassismustheorie und Interkulturalität wurden als Querschnittsaufgabe Sozialer Arbeit bestimmt und fanden ihren Weg in den pädagogischen Diskurs. Eine interkulturelle Öffnung sollte Regeldienste für Migrant*innen öffnen und einen professionellen Umgang mit Differenz befördern. In diesem Zeitgeist – der „Dekade des Dominanzdiskurses" – entstand die Interkulturelle Pädagogik als eigenes Fachgebiet der Erziehungswissenschaft. Die „Dekade der Disziplinierung" in den 2000er Jahren kennzeichnet sich demgegenüber durch einen politischen Schritt, nämlich die Abkehr von einem „völkischen Abstammungsrecht, das Staatsangehörigkeit im Prinzip allein an Abstammung bindet" (Mecheril, 2010, 58). Zugleich dominiert seit jeher ein Integrationsdiskurs, der eine Eingliederung von Migrant*innen in Deutschland verlangt und die Konstruktion einer nicht-migrantischen Mehrheitsgesellschaft kaum bis nicht hinterfragt.

Wir sehen an diesem historischen Abriss, wie zentral Soziale Arbeit in Umgangsweisen mit Menschen mit Mobilitätserfahrung involviert ist. Wenngleich die Einteilung in Dekaden ein trennscharfes Nacheinander pädagogischer Modi suggeriert, so handelt es sich hierbei in erster Linie um eine analytische Trennung. Gegenwärtig findet sich in der pädagogischen Landschaft eine Gleichzeitigkeit der aufgeführten Perspektiven. Organisationsstrukturen und professionelles Handeln orientieren sich häufig noch immer an Vorstellungen von Assimilation und Ausländerpädagogik. Parallel dazu finden sich Diversitätsansätze, rassismuskritische Ansätze und postmigrantische Perspektiven, welche den Blick weg von einzelnen Personen(-gruppen) hin auf ausschließende Gesellschaftsstrukturen richten und Migration als gesamtgesellschaftliche Querschnittsthematik diskutieren.

Postmigrantische Perspektive

Mit dem Begriff postmigrantische Perspektive ist eine machtkritische, reflexive und optimistische Haltung gemeint, gängige Kategorisierungen von Menschen in ‚Migrant*innen' und ‚Nicht-Migrant*innen' auf den Prüfstand zu stellen, zu überwinden und so ein verändertes Bewusstsein zu Migration zu schaffen. Dies bedeutet, Migrationsforschung als Gesellschaftsanalyse zu betreiben und in Wissenschaft, Politik und öffentlichen Debatten gebildete Sondergruppen wie ‚Menschen mit Migrationshintergrund' zu dekonstruieren. Migrationsprozesse gehören seit jeher zur Menschheitsgeschichte und sind in unseren Lebenswelten präsent. Das Präfix post meint dabei nicht, Migration als abgeschlossenen gesellschaftlichen Prozess zu verstehen. Es weist uns vielmehr darauf hin, Gesellschaften in ihren Bewegungen und ihrer Vielheit wahrzunehmen und Denkweisen – wie etwa die Vorstellung einer stufenförmigen Assimilationsperspektive – hinter uns zu lassen (ausführlich dazu Hill, Yıldız, 2018).

4.5.1.3 Theoretische Zugänge

Von pädagogischen und politischen Reaktionsweisen auf Migration ist die Ebene der theoretischen Auseinandersetzung in der Wissenschaft zu unterscheiden. Die Soziologin Annette Treibel (2008, 21) versteht Migration als „auf Dauer angelegte[n] bzw. dauerhaft werdende[n] Wechsel in eine andere Gesellschaft bzw. in eine andere Region von einzelnen oder mehreren Menschen". Der Erziehungswissenschaftler Norbert Frieters-Reermann (2013, 12) spezifiziert Flucht als unfreiwillige und erzwungene Unterform von Migration, „die von besonderen Notlagen begleitet wird". Der Soziologe Ludger Pries (2003, 27–29) geht über das Verständnis von Migration als Bewegung von A nach B hinaus und fasst hierunter auch Pendelbewegungen zwischen mehreren Regionen und Ländern. Er unterscheidet zwischen den vier Idealtypen der (1) Emigration bzw. Immigration, (2) Rückkehr-Migration, (3) Diaspora-Migration und (4) Transmigration. Während Emigration und Immigration den dauerhaften Wechsel von einem in ein anderes Land meinen, umschreibt Rückkehr-Migration eine zeitlich befristete Migration, etwa zum Zweck des Gelderwerbs, mit anschließender Rückkehr in das Herkunftsland. Die Diaspora-Migration kann religiös begründet sein (z. B. bei Kirchenmitgliedern, die in einem anderen Land leben) oder sich auf Mitarbeiter*innen internationaler Unternehmen beziehen, die sich zwar räumlich in einem anderem als ihrem Herkunftsland niederlassen, sich soziokulturell aber im Herkunftsland verorten. Mit transnationaler Migration ist ein manifester Wechsel zwischen mehreren Lebensorten als Normalzustand und die damit einhergehende Konstruktion transnationaler Sozialräume gemeint, die sich pluri-lokal über Ländergrenzen hinweg aufspannen. Dieser Typus wurde ab den 1980er Jahren von Migrationsforscher*innen in den USA identifiziert und hat in den letzten dreißig Jahren zum Entstehen der interdisziplinären Forschungsrichtung der Transnational Studies geführt. Diese Forschungsrichtung befasste sich in ihren Ursprüngen primär mit Migrationsphänomenen, kam aber im Laufe weiterer Forschung zu der wichtigen Erkenntnis, dass transnationale Prozesse unsere Alltagswelt grundsätzlich prägen und transnationale Mobilität kein ‚Migrationsdiskurs', sondern Querschnittsthema der Sozial-, Politik-, Erziehungs- und Kulturwissenschaften und weiterer Disziplinen ist.

Eine wichtige Prämisse kritischer Migrationsforschung ist, dass ‚Migrant*innen' genauso wie ‚Geflüchtete' keine Personentypen oder fixen Identitäten beschreiben, sondern soziale Positionen, die Menschen zugewiesen werden (Nail, 2016, 235). Menschen werden erst durch Klassifizierungen zu ‚Migrant*innen' oder ‚Geflüchteten' *gemacht*. Die Politik ist zentraler Akteur in diesen Klassifizierungsprozessen. Denken wir beispielsweise an die Etikettierung bestimmter Herkunftsländer als ‚sichere Herkunftsstaaten'. Wer aus einem in dieser Art und Weise klassifizierten Land nach Deutschland flieht, hat vergleichsweise weniger gute Chancen, Asyl oder Flüchtlingsschutz zugesprochen zu bekommen.

Wir sehen an diesen Beispielen, dass es das Ergebnis politischer Aushandlungen ist, wer als Geflüchtete*r und legitime*r Asylbewerber*in eingruppiert wird und wer nicht. In der Wissenschaft werden diese Praxen der Klassifikation als „Migrationsregime" bezeichnet (Tsianos, 2010). Der Begriff Migrationsregime ähnelt dem weiter oben ausgeführten Begriff des Mobilitätsregimes. Er untermauert die Macht von Klassifizierungen und reflektiert Institutionen, Politik und Dominanzverhältnisse in ihren Wechselverhältnissen, ohne dabei die Eigensinnigkeiten und Handlungsfähigkeiten von Akteur*innen aus dem Blick zu verlieren. Migrationsforscher*innen und Aktivist*innen ziehen immer wieder in Zweifel, ob es überhaupt gerechtfertigt ist, dass nur in Deutschland bleiben darf, wer als politisch legitim erachtete Fluchtgründe anbringen kann: „Dadurch wird tendenziell auch die dominante Idee fortgeschrieben, dass Menschen, die nicht in Deutschland geboren sind, ihren Aufenthalt in Deutschland rechtfertigen müssen" (Eisenhuth, 2015, 25). María do Mar Castro Varela und Paul Mecheril (2010, 35) sehen Migration und Flucht daher als Thema an, das nicht nur territoriale, sondern Grenzen von Zugehörigkeit grundlegend problematisiert. Aufgabe kritischer Migrationsforschung ist dann, diese Grenzziehungen zu reflektieren.

Vertreter*innen der Transnational Studies und kritischen Migrationsforschung nehmen ihre theoretischen Konzepte angesichts der gegenwärtigen Fluchtbewegungen und damit einhergehender Grenzziehungen von Nationalstaaten besonders kritisch unter die Lupe. So bilanziert Nina Glick Schiller (2018), die ein transnationales Paradigma in den Sozial- und Kulturwissenschaften maßgeblich mit vorangetrieben hat, dass transnationale Studien mehr als bisher politische Steuerungs- und Ausschlussmechanismen in ihre Analysen integrieren müssten. Ortslosigkeit, verhinderte Mobilität, Überwachung und das Einsperren von Menschen erschweren transnationale Prozesse und würden eine Mobilität de-privilegierter Menschen maßgeblich untergraben. Sørensen (2018, 6) fordert angesichts dessen eine grundlegende Redefinition dessen, was es meine, „to live transnational lives today". Eine solche Redefinition wird mit verschiedenen Perspektiven herzustellen versucht. Glick Schiller (2018) sieht den Bedarf einer „multiskalaren temporalen Perspektive", Schapendonk et al. (2018) plädieren dafür, mobile Menschen in ihren Lebenswelten zu begleiten, ihre Handlungsfähigkeit wie Beschränkungen nachzuzeichnen und eine romantisierte Idee unbegrenzter transnationaler Mobilität zu dekonstruieren. Castro Varela (2018, 13) spricht sich für eine postkoloniale Pädagogik aus, die pädagogische Praxen aus einer machtkritischen Perspektive aufschlüsselt und Imaginationen „für eine gerechtere (globale) Zukunft" entwickelt. Dieses Kapitel schlägt vor, all diese Blickrichtungen unter einem machtkritischen Mobility Approach zu bündeln und für die Soziale Arbeit nutzbar zu machen. Erste Ansatzpunkte eines solchen Unterfangens liefern Raithelhuber, Sharma und Schröer (2018) in ihrem wegweisenden Aufsatz zu „Social Protection and Mobility". Ein „Mobilities Paradigm" (Sheller, Urry, 2006) zeichnet sich dadurch aus, Mobilitäten und Immobilitäten gleichermaßen zu berücksichtigen und mit Macht- und Ausschlussstrukturen zusammenzudenken. „Flows of people" sind dabei ebenso im Blick wie „Flows of Things and Ideas" und werden in ihrer Verschränkung reflektiert.

Das interdisziplinär diskutierte Paradigma entfaltet dabei eine politische Sprengkraft, die in den Transnational Studies bisher weitgehend ausgeblieben ist. So fragt etwa Isin (2018), warum mobile Menschen historisch als Ausnahme statt als Norm konstruiert wurden, womit er tradierte Denkweisen von Immobilität als Normalzustand genauso aufbricht wie einen „Methodologischen Nationalismus" – ein Anliegen, das die Mobility Studies mit den Transnational Studies gemein haben. Eine konstatierte Normalität von Mobilität lässt wiederum eine erzwungene Immobilität, wie wir sie in Lagern für Geflüchtete finden, als ethisches Problem deutlich hervortreten (Jensen, 2009). Hiermit verschiebt sich die Frageperspektive weg von einer ‚Integration von Menschen in nationalstaatliche Settings' hin zur Frage, wer wie und unter welchen Bedingungen mobil sein kann oder hieran gehindert wird und wie sich soziale Sicherung und Unterstützung unter Bedingungen, die Mobilität als strukturierende Kategorie unseres Alltags anerkennen, dann gestalten lassen (Raithelhuber, Sharma, Schröer, 2018). Ein Mobilitätsparadigma ermöglicht damit auch einen neuen Fokus auf transnationale Prozesse: „The ability to move ‚freely' is spread very unevenly within countries and across the planet. For the very processes that produce movement and global linkages also promote immobility, exclusion, and disconnection" (Salazar, 2018, 157). Hier gilt es, Kategorisierungen wie Klasse, Gender, Alter, Nationalität oder Disability in ihren Durchkreuzungen und Auswirkungen auf Mobilitätsoptionen mehr als bisher zu explorieren (Salazar, 2018, 157–158).

Bisherige Studien zeigen, dass mobile Menschen zur Bewältigung ihres Lebensalltags auf facettenreiche und vielfältige Unterstützungsnetzwerke zurückgreifen, welche sich transnational aufspannen und neben dem Versuch, Zugang zu staatlich reglementierten Hilfeleistungen zu erhalten, auch durch informelle Unterstützung in „Peer-Groups" oder „Hometown-Associations" von Migrant*innen gekennzeichnet sind. Für eine menschenrechtlich verstandene Soziale Arbeit ist es nicht ausreichend, ausschließlich danach zu fragen, wie mobile Menschen Zugang zu Ressourcen innerhalb von Nationalstaaten erhalten können. Vielmehr müssen das nationalstaatliche Paradigma und die Kopplung von Hilfegewährung an das machtvolle Instrument der Staatsangehörigkeit grundsätzlich kritisch auf den Prüfstand gestellt und alternative Modelle Sozialer Arbeit entwickelt werden (Raithelhuber, Sharma, Schröer, 2018, 13–14).

4.5.1.4 Mobilität und Migration als reflexive Perspektiven in Praxisfeldern der Sozialen Arbeit

Die Frage, wie soziale Unterstützung und Sicherung in einer mobilen, aber exkludierenden Welt aussehen kann, verlangt die Entwicklung neuer Modelle und Visionen. Sie fordert uns heraus, Soziale Arbeit neu zu denken. Diese Imaginationen und Herstellung neuer Strukturen fällt vor allem Wissenschaftler*innen und Praktiker*innen in Ländern des Globalen Nordens mit wohlfahrtsstaatlichen Strukturen schwer. Denn Soziale Arbeit hat sich in den Wohlfahrtsstaaten in Verzahnung mit nationalstaatlichen Strukturen entwickelt. Hier kann Soziale Arbeit anknüpfen an Errungenschaften in Ländern des Südens, welche Formen Sozialer Arbeit jenseits des Wohlfahrtsstaats, etwa in „Community Based Organizations" und Selbsthilfeorganisationen, entfaltet haben (Rehklau, Lutz, 2007–2015). Diese gilt es, wahrzunehmen und von ihnen zu lernen und damit auch – mit Castro Varela (2018) gesprochen – eine „epistemische Mauer" in unseren Köpfen zu durchbrechen. Hiermit ist gemeint, dass wir häufig nur bestimmte Texte zu Sozialer Arbeit lesen und nur bestimmte Ansätze, vorwiegend aus dem angloamerikanischen und deutschsprachigen Raum, überhaupt kennen und anerkennen, aber dazu tendieren, dieses Wissen als absolute und universelle Wahrheit zu setzen. Diese Überlegungen verdeutlichen, dass Fragen von Mobilität und Migration kein Spezifikum einzelner und spezifischer Praxisfelder der Sozialen Arbeit sind, sondern sie verlangen von uns allen, die wir im Kontext der Sozialen Arbeit tätig sind oder sein werden, eine „professionelle, machtkritische Haltung" (Graßhoff, Homfeldt, Schröer, 2016, 12). Diese Haltung geht mit einer Sensibilität für die eigenen Verstrickungen in Kategorisierungsprozesse einher, wie sie grundlegend ist für jegliches Arbeits- und Handlungsfeld, das von Sozialarbeitenden gestaltet wird. Hiermit ist auch gemeint, sich stets zu vergegenwärtigen, aus welcher Perspektive heraus und vor dem Hintergrund welcher Normalitätsverständnisse wir selbst agieren – und unsere eigenen Perspektiven immer wieder kritisch auf den Prüfstand zu stellen. Migration und Mobilität erfordert Bewegung in unseren Köpfen. In der Arbeitsbeziehung mit jungen Geflüchteten in stationären Einrichtungen der Kinder- und Jugendhilfe kann dies etwa bedeuten, die jungen Menschen nicht als ‚kulturell Fremde' zu stigmatisieren, sondern ihre Bedürfnisse und Fähigkeiten auf Basis ihrer gesamten sozialisatorischen Erfahrungen fallbezogen anzuerkennen und den Akteur*innen nicht die eigenen Normalitätsvorstellungen überzustülpen. In der Zusammenarbeit mit Jugendlichen im Rahmen von Jugendarbeit gilt es, um ein weiteres Beispiel zu nennen, ihre Zugehörigkeits- und Ausgrenzungserfahrungen anzuerkennen und ihnen zuzuhören, etwa dann, wenn sie davon berichten, wie ihnen von anderen eine Zugehörigkeit zu Deutschland abgesprochen wird, weil ihre Eltern in einem anderen Land geboren wurden. Hier zeigt sich, wie eng eine migrations- und mobilitätssensible Soziale Arbeit mit rassismuskritischer Bildungsarbeit verzahnt ist, welche die Konstruktion vermeintlich ‚anderer', welchen eine wesensartige ‚Andersheit' auf Basis von äußerlichen Merkmalen wie der Hautfarbe oder einer vermeintlich anderen ‚Kultur' zugeschrieben wird, aufbrechen will.

Doch auch auf der Ebene, wie Soziale Arbeit ihr soziales Angebot konzeptionell ausrichtet, spielen Fragen von Migration und Mobilität eine Rolle, zum Beispiel dann, wenn Sozialarbeitende selbst mobil werden. Dies kann die Streetworkerin sein, die ihre Adressat*innen im Stadtraum aufsucht, mit ihnen spricht und ihnen niedrigschwellig Unterstützungsangebote unterbreitet. Es kann genauso die Bezugsbetreuerin im Jugendwohnen sein, die mithilfe internationaler Suchdienste nach den Eltern eines geflüchteten Jugendlichen aus Afghanistan sucht und hierzu mit sozialen Einrichtungen in anderen Ländern in Kontakt tritt. Auf der Organisationsebene fordern Ansätze wie jener der Interkulturellen Öffnung die sozialen Dienste heraus, sich so auszurichten, dass sie die Bedürfnisse von Adressat*innen auch aufgreifen. Diese Ansätze lenken den Blick auf die Organisationsstrukturen Sozialer Arbeit und verstehen sie als mobile und prinzipiell veränderliche Sozialgebilde (Göhlich, 2014, 69), die sich mit der Vielfalt der Adressat*innen mit bewegen. Im Fall von Migration bedeutet das, dass in der Migrationsberatung etwa mehrsprachiges Personal dabei unterstützt, Menschen mit Mehrsprachigkeit jenseits des Deutschen adäquat in der professionellen Kommunikation zu erreichen. In einer Kindertagesstätte kann ein solcher Ansatz bedeuten, Kinderbücher bereitzustellen, die nicht nur die stereotype Familienkonstellation ‚Vater, Mutter, Mädchen, Junge' darstellen, sondern der Heterogenität von Familienverhältnissen gerecht werden und genauso Patchwork-Familien, gleichgeschlechtliche Elternkonstellationen und bi-nationale Familien repräsentieren.

In einen großen Konflikt gerät eine solch reflexive, auf Teilhabe und Repräsentation einer mobilen und sich ständig bewegenden Gesellschaft zielende sozialarbeiterische Perspektive dann, wenn Menschen gegen ihren Willen, zum Beispiel in Geflüchtetenunterkünften festgesetzt werden und Organisationen der Asylverwaltung über ihren weiteren Lebensweg – und die Frage der Inklusion oder Exklusion in ihr Zielland, zum Beispiel Deutschland – entscheiden. Geflüchtete Menschen werden in Geflüchtetenunterkünften immobilisiert, während eine Verwaltungsmaschinerie ihren Asylantrag bearbeitet. Für Sozialarbeiter*innen gilt es, sich innerhalb dieser restriktiven Settings ihres pädagogischen Unterstützungsauftrags besonders bewusst zu sein, den Betreffenden zu ihren Rechten zu verhelfen und sie dabei zu unterstützen, Zugang zu einer unabhängigen Asylverfahrensberatung zu bekommen (Spindler, 2018). Die Auseinandersetzung damit, wie Soziale Arbeit ihren pädagogischen Auftrag im Kontext restriktiver Flucht- und Migrationspolitik gerecht werden kann, ist von zentraler Bedeutung und bedarf einer grundlegenden Debatte in unserem Fach. Hiermit ist verbunden, Advocacy Work zu betreiben, das heißt gemeinsam mit geflüchteten Menschen auf ein Beschneiden ihrer Rechte, Formen der Fremdbestimmung und Immobilisierung aufmerksam zu machen und Veränderungen zu erwirken. Dazu gehört, sich stets auf ein Neues auf die Suche nach neuen Möglichkeiten einer adressat*innengerechten Unterstützung zu begeben und etwa alternative Formen des Zusammenlebens von geflüchteten und nicht-geflüchteten Menschen – wie sie mancherorts in den Großstädten in sogenannten „Sharehouses" bereits praktiziert werden – jenseits der Isolation von Menschen in Geflüchtetenunterkünften wahrzunehmen und in die Debatten zum Umgang mit Asyl suchenden Menschen gesellschaftlich einzubinden.

Wir sehen anhand all dieser Beispiele, wie komplex sozialarbeiterisches Handeln im Kontext von Mobilität und Migration ist und auf welch verschiedenen Ebenen – von der Arbeitsbeziehung mit Adressat*innen bis hin zu Organisationsgestaltung und globalen Problemen und sozialen Ungleichheiten – sie agiert. Cox und Pawar (2006) fassen diese Komplexität in ihrem integrativen Ansatz Internationaler Sozialer Arbeit. Sie verorten die Soziale Arbeit innerhalb von vier grundlegenden Säulen – (1) als menschenrechtsbasierte Profession und Disziplin, (2) als zuständig für globale Problemlagen, (3) als zuständig für ökologische Fragen und (4) als zuständig für eine soziale Entwicklung, die allen Menschen zugutekommt. Vor dem Hintergrund von Problemlagen, die sich nicht durch einzelne Nationalstaaten allein lösen lassen – wie Flucht, Klimakrise, die globale Ausbeutung von Arbeitnehmer*innen oder Armut – bedarf es in der Sozialen Arbeit eines Selbstverständnisses als grenzüberschreitend zuständige Profession und Disziplin mit Selbstvergewisserungen, Arbeitsansätzen, Organisationen und Handlungsrahmen, die mobil sind und sich mit den Bedürfnissen der Adressat*innen Sozialer Arbeit in Bewegung begeben.

4.5.1.5 Chancen und Herausforderungen

In diesem Kapitel wurden Fragen von Migration und Mobilität als Querschnittsperspektive in der Sozialen Arbeit herausgestellt, welche unser Fach grundlegend tangieren. Die Debatten um Mobilität und Migration zusammenzuführen, birgt das große Potenzial, Migration nicht als Ausnahmeerscheinung spezifischer Personengruppen zu stigmatisieren, sondern als spezifische Form und kritisch wahrzunehmende Kategorisierung von Mobilität zu denken, die unser Alltagsleben maßgeblich prägt. Eine solche Perspektive verwehrt sich einem Verständnis, das Migrations- und Mobilitätsforschung als Forschung über ‚die vermeintliche Sondergruppe der Migrant*innen' versteht. Stattdessen ist sie aus einer reflexiven und machtkritischen Perspektive heraus Gesellschaftsforschung zu Kategorisierungen und Machtungleichheiten. Sozialer Arbeit kommt in dieser Debatte vor dem Hintergrund ihres pädagogischen Auftrags, Teilhabe zu gestalten, eine zentrale Bedeutung in einem für die Zukunft hoch bedeutsamen Diskursfeld zu, welches vor der Bewältigung grenzüberschreitender Herausforderungen steht: Die Lebenswelten von Adressat*innen Sozialer Arbeit sind genauso wie jene von Fachkräften sowie die Diskurse Sozialer Arbeit und politische Instanzen in mobile (Alltags-)Strukturen eingebettet, welche sie gleichsam selbst mit hervorbringen. Selbst, wenn wir im physischen Sinne immobil und vor Ort ansässig sein mögen, sind wir permanent mit grenzüberschreitenden Entwicklungen und einer Diversifizierung alltagsweltlicher Strukturen konfrontiert. Dies umfasst Fragen nach Auslandsadoptionen genauso wie die Gestaltung von jugendlichen Netzwerken mit einer weltweit verteilten „Peer-Group" oder die Frage nach der sozialen Zuständigkeit für Personen in anderen Ländern, die Kleidung in Fabriken in Bangladesch für Konsument*innen in Ländern des Nordens produzieren. Die in den Mobility Studies bereits ausführlich reflektierte Bedeutung mobiler Dinge macht dann sichtbar, was in anderen Diskursfeldern häufig in Vergessenheit gerät: Dinge wie die Jeans aus der fernen Fabrik oder die Kulturheidelbeeren aus meinem Kühlschrank, sind mitunter Ausdruck sozialer

Ungleichheiten und Verweis auf prekäre Lebensbedingungen von Menschen andernorts, welche jenseits abgesicherter Strukturen agieren. Wir müssen uns somit die Frage stellen, wie eine Soziale Arbeit in mobilen Strukturen konzipiert und ausgestaltet sein kann, wie sie grenzüberschreitend Verantwortung übernehmen und grenzüberschreitende Zusammenhänge zwischen Mobilität und Immobilität in ihrer Herstellung und in ihren Konsequenzen zu erfassen vermag. Die Wissenschaftler*innen eines Forschungsnetzwerks der Deutschen Forschungsgesellschaft (DFG) mit dem Namen „TransIWissen" (2020, 9) entfalten hierzu ein wegweisendes Bild: In einer mobilen Welt, in der sich Spannungen begegnen, Probleme wandern, vielfältige Personen und Ideen, aber auch Gewaltphänomene aufeinandertreffen, braucht es in erster Instanz Begegnungen – um einen Austausch anzustoßen, Ideen zu entwickeln und die Debatte zu Migration und Mobilität weiterzuführen.

4.5.2 Arbeitsbeziehungen mit jungen Geflüchteten. Pädagogische Fachkräfte zwischen anwaltschaftlicher Vertretung und verbesondernder Stigmatisierung

Pädagogisches Handeln ist spannungsreich. Sozialarbeiter*innen agieren vor dem Hintergrund einer staatlich legitimierten Lizenz. Sie nehmen sich Problemlagen von Menschen an, die sie einerseits unterstützen, andererseits aber auch kontrollieren. Dabei gleichen sie ihr Handeln mit gesellschaftlichen Normalitätsvorstellungen und politischen Zieldimensionen ab (Schütze, 1992). Das Handeln ist eingebunden in ein Kräftefeld aus Vorstellungen der Adressat*innen, institutionellen und organisationalen Rahmungen, professionellen Haltungen und Kompetenzen, rechtlichen Regulierungen sowie politischen Entwicklungen (Heiner, 2012). All diese Faktoren spielen in die Beziehung zwischen Pädagog*innen und Adressat*innen hinein. Im Kontext von Flucht und Asyl ist diese Beziehung durch eine Erhöhung pädagogischer Unsicherheit und eine Verschärfung der Paradoxie von Hilfe und Kontrolle gekennzeichnet: Wie können Pädagog*innen Lebenswege unterstützen und Autonomie befördern, wenn Bleibeperspektive und rechtlicher Status ihrer Adressat*innen in der Schwebe hängen und die staatliche Zielrichtung eine Begrenzung der Aufnahme geflüchteter Menschen vorsieht? Der Auftrag Sozialer Arbeit und die Logik des Ausländer- und Asylgesetzes stehen einander gegenüber und müssen von Sozialarbeiter*innen in ihrer täglichen Arbeit ausbalanciert werden.

Scherr (2018) weist auf die Verantwortung Sozialer Arbeit hin, grundlegende „Möglichkeiten und Grenzen zu klären" (ebd., 38), wie sie in der Arbeit mit Geflüchteten besonders zu Tage treten. Hierbei sei eine Orientierung an fachlichen und ethischen Grundsätzen erforderlich. Staub-Bernasconi (2007) hat für die Soziale Arbeit die Orientierung an einem Tripelmandat formuliert: Dem professionellen Handeln soll zusätzlich zum Unterstützungsauftrag der Adressat*innen und ihrem gesellschaftlichen Auftrag eine genuin menschenrechtliche Fundierung zugrunde liegen.

Während theoretische Überlegungen die Diskrepanz des menschenrechtlichen Mandats und der nationalstaatlichen Begrenzung Sozialer Arbeit durch die Ausländer- und Asylgesetzgebung zunehmend problematisieren, sind Handlungspraxen und -orientierungen pädagogischer Fachkräfte in diesem Feld bisher nur unzureichend erschlossen (Scherr, 2015a, b). Eine empirische Explorierung professionellen Handelns in der Fluchtmigrationsarbeit steht noch aus, wenngleich ein zunehmender Trend von Fluchtmigrationsforschung in Deutschland zu verzeichnen ist (Kleist, 2018). Für die Soziale Arbeit ist notwendig, ihre Involviertheit und ihren professionellen Auftrag im Kontext von Flucht und Asyl zu klären (Otto, 2015), wenn sie angesichts rascher politischer Entwicklungen gemeinsam mit geflüchteten Menschen auf eine Verbesserung ihrer Lebensbedingungen und Erweiterung pädagogischer Handlungsspielräume hinwirken will (Von Grönheim, 2015).

Dieses Kapitel[58] spürt dem pädagogischen Handeln von Sozialarbeiter*innen und ihrer Beziehungsgestaltung mit jungen Geflüchteten nach. Die Lebensbedingungen junger Geflüchteter unterscheiden sich in Deutschland vor allem hinsichtlich zweier entscheidender Merkmale – ihres Alters zum Zeitpunkt der Einreise und der Einreise mit oder ohne sorgeberechtigte Person. Unbegleitete Minderjährige, für die aufgrund der Altersfeststellung angenommen wird, dass sie unter 18 Jahre alt sind, erhalten spezifische Leistungen der Kinder- und Jugendhilfe. Der Leistungsbezug kann potenziell über das 18. Lebensjahr hinaus verlängert werden. Die jungen Menschen werden von dem ortsansässigen Jugendamt vorläufig in Obhut genommen. In einer Clearingeinrichtung werden ihre Bedarfe geklärt. Dort verbleiben sie in der Regel für einen Zeitraum von drei bis sechs Monaten, bevor in einer Folgeeinrichtung die reguläre Inobhutnahme und eine Normalisierung des Lebensalltags erfolgen soll. Folgeeinrichtungen können pädagogische Wohngruppen, Einrichtungen des Jugendwohnens oder Adoptiv- sowie Pflegefamilien sein. Das Fachpersonal ist für die gesellschaftliche Einbindung der jungen Menschen, eine umfassende Gesundheitsversorgung und Abklärung weiterführender pädagogischer Bedarfe zuständig. Junge Erwachsene sowie begleitete Minderjährige sind mit differenten Lebensbedingungen konfrontiert. Sie wohnen in der Regel zunächst in großen Erstaufnahmeeinrichtungen. Je nach Bundesland werden sie nach dem Königsteiner Schlüssel auf die Bundesländer und Kommunen in Sammelunterkünfte oder dezentrale

---

58 Dieses Unterkapitel wurde erstveröffentlicht als: Schmitt, C. (2019). Arbeitsbeziehungen mit jungen Geflüchteten. Pädagogische Fachkräfte zwischen anwaltschaftlicher Vertretung und verbesondernder Stigmatisierung. neue praxis, 49(6), 491–509. Es stellt eine leicht modifizierte Form der Erstveröffentlichung dar.

Wohneinheiten verteilt. Der Königsteiner Schlüssel berechnet auf Basis der Einwohner*innen und Steuereinnahmen eines Bundeslandes, wie viele geflüchtete Menschen es aufnehmen muss. Die pädagogische Unterstützung begleiteter Minderjähriger und junger Geflüchteter ab dem 18. Lebensalter ist je nach Bundesland und Kommune unterschiedlich lose bis intensiv. Leistungen der Kinder- und Jugendhilfe werden den jungen Menschen nicht immer zu Teil. Pädagogische Fachkräfte sind an differenten Schaltstellen in die Arbeit mit jungen Geflüchteten involviert.

Gegenstand dieses Kapitels sind dreizehn offene Leitfadeninterviews mit Fachkräften aus Clearingstellen, Folgeeinrichtungen, Gemeinschaftsunterkünften sowie der Asyl- und Verfahrensberatung. Es wird rekonstruiert, welche Sichtweise sie auf die junge Adressat*innengruppe einnehmen, wie sie ihren pädagogischen Auftrag verstehen und die pädagogische Beziehung zu den jungen Geflüchteten ausrichten. Die gewonnenen Erkenntnisse werden unter Hinzunahme von Theorien zu professionellem Handeln verdichtet und münden in eine Typologie der fünf Beziehungsmuster (1) anwaltschaftliche, (2) freundschaftliche, (3) ambivalente, (4) realitätsvermittelnde und (5) verbesondernde Beziehung.

Das Kapitel gibt zunächst Einblick in den Forschungsstand zu Fluchtmigration in Deutschland und weist das pädagogische Handeln unter Bedingungen von Flucht und Asyl als bisher nur unzureichend exploriertes Forschungsfeld aus. Dann werden Theorien professionellen Handelns in pädagogischen Arbeitsfeldern vorgestellt. Dem schließt sich eine Erläuterung zum methodischen Vorgehen der empirischen Studie an, bevor die zentralen Ergebnisse präsentiert werden. Das Kapitel schließt mit einer Bündelung der Kernergebnisse und einem Ausblick.

4.5.2.1 Thematische Felder der Fluchtmigrationsforschung in Deutschland

Kleist (2018) hat zwischen den Jahren 2011 und 2016 Daten zu 511 Forschungsprojekten im Themenfeld „Flucht" hinsichtlich ihrer inhaltlichen Schwerpunktsetzung analysiert. Er kommt zu dem Schluss, dass sich 52 Prozent der Projekte der „Aufnahme und Integration", 23 Prozent der „Flüchtlingspolitik" und neun Prozent der „Gewaltmigration" widmen. Für die Erziehungswissenschaft zeigt sich ein Anstieg der Fluchtmigrationsforschung ab dem Jahr 2013. Sie hat in den vergangenen Jahren zahlreiche Untersuchungen, vor allem zur Gruppe der unbegleiteten Minderjährigen vorgelegt (Lechner, Huber, 2017, 12). Empirische Studien zeichnen die Wege geflüchteter Minderjähriger in der Kinder- und Jugendhilfe nach (Stauf, 2012), Belastungen, die sich aus der Trennung von Eltern und weiteren Bezugspersonen ergeben, aber auch ihre Handlungsfähigkeiten (Geiger, 2016) wie eine hohe Bildungsaspiration oder die Organisation von Flucht und sozialen Beziehungen mithilfe neuer Medien (Kutscher, Kreß, 2016). Auch das Desiderat an Untersuchungen zu begleiteten Minderjährigen wird langsam aufgebrochen. So nehmen Studien zu, die ihren Blick auf institutionelle Settings jenseits der Kinder- und Jugendhilfe richten und Handlungsrestriktionen und -möglichkeiten von jungen Menschen in Geflüchtetenunterkünften (Wihstutz, 2019), die Regularien zur Aufnahme geflüchteter Studierender an Hochschulen (Schammann, Younso, 2017) oder Perspektiven begleiteter Kinder auf ihr Lebensumfeld mit kindzentrierten Methoden rekonstruieren (Gerarts, Andresen, 2019). Diskursanalytische Arbeiten befassen sich mit der gesellschaftlichen Wahrnehmung geflüchteter Menschen (Lindner, 2019) und ihrer medialen Repräsentation (Akpınar, Wagner, 2019). Sekundäranalysen und programmatische Überlegungen zeigen Veränderungen und Kontinuitäten in pädagogischen Konzepten auf (Saalfrank, 2018), etwa im Kontext von Traumatisierung (Weeber, Gögercin, 2014) oder geschlechtersensibler Sozialer Arbeit (Neuhauser et al., 2016).

Wenngleich der skizzierte Forschungsstand eine Ausdifferenzierung wissenschaftlicher Studien zu „Flucht" verdeutlicht, existieren nach wie vor Leerstellen. Im deutschsprachigen Raum[59] liegen bisher nur vereinzelt Untersuchungen dazu vor, wie Pädagog*innen ihr Handeln im Fluchtkontext ausrichten. Zentrale Erkenntnisse liefert Wienforth (2019) in seiner Analyse der Orientierungsrahmen von vier Sozialarbeiterinnen in der Jugendhilfe. Er rekonstruiert den Typus der begrenzten und den Typus der unbegrenzten Arbeitsbeziehung. Im ersten Fall wird eine „rollenförmige Arbeitsbeziehung" (ebd., 300) eingegangen, im zweiten Fall orientiert sich die Fachkraft an „familial-freundschaftlichen Beziehungsidealen" (ebd.). Lochner und Bastian (2018) halten auf Basis ethnografischer Beobachtungen in der Asylverfahrensberatung fest, wie Sozialarbeiter*innen „die Klient*innen förmlich ‚auf Linie bringen'" (ebd., 291) und auf die Anhörung beim Bundesamt für Migration und Flucht vorbereiten. Einerseits reproduziert das Training die machtvolle Praxis der Anhörung, andererseits will es Teilhabemöglichkeiten für die Betreffenden schaffen. Muy (2018) rekonstruiert das pädagogische Handeln in Sammelunterkünften und stellt heraus, dass sich Fachkräfte mit staatlichen Aufträgen konfrontiert sehen, die ihrem menschenrechtlichen Mandat zuwiderlaufen, wie beispielsweise eine Ausreise geflüchteter Menschen zu forcieren. Das Kapitel knüpft an diese Arbeiten an. Es wird danach gefragt, wie pädagogische Fachkräfte ihren professionellen Auftrag und die pädagogische Beziehung zu jungen Geflüchteten verstehen.

---

59 Im internationalen Kontext ist das Handeln von Sozialarbeitenden unter Bedingungen von Flucht und Asyl bereits seit Längerem in das Interesse einer Social Work Research gerückt, etwa in Großbritannien oder Kanada (z. B. Kohli, Mather, 2003; Robinson, Masocha, 2017; Drolet et al., 2018). Die Spezifität der jeweiligen nationalstaatlichen Rahmenbedingungen macht einen analogen Forschungsstrang auch in Deutschland notwendig.

4.5.2.2 Professionalität in Spannungsfeldern. Theoretische Perspektiven

Pädagogisches Handeln ist „kontextabhängig, institutionell und situativ" (Heiner, 2012, 611). Je nach räumlicher Umgebung, zeitlicher Dauer, Zieldimension, Handlungsfeld und Habitus der Professionellen gestaltet es sich unterschiedlich aus und muss in seiner Relationalität gefasst werden (Köngeter, 2009a). Es ist von grundlegenden Paradoxien durchzogen wie der Notwendigkeit, Nähe und Distanz im Umgang mit Adressat*innen auszubalancieren oder Unterstützung zur Autonomie zu leisten, diese aber durch zu viel Unterstützung nicht zu untergraben (Schütze, 1992). Die Qualität pädagogischen Handelns ist dabei „eng an das Gelingen der professionellen Beziehungsgestaltung gebunden" (Gahleitner, 2017, 2). Becker-Lenz (2005) differenziert zwischen einem pädagogischen Arbeitsbündnis und einer Arbeitsbeziehung. Ein Arbeitsbündnis meint eine Beziehung, in der „Kontrolle mit der Hilfe gleichwertig verschränkt [ist]" (ebd., 87). Dort, wo Kontrolle die Hilfe dominiere, könne nicht von einem Bündnis gesprochen werden, „weil die Kontrolllogik der Hilfelogik zuwiderläuft bzw. mit der Kontrolllogik keine Notwendigkeit für ein Arbeitsbündnis gegeben ist" (ebd.). Das Konzept des Arbeitsbündnisses hat seinen Ursprung in der Psychotherapie und verdeutlicht, „dass der Erfolg professionellen Handelns […] eine gelingende, beiderseitig gewollte Kooperation voraus[setzt]" (Müller, 2011, 1). Oevermann (1996) hat die Idee des Arbeitsbündnisses in die Pädagogik übertragen. Professionen sind in seinem Verständnis Produkt sozialer Problemlagen. Sie unterstützen Akteur*innen in der Bewältigung von Krisen auf Basis professionellen Wissens im Rahmen eines Bündnisses. Das Bündnis ist vom Zusammenspiel von Fachkraft und Adressat*in abhängig. Es könne nur unter dem Primat der Freiwilligkeit gelingen und werde durch die institutionelle Rahmung pädagogischen Handelns strukturell blockiert. Köngeter (2009b, 177) hält entgegen, dass Soziale Arbeit selbst unter schwierigen Bedingungen und in Handlungsfeldern mit Kontrollaufgaben Arbeitsbündnisse entwickeln könne, „in denen Autonomie gewahrt und Handlungsfähigkeit wiederhergestellt werden kann" (ebd.). Dies setzt auf Seite der Professionellen eine reflexive Kompetenz voraus, den Handlungsdruck der Praxis, ihr Fachwissen und ihren professionellen Auftrag miteinander in Einklang zu bringen. Die Herstellung einer „solidarische[n] Praxis und Bündnisfähigkeit" (Hafeneger, 2007, 18) ist angesichts von Ökonomisierung, Rationalisierung, zunehmender sozialer Ungleichheiten und eines aktivierenden Sozialstaats, der fördert, fordert und sanktioniert (Opielka, 2003), schwierig geworden. Wissen darüber, wie sich professionelles Handeln unter diesen Bedingungen vollzieht sowie seine „handlungstheoretische Fundierung" (Preis, 2013, 177), sind ein noch weiter aufzubrechendes Forschungsfeld. Dewe (2009, 52) fordert deswegen, „die empirisch beobachtbaren Formen von Professionalität und das damit einhergehende Professionswissen" (ebd., 54) zu erfassen. Köngeter (2009b, 176–177) und Wienforth (2019, 296) betonen, neben einem professionellen Habitus sowie professionellen Handlungsweisen (auch) auf Arbeitsbündnisse als Ort der pädagogischen Tätigkeit zu fokussieren.

4.5.2.3 Methodisches Vorgehen

Die Analyse schließt an die theoretischen Überlegungen und aufgezeigten Forschungslücken an. Sie basiert auf dreizehn offenen Leitfadeninterviews (Przyborski, Wohlrab-Sahr, 2010, 138–145), die im Frühjahr 2016 mit pädagogischen Fachkräften in der Fluchtmigrationsarbeit durchgeführt wurden. Die Fachkräfte sind mit jungen Geflüchteten in Clearingstellen (6 Befragte), pädagogischen Folgeeinrichtungen (5 Befragte), Gemeinschaftsunterkünften (1 Befragte) sowie in der Asylverfahrens- und Sozialberatung (1 Befragte) in Kontakt (Tabelle 2).

Zwölf von ihnen ordnen sich dem weiblichen, eine Person dem männlichen Geschlecht zu. Keine Person verortet sich als divers. Die Befragten sind zwischen 24 und 61 Jahren alt. Neun von ihnen haben einen Studienabschluss in Pädagogik, Sozialpädagogik oder Sozialarbeit erworben. Zwei Personen verfügen über eine Ausbildung als Erzieherin bzw. Heilerziehungspflegerin. Eine befragte Fachkraft hat ein Studium der Grundschulpädagogik absolviert und studiert gegenwärtig Sozialpädagogik an der Universität. Eine Fachkraft ist studierte Ethnologin und Linguistin und erwirbt pädagogische Kompetenzen in berufsbegleitenden Weiterbildungen. Die Fachkraft beschreibt ihr Handlungsfeld als ein vorwiegend pädagogisches, weshalb sie in das Sample aufgenommen wurde[60]. Die Interviews wurden nach der objektiven Hermeneutik analysiert (Oevermann, 2002). Für die objektive Hermeneutik ist ein sequenzielles Vorgehen und die wortwörtliche Interpretation des Materials konstitutiv. Am immanenten Textgehalt werden zunächst unter Ausklammerung des äußeren Kontexts vielfältige Lesarten entwickelt, wovon sich eine Lesart durch Überprüfung am weiteren Text verdichtet und als zentral herausstellt. Ergebnis der Analyse ist die rekonstruierte Fallstruktur. Für das vorliegende Kapitel wurden die Fallstrukturen der Interviews in einem weiterführenden Schritt miteinander verglichen und unter Analyse minimaler und maximaler Kontraste zu Typen verdichtet (Kelle, Kluge, 2010). Die Konstruktion von Typen abstrahiert von den jeweiligen Fallstrukturen und setzt die Strukturmerkmale der Fälle in Bezug zueinander. Die Typologie basiert auf den Vergleichsdimensionen „Perspektive auf die jungen Adressat*innen", „Rollenverständnis", „Beziehungsgestaltung", „Nähe-Distanz-Regulierung" so-

---

60 Die Fachkräfte weisen im Interviewmaterial an zahlreichen Stellen daraufhin, dass in genuin pädagogischen Handlungsfeldern ab dem Sommer 2015 zunehmend mehr pädagogisch nicht ausgebildete Personen mit pädagogischen Aufgaben betraut wurden. Insofern pädagogische Tätigkeitsfelder im Fluchtkontext nicht ausschließlich von Pädagog*innen eingenommen werden, erscheint die Aufnahme der Fachkraft interessant zur Komplettierung des Samples.

Tabelle 2: Sample (eigene Darstellung)

	Ge-schl.	Alter	Qualifikation	Position	Idealtyp
1	W	24	Studium Sozialpädagogik (B. A.)	Fachkraft in Clearingstelle	1 anwaltschaftliche Beziehung
2	M	k. A. (> 40)	Studium Sozialpädagogik und Sozialarbeit (Dipl.), Volkswirtschaft, Psychologie	Abteilungsleiter zweier Clearingstellen	4 realitätsvermittelnde Beziehung
3	W	25	Studium Grundschullehramt, laufendes Sozialpädagogikstudium (M. A.)	Fachkraft in Clearingstelle	2 freundschaftliche Beziehung
4	W	32	Ausbildung zur Erzieherin	Fachkraft in Clearingstelle	4 realitätsvermittelnde Beziehung
5	W	45	Studium der Psychologie (Dipl.)	Fachkraft in Folgeeinrichtung (Wohngruppe für unbegleitete Minderjährige)	3 ambivalente Beziehung
6	W	31	Studium Sozialpädagogik (B. A.), laufendes Studium der Sonderpädagogik (M. A.)	Fachkraft in Clearingstelle	1 anwaltschaftliche Beziehung
7	W	27	Studium der Pädagogik (B. A.)	Fachkraft in Clearingstelle	2 freundschaftliche Beziehung
8	W	27	Studium der Pädagogik (B. A.)	Fachkraft in Folgeeinrichtung (Wohngruppe für unbegleitete Minderjährige und nicht-geflüchtete Kinder und Jugendliche)	5 verbesondernde Beziehung
9	W	60	Studium der Sozialpädagogik (Dipl.)	Leitung in Folgeeinrichtung (Wohngruppe für unbegleitete Minderjährige und nicht-geflüchtete Kinder und Jugendliche)	5 verbesondernde Beziehung
10	W	54	Studium der Pädagogik (Dipl.)	Fachkraft in Folgeeinrichtung (Jugendwohnen für unbegleitete Minderjährige und nicht-geflüchtete Jugendliche)	3 ambivalente Beziehung
11	W	61	Studium der Naturwissenschaften mit Nebenfach Pädagogik, Zweitstudium der Sozialarbeit	Leitung der psychosozialen Betreuung in 13 Gemeinschaftsunterkünften	1 anwaltschaftliche Beziehung
12	W	46	Ausbildung zur Heilerziehungspflegerin	Fachkraft in Folgeeinrichtung (Wohngruppe für unbegleitete Minderjährige und nicht-geflüchtete Kinder und Jugendliche)	1 anwaltschaftliche Beziehung
13	W	25	Studium der Ethnologie und Linguistik	Fachkraft in der Asylverfahrens- und Sozialberatung	1 anwaltschaftliche Beziehung

wie „Austausch im Team und Vernetzung". Die Vergleichsdimensionen wurden aus dem empirischen Material hergeleitet.

4.5.2.4 Ergebnisse

Das Ergebniskapitel präsentiert die Strukturmerkmale der pädagogischen Beziehungen, welche die Fachkräfte mit den jungen Geflüchteten eingehen. Für jeden Typ werden die Vergleichsdimensionen differenziert und zueinander in Bezug gesetzt (Tabelle 3).

Tabelle 3: Typologie der pädagogischen Beziehungsgestaltung von Fachkräften in der Fluchtmigrationsarbeit (eigene Darstellung)

	I Anwaltschaftliche Beziehung	II Freundschaftliche Beziehung	III Ambivalente Beziehung	IV Realitätsvermittelnde Beziehung	V Verbesondernde Beziehung
Perspektive auf Adressat*innen	Subjekte mit Rechten	Vulnerable Subjekte	Ausgeschlossene Subjekte	Subjekte mit überhöhten Vorstellungen	Unvollständige Subjekte
Rollenverständnis	Teilhabe durch Hilfe zur Selbsthilfe und Advocacy Work	Individuell in allen Belangen unterstützen	Teilhabe mit beruflichen und privaten Mitteln für alle geflüchteten Menschen erreichen	Realistische Angebote fallorientiert umsetzen	Kulturelle Umprogrammierung und Assimilation anleiten
Beziehungsgestaltung	Anwaltschaftlich	Freundschaftlich	Allzuständig	Sachlich	Hierarchisch-distanziert
Nähe-Distanz-Regulierung	Mehr Nähe, weniger Distanz	Nähe ohne Distanz	Mehr Nähe, weniger Distanz	Mehr Distanz, weniger Nähe	Distanz ohne Nähe
Austausch im Team und Kooperationen	Hoch	Niedrig	Hoch	Hoch	Niedrig

4.5.2.4.1 Die anwaltschaftliche Beziehung: „wir vertreten die Jugendlichen"

Pädagogische Fachkräfte dieses Typus betrachten junge Geflüchtete als Akteur*innen mit Rechten. Sie nehmen sie als handlungsfähige Jugendliche mit vielfältigen Ressourcen wahr, die sich durch die Flucht in einer herausfordernden Lebenslage befinden: „[wir gehen] mit ihnen einfach [um] wie [mit] jungen Menschen, die jetzt mit uns zusammenleben, die wir unterstützen, aber die auch selbst ganz viel alleine hinbekommen. [...] Im Prinzip haben sie Schwierigkeiten, die sie aufgrund der Flucht mitbringen" (I6, 245-279[61]). Die Belastungen deuten die Fachkräfte als Konsequenz der Fluchterfahrung und einer strukturellen Benachteiligung im Vergleich zu nicht-geflüchteten deutschen Jugendlichen. Sie kritisieren, dass Standards der Kinder- und Jugendhilfe wie ein Wunsch- und Wahlrecht in Bezug auf die Form der Unterbringung im Umgang mit der Adressat*innengruppe nicht immer Gültigkeit haben: „aufgrund von Überbelastung wird das dann alles ein bisschen aufgeweicht [...] gerade dieses Wunsch- und Wahlrecht; wenn man [...] einen Platz gefunden hat, dass man den Jugendlichen dann jetzt in eine Einrichtung vermitteln kann, wird halt eben der Rechte die die Jugendlichen eigentlich haben so aufgeweicht und das finde ich sehr schwierig" (I1, 1227-1233). Die Fachkräfte des anwaltschaftlichen Beziehungstyps setzen sich für eine Umsetzung der Rechte geflüchteter Jugendlicher ein, wenn sie davon Notiz nehmen, dass diese beschnitten werden: „man muss [...] mehr darauf pochen die unbegleiteten Minderjährigen [...] in der Jugendhilfe [...] den deutschen Jugendlichen gleichzustellen" (I1, 1200-1202). Ihren pädagogischen Auftrag definieren sie auf mehrerlei Ebene: Sie fühlen sich einerseits der pädagogischen Beziehungsgestaltung mit den Adressat*innen verpflichtet; andererseits ist ihr Arbeitsalltag durch eine intensive Vernetzung mit Instanzen wie dem Jugendamt, der Ausländerbehörde oder Schule geprägt: „eine Mischung aus [...] sozialarbeiterischen Tätigkeiten [...] und ähm ein Netzwerk aufbauen für die jungen Menschen und gucken, wo gibt es Probleme, wo können wir sie anbinden" (I6, 18-22). Auf politischer Ebene wollen sie strukturelle Missstände sichtbarmachen, eine nachhaltige Verbesserung der Lebenslage junger Geflüchteter erwirken und ihre Bedürfnisse anwaltschaftlich in der Öffentlichkeit vertreten: „ich mache auch Öffentlichkeitsarbeit [...] dass jetzt auch die Flüchtlinge im Positiven darzustellen [...] und [...] Integration und Chancengleichheit anzubieten" (I11, 75-92). Gleichzeitig empowern sie die Jugendlichen, ihre Interessen und Rechte stets selbstbewusst zu artikulieren: „wir versuchen den Jugendlichen immer klar zu machen: du hast das Recht zu sagen [...] wenn es dir überhaupt nicht gefällt [...] auch mit dem [...] zuständigen Jugendamt ruft da selber an [...] du hast das und das Anliegen [...] poche da auch drauf, das geben wir den Jugendlichen [...] mit auf den Weg um ihnen [...] Handlungsfähigkeit wiederzugeben und [...] Entscheidungsgewalt" (I1, 877-886). In der Beziehungsgestaltung wollen die Fachkräfte „Halt" (I1, 180), „Stabilität, Sicherheit, Struktur und Transparenz" (I6, 655) herstellen. Jede*r Einzelne*r ist für sie „wichtig und besonders" (I12, 90-91) und wird „ernst genommen" (I9, 90). Sie hören sich die „Geschichten" (I13, 354) der jungen Menschen an und „machen dann das Beste aus der Situation" (I13, 358). Behutsam kommunizieren sie Möglichkeiten, aber auch Grenzen ihres Handlungsspielraums: „wir kümmern uns um dich [...] wir schauen jetzt, dass

---

61 Die Information in Klammern verweist auf die Interviewnummer und Zeile der zitierten Passage im Transkript.

du vielleicht auch eine Perspektive in Deutschland haben kannst, wir können dir nichts versprechen, aber wir tun alles Nötige damit es für dich auch weiter geht" (I1, 180–184). Den Adressat*innen erklären sie ihre durch Unsicherheit gekennzeichnete Lebenslage und helfen im Umgang mit Ängsten. Übergänge zwischen Clearingstellen und pädagogischen Folgeeinrichtungen werden durch Rituale begleitet und entschärft: „wir versuchen die Umzüge zu organisieren, dass wir die Jugendlichen eben in die Einrichtung bringen eben ein Betreuer sie begleitet […] das finden wir dann ganz schön dass dann so so ein kleines Ritual dann halt auch dadraus gemacht wird" (I1, 850–854). Das Übergangsmanagement unterstützt an der Schnittstelle von „transfers" (I6, 154) der jungen Menschen von einem Ort zum nächsten und will ein Gefühl von Sicherheit in einer unsteten Lebensphase vermitteln. Belastungen und Grenzen des eigenen Handelns reflektieren Fachkräfte des anwaltschaftlichen Typus im Team: „Tag für Tag […] Lagebesprechung" (I11, 272–273). Professionelle Psychohygiene nimmt im Arbeitsalltag einen hohen Stellenwert ein: „unser Team ist schon der Hammer. […] Wie wir uns da stabilisieren" (I6, 667–670). Die Teammitglieder ziehen an einem Strang. Teamarbeit ist Teil der professionellen Identität und führt dazu, dass Schwierigkeiten im beruflichen, nicht im privaten Umfeld bearbeitet werden. Vorgesetzte werden als unterstützend erlebt und sind in engem Austausch mit den Mitarbeitenden: „regelmäßiger Austausch mit der Geschäftsführung bei uns findet einmal die Woche […] statt" (I12, 82–83). Die engmaschige Kooperation im Team wird von einer sich stets weiterentwickelnden Vernetzung mit Ärzt*innen, dem Jugendamt und weiteren sozialen Diensten begleitet: „wir wachsen halt sozusagen an Problemen, die Jugendliche an uns herantragen, weil wir eben dann versuchen uns zu vernetzen" (I1, 1173–1175). Die Anliegen der Jugendlichen werden in den Netzwerken mit Vehemenz vertreten: „dann […] bitte ich dann noch dreimal das doch bitte zu bearbeiten" (I13, 190–191). Ziel der Fachkräfte ist eine Hilfe zur Selbsthilfe, in der Lebenswelt der Adressat*innen überflüssig zu werden und ihnen ein autonomes und selbstbestimmtes Leben in Deutschland möglich zu machen: „wenn der Moment gekommen ist wenn sie sagen: vielen Dank für deine Hilfe […] ich brauch dich nicht mehr, super" (I13, 453–456). Fachkräfte dieses Typus sind altersdurchmischt und weisen eine unterschiedliche Dauer in der Berufsausübung aus.

4.5.2.4.2 Die freundschaftliche Beziehung: „locker und irgendwie eher freundschaftlich"

Fachkräfte mit freundschaftlicher Beziehungsorientierung nehmen junge Geflüchtete als hochgradig vulnerabel und in besonderem Maße auf Unterstützung angewiesene Personengruppe wahr. In ihrem Verständnis unterscheiden sich junge Geflüchtete maßgeblich von nicht-geflüchteten deutschen Kindern und Jugendlichen und erfordern ein besonderes Engagement: „wenn jemand so eine so eine krasse Erfahrung gemacht hat und eben nicht im Flugzeug von Eritrea hierher geflogen ist und dann mehrere Monate gelaufen ist, dass man denjenigen auch anders behandeln muss" (I3, 1073–1075). Die Perspektive ist durch Empathie, Mitleid und große Sorge um das Wohlergehen der Jugendlichen geprägt: „sobald sie irgendwie ne Frage ham oder en Problem haben dass wir für sie da sind [...] en Gespräch unter vier Augen zu führen [...] um ihm dann zu helfen" (I7, 888–892). Die Fachkräfte nehmen einerseits einen umfassenden Unterstützungsbedarf auf Seite der jungen Geflüchteten wahr. Andererseits erleben sie den eigenen Handlungsspielraum als begrenzt: „schwierig die zu unterstützen [...] je nach dem, mit welchem Problem sie ankommen" (I7, 900–901). Ihre Arbeitskontexte sind wenig strukturiert und werden von den Pädagog*innen als „chaotisch" (I3, 80) und „ziemlich improvisiert" (I3, 109) charakterisiert. Routinen sind genauso wie die Arbeitshierarchien mit ihren jeweiligen Verantwortlichkeiten noch im Prozess der Aushandlung befindlich: „dann ham wir gemerkt, dass wir nach und nach noch son paar Strukturen noch festlegen müssen" (I7, 794–795). Auch die Arbeitsaufträge sind den Fachkräfte unklar und bleiben diffus. Entsprechend definieren sie ihre Rolle überwiegend allein und handeln Herausforderungen im Arbeitsalltag mit sich selbst aus: „wir wussten eigentlich auch gar nicht, was wir machen [...] es hat eigentlich jeder so gemacht, wie er sich es dachte, wir hatten nie mal ne Einführung, sondern waren relativ auf uns alleine gestellt" (I3, 109–115). Der Austausch im Team ist zeitlich eng umrissen. Supervision gibt es nicht, würde „aber schon total viel helfen" (I3, 413). Das Team muss sich noch finden: „man muss dazu sagen komplett neues Team" (I7, 772). Hinzu kommt die geringe Arbeitserfahrung: Nur einzelne Mitarbeitende verfügen über Berufserfahrung in der Kinder- und Jugendhilfe und Fluchtmigrationsarbeit. Fachwissen fehlt an zahlreichen Stellen, wodurch sich in Kombination mit fehlendem Austausch eine Überforderung einstellt, zum Beispiel dann, wenn sich „Jugendliche geritzt haben" (I3, 365) oder einen „Heulkrampf bekommen" (I3, 375): „weil ich keine pädagogische Fachkraft bin weil ich hab [...] das erste Staatsexamen Grundschullehramt und mach ja jetzt meinen Master" (I3, 98–100).

Fehlende Qualifikation, fehlende Unterstützung und fehlende Berufserfahrung führen im Zusammenspiel dazu, dass Fachkräfte dieses Typus keinen spezifischen pädagogischen Auftrag definieren können. Sie versuchen primär, „die Jungs son bisschen auf andere Gedanken zu bringen" (I7, 893) und „abzulenken" (I3, 402). Sie „tanzen" (I7, 895) mit den Adressat*innen „Tänze von der Heimat" (I7, 896), hören Musik und surfen im Internet (I3, 952). Die gemeinsame Zeit verbringen sie mit Tätigkeiten, wie sie typisch für Jugendliche und junge Erwachsene sind. Das ähnlich junge Alter von Fachkräften und Adressat*innen begünstigt zusätzlich, dass die Fachkräfte keine professionelle Rolle in der Beziehungsgestaltung einnehmen, sich Freundschaften entwickeln und eine „andere Bindung" (I3, 649) einstellt. Die Beziehungsgestaltung verschiebt sich vom beruflichen in den privaten Bereich. Wünsche der Adressat*innen werden durch persönliches Engagement umzusetzen versucht. Strukturelle Problemlagen sollen durch das Einholen von Ressourcen, etwa im eigenen freundschaftlichen Netzwerk, bearbeitet werden. So berichtet eine Fachkraft aus einer Clearingstelle, einem jungen Geflüchteten privat die Anmeldung in einem Fitnessstudio finanzieren zu wollen, weil die Folgeeinrichtung sich nicht ausreichend für den Jugendlichen einsetzen würde: „dann habe ich mit der mit den Betreuern dort telefoniert hab gemeint, dass der unbedingt in den Sportkurs muss [...] dann hat die mir auch zugesichert dass [...] sie sich drum kümmern [...] jetzt kam auch der Junge letzte Woche zu uns in die Einrichtung [...] hat mich sozusagen angefleht [...] dass er mit ins Fitnessstudio gehen kann" (I3, 719–731). Die junge Frau sammelt in ihrem Freundeskreis Geld, um den Besuch der Sporteinrichtung zu ermöglichen. Eine weitere Fachkraft unterstützt einen jungen Mann, nachdem „er aus der Jugendhilfe rausgeflogen (ist) hat dann kurz auf der Straße gelebt aber wir ham ihm privat geholfen" (I7, 1008–1010). Die Fachkräfte schaffen eine Parallelstruktur zum beruflich-formalisierten Hilfeprozess. Professionelle Zuständigkeiten anderer Fachkräfte werden hierdurch unterlaufen. Der Einsatz auf privater Ebene geht mit einer Ausweitung der Intensität und des zeitlichen Rahmens der Beziehung zu den jungen Geflüchteten einher. Mithilfe neuer Medien sind sie für die jungen Menschen jederzeit erreichbar: „mehrfach die Woche schreibe ich mit viern [...] habe ich meinen WhatsApp Kontakt gegeben" (I3, 774–775). Treffen finden jenseits der sozialen Einrichtung im öffentlichen wie privaten Raum statt. Die Beziehung ist losgelöst aus einem rollenförmig verstandenen Arbeitsbündnis und transformiert sich zu einem freundschaftlich-familialen Beziehungsgefüge mit hoher emotionaler Involviertheit beider Seiten. Die Fachkräfte binden sich an die jungen Geflüchteten, „weil ich die Jungs eher so als Brüder (sehe)" (I3, 781). Auch für die jungen Geflüchteten rückt die Beziehung auf eine Ebene hoher Nähe und geht mit familiären oder partnerschaftlichen Gefühlen für die Fachkräfte einher:

„der schickt jetzt immer Liebesbekundungen" (I3, 934).

Fachkräfte dieses Typus agieren unter wenig strukturierten Rahmenbedingungen, sind jüngeren Alters und verfügen über wenig Berufserfahrung. Auffällig ist, dass sie zusätzlich zu ihrer beruflichen Tätigkeit einem bürgerschaftlichen Engagement in der Fluchtmigrationsarbeit nachgehen. Sie stellen eine hohe Nähe zu den jungen Menschen her. Problemlagen der Adressat*innen werden nicht professionell und nachhaltig angegangen. Stattdessen verstricken die Fachkräfte die jungen Menschen in ein Beziehungsgefüge jenseits des beruflichen Raums. Die Beziehung entfaltet eine Eigendynamik, die von den Fachkräften nur noch schwer gesteuert und begrenzt werden kann und zu neuen Problemen führt: „es ist schon wirklich sehr viel mein äh Freund beschwert sich auch" (I7, 1194).

*4.5.2.4.3 Die ambivalente Beziehung: „ich hab' auf offiziellem Weg nichts erreicht,
aber setze mich trotzdem weiter für sie ein"*

Fachkräfte mit ambivalentem Beziehungsmuster erkennen Wünsche und Persönlichkeit der jungen Geflüchteten an: „das Allerwichtigste ist, die Jugendlichen oder jungen Erwachsenen in ihrer Persönlichkeit ernst zu nehmen" (I10, 1085–1086). Sie wollen genauso wie Fachkräfte des anwaltschaftlichen Beziehungstyps „Vertrauen aufbauen" (I10, 1086–1087), den jungen Menschen Ansprechpartner*in bei Problemen sein und „Empathie" (I5, 46) zum Ausdruck bringen. Hierbei suchen sie keine „Patentlösung" (I10, 417), sondern gehen einzelfallorientiert auf die jungen Menschen ein: „ich mache nicht die gleiche mit alle. [...] Ich probiere zu verstehen, welche Persönlichkeit hat dieser Junge" (I5, 121–122). Sie wollen gesellschaftliche Teilhabe für die jungen Menschen erreichen, sich mit ihrem Einsatz überflüssig machen und die Jugendlichen in ein selbstständiges Leben begleiten (I10, 1098). Die Adressat*innen werden als ausgeschlossene und marginalisierte Subjekte verstanden, die durch bürokratische Strukturen an einem gelingenden Verlauf ihrer Biografie behindert werden: „also das ist eine Bürokratie [...] unglaublich" (I10, 480). Der Typus zeichnet sich durch ein hohes Verantwortungsbewusstsein gegenüber den jungen Menschen aus („ich bin verantwortlich sozusagen", I5, 10). Die Fachkräfte sehen ihren professionellen Auftrag darin, den jungen Menschen mit allen zur Verfügung stehenden Mitteln zu voller Teilhabe in Deutschland zu verhelfen („man muss immer wieder weiter probieren", I10, 537–538). Sie identifizieren sich mit einer gesellschaftskritischen Sozialarbeit („ich identifiziere mich mit diese Sozialarbeit", I5, 21) und solidarisieren sich mit der Adressat*innengruppe. Die Nähe zu den jungen Menschen wird durch eigene biografische Erfahrungen – etwa die Erfahrung von Migration – verstärkt: „ich bin auch Migrantin hier, so ich verstehe die Jungs sehr gut" (I5, 163). Die eigene Positionierung als Migrantin schafft Nähe und es entsteht ein produktiver Zugang zur Adressat*innengruppe („dass se mich da einweihen", I10, 416–417). Gleichsam birgt die Nähe Potenzial, eine professionelle Distanz zu unterlaufen: „gibt's so paar Jungs, sagen, dass ich bin zweite Mutter oder Tante oder so. Ich sage: Nein, das ist meine Arbeit" (I5, 76–77).

Die Fachkräfte vermitteln den jungen Menschen deswegen, keine familiale oder freundschaftliche Rolle einzunehmen. Eine unausgewogene Nähe-Distanz-Relation ergibt sich vielmehr dann, wenn professionelle Netzwerke und Kanäle nicht zum erhofften Ziel führen: „wenn ich's halt auf offiziellem Wege nicht erreicht hab dann trotzdem also dass die einfach merken ich setz mich für sie" (I10, 1090–1092). Das pädagogische Engagement wird in einem solchen Fall unermüdlich jenseits der Arbeitszeit und mithilfe privater Mittel fortgeführt. Eine Fachkraft berichtet etwa von Problemen im Rahmen einer Familienzusammenführung, die sie notfalls individuell lösen wollte. Der im Ausland lebende Bruder eines von ihr betreuten Jugendlichen „hielt sich illegal in der Türkei auf" (I10, 469) und sollte nach Deutschland geholt werden. Hierbei kam es zu Problemen im bürokratischen Prozedere:

„Brüder zusammen zu führen [...] da gibt's überhaupt keine Gesetzesgrundlage [...] hab dann mit der Botschaft telefoniert [...] dann sollt ich irgendwelche Pässe schicken die ja nie die Jugendlichen nie besessen ham [...] irgendwann [...] hat mir einer weitergeholfen von der Botschaft dass es [...] ne Einrichtung gibt [...] in Istanbul; hab ich versucht den halt in diesem Heim also auch für Unbegleitete unterzubringen [...] dann hat der sich aber ner Familie angeschlossen [...] die nach Deutschland flüchten wollen [...] sobald wir wussten dass der in Deutschland ist ham wir natürlich den dann hier her geholt [...] ich war kurz davor selber nach Istanbul zu fliegen" (I10, 473–503).

Grenzen des Engagements artikulieren Fachkräfte dieses Typus nicht. Motor des pädagogischen Handelns ist ein Streben nach sozialer Gerechtigkeit. Ihr Einsatz ist aufopferungsvoll und formiert sich zu einem Automatismus permanenter Unterstützung, zum Beispiel dann, wenn junge Geflüchtete Diskriminierung auf dem Arbeitsamt erfahren und die Fachkräfte sich entschieden positionieren: „mittlerweile bin ich wirklich so drauf getrimmt mitzugehen, einfach um den Leuten dort zu sagen nee und so geht's nich das steht denen zu. Bildungsgutscheine also das Arbeitsamt deren Job es is Leute in Arbeit zu vermitteln (..) die weisen auf gar nix hin [...] ich erleb's dass die wirklich weiterkommen wollen [...] von dieser Bürokratie [...] [wird das] verhindert. [...] dann muss man den Leuten auch helfen [...] und [...] Umwege gehen" (I10, 1215–1241). Die Fachkräfte dieses Typus fühlen sich nicht nur zuständig für die ihnen anvertrauten jungen Menschen, sondern für alle jungen Geflüchteten, denen gegenwärtig eine pädagogische Hilfe verwehrt bleibt. Das pädagogische Handeln erstreckt sich räumlich und zeitlich über den eigenen Arbeitskontext hinaus und generalisiert sich: Jungen Menschen, die keine Leistungen der Kinder- und Jugendhilfe beziehen, helfen die Fachkräfte unentgeltlich und im privaten Kontext. Sie übersetzen Briefe, helfen bei der Erstellung von Bewerbungsunterlagen und sind Tag und Nacht zu erreichen (I5, 35–40). Im Unterschied zum freundschaftlichen Beziehungstypus gehen sie hierbei keine Freundschaftsbeziehungen mit den jungen Geflüchteten ein. Sie wollen die professionelle Arbeitsbeziehung erhalten, entbetten ihr pädagogisches Mandat jedoch in das private Umfeld, wenn Herausforderungen im beruflichen Netzwerk nicht zu lösen sind.

Fachkräfte dieses Typus sind sehr gut vernetzt. Über Jahre hinweg haben sie nachhaltige Kooperationsstrukturen aufgebaut. Für ihre Kooperationspartner*innen sind sie ebenso wie für junge Geflüchtete stets präsent: „wenn irgendetwas is [...] sie können mich jederzeit anrufen" (I10, 751–752). Das hohe anwaltschaftliche Einstehen kennt im Unterschied zum Typus der anwaltschaftlichen Beziehung keine Grenzen. Ein Übergangsmanagement und klare Absprachen der Zuständigkeit mit anderen Instanzen gibt es nicht. Hierdurch kommen die Fachkräfte an die Grenzen der eigenen Belastbarkeit. Arbeit „auch nach 18 Uhr" (I5, 81) ist Normalfall.

4.5.2.4.4 Die realitätsvermittelnde Beziehung: „wir vermitteln Realität, wir sind nicht die Wunscherfüllungsgehilfen"

Fachkräfte mit realitätsvermittelnder Beziehungsorientierung nehmen junge Geflüchtete als Gruppe mit hohen Erwartungen und unrealistischen Zielvorstellungen an ihr Leben in Deutschland wahr: „die Jugendlichen [kommen] mit [...] der Vorstellung, dass sie hier im Grunde direkt arbeiten können und ihre Familie zu Hause ernähren [...] nach der Flucht [...] beginnt im Grunde das Aufeinandertreffen der Vorstellungswelten, die die Jugendlichen sich von ihrer Zukunft gemacht haben mit den Vorstellungswelten wie der deutsche Staat sich das vorstellt" (I2, 176–193). Die Wünsche der jungen Menschen sind in den Augen der Fachkräfte nicht umsetzbar. Professioneller Auftrag ist, realistische Zielvorstellungen zu erarbeiten und „deutsche Lebenswirklichkeit" (I2, 197) zu vermitteln: „wir sind nicht die Wunscherfüllungsgehilfen dessen, was die Menschen sich in ihrer Not von Deutschland erhoffen" (I2, 198–200). Vielmehr gelte es, die Jugendlichen „auf ein Leben in Deutschland vorzubereiten, mit allen Annehmlichkeiten und Schwierigkeiten" (I4, 121–122). Hierbei soll die pädagogische Einrichtung mit ihren Regeln und Strukturen „das Leben in Deutschland im Kleinen ab[bilden]" (I4, 189–190). Die pädagogische Arbeit zeichnet sich durch einen Umgang mit „massiven Enttäuschungen" (I2, 202) aus. Das Spannungsfeld besteht darin, die jungen Menschen „auszubremsen, weil manche Vorstellungen schon sehr überhöht sind" (I4, 335), sie aber nicht gänzlich zu demotivieren. Die jungen Menschen erscheinen als Akteur*innen mit genauen Zielvorstellungen, Plänen und „hoher Motivation" (I4, 330–331): „wie so ein Auto, also die können ziemlich schnell fahren" (I4, 332–333).

Die Fachkräfte wägen Handlungsmöglichkeiten und -grenzen ab. Sie „überlegen [...] immer sehr individuell wie wir den Bedarfslagen der Jugendlichen gerecht werden können und [...] wie man das mit den Realitäten in Deutschland in eine möglichst gute Deckungsgleichheit bringen kann" (I2, 212–215). Ihr Arbeitsfeld nehmen sie aus der Vogelperspektive wahr und sind mit den gesetzlichen Rahmungen genauestens vertraut. Sie haben jahrelange Erfahrung in der Jugendhilfe (I4, 353), im Umgang mit geflüchteten Menschen und agieren mit hoher Selbstsicherheit („das is die dritte Flüchtlingswelle, die ich erlebe [...] daher bring ich da an der Stelle entsprechende Vorerfahrungen mit", I2, 90–97). Möglichkeiten zur Verbesserung der Situation junger Geflüchteter identifiziert dieser Typus primär in der Ausgestaltung organisationaler Rahmen in der eigenen Einrichtung sowie in der Vernetzung mit anderen Fachkräften und Instanzen: „es gibt da auch sehr gute Partner von Seiten des Jugendamts oder Landesjugendamtes, also dort sitzen Fachleute auf deren Fachwissen man zurückgreifen kann" (I2, 105–107). Einer politischen Einflussnahme stehen sie skeptisch gegenüber: „da gibt es halt verschiedene Hürden" (I4, 383). Zwar kritisieren sie genauso wie Fachkräfte des anwaltschaftlichen und ambivalenten Typus eine Schlechterstellung geflüchteter gegenüber nicht-geflüchteter Kinder und Jugendlicher und wünschen sich mehr „Partizipation" (I4, 383), sie schätzen die potenzielle Wirkmacht ihres Handelns aber tendenziell niedriger ein.

Die Bearbeitung von Herausforderungen erfolgt im Team und im Rahmen von Supervision. Eine Distanzierung zu den Belastungen der Tätigkeit kann so eingenommen werden. Fachkräfte dieses Typus sind über 30 Jahre alt und bereits seit längerem in der Kinder- und Jugendhilfe sowie Fluchtmigrationsarbeit beschäftigt.

4.5.2.4.5 Die verbesondernde Beziehung: „wir müssen unseren Edelflüchtling an die Hand nehmen wie ein Kleinkind"

Die Fachkräfte dieses Typus stellen eine verbesondernde Beziehung her. Sie nehmen die Adressat*innengruppe nicht als eigenständige Jugendliche oder junge Erwachsene, sondern wie „Kleinkinder" (I9, 243) und Personen mit unvollständiger Entwicklung wahr: „weil man ihn immer son bissl an die Hand nehmen muss [...] und sagen muss so und so funktioniert's" (I8, 105–107). Sie sprechen jungen Geflüchteten ein Verständnis der Alltagsroutinen in Deutschland in Gänze ab („er hat halt überhaupt keine Vorstellung", I8, 109) und betrachten sie als völlig von ihnen abhängig, unselbstständig und handlungsunfähig („er fängt einfach bei allen Sachen so bei null an", I8, 230–231). Der zugeschriebene Bedarf einer ‚Rund-um-die-Uhr-Betreuung' führt dazu, dass die jungen Menschen als anstrengend erlebt werden: „da muss man immer sich so ran tasten und nachfragen und nachhaken [...] is manchmal anstrengend" (I8, 196–197). Die Infantilisierung ist verzahnt mit einer exotischen Perspektive auf die jungen Menschen. Diese nehmen innerhalb einer heterogenen Wohngruppe bestehend aus geflüchteten und nicht-geflüchteten Kindern und Jugendlichen eine besondere Position ein. Eine Fachkraft berichtet von der gezielten ‚Rekrutierung' eines Jugendlichen. Sie suchte aktiv den Kontakt zum Jugendamt und holte den Jugendlichen mit Fluchterfahrung persönlich aus der Clearingstelle ab: „dann sind wir nach ((Ort der Clearingstelle)) gefahren und haben uns unseren Edelflüchtling (lacht) äh gepflückt vom Bäumchen" (I9, 403–405). Der Jugendliche wird von der Fachkraft nicht als Akteur mit biografischer Geschichte und individuellen Bedürfnissen, sondern als besonders, exotisch und Objekt von Neugierde präsentiert. Er wurde aus ‚der großen Maße geflüchteter Menschen' ausgewählt, die ‚nachwachsen wie die Blätter an einem Baum'. Die Narration erweckt Bilder an koloniale Stereotype der naturnahen ‚Wilden'. Der Typus zeichnet junge Geflüchtete als kulturell andere mit differenten Wertvorstellungen: „es gibt [...] ein Aufeinandertreffen der zwei Kulturen also es is en afghanischer Junge [...] in dem Kontakt von dem afghanischen Jungen auch zu den deutschen Mädchen [...] hat der afghanische Junge was zu lernen"(I9,

103–108). Der „afghanische Junge" wird als Prototyp einer nationalstaatlich definierten Kultur des ‚Afghanischen' und different von nicht-geflüchteten Mädchen aus Deutschland verstanden. Die Verbesonderung verläuft entlang der Dimensionen ‚Kultur' und ‚Geschlecht'. Die antizipierte Andersheit geht für die Fachkräfte einerseits mit einer Faszination, andererseits aber auch mit Abwertung einher. Referenzrahmen des eigenen Handelns sind Wertvorstellungen und Verhaltensweisen, die als typisch und üblich für Deutschland erachtet werden: so sehen sie ihre Aufgabe darin, die Jugendlichen „in unser Leben hineinzuführen" (I9, 231) und sie „in unsere Einrichtung und natürlich auch in unserem Umfeld zu integrieren" (I9, 37–38). Bedingung hierfür ist ein Verändern des ‚kulturellen Programms' geflüchteter junger Menschen. Ihnen wird ein bisheriges Aufwachsen in steter und übertriebener mütterlicher Umsorge unterstellt: „die Jungs oder jungen Männer [...] mit Flüchtlingshintergrund [...] sind ja oft irgendwie in Familien aufgewachsen wo sie auch sehr bemuttert werden [...] die kommen hier mit nem ganz anderen Stand" (I8, 420–424). Angestrebt wird eine Veränderung dieses ‚kulturellen Skripts', sodass die Adressat*innen zum neuen Lebensumfeld in Deutschland ‚passen': „nicht [...] weiter bemuttern [...] sondern [...] versuchen sie [...] selbständig [...] dazu zu bringen, dass sie zum Beispiel kochen" (I8, 432–434). Das Rollenverständnis der Fachkräfte ist durch einen Assimilationsdruck gekennzeichnet, den sie auf junge Geflüchtete ausüben. Entsprechen die jungen Menschen den Erziehungszielen nicht, begegnen die Fachkräfte ihnen mit Ablehnung und artikulieren ihr Unverständnis über den ausgebliebenen Lernprozess: „wir waren einkaufen und dann zeigt er mir seinen vollen Einkaufswagen und meint äh vielleicht dreißig Euro und da hab ich gemeint ja pf kann sein [...] hab eben nicht die ganze Zeit mitgerechnet [...] am Ende hat's eben fünfzig Euro gekostet und dann war er eben sauer auf mich [...] weil ich hätte ja gucken müssen [...] ich mein er is ja eigentlich auch in der Lage" (I8, 215–221). Die Beziehung zeichnet sich durch eine hohe Distanz zu den jungen Menschen aus. Grenzen werden strikt artikuliert. Die berufliche Tätigkeit endet mit der Dienstzeit: „es war eben auch schwierig am Anfang ihm zu erklären wo auch meine Grenzen sind [...] dass ich äh meine Bürozeiten hier habe [...] ich hab [...] mein Arbeitshandy für's Wochenende für Notfälle [...] dann gab's irgend ne Situation dass er mir [...] geschrieben hat [...] kannst du mir en Regenschirm äh bitte besorgen [...] wo ich dann sagen musste [...] es is nicht meine Aufgabe [...] wie son Kleinkind" (I8, 74–94). Fachkräfte dieses Typus sind vor allem im eigenen Team vernetzt. Austausch mit anderen Instanzen findet wenig statt, wird aber als Wunsch formuliert: „ne bessre Vernetzung von den unterschiedlichen Institutionen [...] ich kenn das aus anderen Zusammenhängen Frauenhaus Gewalt gegen Frauen zum Beispiel wo's runde Tische gab" (I9, 553–559). Vernetzungsstrukturen sind noch im Aufbau befindlich, sodass die Deutungen der eigenen beruflichen Tätigkeit im Team bestätigt und von außen nicht irritiert werden. Fachkräfte dieses Typus sind unterschiedlich alt. Zwar verfügen sie über Berufserfahrung in der Kinder- und Jugendhilfe, jedoch ist ihnen die pädagogische Arbeit mit geflüchteten Menschen nicht vertraut.

4.5.2.5 Fazit und Ausblick

Im Zuge dieses Kapitels wurde nach Rollenverständnis und Beziehungsgestaltung pädagogischer Fachkräfte in der Arbeit mit jungen Geflüchteten gefragt und auf Basis von dreizehn offenen Leitfadeninterviews wurden fünf Beziehungstypen rekonstruiert: die anwaltschaftliche, freundschaftliche, ambivalente, realitätsvermittelnde und verbesondernde Beziehung. Die differenten Beziehungstypen verdeutlichen den Einfluss organisationaler Rahmenbedingungen auf die Beziehungsgestaltung der Fachkräfte zu den jungen Menschen. Die alleinige Präsenz pädagogischer Fachkräfte führt nicht unmittelbar zu einer pädagogisch wertvollen Beziehungsarbeit, sondern ist voraussetzungsvoll. Mit Gahleitner (2017) lässt sich auf Basis der hiesigen Analyse fragen, was pädagogische Beziehungsarbeit braucht, wenn sie unterstützend in die Lebenswelt der jungen Menschen hineinwirken will. Beziehungen mit ausbalanciertem Nähe-Distanz-Verhältnis finden sich unter Bedingungen guter Vernetzungs- und Kooperationsstrukturen, spezifischer Arbeitsaufträge und in Teams mit hoher Reflexionsfähigkeit, regelmäßigem Austausch und Raum zur Psychohygiene: Junge Geflüchtete kann professionell unterstützen, wer selbst unterstützende Arbeitsbedingungen erfährt. Die Fähigkeit, professionelle Beziehungen herzustellen, ist dabei weniger abhängig vom Lebensalter der Fachkräfte, sondern von der Möglichkeit des Austauschs mit anderen sowie der pädagogischen Qualifizierung der Teams. Von Arbeitsbündnissen im Sinne von Becker-Lenz (2005) – verstanden als kooperative, professionalisierte und unterstützende Beziehungen – lässt sich im Fall der anwaltschaftlichen und realitätsvermittelnden Beziehungstypen sprechen: Sie stellen einen unterschiedlichen Grad an Nähe zu den jungen Menschen her, schaffen nachhaltige Unterstützungsstrukturen und suchen nach Lösungen zur Verbesserung der organisationalen und, im Fall der anwaltschaftlichen Beziehung, politischen Handlungsbedingungen. Dass pädagogische Fachkräfte selbst unter restriktiven Bedingungen gelingende pädagogische Praxis etablieren, verdeutlicht die Entwicklung eines Übergangsmanagements zur Kompensationen der Belastungen, die für junge Geflüchtete mit den häufigen Einrichtungswechseln entstehen. Fachkräfte mit anwaltschaftlicher Beziehungsorientierung nehmen die jungen Menschen als Subjekte mit Rechten wahr und begleiten sie durch unmittelbare Unterstützung und Advocacy Work auf dem Weg in ein selbstständiges Leben. Fachkräfte mit realitätsvermittelnder Beziehung erarbeiten fallorientierte Angebote mit den jungen Menschen. Dabei loten sie Möglichkeiten und Grenzen ihres Handelns auf Basis ihres hohen fachlichen Wissens und in ihren engmaschigen Netzwerkstrukturen sorgsam aus. Sie definieren ihre Rolle im Unterschied zum ambivalenten Beziehungstyp nicht als allzuständig, sondern ziehen Fachkräfte anderer Instanzen unterstützend hinzu, wenn sie mit ihrem Handlungsspielraum an Grenzen stoßen. Teilhabe herzustellen ist Ziel der anwaltschaftlichen, realitätsvermittelnden und auch ambivalenten Beziehungstypen, jedoch entgrenzt der ambivalente Beziehungstyp dabei auf die private Ebene, wenn Unterstützung in den beruflichen Netzwerken und aufgrund struktureller Missstände zum Erliegen kommt.

Wenig Vernetzung, wenig Erfahrung in der Fluchtmigrationsarbeit und ein defizitäres Bild von jungen Geflüchteten können im Zusammenspiel zu einer verbesondernden Beziehung zu den jungen Menschen führen. Die verbesondernde Beziehung produziert eine hohe Distanz und stigmatisiert die jungen Menschen als vermeintlich unvollständige Subjekte. Sind Mitarbeitende wenig vernetzt, wenig im Austausch mit anderen Instanzen und sind Arbeitsaufträge unklar, ist die Tendenz, die berufliche Rolle zu verlassen und nahe freundschaftliche Beziehungen mit jungen Geflüchteten einzugehen, besonders hoch. So zeigen sich vor allem fachfremde Personen mit der pädagogischen Arbeit überfordert sowie solche, die zwar nicht fachfremd sind, aber wenige Möglichkeiten zur Selbstreflexion haben und innerhalb wenig strukturierter Arbeitsbedingungen mit unklaren Aufträgen agieren. Fehlen den Fachkräften Fachwissen und Reflexionsmöglichkeiten, nehmen sie die jungen Menschen vor allem auf Basis einer hohen Empathie und als belastete und vulnerable Individuen wahr. Strukturelle Macht- und Ungleichheitsverhältnisse, welche bei den jungen Menschen eine Vulnerabilität überhaupt erst erzeugen, sind dabei nicht im Blick.

Für die Fachkräfte ergibt sich ein Unterstützungsbedarf vor allem dann, wenn das pädagogische Handeln aufgrund von Bürokratie und einschränkender Gesetzgebung an seine Grenzen stößt. Supervision und Teamwork sind zentrale Eckpfeiler, die stärkend in die Beziehungsarbeit mit den jungen Menschen hineinwirken. Politische Missstände wie ein gesetzlich vorgeschriebener „transfer" junger Geflüchteter zwischen Clearingeinrichtungen und Folgeeinrichtungen oder Erstaufnahme- und Gemeinschaftsunterkünften erschweren die Beziehungsarbeit und begünstigen eine deprofessionalisierte Beziehung auf der privaten Hinterbühne.

Will Soziale Arbeit einen professionellen Beziehungsaufbau weiter fördern, gilt es, auf strukturelle Problemlagen aufmerksam zu machen, an einer steten Verbesserung der Rahmenbedingungen pädagogischer Beziehungsarbeit zu arbeiten und die eingenommene Perspektive auf die Adressat*innengruppe junger Geflüchteter selbstkritisch zu hinterfragen. Werden junge Menschen als ‚Kleinkinder' stigmatisiert und zu kultureller Assimilation aufgerufen, bleiben ihre sozialisatorischen Erfahrungen, Belastungen und Unterstützungsbedarfe genauso unberücksichtigt wie ihre Fähigkeiten, die es pädagogisch aufzugreifen gilt. Vertrauen kann in einer solchen Beziehung nicht entstehen. Die eingenommene Perspektive ist vielmehr als distanziert-ablehnend zu charakterisieren. Sie zeigt die Notwendigkeit, nicht nur politische Rahmenbedingungen sowie

Standards der Unterbringung, sondern genauso die Orientierungen von Fachkräften aus einer rassismustheoretischen Perspektive zu beleuchten, um eine Diskriminierung junger Menschen in pädagogischen Beziehungen nicht zu (re-)produzieren, sondern zu verhindern. Die Perspektive, welche auf die jungen Menschen eingenommen wird, ist – so zeigen die Ergebnisse – bedeutsam für die Ausgestaltung einer vertrauensvollen und gleichsam professionellen Beziehung. Sie geht einher mit der Befragung der eigenen professionellen Rolle und verweist auf die hohe Relevanz von Fallreflexion, welche die jeweiligen Positioniertheiten von Fachkräften, Adressat*innen, Organisationskulturen und gesellschaftlichen und politischen Diskursen und Rahmungen aufgreift (Melter, 2013, 105–106) – im beruflichen Leben, aber auch als Habitus, den es in Ausbildung und Studium zu vermitteln gilt. Diese Form der Reflexion umschließt eine grundlegende Sensibilisierung für die eigene Positioniertheit in der Beziehung zu und mit den jungen Menschen. Qua Rollenverteilung ist diese durch eine Machtasymmetrie gekennzeichnet (Hierzer, 2017, 165). Die Professionellen sind zentrale Gatekeeper in einer sozialen Infrastruktur, die soziale Teilhabe herstellen, aber prinzipiell auch verwehren kann. Paternalismus und Kulturalisierung der Adressat*innen sind in der rollenförmigen Beziehung als Gefahr bereits angelegt und bedürfen einer steten Aushandlung, um Potenziale für Kooperation und Bündnisfähigkeit immer wieder auf ein Neues herzustellen. Dieses kritische Befragen „beinhaltet macht- und selbstreflexive Betrachtungsperspektiven auf Handlungen, Institutionen, Diskurse und Strukturen" (Linnemann, Mecheril, Nikolenko, 2013, 11) und thematisiert „gesellschaftliche Kräfteverhältnisse" (ebd.), Deutungsmuster und Handlungsweisen im Feld der Sozialen Arbeit.

In diesem Kapitel wurden die Perspektiven pädagogischer Fachkräfte auf junge Geflüchtete sowie ihre Beziehungsgestaltungen auf Basis einer Interviewstudie rekonstruiert. Forschungslücken zeigen sich in der ethnografischen Beobachtung pädagogischer Interaktionen sowie in der systematischen Analyse, wie differente Modi pädagogischer Beziehungen von den jungen Menschen selbst erlebt werden und welche Wirkmacht sie in ihren Lebenswelten entfalten.

4.5.3 Transnationale Elternarbeit. Pädagogische Arbeitsbeziehungen mit abwesenden Eltern geflüchteter Minderjähriger in der stationären Kinder- und Jugendhilfe

Geflüchtete Minderjährige[62] fallen in die rechtliche Zuständigkeit der Kinder- und Jugendhilfe nach dem achten Sozialgesetzbuch, wenn sie Deutschland ohne

---

62 Dieses Unterkapitel wurde erstveröffentlicht als: Schmitt, C. (2021). Transnationale Elternarbeit. Pädagogische Arbeitsbeziehungen mit abwesenden Eltern geflüchteter Minderjähriger in der stationären Kinder- und Jugendhilfe. Zeitschrift für Sozialpädagogik, 19(1), 24–49, DOI:

Eltern[63] oder andere Sorgeberechtigte erreichen. Sie haben Anspruch darauf, von dem örtlichen Jugendamt in Obhut genommen und bei einer geeigneten Person, in einer geeigneten Einrichtung oder sonstigen Wohnform untergebracht zu werden (SGB VIII, §42, Abs. 1). Gemeinsam mit dem Kind oder Jugendlichen exploriert das Jugendamt in einem Erstscreening den Unterstützungsbedarf und weiteren Hilfeverlauf. Im Zuge dieses Prozesses wird der Übergang von der Inobhutnahme zu den Hilfen zur Erziehung (SGB VIII, §27) angeleitet. Die erzieherischen Hilfen (SGB VIII, §§28 ff.) reichen von Beratungsangeboten über eine intensivpädagogische Einzelbetreuung bis hin zu einer stationären Heimunterbringung. In den vergangenen Jahren hat die Anzahl unbegleiteter Minderjähriger in stationären Einrichtungen der Kinder- und Jugendhilfe zugenommen. Waren dort bis zum „langen Sommer der Migration" überwiegend junge Menschen untergebracht, die aufgrund familiärer Problemlagen nicht bei ihren Eltern leben konnten (Kreß, Kutscher, 2019, 70), bringt die Statistik im Jahr 2018 eine Diversifizierung der Anlässe für eine Inobhutnahme von Kindern und Jugendlichen zum Ausdruck (Destatis, 2019). In 24 Prozent der Fälle ist der Anlass eine Überforderung der Eltern oder eines Elternteils, gefolgt von 16 Prozent, in welchen eine Schutzmaßnahme aufgrund einer unbegleiteten Einreise von Kindern und Jugendlichen aus dem Ausland erfolgt. In jeweils acht Prozent der Fälle wiesen Kinder und Jugendliche Anzeichen einer Kindesmisshandlung oder Vernachlässigung auf. Die Zahlen verdeutlichen die Heterogenität des Adressat*innenkreises der stationären Kinder- und Jugendhilfe. Belastende Familienstrukturen sind nicht der einzige Anlass, weshalb junge Menschen in pädagogischen Wohnformen gemeinsam mit Gleichaltrigen zusammenleben. Auch Fälle unbegleiteter Einreise mit anschließender Inobhutnahme und Folgeunterbringung bilden sich in der Statistik ab.

Für unbegleitete Minderjährige wird im Zuge der Inobhutnahme eine Vormundschaft gerichtlich eingesetzt und vom zuständigen Jugendamt bestellt. Hierbei sind eine Amts- und Berufsvormundschaft, die Vormundschaft durch engagierte Einzelpersonen sowie Vereinsvormundschaften zu unterscheiden.

---

https://doi.org/10.3262/ZFSP2101024 Es stellt eine leicht modifizierte Form der Erstveröffentlichung dar.

63 Dem Kapitel liegt ein diversitätssensibles Verständnis von Elternschaft zugrunde. Unter Eltern werden zentrale Bezugspersonen von Kindern in einem Familiennetzwerk verstanden. Eltern können Personen gleicher und unterschiedlicher Geschlechtsidentität, ein, zwei oder mehrere Personen sowie Personen mit vielfältigen Partner*innenschaftsentwürfen sein (etwa Paare, Ko-Elternschaftsbeziehungen, verheiratete Paare). Hiermit soll der Pluralität von Familienkonstellationen Rechnung getragen werden, weswegen das Elternverständnis über die rechtliche Definition von Elternschaft im Kindschaftsrecht hinausreicht. Pluralisierte Familienformen lassen ein enges Verständnis von Elternschaft, wie es zum Beispiel den rechtlichen Regulierungen zum Familiennachzug von geflüchteten Menschen zugrunde liegt, in kritischem Licht erscheinen.

Wenngleich Einzelvormundschaften durch ein enges Betreuungsverhältnis im Unterschied zu Berufsvormünder*innen mit hohem Betreuungsschlüssel von in der Regel 1:50 als erstrebenswert gelten, scheinen sie bisher wenig ausgeschöpft (Fritsche, 2018). In Deutschland leben unbegleitete Minderjährige zunächst in Clearingeinrichtungen und nicht – wie Erwachsene und Familien – in Landeserstaufnahmeeinrichtungen. Hier erfolgt die Clearingphase. Die Hauptzuständigkeit liegt beim Jugendamt. Kontakte zu Familienmitgliedern sollen hergestellt, der Ist-Zustand ermittelt, Wünsche und Perspektiven der jungen Menschen eingeholt sowie der weitere Unterstützungsbedarf ausgelotet werden. Im Anschluss werden die Kinder und Jugendlichen bei einer geeigneten Person, in einer Pflegefamilie, pädagogischen Folgeeinrichtung der Kinder- und Jugendhilfe oder sonstigen Wohnform untergebracht. In manchen Kommunen erfolgen Clearingphase und Folgeunterbringung in derselben Einrichtung (Thomas, Sauer, Zalewski, 2018, 91 ff.). In Deutschland kommt der Zusammenarbeit mit den Eltern während und auch nach der Inobhutnahme qua Gesetz eine tragende Rolle zu. Generell gilt: Familie und Eltern unterliegen einem „besonderen Schutze der staatlichen Ordnung" (GG, Art. 6). Pflege und Erziehung der Kinder gelten als „das natürliche Recht der Eltern und die zuvörderst ihnen obliegende Pflicht. Über ihre Betätigung wacht die staatliche Gemeinschaft" (GG, Art. 6, Abs. 2). Die Jugendhilfe soll „Eltern und andere Erziehungsberechtigte bei der Erziehung beraten und unterstützen" (SGB VIII, § 1, Art. 3, Abs. 2) und „Angebote des erzieherischen Kinder- und Jugendschutzes [unterbreiten]" (SGB VIII, § 14, Art. 1). Inobhutnahmen sollen nur in unvermeidbaren Fällen, nach Ausschöpfung alternativer Hilfen und gründlicher Prüfung des Einzelfalls zu einem Abbruch der Familienbeziehung führen, wenn der weitere Kontakt das Wohl des Kindes beschädigt. Auch nach einer Inobhutnahme sind Pädagog*innen gesetzlich dazu verpflichtet, die Bedeutsamkeit von Eltern und Familie zu berücksichtigen. So hält § 37, Abs. 1 des achten Sozialgesetzbuchs fest, dass bei Hilfen außerhalb der eigenen Familie darauf hingewirkt werden soll, „dass die Pflegeperson oder die in der Einrichtung für die Erziehung verantwortlichen Personen und die Eltern zum Wohl des Kindes oder des Jugendlichen zusammenarbeiten". Zum Wohle des Kindes gehört „in der Regel der Umgang mit beiden Elternteilen" (BGB, § 1626, Art. 3). Für Pädagog*innen geht aus der Gesetzesgrundlage der Arbeitsauftrag der Elternarbeit hervor, um eine von Sorge getragene Beziehung zwischen Kindern und Eltern zu befördern. Eltern sind partnerschaftlich in die pädagogische Arbeitsbeziehung einzubinden und in ihren Kompetenzen zu stärken – dies auch und insbesondere dann, wenn das junge Familienmitglied getrennt von seinen Eltern in einem Heim lebt. Die Unterbringung in der stationären Erziehungshilfe wird in der Regel als vorläufig erachtet und eine Verbesserung der familialen Lebenssituation und Rückkehr der jungen Menschen in die Herkunftsfamilie angestrebt, wenn sie dem Wohl und Wunsch der Beteiligten entspricht. Elternarbeit kommt jedoch nicht nur in den stationären Hilfen, sondern in den zahlreichen

Handlungsfeldern Sozialer Arbeit eine zentrale Rolle zu. In den vergangenen Jahrzehnten ist immer wieder Kritik daran aufgekommen, dass Elternarbeit noch nicht in allen pädagogischen Bereichen ausreichend umgesetzt werde und Anspruch und Wirklichkeit von Elternarbeit eine Diskrepanz aufweisen (z. B. Homfeldt, Schulze-Krüdener, 2007, 10; Schulze-Krüdener, Homfeldt, 2013, 254; Schulze-Krüdener, 2015, 6). Diese Diskrepanz führt unter anderem zu Forderungen nach Mindeststandards von Elternarbeit und nach einer Qualifizierung von Pädagog*innen (Fröhlich-Gildhoff, 2013). Schröder (2012) spricht angesichts einer als unzureichend eingestuften Zusammenarbeit von Schule und Eltern gar von einer „Baustelle Elternarbeit". Neben der Herausforderung, Elternarbeit überhaupt als selbstverständliches Element pädagogischen Arbeitens zu verankern, kommt im Kontext von Flucht die Schwierigkeit hinzu, dass Eltern unbegleiteter Minderjähriger entweder im Herkunftsland verblieben sind oder Kinder und Eltern auf der Flucht voneinander getrennt wurden.[64] Es stellt sich die Frage, wie Pädagog*innen unter den Bedingungen fehlender elterlicher Ko-Präsenz mit ihrem Auftrag umgehen können, Eltern in die Arbeitsbeziehung mit Kindern und Jugendlichen einzubeziehen.

Das vorliegende Kapitel spürt dieser Frage nach. Es basiert auf einer explorativen Interviewstudie zu den Perspektiven, die pädagogische Fachkräfte auf ihre pädagogische Arbeitsbeziehung mit unbegleiteten Minderjährigen einnehmen. Die Studie wurde im Frühjahr 2016 in Folge des „langen Sommers der Migration" (Yurdakul et al., 2018) durchgeführt, um in der Gemengelage der Ereignisse einen Einblick in Erleben und Perspektiven von Pädagog*innen zu erhalten. In den Interviews stellten sich die Umgangsweisen mit den abwesenden Eltern junger Geflüchteter als zentrales Thema heraus, dem in diesem Kapitel nachgegangen werden soll. Zunächst wird ein Einblick in den Forschungsstand zu transnationalen Familien im Kontext von (Flucht-)Migration gegeben. Dem folgen Perspektiven auf Elternarbeit in den stationären Erziehungshilfen. Eine nationalstaatliche Grenzen überschreitende Elternarbeit in transnationalen Familienkonstellationen wird hierbei als bisher kaum bearbeitetes Forschungs- und Praxisfeld sichtbar. An dieser Leerstelle setzt das Kapitel mit der Präsentation ausgewählter Ergebnisse an. Auf Basis von elf offenen Leitfadeninterviews mit pädagogischen Fachkräften aus pädagogischen Clearing- und Folgeeinrichtungen wird rekonstruiert, welche Perspektive sie auf die abwesenden Eltern in der Arbeitsbeziehung mit unbegleiteten Minderjährigen einnehmen. Der Vorstellung des Studiendesigns folgen der Ergebnisteil und eine Verdichtung der Ergebnisse. Mithilfe des kategorialen Vorgehens in der Grounded Theory Methodologie (Strauss, Corbin, 1996) sowie des Prozesses der Typenbildung nach Kelle und Kluge (2010,

---

64 Die Trauer- und Bewältigungsarbeit mit Kindern und Jugendlichen, die ihre Eltern durch Krieg und Flucht verloren haben, braucht eine eigene ausführliche Auseinandersetzung und kann an dieser Stelle nicht vertieft werden.

91 f.) wurden fünf Typen von Elternarbeit rekonstruiert: der (1) Typus der Anerkennung, (2) Typus der Ratlosigkeit, (3) Typus der Ambivalenz, (4) Typus der Vermittlung und (5) Typus der Ablehnung. Charakteristika von Elternarbeit reichen von einer vielfältigen Nutzung digitaler Medien zum Zweck der Familienzusammenführung über die (Neu-)Aushandlung familiärer Rollenbeziehungen über Ländergrenzen hinweg bis hin zu der Vorstellung, Eltern verlören ihre Relevanz, sobald sich ihre Kinder getrennt von ihnen in einem anderen Land aufhalten.

In der Analyse wird deutlich, dass die Eltern in allen pädagogischen Arbeitsbeziehung thematisch sind, aber ihre Position durch die Fachkräfte unterschiedlich bewertet und bearbeitet wird. Ausgehend von diesen Ergebnissen werden Möglichkeiten und Barrieren einer transnationalen Elternarbeit jenseits einer physischen Ko-Präsenz von Eltern diskutiert.

4.5.3.1 Transnationale Familien im Kontext von (Flucht-)Migration

Transnationale Familien sind in den vergangenen zwanzig Jahren zu einem vielfältig bearbeiteten Forschungsgegenstand geworden (Sørensen, Vammen, 2014; Sauer et al., 2018). Formen transnationaler Elternschaft werden unter den Schlagworten „transnational motherhood", „transnational fatherhood" und „transnational parenting" (Hondagneu-Sotelo, Avila, 2016; Melander, Green, 2018) vor allem vor dem Hintergrund von „global care chains" (Hochschild, 2000) diskutiert. Die Migrationsforschung zeigt auf, wie Elternteile zum Zweck einer Arbeitstätigkeit in wohlhabendere Länder migrieren und Elternschaft durch Geldsendungen, virtuelle Kommunikation und Ritualisierung ausfüllen. Ihre Kinder bleiben zurück und sind auf eine Umsorge von Verwandten angewiesen (Parreñas, 2005). Studien zu Fluchtmigrationsprozessen problematisieren die Belastungen für unbegleitete Minderjährige durch die Trennung von Eltern und Verwandten (Gerarts, Andresen, 2018, 169). Das familiale Netzwerk wird nicht selten als fragmentiert, das Familiensystem als vulnerabel beschrieben (De Vries, 2018, 64). Gleichsam halten Studien mit medienwissenschaftlichem Blick fest, dass Familienmitglieder mit Fluchterfahrung durchaus über digitale Medien miteinander verbunden sind, Fotos senden und Neuigkeiten teilen (z. B. Kutscher, Kreß, 2019; Westphal, Motzek-Öz, Aden, 2019, 256). Erstaunlicherweise ist der Umgang pädagogischer Fachkräfte mit physisch getrennten Familien im Fluchtkontext bisher kaum erforscht. Vorliegende Publikationen befassen sich mit ko-präsenten migrierten Eltern, die gemeinsam mit ihrem Kind im Zielland leben. Sie stellen eine diversitätssensible Haltung und Bedeutsamkeit einer inklusiven Öffnung sozialer Dienste in den Fokus (Behrensen, 2016). Auch in der Praxis ist der Umgang mit Eltern mit Flucht- und Migrationserfahrung ein Thema und wird im Zuge von Mentoring-Programmen und Ratgeberformaten verhandelt (siehe z. B. das Eltern-Medienmentoren-Programm des Landesmedienzentrums Baden-Württemberg mit spezifischen Veranstaltungen für Eltern mit Migrationserfahrung, Landesmedienzentrum Baden-Württemberg, o. J.). Die Elternarbeit mit abwesenden Eltern ist bisher eine kaum beachtete Leerstelle (dazu Grasshoff, Homfeldt, 2019), wenngleich Studienergebnisse darauf hinweisen, dass pädagogische Fachkräfte durchaus mit den Eltern unbegleiteter Minderjähriger in ihrer Arbeit konfrontiert sind (Findenig, Buchner, Klinger, 2019; Friedrichs-Liesenkötter, Schmitt, 2017). Wegweisend ist in diesem Zusammenhang eine Studie von Kreß und Kutscher (2019). Die Autorinnen haben in einer einjährigen Pilotphase medienbasierte Elterngespräche pädagogischer Fachkräfte beforscht und konzeptionelle Ideen für die Praxisentwicklung erarbeitet. Gemeinsam mit unbegleiteten Minderjährigen wurde Kontakt zu deren Eltern aufgenommen. Schließlich wurden durch virtuelle Elterngespräche über Videochat, Videotelefonie und Messengerdienste „erzieherische Vorstellungen der Eltern in die Hilfeplanung mit einbezogen" (ebd., 73). Die Autorinnen stellen Potenziale digitaler Medien zur Stärkung elterlicher Teilhabe heraus. Gleichsam verweisen sie auf neue Herausforderungen hinsichtlich der Frage, „welche Entscheidungsgewalt die Eltern haben, obwohl die Personensorge auf einen Vormund übertragen wurde" (ebd., 75), hinsichtlich des Datenschutzes in der Kommunikation über kommerzielle Mediendienste sowie hinsichtlich von Machtasymmetrien in der transnationalisierten Arbeitsbeziehung. Das vorliegende Kapitel hat zum Ziel, die angestoßene Debatte um die Perspektiven pädagogischer Fachkräfte auf die (Un-)Möglichkeiten einer Zusammenarbeit mit Eltern unbegleiteter Minderjähriger weiter zu vertiefen.

4.5.3.2 Elternarbeit. Rechtliche Dimensionen, Herausforderungen, Spannungsfelder

Elternarbeit ist eine pädagogische Querschnittsaufgabe und wird etwa in der stationären Erziehungshilfe, im Kinderschutz, im Krankenhaus oder der Schule diskutiert. In der stationären Erziehungshilfe fokussiert sie auf die Familien junger Menschen, die aufgrund eines elterlichen Unterstützungsbedarfs nicht mit ihren Eltern zusammenleben können (Köngeter, Schulze-Krüdener, 2018). Homfeldt und Schulze-Krüdener (2007, 8) verstehen unter Elternarbeit auf die Eltern von Kindern und Jugendlichen gerichtete pädagogische Bemühungen. Günder (2007, 80) hält eine professionelle Haltung fest, Eltern in ihrem „individuellen So-sein" zu akzeptieren, eine wertschätzende Kommunikation zu pflegen und Formen der Zusammenarbeit grundlegend und kontinuierlich in der pädagogischen Arbeit zu etablieren. Mit Verabschiedung des Kinder- und Jugendhilfegesetzes (KJHG) im Jahr 1990 wurde eine partnerschaftliche Ausrichtung der Elternarbeit als Zielrichtung herausgestellt. Die Hilfen zur Erziehung sind nicht intervenierend, sondern als „Leistungsrecht für die Familien" (Köngeter, Schulze-Krüdener, 2018, 170) konzipiert. Eltern werden als bedeutsame Instanz in der kindlichen Lebenswelt und als Akteur*innen mit Recht auf Unterstützung in ihrer elterlichen Kompetenz anerkannt. Elternarbeit ist in dieser Perspektive ermöglichend angelegt und hat zum Ziel, Eltern auf Basis ihrer Ressourcen und Bedürfnisse zu befähigen, Problemlagen zukünftig allein zu lösen (Funk, 2002, 690). Auch Kinder sind im KJHG als Akteur*innen mit Rechten im Blick und sollen durch die Gesetzgebung in ihrer Entwicklung gestärkt und geschützt werden. Die Fokussierung auf Eltern einerseits und Kinder andererseits kann einen ganzheitlichen Blick auf Familie versperren: „Diese perspektivische Trennung [...] folgt [jedoch] der begründeten Annahme, dass Elterninteressen und Kinderbedürfnisse nicht zwangsläufig ineins gehen" (Bauer, Wiezorek, 2007, 614). Eine Paradoxie von Elternarbeit besteht somit darin, einerseits mit den Eltern partnerschaftlich zusammenzuarbeiten, andererseits aber stets die Bedürfnisse der Kinder und den kindspezifischen Schutzauftrag zu berücksichtigen – was mitunter zu einer Begrenzung der Eltern-Kind-Beziehung führen kann. Auch die Forderung, Eltern und Kinder mehr als bisher als Akteur*innen in einem relationalen Familiengeflecht in den Blick zu nehmen, um familiale Netzwerke und Loyalitäten in der Lebenswelt von Familien nicht zu übersehen (Jurczyk, 2020, 11; Sørensen, Vammen, 2014, 90), kann dieses Spannungsfeld nicht auflösen. Es verlangt nach pädagogischer Reflexion und einer professionstheoretischen Auseinandersetzung mit den Paradoxien des pädagogischen Auftrags (Schütze, 1992). Für pädagogische Fachkräfte besteht die fortwährende Aufgabe darin, eine pädagogische Professionalität im Umgang mit den aufgezeigten Spannungsfeldern zu entwickeln, die eigenen Handlungsweisen fallspezifisch und sensibel auszuloten und befähigende Arbeitsbeziehungen zu gestalten (Gahleitner, 2019). Dieses anspruchsvolle Unterfangen erfährt in der Zusammenarbeit mit Mitgliedern transnationalisierter Familienkonstellationen eine weitere Komplexitätssteigerung: Transnationale Familien zeichnen sich dadurch aus, dass sich Familienmitglieder nicht immer ko-präsent am selben Ort aufhalten. Im Fall unbegleiteter Minderjähriger leben sie verstreut an verschiedenen Orten der Welt, mitunter sind zentrale Familienangehörige verstorben. Fachkräfte sind hierdurch herausgefordert, ihre Arbeitsweisen mit den Bedürfnissen ihrer Adressat*innen weiterzuentwickeln und transnational zu öffnen (Polutta, 2018, 245). Welche Perspektiven Fachkräfte auf die Zusammenarbeit mit den abwesenden Eltern unbegleiteter Minderjähriger einnehmen, ist Gegenstand der folgenden Analyse.

4.5.3.3 Methodische Vorgehensweise

Die Analyse basiert auf elf offenen Leitfadeninterviews (Przyborski, Wohlrab-Sahr, 2010, 138–145) mit pädagogischen Fachkräften[65], die in den stationären Er-

---

65 Die Interviewerhebung ist eingebettet in ein Forschungsprojekt zu Inklusionserleben und sozialen Unterstützungsbeziehungen von jungen Geflüchteten in Deutschland. Es wird von der

ziehungshilfen mit unbegleiteten Minderjährigen in Kontakt sind (siehe Tabelle 4). Zehn von ihnen verorten sich als „weiblich", eine Person als „männlich" und keine Person als „divers". Zum Erhebungszeitpunkt waren die Befragten zwischen 24 und 60 Jahren alt. Neun Befragte verfügen über einen Studienabschluss in Pädagogik, Sozialpädagogik, Grundschulpädagogik oder Sozialarbeit. Zwei Personen haben eine Ausbildung als Erzieherin bzw. Heilerziehungspflegerin abgeschlossen. Die Interviews wurden im Frühjahr 2016 schrittweise erhoben. Zentrales Auswahlkriterium der Interviewten war eine hauptamtliche pädagogische Arbeit mit jungen Geflüchteten. Die Befragten arbeiten mit jungen Geflüchteten in Clearingstellen und pädagogischen Folgeeinrichtungen und weisen eine unterschiedliche Dauer in der Berufsausübung aus. Die Studie hatte zum Ziel, einen explorativen Einblick in die pädagogische Arbeit mit jungen Geflüchteten aus Sicht pädagogischer Fachkräfte zu geben. Das Thema der Elternarbeit stellte sich im Zuge der Erhebung als zentral heraus. Gegenstand der offenen Leitfadeninterviews war ein Gesprächsimpuls, die eigene Arbeitstätigkeit zu beschreiben. Der offene Impuls sollte den Interviewten Raum geben, deutlich machen zu können, was in ihrem Arbeitsalltag für sie bedeutsam ist. Nach Beendigung der Narration durch die Interviewten wurden Nachfragen zum bisher Gesagten formuliert, um Details zu den vorangegangenen Äußerungen einzuholen. Dem folgte ein Nachfrageteil zu den Arbeitsroutinen, Möglichkeiten, aber auch Herausforderungen im Arbeitsalltag. Die Interviews schlossen mit der Frage danach, was sich die Fachkräfte zukünftig für ihr berufliches Agieren im Handlungsfeld wünschen und ob sie weitere Punkte im Interview thematisch machen wollen, die bisher noch nicht angesprochen wurden. Das Material wurde für dieses Kapitel nach dem kategorialen Vorgehen in der Grounded Theory Methodologie (GTM) nach Strauss und Corbin (1996) sowie nach dem Prozess der Typenbildung nach Kelle und Kluge (2010, 91 f.) analysiert (zur Kombination von GTM und Typenbildung siehe auch Lampalzer, 2014 und Hofer, 2018). Die transkribierten Interviews wurden zunächst als Einzelfälle „line-by-line" (Strauss, 2004) untersucht. Im Zuge der Einzelfallanalysen wurden erste Kodes gebildet und mit weiteren Kodes in Verbindung gesetzt. Der Prozess der Datenanalyse

---

Forschungsförderung des Instituts für Erziehungswissenschaft der Johannes Gutenberg-Universität Mainz unterstützt. Im Frühjahr 2016 wurden dreizehn Interviews mit pädagogischen Fachkräften in der Fluchtmigrationsarbeit sowie zehn Interviews mit jungen Geflüchteten erhoben. Gegenstand dieses Kapitels sind die Interviews mit in Clearing- und Folgeeinrichtungen tätigen Fachkräften. Darüber hinaus wurde ein Interview mit einer Fachkraft in der Asylverfahrens- und Sozialberatung und eines mit einer Fachkraft, die in mehreren Geflüchtetenunterkünften für die psychosoziale Betreuung der Menschen zuständig ist, geführt. Die Interviews wurden an anderer Stelle bereits hinsichtlich der auf junge Geflüchtete eingenommenen Perspektiven in der Arbeitsbeziehung analysiert. Hierbei wurden fünf Beziehungstypen rekonstruiert: die anwaltschaftliche, freundschaftliche, realitätsvermittelnde, ambivalente und verbesondernde Beziehung (Schmitt, 2019).

ging sukzessive vom Einzelfall aus hin zu einem permanenten Vergleich zwischen den Fällen. Im Zuge dieses Prozesses schälten sich Vergleichsdimensionen heraus, „mit deren Hilfe Ähnlichkeiten und Unterschiede zwischen den Fällen [...] erfasst und anhand derer die ermittelten Gruppen und Typen charakterisiert werden können" (Kelle, Kluge, 2010, 91). Das Vorgehen lässt sich als „theoretisches sampling innerhalb [der] [...] tatsächlichen Daten" (Strauss, Corbin, 1996, 164) charakterisieren. Die Vergleichsdimensionen, die in der Konfrontation der Fälle erarbeitet wurden, sind: 1) Wahrnehmung der Eltern, 2) Perspektive auf die elterliche Erziehung, 3) Rollenverständnis, 4) Bearbeitung der elterlichen Abwesenheit in der Arbeitsbeziehung mit den jungen Geflüchteten, 5) Handlungsradius und 6) Einsatz digitaler Medien (siehe Tabelle 5). Die Vergleichsdimensionen stellen eine ‚Landkarte' durch alle Fälle hinweg dar. Sie sind in den jeweiligen Fällen different ausgeprägt und ermöglichen vor diesem Hintergrund eine Gruppierung und Abstrahierung der Fälle zu fünf Typen der Elternarbeit: 1) dem Typus der Anerkennung, 2) Ratlosigkeit, 3) Ambivalenz, 4) Vermittlung und 5) Ablehnung.

Die Typen weisen untereinander eine „externe Heterogenität" (Kluge, Kelle, 2010, 91) auf. Sie wurden im Fallvergleich erarbeitet, sind aber von den Einzelfällen zu unterscheiden, wenngleich in jedem Typus mehrere Einzelfälle repräsentiert sind. Diese Fälle sind Vertreter*innen der einzelnen Typen. Sie wurden idealtypisch zum jeweiligen Typus verdichtet (ebd., 105). Die Typenmatrix (siehe Tabelle 5) schärft den Blick für die Heterogenität der eingenommenen Perspektiven auf die Eltern junger Geflüchteter. Die typologisierten Perspektiven sind jedoch nicht als statisch zu verstehen; sie basieren auf einer Momentaufnahme. Hiervon ist methodisch das tatsächlich vollzogene Handeln der Fachkräfte zu unterscheiden. Die Interviewanalyse ermöglichte eine Rekonstruktion der spezifischen Perspektiven der Fachkräfte zu ihrem Arbeitsfeld. Von diesen kann durchaus angenommen werden, dass sie das pädagogische Handeln mitbestimmen, sie müssen aber nicht zwingend und stets handlungspraktisch realisiert werden. Bei Interviewstudien wirkt sich potenziell limitierend aus, dass die Interviewsituation immer auch dadurch geprägt ist, wie die interviewte Person von der interviewenden Person verstanden und wahrgenommen werden will (Lucius-Hoene, 2012, 57–60). Inwiefern sich die von den Fachkräften verbalisierten Perspektiven also tatsächlich in Handlungspraxen übersetzen, bedarf einer weiterführenden Erforschung in ethnografischen Untersuchungen.

Tabelle 4: Sample (eigene Darstellung)

	Geschl.	Alter	Qualifikation	Position	Typ
1	W	24	Studium Sozialpädagogik (B. A.)	Fachkraft in Clearingstelle	1 Anerkennung
2	M	k. A. (> 40)	Studium Sozialpädagogik und Sozialarbeit (Dipl.), Volkswirtschaft, Psychologie	Abteilungsleiter zweier Clearingstellen	4 Vermittlung
3	W	25	Studium Grundschullehramt, laufendes Sozialpädagogikstudium (M. A.)	Fachkraft in Clearingstelle	2 Ratlosigkeit
4	W	32	Ausbildung zur Erzieherin	Fachkraft in Clearingstelle	4 Vermittlung
5	W	45	Studium der Psychologie (Dipl.)	Fachkraft in Folgeeinrichtung (Wohngruppe für unbegleitete Minderjährige)	3 Ambivalenz
6	W	31	Studium Sozialpädagogik (B. A.), laufendes Studium der Sonderpädagogik (M. A.)	Fachkraft in Clearingstelle	1 Anerkennung
7	W	27	Studium der Pädagogik (B. A.)	Fachkraft in Clearingstelle	2 Ratlosigkeit
8	W	27	Studium der Pädagogik (B. A.)	Fachkraft in Folgeeinrichtung (Wohngruppe für unbegleitete Minderjährige und nicht-geflüchtete Kinder und Jugendliche)	5 Ablehnung
9	W	60	Studium der Sozialpädagogik (Dipl.)	Leitung in Folgeeinrichtung (Wohngruppe für unbegleitete Minderjährige und nicht-geflüchtete Kinder und Jugendliche)	5 Ablehnung
10	W	54	Studium der Pädagogik (Dipl.)	Fachkraft in Folgeeinrichtung (Jugendwohnen für unbegleitete Minderjährige und nicht-geflüchtete Jugendliche)	3 Ambivalenz
11	W	46	Ausbildung zur Heilerziehungspflegerin	Fachkraft in Folgeeinrichtung (Wohngruppe für unbegleitete Minderjährige und nicht-geflüchtete Kinder und Jugendliche)	1 Anerkennung

4.5.3.4 Typen der Elternarbeit mit physisch abwesenden Eltern geflüchteter Minderjähriger

Das Ergebniskapitel präsentiert die fünf Typen der Elternarbeit mit physisch abwesenden Eltern. In der Charakterisierung der Typen wird auf die erarbeiteten Vergleichsdimensionen mit ihren jeweiligen Ausprägungen Bezug genommen (siehe Tabelle 5).

Tabelle 5: Typologie der Elternarbeit (eigene Darstellung)

	Typus der Anerkennung	Typus der Ratlosigkeit	Typus der Ambivalenz	Typus der Vermittlung	Typus der Ablehnung
Wahrnehmung der Eltern	Partner*innen	Leerstellen	Sorgende	Unwissende	Gegenspieler*innen
Perspektive auf elterliche Erziehung	Wertschätzend	Unreflektiert	Verständnisvoll	Überhöht	Illusorisch
Rollenverständnis	Stabilisieren	Kompensieren	Erfüllen	Vermitteln	Umorientieren
Bearbeitung elterlicher Abwesenheit	Raum für Belastungen und Familiengeschichten geben, zuhören und trösten	Leerstelle durch freundschaftliche Aktivitäten füllen	Familiale Erwartungen durch eigene Mittel erfüllen	Elterliche Erwartungen und Wünsche der jungen Menschen mit Möglichkeiten in Deutschland vermitteln	Ablösung von Eltern und Assimilation anleiten
Handlungsradius	Transnational	Lokal	Transnational	National	National
Einsatz digitaler Medien	Hoch	Niedrig	Hoch	Hoch	Niedrig

4.5.3.4.1 Typus der Anerkennung

Pädagogische Fachkräfte dieses Typus zeichnen sich durch eine wertschätzende Perspektive auf die elterliche Erziehung aus. Sie beschreiben die elterlichen Beziehungen zu den jungen Geflüchteten mehrheitlich als stabil: „Jugendliche, die eben aus Syrien, Afghanistan, Somalia kommen […] fallen nicht aus ihrem Elternhaus raus sozusagen, weil es instabil ist, sondern weil die Situation im Land instabil ist […] viele kommen aus einem sehr stabilen Elternhaus" (I1: 604–607[66]). Die jungen Menschen werden als „gut erzogen" (I1: 609) und „sehr höflich und

---

[66] Die Information in Klammern verweist auf die Interviewnummer und Zeile der zitierten Passage im Transkript.

respektvoll" (I11: 371–372) charakterisiert. Die Fachkräfte verstehen die Eltern als zentrale Instanz, die den jungen Menschen vor der Flucht Sicherheit und Geborgenheit bot. Nicht das familiäre System, sondern die Sicherheits- und Kriegslage in den Herkunftsländern wird als Problem erachtet: „die kommen nicht hier an, weil sie geschlagen worden sind, sondern weil sie ihr Land verlassen haben wegen dem Krieg" (I11: 165–166). Die Pädagog*innen reagieren auf die fluchtbedingte Trennung der Familien, in dem sie den Jugendlichen einen Raum bieten, von ihrer Familie zu erzählen: „erzählen von ihrer Familie, erzählen von dem Leben" (I6: 710). Sie wollen die Bedeutung der Eltern nicht unterlaufen, sondern aus ihrer professionellen Rolle heraus den Unterstützungsbedarfen der jungen Menschen nachkommen. Sie nehmen Anteil an der familiären Lebenssituation und spenden den jungen Geflüchteten Trost, wenn digitale Medien über das Kriegsgeschehen im Herkunftsland berichten:

> „Du bist direkt immer verbunden mit diesen Jungs, mit dem Krieg. […] Dann kam in den Nachrichten etwas über Afghanistan und ein Anschlag und Tote und in dem Moment hatten die Jungs WhatsApp-Nachrichten und haben binnen Sekunden später dann im Prinzip überprüft, ob noch alle leben zuhause […] das ist ganz nah, das ist direkt da" (I6: 461–466).

Die Fachkräfte stehen den Jugendlichen bei und bitten sie, sie über die Situation der Familienmitglieder zu informieren: „mit einem Jugendlichen habe ich die ganze Zeit verfolgt […] der Onkel ist dann auf das Boot und dann haben wir die ganze Nacht […] gesagt, ich bete mit ihm" (I6: 471–473).

Belastungen und Möglichkeiten werden vor dem Hintergrund des gesamten Familiennetzwerkes reflektiert: „das hat immer eine Folge […] wie es denen psychisch geht, was mit ihren Familien ist […]. Die sind ja alle in Facebook vernetzt" (I6: 475–480). Ihre Rolle definieren die Pädagog*innen als professionelle Schaltstelle in einem transnationalen Beziehungsgefüge. Die elterliche Abwesenheit wird durch ein Auffangen der Jugendlichen und ein gemeinsames Aushalten von Emotionen bearbeitet. In der Arbeitsbeziehung wird hierfür Raum geboten: „dass sie wütend sind, dass sie verzweifelt sind" (I6: 499–500). Das transnationalisierte Verständnis der Berufsrolle konkretisiert sich über die pädagogische Interaktion mit den jungen Menschen hinaus in der unermüdlichen Nutzung von digitalen Medien und Netzwerkpartner*innen, um eine Familienzusammenführung zu erreichen und den Familienverbund wiederherzustellen. Hierfür werden Suchregister der Polizei (I1: 251) genauso involviert wie der internationale Suchdienst „Trace the Face" (https://familylinks.icrc.org) des Deutschen Roten Kreuzes: „ne Internetseite also im Prinzip einfach nur dafür ins Leben gerufen wurde, dass Familienmitglieder sich europaweit finden können" (I1: 255–257). Auf informellen Kanälen wie Facebook begeben sich die Fachkräfte gemeinsam mit den Jugendlichen auf die Suche:

„da ähm sagen wir immer den Jugendlichen, wenn ihr Verwandtschaft [sucht] versuchs doch mal bei Facebook gib mal alle möglichen Namen bei Facebook ein [...] jemanden [...] der vielleicht mit euren Eltern befreundet ist oder weil es eben halt dann auch Eltern gibt eben gerade weil sie ihre Kinder verloren haben auf der Flucht sich dann ein Facebookprofil anlegen" (I1: 296–347).

Wenngleich die Suche nicht immer unmittelbar Ergebnisse zeigt, berichten die Fachkräfte durchaus von Erfolgsfällen und verweisen auf die Wirkmacht ihres Einsatzes:

„wir hatten [...] den glücklichen Fall dass wir [...] einen Jugendlichen mit seiner Familie [...] zusammenführen konnten [...] nach ca. einem Monat hat er sie auf Facebook gefunden über einen Freund der noch [...] in Syrien war [...] und [...] rausfinden konnte, wo die Eltern im Prinzip untergebracht sind [...] und dann haben wir natürlich das Jugendamt also es geschafft, dass wir den Jugendlichen nach [Name der Stadt] bringen konnten" (I1: 233–302).

Kennzeichnend für Fachkräfte dieses Typus ist eine wertschätzende Haltung gegenüber den Eltern und der Sozialisation der Jugendlichen. Sie verstehen sich als unterstützende Schaltstelle in einem transnationalisierten Familiennetzwerk, das fluchtbedingt zerrissen wurde, aber grundlegend in Takt ist. Ihre Aufgabe sehen sie darin, alle Möglichkeiten zur Familienzusammenführung auszuschöpfen und sich überflüssig zu machen. Ihr Einsatz vollzieht sich unter Bedingungen breit gefächerter Netzwerkarbeit. Die Fachkräfte nutzen die Möglichkeiten digitaler Medien gemeinsam mit den Jugendlichen. Ihnen bieten sie einen Raum, um ihre Gefühle, Sorgen und Hoffnungen zum Ausdruck zu bringen.

4.5.3.4.2 Typus der Ratlosigkeit

Zentrales Charakteristikum dieses Typus ist Ratlosigkeit. In der Auseinandersetzung mit den Eltern unbegleiteter Minderjähriger zeigen sich die Fachkräfte überfordert und können keine Wege der Zusammenarbeit erschließen. Sie nehmen die Eltern vor allem als Leerstelle im Lebensalltag der jungen Menschen wahr. Im Unterschied zu den verdichteten Perspektiven im Typus der Anerkennung bleiben familiäre Sozialisation und elterliche Erziehung unreflektiert. Im Fokus steht die gegenwärtige „Situation, dass sie [CS: die jungen Menschen] von [...] ihren Familien getrennt sind" (I3: 745–746). Die Fachkräfte schildern die mit der Trennung einhergehenden Belastungen: „einen Jugendlichen, der [...] wollte zurück zu seiner Familie nach Afghanistan und hat nur geheult [...] aber hat einen auch gar nicht an sich rangelassen" (I3: 368–370). Die Pädagog*innen erleben ihre Handlungsmöglichkeiten in diesem Zusammenhang als begrenzt. Die Begrenzung ergibt sich aus dem Fehlen einer gemeinsamen Sprache, fehlenden Übersetzer*innen, Uneinigkeit im Team und fehlender Unterstützung, wenn sich Fachkräfte für die Herausforderungen ihrer Arbeit nicht ausreichend qualifiziert fühlen:

> „da hab in solchen Situationen gemerkt, dass es eigentlich fast unmöglich ist, wenn man nicht dieselbe Sprache spricht [...] war einfach meisten so okay wir müssen versuchen die Jugendlichen irgendwie ruhig stellen [...] jeder hatte da auch irgendwie eine andere Sicht auf die Dinge gerade so was die Jugendliche betrifft, die sich so stark geritzt haben [...] es gab dann zwei Situationen [...] wo wir dann den Notarzt rufen mussten [...] aber man konnte es da nicht wirklich thematisieren weil [...] einige Mitarbeiter dann gesagt haben: das macht er nur weil er gesehen hat dass der andere Jugendliche der sich geritzt hat dann verlegt wurde [...] ich habs irgendwie schon ernst genommen aber [...] dafür bin ich [...] nicht ausgebildet [...] wie man damit umgeht" (I3: 371–398).

Bei den jungen Menschen identifizieren sie eine Zerrissenheit zwischen zwei Welten: „als ob die so in zwei Welten leben, der eine sagt auch, wenn er Alkohol trinkt, dann denkt er nicht an seine Familie und deswegen müsste er's machen" (I7: 1047–1049). Die erlebte Ohnmacht der jungen Geflüchteten wird zur Ohnmacht der Fachkräfte. Zwar ergreifen sie im nationalstaatlichen Kontext Deutschland Maßnahmen zur Familienzusammenführung (I7: 202–323), stellen „Vermisstenanzeigen" (I3: 697), und holen Informationen über die familiäre Situation ein: „was [wird] zur Familie gesagt [...] die Eltern ob die [...] noch leben [...] was die Eltern [...] arbeiten wie sie [...] die Flucht finanzieren konnten" (I7:402–405). Digitale Medien werden von ihnen dabei aber nicht selbst zur Suche nach Familienangehörigen genutzt. Vielmehr werden die Pädagog*innen dann aktiv, wenn die jungen Menschen eigens initiiert Kontakte in den sozialen Netzwerken aufgespürt haben: „wenn wir jetzt wussten, dass sie Verwandte in Deutschland haben" (I3: 755–756). Den Bedürfnissen der jungen Adressat*innen stehen sie ratlos gegenüber: „[das hat] eigentlich nichts mit Biografiearbeit zu tun" (I3: 764). Sie handeln ohne klaren pädagogischen Auftrag und gestalten die Arbeitsbeziehung situativ: „dass man irgendwie geguckt hat [irgendwie] Mittel zur Verfügung gestellt wurden" (I3: 768–769). Die Pädagog*innen sind mit den Sorgen der Adressat*innen überfordert: „schwirig die zu unterstützen [...] je nach dem, mit welchem Problem sie ankommen" (I7: 899–900). Die Belastungen der jungen Geflüchteten treffen auf belastete Fachkräfte, die in wenig strukturierten Arbeitskontexten agieren. Die problematischen Arbeitsbedingungen werden als „chaotisch" (I3: 80) umschrieben. Austausch- und Reflexionsmöglichkeiten fehlen, sodass eine professionelle Form von Elternarbeit nicht entwickelt werden kann. Stattdessen versuchen die Pädagog*innen, die jungen Menschen im Hier und Jetzt aufzufangen. Sie benennen als Radius ihres professionellen Agierens primär den lokalen Raum und suchen die Abwesenheit familiärer Bezugspersonen durch jugendtypische Aktivitäten zu kompensieren. Sie wollen „die Jungs son bisschen auf andere Gedanken [...] bringen" (I7: 893), ablenken (I3: 402) und tanzen mit den Adressat*innen „Tänze von der Heimat" (I7: 896), hören Musik und surfen im Internet (I3: 952). Unklare Arbeitsbedingungen und die Nähe im Lebensalter von Fachkräften und Adressat*innen führen dazu, dass die Fachkräfte kein ausbalanciertes Nähe-Distanz-Verhältnis aufrechterhalten. Sie reagieren auf Sorgen der Adressat*innen mit einem kompensatorischen Vorgehen und füllen die entstandene Leerstelle durch eine freundschaftliche Beziehung:

> „eher freundschaftlich [...] eigentlich möchte ich auch [...] was mit den Jungs zu tun haben und nicht nur Akten ausfüllen [...] [sie] haben mir Sachen bei Google gezeigt [...] Musik gehört [...] erzählt [...] was sie in ihrem Heimatland gemacht haben" (I3: 940–955).

Fachkräfte des Typus der Ratlosigkeit nehmen die Eltern unbegleiteter Minderjähriger in erster Linie als Abwesende wahr. Ihr Ziel ist eine Familienzusammenführung, in der unmittelbaren Interaktion mit den jungen Menschen erleben sie sich jedoch als hilflos. Sie agieren in wenig unterstützenden Arbeitsbedingungen und bringen zum Ausdruck, ihren Aktionsradius primär lokal auszurichten. Sorgen, wie sie im transnationalen Familiennetzwerk von den jungen Menschen erlebt werden, bleiben unbearbeitet.

4.5.3.4.3 Typus der Ambivalenz

Fachkräfte des Typus der Ambivalenz artikulieren, jungen Geflüchteten und ihren Familien auf Augenhöhe zu begegnen. Der Typus verbindet sich an dieser Stelle mit dem Typus der Anerkennung. Die Fachkräfte äußern sich im Interview verständnisvoll („ich versteh [...] die Mutter", I10: 589) und empathisch: „ist sehr sehr wichtig [...] Empathie [...] ich kann sehr gut mit die Jungs umgehen" (I5: 45–47). Die Wünsche der jungen Geflüchteten, „dass ihre Familie hier her auch kommen" (I5: 40), werden nachempfunden. Die Sorge um die abwesenden Eltern aufzufangen, ist für Fachkräfte des Typus der Ambivalenz zentral: „die Sorgen was zu Hause passiert" (I10: 578). Digitale Medien erachten die Fachkräfte als ambivalent in ihrer Funktion. Sie ermöglichen einerseits den Kontakt der Familienmitglieder; andererseits transportieren sie Informationen über Anschläge und schüren die Angst der jungen Menschen um ihre Angehörigen:

> „dass die über jeden Anschlag in Afghanistan, bevor wir das wissen, wissen [...] die ham da ihre Nachrichten in ihrer Sprache [...] sind ganz genau informiert [...] da nehmen die auch Anteil dran (4) und wenn noch Angehörige dann dort sind" (I10: 579–584).

Das hohe Verständnis, das die Fachkräfte den Familien entgegenbringen, wird durch eigene biografische Erfahrungen verstärkt, sodass eine vertrauensvolle Arbeitsbeziehung erwächst: „Ich bin auch Migrantin hier" (I5: 163). Die Vertrauensbasis führt dazu, dass die Fachkräfte tief in die familialen Strukturen eintauchen und Spannungsfelder in den Familiennetzwerken kennenlernen. Im Umgang mit Eltern und Kindern reproduzieren sich diese Spannungsfelder und führen bei den Fachkräften zu ambivalenten Perspektiven auf das Familiennetzwerk: Einerseits nehmen sie die jungen Menschen als belastet wahr und wollen ihnen möglich machen, sich von den elterlichen Erwartungen zu lösen, etwa dann, wenn die Jugendlichen Geld nach Hause senden und schnell eine Arbeitsstelle antreten wollen: „die stehen unter nem ungeheuren Druck, auch von den Eltern her" (I10: 576). Andererseits können sie die elterlichen Erwartungen vor dem Hintergrund der Stellung der Jugendlichen im Familiennetzwerk nachempfinden und identifizieren die Flucht als familiale Handlungsstrategie:

> „der war zu Hause aufm Gymnasium und dann kommt der hier [...] in die Hauptschule [...] die Eltern [...] sind Analphabeten er is das älteste Kind von sieben [...] die Eltern ham ihn zur Schule geschickt und er is halt so gut gewesen dass die Lehrer gesacht hatten er soll weiter aufs Gymnasium [...] ohne IS hätte der [...] im Irak dann auch en Abitur machen können [...] die ham da oft sehr sehr hohe Erwartungen [...] en Auftrag gekriegt [...] um [...] von Deutschland aus die Familie zu versorgen" (I10: 337–360).

Fachkräfte des Typus der Ambivalenz agieren an der Schnittstelle von Jugendlichen und Eltern und verstehen ihre Rolle als Mittler*innen im Familiensystem. Dabei sind sie selbst nicht in Kontakt mit den Eltern, sondern werden von den jungen Menschen in die familialen Aushandlungsprozesse involviert: „die Eltern rufen bei [...] ihren Kindern an und ich kriegs ja [...] mit ähm wenn die [...] das dann sagen oder wenn ich merke, die ham irgendwie Geldprobleme und ich mal nach[frage]" (I10: 430–433). Die Fachkräfte sehen ihren Auftrag darin, Vorstellungen von Jugendlichen und Eltern stets auf ein Neues auszubalancieren:

> „ich verstehe die Jugendlichen, aber äh ich versuche den trotzdem klar zu machen äh die müssen [...] den Eltern [...] sagen: hör mal zu es gibt kein Geld weil ich keins verdiene [...] aber ich weiß [...] is schwierig, also es is auch für mich schwierig weil ich weiß wie wichtig das denen [...] und äh (4) weils auch keine Patentlösung gibt" (I10: 394–417).

Trotz der herausfordernden Balanceakte äußern die Pädagog*innen, dass es ihnen gelingt, den Jugendlichen Wege aufzuzeigen, welche die Position der jungen Menschen in ihren Familien berücksichtigen und ihnen gleichzeitig ermöglichen, ihre Bildungslaufbahn in Deutschland zu bestreiten: „das Beste was ihr machen könnt is wirklich die Ausbildung, weil wenn ihr dann regelmäßig Verdienst habt dann kann man auch was zurücklegen [...] und das Geld dann an die Eltern überweisen" (I10: 438–442). Kommt es zu keiner Balance, drohen sich die Fachkräfte jedoch in der Verstricktheit der familialen Rollen zu verlieren: „der hatte halt Geld überwiesen und ähm dann hab ich ihm halt von mir was gegeben wo ich gesacht hab: komm lass gut sein stecks ein oder so einfach so weil ich irgendwie ihm einfach nur helfen wollte. Aber das geht natürlich nich bei großen Beträgen" (I10: 418–421). Sie wollen mit allen Mitteln eine Rollenzufriedenheit für alle Familienmitglieder erreichen und bemühen als letztes Mittel private Ressourcen.

Fachkräfte des Typus der Ambivalenz verstehen sich als professionelle Instanz im transnationalisierten Familiennetzwerk. Sie können die Belastungen sowohl der Jugendlichen als auch der Eltern nachvollziehen und suchen nach Lösungswegen, die Interessen aller Involvierten zu berücksichtigen. Hierzu greifen sie auf private Ressourcen zurück, wenn ihre beruflichen Möglichkeiten zum Erliegen kommen. Ihr Handlungsrahmen ist transnational ausgelegt, digitale Medien sind ständiger Begleiter ihrer Arbeit.

4.5.3.4.4 Typus der Vermittlung

Fachkräfte des Typus der Vermittlung wollen die familiäre Situation junger Geflüchteter mit ihrem Ankommen in Deutschland grundlegend klären: „um die drei Monate sind angesetzt, um halt die Situation zu klären mit Jugendamt, Eltern, Jugendlichen selbst, Schule" (I4: 359–360). Sie berichten davon, nach Eltern und Angehörige zu recherchieren und sie nach Möglichkeit zusammenzuführen: „wenn [...] familiäre Beziehungen [...] in dem oder dem Bundesland [bestehen] dann is es zwischen den Landesjugendämtern die da die Koordination haben wirklich sehr gut möglich, dass diese Jugendlichen dann auch nach [Name einer Stadt] oder äh umgekehrt nach [Name einer Stadt] ziehen" (I2: 520–526).

Das Familiennetz der jungen Menschen wird über die Kernfamilie hinaus in seiner potenziellen Weite verstanden. Die Fachkräfte nehmen die Eltern als treibende Kräfte in den Familien mit überhöhten Erwartungen an das Leben ihrer Kinder in Deutschland wahr:

> „von der Vorstellung, dass sie hier im Grunde direkt arbeiten können und ihre Familie zuhause ernähren [...] in nem Modell eines Gastarbeiters [...] dass [...] der Rest der Familie dann nachkommt, dass das im Grunde so ne Art [...] Rettungsbrücke sein soll für die ganze Familie" (I2: 177–183).

Die Familie erscheint im Unterschied zu den Fachkräften als unwissend, was die Lebenssituation im Zielland betrifft. Die Pädagog*innen sehen ihre professionelle Aufgabe daher im Vermitteln der intergenerational transferierten Erwartungen mit den Wünschen der jungen Menschen und den Möglichkeiten in Deutschland: „nach der Flucht [...] beginnt im Grunde das Aufeinandertreffen der Vorstellungswelten, die die Jugendlichen sich von ihrer Zukunft gemacht haben mit den Vorstellungswelten wie der deutsche Staat sich das vorstellt" (I2: 190–193). Professioneller Auftrag ist, realistische Zielvorstellungen zu erarbeiten, womit eine „Trauerarbeit" einhergeht: „im Sinne von Sich-Abtrauern-Müssen, dass die Visionen Wünsche Vorstellungen, die die Menschen sich äh gemacht haben [...] mit den deutschen Realitäten nicht zu leisten sein wird" (I2: 217–219). Die Fachkräfte wollen den jungen Menschen eine realistische Perspektive aufzeigen, die von der Perspektive des Familiennetzwerks abweicht, ohne sie zu entmutigen:

> „zum einen muss man die bremsen, weil manche Vorstellungen schon sehr überhöht sind, aber andererseits ist es auch gut motiviert zu sein. Da so ein Gleichgewicht zu finden, das ist die eine Seite [...]. Die andere Seite ist ähm die Gesetze und die Bürokratie in Deutschland [...] dass man oft auf Widerstände stößt" (I4: 333–340).

Sie verorten ihren Arbeitsauftrag im Spannungsfeld familialer Erwartungen und der Möglichkeiten in Deutschland. Im Unterschied zu Fachkräften des Typus der Ambivalenz ist ihr Anspruch jedoch nicht, eine Balance aller Erwartungen zu erreichen. Vielmehr wollen sie den jungen Menschen eine „Wahlfreiheit [...] zwischen unterschiedlichen äh Entwicklungsmöglichkeiten [aufzeigen] [...] für sich selbst Verantwortung zu übernehmen [...] nicht mehr in äh Familien [...] wo jemand sagt [...] das und das wirst du machen" (I2: 327–331). Die Fachkräfte identifizieren die Eingebundenheit der jungen Menschen in ein familiales Netzwerk, nehmen familiale Erwartungen im Unterschied zu Pädagog*innen des Typus der Ambivalenz aber als weniger richtungsgebend an und wollen Möglichkeiten über die familiär antizipierten Wege hinaus verdeutlichen (I4: 120–122). In der Beziehungsarbeit zeigen sie Verständnis für die familialen Belastungen („Traumasequenzen mit äh Ermordung mit Vergewaltigung mit Bombenattentaten mit ähm mit Folter [...] Erpressung [...] das ham die Jugendlichen dann ähm ja live erlebt. Bombenabwürfe Bunkernächte", I2, Datei 2: 9–16) und agieren mit zurückhaltender Sensibilität:

> „wenn ein Jugendlicher sehr sehr traurig ist [...] dann kann man vorsichtig anfragen, was los ist und oft kommen dann halt [...] die Nachrichten, die sie dann aus der Heimat bekommen [...] dass dann die Familie irgendwo bedroht wird [...] schwerverletzt wurde, Familienangehörige [...] betroffen sind" (I4: 258–264).

Ein besonderes Augenmerk legen die Pädagog*innen darauf zu vernehmen, zu welchen Kolleg*innen die jungen Menschen ein Vertrauensverhältnis aufgebaut haben. Die Diversität im Team fungiert als Ressource:

> „jeder Jugendliche dockt [...] bei jedem Mitarbeiter anders an [...] dass wir im Prinzip ein heterogenes Team haben, wo im Prinzip jeder Jugendliche vielleicht bei dem einen Mitarbeiter sich sicherer, geborgener fühlt sich mitzuteilen" (I4: 265–269).

Gleichsam achten die Fachkräfte darauf, eine Vertrauensbasis nicht zu sehr zu vertiefen: „weil eine psychologische Behandlung oder eine psychiatrische Begleitung wird es erst geben, wenn die irgendwo einen festen Wohnsitz haben […] deswegen versucht man da zu stabilisieren, aber nicht […] die Probleme aufzuarbeiten […] nicht tiefgreifend" (I4: 271–275).

Fachkräfte des Typus der Vermittlung nehmen bei Eltern und unbegleiteten Minderjährigen intergenerational zirkulierende Erwartungen an ein Leben in Deutschland wahr. Im Unterschied zu Fachkräften des Typus der Ambivalenz ist ihr Ziel nicht, allen Familienmitgliedern mit ihren jeweiligen Erwartungen gerecht zu werden, sondern zwischen den Möglichkeiten in Deutschland, elterlichen Vorstellungen und Wünschen der jungen Menschen zu vermitteln.

In der Suche nach Familienangehörigen sprechen die Fachkräfte von einem Handlungsrahmen über Ländergrenzen hinweg. Zukunftsmöglichkeiten für die jungen Geflüchteten werden vor allem vor dem Hintergrund der rechtlichen und bürokratischen Möglichkeiten in Deutschland reflektiert.

4.5.3.4.5 Typus der Ablehnung

Fachkräfte des Typus der Ablehnung äußern sich im Interview in einer Art und Weise, die sich als defizitorientierte Perspektive auf die Eltern unbegleiteter Minderjähriger fassen lässt. Sie nehmen die Eltern als Instanz mit unrealistischen Erwartungen an das Leben der Kinder in Deutschland und als Problem für ihre Arbeit vor Ort wahr:

> „schwierig, ihnen quasi klarzumachen äh dass das Ziel, mit dem sie hier her kommen, nämlich ne gute Ausbildung zu bekommen äh vielleicht irgendwann genügend Geld zu verdienen um die Familie zu Hause […] zu unterstützen […] dass man quasi diesem jungen Menschen […] die Illusion nehmen muss" (I9: 198–210).

Die Fachkräfte konstatieren eine Selbsttäuschung im gesamten Familiensystem und sehen ihren Auftrag darin, den jungen Menschen die „Illusionen" ihrer familialen Handlungsstrategien zu nehmen. Die Jugendlichen erleben sie hierbei als uneinsichtig: „mein Eindruck ist, dass diese jungen Leute äh in der Regel nicht verstehen, warum wir ihnen diese Illusionen nehmen" (I9: 212–213). Die familialen Vorstellungen werden als weltfremd und kindlich abgewertet: „es erinnert mich an ein kleines Kind, das Kosmonaut werden will" (I9: 221–222). Im Unterschied zu Fachkräften des Typus der Vermittlung sehen sie ihren Auftrag nicht in einem Aushandeln von Erwartungen und realistischen Möglichkeiten gemeinsam mit den Jugendlichen; stattdessen wollen sie die familialen Perspektiven durchbrechen, indem die jungen Menschen mit ihren Vorstellungen nicht weiterkommen: „dem [Kind] sag ich auch nicht ständig: Du kannst kein Kosmonaut werden. Sondern ich gestatte ihm eigentlich die Erfahrung zu machen: hoppla da is eine

Grenze [...] da muss ich mir irgendwie einen anderen Weg suchen. [...] die sind [...] in der Entwicklung ihrer Ziele [...] auf dem Stand eines dreijährigen Kindes. [...] Weil sie auf Ideen kommen, die einfach unserer Realität eben nicht entsprechen" (I9: 222-230).

Die Haltung folgt dem Gedanken eines ‚Lernens durch Scheitern'. Neue Perspektiven sollen sich durch das Erleben einer Krise einstellen. Die Jugendlichen werden mit Kleinkindern verglichen und ihr Entwicklungsstand als nicht altersangemessen bewertet. Die Fachkräfte nehmen die Jugendlichen und ihre Familien als different von sich und dem Alltagsleben in Deutschland wahr. Eine Dichotomisierung in ein ‚wir' und ‚die anderen' führt dazu, dass sie ihren Auftrag assimilativ ausrichten und die Jugendlichen in ihre eigenen Normalitätsvorstellungen einpassen wollen. Das Familiensystem erscheint als Problem, die jungen Menschen als Akteur*innen ohne Ressourcen. Hierdurch entsteht ein Bild der Eltern als Gegenspieler*innen der Fachkräfte. Familiensystem und Fachkräfte stehen sich antagonistisch gegenüber. Diese Gegenüberstellung wird von den jungen Menschen durchaus gespürt und thematisiert: „Wir waren zum Beispiel mal in ner Kirche und er hat mir danach erzählt, dass wenn seine Eltern das wüssten würden, dass er ja kein richtiger Muslim mehr wäre oder so ja also irgendwie aber er selbst ist dann immer in so ne Konflikt" (I8: 311-314).

Die Fachkräfte nehmen den Konflikt auf Seite des jungen Menschen zwar wahr. Die Bewältigung kann für sie jedoch nur in eine Richtung gehend erfolgen, indem die Jugendlichen die elterlichen Vorstellungen ablegen:

„die Jungs [...] sind ja oft [...] in Familien aufgewachsen wo sie auch sehr bemuttert werden [...] die kommen hier mit nem ganz anderen Stand [...] wie wir [...] nicht immer dann weiter bemuttern [...] sondern halt auch wirklich versuchen sie [...] selbständig [...] dazu zu bringen dass sie zum Beispiel kochen [...] weil ich seh halt oft irgendwie also auch im Fernsehen oder so dass [...] die Bemutterung [...] weitergeht [...] das is halt en Fehler [...] es is schon wichtig, dass man [...] alleine leben kann" (I8: 420-441).

Die Fachkräfte schreiben den jungen Menschen eine hohe Unselbstständigkeit und zu starke Verankerung im familialen Gefüge zu, welche sie durch die Vorstellung eines selbstständigen Lebens in einem losen Familienverband ersetzen wollen. Diese Zielvorgabe führt bei den Fachkräften zu einer Begrenzung ihrer pädagogischen Sorgepraktiken:

„es is natürlich auch eine Grenze [...] dass er [...] sehr viel erwartet an Unterstützung wo wir manchmal auch sagen [...] dass du respektieren musst, obwohl du geflüchtet bist, obwohl du deine Heimat deine Eltern deine gesamte Existenz verloren hast [...] dass wir auch für die anderen Kinder verantwortlich sind" (I9: 310-316).

Der Arbeitsauftrag ist Integration in die antizipierten ‚Normalitäten' in Deutschland und wird als letztes Element in einem stufenförmigen Prozess gedacht: „der [hatte] bereits das Clearing durchlaufen [...] der Asylantrag war bereits gestellt der war registriert und die Erstaufnahme mit Untersuchung [...] Bestellung eines Vormundes [...] bereits gelaufen. Und äh wir konnten uns dann quasi [...] der Integration des Jugendlichen in den Alltag widmen" (I9: 41–46).

Fachkräfte des Typus der Ablehnung sehen ihren Auftrag darin, Loyalitäten und Rollenverständnisse der Jugendlichen und ihrer Familien zu durchbrechen und eine Assimilation an ihre eigenen Normalitätsvorstellungen durchzusetzen. Die Jugendlichen und ihre Familien erscheinen als Akteur*innen mit naiven Vorstellungen von Deutschland, die Eltern als Gegenspieler*innen der eigenen Arbeit. Der Arbeitsauftrag macht an der nationalstaatlichen Grenze halt. Digitale Medien werden nicht relevant gemacht.

4.5.3.5 Verdichtung der Ergebnisse

Die Charakterisierung der fünf Typen der Anerkennung, Ratlosigkeit, Ambivalenz, Vermittlung und Ablehnung stellt heraus, dass die Eltern geflüchteter Minderjähriger in allen Arbeitsbeziehungen von Relevanz sind. Die Fachkräfte nehmen jedoch unterschiedliche Perspektiven auf die Eltern ein und bringen in den Interviews differente Vorstellungen von Elternarbeit zum Ausdruck. Fachkräfte des Typus der Anerkennung, Ambivalenz und Vermittlung wollen die Perspektiven aller Beteiligten nachvollziehen und biografische Wege gemeinsam mit den Familienmitgliedern explorieren. Sie zeigen eine diversitätssensible Reflexivität für unterschiedliche Familienvorstellungen und -rollen. Hierbei wird als bedeutsam angesehen, eigene Normalitätsvorstellungen von Familie nicht unbedacht als assimilative Zieldimension zu definieren und auf die Adressat*innen zu übertragen. Während der Typus der Anerkennung wertschätzend auf die elterliche Rolle im transnationalen Familiengefüge eingeht und die Eltern als gleichberechtigte Partner*innen im Hilfeprozess versteht, zeigen Fachkräfte des Typus der Ambivalenz ein hohes Verständnis für die Situation der Eltern, sind empathisch und wollen allen Erwartungen im Familiennetzwerk gerecht werden. Auch der Typus der Vermittlung setzt sich mit den elterlichen Perspektiven auseinander und nimmt dabei vor allem die elterlichen Sichtweisen auf Berufs- und Bildungsverlauf der Jugendlichen in Deutschland als überhöht und unrealistisch wahr. Die Eltern sind in den Augen dieses Typus Unwissende, weshalb der eigene Arbeitsauftrag der Vermittlung von Lebenswirklichkeiten in Deutschland und familialen Deutungen zur Situation in Deutschland gilt.

Als herausfordernd zeigt sich vor allem im Typus der Ambivalenz die eigene Verstricktheit in das komplexe transnationale Familiennetzwerk, wenn als Ziel der Arbeit verstanden wird, allen Familienmitgliedern gerecht werden zu wollen. Einerseits stellen Fachkräfte dieses Typus eine produktive Nähe zu den Familienmitgliedern her, sie drohen aber im Strudel aller Erwartungen an die Grenzen ihrer eigenen Belastbarkeit zu stoßen. Fachkräfte des Typus der Ratlosigkeit und der Ablehnung weisen im Unterschied zu den vorangegangenen drei Typen eine größere Distanz zu den Eltern unbegleiteter Minderjähriger auf: Fachkräfte des Typus der Ratlosigkeit nehmen die abwesenden Eltern als Leerstelle wahr, welche sie durch eine freundschaftliche Beziehungsausrichtung zu den Jugendlichen kompensieren wollen; der Typus der Ablehnung versteht die Eltern als Gegenspieler*innen zur assimilativ verstandenen Arbeit mit den jungen Geflüchteten vor Ort. Der Typus der Ablehnung zeigt von allen Typen die größtmögliche Distanz zu den Eltern und eine defizitorientierte Perspektive auf das Familiensystem.

Den Fachkräften des Typus der Anerkennung und der Ambivalenz ist an einem intensiven Kontakt mit den Eltern der Jugendlichen besonders gelegen. Sie sind bestrebt, die Möglichkeiten digitaler Medien für die pädagogische Arbeit auszuschöpfen und ihre Berufsrolle transnational auszurichten. Zum einen erläutern sie, Suchanfragen in internationalen Suchdiensten zu platzieren; zum anderen geben sie an, junge Geflüchtete dazu befähigen zu wollen, digitale Medien selbst aktiv für eigene Recherchen zu nutzen. Die Zuwendung zu digitalen Medien verändert den Arbeitsalltag vor allem dadurch, dass Kriegsgeschehnisse andernorts und Belastungen der anderen Familienmitglieder unmittelbar in die Arbeitsbeziehung vor Ort transportiert werden. Die Analyseergebnisse pointieren, dass die Fachkräfte durch diese neuen Aufgaben ebenso einen Rahmen benötigen, um über ihre Belastungen, Gefühle und Handlungsorientierungen im Umgang mit transnationalen Familien zu sprechen. Prinzipiell zeigt sich, dass sich in dieser Studie vor allem jene Fachkräfte einer transnational ausgerichteten Elternarbeit annehmen, die ihre Arbeitsbedingungen als unterstützend erleben und Raum zum Austausch haben.

4.5.3.6 Diskussion und Ausblick

In diesem Kapitel wurde eine mehrdimensionale Typologie der Elternarbeit mit physisch abwesenden Eltern geflüchteter Minderjähriger vorgestellt. Auf Basis der Ergebnisse werden abschließend Perspektiven und Herausforderungen einer Elternarbeit mit physisch abwesenden Eltern geflüchteter Minderjähriger auf (mindestens) vier Ebenen aufgezeigt: der Ebene eines diversitätssensiblen und rassismuskritischen, professionellen Habitus; der Ebene transnationaler Biografiearbeit; der Ebene von Organisationsentwicklung; und der Ebene des Agenda-Settings. Die Analyseergebnisse verdeutlichen, wie entscheidend eine wertschätzende, diversitätsorientierte Perspektive auf Eltern und Kinder für die Ausrichtung des pädagogischen Auftrags ist. Familienformen sind pluralisiert und können etwa stärker individualistisch oder kollektivistisch ausgeprägt sein (De Vries, 2018). Werden Familiengefüge nicht wahrgenommen oder stigmatisiert, wie im Typus der Ablehnung, drohen die tatsächlichen Bedürfnisse junger

Geflüchteter verdeckt zu bleiben und können bei ihnen zu schwerwiegenden Loyalitätskonflikten zwischen Familienmitgliedern und Pädagog*innen führen (Wieland, 2018, 263). Um dem entgegenzuwirken, bedarf es gesamtgesellschaftlicher rassismuskritischer Bildungsarbeit und einer Thematisierung und Reflexion des Stigmatisierungscharakters assimilativer Integrationsvorstellungen in der Qualifizierung und (Weiter-)Bildung (nicht nur) von Pädagog*innen. Perspektiven, die Arbeit mit Eltern und transnationalen Familien bedürfnisorientiert auszurichten, kann eine transnationale Biografiearbeit liefern, die anerkennend an den Lebenswelten der Betreffenden anknüpft. Transnationale Biografiearbeit versteht sich als Methodenbündel, das junge Geflüchtete und ihre Familienmitglieder bei der Verarbeitung ihrer Erfahrungen im Dreiklang von Vergangenheit, Gegenwart und Zukunft unterstützt. Sie ist zugleich ein Bildungsraum für Fachkräfte und kann zum Verstehen der Familiensituation und einer adressat*innenorientierten Ausrichtung sozialer Unterstützung beitragen (Homfeldt, Schmitt, 2012; Grasshoff, Homfeldt, 2019). Methoden wie ein Lebensbuch, das transnationale Familiengeschichten gezielt aufgreift, oder das Verfassen von Selbstreporten zu Wünschen und Belastungen junger Menschen, sind Elemente transnationaler Biografiearbeit, um das Familiennetzwerk mit den Betreffenden thematisch zu machen, etwaige Spannungsfelder im Familiengefüge zu erkennen und gemeinsam nach Umgangsweisen zu suchen. Wird Elternarbeit in einer solchen Weise als Beziehungsarbeit (Gahleitner, 2019) konzipiert, braucht sie Zeit, Raum, Austausch im Team und unterstützende Rahmenbedingungen, wie beispielsweise Hilfe bei der mehrsprachigen Kommunikation (wie Fachkräfte des Typus der Ratlosigkeit aufzeigen). Pädagog*innen, die mit diesem Auftrag allein gelassen werden, laufen Gefahr, ihre eigenen Belastungen in die Arbeitsbeziehungen mit den jungen Menschen und ihren Eltern zu transferieren. Die Ergebnisse verweisen auf die Relevanz angemessener Arbeitsbedingungen und Organisationskulturen sozialer Einrichtungen. Diese gilt es, mit den Bedürfnissen der Fachkräfte und Familien weiterzuentwickeln und transnational zu öffnen. So zeigen die Ergebnisse, dass eine professionelle Auseinandersetzung mit abwesenden Eltern vor allem dann erfolgt, wenn Fachkräfte ihr Arbeitsumfeld als unterstützend erleben (siehe Typus der Anerkennung). Potenzial liegt hierbei in der Entwicklung eines transnationalen Professionsverständnisses, das über die jeweiligen Arbeitsbeziehungen hinaus in den kollektiven Handlungssystemen sozialer Einrichtungen (Klateztki, 2018, 457) berücksichtigt wird. Dies setzt voraus, dass sich soziale Einrichtungen als lernende Organisationen begreifen, die mit ihren Adressat*innen in Bewegung geraten. Einrichtungen der stationären Kinder- und Jugendhilfe sind jedoch primär nationalstaatlich ausgerichtet. In § 27, SGB VIII, Abs. 2 ist festgehalten, dass sich „Art und Umfang der Hilfe [...] nach dem erzieherischen Bedarf im Einzelfall [richten]; dabei soll das engere soziale Umfeld des Kindes oder des Jugendlichen einbezogen werden. Die Hilfe ist in der Regel im Inland zu erbringen; sie darf nur dann im Ausland erbracht werden, wenn dies nach Maßgabe der Hilfeplanung zur Erreichung des Hilfezieles im Einzelfall erforderlich ist".

Der gesetzliche Rahmen erachtet eine Elternarbeit im Inland zwar bisher als Norm, benennt aber die Option, die Unterstützungsleistung auch Länder übergreifend zu konzipieren. Diese Option zu explorieren, stellt soziale Einrichtungen vor neue Herausforderungen. Auf eine notwendige Weiterentwicklung gesetzlicher Möglichkeitsräume sei an dieser Stelle hingewiesen, denn das Normalitätsverständnis einer unbewegten, lokal ansässigen Familie entspricht den Lebenswelten vieler Familien nicht. Familiennetzwerke sind mehr und mehr pluri-lokal und Länder überschreitend aufgespannt – und dies nicht ausschließlich bei geflüchteten Familien, sondern auch dann, wenn Familienmitglieder in einer anderen Stadt oder Region leben und sich nicht in einem geteilten Nahraum konzentrieren (Reisenauer, 2020, 297). Die in der wissenschaftlichen Literatur vielfach herausgestellte Normalität familialer Mobilität (Ferron et al., 2019) verdeutlicht, dass transnationale Elternarbeit kein Sonder- oder Randthema ist, sondern eine grundlegende Verankerung in den sozialen Diensten braucht. Die Bedürfnisse transnationaler Familien sind entsprechend in den Sozialgesetzen zu berücksichtigen, welche die sozialen Leistungen definieren und die (Un-)Möglichkeiten pädagogischen Handelns maßgeblich prägen. Hierdurch würde vermieden, dass sich transnationale Elternarbeit als Handlungsauftrag an die Fachkräfte verkürzt.

Eine Institutionalisierung transnationaler Elternarbeit entlastet die Soziale Arbeit aber nicht von einer grundlegenden Reflexion der politischen Rahmenbedingungen pädagogischer Elternarbeit und von einem wissenschaftlich reflektierten Agenda-Setting. Die Analyse zeigt aus Sicht der Fachkräfte, mit welchen Belastungen die jungen Menschen durch die Trennung von ihren Familien konfrontiert sind und wie bedeutsam eine Familienzusammenführung zur Bewältigung der spezifischen Rollen im Familiennetzwerk ist. Vor diesem Hintergrund erscheinen Barrieren in der Zusammenführung geflüchteter Familien in kritischem Licht. Einschränkungen des Familiennachzugs – wie die numerische Begrenzung der monatlichen Zuzüge im Rahmen von Familienzusammenführungen für subsidiär geschützte Menschen durch das Gesetz zur Neuregelung des Familiennachzugs zu subsidiär Schutzberechtigten aus dem Juli 2018 (AufenthG § 36a) – treffen auf die rechtliche Relevanzsetzung von Familien im GG, BGB und SGB VIII und stehen in Widerspruch zu der von Deutschland ratifizierten UN-Kinderrechtskonvention (UN-KRK). Die UN-KRK hält in Artikel 10 die Rechte von Kindern transnationalisierter Familien auf unmittelbaren Kontakt zu beiden Elternteilen fest und ruft Staaten dazu auf, „von einem Kind oder seinen Eltern zwecks Familienzusammenführung gestellte Anträge auf Einreise in einen Vertragsstaat oder Ausreise aus einem Vertragsstaat von den Vertragsstaaten wohlwollend, human und beschleunigt [zu bearbeiten]" (Art. 10, UN-KRK).

Eine politische Begrenzung von Familienzusammenführungen steht der UN-KRK und einer pädagogischen Elternarbeit fundamental entgegen: Das eigentliche Ziel von Elternarbeit, Familien in ihrer Handlungsfähigkeit zu stärken und sich wieder überflüssig zu machen, kann unter Bedingungen von Flucht und Asyl nur bedingt und nicht immer erreicht werden. Pädagog*innen stoßen auf Barrieren einer restriktiven Asylpolitik und auf grundlegende Schwierigkeiten pädagogischen Handelns im Kontext von Flucht und Asyl. Das Spannungsfeld von pädagogischem Auftrag und der global und politisch hergestellten prekären Lebenslage der Adressat*innen verlangt nach einer menschenrechtsorientierten Verortung Sozialer Arbeit (Prasad, 2018). Die Lebenssituation geflüchteter Familien, von (unbegleiteten) Kindern, Jugendlichen, Erwachsenen und lebensälteren Menschen ist vielerorts auf der Welt, wie etwa in den Geflüchtetenlagern auf den griechischen Inseln oder in den Großunterkünften in Deutschland, nach wie vor als nicht kind-, jungend- und familiengerecht zu bewerten. Die Lebensbedingungen fordern Soziale Arbeit, Politik und Zivilgesellschaft gesamtgesellschaftlich und global heraus, die Umsetzung von Menschen-, Kinder- und Grundrechten gemeinsam mit den betreffenden Menschen aus einer professionsethischen Perspektive einzufordern (Staub-Bernasconi, 2019, 412–420; IFSW, 2018). Diese Überlegungen bieten das Potenzial, Eltern- und Familienarbeit vor dem Hintergrund gesellschaftlichen Wandels, von (Flucht-)Migrationsprozessen sowie Digitalisierung grundlegend zu stärken und mit sich verändernden gesellschaftlichen Verhältnissen weiterzuentwickeln.

In der vorliegenden Studie wurde spezifisch auf die Elternarbeit in stationären Einrichtungen der Kinder- und Jugendhilfe im Kontext von Fluchtmigration fokussiert. Zukünftig gilt es zu erforschen, wie sich Elternarbeit auch in anderen Lebenszusammenhängen – etwa in separierenden Geflüchtetenunterkünften – vollzieht. Forschungsbedarfe zeigen sich auch darin zu untersuchen, ob die entfalteten Typen ebenso in anderen Zusammenhängen von Elternarbeit relevant sind, wie etwa der Elternarbeit mit nicht-geflüchteten Eltern und pluri-lokal getrennt voneinander lebenden Familien.

4.5.4 Soziale Arbeit in Geflüchtetenunterkünften. Menschenrechte unter Verschluss
Caroline Schmitt, Samia Aden

Geflüchtete Familien[67] und alleinstehende Erwachsene leben nach ihrer Einreise in Deutschland in allen Bundesländern zunächst in einer Landeserstaufnahmeeinrichtung. Die Lebenswelten der Betreffenden sind durch die Asyl- und Ausländer*innengesetzgebung und Routinen Asyl verwaltender Organisationen bestimmt. Die Selbstbestimmung ist genauso eingeschränkt wie die gesellschaftliche Teilhabe: Der Zugang zu Gesundheitsversorgung, zum (Aus-)Bildungssystem und regulären Arbeitsmarkt ist durch ihren Ausländer*innenstatus nach dem Asylgesetz reglementiert. In den Unterkünften teilen sich die Menschen zusammen mit anderen ein Zimmer und nutzen Gemeinschaftsräume wie Küche oder Duschanlagen. Das Zusammenleben auf engem Raum, die Sorge um den Ausgang des Asylantrags und die Ungewissheit über die Zukunft begünstigen Konflikte (Bauer, 2017). Hinzu kommen rassistische Übergriffe und Gewalt (BKA, 2019). Auf die strukturell evozierten Problemlagen hat das Bundesfamilienministerium gemeinsam mit dem UN-Kinderhilfswerk im Jahr 2016 reagiert und die Bundesinitiative „Schutz von geflüchteten Menschen in Flüchtlingsunterkünften" ins Leben gerufen. Ziel ist eine Verbesserung der Unterbringungssituation und Etablierung einheitlicher Standards (BMFSFJ, UNICEF, 2018). Eine rechtsverbindliche Standardisierung von Schutzkonzepten gibt es derzeit jedoch nicht. Es sind vor allem zivilgesellschaftliche Initiativen, die über die Situation in den Unterkünften berichten und ihre Konformität mit Menschen- und Kinderrechten in Zweifel ziehen (Bayerische Flüchtlingsrat, 2019).

Pädagog*innen sind in Geflüchtetenunterkünften etwa in der Sozialberatung von dort ansässigen Trägern tätig, führen Bildungsprojekte durch oder unterstützen bei der Kinderbetreuung. Bisherige Studien zeichnen das Bild vielfach engagierter Fachkräfte, die sich jedoch durch das asylrechtlich gerahmte Setting in ihrer professionellen Handlungsfähigkeit bedroht sehen (Eichinger, Schäuble, 2018). Im Berufsalltag führen drohende und sichtbar werdende Kindeswohlgefährdungen und Abschiebepraktiken zu der Frage, inwiefern pädagogisches Handeln unter diesen Bedingungen überhaupt möglich ist.

Dieses Kapitel befasst sich mit Möglichkeiten und Begrenzungen sozialarbeiterischen Handelns in Geflüchtetenunterkünften in Deutschland. Er zeigt auf Basis einer Fallvignette Strategien einer pädagogischen Fachkraft auf, ihr pädagogisches Mandat auszufüllen, dabei aber an Grenzen des Machbaren und der eigenen

---

67 Dieses Unterkapitel wurde erstveröffentlicht als: Schmitt, C., Aden, S. (2020). Soziale Arbeit in Geflüchtetenunterkünften. Menschenrechte unter Verschluss. sozial extra, 44(6), 343–348, DOI: 10.1007/s12054-020-00329-9. Es stellt eine leicht modifizierte Form der Erstveröffentlichung dar.

Belastbarkeit zu stoßen. Ausgehend von diesem Fall wird die Bedeutsamkeit einer menschenrechtsbasierten und interprofessionellen Verortung Sozialer Arbeit im Spannungsfeld von nationalstaatlichen Partikularinteressen und universalistischem Gleichheitsanspruch reflektiert.

4.5.4.1 Arbeitsort „Geflüchtetenunterkunft": eine Pädagogin erzählt

Im Folgenden geben wir auf Basis einer Fallvignette Einblick in die Perspektive einer Pädagogin auf ihr Arbeitsfeld. Die Pädagogin ist Leiterin eines Horts auf dem Gelände einer Geflüchtetenunterkunft in Deutschland[68]. Die Vignette basiert auf Beobachtungsmaterial, einem qualitativen Interview und Auszügen aus dem pädagogischen Konzept des Horts. Das Material wurde zwischen Juni 2019 und März 2020 erhoben.

Kinderrechte im Hort
Marianne Rudolf[69] erzählt im Interview und während unserer Beobachtungen ausgiebig von ihrer Arbeit. Ihre Erzählungen machen ein Spannungsfeld zwischen ihrem Arbeitsverständnis und den Rahmenbedingungen ihrer Tätigkeit sichtbar. Den Hort beschreibt sie als bedeutsame Anlaufstelle der Kinder in der Geflüchtetenunterkunft (Interview, Zeile 110–115). Hier treffen sie auf Gleichaltrige, haben Raum zum Spielen und Hausaufgabenmachen. Der Hort ist paritätisch mit Kindern aus der Stadt und Kindern aus der Unterkunft belegt und ermöglicht geflüchteten Familien eine Kontaktknüpfung über die Unterkunft hinaus (Interview, Zeile 1280). Im pädagogischen Konzept sind das „Recht auf Mitbestimmung", „Recht auf freie Entfaltung", der „Anspruch eines jeden Kindes auf kindgerechte Lebens- und Lernbedingungen" und „verlässliche Beziehungen" sowie das Recht auf eine „gleichberechtigte Teilhabe" aller Kinder am Hortgeschehen herausgestellt. In Kinderkonferenzen haben Kinder die Möglichkeit, ihre Anliegen zum Ausdruck zu bringen, auch ein kindbezogenes Beschwerdemanagement ist eingerichtet. Im Zuge unserer Beobachtungen erfahren wir von einer von den Kindern selbst verwalteten Bibliothek und sehen, wie Kinder den Eingangsbereich in ihrem Sinne mit Bänken und Spielzeug gestalten (Protokoll vom 06.03.2020). Partizipation und Teilhabe erfahren durch die Lebenswirklichkeiten in der Unterkunft jedoch eine umfassende Beschneidung.

---

68 Die Materialerhebung ist in ein Forschungsprojekt zum Thema „Sozialraum „AnkER-Zentrum". Lebenswirklichkeiten geflüchteter Menschen in Deutschland" eingebettet, das von Anett Schmitz (Ethnologie, Universität Trier) und der Autorin von 2019 bis 2020 durchgeführt wurde.
69 Der Name wurde durch ein Pseudonym ersetzt.

Lebenswirklichkeit „Abschiebung"
Frau Rudolf zeigt im Interview den Vollzug von Abschiebungen auf. Der pädagogische Anspruch bricht in sich zusammen:

> „wir wollen [...] dass die Kinder [...] sich unterstützt fühlen und dann plötzlich und das Kind [...] hätte womöglich aufs Gymnasium wechseln können [...] die Familie ist weg. Wir wissen nicht wo [...] dann kommen die Kinder aus der Schule [...] erzählen: Das Kind ist weg" (Interview, Zeile 121–131).

Der erfolgreich verlaufende Bildungsweg eines Kindes endet abrupt mit der Abschiebung. Die Pädagogin erfährt hiervon erst durch die anderen Kinder im Hort, da Abschiebungen in der Nacht vollzogen werden:

> „zwischen vier und fünf Uhr nachts. Abschiebung bekommen wir nicht mehr mit, wir kriegen jetzt mit, dass die Kinder nicht mehr da sind [...]. Das ist schwer" (Interview, Zeile 149–151).

Frau Rudolf bringt ihre Fassungslosigkeit zum Ausdruck. Eindrücklich stellt sie die erlebte Ohnmacht heraus, wenn Kinder mit ihren Familien von heute auf morgen aus ihrem Alltag gerissen werden und ihre alltäglich gebrauchten Dinge, die nicht mitgenommen werden konnten, zurückbleiben:

> „all die Schätze, die die Kinder mit nach Hause genommen haben, die durch Spenden ins Haus gekommen sind, liegen dann nachher auf der Wiese vom Schulbuch bis zum Teddybär [...] die Leute, die hier wohnen kommen und holen sich noch was sie brauchen können" (Interview, Zeile 132–136).

Der auf der Wiese liegende Teddybär ist Ausdruck pädagogischer Bemühungen und zivilgesellschaftlicher Solidarität. Solidarität und Pädagogik scheinen an der Grenze ihrer Einflussmöglichkeiten angelangt zu sein.

„Ein Altar für Mina": Trauerarbeit im Kinderhort
Statt Spiel, Spaß und Bildung rückt eine Trauerarbeit mit den Kindern in den Fokus der Arbeit – eine Aufgabe, die im teilhabeorientierten Hortkonzept unerwähnt bleibt, aber Teil der pädagogischen Arbeit ist:

> „Vor zwei Jahren [...] haben ne Handvoll Kinder [...] einen Altar gemacht für Mina. [...]. Das Kind ist abgeschoben worden. [...] Die sind jeden Tag dahin, haben Briefchen [...] dahin gelegt. [...] wenn dann Besucher gekommen sind, Politiker und dann hab ich gesagt: dann zeig ich Ihnen jetzt mal noch die Gedenkstätte von Mina. [...] Die Kinder müssen ja irgendwie damit umgehen, wir können ihnen ja nicht helfen. Auch wenn die uns als Macher erleben [...] haben [wir] ja keine politische Macht" (Interview, Zeile 121–165).

Die Interviewte stellt die Ambivalenz heraus, einerseits von den Kindern als Macherin wahrgenommen zu werden, sich gleichzeitig aber handlungsunfähig zu fühlen. Den von den Kindern errichteten Altar zeigt sie jenen, die über „politische Macht" verfügen und erschließt sich eine kleine Form der Einflussnahme. Ein Traueraltar, wie er im Gedenken an tote Menschen üblich ist, symbolisiert hier den Abbruch sozialer Beziehungen und die Beendigung eines aufgebauten Lebens in Deutschland. Für die Kinder und Pädagog*innen schafft er einen Ort zur Trauerbewältigung und Thematisierung eigener Ängste.

„Schwer zu verkraften"
Im Kontrast zur heutigen Arbeitssituation erlebte die Pädagogin ihr pädagogisches Wirken in der Vergangenheit als weitreichend und konnte sich für Hort und Kinder einsetzen und Abschiebungen verhindern:

> „ich durfte auch immer stark agieren und das hat richtig gut getan, aber man kämpft sich müde [...] heute schaffe ich das nicht mehr. Also heute ist es auch gar nicht mehr möglich [...]. Damals [...] die Gesetze [...] haben noch Lücken gehabt in dem Rahmen [...] man [...] noch agieren konnte" (Interview, Zeile 350–355).

Die Metapher des Kampfes („man kämpft") hebt die Macht der unbesiegbar erscheinenden Gegner*innen hervor. Das pädagogische Konzept wird zwar in den Räumen des Horts umgesetzt; dieser erscheint aber als ständig bedrohte Insel.

4.5.4.2 Bewältigungsherausforderung „Abschiebung": Menschen- und Kinderrechte unter Verschluss

Die Fallvignette verdeutlicht, dass das Leben für die Kinder und ihre Familien in Geflüchtetenunterkünften mit Beschneidungen in der Selbstbestimmung und Ängsten einhergeht. Kommt es zur Abschiebung, münden die Familienbiografien im Ungewissen. Netzwerke und eingeschlagene Bildungswege brechen ab. Verabschiedungen von Spielpartner*innen und erwachsenen Bezugspersonen sind wegen nächtlicher Abschiebungen nicht möglich. Auch für die Zurückbleibenden gehen Abschiebungen mit hohen Bewältigungsherausforderungen einher. Kindern und Familien wird die Gefahr, plötzlich selbst „weg" sein zu können, stets vor Augen gehalten. Pädagog*innen erleben die Diskrepanz zwischen pädagogischem Mandat und der Realität der Asylpolitik.

Die im Rahmen der Fallvignette aufgezeigte Perspektive der Fachkraft fordert die Soziale Arbeit grundlegend heraus, Umgangsweisen mit dem diffizilen Handlungs- und Arbeitsfeld der Fluchtsozialarbeit zu finden und weder die betroffenen Familien und Kinder noch einzelne pädagogische Fachkräfte allein zu lassen. Die im Hortkonzept formulierten Rechte von Kindern auf Selbstbestimmung und Rechte, wie sie als Teilbereich der Menschenrechte in der Kinderrechtskonvention der Vereinten Nationen formuliert sind – wie etwa das Recht auf soziale Sicherheit (Art. 26), angemessene Lebensbedingungen (Art. 27) oder das Recht auf Freizeit, Erholung und Beteiligung (Art. 31) – sind für Kinder, die von Abschiebung betroffen sind, nicht mehr gewährt. Exemplarisch macht die Fallvignette somit auf die Diskrepanz zwischen pädagogischem Mandat und den Lebensbedingungen in den Unterkünften und Abschiebungen aus Deutschland aufmerksam.

4.5.4.3 Tripelmandat, Menschenrechtsbildung und neue Allianzen

Was bedeutet diese Diskrepanz nun für die Soziale Arbeit? Sozialarbeitende agieren im Kontext von Flucht und Asyl in einem besonders zugespitzten Konfliktfeld. Sie wollen die Betreffenden unterstützen, stoßen aber an Grenzen, da ihre Adressat*innen nicht im Besitz voller Bürger*innenrechte sind. Orientierung (Schäuble, 2018, 93) kann die Soziale Arbeit jedoch in ihrem Selbstverständnis als Menschenrechtsprofession finden. Eine solche Perspektive geht u. a. auf Silvia Staub-Bernasconi (2019, 85–87) zurück, die das Doppelmandat Sozialer Arbeit, einerseits die Adressat*innen Sozialer Arbeit zu unterstützen und andererseits gesellschaftliche Ordnungsinteressen zu verfolgen, um eine professionsethische, menschenrechtliche Dimension erweitert hat. Menschen- und Kinderrechte fungieren in einem solchen Verständnis als Bezugsrahmen, um zu reflektieren, ob und wie sie in nationalstaatliches und internationales Recht, etwa die Asyl- und Ausländer*innenpolitik, übersetzt wurden. Aus dieser Perspektive heraus lassen sich Leerstellen identifizieren, kommunizieren und bearbeiten, an welchen Menschen- und Kinderrechte unberücksichtigt bleiben und pädagogische Ziele nur schwer zu realisieren sind.

Das Tripelmandat verweist unmittelbar auf eine Bildungsaufgabe für die Soziale Arbeit: Basis ist zunächst, dass Sozialarbeiter*innen die Menschenrechte überhaupt kennen. Hierzu ist eine curricular institutionalisierte Menschenrechtsbildung in (Hoch-)Schulen und fortwährende Thematisierung in der Fort-, Aus- und Weiterbildung notwendig, die sich gegen Diskriminierung und für eine inklusive Gesellschaft ausspricht. Vor allem im Feld der internationalen Sozialen Arbeit ist ein solches Professions- und Disziplinverständnis vielfach herausgestellt worden (Healy, 2008) und wird auch in Deutschland vertreten (Kleibl, Lutz, 2020).

Die menschenrechtliche Bezugnahme tangiert dabei nicht ausschließlich Pädagog*innen; sie verlangt nach interprofessionellen Netzwerken etwa mit Jurist*innen, Ärzt*innen und Psycholog*innen. Soziale Arbeit kann in interprofessionellen Netzwerken die Aufgabe übernehmen, mit professionsethischer Stimme und gemeinsam mit den Betreffenden befähigende Netzwerke aufzubauen, die die sozialarbeiterischen Handlungsmöglichkeiten sowie Möglichkeiten der Familien und Kinder erweitern. In diesem Sinne geht sie über eine Einzelfallhilfe hinaus und strebt grundlegende Änderungen wie etwa einen verbesserten

Zugang geflüchteter Menschen zum Gesundheitswesen an (Schäuble, 2018, 90). Sie fungiert als „Agentin des sozialen Wandels wie der persönlichen Befähigung" (Röh, 2013, 148) und verfolgt das Anliegen, „sowohl strukturelle Mängel zu thematisieren als auch persönliche Erziehungs-, Bildungs- und Entwicklungsprozesse zu begleiten, anzuregen und aktiv zu fördern" (ebd.).

Zivilgesellschaftliche Initiativen können für die Soziale Arbeit hierbei (nicht nur) im Bereich von Fluchtmigration wichtige Netzwerkpartner*innen sein, ohne dass sie sozialarbeiterische Aufgaben ersetzen. Sie verfügen über wertvolle Erfahrungen und Kooperationen – etwa zu unabhängigen Rechtsberatungsstellen – und initiieren selbst eigene Projekte, beispielsweise inklusive Wohnformen (Schiffauer et al., 2017). Furman et al. (2008) schlagen vor, soziale Dienste noch stärker als bisher mit zivilgesellschaftlichen Akteur*innen zu verzahnen – dies auch und vor allem über nationalstaatliche Grenzen hinweg, sodass etwa abgeschobene Familien zumindest in transnationale Hilfenetzwerke eingebunden werden. Transnationale wie lokale Kooperationen sind vor dem Hintergrund der transnationalen Lebenswelten der Familien besonders relevant und können bei der Erarbeitung von Lebensperspektiven unterstützen.

4.5.4.4 Ausblick: Neue Wege explorieren

Gleichwohl wir damit auf Perspektiven für das Feld der Fluchtsozialarbeit hinweisen, ist es in hohem Maße eine Frage des politischen Willens, nationalstaatliche Rahmenbedingungen so zu gestalten, dass ein an Menschen- und Kinderrechten orientiertes professionelles Handeln im Kontext von Flucht und Asyl möglich ist. Nicht selten stehen nationalstaatliche Interessen einer Gleichbehandlung von Menschen mit und ohne Staatsbürger*innenschaft des jeweiligen Landes entgegen und die Soziale Arbeit droht, primär Exklusionsverwalterin anstatt Exklusionsvermeiderin und Inklusionsvermittlerin zu sein (Bommes, Scherr, 1996). Sie ist eingebettet in ein „Spannungsverhältnis zwischen normativ begründbaren moralischen Konzepten einerseits, politisch und, oder ökonomisch definierten Interessenlagen anderseits" (Scherr, 2020a, 137). Volle Bürger*innenrechte werden vor allem „einer exklusiven Wir-Gruppe" (Mecheril, 2020, 102) gewährt, während Rechtsansprüche für geflüchtete Menschen ohne deutsche Staatsbürgerschaft begrenzt bleiben (Goebel, 2018, 91). Dabei formuliert die Allgemeine Erklärung der Menschenrechte in Artikel 28: „Jeder Mensch hat Anspruch auf eine soziale und internationale Ordnung, in welcher die in der vorliegenden Erklärung angeführten Rechte und Freiheiten voll verwirklicht werden können". Hierdurch wird die „menschenrechtsangemessene Gestaltung von Gesellschaften" (Scherr, 2011b, 10) als Querschnitts- und bisher nur unzureichend vollzogene globale Aufgabe in den Blick gerückt. Diese sei, so Scherr (2020a, 138), ausschließlich als „Utopie einer Weltgesellschaft" mit überall verwirklichten Menschenrechten denkbar.

Das Spannungsfeld von universalistischem Gleichheitsanspruch und der Durchsetzung nationalstaatlicher Partikularinteressen führt in der wissenschaftlichen Debatte zu verschiedenen Positionen: während die einen transnationale Selbstbestimmungs- und Bewegungsrechte (Mecheril, 2020) als zukunftsweisende Wege reflektieren, gehen andere von der Unauflösbarkeit dieser Konfliktlinien unter „Bedingungen der realen Macht- und Ungleichheitsverhältnisse [aus]" (Scherr, 2020a, 138). Wie zentral ein Weiterführen und Aushandeln dieser Debatten ist, zeigt indes die Empirie: Die Fallvignette, die exemplarisch das spannungsvolle Agieren einer Pädagogin im Kontext von Flucht und Asyl herausstellt, verlangt geradezu nach neuen Überlegungen zur Anerkennung transnationaler Lebenswelten, zu postnationalen Gesellschaftskonzepten (Goebel, 2018, 94) und nach Übersetzer*innen (Staub-Bernasconi, 2019, 173), die sich für eine Umsetzung und Einhaltung von Menschenrechten in ihrer inter- und nationalstaatlichen Rückbindung einsetzen – in Protesten, Solidaritätsprojekten und im pädagogischen Handeln. Dabei scheint uns zentral, über die bestehenden Verhältnisse hinauszudenken und neue Wege zu explorieren, wie sie vor allem in zivilgesellschaftlichen Allianzen entwickelt werden. Zentrale Aufgabe ist die Schaffung neuer Instanzen, etwa einer flächendeckenden Verankerung unabhängiger Ombudsstellen auch im Feld von Fluchtmigration, die Pädagog*innen wie auch geflüchteten Menschen in den Unterkünften Ansprechpartnerin sind, das Menschenrechtsschutzsystem der Vereinten Nationen nutzen und von Beschwerde- und Meldeverfahren Gebrauch machen (Prasad, 2018, 22). Diese Überlegungen werden getragen von der grundlegenden Frage danach, wie die Soziale Arbeit zu einem würdevollen Leben für alle Menschen – unabhängig von dem Kriterium einer spezifischen Staatsangehörigkeit – in einer von sozialen Ungleichheiten durchzogenen Welt beitragen kann. Die Breite der Debatte erachten wir in diesem Zusammenhang als wertvoll. Sie zeigt – trotz und wegen aller Herausforderungen – wie zentral eine menschenrechtsbasierte Fundierung Sozialer Arbeit ist, die ihren Anspruch der schwierigen Suche nach Inklusion in einer transnationalisierten Gesellschaft nicht aufgeben darf.

4.5.5 Vermessen, Klassifizieren, Zuweisen. Das AnKER-Zentrum als machtvolle Organisation der Asylverwaltung

Im Frühjahr 2018[70] hat die Große Koalition in ihrem Koalitionsvertrag festgehalten, was mittlerweile Lebenswirklichkeit geflüchteter Menschen in den

---

70 Dieses Unterkapitel wurde erstveröffentlicht als: Schmitt, C. (2020). Vermessen, Klassifizieren, Zuweisen. Das „AnKER-Zentrum" als machtvolle Organisation der Asylverwaltung. Soziale Passagen, 12(1), 135–154, DOI: 10.1007/s12592-020-00344-3. Es stellt eine leicht modifizierte Form der Erstveröffentlichung dar.

Bundesländern[71] Bayern, Saarland und Sachsen ist: das Konzept des AnKER-Zentrums. AnKER ist ein Akronym und steht für „Ankunft, Entscheidung und Rückführung"[72]. Anliegen der AnKER-Zentren ist eine Erstunterbringung geflüchteter Menschen in einer Großeinrichtung nach ihrer Ankunft in Deutschland, eine schnelle Bearbeitung von Asylanträgen und Einteilung von Asylantragssteller*innen in Menschen mit „guter" und „schlechter" Bleibeperspektive (Koalitionsvertrag, 2018, 107 f.). Während erstgenannte auf die Bundesländer, Städte und Kommunen „verteilt" werden, sollen letztgenannte abgeschoben oder zu einer „freiwilligen Rückkehr" bewogen werden. In Deutschland ist die Unterbringung geflüchteter Menschen auf engem Raum kein Novum. Bereits vor Einführung der AnKER-Zentren war für geflüchtete Familien und Einzelpersonen, für die angenommen wird, dass sie über 18 Jahre alt sind, der Aufenthalt in einer Landeserstaufnahmeeinrichtung (EAE) in allen Bundesländern vorgesehen. Die Bundesländer sind zur Bereitstellung dieser Aufnahmeeinrichtungen verpflichtet (§ 44 AsylG). Sie nehmen geflüchtete Menschen nach den Vorgaben des Königsteiner Schlüssels auf, der auf Basis von Einwohner*innenzahl und Steuereinnahmen eines Bundeslandes errechnet, wie viele Menschen ihm zugeteilt werden (§ 45 AsylG). Geflüchtete Menschen werden im Zuge ihres Asylverfahrens hinsichtlich ihres Asyl- und Schutzstatus kategorisiert. Sie verbleiben bis zur Entscheidung des Bundesamtes über den Asylantrag und gegebenenfalls bis zu ihrer Ausreise in den EAEs.

Mit dem Konzept der AnKER-Zentren zielte die Große Koalition auf eine bundesweite Vereinheitlichung der Erstaufnahme (Schader et al., 2018). Das Konzept war zum Zeitpunkt des Verfassens dieses Kapitels in drei Bundesländern umgesetzt, während die restlichen Länder darauf verwiesen, bereits über analoge Organisationsformen zu verfügen oder diese Form der Unterbringung ablehnen (Pürckhauer, 2019). Die Debatte um die AnKER-Zentren reiht sich in eine Reihe gesetzlicher Maßnahmen zu einer restriktiven Gestaltung von Fluchtmigrationspolitik ein: So hat der Gesetzgeber die maximale Verweildauer in Unterkünften der Erstunterbringung in den letzten Jahren angehoben. Zu Beginn des Jahres 2020 beläuft sich die Aufenthaltsdauer bei erwachsenen Geflüchteten auf bis zu 18 Monate. Für Eltern oder andere Sorgeberechtigte mit minderjährigen Kindern ist ein maximaler Aufenthalt von bis zu sechs Monaten vorgesehen (§ 47 AsylG). Geflüchtete Menschen mit abgelehntem Asylantrag und jene, welchen ein Verletzen ihrer Mitwirkungspflichten angelastet wird, können laut „Gesetz zur besse-

---

71 Die Bundesländer Mecklenburg-Vorpommern und Schleswig-Holstein haben mit dem Bundesinnenministerium die Vereinbarung getroffen, ihre Erstaufnahmeeinrichtungen an die Strukturen von AnKER-Zentren anzugleichen, ohne dass damit zwingend eine Umbenennung einhergeht (Innenministerium Mecklenburg-Vorpommern, 2019; Innenministerium Schleswig-Holstein, 2019).

72 Laut Koalitionsvertrag von 2021 wird die neue Bundesregierung das Konzept der AnKER-Zentren nicht weiterverfolgen.

ren Durchsetzung der Ausreisepflicht" bis zu 24 Monate zum Aufenthalt in einer EAE verpflichtet werden. Stimmen aus der Praxis berichten von Fällen, in denen Menschen länger als zwei Jahre in den Einrichtungen verbleiben mussten (Bayrischer Flüchtlingsrat, 2019). Nur Personen mit attestierter „Bleibeperspektive" werden auf die Kommunen verteilt. Die Kommunen handhaben die Folgeunterbringung unterschiedlich. Neben großen Unterkünften stellt eine dezentrale Unterbringung in kleinen Wohneinheiten mancherorts eine Alternative dar (Hinger, Schäfer, 2017).

Mit Veröffentlichung des Koalitionsvertrags ging ein Aufschrei durch Nichtregierungsorganisationen, Initiativen und soziale Bewegungen. Es sind vor allem zivilgesellschaftliche Zusammenschlüsse, die über die Situation in den AnKER-Zentren informieren (z. B. Bayerischer Flüchtlingsrat, 2019). Angesichts von Berichten über gewalttätige Auseinandersetzungen, fehlende Privatsphäre sowie Isolation regt sich Skepsis, wie Menschenrechte, Kinderrechte und humanitäre Standards in AnKER-Zentren einzuhalten seien (Hess et al., 2018). Seit Herbst 2018 sind die Zentren in Betrieb, ohne dass die Kritik an ihnen abreißt. Um die Lebenswirklichkeiten der Menschen öffentlich sichtbar zu machen, hat ein Bündnis von Menschenrechtsorganisationen und ehrenamtlichen Unterstützer*innen im Sommer 2019 die Monitoring-Plattform anker-watch.de gegründet. Sie berichtet über die Situation in den AnKER-Zentren und bietet Betroffenen die Möglichkeit, Vorfälle zu melden. Die rechtlichen Verschärfungen im Umgang mit geflüchteten Menschen sind Gegenstand von Stellungnahmen aus dem zivilgesellschaftlichen sowie wissenschaftlichen Bereich (z. B. BAfF, 2018; Initiative Hochschullehrender zu Sozialer Arbeit in Gemeinschaftsunterkünften, 2016), während empirische Untersuchungen zu und in AnKER-Zentren ein bisher kaum aufgebrochenes Desiderat darstellen. Jedoch liegt ein Korpus an sozial- und kulturwissenschaftlichen Studien zu den Lebenswirklichkeiten geflüchteter Menschen in verschiedenen Formen von Geflüchtetenunterkünften vor. Diese Arbeiten gilt es, in die Analyse von AnKER-Zentren einzubeziehen. Denn wenngleich die spezifische Organisation von AnKER-Zentren neu erscheinen mag, verweist das Ansinnen nach Kontrolle geflüchteter Menschen in einer Großunterkunft auf eine historische Kontinuität (Beer, 2014).

Die Soziale Arbeit ist von diesen Entwicklungen maßgeblich tangiert und aufgefordert, vor dem Hintergrund rascher Veränderungen in der Asylgesetzgebung eine reflektierte und wissenschaftlich begründete Position zu beziehen und sich gemäß ihres menschenrechtlichen Auftrags zu involvieren. Neben Advocacy Work gemeinsam mit den Betreffenden sind Sozialarbeiter*innen in Geflüchtetenunterkünften präsent und in ihrer Arbeit mit asyl- und ausländerrechtlichen Bestimmungen, den Biografien geflüchteter Menschen und organisationalen Logiken der Geflüchtetenunterbringung konfrontiert. Sie unterstützen unter Bedingungen von Unklarheit über den weiteren Lebensweg. Hierbei agieren sie in einem multiprofessionellen Netzwerk aus Mitarbeitenden der Ausländerbehörden und Sicherheitsdienste, bürgerschaftlich Engagierten, kommunalen Akteur*innen und den Bewohner*innen. Ihr sozialarbeiterischer Auftrag, Teilhabe und Autonomie zu fördern, erscheint im separierten Setting von Geflüchtetenunterkünften als spannungsreiches Unterfangen. So hält etwa Sebastian Muy (2019) fest, dass Sozialarbeiter*innen nicht selten unter Bedingungen agieren, die ihrem menschenrechtlichen Mandat zuwiderlaufen und eine professionelle Aushandlung ihres pädagogischen Auftrags erschweren. Die aufgezeigten Entwicklungen erfordern eine grundlegende Auseinandersetzung Sozialer Arbeit mit der gegenwärtigen Asylpolitik und ihrer Institutionalisierung. Diese Auseinandersetzung kann – so die These – nicht ohne eine Reflexion der organisationalen Mechanismen von Asylverwaltung erfolgen, innerhalb welcher „über den Verbleib, den Status und die Gestaltung des Aufenthalts von Asylsuchenden [entschieden wird]" (Lahusen, Schneider, 2017, 8). Geflüchtetenunterkünfte sind Ausdruck und Element dieser Verwaltungs- und Entscheidungsstruktur. Sie sind genuin nicht-pädagogische Organisationen und zielen auf ein Erfüllen asylrechtlicher Regularien, während sozialarbeiterisches Handeln fall- und lebensweltbezogen ausgerichtet sein soll. Die Konfrontation dieser differenten Logiken verweist auf notwendige „Übersetzungsherausforderungen" (Engel et al., 2017, 4) zwischen Asylverwaltung und pädagogischem Handeln.

Während die Lebenswirklichkeiten in Geflüchtetenunterkünften in Deutschland zunehmend mehr aus der Perspektive geflüchteter Menschen und von Sozialarbeiter*innen erforscht werden (Wihstutz, 2019; Täubig, 2009), findet sich ein organisationsverwalterischer Zugang nur vereinzelt (z. B. Dahlvik, 2017; Schittenhelm, 2015). Dabei bietet eine solche Perspektive das Potenzial, Mechanismen von Asylverwaltung zu entschlüsseln und eine systematische Auseinandersetzung Sozialer Arbeit mit diesen zu ermöglichen. Das vorliegende Kapitel setzt an diesen Überlegungen an und geht der Frage nach, wie das AnKER-Zentrum im Koalitionsvertrag der Großen Koalition aus dem Frühjahr 2018 organisational entworfen wird. Durch eine objektiv-hermeneutische Analyse eines Auszugs aus diesem politischen Dokument werden das Konzept von AnKER-Zentren und die Mechanismen der Asylverwaltung rekonstruiert, die in dieser Konzipierung zum Ausdruck kommen. Von der Konzeptanalyse sind die konkreten Gestaltungs- und Aushandlungsprozesse der Mitarbeitenden, Leitungskräfte und weiterer Instanzen in Geflüchtetenunterkünften methodisch zu unterscheiden. Im Fokus steht die Analyse der Konzeptionalisierung auf Basis eines dokumentenbasierten Zugangs mit dem Ziel, in einem weiteren Schritt eine sozialarbeiterisch-reflektierte Auseinandersetzung mit den dort entfalteten Organisationsstrukturen anzustoßen.

Das Kapitel widmet sich zunächst der Historie und wissenschaftlichen Betrachtung von Geflüchtetenunterkünften in Deutschland, bevor ein Einblick in das methodische Vorgehen der Analyse gegeben und die Ergebnisse vorgestellt und unter Hinzunahme theoretischer Überlegungen verdichtet werden. Zentrales Ergebnis ist, dass der Koalitionsvertrag das AnKER-Zentrum als Organisation des Vermessens, Klassifizierens und Zuweisens von geflüchteten Menschen konstruiert. Die Organisation verhandelt im Zusammenspiel dieser Mechanismen über eine vermeintlich rechtmäßige Inklusion geflüchteter Menschen in ihr oder Exklusion aus ihrem Zielland Deutschland. Das Dokument zeichnet eine Differenz zwischen geflüchteten Menschen als „Subjekten der Disziplinierung" und einem diffus bleibenden „Wir", das als zugehörig zu Deutschland und Kollektiv mit Recht auf Vermessung „der anderen" verstanden wird. Abschließend werden die Analyseergebnisse in ihrer Bedeutung für die Soziale Arbeit diskutiert und es wird die Notwendigkeit Sozialer Arbeit herausgestellt, sich als organisationsbasierte Profession zu begreifen und in die konzeptionelle Ausgestaltung von Geflüchtetenunterkünften zu involvieren.

4.5.5.1 Geflüchtetenunterkünfte in Deutschland. Ein Überblick

In Deutschland weist die Separation von Menschen mit Flucht- und Migrationserfahrung in segregierten Großeinrichtungen eine historische Kontinuität auf. Nach dem Zweiten Weltkrieg wurden ehemalige Zwangsarbeitslager als Unterkünfte für Vertriebene und Kriegsheimkehrer*innen genutzt (Beer, 2014, 52 ff.). Mit Anwerbung von Arbeitsmigrant*innen in den 1950er bis 1970er Jahren in Westdeutschland und der Zunahme asylsuchender Menschen in den 1980er und 1990er Jahren manifestierten sich Großunterkünfte als segregierte Orte der Unterbringung für Menschen mit Flucht- und Migrationserfahrung (Muy, 2019, 191). Die Finanzierung und Organisation der Unterkünfte für Arbeitsmigrant*innen oblag den Unternehmen, in welchen die Menschen ihrer Beschäftigung nachgingen. Die Arbeitgebenden errichteten Barackenlager mit schlechtem Standard, der sich bis Anfang der 1970er Jahre deutlich vom Standard der „Wohnheime für deutsche Arbeitnehmer*innen" unterschied. Im Laufe der Zeit unterlagen die Unterkünfte schrittweisen Verbesserungen. Von diesen Verbesserungen ausgenommen waren Unterkünfte für asylsuchende Menschen. Diese waren durch fehlende Privatsphäre, starke Reglementierung und die Ausgabe von Sachleistungen statt Geld gekennzeichnet (Dünnwald, 2011, 8 ff.) – Merkmale, wie sie noch heute in der Unterbringung geflüchteter Menschen virulent sind (Beer, 2014). Gegenwärtig erleben Geflüchtetenunterkünfte europa- und weltweit eine „Renaissance" (Dünnwald, 2018; Kreichauf, 2018). Sascha Schießl (2018) konstatiert einen gesellschaftspolitischen „Gewöhnungs- und Abstumpfungsprozess" (Schießl, 2018, 16), geflüchtete Menschen in „Einrichtungen einer sich verschärfenden Flüchtlings- und Asylpolitik" (Schießl, 2018, 16) festzusetzen. Die Bandbreite differenter Unterkunftsformate reicht in Deutschland von EAEs über kommunale Gemeinschaftsunterkünfte, Notunterkünfte bis hin zu Abschiebehafteinrichtungen (Christ et al., 2017; Bauer, 2017). Die AnKER-Zentren sind im Herbst 2018 als weiteres Format hinzugekommen. All diese Einrichtungen erfüllen eine „Scharnierfunktion" (Schießl, 2018, 18) zwischen den dort Untergebrachten und der übrigen Bevölkerung. Innerhalb dieses Rahmens fallen Entscheidungen über einen als legitim klassifizierten Aufenthalt der Menschen in Deutschland oder über ihre Abschiebung. Die sozial- und kulturwissenschaftliche Forschung diskutiert Geflüchtetenunterkünfte unter Rekurs auf differente Konzepte – etwa als „totale Institution" (Täubig, 2009) oder „Lager" (Kreichauf, 2018; Thiel, Jahr, 2017); dies jedoch nicht ohne Hinweise und empirische Belege dafür, dass geflüchtete Menschen als Akteur*innen mit Fähigkeiten und Ressourcen zu betrachten sind, die selbst innerhalb restriktiver Settings Handlungsmöglichkeiten erschließen (Bochmann, 2017). So hält Philipp Schäfer (2015) auf Basis ethnografischer Studien in zwei Leipziger Geflüchtetenunterkünften die Ambivalenz des regulierten Raumes fest: dieser schränkt Teilhabe an der Umgebung ein, gleichzeitig würden aber „Partizipationsflächen" (Schäfer, 2015, 16) sichtbar. Dies etwa, wenn geflüchtete Menschen jenseits der Unterkunft in Kontakt mit der nicht-geflüchteten Bevölkerung kommen oder sie Einnahmequellen wie das Einsammeln von Pfand erschließen, Markenkleidung erwerben und dem Körper den Anschein gesellschaftlicher Teilhabe verleihen (Schäfer, 2015, 13 f.). Auch der Band von Anne Wihstutz (2019) stellt mit ethnografischen Analysen in drei Berliner Geflüchtetenunterkünften heraus, dass die Rechte von Kindern und ihren Familien gravierend verletzt werden, die jungen Menschen aber kleine Handlungsräume herstellen und etwa das Recht auf Spiel einfordern oder sich gegen einen Mitarbeitenden aus einer Unterkunft mobilisieren. Rebecca Hofmann und Albert Scherr (2017) kommen in ihrer Fallstudie zu einer baden-württembergischen EAE zu dem Ergebnis, dass sich Mitarbeitende durch hohes Engagement auszeichnen, aber sie die strukturellen Missstände nicht grundlegend beheben können. Sabine Hess und Kolleg*innen (2018) halten in einer Kurzstudie zu den Auswirkungen von AnKER-Zentren fest, dass diese in erster Linie Belastungen bei geflüchteten Menschen hervorrufen und befördern, Nährboden für Vorurteile auf Seite der nicht-geflohenen Gesellschaftsmitglieder sind, internationalen Abkommen, etwa zum Schutz von Frauen und Kindern, nicht gerecht werden, und lokale Unterstützungsstrukturen im Feld der Integration ignorieren, wie sie in der Vergangenheit von Kommunen entwickelt wurden. Sie grenzen Menschen von der übrigen Bevölkerung ab und setzen sie für einen bestimmten Zeitraum an einem zugewiesenen Ort räumlich fest. Vorliegende Untersuchungen zu Geflüchtetenunterkünften stellen einen Mangel an Privatsphäre, fehlende Rückzugsmöglichkeiten, eine eingeschränkte psychosoziale und gesundheitliche Versorgung, Beratung und Konzentration von Menschen mit unterschiedlichen Biografien, Bedürfnissen und Lebensvorstellungen auf engstem Raum heraus (Dittmer, Lorenz, 2016; Dünnwald, 2011). Die Alltagswelt der Menschen ist durch Warten, Unsicherheit über die Zukunft und enorme psychosoziale Belastungen gekennzeichnet (Täubig, 2009; Pieper, 2013). Konflikte und Gewalt werden in einem solchen Umfeld institutionell begünstigt (Krause, 2018; Brücker et al., 2016).

Die folgende Analyse schließt an diese Untersuchungen an und wendet sich der Konzipierung von AnKER-Zentren als gegenwärtig kontrovers diskutiertem Eckfall in der Debatte um Geflüchtetenunterkünfte zu.

4.5.5.2 Methodisches Vorgehen

Gegenstand der Analyse ist ein Auszug aus dem Koalitionsvertrag (2018) der Großen Koalition zwischen CDU, CSU und SPD. Das Konzept der AnKER-Zentren ist unter „4. Effizientere Verfahren" (Koalitionsvertrag, 2018, 107) auf knapp zwei Seiten ausgeführt. Der Koalitionsvertrag ist ein Dokument, das Informationen zur Organisation der Asylverwaltung in AnKER-Zentren umfasst. Ein solches Dokument fungiert als „institutionalisierte Spur" (Wolff, 2008, 503) eines Verwaltungsapparats und stellt eine „eigenständige Datenebene" (Wolff, 2008, 511) dar. Ziel der Analyse ist eine Rekonstruktion der im Dokument zum Ausdruck gebrachten Strukturlogiken von AnKER-Zentren. Hierbei wird den Empfehlungen Stephan Wolffs (2008) gefolgt, in der „Analyse zunächst von der Selbstgenügsamkeit des Textes" auszugehen und seine „Eigensinnigkeit" (Wolff, 2008, 511 f.) zu erschließen, um gründlich in das Textdokument einzutauchen. Hierzu wird auf das sequenzanalytische Vorgehen nach der Objektiven Hermeneutik zurückgegriffen (Oevermann, 2002). Eine solche Analyse folgt den Grundprinzipien der wortwörtlichen Interpretation des Materials. Sie basiert auf der gedankenexperimentellen Explikation von Lesarten unter Hinzuziehung sogenannten Welt- und Deutungswissens. Die Bildung von Lesarten orientiert sich am Prinzip der Sparsamkeit. Spezifische Lesarten bestätigen und verdichten sich an immer mehr Stellen des Materials. Zu Beginn der Analyse wird der äußere Kontext, beispielsweise das Wissen um die Entstehung des Schriftstücks, ausgeklammert und der Fokus wird auf den inneren Kontext gerichtet, d. h. auf den Gehalt des vorliegenden Texts. Ziel objektiv-hermeneutischer Analysen ist die Rekonstruktion latenter Sinngehalte. Im vorliegenden Fall ist damit gemeint, Fallstrukturgesetzlichkeiten, d. h. die grundlegenden Mechanismen in der Konzeption der AnKER-Zentren zu analysieren. Die Objektive Hermeneutik hat ihren Ursprung in der Erforschung innerfamiliärer Interaktionen und der Sozialisationsforschung (Scherf, 2009, 320). In der Erforschung von Organisationsstrukturen und -prozessen ist sie bisher noch wenig verbreitet (Scherf, 2009). Dabei bietet ein objektiv-hermeneutischer Zugang im hier interessierenden Feld die Möglichkeit, durch die Analyse eines politischen Dokuments den Entwurf einer Organisation der Asylverwaltung mit ihren spezifischen Mechanismen zu rekonstruieren.

4.5.5.3 Analyse des Konzepts AnKER-Zentrum

Die Analyse wird in einem ersten Schritt summarisch dargestellt bei gleichzeitigem Bemühen, die Kleinschrittigkeit im Vorgehen nachvollziehbar zu verdeutlichen. Im zweiten Schritt werden die Analyseergebnisse verdichtet.

Die Ausführungen im ausgewählten Material beginnen folgendermaßen:

> „Effizientere Verfahren" (Z. 4988[73]).

Die Sequenz verweist auf vorausgegangene Gliederungspunkte und ein nach unterschiedlichen Inhalten strukturiertes Werk. An vierter Stelle geht es um Effizienz als Charakteristikum von nicht weiter ausgeführten Verfahren. Effizienz ist ein wirtschaftliches Kriterium zur Beurteilung eines Outputs vor dem Hintergrund der hierzu eingesetzten Mittel: „mit geringst möglichem Ressourceneinsatz [...] [soll] ein größtmögliches Ergebnis" (Büschken, 2017, 177) erzielt werden. Die angesprochenen Verfahren sollen dabei nicht nur effizient, sondern effizienter als bisher organisiert werden. Die anvisierte Steigerung der Effizienz impliziert eine als unzureichend eingestufte bisherige Praxis. „Verfahren" verweist auf einen Prozess mit Anfang und Ende, der sich nach spezifischen Regeln gestaltet. Offen bleibt an dieser Stelle, um welche Verfahren es sich handelt und mit welchen Maßnahmen diese optimiert werden können. Die Sequenz lässt mutmaßen, dass sie einem Maßnahmenkatalog entstammt, wie er zur Verbesserung von Abläufen in einem Betrieb verfasst worden sein könnte – denkbar wäre eine Auflistung von Maßnahmen, wie ein Unternehmen die Produktion von Automobilen noch ökonomischer ausrichten könnte. Optimierung, Ökonomisierung und Messbarkeit von Verfahren stehen im Zentrum. Dem schließt sich folgende Passage an:

> „Menschen, die in Deutschland Schutz suchen, brauchen Asylverfahren, die schnell, umfassend und rechtssicher bearbeitet werden" (Z. 4989 f.).

Die Sequenz benennt nun das Zielobjekt der Optimierung – es handelt sich nicht um Gegenstände, sondern um „Menschen, die [...] Schutz suchen". Dies verwundert, insofern die Suche nach Schutz hätte vermuten lassen, dass hierauf mithilfe statt mit effizienter zu gestaltenden Verfahren reagiert wird. „Schutz suchen" bezieht sich auf eine Personengruppe, die einer Gefährdung ausgesetzt ist und sich in Sicherheit bringen will. Ein Angewiesen-Sein auf Dritte kommt zum Ausdruck. Die Sequenz argumentiert ausgehend von einem vermeintlichen Bedarf Schutz suchender Menschen: Ihnen wird zugeschrieben, ein schnelles „Asylverfahren" zu benötigen.

---

[73] Die Information in Klammern gibt die Zeilennummer der jeweiligen Passage im Koalitionsvertrag an.

„Asyl" bezeichnet einen politisch garantierten Schutz einer Person in einem anderen Land als dem, in dem die Person qua Staatsbürgerschaft zugehörig ist. Die Gewährung von politischem Asyl ist in Deutschland im Grundgesetz, Artikel 16a, festgehalten. „Verfahren" verdeutlicht, dass für die Gewährung von Asyl ein spezifisches Prozedere durchlaufen werden muss. Entsprechend stellt die Sequenz spezifische Charakteristika heraus, die das „Asylverfahren" kennzeichnen sollen: „Umfassend" impliziert ein Vorgehen, das alle Teile einschließt. Hiermit verbunden ist ein Aufwand der Recherche. „Umfassend" und „schnell" erscheint schwierig zu vereinbaren, insofern eine umfassende Recherche einer gewissen Zeit bedarf. „Rechtssicher" bringt eine weitere Perspektive ins Spiel. Es sind nicht nur die Bedürfnisse der Schutz suchenden Menschen zu berücksichtigen, sondern die Regularien eines Rechtssystems. „Bearbeitet" verweist auf einen Verwaltungsapparat zur Abwicklung von Asylverfahren.

Deren Bearbeitung erfolgt künftig in zentralen Aufnahme-, Entscheidungs- und Rückführungseinrichtungen, in denen BAMF, BA, Jugendämter, Justiz, Ausländerbehörden und andere Hand in Hand arbeiten. In den AnKER-Einrichtungen sollen Ankunft, Entscheidung, kommunale Verteilung bzw. Rückführung (AnKER) stattfinden (Z. 4990–4994).

Der wiederholte Hinweis auf die „Bearbeitung" von Asylanträgen verengt den Blick nun auf den verwalterischen Akt. „Künftig" weist erneut auf eine intendierte Veränderung einer bisherigen, aber nicht explizierten Praxis hin. Eine Lösung zur Umsetzung der im Vorfeld aufgemachten Anforderungen wird vorgestellt: Die Bearbeitung soll in „zentralen Aufnahme-, Entscheidungs- und Rückführungseinrichtungen" erfolgen. „Zentral" verweist auf ein Zentrum mit weitreichenden Befugnissen. „Aufnahme", „Entscheidung" und „Rückführung" drücken einen chronologischen Ablauf mit der Zieldimension aus, Schutz suchende Menschen dorthin zurückzuführen, woher sie gekommen sind. Interessanterweise fehlen hier Begriffe wie Unterstützung oder Integration. Die Schrittfolge erinnert an eine Maschine – der Ablauf erscheint unabänderlich, abweichende Schritte sind nicht vorgesehen. Der Begriff „AnKER-Einrichtungen" bringt zum Ausdruck, dass dieser Ablauf in einer Organisation verwaltet werden soll, die durch das Wort „AnKER" spezifiziert wird. Die Verbindung von Groß- und Kleinschreibung im Wort „AnKER" verdeutlicht, dass es in der Sequenz nicht im wortwörtlichen Sinne um einen Anker geht. Stattdessen handelt es sich um ein Akronym. Ein Akronym ist ein Kurzwort, das sich aus den Initialen anderer Begriffe bildet und durch die Art des Kürzels spezifische Assoziationen hervorruft; im vorliegenden Fall sind dies Assoziationen an einen Anker. Ein Anker ist eine schwere Kette, die ein Schiff auf den Grund von Meer oder See hinablässt, um an Halt zu gewinnen. Er ist seiner Funktion mehrdeutig und kann ein Schiff stabilisieren und ihm Halt geben, zugleich setzt er das Schiff fest, sodass eine Weiterfahrt nicht möglich ist, ohne den Anker zu lichten. Der Begriff hat zudem metaphorischen Gehalt und wird etwa genutzt, wenn enge Freund*innen bekunden, einander ein Anker in schwierigen Zeiten zu sein. Ein Anker, so die Parallele in beiden Kontexten, gibt Halt in turbulenten Zeiten. In Verbindung mit dem Begriff „Einrichtung" entsteht in der Sequenz das Bild einer Organisation, die festsetzt, Ruhe ermöglicht und Sicherheit gibt. Zu erwarten gewesen wäre, dass es nun im weiteren Verlauf um die Qualität der Einrichtung geht, also darum, wie sie Schutz suchenden Menschen Sicherheit geben will – etwa durch Personen, die ihnen zuhören und Trost spenden. Diese Lesart muss aber verworfen werden. Denn erneut steht eine verwalterische Funktion im Vordergrund: Die „AnKER-Einrichtungen" sollen bestehende Instanzen wie Jugendamt oder Ausländerbehörde an einem Ort bündeln. Die Bündelung soll dazu beitragen, dass alle Instanzen „Hand in Hand" arbeiten. Schutz suchende Menschen erscheinen als Objekte, die von einer zur nächsten Instanz weitergereicht werden. Die Sequenz konkretisiert ein effizient arbeitendes System, das arbeitsteilig die einzelnen Schritte koordiniert und verzahnt. Das Bild einer Maschine drängt sich wieder auf, welche ein Objekt schrittweise bearbeitet. Der Produktionsablauf soll schnell und zweckrational sein und überflüssige Wege vermeiden. Alle am Ablauf Beteiligten arbeiten auf dasselbe Ziel hin. Die Schutz suchenden Menschen werden zu Objekten einer Verwaltungsstruktur.

„Eine unabhängige und flächendeckende Asylverfahrensberatung ist zu gewährleisten" (Z. 4994 f.).

Neben der Effizienz wird eine „unabhängige und flächendeckende Asylverfahrensberatung" als weiteres Kriterium des Asylverfahrens benannt. Wie diese genau aussieht und von wem sie an welchem Ort angeboten wird, bleibt offen. „Unabhängig" meint etwas für sich Stehendes, das keiner Instanz unterstellt ist. Hiermit könnte eine Asylverfahrensberatung jenseits der oben genannten Instanzen gemeint sein. „Flächendeckend" markiert eine räumliche Dimension. Die Beratung soll an jeder Stelle des AnKER-Zentrums zugänglich sein. Es sollen keine Versorgungslücken entstehen. Der Begriff der Beratung untermauert, dass das Asylverfahren nicht selbsterklärend ist, sondern die Betreffenden Informationen brauchen, was auf eine Komplexität des Verfahrens hindeutet. Ein komplexes Verfahren, das in standardisierte Prozesse eingebettet ist, reduziert in erster Linie die Komplexität für den Verwaltungsapparat. Für die zu Beratenden scheint von Bedeutung, Wissen von einer unabhängigen Instanz zu erlangen, um den Prozess überhaupt verstehen zu können. „Gewährleisten" ruft Assoziationen an die Gewährleistung von Sicherheit, zum Beispiel beim Betreten eines Baugerüsts hervor. Genauso werden spezifische Rechte gewährleistet, zum Beispiel in einem Sozialstaat. Der Begriff umschreibt die tatsächliche Durchsetzung einer Vorschrift oder eines Rechtsanspruchs. Die Beratung soll nicht nur zum Schein existieren. Sie soll dem Papier zufolge tatsächlich in Anspruch genommen werden können.

„Über die Frage von Zuständigkeit und Trägerschaft wird eine Vereinbarung zwischen Bund und Ländern getroffen" (Z. 4995 f.).

„Zuständigkeit" und „Trägerschaft" können sich entweder auf die Asylverfahrensberatung oder das AnKER-Zentrum insgesamt beziehen. Bund und Länder sollen eine „Vereinbarung" treffen. Erneut drückt das Papier eine angestrebte Entwicklung aus. Eine Vereinbarung umschließt mindestens zwei Parteien und will Verbindlichkeit herstellen. Die Klärung von Zuständigkeit und Trägerschaft dient der Komplexitätsreduktion und Etablierung dauerhafter Routinen. Hier zeigt sich das Bestreben, nachhaltige Verwaltungsstrukturen zu entwickeln.

Zeile 4997 ist eine Leerzeile. Diese suggeriert, dass nun ein neuer, thematisch eigenständiger Punkt folgt.

„Die Bundesrepublik Deutschland hat sich in den vergangenen Jahren in einzigartiger Weise humanitär engagiert. Menschen, die von Krieg und Verfolgung betroffen sind, bieten wir Schutz" (Z. 4998–5000).

Die Sequenz wird mit einer nationalstaatlichen Rahmung eröffnet. Es geht um den Staat „Bundesrepublik Deutschland", dessen humanitärer und außergewöhnlicher Einsatz der vergangenen Jahre herausgestellt wird. Die Betonung von Engagement findet sich zum Beispiel bei Ehrungen und Preisverleihungen für ehrenamtlich Tätige, die sich über das erwartete Maß hinaus in die Gesellschaft einbringen. Analog hierzu hebt die Sequenz das Engagement des Staates Deutschlands hervor und bringt zum Ausdruck, dass ein solches Engagement nicht zu den üblichen Aufgaben des benannten Staates gehöre. Das Engagement erscheint als etwas, wofür Dank und Applaus eingefordert werden kann. Dass es sich bei der Gewährung von Schutz unter bestimmten Umständen um einen Rechtsanspruch der Betreffenden handelt, wird nicht genannt. Auf die Feststellung dieses Engagements in der Vergangenheit folgt eine Klärung der Gegenwart: Ein diffus bleibendes „wir" bietet spezifischen Menschen „Schutz". Schutz wird nicht allen Menschen bedingungslos gewährt, sondern jenen, welche „von Krieg und Verfolgung betroffen sind". „Schutz" ist auf eine Bedrohung ausgerichtet und meint ein Abschirmen dieser Gefahr. Ein prospektiver Blick ist damit zunächst nicht verbunden. Wie es im Anschluss weitergeht, bleibt offen. Die Passage lässt Bilder von umherwandernden Menschen aufkommen, die bei Regen Schutz in einer Hütte suchen – und diese Hütte mit Besserung der Wetterlage wieder verlassen.

In der Sequenz stehen sich das „Wir" und die Schutz suchenden Menschen als zwei differente Einheiten in einer durch Abhängigkeit gekennzeichneten Position gegenüber. Das „Wir" verfügt über die Entscheidungsmacht, ob und wem es Schutz bietet. Diejenigen, die um Schutz bitten, sind dem „Wir" unterworfen.

„Wir haben das Recht zu wissen, wer in unserem Land leben will" (Z. 5000).

Im Verlauf des Papiers beansprucht das noch immer diffus bleibende „Wir" das „Recht", Wissen über jene einzufordern, welche in „unserem Land" leben wollen. Das „Wir" wird als zugehörig zu Deutschland gezeichnet. Diese Zugehörigkeit korrespondiert mit einer Wächterfunktion. „Anderen" ist ein Aufenthalt in Deutschland nicht bedingungslos möglich. Die Vormachtstellung des „Wir" wird nicht begründet und erscheint als natürliche und legitime Position. Das Recht, Wissen über Schutz suchende Menschen zu erlangen, drückt den „Preis" aus, den die Betreffenden für eine mögliche Gewährung von Schutz aus Perspektive des „Wir" zu zahlen haben. Das Teilen des Wissens bleibt dabei einseitig: Das „Wir" absorbiert das Wissen über die anderen, ohne selbst ein Wissen über sich preiszugeben. Die Machtasymmetrie zwischen dem „Wir" und „den anderen" wird zementiert. Um welches Wissen es sich handelt und wie es generiert wird, klärt sich im Folgenden:

> „dazu bestehen besondere Mitwirkungspflichten durch die Ankommenden. Das betrifft zuallererst die umfassende Identitätsfeststellung: Name, Herkunft, Alter, Fingerabdruck. Bei ungeklärter Identität wollen wir die behördlichen Möglichkeiten zu deren Feststellungen erweitern und Identitätstäuschungen wirksamer begegnen. Die umfassende Identitätsfeststellung findet in den AnKER-Einrichtungen statt" (Z. 5001–5005).

Die Sequenz präsentiert Schutz suchende Menschen im Status der Nicht-Zugehörigen. Um eine „Eintrittskarte" in die Bundesrepublik zu erwerben, sind „besondere Mitwirkungspflichten" unabdingbar. „Besonders" verdeutlicht eine Erwartung an die „Ankommenden", sich zu „bemühen" und aktiv einzubringen. Die Passage erinnert an das Paradigma des Förderns und Forderns eines aktivierenden Sozialstaats, der von seinen Bürger*innen Eigenverantwortlichkeit einfordert und sie aktiviert, Problemlagen selbst zu lösen. Verweigern sie sich diesem Auftrag, hat der Staat die Möglichkeit zur Sanktion, die sich zum Beispiel in einer Kürzung staatlicher Unterstützungsleistungen ausdrückt. „Pflichten" markiert, dass der Appell an Mitwirkung und Eigenverantwortlichkeit nicht nur eine Empfehlung oder einen Wunsch des „Wir", sondern eine zu erfüllende Bedingung darstellt. Das Nicht-Erfüllen einer Pflicht wird in der Regel mit Konsequenzen geahndet, die an dieser Stelle unerwähnt bleiben. Die „Mitwirkungspflichten" beziehen sich „zuallererst", d. h. in einem ersten, aber nicht hinreichenden Schritt, auf die „umfassende Identitätsfeststellung". „Umfassend" taucht hier als Adjektiv erneut auf und wird konkretisiert. Es umfasst die körperliche, biografische und räumliche Vermessung des bewegten Körpers der Menschen. Identität bezieht sich nicht, wie der Begriff vermuten lassen würde, auf subjektive Identifikationen und Empfindungen, sondern auf vermeintlich feststellbare Faktizitäten. Der Verdacht, das „Wir" könnte im Zuge dieses Prozederes getäuscht werden, wird laut. Täuschungen solle wirksamer als bisher begegnet werden. Sanktionen werden implizit deutlich, aber erneut nicht konkret genannt. Identität – so ließe sich folgern – muss offenbart werden, sonst erfolgt Bestrafung. Der Ort der „Vermessung" sind die „AnKER-Einrichtungen".

Die Leerzeile in 5006 kündigt einen von der vorangegangenen Sequenz abgesetzten Gedanken an.

> „Nach der Altersfeststellung werden unbegleitete Minderjährige durch Jugendbehörden in Obhut genommen, Erwachsene verbleiben in den AnKER-Einrichtungen. Steht in Zweifel, ob es sich um Jugendliche oder um Erwachsene handelt, erfolgt die Altersfeststellung durch das zuständige Jugendamt unter Beteiligung des BAMF in den AnKER-Einrichtungen" (Z. 5007–5011).

Die Sequenz erklärt das Prozedere, das auf die Identitätsklärung folgt. Die „Altersfeststellung" erscheint hierbei als entscheidender Wegweiser: Unbegleitete Minderjährige sollen durch die Jugendbehörden in Obhut genommen und aus den Einrichtungen entfernt werden. Die Einrichtungen scheinen als nicht kind- und jugendgerecht für unbegleitete Minderjährige eingestuft zu werden. Für Erwachsene erachtet das „Wir" die Einrichtungen als „adäquaten Ort", der für ihren Verbleib vorgesehen ist. Angestrebt wird eine eindeutige Klassifikation: entweder minderjährig oder erwachsen. Kann diese Unterscheidung nicht vorgenommen werden, sollen Jugendamt und BAMF unterstützen. Die konkrete Vorgehensweise bleibt unbenannt. Im Fokus steht erneut die Verzahnung der in die einzelnen Verfahrensschritte involvierten Instanzen. Sie sollen das Verfahren legitim erscheinen lassen und ein sach- und fachgerechtes Agieren suggerieren. Weiter heißt es:

> „Um die Chance auf eine erfolgreiche Integration zu wahren und europarechtliche Vorgaben zu erfüllen, ist die Bleibeverpflichtung in den AnKER-Einrichtungen zeitlich und sachlich zu begrenzen. Sowohl in den Aufnahmeeinrichtungen als auch in den AnKER-Einrichtungen soll die Aufenthaltszeit in der Regel 18 Monate nicht überschreiten (§ 47 Abs. 1a und 1b Asylgesetz bleibt davon unberührt), bei Familien mit minderjährigen Kindern in der Regel sechs Monate. Insgesamt ist eine geschlechter- und jugendgerechte Unterbringung zu gewährleisten" (Z. 5013–5019).

Die Sequenz hebt den Faktor Zeit als Qualitätsmerkmal hervor, um Integrationschancen nicht zu blockieren und „europarechtliche Vorgaben" zu erfüllen. Die Betonung dieser beiden Aspekte drückt aus, dass Integration und europarechtliche Vorgaben potenziell durch die AnKER-Einrichtungen untergraben werden könnten. Um dies zu verhindern, wird der Aufenthalt in den „Einrichtungen" zeitlich begrenzt; so würden Integrationschancen und europarechtliche Bestimmungen noch gewährleistet. Die Sequenz formuliert nicht, wie Integration und eine Umsetzung der nicht näher spezifizierten Bestimmungen gezielt erfüllt werden könnten, sondern ex negativo, wie erreicht werden kann, dass diese nicht verletzt werden. Das Herausstellen einer „Bleibeverpflichtung" konkretisiert einen machtvollen Zugriff auf die räumliche Bewegung von Menschen. Der Ort des Aufenthalts wird mit den AnKER-Einrichtungen vorgeschrieben und ist nicht frei wählbar. Auch die zeitliche Dimension des Aufenthalts ist fremdbestimmt; für Familien mit Kindern wird die zeitliche Dauer nach unten korrigiert. Innerhalb des Settings sollen diffus bleibende geschlechter- und jugendgerechte Vorkehrungen getroffen werden.

Eine Festsetzung von Menschen an einem bestimmten Ort für eine von anderen festgeschriebene Dauer erfolgt üblicherweise in einem Gefängnis. Die Schutz suchenden Menschen erscheinen in der Sequenz als Insass*innen. Sie warten auf ihren Urteilsspruch und sind abhängig von einer Wächterinstanz. Statt Sicherheit dominiert eine Kontrolllogik. Die weitere Sequenz konkretisiert das von dieser Instanz auszusprechende „Urteil":

> „Wir streben an, nur diejenigen auf die Kommunen zu verteilen, bei denen eine positive Bleibeprognose besteht. Alle anderen sollen, wenn in angemessener Zeit möglich, aus diesen Einrichtungen in ihre Heimatländer zurückgeführt werden" (Z. 5021–5023).

Das „Wir" attestiert auf Basis des gewonnenen Wissens das Urteil: eine positive oder negative „Bleibeprognose". Eine Prognose richtet sich auf einen zukünftig voraussichtlich eintretenden Zustand und stützt sich auf Methoden, mit denen sie bestimmt werden kann. Sie wird üblicherweise von einer Person mit Expert*innenstatus in einem spezifischen Fachgebiet ausgestellt. Die Bezeichnung „Prognose" lenkt den Blick weg davon, dass das Bleiben-Können oder Gehen-Müssen kontroversen politischen Aushandlungen unterliegt und suggeriert, sich auf nicht verhandelbare, nicht beeinflussbare Kriterien zu stützen. Die Verteilung von Menschen mit guter Bleibeprognose auf die Kommunen macht Schutz suchende Menschen zu fremdgesteuerten Objekten in einem nicht selbst wählbaren Raum. Das Prozedere ist dabei in mehrere Schritte untergliedert: die Menschen werden zunächst vermessen (Wer und wie alt sind sie?), dann wird eine Prognose erstellt, welche die Menschen klassifiziert („gute" vs. „schlechte" Bleibeprognose). Und schließlich werden sie ihres vermeintlich rechtmäßigen Platzes zugewiesen. Das Verfahren ist eine Maschine, die feststellt, sortiert und platziert. Die Platzierungspraxis reicht dabei über den Ort des AnKER-Zentrums hinaus. Sie ist in ihrer Wirkmacht territorial entgrenzt. Menschen mit schlechter „Bleibeprognose" werden von der Maschinerie nach Möglichkeit in ihre „Heimatländer" zurückgeführt. Die Bezeichnung „Heimatland" nimmt dabei eine Platzierung der als nicht-zugehörig Kategorisierten durch die Maschinerie im AnKER-Zentrum vor. Doch nicht nur die räumliche, sondern auch die zeitliche Wirkmacht erstreckt sich über den Ort der Einrichtung hinaus:

"Spätestens drei Jahre nach einer positiven Entscheidung ist eine Überprüfung des gewährten Schutzes erforderlich. Für dieses Prüfverfahren werden verbindliche Mitwirkungspflichten der Betroffenen gelten. Dazu sollen Belehrungen stattfinden" (Z. 5025–5027).

Über mehr als drei Jahre hinweg unterliegen schutzsuchende Menschen mit „positiver Entscheidung" dem Eingriff des „Wir". Sie sind aufgefordert, ihren Aufenthalt in zeitlichem Abstand zu legitimieren und erneut überprüfbar zu machen. „Schutz" wird als befristeter Bedarf konstruiert und damit als etwas, das Menschen zu einem bestimmten Zeitpunkt legitim beanspruchen, aber auch wieder verlieren können. In letztem Fall kann ein Entzug des Schutzes durch das „Wir" erfolgen. Erneut werden die „Mitwirkungspflichten" der Schutz suchenden Menschen herausgestellt. Diese sind nicht verhandelbar, sondern verbindlich. „Belehrungen" zu den Mitwirkungspflichten sollen derart auf die Menschen einwirken, dass kein Widerstand zu erwarten ist. Die Einwirkungen erscheinen als Züchtigung und verdeutlichen eine Differenz zwischen jenen, die belehren und mit Befugnissen zur Sanktion ausgestattet sind, und jenen, welche belehrt werden und gehorchen sollen. Diese Binarität erinnert an eine Richter*in-Gerichteten-Konstellation, die den Gerichteten nach dem Urteilsspruch wenig bis keinen Handlungsspielraum lässt.

4.5.5.4 Vermessen, Klassifizieren, Zuweisen. Die organisationalen Mechanismen des Konzepts AnKER-Zentrum

Die Analyse verdeutlicht, dass das AnKER-Zentrum im Dokument als machtvoller Apparat entworfen wird, der systematisch auf Körper, Biografie und Bewegung der betreffenden Menschen Zugriff erlangen will. Das Konzept zeichnet sich durch die Institutionalisierung eines standardisierten Mechanismus des Vermessens, Klassifizierens und Zuweisens aus. Die Vermessung meint das Einholen von Daten über Biografie, Körper und bisherige Mobilität. Dem folgt die Klassifikation, ob sich die Suche nach Schutz auf Gründe stützt, welche von der machtvollen Apparatur als legitim oder illegitim eingestuft werden. Die Maschinerie des AnKER-Zentrums suggeriert, sich in der Klassifikation auf ein „objektives" Wissen zu stützen, ohne dessen Legitimität unter Beweis zu stellen. Es wird eine Prognose ausgestellt, welche zwischen Menschen mit „guter" und „schlechter Bleibeperspektive" unterscheidet. Die Zuweisung auf die Kommunen soll nur für erstgenannte erfolgen. Letztgenannte gilt es bei negativ beschiedenem Asylantrag in die Herkunftsländer abzuschieben. Die Wirkmacht des AnKER-Zentrums reicht damit über den konkreten Ort hinaus. Es steuert eine zukünftige Bewegung, während es die Menschen zum Zeitpunkt des Aufenthalts immobilisiert. Die Menschen sind einem zweckrationalen, auf ökonomischen Prinzipien beruhenden Verwaltungsapparat unterworfen, der soziale Zugehörigkeiten und räumliche Zuweisungen bestimmen und durchsetzen will. Paradoxerweise werden geflüchtete Menschen zu einer Mitwirkung an ihrer Kontrolle aufgefordert: Sie selbst sind es, die Daten über sich liefern und der Kontrollinstanz die Mittel zu ihrer Beherrschung darbieten sollen. Der in machtvolle Abhängigkeitsstrukturen eingebettete Appell zur unbedingten Mitwirkung am Prozess des Vermessens ist Ausdruck von Disziplinierung, die dem Subjekt als „Eintrittskarte" in ein Verfahren dient, das sich in allen Verfahrensschritten einer Partizipation durch die Betreffenden entledigt. Die disziplinierenden Mechanismen des AnKER-Zentrums lassen sich mit Michel Foucaults ([1976] 2019) Überlegungen zur Disziplinarinstitution fassen und zeigen die Aktualität seiner Ausführungen für Geflüchtetenunterkünfte auf (Rölli, Nigro, 2017). Das AnKER-Zentrum verteilt Individuen im Raum und operiert im Modus des Parzellierens und Zuordnens der angeordneten Elemente (Foucault, [1976] 2019, 183 ff.). Dabei kotrolliert es nicht nur den Ort, an dem sich ein Individuum aufhält, sondern entfaltet zugleich ein Zeitregime. Es zerlegt Handlungen von Körpern in Einheiten, gliedert die Zeit in einzelne Segmente mit spezifischen Funktionen und stellt einen „leistungsfähigen Apparat" (Foucault, [1976] 2019, 212) her, der einen machtvollen Zugriff auf menschliche Körper ausübt. Der einzelne Körper ist eingebunden in die Platzierung anderer Elemente und wird zum Objekt disziplinarischer Abläufe. „Architektur, Funktionen und Hierarchien" (Foucault, [1976] 2019, 190) bilden in ihrer Gesamtheit ein räumlich und zeitlich strukturiertes „Befehlssystem" (Foucault, [1976] 2019, 214).

4.5.5.5 Soziale Arbeit und Organisationen der Asylverwaltung. Herausforderungen und Perspektiven

Die Analyse hat die konzeptionell angelegte Unterwerfung von Menschen in Organisationen der Asylverwaltung aufgezeigt. Die AnKER-Zentren werden im Koalitionsvertrag als Orte erzwungener und verwalteter Immobilität in einer durch Mobilität gekennzeichneten Welt entworfen. Während Menschen, Dinge und Ideen im „Zeitalter der Bewegung" (Nail, 2019) in bis dato nicht da gewesener Regelmäßig- und Schnelligkeit potenziell große Distanzen zurücklegen können, sind AnKER-Zentren Ausdruck von Mobilitätsregimen, die Bewegungen steuern, gezielt verhindern und soziale Ungleichheit produzieren und verfestigen (Salazar, 2018). Einer konstatierten Normalität von Mobilität stehen sie als Orte erzwungener Immobilität kontrastiv gegenüber und lassen globale ethische Probleme deutlich hervortreten (Jensen, 2009): Wer darf darüber entscheiden, wer sich wann und für wie lange wohin bewegt und dort aufhält? Die Analyse hat herausgestellt, dass AnKER-Zentren diese Bestimmungsmacht für sich beanspruchen, sie in ein Verwaltungsprozedere übersetzen und die Bewegung geflüchteter Menschen durch die institutionalisierten Mechanismen des Vermessens, Klassifizierens und Zuweisens steuern und begrenzen wollen. Geflüchtete Menschen verlieren im Zuge dieses Prozesses an Subjektivität und sind als fremdbestimmte Masse einer auf ökonomischen Prinzipien aufbauenden Verwaltungsapparatur unterworfen. Diese Apparatur korrespondiert mit Foucaults Konzipierung der Disziplinarinstitution ([1976] 2019), deren Funktion er am Beispiel der Kaserne expliziert. Die Unterbringung umherziehender Soldaten sei für die Bevölkerung schlecht zu ertragen, sie müsse „beruhigt werden" (Foucault, [1976] 2019, 182). Der segregierte Raum der Kaserne verspreche für das „Außen" Kontrolle und verhindere eine als beängstigt erlebte Mobilität der Soldatengruppe. Die Disziplinarinstitution hat damit hohe symbolische Bedeutung und ist Ausdruck des Versuchs, Ordnung im vermeintlichen Chaos herzustellen. Im Fall von AnKER-Zentren kann die These aufgestellt werden, dass durch Segregation, Disziplinierung und Kontrolle geflüchteter Menschen auf engstem Raum die Illusion zu erhalten versucht wird, die „Oberhand" darüber zu bewahren, wann und wie sich geflüchtete Menschen fortbewegen. Geflüchtete Menschen werden als „unerwünschte Masse" und „potentiell bedrohliche andere" gezeichnet, vor welchen die nicht-geflüchtete Bevölkerung geschützt werden muss. Die Figur des Schutzes, welche der Koalitionsvertrag zunächst als Bedürfnis geflüchteter Menschen herausstellt, kehrt sich letztlich um: Es ist das „Wir" der nicht-geflüchteten Mehrheitsgesellschaft, das sich mit der Organisation der AnKER-Zentren vor der als gesichtslos konstruierten Masse geflüchteter Menschen dadurch schützen will, dass es sie von sich abschirmt.

Befähigung, soziale Unterstützung und Anwaltschaft, wie sie als Prinzipien in der Sozialen Arbeit verwurzelt sind, stehen konträr zu den organisationalen Mechanismen der Mobilitätsbegrenzung und Fremdbestimmung. Sozialarbeiter*innen und Erzieher*innen sind in den AnKER-Zentren präsent, wenn die Jugendämter involviert oder Formen der Kinderbetreuung und Sozialberatung in den Zentren realisiert werden. Sie sind mit einer Organisationsstruktur konfrontiert, die pädagogischen Prinzipen zuwiderläuft. Wie ist professionelles Handeln unter diesen Bedingungen möglich? Und aus Perspektive geflüchteter Menschen gefragt: Wie ist Überleben und Alltagsleben in einem solchen Setting bewältig- und gestaltbar?

Die Konzeptanalyse verdeutlicht die zweckoptimierte Stoßrichtung des AnKER-Zentrums. Es ist ausgerichtet auf eine ökonomische Verwaltung und Kontrolle von Menschen mit komplexen Biografien und Erfahrungen. Empirische Studien weisen darauf hin, dass geflüchtete Menschen Zeit, vertrauensvolle und routinierte Beziehungen und sichere Orte brauchen, um über ihre Erfahrungen im Herkunftsland und auf der Flucht zu sprechen (z. B. Zeller et al., 2020). Ihre Konfrontation mit einer derart konzipierten Organisation lässt die These zu, dass sich unter diesen Bedingungen nur schwer pädagogische Beziehungen aufbauen lassen. In diesem Zusammenhang ist unabdingbar, dass sich Soziale Arbeit als organisationsbasierte Profession versteht und sich in die Ausgestaltung der Geflüchtetenunterbringung involviert, um die Bedingungen für ihr pädagogisches Wirken überhaupt zu schaffen. Soziale Arbeit ist grundlegend von bürokratischen Prozessen und (nicht-)pädagogischen Organisationen umspannt und in deren Herstellung selbst involviert (Schröer, Wolff, 2018). Die Gestaltung von Organisationen ist eine ihrer genuinen Aufgaben und verbindet „System- und Akteursperspektive" (Göhlich, Tippelt, 2008, 633). Im Zuge disziplinierender Organisationen der Asylverwaltung ist eine aktive Mitwirkung unabdingbar. So gilt es, innerhalb von Geflüchtetenunterkünften Öffnungen zu erschließen, multiprofessionell mit anderen Instanzen in Austausch zu treten und die Unterkünfte trotz aller Barrieren und Restriktionen als potenziell veränderbare „Sozialgebilde" (Göhlich et al., 2014, 4) zu begreifen. Hiermit entlastet sich die Soziale Arbeit nicht von einem Advocacy Work auf politischer Ebene und einer grundlegenden Kritik an der Segregation geflüchteter Menschen in Großunterkünften; da jedoch von einem längerfristigen Überdauern dieser Strukturen auszugehen ist, bedarf es einer Einmischung in die Asylverwaltung, ohne diese zu normalisieren (Hofmann, Scherr, 2017, 12). Die gegenwärtigen Debatten um Gewaltschutz, Mindeststandards und Beschwerdemanagement in Geflüchtetenunterkünften bieten hierzu Ansatzpunkte. Im Jahr 2016 wurde von UNICEF zusammen mit dem Bundesfamilienministerium die Initiative „Schutz von geflüchteten Menschen in Flüchtlingsunterkünften" mit dem Ziel einer bundesweiten Förderung von Schutzkonzepten ins Leben gerufen. In Sachsen hat der Sächsische Ausländerbeauftragte den sogenannten Heim-TÜV (2017) institutionalisiert, der das Ziel verfolgt, die Lebensbedingungen von Asylsuchenden in Geflüchtetenunterkünften in Sachsen zu verbessern. Diese Debatten bieten Potenzial, Entwicklung und Erforschung solcher Konzepte mit zu steuern (Enders, 2018). Sie offerieren Anschlusspunkte an Diskurse zu Inklusion (Homfeldt, 2020) und zu Gewaltschutz, wie sie in der Sozialen Arbeit gegenwärtig z. B. in der Pflege (Horn, Schweppe, 2019) oder in Bezug auf den Schutz vor sexueller Gewalt in pädagogischen Einrichtungen (Retkowski et al., 2018) verhandelt werden. An dieser Stelle wird deutlich, dass die Konzipierung organisationaler Instrumente grundlegende Fragen Sozialer Arbeit berührt. Ausschließende Organisationen der Asylverwaltung sind Ausdruck restriktiver Asylpolitik und kontroverser Debatten. Eine sich involvierende Soziale Arbeit macht diese Form der Unterbringung zum Gegenstand der Diskussion. Dazu bedarf es einer Analyse nicht nur der asylverwaltenden Großunterkünfte, sondern ebenso alternativer inklusiver und solidarischer Formen des Wohnens und Zusammenlebens, wie sie vielerorts bereits praktiziert werden. Beispiele hierfür sind das Sharehouse Refugio, Berlin oder das Grandhotel Cosmopolis, Augsburg. Projekte wie diese können als Ausdruck eines zivilgesellschaftlichen Strebens nach solidarischen Städten, „urban citizenship" (Kewes, 2016) und Widerstands gegen nationalgesellschaftliche Abschottungstendenzen gegenüber Menschen auf der Flucht gelesen werden (Loick, 2017, 13). Eine Reflexion von Geflüchtetenunterkünften und ihrer Alternativen bietet Perspektiven, gemeinsam mit den Betreffenden neue Möglichkeiten zum Umgang mit Fluchtmigration aus der Profession und Disziplin Sozialer Arbeit heraus zu entwickeln.

4.5.6 Contemplating the Corona Crisis Through a Postmigrant Lens? From Segregative Refugee Accomodations to a Vision of Solidarity
Claudia Böhme, Marc Hill, Caroline Schmitt, Anett Schmitz

This chapter[74] takes the coronavirus pandemic that first emerged in December 2019 as a springboard to reflect on how society deals with forced migration from a postmigrant perspective. Such a theoretical vantage seeks to ‚demigratize' research on forced migration (Römhild, 2017). Analytical inquiry then is not a mode of special research on refugees but rather it investigates the societal power relations and social inequalities that affect all human beings. The experience of forced migration is relevant for research exploring living together in society as a whole. Taking that premise as a point of departure, the present study investigates dedicated refugee accommodation centers and camps as specific settings in which persons who have fled their homes and countries are largely separated, segregated and shielded from the rest of the population. The chapter addresses the questions: What are the life realities of human beings in these settings? What significance do they have for life together in society as a whole? How is it possible against this backdrop to conceptualise postmigrant visions of an urban, cosmopolitan, inclusive and open living together in solidarity?

The Covid-19 pandemic is a global crisis, impacting on all independently of their stories of migration, and provides a context for looking in greater depth at relations in the whole of society. In the midst of a pandemic, priority is given to protecting human lives and human health. However, social inequalities and inequity are reproduced in this crisis (see Scherr, 2020b; Triandafyllidou, 2020; Wagner, 2020), in particular in regard to how refugees are accommodated. We consider it highly germane for research to focus on these spaces of inequality in order to think anew and in fundamental depth about modes and forms of temporary accommodation. This study is grounded on a step-by-step focus on the actual everyday life realities of refugees accommodated in dedicated facilities in Germany, the refugee camp Moria on the Greek island of Lesbos and the Kakuma Refugee Camp and Kalobeyei Settlement in Kenya, and looks at the exacerbation of living

---

74 Dieses Unterkapitel wurde erstveröffentlicht als: Böhme, C., Hill, M., Schmitt, C., Schmitz, A. (2021). Contemplating the Corona Crisis Through a Postmigrant Lens? From Segregative Refugee Accomodations and Camps to a Vision of Solidarity, in Gaonkar, A. M., Ost Hansen, A. S., Post H. C., Schramm, M. (Eds.), Postmigration. Art, Culture, and Politics in Contemporary Europe (pp. 319–340), Bielefeld: transcript, DOI: 10.14361/9783839448403-018. Es stellt eine leicht modifizierte Form der Erstveröffentlichung dar.

conditions there as a result of the coronavirus pandemic. The effects of the pandemic do not just foreground the debate over closure of national borders and the EU policy of sealing off its external boundaries; those impacts also intensify the stressful consequences of refugees living cramped closely together in large-scale accommodations and camps.

In a first section, the chapter discusses the risks and dangers residents in refugee accommodations in Germany are exposed to as a result of deficient protection measures during the pandemic (and not only then). That perspective is extended in a second section, which examines the daily realities of life of refugees housed in the Moria refugee camp on Lesbos and the situation in the Kakuma refugee camp in Kenya. Case examples do also focus on beyond Germany and Europe's external borders in order to avoid a methodological nationalism (Wimmer, Glick Schiller, 2002) and Eurocentrism. The study seeks to show that the deficient housing circumstances of refugees constitute a global problem. A look at daily life realities directly in situ renders it possible to gather subjective individual assessments and biographical narratives and to interrogate hegemonial perspectives. The chapter's third section confronts the problematic aspects of segregate accommodations and camps, now becoming ever more visible as a result of the coronavirus pandemic, with postmigrant visions of an open city (Hill, 2018). That section explores the potentials of living together in solidarity as a highly promising transformative vision with relevance for the whole of society, negotiating concepts of cosmopolitan, open and inclusive urban spaces as starting points for imagining a different future. The concluding fourth section sketches the vision of a plan of solidarity. It views belonging to an urban space as something not based on the criterion of national citizenship, but rather thinks beyond a separation of refugees, contrasting such exclusionary wall-building with forms of residence and living together in dynamic solidarity.[75]

4.5.6.1 Refugee accommodations and camps as danger zones

Even if individual countries and the EU are increasingly focusing their attention on grappling with Covid-19 and concentrating on the protection of vulnerable groups, the situation of refugees placed in refugee accommodations and camps in Europe and the Global South is in danger of being overlooked. In this context, dedicated accommodations in these difficult times constitute spaces of special threat and risk for their residents. This form of accommodation is fundamentally characterised by ambivalence: on the one hand refugees live separated from the rest of society and are positioned at its very periphery; on the other hand, refugee accommodations and camps are social and political spaces where formalised and

---

75 This chapter was written March to May 2020. Developments extending beyond that period of time have thus not been taken into account. Translated from German by William Templer.

informal structures of support establish themselves, and forms of the capacity to take action, such as protests and/or everyday mundane and creative economic and survival strategies are manifested (Jansen, 2016, 2018; Rygiel, 2011; Turner, 2016).

In recent decades, there has been increasing focus in research on refugee accommodations and camps in countries in both the Global North and South (Turner, 2016; Krause, 2015). Studies centering on the situation of refugee accommodations in Germany emphasise the institutionally determined situations of conflict and violence in such facilities as well as the associated huge mental and existential burdens and stress for the residents living in such circumstances (Täubig, 2009; Kreichauf, 2016; Wihstutz, 2019). In Germany, there are also differences in the form of such accommodations. Basically, it is important to stress the need for further empirical studies on institutional specifics as well as on the commonalities between the formats of refugee housing arrangements in various different regions and federal German states.

In refugee accommodations in Germany, refugees densely crowded together – individuals who differ markedly in terms of their multifarious biographies, cultural backgrounds and experiences of flight – find little room for privacy. Medical and social care is limited. Being housed in a refugee accommodation is accompanied by extensive and strict social control and surveillance by the institutional mechanisms of asylum administrative practice. Distribution of goods such as clothing and furnishing is rationed. Shower facilities are often located outside their living quarters and can only be accessed during specific limited hours. As long as a decision on request for asylum has not been made, the place of residence is assigned to an initial reception institution (§ 47 AsylG)[76] and health care is restricted to a minimum. During the first three months after submission of a request for asylum and for the duration of stay in the initial reception institution, there is no access to the labor market, aside from a few number of exceptions (§ 61 AsylG).[77] These regulations lead to a situation where life for the persons there is characterised by boredom, uncertainty about the outcome of the asylum request, worry about the future and a regimen of prolonged waiting. Under such conditions, a self-determined participation in societal subsystems is impossible. The degree of participation is precisely determined institutionally and legally. The politically designed immobilization of the persons in a place, the externally determined everyday life, and its realities in such an institutional setting restrict the use of the social space and social contacts with persons beyond the accommodations (Pürckhauer, 2019). As „quasi-total institutions" (Schmitz, Schönhuth, 2020), accommodations and camps are characterised by institutional power relations and the potential for violence and conflict (Hess et al., 2018; Krause, 2018). There is con-

---

76 https://dejure.org/gesetze/AsylG/47.html (accessed July 17, 2020)
77 https://dejure.org/gesetze/AsylG/61.html (accessed July 17, 2020)

troversy in the research literature over whether refugee facilities in countries in the Global North and refugee camps in the Global South have similar structures or differ fundamentally (Nyers, Rygiel, 2012; Johnson, 2016). McConnachie notes that refugee accommodation does indeed differ across the globe, but nonetheless despite its differential aspects evinces a shared structure of logic through the segregation of their residents from a surrounding area (2016, 398). Likewise, under the impact of the coronavirus pandemic, this structural logic is, our thesis contends, in clear evidence throughout the differing and varied forms of refugee accommodations and camps. The realities of everyday life of individuals housed in the refugee accommodations in Germany, for example – and also in the large camps in southern Europe and in countries in the Global South – threaten at least partially to be overlooked by protective measures instituted by various nation-states. National support measures seem to be applied only contingently in these places of forced lodging and cohabitation. The risks arising from such densely structured cohabitation in such institutional loci of separation and segregation appear especially evident.

4.5.6.2 The realities of everyday life in refugee accommodations in times of the pandemic

Physical social distancing in refugee accommodation facilities is scarcely possible due to the density of occupation and the overall living circumstances that prevail. In the facilities in Germany there is an operative minimum surface area of six to seven m^2 (Wendel, 2014). However, refugees often share a multiple-bedroom of 12 to 14 m^2, with three to six further refugees (initially unknown to one another). The existing common kitchen facilities and washrooms are used by all residents. Distribution of meals and options for shower are regulated by the institution and specified for certain times. These regulations necessarily lead to confrontation with other residents and staff. The management of refugee accommodations is reacting to this situation during the pandemic and its constraints. They are altering regulations on meal distribution, for example: thus, residents no longer eat in the canteens but rather in their own rooms. However, in order to pick up their meal at scheduled distribution times, they come into contact with others and waiting lines form. Individuals do not have face masks or protective gloves in all dedicated accommodation centers. There is a lack of disinfectant and soap is in short supply, negatively affecting hygiene (Riese et al., 2020).

Residents perspectives only come to the attentions of the public in individual reports: they complain about a lack of information regarding the virus, inadequate measures in order to be able to protect themselves from infection and a lack of sensitivity in the ways they are treated by the security personnel. As first Covid-19 cases were registered, whole refugee accommodations were put under quarantine without adequate information of residents and violent protests arose

(Süddeutsche Zeitung, 2020). Existing conceptions of violence protection (see https://www.gewaltschutz-gu.de/) – such as those formulated in Germany by seven federal states in connection with the initiative Minimum Standards for the Protection of Refugees and Migrants in Refugee Accommodation Centres (BMFSFJ, UNICEF, 2018) in recent years – appear in the case of the coronavirus catastrophe not to be sufficiently effective and to be reaching their limit.

4.5.6.3 Civil society voices demands

It is principally organizations in civil society, the UNHCR and critically reflected scholars who call attention to the persons forgotten within the protective measures taken during the coronavirus pandemic. In a joint statement by the working groups Migration and Public Anthropology in the German Association for Social and Cultural Anthropology (DGSKA), scholars have called for political measures. It notes that the top priority is the protection of human life for all, especially against the backdrop of the current pandemic, in order to prevent the further spread of the virus by means of targeted measures (Arbeitsgruppe Migration et al., 2020). In an ‚urgent letter', social organizations and initiatives in civil society have endorsed the need for a rapid provision of support for refugees housed in refugee accommodations and camps, and they call upon the EU to act.[78] The campaign under the hashtag Leave No One Behind demands evacuation of persons in refugee camps. Pro Asyl (2020a) points out that the flow of information regarding what is actually happening in and around the coronavirus pandemic cannot be regarded as secure and solid. Pro Asyl observes that there is a lack of personnel providing necessary information – for example, because responsible personnel fall ill and stop working, and the number of staff on the job are being reduced in order to lower the danger of infection for all. Another deficiency noted is that there are no institutional channels of information available. For that reason, Pro Asyl set up a digital news ticker for refugees with information on the coronavirus pandemic and raised demands for improving the situation. These demands were directed to the federal government, the federal Ministry of the Interior, the federal German states and the Federal Office for Migration and Refugees (BAMF). They call for the following: release persons from deportation detention; an end to the practice of hearings; desist from issuing asylum rejection decisions; make use of decentral options for lodging refugees; express solidarity with refugees in the accommodation camps and evacuate persons from these structures (Pro Asyl, 2020b). Calls for fundamental alternatives in accommodating refugees are growing ever louder now again. Nonetheless, in the spring 2020 there is still no systematic change in sight concerning living conditions of these individuals. In the refugee accommodations in

---

78   https://www.urgentletter.at/ (accessed July 17, 2020)

Germany, one can note a reactive way of dealing with the coronavirus pandemic – action is taken if there is suspected infection with the coronavirus among the residents. In May 2020 ever more refugee accommodations were placed under quarantine (MiGAZIN, 2020). The management units of the facilities now must grapple with the challenge of if and how cohabitation can be made safe and secure in the midst of a pandemic. Under the conditions of quarantine, residents' sense of powerlessness, mistrust and fears of isolation are being exacerbated. They are alarmed by the virus (Schredle, 2020). Decentral lodging, such as in youth hostels, is being organised for some individuals infected or deemed highly vulnerable, but this is not being implemented across Germany and not for all concerned (Stieber, 2020). Protests and conflicts with security staff are on the increase (Riese, 2020).

4.5.6.4 Moria, Kakuma Refugee Camp and Kalobeyei Settlement

The life-threatening situation is worsening likewise for refugees living in the hotspots and camps in North Africa and at the Mediterranean as well as in refugee camps in the Global South. Necessary resettlement programs and evacuation measures have been put on hold as a result of the coronavirus pandemic, and harbours where rescue boats can dock were also closed. Groups in civil society are endeavouring to ensure that nobody gets forgotten in this pandemic crisis and are calling attention to the deprivation of rights of refugees in camps, for example in the Greek islands (Jakob, 2020).

Focus here is especially on the camp Moria on Lesbos, which has an absorption capacity of 2,800 refugees; there are some 20,000 individuals now living there crammed together.[79] Provision of food and drinking water, necessary hygiene products, adequate sanitary facilities and secure living space is not assured (Dischereit, 2020). People are being housed in containers and tents or in provisional, self-constructed, makeshift dwellings. Long waits in line for water or to go to the toilet or wash up lead to sundry disputes, conflicts and fires and the lack of adequate medical care and sexual assaults lead to a situation of existential threat (Backhaus, 2020). Quarantine measures cannot be definitely implemented given the presence of just a single hospital in the camp. The situation is being exacerbated by the growing numbers of people in the camps and the absence of a European solution (Arbeitsgruppe Migration et al., 2020). In the spring 2020, eight EU countries declared their readiness to bring 1,600 especially endangered children to Europe. But as a result of the pandemic this initiative was postponed. In April 2020, 47 children were taken to Germany, and 12 children and juveniles up to age 17 in Luxembourg (NDR, 2020). Since April 2020 if not earlier, the interna-

---

79 Nevertheless, it is important to point out here that problem areas along similar lines can crop up in other camps as well. Empirical research is needed in order to be able to sketch a differentiated picture of the actual situation.

tional press has also had increased reportage about a rise in cases of coronavirus infection likewise in the camps in southern Europe, with special attention to the Moria camp on Lesbos (Zoch, 2020). Leaflets issued by the Greek authorities in various languages instruct those living there to preserve social distancing and maintain the necessary hygiene measures. The Danish aid organization Team Humanity provided sewing machines in an improvised workshop next to the camp and taught the residents how to make protective face masks.

While aid organizations like Doctors Without Borders and activists in civil society are calling for total evacuation of the camp, to date only a selected few more elderly persons and families have been brought to the Greek mainland. In their plight, refugees from the Moria camp issued a second call in May 2020 demanding assistance from the EU, the governments of European countries and civil society (Moria Camp, 2020).

4.5.6.4.1 Kakuma Refugee Camp and Kalobeyei Settlement in Kenya. Ethnographic Insights

If we turn to examining the situation in the large refugee camps in the Middle East, Asia and Africa, then a key question arises regarding the everyday situation in camps with a population in the range of six digits. One of these is Kakuma Refugee Camp, along with the bordering Kalobeyei Integrated Settlement in Kenya.

With a population that has burgeoned in the meantime to almost 200,000 (as of March 2020)[80] coming from over twenty countries with multifarious political social and economic structures, the camp resembles an „accidental city" (Jansen, 2011). Its history extends back to the year 1992. At that time, the expelled „Lost Boys of Sudan"; young Nuer and Dinka children, who in the course of the second Sudanese Civil War (1983–2005) were separated from their parents or made orphans, and were in search of a place of refuge. The Kenyan government declared it was prepared to set up a camp for the displaced. Today the camp comprises four quarters (Kakuma 1, 2, 3 and 4) as well as the settlement Kalobeyei with its three self-administered villages (UNHCR Kenya, 2020). Alongside the UNHCR there are other organizations active in the camp. The refugee camp is situated in the northwest of Kenya at the periphery of Kakuma town in the district of Turkana West, ca. 120 km from the nearest small town of Lodwar and 130 km from the border with South Sudan. It is surrounded by a semi-arid desert environment that experiences regular sandstorms, high daytime temperatures from 35° to 38° Centigrade and recurrent outbreaks of malaria and cholera (UNHCR Kenya, 2018). The

---

80 The refugees come from the following countries: South Sudan, Sudan, Somalia, Ethiopia, Eritrea, Democratic Republic Congo, Congo Brazzaville, Ruanda, Burundi, Tanzania and others (UNHCR Kenya, 2018a, 2020).

majority of the surrounding local population are Turkana, nomad cattle herders, who under the extreme prevailing climatic conditions have difficult access to water, grazing land and other resources essential for life. As the access to water and pastureland is restricted under these extreme climatic conditions, the area has become a place of regular intergroup and cross-border violence with the neighbouring Pokot, Karamojong and others. Likewise, the relation between the local population and the refugees is ambivalent and tense, since some of the Turkana – in comparison with the refugees that are supplied and assisted by the aid organizations – do not think their needs are being properly perceived and met (Aukot, 2003, 74; Böhme, 2019).

4.5.6.4.2 Gaining insight into the daily life realities of two women living in Kakuma

In the framework of a research trip by one of the authors to Kakuma (see in detail Böhme, 2019), it proved possible to make contact with two young women, Jamilah und Fazilah.[81] What their everyday situation looks like and how it was changed by the coronavirus is described below based on ethnographic fieldwork. Jamilah fled from Somalia together with her parents in 1992 and has married and raised two daughters in Kakuma. After her divorce she has been raising her children by herself as a single mother. She works for an NGO and for an international organization in the camp. She hopes to be able to participate in a resettlement program in order to escape from life in the camp. In February 2020 Jamilah learned about the possibility of being accepted into the German Resettlement Program. The interview with the German delegation in March went well which fostered her excitement, hope and anticipation to a possible future in Germany.

Due to the coronavirus pandemic, in mid-March 2020 all resettlement measures from Kakuma to other countries were halted. Her dream burst asunder. Fazilah was born in Kakuma after her parents had fled South Sudan. She completed her secondary education in the camp and dreamed of a scholarship in order to be able to study abroad. Her engagement and work in the camp ultimately led to her being awarded a scholarship by the University of Nairobi in 2018 and she was able to leave the camp (see in detail Böhme, 2019).

On March 20, 2020, the newspapers reported on the threat of coronavirus for the camp. Security personnel had stopped a Somali man returning from the US in

---

81 The names of the two women have been anonymised. The empirical material was gathered off- and online by Claudia Böhme from 2017 to 2020 in the common research project with Michael Schönhuth supported by the DFG (German Research Foundation) „Vertrauensbildung und Zukunftskonstruktion über Smartphones und soziale Medien an Zwischenorten transnationaler Migration am Beispiel von Geflüchteten aus Ostafrika" (Trust Building and Future Construction through Smartphones and Social Media at Transit Places of Transnational Migration with the Example of Refugees from East Africa). The authors of this chapter wish to express their heartfelt gratitude to these two women for sharing their experiences.

his car on the road to Kakuma, who had symptoms of the virus. He and the passengers in his car were placed in quarantine (see in detail Lutta, 2020). Shortly thereafter first rumours began to circulate that the virus had arrived in via Facebook. Since then Jamilah has been trying to remain with her two daughters in the small compound. Fazilah communicated her worries about the health of the residents in the camp via Facebook together with a selfie with children of the camp, along with a call for contributions for hygiene articles badly needed. People are dealing creatively with the lack of soap and disinfectant. A post on Fazilah's Facebook page shows the water canister suspended on the side of a corrugated iron hut, with soap installed on above it; this serves as the water faucet form the family. At the end of March, a radio station reported that the Muslim camp residents were reciting prayers against the spread of the virus (REF FM Community Radio, 2020). Schools and social facilities were closed, and the residents were told they had to remain at home within their limited dwellings. There was a national lockdown from 7 p.m. to 9 a.m. Whoever breaks the lockdown can be arrested. The Covid-19 lockdown caused bottlenecks in supplies for food and medical articles for the camp (Rodgers, 2020). While the refugees waited for the distribution of food rations, they had to maintain social distancing marked out by chalk lines drawn on the ground (UNHCR, 2020). As the first Covid-19 case was reported on May 25, the camp was officially closed for entrance and exit (Nation TV, 2020). For the people living in the camp this means they even feel more imprisoned than before.

4.5.6.5 Move marginalised knowledge to the centre, develop perspectives for living together in solidarity

Our remarks here have sketched the situations of refugees in accommodations and camps in the Global North and South. Dangers threatening these individuals have become particularly evident. In March/April 2020 the World Health Organization formulated an answer for responding to these grievances described. The WHO recommendations for dealing with the Covid-19 pandemic in the large refugee camps underscores five central points:

1. Limit human-to-human transmission, including reducing secondary infections among close contacts and healthcare workers, preventing transmission amplification events, strengthening health facilities;
2. Identify and provide optimised care for infected patients early;
3. Communicate critical risk and information to all communities, and counter misinformation;
4. Ensure protection remains central to the response and through multi-sectoral partnerships, the detection of protection challenges and monitoring of protection needs to provide response to identified protection risks;

5. Minimize social and economic impact through multi-sectoral partnerships (WHO, 2020a, 2).

In April 2020 an answer then followed about how to deal with the grievances beyond the large camps, as had become clear in the refugee accommodations in the member states (WHO, 2020b). This set of proposals is conceived as ‚interim guidance' and comprises recommendations for coordinating and planning preventive and reactive measures to protect from the coronavirus. Therefore persons housed in refugee accommodations should be granted the same rights, resources and access to medical care as all other groups in the population. Even if these recommendations suggest important points for dealing with the pandemic, they do not resolve and liquidate the basic problems connected with housing refugees on the periphery of society. Those fundamental problems constitute the point of departure in this section of the chapter for developing visions for living together in society. Decisive here for being able to develop such visions is the knowledge of the people affected, their life realities and situation locally. Our reflections should be seen as an initial stimulus for thought on these problems and require further research and practice. First of all, we argue for a postmigrant perspective which is highly relevant for research. Such a perspective focuses upon types of knowledge that are marginalised by hegemonic discourse – as the point of departure for research on forced migration that views itself as critical of society. This includes for example the knowledge about the form of housing and innovative local life strategies and realities grounded in refugees' experience. Front and centre in this approach are the perspectives and knowledge of the actual individuals affected. That is because refugees cannot be viewed one-sidedly, reduced to having a single social role. Although a person who has fled her or his home is in many respects especially vulnerable or living in a precarious and at times dangerous situation, nonetheless specifically in such situations particular abilities for taking action play a large role (Kohli, 2007). Refugees housed in camps should not be viewed per se or exclusively as victims. Rather, from a postmigrant perspective it is important to deconstruct the binary construction of ‚victim' and ‚helpers' (Seukwa, 2006). Examples like those of Jamilah and Fazilah make clear how people grapple as active agents with marginalising life circumstances and even under precarious conditions develop the ability to take action. In order to be able to deconstruct one-sided social roles such as the over-represented role of the victim, relevant from a postmigrant research perspective on refugees is also to point up and describe creative life strategies under the prevailing circumstances of forced migration: how individuals under the most difficult conditions of life can transform emergency situations into virtues. A critical, postmigrant perspective does not simply suffice with identifying these forms of agency. Rather, it reflects on how to change social environments. Our analysis in the section above makes clear that cohabitation in refugee accommodations and camps is marked by a severe lack of living space and uncertain prospects for the future. Camps in countries in the Global South, as exemplified in our remarks on the situation in Kenya – in contrast with refugee facilities in Germany for example – exhibit a different history and a high number of residents of hundreds of thousands. Some of these persons spend in effect their entire lives in structures similar to cities, the Palestinian refugee camps as the most prominent example. Despite these differences, in the customary debates on protection in connection with the coronavirus pandemic, refugees both in the North and Global South are not accorded sufficient attention, such as by the EU. Their life situation, in any case marginalised, is currently being exacerbated, giving rise once again to the question: how can the life situations be described, analysed and changed in joint participatory action with those affected (Donnelly, Ní Raghallaigh, Foreman, 2019; Von Unger, 2018)? This touches on questions about how to grapple with global inequality and requires further reflection and research on how individuals, independently of their nationality and life situation, can be protected from global emergencies, and also how they can be empowered to make their conceptions of a good life a concrete reality. In this context, viewing refugee accommodations and camps not as a fixed format of asylum administration cast in stone opens doors for thinking out-of-the-box about the current situation, confronting it with creative and transformative postmigrant reflections.

Viewed historically, flight migration is not a temporary phenomenon. For that reason, they have to be approached and thematised in a lasting and continuous manner. Human mobility is likewise an anthropological constant and the topics of residence, labour and social inequality comprise concerns for society as a whole. However, as a global phenomenon, the coronavirus pandemic raises anew the question of what kind of global society human beings live in and wish to live in. One sense and purpose of a postmigrant discussion is to make global challenges the point of departure for cosmopolitan, inclusive optimistic and solidarity-based reflections. From a postmigrant perspective it is necessary to turn around the prevailing angle of vantage and to think in terms beyond the borders of nation-states and rescuer/victim dichotomies. Drawing on reflections by Mark Terkessidis (2017, 73), it is necessary to develop an optimism relevant for the whole of society in order to actually achieve progressive solutions in the era of mass (forced) migration and Human Flow. In order to prevent protection and human dignity from being degraded into exclusive rights and to avoid further intensifying social inequality on all levels in society, the following questions have to shift from the margins to the centre of society:

- How can social security, protection and a life in dignity be organised and shaped under conditions of forced migration?

- In what way can forced migration be raised thematically in discourse as central components of social life and binary categorizations of human beings according to their origin and forced flight or migration status be suspended?
- How can the topic of forced migration be shifted to the centre of attention and be viewed from a pan-societal perspective?
- How in such a process can the manifold forms of knowledge developed by the affected individuals across the planet be taken into proper account?

The extensive exclusion of refugees – or their consideration only as peripheral in national and international protection measures and debates on protection – renders questions of living together in solidarity and respect relevant. That is because social security and social protection come up against their limits and boundaries in a world organised on the basis of nation-states. Serious gaps in support within the context of the current pandemic are becoming visible once again. They are an expression of fundamental asymmetries of power and a marginalisation of those on the move across an order based on nation-states (Raithelhuber, Sharma, Schröer, 2018). The coronavirus pandemic makes it imperative to explore further solidarity-oriented concepts of inclusive social togetherness, to make that an object of in-depth inquiry and to test its potentials and limits. In this connection, it is especially crucial to take those into account who are constrained to live in uncertain and precarious spaces. Over the longer term, it is imperative, along side refugee accommodations, to investigate solidarity-based forms of residence, as are experimentally developed in various communal forms of living together. Likewise, it is important to perceive and recognise the strategies of coping and design adopted by refugees in their everyday life worlds, and proceeding from that to re-imagine anew residential and living areas. This can entail avoiding the destruction of solidarity-based infrastructures of cohabitation and economic activity that refugees in camps have conceived and implemented by and for themselves; we need only recall the case of the refugee tent city encampment in Calais in France forcibly dismantled in the fall of 2016 (Agier et al., 2018). Camps develop their own infrastructures and generate alliances in civil society, which in their organic growth – in tune with the needs of the residents living in the refugee accommodations – come to appear ever more similar to small or even big cities. Tiny shops, libraries or spots to charge a mobile phone spring into being within this framework (Volk, 2017). It is important to take this human potential seriously; it needs to be welcomed and utilised as a possibility to create and fashion new forms of human togetherness. Crucial and central in this are in particular the knowledgeof the local residents and the necessity to adopt perspectives close to actual realities on the ground. It is necessary to look precisely to those persons who are pioneers setting a public example of how they deal with dangerous and threatening life situations. This knowledge is significant and should be a focus of research. Central here is the question as to how the people involved wish to live, what visions arise in an existential conflict situation despite or due to such adversities, and what potentials for realization can be exploited.

4.5.6.6 Future prospects: on the way to a cosmopolitan, inclusive plan of solidarity?

We wish in closing to focus on specific examples of people's knowledge and concrete action that to date has been insufficiently examined – while simultaneously keeping in mind that this focus needs to be expanded.

In European countries since the ‚long summer of migration 2015' (Hess et al., 2016), solidarity-based urban initiatives have developed, for example in Greece, Spain and Germany (Doomernik, Ardon, 2018). These alliances grounded on solidarity espouse the notion of a resident citizenship; they pursue the aim of creating an urban space free from fear, inclusive and full of zest for life. The engagement in building solidarity is advanced in this connection by trans-urban networking (such as https://solidarity-city.eu/de/). What is meant is an organization of support not coupled with constructions of belonging to a nation-state. In this conception, access to social benefits – such as health care provision, education, a place to live and work – is enjoyed by all persons who are resident in a given locality (Hill, Schmitt, 2020). The conception seeks to break free from the potential barrier of having to have a specific nationality qua legal citizenship in order to participate. The notion of solidarity-based togetherness in urban space is oriented to the concept of the ‚sanctuary city', which is an idea that has been spreading in the US and Canada since the 1980s (Bauder, Gonzales, 2018). The urban vision of cities of solidarity foregrounds inclusive spaces of human beings living together. In this conception, forced migration is viewed as a central component of social and societal life. We contend that foregrounding and dealing with cities of solidarity can, under the impact and in the wake of the coronavirus pandemic, provide new social and broader societal stimuli. Since 2015 numerous localities have declared themselves a ‚solidarity city'. In the network Solidarity Cities (https://solidaritycities.eu), mayors and representatives of cities have banded together in order to call attention to the central role of towns and cities in dealing with processes of forced migration and to call for political codetermination. Their aim is formulated on their homepage in these words: „Solidarity Cities is open to all European cities wishing to work closely with each other and committed to solidarity in the field of refugee reception and integration" (https://solidaritycities.eu/about). On the ground locally, in the neighbourhoods and city districts, it is mainly social alliances and groupings in civil society that seek to translate postmigrant visions in concepts for practical everyday living (Bukow, 2018). Thus, already available are a range of knowledge resources and global experiences with forced migration, which specifically in regard to the coronavirus pandemic appear valuable to utilise in designing forms of accommodation in keeping with human dignity and cosmopolitan inclusive ways of life. The book So schaffen wir das – eine Zivilgesellschaft im Aufbruch (That's how we can do it: A civil society on the move, 2017) by Schiffauer, Eilert and Rudloff contains portraits of support movements operative in civil society espousing progressive urban visions of living together. One example is Queere Unterkunft Berlin (Queer Accommodation Berlin), run by Schwulenberatung Berlin (Gay Advice Berlin), a residential facility for LGBTI* refugees. This form of residence has a unique character and is a cosmopolitan, inclusive measure that protects LGBTI* refugees from discrimination, forging innovative alliances in the sphere of social work. United together here are emergency and community facilities, psychosocial and legal counselling services, a special community ‚integration kitchen' and a residential project that is oriented to diversity (Schiffauer, Eilert, Rudloff, 2017, 47–49). The Refugio Berlin (https://refugio.berlin) is a cosmopolitan residential project that aims to achieve an equitable form of living together including both long-established residents and newcomers. Through providing rooms for local events and a café, it seeks with its own visions to influence attitudes and spur change in the urban quarter. It becomes clear here how the inventive absorption of refugee families can lead to revitalising of cityscapes. Solidary alliances are also developed at the forgotten hotspots on the Greek islands as well as in countries which accommodate a large quantity of refugees in the Global South. On the island of Lesbos several NGOs and communal initiatives are working on concepts integrating refugees into the host communities: Lesvos Solidarity for example is a Greek NGO supporting refugees together with the local population. The NGO offers shelter and support, local integration by giving people a voice with their skills and knowledge. The NGO connects the different people in the area and aims to be a connecting hub (Lesvos Solidarity, 2020). On a larger scale, UNHCR initiated a „Settlement Approach" to find alternative ways to the separated encampment of refugees. The approach aims to account for the long durance of displacement of refugees from certain regions and the strong beneficial socio-economic impact of refugees in certain regions. Its aim is to build up social and cultural co-operations between refugees and the local population. The Kalobeyei Settlement just next to the Kakuma refugee camp is one such example. In cooperation with the Turkana County Government, UNHCR, EU and other partners, the Kalobeyei Integrated Socio-Economic Development Programme (KISEDP) was initiated in 2015[82] to promote the self-reliance of refugees and the host population in Turkana West to enhance their livelihood opportunities, to create an enabling environment, to strengthen skills and capabilities of refugees and people without the experience of flight and to strengthen the community's resilience as a whole (UNHCR, 2018b). The settlement opened in 2016 and is up to date accommodating around 37,500 refugees. Kalobeyei represents

---

82 The settlement project follows a three-phase approach with a preparatory stage in 2016–2017 followed by Phase I (2018–2022), Phase II (2023–2027) and Phase III (2028–2030).

an innovative model of the global refugee accommodation and is an alternative to closed camp spaces. Betts et al. (2020) differentiate in their comparative study of the Kakuma camp and the Kalobeyei settlement between benefits and limits of the two concepts.

In Kalobeyei, many resources to enable the promoted self-reliance like public goods were limited for refugees. But as the authors note, due to an alternative aid model the extent of agriculture and cash transfer and in this way nutrition and perceived autonomy were much greater in Kalobeyei than in Kakuma. The authors conclude that Kalobeyei – while still in the first phase – could succeed if only the theoretical concepts of self-reliance would adequately be translated into practice (Betts et al., 2020, 220).

It is precisely these examples that clarify that forced migration does not necessarily have to be accompanied by immobilisation, rigid control and defensive measures towards refugees. Rather, people's mobility can support cosmopolitan inclusivity and serve as engines for development par excellence for both the rural and urban areas. Within discussion in urban sociology, it is specifically the laws of urban life that allow for new residents being able to move freely and individually in the cityscape without requiring the approval and consent of the residents in the neighbourhood (Bude, 2019, 37–38). These diverse landscapes constitute a success paradigm for absorption of new arrivals. Yıldız (2013, 45–46) has commented pointedly on this aspect: „city is migration". Without the in-migration of persons or structural options and facilities that make it possible for people to commute easily from one point to another – making almost momentarily their choice for where, when and with whom they establish solidarity alliances – today's cities and our global conceptions of them would even be hardly conceivable at all. It is these developments, that need to be taken in consideration when thinking of new ways of living together in a postmigration society (Foroutan, 2019, 198–200). The solidarity-based alliances sketched in this chapter develop new spaces of solidarity with strong visions of togetherness. They basically show how it is possible to react progressively in situ to human mobility (Hill, 2018). This is bound up with a sustained rethinking and modification of the structural modes of designing of our diverse landscapes in respect to the increasing diversity that characterises them (Sennett, 2018). Consequently, it is these progressive landscapes and solidary action that develop visions thriving on openness and further development. These alliances need to be recognised and taken into account. It is necessary to utilise their potentialities for an open, cosmopolitan and inclusive way of dealing with human flight and migration. The separating, segregative refugees accommodations call out for the need – not only during the coronavirus pandemic – of local action and the development and implementation of visionary concepts: in refugee camps and accommodations all across the planet, individuals and groups are forging creative strategies for grappling and coping with their situation from an isolated position. It is precisely the knowledge of those persons that must shift from the public periphery into the very centre of deliberation and action. Grounded on that central point we seek to initiate what we have derived from analysis in our critical confrontation with refugee accommodations and camps: the vision of a solidarity plan for society as a whole. This plan goes beyond the barriers of closure and separation of people in segregated accommodations. Instead, the knowledge of those individuals directly affected has to be placed front and centre, and proceeding on from there, new visions need to be imagined, thought through carefully and then made concrete reality.

4.5.7 Inklusive Solidarität. Ethnografische Erkundungen im urbanen Raum

Der Begriff[83] der Solidarität erlebt gegenwärtig eine Renaissance (Bude, 2019). In den Jahren 2020 bis 2022 war er im Zuge der Corona-Pandemie in aller Munde: Ob in der Parteienpolitik, wenn Politiker*innen in zahlreichen Ländern dazu aufrufen, sich durch physische Distanzhaltung solidarisch zu verhalten, oder in den Nachbarschaften, wenn sich Menschen beim Einkaufen unterstützen oder ihre Solidarität mit Einzelhändler*innen und Kulturschaffenden vor Ort durch Spendenaktionen zum Ausdruck bringen (Hill, Schmitt, 2020). Zeitgleich zu diesen Wellen der Solidarität zeigen sich Begrenzungen darin, dass geflüchtete Menschen in Camps und Geflüchtetenunterkünften – wenn überhaupt – nur verzögert evakuiert werden und dem Virus unter beengten Lebensbedingungen ausgesetzt sind (GRITIM-UPF, 2020, 5). Solidarität ist nicht selten nationalstaatlich verkürzt (Scherr, 2020b). Dem schillernden Begriff ist die Konstruktion eines Wir inhärent, einer Gruppe also, die sich zueinander solidarisch verhält und paradoxerweise mit der Konstruktion eines Nicht-Wir einhergeht, das aus der solidarischen Community ausgeklammert wird.

Auch im langen Sommer der Migration im Jahr 2015 wurde offenkundig, dass sich solidarische Allianzen in einem Spannungsfeld bewegen und Solidaritätsappelle einerseits inkludierend sein können, andererseits aber auch zur Konstruktion von Grenzziehungsprozessen missbraucht werden. Dies etwa dann, wenn rechtsextreme Netzwerke im Wunsch nach nationalstaatlicher Abschottung und einer antizipierten Sorge vor ‚Überfremdung' als solidarisch bezeichnete Zusammenschlüsse formieren (Grumke, 2012, 325). Diese Zusammenschlüsse lösen den Begriff der Solidarität aus seinem gerechtigkeitsorientierten Rahmen und konstruieren eine als homogen imaginierte Wir-Gruppe. Die Wir-Gruppe

---

83 Dieses Unterkapitel wurde erstveröffentlicht als: Schmitt, C. (2020). Inklusive Solidarität. Ethnografische Erkundungen im urbanen Raum. soziales_kapital. wissenschaftliches journal österreichischer fachhochschul-studiengänge soziale arbeit, 24(2), 392–410. Es stellt eine leicht modifizierte Form der Erstveröffentlichung dar.

Fotografie 1: „Mir packen dat!". Solidaritätsbekundung vor der Porta Nigra in Trier zur Zeit der Corona-Pandemie, März 2020 (Fotografin: Anna Kondziela)

beruft sich auf Differenzkategorien wie Nationalität, Geschlecht oder Religion und spaltet sich von einem entworfenen Nicht-Wir, dem konstruierten Feindbild, ab. Solche Konstruktionen gehen mit gefährlichen Konsequenzen einher: Rechtsextreme Parteien erstarken gegenwärtig in zahlreichen Ländern und rassistische, antisemitische, antimuslimische und antifeministische Angriffe sowie Anschläge auf Geflüchtetenunterkünfte nehmen (nicht nur) in Deutschland zu (z. B. FG Migraas et al., 2020). Dem stellen sich weltoffene Allianzen vor allem in den Städten entgegen.

Städte gelten seit jeher als zukunftsweisende Räume progressiver Ideen und machen Menschen und Kollektive als „agents of change" (Williams, 2016, 4) sichtbar. Diese agents etablieren solidarische Allianzen und setzen sich für eine Teilhabe aller im urbanen Raum, aber auch auf dem Land ein (Augustín,

Jørgensen, 2019). Solidarische Allianzen entstehen in Form von Wohnprojekten, ökologischen und sozial verträglichen Wirtschaftsformen, zivilgesellschaftlichen Nachbarschaftsprojekten oder in migrantischen Selbstorganisationen (Al-Hussein, 2020). Sie engagieren sich in den Quartieren, Regionen sowie in transurbanen und transregionalen Netzwerken und begeben sich auf die „Suche nach neuen Formen sozialer Vergemeinschaftung" (Kaschuba, 2017, 20). So orientiert sich etwa die Initiative Solidarity City: eine Stadt für alle (Solidarity City, 2020, o. S.) an der Idee, urbane Teilhabe für alle – unabhängig von Pass, Aufenthaltsstatus, religiöser Zugehörigkeit, sexueller Identität oder Geschlecht – herzustellen. Im hiervon zu unterscheidenden Städtenetzwerk Solidarity Cities schließen sich Bürgermeister*innen mit dem Wunsch nach kosmopolitischen Umgangsweisen mit Fluchtmigration zusammen. In ihrer Selbstdeklaration beziehen sie sich ausdrücklich auf Solidarität als Wert menschlichen Zusammenlebens: „Solidarity Cities is open to all European cities wishing to work closely with each other and committed to solidarity in the field of refugee reception and integration" (Solidarity Cities, 2020, o. S.). Mitwirkende Städte sind unter anderem Amsterdam, Barcelona, Berlin, Gaziantep, Leeds, Luzern, Ljubljana und Wien.

Das vorliegende Kapitel nimmt diese solidarischen Entwicklungen zum Ausgangspunkt, um solidarische Allianzen in der Stadt Trier zu erkunden. Vergleichsweise kleine und mittelgroße Städte wie Trier sind in der wissenschaftlichen Literatur zu solidarischen Stadtformationen bisher nur wenig im Blick. Es sind zumeist Metropolen wie Berlin oder New York City, die aus dieser Perspektive heraus beforscht und als urbane Experimentierfelder vielfach beachtet werden (Yıldız, 2018, 167). Dabei finden sich auch in Städten wie in Trier mit seinen rund 110.000 Einwohner*innen (Statista, 2020) urbane Entwicklungen mit gesamtgesellschaftlicher Tragweite. Trier wurde ca. im Jahr 16 vor Chr. als Augusta Treverorum von den Römer*innen gegründet und gilt als älteste Stadt Deutschlands. Die Stadt ist einer der urbanen Knotenpunkte in der grenzüberschreitenden Großregion Saar-Lor-Lux (GRSLL): Diese Großregion (GR) zählt rund elf Millionen Einwohner*innen und erstreckt sich entlang der deutschen Bundesländer Rheinland-Pfalz und Saarland (Saar), der Region Lothringen in Frankreich (Lor), der belgischen Region Wallonien sowie des Landes Luxemburg (Lux) (Wille, 2017, 4). Die Region zeichnet sich durch Mehrsprachigkeit aus (Deutsch, Französisch, Luxemburgisch, aber auch Portugiesisch und weitere Sprachen) und wird nicht selten als „Europa im Kleinen" (ebd.) bezeichnet. Die geografische Nähe zwischen Trier und Luxemburg begünstigt Nationalgrenzen überschreitende Alltagspraxen (Besuche von kulturellen Veranstaltungen, Shopping, Kontaktpflege), aber auch berufliche Mobilität über die Landesgrenze hinweg. Etwa 30.000 Personen allein aus Deutschland arbeiten im nur rund 20 km entfernten Nachbarstaat (Schwalbach, 2020, 459).

Das Kapitel taucht in diesen Raum ein und widmet sich Orten in Trier, an welchen ein inklusives Verständnis von Solidarität als Gegenentwurf zu gesellschaftlichen Spaltungstendenzen lebenspraktisch gestaltet wird. Es basiert auf einem Lehr-Forschungsprojekt der Autorin, das im Wintersemester 2019/2020 an der Universität Trier in der Abteilung Sozialpädagogik I gemeinsam mit Studierenden zum Thema „Orte der Solidarität" umgesetzt wurde. Am Projekt beteiligten sich Studierende aus den Bachelorstudiengängen Erziehungswissenschaft (Sozial- und Organisationspädagogik) und Sozialwissenschaften sowie aus dem Masterstudiengang Erziehungswissenschaft (Organisation des Sozialen).[84] Wir haben uns in diesen Seminarkontexten auf die Suche nach Orten begeben, an welchen solidarische Praktiken offenkundig wurden, haben uns die Materialität dieser Orte angeschaut, ihre Atmosphären gespürt, mit den Protagonist*innen gesprochen und diese Orte lesen- und kennengelernt. Das vorliegende Kapitel bündelt die Ergebnisse.

Es gibt zunächst Einblick in historische und theoretische Perspektiven auf den Solidaritätsbegriff. Dem folgt ein Kapitel zur Bedeutung von Orten in urbanen Räumen und zum methodischen Vorgehen im Forschungsseminar. Das Herzstück bildet der Ergebnisteil, in dem sich mit der Frage auseinandergesetzt wird, wo und wie Solidarität in der Stadt Trier sichtbar wird und wer die Gestalter*innen einer solchen Solidarität sind. Auf Basis der Ergebnisse wird das Konzept der inklusiven Solidarität entwickelt. Hiermit ist eine Solidarität gemeint, die nicht auf ausgrenzende Gruppenkonstruktionen reduziert ist und neue Bildungs- und Sozialisationsinstanzen in der Stadt entstehen lässt. Im Fazit wird argumentiert, dass die untersuchten solidarischen Allianzen wegweisende Impulse auch für die Soziale Arbeit liefern, wichtige Kooperationspartnerinnen sein können und Zivilgesellschaft wie Soziale Arbeit gemeinsam in konvivialen Bündnissen solidarische Formen guten Zusammenlebens vorantreiben können.

---

84 Mein herzlicher Dank gebührt den Gestalter*innen solidarischer Orte in Trier, deren Türen für die Forschungsteams offenstanden, allen Studierenden, die mit großem Engagement am Lehr-Forschungsprojekt teilgenommen haben sowie Anna Kondziela, Hanna Nitzsche und Vivienne Wendels für die Bereitstellung der Fotografien. Die beiden Seminare in den Bachelorstudiengängen wurden an ausgewählten Terminen gemeinsam von Dr.[in] Anett Schmitz (Ethnologie, Universität Trier) und der Autorin als interdisziplinäres Co-Teaching-Format konzipiert, sodass Studierende aus der Erziehungswissenschaft (Sozial- und Organisationspädagogik) und den Sozialwissenschaften (Ethnologie) in einen Austausch kamen. Neben dem Thema der Solidarität wurden auch Fragen nach Diversität und Kultur interdisziplinär bearbeitet. Für diese bereichernde Erfahrung danke ich Anett Schmitz sehr herzlich. In die Erforschung der im Kapitel benannten Orte waren involviert (in alphabetischer Reihenfolge): Justin Ackermann, Isabel Althen, Janina Bermes, Eva Finkler, Hangyu Guo, Mirjam Hubertus, Elisa Jacobs, Celine Kawohl, Jennifer Leder, Stella Lexen, Hanna Nitsche, Michelle Pusen, Linda Schmidt, Jasmin Stamm, Katharina Stemmer, Shekho Usso, Vivienne Wendels und Sarah Wünsch.

4.5.7.1 Solidarität. Ein schillernder Begriff

Der Begriff der Solidarität ist keineswegs eindeutig, sondern verweist auf unterschiedliche wissenschaftliche und politische Diskurslinien. Dallinger (2009, 12) differenziert zwischen einem gesellschaftstheoretischen Diskurs zu Solidarität und seiner spezifischen Begriffs-Historie. Im Römischen Recht umfasste die sogenannte Solidarobligation „die Haftungspflicht einer Gruppe für einzelne Mitglieder und das wechselseitige Einstehen der Gruppe für ihre Mitglieder" (ebd., 23). Erst im Verlauf des 18. Jahrhunderts veränderte sich die Konnotation des Begriffs und Solidarität wurde in einen politischen Kontext transferiert. In der französischen Verfassung von 1848 wurde das Prinzip der Brüderlichkeit festgehalten, in der zweiten Hälfte des 19. Jahrhunderts entwickelte sich Solidarität zum Kampfbegriff der Arbeiter*innenbewegung (Bude, 2019, 27). Karl Marx, der durch seine Geburt 1818 in der Stadt Trier mit dem Raum des Lehr-Forschungsprojekts eng verbunden ist, verstand Solidarität als revolutionär-marxistische sowie internationale Maxime: „Proletarier aller Länder, vereinigt euch" (Marx, Engels, 2014, 84), so der Appell im gemeinsam mit Friedrich Engels verfassten Kommunistischen Manifest. Solidarität meinte in diesem Sinne das gemeinsame Einstehen der unterdrückten Arbeiter*innenklasse gegen die Produktionsmittel besitzende herrschende Klasse und kapitalistische Wirtschaftsordnung (Pühringer, Pühringer, 2011, 8). Mit der Entstehung von Wohlfahrtsstaaten institutionalisierte sich das Prinzip der Solidarität in Ländern mit sozialstaatlichen Strukturen und löste sich vom Gedanken des Klassenkampfes, den es gar zu verhindern galt. Soziale Absicherung, zum Beispiel durch Kranken- oder Arbeitslosenversicherung, geht primär für Staatsbürger*innen dieser Länder mit spezifischen Rechtsansprüchen einher und soll ein kollektives Wohlergehen absichern (Dallinger, 2009, 26).

Die skizzierten Entwicklungslinien lassen sich um theoretische Reflexionen zum Solidaritätsbegriff erweitern. Eine verbreitete gesellschaftstheoretische Perspektive stammt von Émile Durkheim. Durkheim differenziert in seiner Studie „Über soziale Arbeitsteilung" zwischen mechanischer und organischer Solidarität. Mit mechanischer Solidarität meint er ein Band zwischen Menschen in wenig arbeitsteiligen Communities, das durch kollektive Identitäten, lokale Verwobenheiten und Gemeinsamkeiten wie Religionszugehörigkeit zusammengehalten wird.[85] Organische Solidarität bezeichnet hingegen die gegenseitige Ange-

---

85 Durkheim nutzt die Bezeichnung „mechanische Solidarität" (Durkheim, [1930] 2019, 229) zur Charakterisierung „niederer Gesellschaften" (ebd.). An dieser Stelle wird deutlich, wie verschiedene Formen von Solidarität spezifischen Personen zugeschrieben werden – etwa den „Indianern Nordamerikas" (ebd.). Diese Zuschreibungen gehen mit Gruppenkonstruktionen und Hierarchisierungen einher und bedürfen einer kritisch-reflektierten Analyse. So hält Roskamm (2011, 31) fest, dass Durkheims Ausführungen in Teilen „deutlich diskriminierend" sind, dies auch dann, „wenn man den Zeitpunkt einbezieht, zu dem Durkheims Werk entstanden ist" (ebd.).

wiesenheit von Menschen in einer arbeitsteiligen Gesellschaft, deren Zusammenhalt sich durch eine gemeinsame Ausrichtung auf spezifische Interessen festigt (Durkheim, [1930] 2019, 229–237). Kurt Bayertz (1998) macht darauf aufmerksam, dass solidarische Bündnisse in einem gesellschaftlichen Kräfteverhältnis angesiedelt sind. Er versteht Solidarität als Konzept mit positiver und negativer Referenz. Während sich eine Gruppe von Menschen auf Basis geteilter Interessen formiert, um ein gemeinsames Ziel zu erreichen, organisiert sie sich im Widerstreit zu hiervon differenten Positionen. Gegenwärtige Arbeiten stellen heraus, dass solidarische Allianzen in ihren globalen Verwobenheiten noch stärker als bisher in den Blick zu nehmen sind. Sie sensibilisieren für Potenziale, aber auch Begrenzungen von Solidarität im Zusammenspiel mit citizenship (Schwiertz, Schwenken, 2020).

Diesem Kapitel liegt ein Verständnis von Solidarität nicht nur als theoretische Perspektive, sondern als gelebte Praxis zugrunde. Solidarität wird als Verbindung von ganz unterschiedlichen Menschen mit gemeinsamem Ziel und gemeinsamer Vision verstanden, welche aus der unmittelbar oder mittelbar geteilten Erfahrung von Unterdrückung und Suche nach gerechten Formen des Zusammenlebens erwächst (Scherr, 2019). Orientiert an einem solchen Solidaritätsbegriff begibt sich das Kapitel auf die Suche nach Orten der Solidarität in der Stadt.

4.5.7.2 Methodisches Vorgehen. Orte in Trier erzählen Geschichten

Orte sind potenziell bedeutungsschwere Knoten. Sie „erzählen eine Geschichte" (Ipsen, 2002, 234) und sind eine verdichtete Einheit eines größer zu denkenden und sozial hergestellten Raums (Schroer, Wilde, 2010, 182). Daran anschließend werden Orte im Folgenden nicht als etwas Gegenständliches verstanden, was ‚einfach da ist', sondern – in Anlehnung an relationale Raumtheorien – als soziales Produkt und Bedingung sozialen Handelns gleichermaßen (Löw, Sturm, 2019, 16). Orte sind spezifische „(An)Ordnungen" (ebd., 15) von Objekten, Menschen, Geschichten und Kultur. Sie zeichnen sich durch je eigene Platzierungen von Gegenständen und Menschen in sozial hergestellten Räumen aus und sind mit sozialen Umwelten in einer spezifischen Art und Weise verbunden. Ihre Atmosphären lassen sich durch Ortsbegehungen erspüren (Schmitz, 2016).

Im Zuge des Lehr-Forschungsprojekts wurden Orte aufgesucht, welche aus Sicht der Seminarteilnehmenden mit der Idee von Solidarität verknüpft sind. Hierbei leiteten die eigenen biografischen Erfahrungen, Erinnerungen und subjektiven Alltagswelten den Blick und führten zu Erkundungen ganz unterschiedlicher Orte. Die Vorgehensweise orientierte sich an der Methode der Stadtteilbegehung nach Deinet und Krisch (2009). Bei dieser Methode handelt es sich um ein Beobachtungsverfahren, das ein offenes Sich-Einlassen auf die Stadt voraussetzt. Die Teilnehmenden halten ihre Eindrücke fest und nehmen die Qualitäten von Orten wahr (ebd., o. S.). Ziel ist, „Atmosphären, Orte und

Räume auf sich wirken zu lassen, die Interaktion von Menschen zu beobachten und zu entsprechenden Rückschlüssen zu kommen" (ebd.). Deinet und Krisch stellen das Potenzial von Stadtteilbegehungen für Fachkräfte der Sozialen Arbeit heraus, welche durch dieses Vorgehen die sozialökologischen Besonderheiten im Raum ihres professionellen Agierens kennenlernen. Im hiesigen Fall ging es darum, explorativ auf Spurensuche in Trier zu gehen, die Stadt aus einer solidarischen Suchbewegung heraus zu lesen und sich dafür zu sensibilisieren, wie Menschen kreative Lösungen für gesellschaftliche Herausforderungen entwickeln. Die Studierenden waren angehalten, eine ethnografische Haltung einzunehmen und die Stadt durch den Austausch mit den Protagonist*innen ausgewählter Orte neu zu entdecken. Sie hielten ihre Beobachtungen in Protokollform fest, machten Fotos, dokumentierten Gespräche, führten Interviews und reflektierten ihre unterschiedlichen und/oder ähnlichen Wahrnehmungen der Orte in der Forschungsgruppe. Während der Erkundungen fanden begleitende Seminarsitzungen statt, um methodische Fragen sowie Eindrücke der Felderfahrung zu besprechen. Im Bachelorseminar mündeten die Erkundungen in eine Präsentation der Ergebnisse auf einem Poster-Markt. Im Masterseminar verschriftlichten die Studierenden ihre Ergebnisse in Form von Gruppenhausarbeiten. Das Forschungsprojekt endete mit einer gemeinsamen Reflexion zum gesamten Prozess. Die Ergebnisse der Forschung sind in diesem Kapitel unter Einbezug von wissenschaftlicher Literatur und weiterführenden Überlegungen gebündelt.

4.5.7.3 Ergebnisse. Orte inklusiver Solidarität in der Stadt

Mit allen Sinnen haben wir uns in kleinen Forschungsteams auf den Weg gemacht. Wir haben Orte gemeinschaftlichen Wohnens, gastronomische Orte des Verweilens, Orte des Austauschs und Orte des Konsums aufgesucht. Sie alle bearbeiten und ermöglichen verschiedene „Raumbedürfnisse" (Heimgartner, 2012, 49) und können bei all ihrer Vielfalt doch unter einer zentralen Perspektive gelesen werden – dem Bedürfnis nach Solidarität. Im Folgenden werden fünf dieser Orte vorgestellt.

Solidarität baulich ermöglichen
An einem der aufgesuchten Orte, dem Trierer Schammatdorf, war besonders offenkundig, dass Architektur und solidarisches Handeln einander bedingen. Dieses Zusammenspiel wird von den Akteur*innen des Orts reflektiert. Das Schammatdorf ist ein seit 1984 bestehendes gemeinschaftliches Wohnprojekt, ein eingetragener Verein und „Ort der Vielfalt" (Interview mit einem der Initiator*innen, Zeile 74). Die Projektgruppe erhielt in einer Ortsbegehung mit dem Vereinsvorsitzenden einen Einblick dahingehend, wie eine inklusive Ortsgestaltung und ein solidarisches Zusammenleben im Schammatdorf einander bedingen. Verteilt

auf mehrere Höfe bilden barrierefreie und barrierearme Wohnungen gemeinsam mit Gemeinschaftsräumen das Dorf. Kiosk, Grillhütte, Gemeinschaftsküche, ein großer Saal und das „Kneipchen" (Interview mit einem der Initiator*innen, Zeile 364) wurden ganz bewusst als Begegnungsorte angelegt. Hier laufen die alltäglichen Wege der Bewohner*innen zusammen. Der Vereinsvorsitzende beschreibt das Konzept des Schammatdorfs als „Förderung einer solidarisch gelebten Nachbarschaft" (Interview mit einem der Initiator*innen, Zeile 1094) unter dem Motto „nebeneinander wohnen, miteinander leben, füreinander da sein" (Interview mit einem der Initiator*innen, Zeile 273). In den Nachbarschaften wird ein unmittelbarer Kontakt gepflegt, Menschen unterschiedlichen Alters, Menschen mit differenten physischen, psychischen und sozialen Bedürfnissen und Fähigkeiten sowie Menschen mit wenigen und umfassenderen finanziellen Mitteln leben hier zusammen. Verbindendes Element ist die gemeinsame Vision solidarischen Wohnens und gegenseitiger Unterstützung in der Nachbarschaft. Die Ermöglichung von Inklusion ist dabei zentrales Anliegen: „[E]ine ganz bewusste Bejahung des Miteinanders von Menschen mit Handicap [...], was Inklusion angeht. Und das ist sowohl in den Köpfen als auch in der Baustruktur wiederzufinden" (Interview, Zeile 93–96). Baustruktur und Vorstellungen guten Zusammenlebens verschmelzen im Schammatdorf zu einem inklusiven Lebensentwurf und haben eine teils seit Jahrzehnten zusammenlebende Community entstehen lassen. Viele der Bewohner*innen wollen von dort nicht mehr weg, sodass Wohnraum für neu Interessierte nur begrenzt verfügbar ist und das Schammatdorf vor neuen Herausforderungen steht: Die Bewohner*innen müssen sich der Frage stellen, wie eine intergenerationale Durchmischung weiter aufrechterhalten und das Wohn- und Lebenskonzept an jüngere Generationen weitervermittelt werden kann.

Fotografie 2: Schammatdorf Trier, Dezember 2019 (Fotografin: Hanna Nitsche)

Erfahrungen austauschen, Gefühle teilen
Ein weiterer Ort der Erkundungen ist das Queer-Café. Das Forschenden-Team wurde sehr herzlich zum Besuch eingeladen: „Kommt rein, kommt rein" (Auszug aus dem Bericht des Forschungsteams). Die Studierenden erkundeten den Ort, kamen in Kontakt mit den Cafébesucher*innen und initiierten ein Gruppengespräch. Im Zuge des Austauschs lernten sie die Bedeutung des Queer-Cafés für seine Gäste kennen und identifizierten einen Schlüsselbegriff: den des safe space. Die Cafébesucher*innen machten den Studierenden verständlich, was ein safe space für sie bedeutet: „Das Café ist ein Ort, an dem alle das gleiche fühlen" (Auszug aus der Ergebnispräsentation des Forschungsteams). Das Teilen von Gefühlen, sich nicht in der Binarität von Mann und Frau verorten zu müssen, zu können und zu wollen, schafft eine Atmosphäre der Zugehörigkeit. Im Café sind alle Menschen willkommen, dabei ist es insbesondere jenen Menschen eine Anlaufstelle, die sich als Lesbian, Gay, Bisexual, Trans, Intersex oder Queer (LGBTIQ*) identifizieren und über ihre Erfahrungen in einer heteronormativen Dominanzgesellschaft sprechen wollen. Eine Verbundenheit der Cafébesucher*innen kann dabei nicht vorausgesetzt werden. So berichtete eine Besucherin dem Forschenden-Team: „[I]ch wusste zuerst gar nicht, ob ich hier reinkommen kann" (Auszug aus der Ergebnispräsentation des Forschungsteams). Dann aber sei ‚das Eis gebrochen' und der Ort wurde von der Besucherin angeeignet. Verbundenheit und Zugehörigkeit, so zeigt sich an diesen Schilderungen, entstehen in Momenten des Teilens von Gefühlen und im Erkennen der eigenen Erfahrungen im Gegenüber – ein Prozess, wie ihn Bude (2019, 55) als wesentlichen Grundpfeiler von Solidarität herausstellt: „Solidarität sagt [...], dass [...] Bindung und der gemeinsam erlebte Schmerz die Grundlage einer gelebten Nähe darstellen, die das Ich nicht mit sich allein lässt". Gemeinsame Schmerz-, aber auch freudvolle Erfahrungen sind dabei entscheidend für den Zusammenhalt. Ausgehend vom Café kann so eine „emotional community" (Baquero, 2018, 415) entstehen, die durch Solidarität verbunden ist.

Eine solche Community zeigt sich auch im Internationalen Zentrum (iZ) der Universität Trier. Das Zentrum beschreibt sich selbst als Anlaufstelle „[v]on Studierenden für Studierende" (Internationales Zentrum, 2020, o. S.) und will Studierende unabhängig von ihrer Herkunft und Nationalität zusammenbringen und Austausch im Universitätsalltag fördern. Eines der Forscher*innen-Teams hat das iZ aufgesucht und mit Besucher*innen gesprochen. Dabei stellte sich heraus, dass das Zentrum für eine Studentin aus dem Iran als zentraler Ort in der Stadt fungiert: „[T]he most comfortable place for me" (Auszug aus dem Interview). Das Zentrum ermöglicht ein Gefühl des Zuhause-Seins und schafft eine Atmosphäre von Heimat, die über den konkreten Ort des Zentrums hinausreicht: „Heimat ist kein physischer Ort, sondern ein Gefühl" (Auszug aus dem Präsentationsplakat). Begegnungsorte wie das Internationale Zentrum sind Knotenpunkte, an denen sich eine kosmopolitische Verbundenheit zwischen

Menschen aufbauen kann – und dies unabhängig von ihrer Herkunft oder der Dauer des Aufenthalts in der Stadt.

Solidarität durch Konsum auf Augenhöhe
Auf den ersten Blick mag überraschen, dass im Folgenden zwei Orte des Konsums in ihrer solidarischen Verfasstheit vorgestellt werden. Im ersten Fall handelt es sich um einen Umsonst-Laden, im zweiten Fall um ein Schuhgeschäft.

Im Umsonstladen Trier wird auf ehrenamtlicher Basis ein Konzept umgesetzt, das sich als Alternative zur kapitalistischen Konsumwelt versteht: „[W]er etwas hat, was er nicht mehr braucht, gibt es im Laden ab. Und wer etwas braucht, was er nicht hat, nimmt es mit" (Umsonstladen Trier, 2020). Kund*innen können pro Tag eine begrenzte Anzahl an Dingen mitnehmen. Wer über Gegenstände wie Kleidung oder Haushaltswaren verfügt, die nicht mehr benötigt werden, kann diese im Laden abgeben. Im Konzept verschränken sich soziale und ökologische Anliegen. Konsum soll allen Menschen möglich sein, noch brauchbare Waren nicht achtlos weggeworfen werden. Im Gespräch mit einer der Engagierten erfahren die Studierenden von den Werten hinter dem Ansatz: Anliegen ist, mit dem Geschäft einen „Platz für alle Menschen" (Auszug aus dem Ergebnisplakat des Forschungsteams) zu schaffen und allen Menschen gleich zu begegnen – unabhängig davon, in welcher Lebenslage sie sich befinden, ob sie gerade auf Arbeits- oder Wohnungssuche sind oder Fluchterfahrungen gemacht haben. Solidarität ist dabei mit dem Motiv der „Nächstenliebe" und dem „christlichen Hintergrund" (Auszug aus dem Ergebnisplakat des Forschungsteams) der Betreibenden verknüpft.

Auch Orte, die sich konzeptuell weniger offensichtlich einem solidarischen Miteinander verschrieben haben, wurden im Rahmen des Lehr-Forschungsprojekts unter die Lupe genommen. So explorierte eine Studierendengruppe einen Schuhladen in einer mehrheimischen Einkaufspassage. Mit mehrheimisch sind Betriebe gemeint, die von Unternehmer*innen mit internationalen Biografien gegründet wurden. Nicht selten tragen sie durch ihr unternehmerisches Handeln zu einer Attraktivitätssteigerung peripherer und marginalisierter Stadtviertel und zur (Wieder-)Belebung urbaner Kultur bei (Hill, Yıldız, 2020, 449). Die Studierenden hielten im Zuge ihrer Erkundung fest: Diese

> „Passage ist für uns ein besonderer und spannender Ort, da er aufgrund seiner sozial-räumlichen Orientierung ein Treffpunkt verschiedener Nationalitäten ist. Hierbei fällt der Schuhladen zwischen den Afro-Shops, Internetcafés, dem Sitz einer christlichen Gemeinde, eines griechischen Restaurants, Reisebüros und internationalen Banken aufgrund seines äußeren Erscheinungsbildes und persönlichen Bezuges zum Besitzer besonders auf". (Auszug aus dem Ergebnisplakat des Forschungsteams)

Dass mit mehrheimischen Betrieben ein gesellschaftliches Solidarisierungspotenzial einhergehen kann, ist ein wissenschaftlich noch weiter zu untersuchender Punkt, den die Studierenden nach den Ortserkundungen hervorgehoben haben. Im besuchten Schuhgeschäft stapeln sich Schuhe bis an die Decke, aus den Boxen dröhnt Musik, durch den Verlaufsladen führt ein schmaler Gang. Der Betreiber sitzt auf einem Hocker und adressiert die eintretende Kundschaft.

Fotografie 3: Schuhgeschäft Trier, Dezember 2019 (Fotografin: Vivienne Wendels)

Während eine Teilnehmerin der Forscher*innen-Gruppe von einer für sie neuen und überwältigenden Erfahrung berichtet („Für mich war das eine neue und ungewohnte Situation. Das war eine Reizüberflutung"), erzählt ein anderer Teilnehmer von seiner Vertrautheit mit dem Ort: „Für mich war das nicht fremd. Weil ich das Geschäft schon kannte. Als ich noch in der Einrichtung [CS: eine Geflüchtetenunterkunft] war, hab' ich mich gefragt: Wo kann ich billig einkaufen? Von daher war ich schon mal in dem Schuhladen" (Auszüge aus dem Protokoll zur Abschlusssitzung der Veranstaltung vom 24.01.2020). Im Schuhgeschäft spielt das Verhandeln eine große Rolle. Für die Schuhe bezahlt die Kundschaft den Betrag, der ihnen möglich ist: „Keiner geht raus ohne Schuhe. Wenn ich sage: ich habe nur zehn Euro, ich kann so und so viel ausgeben, dann heißt es: Komm, nimm' mit. Ohne Schuhe geht keiner raus. Der Preis wird verhandelt" (Auszug aus dem Protokoll zur Abschlusssitzung der Veranstaltung vom 24.01.2020).

Die beiden Orte des Konsums verdeutlichen, dass sich der Umsonstladen einem karitativen Konzept verschreibt; im Schuhladen zeigt sich Solidarität hingegen bei der Aushandlung des zu zahlenden Preises. Solidarität bedeutet, Konsum für alle zu ermöglichen, indem der Preis für ein paar Schuhe individuell so definiert wird, dass die Schuhe für die jeweilige Kundschaft erschwinglich sind.

Die Praktik des Aushandelns berücksichtigt die spezifische Lebenssituation der Kund*innen, ohne die Käufer*innen in der Rolle von Bittstellenden zu positionieren, wenn sie für ein paar Schuhe nur einen kleinen Betrag zahlen können. Die Aushandlung ist – so die These der Forschenden-Gruppe und Autorin – Ausdruck ökonomischen Treibens und solidarischen Miteinanders gleichermaßen. Die Studierenden fassten das Verhandeln in ihrer Ergebnispräsentation als transkulturelle Geschäftspraktik und als in Deutschland eher untypische Verkaufsstrategie. Diese transkulturelle Praktik wurde als solche überhaupt erst durch die biografischen Erfahrungen einer der Teilnehmenden aus der Studierendengruppe erkennbar: Dieser kannte die Strategie des Verhandelns aus eigener Erfahrung, weil er selbst einmal im Schuhladen eingekauft hat. Dieses Beispiel zeigt, wie different wir je nach unserer gesellschaftlichen Positioniertheit die aufgezeigten Orte lesen und verstehen können.

4.5.7.4 Orte inklusiver Solidarität als Bildungs- und Sozialisationsinstanz

Die spezifischen Felderfahrungen wurden im Zuge des Lehr-Forschungsprojekts gemeinsam reflektiert. Dabei wurde eines augenscheinlich: Solidarität wird an den aufgezeigten Orten auf verschiedene Arten sichtbar und materialisiert sich in den Gemeinschaftsräumen im Schammatdorf oder den Schuhen im Schuhladen. An allen Orten geht es um ein kreatives Bearbeiten gesellschaftlicher Ungleichheitslinien. Im Fall des Schammatdorfs werden solidarische Formen des Zusammenlebens bereits seit Jahrzehnten umgesetzt. Das Dorf richtet seinen Blick auf eine inklusive Raumgestaltung. Es reflektiert Menschen in ihrem Bedürfnis nach Unterstützung sowie in ihren Handlungsfähigkeiten, Community gemeinsam herzustellen. Solidarität versteht sich dabei als Wert, der von den Bewohner*innen geteilt wird und die Bewohner*innen in all ihrer Unterschiedlichkeit miteinander verbindet. Der Wert der Solidarität und die Entstehung einer inklusiven Community sind hierbei eng verwoben. Solidarische Wohnformen wie das Schammatdorf schaffen inklusive Orte und sind gegen einen ausgrenzenden Wohnungsmarkt, die Gentrifizierung von Stadtteilen und Vereinsamung von Menschen, etwa im Alter, positioniert. Das Dorf stellt eine Alternative bereit, die sich aus der Anteilnahme aller am Leben der jeweils anderen und einer damit einhergehenden Teilhabeorientierung speist.

Doch nicht ausschließlich das Wohnprojekt, auch das Queer-Café, das internationale Begegnungszentrum und der Umsonst- sowie Schuhladen sind Beispiele dafür, wie Menschen an ganz konkreten Orten über potenziell ausgrenzende Kategorisierungen wie sexuelle Identität, Nationalität oder soziale Herkunft hinweg solidarische Allianzen bilden, sich einander verbunden fühlen, Inklusion herstellen und die Konstruktion exklusiver „Binnengruppen" (Bierhoff, 2013, 166) gerade überwinden wollen. Sie schaffen neue Identitäten in der Stadt und brechen eine „dualistische Trennung zwischen Einheimischen und Fremden" (Yıldız, 2018, 160) oder wohlhabenden und armen Kund*innen auf. Diese Prozesse lassen sich mit dem Begriff der inklusiven Solidarität fassen.

Der Begriff der inklusiven Solidarität fußt auf einem spezifischen Verständnis von Inklusion als gleichberechtigte gesellschaftliche Teilhabe aller Menschen – und dies ganz ungeachtet etwa ihrer sozialen oder kulturellen Herkunft oder Fähigkeiten und Bedürfnisse (Katzenbach, Schröder, 2007). Inklusive Solidarität lässt sich als kosmopolitische Solidarität verstehen und umfasst ein entschiedenes Auftreten gegen Marginalisierung und Diskriminierung etwa queerer oder mehrheimischer Identitäten in einer transnationalisierten und pluralen Gesellschaft. Es ist das Strukturmerkmal inklusiver Solidarität, das allen der hier dargestellten Orte gemein ist. Als urbane Bottom-up-Strategie ist sie eine Antwort auf gesellschaftliche Ausgrenzungs- und Spaltungstendenzen und entspringt der Vorstellung einer sozial gerechten Welt für alle.

4.5.7.5 Fazit

Das Kapitel hat auf Basis der Ergebnisse eines Lehr-Forschungsprojekts solidarische Allianzen in der Stadt Trier untersucht. Die Ergebnisse sind im Konzept der inklusiven Solidarität verdichtet. Die im Rahmen der Ergebnispräsentation sichtbar gewordenen Gestalter*innen inklusiver Solidarität sind Impulsgeber*innen auch für die Soziale Arbeit in ihrer Suche danach, wie Inklusion umzusetzen ist. Mit ihrem Handeln bringen sie soziale Bildungs- und Aneignungsprozesse zum Ausdruck (Sting, 2018, 406–407) und lenken den Blick auf sich lokal entfaltende Praktiken der Inklusion, welche in ihrer Wirkmacht über die konkreten Orte hinausreichen können. Die untersuchten Orte liefern mit ihren Protagonist*innen Antwortmöglichkeiten auf die Frage, in welcher Welt wir eigentlich leben wollen, und bieten Orientierungen für ein inklusives Zusammensein unter Bedingungen von Pluralität und Transnationalisierung an. Von der Sozialen Arbeit und Bildungs- sowie Sozialisationsforschung sind diese „Kulturen des Sozialen" (Kessl, Maurer, 2019, 171) wahrzunehmen und anzuerkennen – in Deutschland, Österreich sowie länderübergreifend. Denn sie machen agents mit hohem Inklusionspotenzial sichtbar, die auf ihre Umwelt Einfluss nehmen, in die Stadt hineinwirken, kollektiv Verantwortung in der produktiven Auseinandersetzung mit sozialen Ungleichheitsprozessen übernehmen und Community stiftende statt ausgrenzende Formen des Zusammenlebens – der Verbindung des Ichs mit der Welt – vorleben. Diese inklusiven Solidaritäten sind zur Herstellung von sozialer Kohäsion in einer „Weltrisikogesellschaft" (Beck, [2008] 2017) von höchster Relevanz und wegweisend: Sie liefern wichtige Ansatzpunkte dafür, wie Veränderungen hin zu einer inklusiven und solidarischen Gesellschaft ganz konkret gestaltet werden können.

Auf Basis der Ergebnisse wird für eine Öffnung der Sozialen Arbeit hin zu solchen solidarischen Engagement-Formen argumentiert. Zivilgesellschaftliche Allianzen können für die Soziale Arbeit Inspiration sein, sie sind aber auch potenzielle Kooperationspartnerinnen (Furman, Negi, Schatz, Jones, 2008), die wertvolles Wissen in einen Austausch auf Augenhöhe einbringen können. Der Sozialen Arbeit bietet sich hierdurch die Möglichkeit, konviviale Bündnisse aus der gemeinsamen Zielperspektive eines guten Lebens für alle Menschen (und, noch weiter gedacht, für alle Tiere und Lebewesen) zu initiieren. Mit dem Begriff konvivial werden bejahende Praxen des Zusammenlebens und -seins beschrieben, eine gemeinsame Sozialität, „die in die herrschende gesellschaftliche Normalität intervenieren" (Römhild, 2018, 66) und „Gegendiskurse" (Gruber, 2017, 51) zu Neoliberalismus und (Post-)Kolonialismus darstellen. In wissenschaftlichen Arbeiten wird Konvivialismus zudem als „Analysewerkzeug" (Meyer, 2018, 260) verwendet, „um sich tiefergreifend mit der Condition humaine und verschiedenen Vorstellungen des Miteinanders in migrationsgeprägten Gesellschaften auseinanderzusetzen" (ebd.). Im Unterschied zu einer Marginalisierung, Separierung und Abschottung geflüchteter Menschen wird aus dieser Perspektive ein gänzlich anderer Fokus gesetzt: gesamtgesellschaftliche Fragen nach inklusiven Lebensweisen im Zusammenspiel von Mensch, Umwelt, Technik, Politik, Zivilgesellschaft, Kunst und Wissenschaft stehen im Zentrum. Inklusive Solidarität durch die Initiierung und Unterstützung konvivialer Bündnisse zu fördern, liefert der Sozialen Arbeit neue Ansatzpunkte, um von der Kritik an Exklusionsmechanismen zu neuen Visionen auch für die Profession und Disziplin zu gelangen.

4.5.8 Notwendigkeit eines inklusiven professionellen Habitus. Einstellungen angehender Lehrkräfte und Sozialpädagog*innen zu Inklusion
Kris-Steven Besa, Ernst Daniel Röhrig,
Caroline Schmitt, Marc Tull

Die Ratifizierung[86] des Übereinkommens über die Rechte von Menschen mit Behinderungen (UN-BRK) durch Deutschland hat vor mehr als zehn Jahren eine Debatte dazu ausgelöst, wie das Bildungs- und Sozialsystem so ausgerichtet werden kann, dass niemand ausgegrenzt wird (z. B. Katzenbach, 2015; Lindmeier, Lütje-Klose 2015; Amirpur, 2019). In dieser Debatte festigt sich eine Differenz zwischen einem engen, auf die Kategorisierung ‚Behinderung' bezogenen und einem weiten, heterogenitätsorientierten Verständnis von Inklusion. Dieses Kapi-

---

86 Dieses Unterkapitel wurde erstveröffentlicht als: Besa, K.-S., Röhrig, E. D., Schmitt, C., Tull, M. (2020). Auf dem Weg zu einem inklusiven professionellen Habitus? Einstellungen angehender Lehrkräfte und Sozialpädagog*innen zu Inklusion. Zeitschrift für Inklusion-online, 4, https://www.inklusion-online.net/index.php/inklusion-online/article/view/564. Es stellt eine leicht modifizierte Form der Erstveröffentlichung dar.

tel versteht Inklusion als „gesellschaftliche Zielperspektive der gleichberechtigten gesellschaftlichen Teilhabe aller Menschen, ungeachtet ihres Geschlechts, ihrer sozialen und kulturellen Herkunft, ihrer sexuellen Präferenzen, ihrer Begabungen oder ihrer Behinderung" (Katzenbach, Schröder 2007, o. S.). Dieser Zielperspektive müssen Bildungswissenschaften und Erziehungswissenschaft durch die Entwicklung einer „reflexiven und wissenschaftlich basierten Wissensgrundlage" (Helsper, 2016, 54) im Studium begegnen und die Ausbildung eines inklusiven professionellen Habitus an den Universitäten und Hochschulen gemeinsam mit den Studierenden als pädagogische Querschnittsaufgabe in der (Aus-)Bildung vorantreiben (Schomaker, Oldenburg, 2017).

Studierende bringen zu Beginn ihres Studiums spezifische Einstellungen zu dem angestrebten Berufsfeld und den zukünftigen Adressat*innen mit, die sie im Rahmen ihrer Familie, peer-group sowie durch Vorbilder oder ehrenamtliche und nebenberufliche Tätigkeiten im interessierenden Arbeitsfeld erworben haben (Harmsen, 2013, 266). Diese Einstellungen sind über den Habitus der Studierenden vermittelt (Nairz-Wirth, 2016, 152). Unter Habitus verstehen wir in Bezugnahme auf Bourdieu „inkorporierte soziale Strukturen" (Bourdieu, [1987] 2018, 729) von Welt, welche unsere „Wahrnehmung organisieren und bewerten, als Dispositionen für zukünftige Handlungen, als innere Einstellungen und Vorlieben" (Gebauer, 2017, 28). Diese Strukturen sind körperlich eingeschrieben und werden von den Akteur*innen in ihrer Alltagspraxis konstituiert (Bourdieu, [1987] 2018, 729). Über den Habitus vermittelte Einstellungen – etwa zum zukünftigen pädagogischen Handlungs- und Arbeitsfeld – bedürfen im Studium einer reflektierten Durchdringung (Berendes, 2014, 234). Die Bildungsaufgabe im Studium besteht darin, den Habitus der Studierenden aufzugreifen und seine „Transformation" (Ebert, 2010, 202) hin zu „Professionalität und Fachlichkeit" (ebd.) zu unterstützen. Es gilt, die Studierenden in die Lage zu versetzen, zwischen Alltagshandeln und professionellem Agieren zu unterscheiden und sie zu einem ethisch- wie wissenschaftsbegründeten pädagogischen Handeln in sich stets wieder anders ausgestaltenden Situationen zu befähigen (ebd., 199). Hierbei sind professionstheoretische Grundlagen der Pädagogik von hoher Relevanz und die „Ausbildung einer Grundhaltung [...], die eine systematische Reflexion und kritische Auseinandersetzung mit Handlungsroutinen in den Vordergrund stellt" (ebd.). Nach Becker-Lenz und Müller-Hermann (2013, 218) sind „a) ein spezifisches Berufsethos, b) die Fähigkeit zur Gestaltung eines Arbeitsbündnisses und c) die Fähigkeit des Fallverstehens unter Einbezug wissenschaftlicher Erkenntnisse" zentral. In Bezug auf die Zieldimensionen von Inklusion ist spezifisch die Aneignung und Entwicklung eines *inklusiven professionellen Habitus* zu unterstützen, der sich durch ein Nicht-Aussondern sowohl im Bildungssystem als auch in allen außerschulischen pädagogischen Handlungsfeldern wie Einrichtungen der Kinder- und Jugendhilfe, Behindertenhilfe oder Altenarbeit auszeichnet. Er tangiert dabei die Regeln und Prozeduren von Organisationen genauso wie die pädagogische Beziehung zwischen Fachkräften und Adressat*innen (Häcker, Walm, 2015, 84). Dem liegt die Annahme zugrunde, dass pädagogisches Arbeiten gelingende und von Anerkennung getragene Arbeitsbeziehungen braucht (Gahleitner, 2017), damit Inklusion überhaupt möglich ist (te Poel, 2020). Auf einer Makroebene zeichnet sich ein solcher Habitus ganz grundlegend durch eine Auseinandersetzung mit der Entstehung und den gesellschaftlichen Auswirkungen von Differenzlinien und mit einem Abbau sozialer Ungleichheiten aus (Schomaker, Oldenburg, 2017; Bommes, Scherr, 1996). Inklusion vollzieht sich dabei – so die Paradoxie – unter Bedingungen von Exklusion. Diese Exklusionsmechanismen müssen im Studium thematisch werden. Damit geht eine Reflexion darüber einher, „entlang welcher Normen [...] die Inklusions- und Exklusionsregeln" (Panagiotopoulou, 2019, o. S.) in pädagogischen Organisationen überhaupt definiert sind.

Das vorliegende Kapitel stellt das Interesse, einen inklusiven professionellen Habitus im Studium zu vermitteln, in das Zentrum. Die (Aus-)Bildung eines professionellen und auf Inklusion zielenden Habitus wird dabei – so die These – von der *Einstellung* der Fachkräfte zu ihren Adressat*innen und ihrem Verständnis des pädagogischen Auftrags (Bitzan, Bolay, 2017) beeinflusst. Die universitäre (Aus-)Bildung muss an den Einstellungen der Studierenden ansetzen, damit ein inklusiver professioneller Habitus ausgebildet und Inklusion tatsächlich im Bildungs- und Erziehungssystem umgesetzt werden kann. Unter dieser Prämisse kann davon ausgegangen werden, dass sich inklusive Einstellungen auf der Ebene pädagogischen Praxishandelns widerspiegeln können (Schüle et al., 2016).

Einstellungen zu Inklusion rücken gegenwärtig zunehmend mehr in den Blick der Forschung. Hierbei dominieren Perspektiven, welche Einstellungen von Lehrkräften mit bereits abgeschlossenem Studium rekonstruieren. Dieses Kapitel setzt an der *Schaltstelle der Universitäts- und Hochschulausbildung* an, welche den Auftrag hat, einen inklusiven professionellen Habitus gemeinsam mit den *angehenden Fachkräften* zu reflektieren und seine Entwicklung zu fördern. Bislang sind Studien noch ein Desiderat, die sich gemäß dem Anspruch, Inklusion als Querschnittsaufgabe für Bildungs- und Erziehungswissenschaft zu verstehen, den Studierenden der Bildungs- und Erziehungswissenschaft dezidiert zuwenden. Das Kapitel basiert auf einer quantitative Fragebogenerhebung von Studierenden der Fächer „Bildungswissenschaften" *und* „Erziehungswissenschaft" zu Beginn ihres Studiums an der Universität Trier, die im Zuge des Projekts „Studierenden-Perspektiven auf Inklusion (SPiN)" in Zusammenarbeit der Fächer Bildungswissenschaften und Erziehungswissenschaft an der Universität Trier von März 2019 bis August 2019 durchgeführt wurde. *Ziel der Untersuchung* ist die Erforschung von Einstellungen zu Inklusion in der Schule und ein Vergleich der unterschiedlichen Studierendengruppen der Bildungswissenschaften im Lehramtsstudium einerseits und Studierenden der Erziehungswissenschaft mit Schwerpunkt in Sozial- und Organisationspädagogik andererseits. Auf Basis der

Analyseergebnisse sollen Überlegungen für die Vermittlung und reflexive Durchdringung des Inklusionsgedankens an Universitäten und Hochschulen entfaltet werden, sodass die angehenden Fachkräfte zu einem inklusiven professionellen Handeln in ihrer zukünftigen Praxis befähigt werden. Dem liegt ein breiter Blick auf das Handlungsfeld ‚Schule' zugrunde, in dem neben Lehrer*innen genauso Sozialpädagog*innen[87] den Unterricht mitgestalten sowie als Schulsozialarbeitende mit einer vielfältigen Schüler*innenschaft, mit Eltern und Lehrer*innen zusammenarbeiten. Schule ist Lebensort, so unsere Perspektive.

Das Kapitel gibt zunächst einen Einblick in Theorie und Forschungsstand zu Inklusion als Einstellung im Bildungs- und Erziehungswesen. Dem folgen die Offenlegung des methodischen Vorgehens und die Ergebnisdarstellung. Zentrales Ergebnis ist, dass beide Studierendengruppen Inklusion als relevante Perspektive im Handlungsfeld der Schule erachten. Angehende Sozialpädagog*innen zeigen sich im Vergleich zu Studierenden des Lehramts optimistischer, was die fachliche Förderung in einer inklusiven Schule anbelangt. Für Studierende des Lehramts verdeutlichen die Ergebnisse eine stärkere Fokussierung auf die Lehrer*innenrolle im Sinne des Vermittelns von Fachkenntnissen.

4.5.8.1 Einstellungsforschung und Inklusion. Theoretischer Hintergrund und Forschungsstand

Die Analyse von Einstellungen ist ein interdisziplinäres Querschnittsthema etwa der Sozialpsychologie, aber auch der Soziologie, Erziehungswissenschaft und Bildungswissenschaften. Je nach Diskursstrang finden sich zu diesem vielfältigen Begriff differente Zugänge, die Einstellungen eher statisch oder relational und prozesshaft verstehen. Die Diskussion um die Definition von Einstellung und um geeignete Verfahren zu ihrer empirischen Erfassung überdauern mittlerweile ein ganzes Jahrhundert (z. B. Greve, Hauenschild, 2017, 315; Cloerkes, 2007; Meinefeld, 1977). Die Autor*innen verstehen Einstellungen als *soziale* Einstellungen und fokussieren auf Einstellungen gegenüber einzelnen Menschen und Gruppen (siehe Zick, Küpper, 2016, 83). Einstellungen werden als prinzipiell wandelbar und gestaltbar und als verschränkt mit sozialen Umwelten verstanden. Sie sind eingebunden „in ein umfassenderes (nicht nur) kognitives Netzwerk. Es geht nicht nur um Meinungen bezüglich eines Sachverhalts, sondern auch um das Wissen darüber und um die Verbindung zu allgemeineren sozialen Werten und Ideolo-

---

87 Der Begriff „Sozialpädagog*innen" ist der Bezeichnungspraxis im Rahmen des untersuchten Studiengangs an der Universität Trier entnommen. Gleichsam soll an dieser Stelle darauf hingewiesen werden, dass der Bereich der „Sozialarbeit" hier konsequent mitgedacht ist und die Autor*innen sich einem Verständnis „Sozialer Arbeit" anschließen, das „die Einheit von Sozialpädagogik und Sozialarbeit" (Thole, 2012, 20) herausstellt.

gien. Dabei ist die Frage der Herkunft des Wissens und der Wissensproduzenten von Bedeutung" (Nienhüser et al., 2018, 44).

Seit den 1960er Jahren geht die Einstellungsforschung nicht mehr grundsätzlich von einer Kausalbeziehung zwischen Einstellung und Handlung aus. So weisen etwa Greve und Hauenschild (2017, 323) auf einen „konzeptuellen Nexus" und das komplexe Verhältnis von Einstellungen und tatsächlichen Handlungen hin. Einstellungen können, müssen aber nicht handlungsleitend wirken. In der Analyse von Einstellungen gilt stets zu reflektieren, dass weitere Zusammenhänge in das praktische Handeln mit hineinspielen, wie etwa theoretisches Wissen und Emotionen (Cloerkes, 2007, 104).

Mit Blick auf den Forschungsstand zum Thema Einstellungen zu Inklusion zeigt sich eine Schwerpunktsetzung auf die Analyse von Einstellungen zu Inklusion von Lehrkräften und auf Fragen inklusiver Schulentwicklung (z. B. Lütje-Klose et al., 2017; Seifried, 2015; Winkler, 2016). Andere Professionsgruppen finden in der Forschung zu Einstellungen zu Inklusion bisher nur wenig Berücksichtigung (Hopmann et al., 2019). Die Einstellungsforschung stellt im außerschulischen pädagogischen Bereich ein Desiderat dar. Für den schulischen Bereich verdeutlicht die vorliegende Literatur eine befürwortende Einstellung zu Inklusion als zentralen Faktor für die strukturelle und praktische Realisierung inklusiver Schulentwicklung (Ruberg, Porsch, 2017; Gebhardt et al., 2015; Boban, Hinz, 2003; Dlugosch, 2014; European Agency, 2011; Hellmich, Görel, 2014). Während De Boer et al. (2011) in ihrer Erhebung neutrale bis verhaltene Einstellungen zu Inklusion herausstellen, rekonstruieren Dlugosch (2014) sowie Ruberg und Porsch (2017) in ihren Untersuchungen eine tendenzielle Zustimmung zum Inklusionsgedanken auf Seite der befragten Lehrkräfte. Die praktische *Umsetzbarkeit* von Inklusion wird von den befragten Lehrkräften jedoch mehrheitlich skeptisch gesehen (auch Solzbacher, 2008; Seifried, 2015; Heyl et al., 2014; Abegglen et al., 2017). Diese Skepsis mag in eigenen Erfahrungen der Befragten begründet liegen, Inklusion nicht ausreichend umsetzen zu können, da institutionelle Strukturen ein Gelingen von Inklusion behindern. Die Einflüsse beruflicher und persönlicher Erfahrungen für die Einstellung zum Inklusionsgedanken sind jedoch zumindest als ambivalent zu betrachten: Einige Studien bestätigen einen Zusammenhang zwischen Erfahrung und Einstellung (Bosse, Spörer, 2014; Feyerer, 2014; Heyl, Köb, 2014; Seifried, 2015; Kessels et al., 2014), während andere keinen solchen Zusammenhang konstatieren können (De Boer et al., 2011; Gebhardt et al., 2015). Diese Ambivalenz zeigt sich auch in der Analyse von Einstellungen und beruflichen Erfahrungen in der Arbeit mit Menschen, welchen ein sogenannter „besonderer Förderbedarf" attestiert wurde. Auch hier zeigen Studien einerseits einen positiven Zusammenhang zwischen der Arbeitserfahrung mit den Betreffenden und der Einstellung zu den Adressat*innen (Feyerer, 2014; Hellmich et al., 2016; Ruberg, Porsch, 2017); andererseits lässt sich dieser Zusammenhang nicht auf alle Felder pädagogischen Handelns übertragen. So liegen etwa keine signifikant-positiven Effekte für einen Zusammenhang von schulischen Erfahrungen mit Klassen, in denen Schüler*innen mit und ohne Behinderung gemeinsam lernen, und den Einstellungen von Lehrenden zu einem gemeinsamen Lernen vor (Schwab, Seifert, 2015). Dies nährt die These, dass die Einstellung von Fachkräften auch von anderen Variablen als der eigenen Erfahrung im spezifischen beruflichen Kontext moderiert wird, die bisher noch nicht als vermittelnde Variablen untersucht wurden. Die Studien von Forlin und Chambers (2011) sowie Hecht (2014) zeigen, dass von den Befragten als ‚gut' eingeschätzte Erfahrungen im Handlungsfeld positive Effekte auf die Einschätzung der Umsetzbarkeit inklusiven Unterrichts haben und die Einstellungen zu Inklusion in eine bejahende Richtung beeinflussen (Abegglen et al., 2017). Auch eine grundlegende Befürwortung von Inklusion in der Schule (Feyerer, 2014; Urton et al., 2014; Abegglen et al., 2017), Möglichkeiten der Aus-, Fort- und Weiterbildung (Forlin, Cambers, 2011; Hellmich et al., 2016), eine reflektierte Auseinandersetzung mit Überzeugungen zur eigenen Berufsrolle und dem eigenen Arbeitsverständnis (Kuhl et al., 2013; Kuhl et al., 2014; Reiser et al., 1990; Lindmeier, 2015; Lindmeier, Lütje-Klose, 2015) sowie multiprofessionelle Kooperation sind – so der gegenwärtige Forschungsstand – bestärkende Faktoren für eine inklusive Schulentwicklung (Lütje-Klose, Miller, 2017; Löser, Werning, 2013; Dyson, 2010; Friend, Cook, 2010; Scruggs et al., 2007). Multiprofessionelles Arbeiten wird von der European Agency (2012) gar als eigener Kompetenzbereich und vornehmliche Aufgabe professioneller Lehrkräfte markiert. Die Erfahrung mit multiprofessionellen Partner*innen trage zu einer weiteren Erhöhung der Bereitschaft zu Kooperation bei (Moser, 2012, 2013, 2014). Hinzu kommen Studienergebnisse, die auf die Bedeutung der Selbstwirksamkeit von Lehrkräften für die Umsetzung von Innovation hinweisen (Schwarzer, Jerusalem, 2002; Hecht, Weber, 2020). Lehrkräfte mit höherer Selbstwirksamkeitserwartung, die davon ausgehen, dass sie auch in unerwarteten Situationen erfolgreich problemlösend handeln und ihre Strategien und Vorgehensweisen als erfolgreich einschätzen, haben einen insgesamt höheren Anspruch an ihren Unterricht sowie an die individuelle Unterstützung der Schüler*innen (Schwarzer, Jerusalem, 2002). Schon Ende der 1980er Jahre wiesen Meijer und Foster (1988) daraufhin, dass höhere Selbstwirksamkeitserwartungen bei Lehrkräften mit größerer Toleranz und Akzeptanz von vermeintlich problematischem Verhalten einhergehen. Hecht und Weber (2020) zeigten jüngst in einer kombinierten Längsschnittanalyse auf, dass eine unidirektionale Richtung der Wirkung von Selbstwirksamkeit auf Einstellungen zu Inklusion so nicht bestätigt werden kann, sondern auch ein umgekehrter Einfluss von (sich wandelnden) Einstellungen auf die Selbstwirksamkeit möglich und wahrscheinlich ist. Ein weiterer Hinweis darauf ist, dass Selbstwirksamkeitserwartungen stattdessen auch mit (wandelnden) Überzeugungen über die Rolle von Lehrkräften interagieren und den Effekt von diesen Überzeugungen auf Einstellungen zu Inklusion gegebenenfalls moderieren.

Bilanzierend lässt sich festhalten, dass die Qualität der Implementation von Inklusionsgedanken und -prozessen in das Bildungs- und Erziehungssystem sowie das pädagogische Handeln in der Praxis maßgeblich durch Einstellungen der Akteur*innen mitgeprägt werden (Schüle et al., 2016). Die Einstellungen zu Inklusion können mit eigenen beruflichen Erfahrungen, Überzeugungen zur eigenen Berufsrolle sowie multiprofessionellen Kooperationen in einem Zusammenhang stehen; gleichsam gilt es, vermittelnde Variablen, wie zum Beispiel die Selbstwirksamkeit (Bosse, Spörer, 2014), in ihren komplexen Zusammenhängen mit anderen Variablen weiter zu erforschen.

4.5.8.2 Methodisches Vorgehen

Die Studie „Studierenden-Perspektiven auf Inklusion (SPiN)" setzt an den aufgezeigten Forschungsperspektiven an. Ziel ist eine Untersuchung der Einstellungen zu Inklusion bei Studienanfänger*innen der Bildungswissenschaften einerseits und Erziehungswissenschaft mit Schwerpunkt auf Sozial- und Organisationspädagogik andererseits. Im Fokus sind neben Lehrkräften auch die bisher noch nicht im Zentrum der Forschung stehenden Einstellungen von angehenden Sozial- und Organisationspädagog*innen – hier mit Fokus auf eine zukünftige Berufsrolle etwa in der Schulsozialarbeit, den Fachschulen oder Berufsbildenden Schulen mit sozialpädagogischer Ausrichtung. Die Befragung wurde in zwei Vorlesungen zu Beginn des Sommersemesters 2019 mit 460 Studienanfänger*innen im zweiten Studiensemester der Bachelorstudiengänge Bildungswissenschaften und Erziehungswissenschaft an der Universität Trier durchgeführt. 325 der Befragten ordneten sich der Kategorie „weibliches Geschlecht", 135 der Kategorie „männliches Geschlecht" und 0 der Kategorie „divers" zu. 136 der Teilnehmer*innen studieren Erziehungswissenschaft. 326 der Befragten studieren Bildungswissenschaften im Lehramt, davon 275 für Gymnasien, 68 für Haupt- und Realschulen sowie 6 für Grundschule, 6 für die sogenannte Sonder- oder Förderschule und 6 für die Berufsschule. Zwei Studierende studieren Lehramt *und* Sozial- und Organisationspädagogik. Das Durchschnittsalter der Befragten liegt bei ~22 Jahren. Dem Fragebogen liegen folgende Forschungsfragen zugrunde:

- F1: Welche Einstellungen zu Inklusion haben Studierende der Bildungswissenschaften und Erziehungswissenschaft mit Schwerpunkt auf Sozial- und Organisationspädagogik zu Beginn ihres Studiums zu Inklusion?
- F2: Welche Überzeugungen liegen bei den Studierenden zur Rolle einer Lehrkraft vor?
- F3: Welche Ausprägungen allgemeiner Selbstwirksamkeitserwartung lassen sich bei den Studierenden beobachten?
- F4: Welchen Einfluss haben Überzeugungen zur Rolle einer Lehrkraft auf die Einstellungen zu Inklusion?

- F5: Werden diese Einflüsse durch Selbstwirksamkeitserwartungen moderiert?

Der Fragebogen umfasste insgesamt über 200 Items zu den Konstrukten „Einstellungen zu Inklusion", „Überzeugungen zu Bildung und Lernen", „Professions- und Rollenverständnisse", „Individuelle Förderung, Diagnostik und Partizipation", „Persönlichkeit und Selbstwirksamkeit", „Kooperativitätsvertrauen", „Bürgerschaftliches Engagement" und „Persönliche Angaben".

Für die vorliegende Studie wurden folgende Skalen eingesetzt:

a) „Einstellungsfragebogen zu Inklusion für Lehrkräfte" (EFI-L nach Seifried 2015 – 15 Items, 3 Subskalen:
   a) Fachliche Förderung (6 Items – Cronbachs Alpha = .87): „In einer inklusiven Klasse können sowohl die Kinder mit Beeinträchtigungen als auch die Kinder ohne Beeinträchtigungen ihren Möglichkeiten entsprechend gefördert werden".
   b) Persönliche Bereitschaft (5 Items – Cronbachs Alpha = .81): „Aufgrund meiner bisherigen Ausbildung (einschließlich Fortbildung) fühle ich mich qualifiziert, eine inklusive Klasse zu übernehmen".
   c) Soziale Inklusion (4 Items – Cronbachs Alpha = .79): „Wenn Kinder mit besonderen Bedürfnissen in einer inklusiven Schulklasse sind, dann finden sie dort auch Freund*innen". Skalierung von 1: stimme gar nicht zu – 6: stimme voll zu)
b) „Überzeugungen über die Lehrer*innenrolle" (Kunter et al. 2017, 86 ff.) – 27 Items, 4 Subskalen:
   a) Zur Aufgabe der Lehrkraft als „Wissensvermittler" (9 Items – Cronbach Alpha = 0,83) gehört es, „vielseitiges Wissen an die Schüler*innen weiterzugeben".
   b) Zur Aufgabe als „Mediator für selbstständige Lernprozesse" (6 Items- Cronbach Alpha = 0,78) zählt, „die Schüler*innen zum Lernen zu motivieren".
   c) Als „Erzieher*in (humanistische Sicht)" (7 Items – Cronbach Alpha = 0,84) tragen Lehrkräfte dazu bei, „die Schüler*innen zu sozial kompetenten Menschen zu erziehen".
   d) Die Lehrkraft als „Helfer*in (therapeutische Sicht)" (5 Items – Cronbach Alpha = 0,85) steht „als Ansprechpartner für persönliche Probleme zur Verfügung" (Skalierung je von 1: stimme gar nicht zu – 6: stimme voll zu).
c) Allgemeine Selbstwirksamkeitserwartung (Jerusalem, Schwarzer 1999 – 10 Items: Die Skala zur Selbstwirksamkeitserwartung (10 Items: $\alpha=0.82$) beinhaltet Items mit Aussagen wie „Es bereitet mir keine Schwierigkeiten, meine Absichten und Ziele zu verwirklichen" (Skalierung von 1: trifft nicht zu – 4: trifft genau zu).

Die mit paper-and-pencil-Verfahren erhobenen Daten wurden mit der Software SPSS Statistics 25 ausgewertet. Zunächst wurden zur Beantwortung der Fragestellungen F1, F2 und F3 die Mittelwerte der verschiedenen Skalen für die Gesamtstichprobe sowie die verschiedenen Studierendengruppen berechnet und mit einseitigem t-Test die Signifikanz der Mittelwertabweichung vom Skalenmittelwert bestimmt. Unterschiede zwischen den jeweiligen Gruppen wurden mit Mann-Whitney-U-Tests (Mann, Whitney, 1947) auf Signifikanz getestet. Bei signifikanten Unterschieden wurde anschließend die Effektstärke in den Konventionen Cohens (Cohen, 1988) ermittelt. Zur Prüfung, welche Überzeugungen als Prädiktoren für Einstellungen zu Inklusion (F4) gelten können, wurden schrittweise multiple Regressionsanalysen durchgeführt (Einschluss bei F-Wert <0.05, Ausschluss bei F-Wert >0.10).

4.5.8.3 Ergebnisse. Einstellungen zu Inklusion von Studierenden der Bildungswissenschaften und Erziehungswissenschaft

Dieses Kapitel stellt die Ergebnisse der durchgeführten Analysen entlang der aufgeworfenen Fragestellungen vor.

F1: Welche Einstellung haben Studierende der Bildungswissenschaften und Erziehungswissenschaft zu Beginn ihres Studiums zu Inklusion in der Schule?
Die Studierenden sind tendenziell bereit, sich mit Inklusion auseinanderzusetzen und schätzen die Umsetzbarkeit von Inklusion eher optimistisch ein (MW: 4,08). Zwischen Studierenden der Bildungs- und Erziehungswissenschaft zeigen sich keine signifikanten Unterschiede in der Bereitschaft, Inklusion umzusetzen. Beide Studierendengruppen erkennen Inklusion als relevante Perspektive im Handlungsfeld Schule an (MW: 4,15). Die Einschätzungen zur Fachlichen Förderung – das heißt dazu, ob die Fachliche Förderung aller Kinder mit und ohne Förderbedarf in einem inklusiven Setting gleichermaßen gelingt – fallen jedoch knapp unterhalb des Skalenmittelpunkts (MW: 3,37). Hier zeigt sich ein signifikanter Unterschied: Studierende der Erziehungswissenschaft sind optimistischer, dass in einem inklusiven Schulsetting Fachliche Förderung gestaltet werden kann (MW: 3,63), wohingegen Studierende im Lehramt hiervon weniger überzeugt sind (MW: 3,26).
Es zeigt sich dabei ein kleiner Effekt von Cohens d=0.34. Der Vergleich zwischen Lehramtsstudierenden für Gymnasium und Realschule Plus zeigt keine signifikanten Unterschiede (siehe Tabelle 6).

F2: Welche Überzeugungen liegen bei den Studierendengruppen zur Berufsrolle von Lehrer*innen vor?
Die befragten Studierenden zeigen bei allen vier Rollenverständnissen („Wissensvermittler*in sein", „Erzieher*in sein", „Helfer*in sein" und „Lernmediator*in

Tabelle 6: Einstellung zu Inklusion von Studienanfänger*innen der Bildungswissenschaften und Erziehungswissenschaft

	Persönliche Bereitschaft	Fachliche Förderung	Soziale Inklusion
Gesamt	4,08	3,37	4,15
Lehramt	4,03	3,26	4,2
Erziehungsw.	4,19	3,63	4,05
d (*p<.05; **p<.01)	-	0.34	-
Gymnasium	4,00	3,25	4,19
Realschule Plus	4,18	3,27	4,22
Sign.	0,16	0,86	0,97
Cohens d	-	-	-

sein") deutlich überdurchschnittliche Werte und erachten diese als relevant für die Berufsrolle von Lehrenden in der Schule. Die Zustimmungen von Lehrkräften sind zu allen Überzeugungen signifikant stärker ausgeprägt als bei Studierenden der Erziehungswissenschaft.

Tabelle 7: Überzeugungen von Studienanfängern der Bildungswissenschaften und Erziehungswissenschaft zur Rolle der Lehrkraft

	Wissensvermittler*in	Erzieher*in	Helfer*in	Lernmediator*in
Gesamt	5,04	5,21	5,05	5,34
Lehramt	5,10	5,29	5,16	5,37
Erziehungsw.	4,89	5,00	4,80	5,25
Sign.:	0,001	0,001	<0,001	0,003
Cohes d	0.36	0.44	0.47	0.22
RS+	5,06	5,28	5,16	5,41
Gymn.	5,11	5,30	5,16	5,36
Sign.:	0,296	0,555	0,973	0,791
Cohes d	-	-	-	-

Die Effekte liegen auf kleinem bis mittlerem Niveau (d=0.22 – 0.47). Im Vergleich zwischen den verschiedenen Lehrämtern (Gymnasium vs. Realschule Plus) finden sich keine signifikanten Unterschiede (siehe Tabelle 7).

F3: Welche Ausprägungen allgemeiner Selbstwirksamkeitserwartung lassen sich bei den Studierenden beobachten?

Auch hinsichtlich der Allgemeinen Selbstwirksamkeitserwartungen, das heißt der Erwartung, im Sinne der eigenen Ansprüche erfolgreich in inklusiven Schulsettings zu handeln, findet sich ein signifikanter Unterschied zwischen den Gruppen der Lehramtsstudierenden und der Studierenden der Erziehungswissenschaft. Hier zeigt sich ein mittlerer Effekt (d=0.57). Zwischen den Studierenden verschiedener Lehrämter finden sich im Gegensatz dazu keine signifikanten Unterschiede (siehe Tabelle 8). Es scheint, dass die befragten Studierenden aus dem Lehramtsbereich höheres Zutrauen in die eigenen Fähigkeiten haben, mit vermeintlichen Hürden und neuen Herausforderungen, wie etwa der Gestaltung von Inklusion in der Schule, zurechtzukommen.

Tabelle 8: Allgemeine Selbstwirksamkeitserwartungen bei Studienanfängern

	Gesamt	Lehramt	Erz-wiss.	Sign.:	Cohens d	Gymn.	RS+	Sign.:	Cohens d
Selbstwirksamkeit	2,85	3,01	2,78	<0,001	0,57	3,00	3,05	0,413	-

F4: Welchen Einfluss haben Überzeugungen zur zukünftigen Berufsrolle auf die Einstellungen zu Inklusion?

Für die Einschätzung zur Persönlichen Bereitschaft für Inklusion liefert die Analyse ein Regressionsmodell mit einem signifikanten Prädiktor: die Rolle der Lehrkraft als Erzieher*in (β = 0,21; Sign. < 0.001). Es erklärt lediglich 4,3 Prozent der Varianz der Einschätzung persönlicher Bereitschaft. Zur Bewertung der Fachlichen Förderung in inklusiven Settings liefert die Analyse ebenfalls ein Regressionsmodell mit nur einem signifikanten Prädiktor: Die Rolle der Lehrkraft als Lernmediator (β = 0,15; Sign. = 0.001). Es erklärt lediglich 2,3 Prozent der Varianz der Einschätzung zur Fachlichen Förderung. Zum Kontext Sozialer Inklusion in inklusiven Lerngruppen kann ebenfalls die Rolle der Lehrkraft als Erzieher*in (β = 0,19; Sign. < 0.001) als einziger signifikanter Prädiktor bestimmt werden. Dieses Modell erklärt lediglich 3,5 Prozent der Varianz der Einschätzung zu Sozialer Inklusion.

F5: Werden die Einflüsse der Rollenverständnisse auf Einstellungen zu Inklusion durch Selbstwirksamkeitserwartungen moderiert?

Um die Bestimmung etwaiger Interaktionseffekte der Selbstwirksamkeitserwartung mit dem Einfluss von Überzeugungen zur Rolle auf die Bereitschaft und Befürwortung von Inklusion zu identifizieren, wurden zunächst die vier Interaktionen als neue Variablen berechnet (Rollenüberzeugung (a-d) mal Selbstwirksamkeitserwartung). Diese Interaktionen sowie die Selbstwirksamkeitserwartungen selbst wurden anschließend in die Regressionsanalysen mitaufgenommen.

Tabelle 9: Moderationseffekte auf die Auswirkungen der Überzeugungen über die Lehrer*innenrolle auf Einstellungen zu Inklusion

		Nicht standardisierte Koeffizienten		Standardisierte Koeffizienten	Sig.
		Regressionskoeffizient B	Std.-Fehler	Beta	
Modell für Persönliche Bereitschaft					
Varianzaufklärung 5,6 %	(Konstante)	2,843	0,241		<0,001
	Selbstwirksamkeit x Erzieher*in	0,08	0,015	0,241	<0,001
Modell für Fachliche Förderung					
Varianzaufklärung 3,1 %	(Konstante)	1,465	0,537		0,007
	Helfer*in	0,151	0,073	0,107	0,041
	Lernmediator*in	0,213	0,108	0,102	0,049
Modell für Soziale Inklusion					
Varianzaufklärung 3,7 %	(Konstante)	2,697	0,352		<0,001
	Erzieher*in	0,279	0,067	0,193	<0,001

Bezüglich der Einschätzung der Persönlichen Bereitschaft zu Inklusion kann ein Modell mit einem signifikanten Prädiktor identifiziert werden: Die Interaktion von Selbstwirksamkeitserwartung und dem Rollenverständnis der Lehrkraft als Erzieher*in. Entsprechend zeigen vor allem jene Befragten eine höhere persönliche Bereitschaft zur Inklusion, die sich tendenziell eher in einer Erzieher*innenrolle sehen und bei denen erhöhte Selbstwirksamkeitserwartungen vorliegen.

Zur Fachlichen Förderung in inklusiven Settings liefert die Analyse ein Modell mit zwei Prädiktoren: Den Rollenverständnissen der Lehrkraft als Helfer*in und als Lernmediator*in. Es erklärt lediglich 3,1 Prozent der Varianz der Einschätzung zur Fachlichen Förderung. Die Analyse zur Moderation von Selbstwirksamkeitserwartungen im Kontext Soziale Inklusion bestimmt einen signifikanten Prädiktor: das Rollenverständnis der Lehrkraft als Erzieher*in. Dieses Modell erklärt 3,7 Prozent der Varianz der Einschätzung zur Sozialen Inklusion.

4.5.8.4 Diskussion und Ausblick

Die vorliegenden Ergebnisse verdeutlichen vor allem Gruppenunterschiede im Verständnis von Fachlicher Förderung in inklusiven Schulsettings zwischen den Studierenden der Bildungswissenschaften und den Studierenden der Erziehungswissenschaft. Interessanterweise zeigen sich diese zwischen den Studierenden im Lehramt und den Studierenden der Erziehungswissenschaft, nicht jedoch in der Binnenbetrachtung des Lehramtes. Dass die Einstellungen bezüglich Fachlicher Förderung hier unterschiedlich wahrgenommen werden, erklärt sich möglicherweise durch die unterschiedlichen Ansprüche, die Studierende der Erziehungswissenschaft im Gegensatz zu angehenden Lehrkräften an Schule herantragen: Angehende Lehrkräfte studieren – unabhängig von der angestrebten Schulform ihres zukünftigen Wirkens – schwerpunktmäßig ihre Fächer und scheinen die größere Herausforderung in der Vermittlung von Inhalten und weniger in der Anforderungen des Nicht-Aussonderns und einem inklusiven Einbezug aller Schüler*innen zu sehen. Dieser Umstand könnte auch erklären, weshalb Lehramtsstudierende die Möglichkeiten Fachlicher Förderung in inklusiven Lerngruppen insgesamt signifikant skeptischer bewerten. Diese Perspektive bietet sich ebenfalls an, um die Unterschiede bezüglich der Überzeugungen zur Rolle der Lehrkraft zu verstehen: Die angehenden Lehrkräfte haben höhere Ansprüche bezüglich aller Rollenverständnisse, die stärksten Effekte zeigen die Helfer*in- und die Erzieher*innenrolle, beides Bereiche, in denen sich angehende Erziehungswissenschaftler*innen mit Schwerpunkt in Sozial- und Organisationspädagogik stärker verorten und den Lehrkräften hier weniger Zuständigkeit zuschreiben. Bei der Wissensvermittlung liegt der Grund möglicherweise wiederum in der stärkeren Fokussierung der Lehrkräfte auf die Inhalte ihrer Fächer begründet. Bei der Rolle des Lernmediators ist der Effekt so klein, dass eine Interpretation kaum sinnvoll erscheint.

Betrachten wir die Auswirkungen der Ausprägungen verschiedener Rollenverständnisse auf die Einschätzungen zu Inklusion in der Schule, so zeigen sich nur geringe Varianzaufklärungen für die drei Teilbereiche Persönliche Bereitschaft (4,3 Prozent), Fachliche Förderung (2,3 Prozent) und Soziale Inklusion (3,5 Prozent). Die Rolle der Lehrkraft als Erzieher*in ist bei zwei Bereichen für die Varianzaufklärung verantwortlich, was zumindest bedingt für eine stärkere Betrachtung der mit dieser Rolle in Verbindung stehenden Ansprüche im Rahmen des Studiums für das Lehramt spricht: Unter anderem die Aufgabe der Lehrkraft, Kinder und Jugendliche zu selbstständigen, sozial kompetenten Persönlichkeiten zu befähigen, die erfolgreich an Politik und Gesellschaft teilhaben können. Die Untersuchung etwaiger moderierender Einflüsse der Selbstwirksamkeitserwartung auf die Auswirkungen der Rollenverständnisse bestätigen diese Vermutung speziell im Kontext der Persönlichen Bereitschaft: Die Interaktion von Selbstwirksamkeit mit der Erzieher*innenrolle als einziger Prädiktor erhöht die Varianzaufklärung merklich auf 5,6 Prozent. Für die anderen Bereiche, die nicht direkt die persönlichen Fähigkeiten ansprechen, spielt die Selbstwirksamkeit keine signifikante Rolle als Moderator, die Aufnahme der Interaktionen in die Regressionsanalyse führt jedoch dazu, dass sich im Bereich Fachliche Förderung nun auch die Rolle als Helfer*in neben der Rolle als Lernmediator*in als signifikanter Prädiktor etablieren kann: hier kann von leichten Effekten eines Rollenverständnisses ausgegangen werden, das die Bereitschaft beinhaltet, auch bei persönlichen Problemen außerhalb des Unterrichtskontextes zu unterstützen, sowie von der Überzeugung, dass die Lehrkraft den Schüler*innen zu selbstständigem Lernen verhelfen soll. Für den Kontext der Ausbildung von Lehrkräften würde diese Erkenntnis eine (noch) stärkere Betrachtung von Beratungskompetenzen sowie konstruktivistischer und kooperativer Lernformen begründen. Die Ergebnisse machen zudem deutlich, dass eine Vielfalt weiterer Prädiktoren sowie gegebenenfalls Mediatoren und Moderatoren eine Rolle dabei spielen, welche Einstellungen Studierende zu den Möglichkeiten inklusiven Arbeitens entwickeln. Weitere Studien, die zusätzliche Variablen mit in die Betrachtung einbeziehen, sind hier angebracht.

Grundsätzlich geben die Ergebnisse Hinweise auf die Notwendigkeit, im Studium dezidiert in allen disziplinären Kontexten – ob Erziehungswissenschaft oder Bildungswissenschaften – rollenreflexive Studienanteile ganz zentral zu berücksichtigen. Formate, die eine selbstreflexive Auseinandersetzung mit Kategorisierungen und *Othering*-Prozessen ermöglichen, sind für alle Studiengruppen relevant, um Inklusion tatsächlich als Querschnittsaufgabe zu realisieren. Andernfalls droht der reflexive Anspruch des Nicht-Aussonderns verkürzt als sozialpädagogische Zuständigkeit verstanden zu werden, gleichsam es sich hierbei um einen grundlegend pädagogischen Anspruch und entscheidenden Ankerpunkt eines inklusiven professionellen Habitus handelt. Fallreflexive Zugänge, wie sie etwa von Müller (2012) oder Braun, Graßhoff und Schweppe (2011) entwickelt wurden, umfassen eine Vergegenwärtigung eigener Kategorisierungsprozesse im Umgang mit den Adressat*innen pädagogischen Handelns. Sie ermöglichen Studierenden, eigene Erfahrungen in pädagogischen Arbeits- und Handlungsfeldern vor dem Hintergrund grundlegender pädagogischer Spannungsfelder zu reflektieren (etwa den Umgang mit Labelling) und diese Reflexionen zur Ausgestaltung gelingender Arbeitsbeziehungen mit pädagogischen Adressat*innen zu nutzen. Veranstaltungsformate, die professionelles Handeln aus einer machtkritischen Perspektive hinsichtlich seiner rollenförmigen Asymmetrie selbstkritisch und offen thematisieren, erfahren vor dem Hintergrund unserer Ergebnisse eine enorme Relevanz. Sie bieten zahlreiche Anschlusspunkte zu den Disability, Postcolonial und Critical Migration sowie Gender Studies, die sich der Analyse sozialer Herstellungsprozesse eines ‚Wir' und ‚die anderen' dezidiert widmen. In einer solchen Verzahnung von Erziehungswissenschaft und Bildungswissenschaften mit diesen Area Studies liegt beachtliches Potenzial, das es vor dem Hintergrund der aufgezeigten Analyseergebnisse in der Lehre unbedingt aufzugreifen gilt. Insofern die zukünftigen Arbeits- und Handlungsfelder der angehenden Fachkräfte durch Interprofessionalität gekennzeichnet sind, wie etwa die Schule, können hierbei Co-Teaching-Formate von Dozierenden (Johnson, 2015) genutzt werden, zum Beispiel von Dozierenden aus den Bildungswissenschaften und der Erziehungswissenschaft. Im Rahmen solcher Formate können Studierende unterschiedlicher Fächer bereits während des Studiums auf interprofessionelle Kooperationen in der zukünftigen Berufsrolle vorbereitet werden, von Synergieeffekten profitieren und zu Rollen- und Professionalitätsverständnissen über Fächergrenzen hinweg in einen Austausch kommen.

Einschränkend muss für die vorliegende Studie festgehalten werden, dass sie auf eine Befragung von Studierenden an einem spezifischen Standort zurückgreift und die Studierenden der Erziehungswissenschaft im Gegensatz zu ihren Kommiliton*innen bereits ein Semester lang Lehrveranstaltungen mit pädagogischem Inhalt absolviert hatten, während es sich für die Lehramtsstudierenden um die erste Veranstaltung mit pädagogisch-bildungswissenschaftlichem Inhalt handelte. Hierdurch ist nicht auszuschließen, dass mögliche Einflüsse und im Studium erworbenes Wissen der Erziehungswissenschaftler*innen zu Verzerrungen in den Ergebnissen führen. Des Weiteren muss die oben bereits erwähnte, geringe Varianzaufklärung der Regressionsanalysen mit beachtet werden, die darauf hinweist, dass zahlreiche in den Modellen nicht berücksichtige Einflüsse vorliegen, die in weiteren Studien erst noch aufzuklären sind. Zukünftige Studien können zudem noch dezidierter als im vorliegenden Fall studentische Einstellungen zu etwa Mehrsprachigkeit, differenten Geschlechterrollen, Mobilitätsbiografien und familiären Hintergründen ihrer zukünftigen Adressat*innen erfassen. Im Rahmen von qualitativen Studien können Einstellungen von Studierenden in ihrer biografischen Gewordenheit noch tiefergehend reflektiert werden und damit weitere vielfältige Ansatzpunkte für die didaktische Vermittlung eines inklusiven professionellen Habitus in der Lehre liefern.

5. Ausblick. Auf dem Weg zu einem globalen Inklusionsprogramm?

Die Habilitation hat die Debatte um Inklusion auf das Feld von Fluchtmigration bezogen und den Umgang mit geflüchteten Menschen als Leerstelle im Inklusionsdiskurs herausgestellt. Sie hat einen heterogenitätsorientierten, machtkritischen und relationalen Inklusionsbegriff entfaltet, der den Anspruch hat, für alle gesellschaftlichen Felder nutzbar zu sein. Die Analyse zum Umgang mit Fluchtmigration sowie zu den Lebenswelten junger Geflüchteter hat gesellschaftliche Kontinuitäten wie Separation, Integrationsappelle und nationale Abschottungstendenzen im Umgang mit Fluchtmigration sichtbar gemacht, aber auch subversive und kreative Strategien zur Herstellung von Inklusion auf Seite der betreffenden Menschen und solidarischer Bündnisse. Geflüchtete Menschen schlagen unter Inkaufnahme höchster Anstrengungen und asylrechtlicher wie institutioneller Barrieren neue Lebenswege ein, wollen ihre Fähigkeiten in die Gesellschaft einbringen und entwickeln transnationale Orientierungen und Zukunftsvorstellungen. Damit sind sie Wegweiser*innen im Umgang mit einer von globalen Problemlagen durchzogenen Weltgesellschaft. Diese Fähigkeiten gilt es, in der Sozialen Arbeit wahrzunehmen und in der pädagogischen Arbeit aufzugreifen. Für die Soziale Arbeit wurde nachgezeichnet, wie herausfordernd das pädagogische Handeln unter politischen Bedingungen ist, die den Handlungsspielraum der Adressat*innen gezielt minimieren. In einer nationalstaatlich sortierten Welt sind geflüchtete Menschen von der restlichen Bevölkerung abgegrenzt. Sie gelten nicht fraglos als zugehörig. Pädagog*innen sehen sich mit dem Dilemma konfrontiert, ihren Auftrag nur schwer oder nicht ausfüllen zu können. Aus einem inklusiven Habitus heraus, welchen es als Bildungsaufgabe gesamtgesellschaftlich zu vermitteln gilt, können sie zwar potenziell unterstützende Arbeitsbeziehungen mit geflüchteten Menschen aufbauen, jedoch lassen sich asylrechtliche Ausschließungsmechanismen nicht allein pädagogisch bearbeiten. Die Soziale Arbeit kann an dieser Stelle von interprofessioneller Kooperation und einer Zusammenarbeit mit zivilgesellschaftlichen Allianzen profitieren. Möglichkeiten offenbaren sich mit Blick auf solidarische Initiativen, wie sie seit dem „langen Sommer der Migration" in vielen Städten Europas entstanden sind. In Kulturzentren, gemeinschaftlichen Wohnformen und solidarischen Stadtinitiativen gestalten Kollektive Inklusion im Lokalen und vernetzen sich über Regionen und Länder hinweg. Ihr Ziel sind weltoffene Städte für alle Menschen, ungeachtet ihrer Herkunft, Nationalität, ihres Geschlechts oder sonstiger potenziell ausgrenzender Kategorisierungen. Diese Allianzen wollen Binärkonstruktionen eines ‚wir' und ‚die anderen' überwinden. Unter dem einenden Band der Solidarität verbinden sie Engagement und Zugehörigkeit. Solidarität wird als die affektive Dimension von Inklusion deutlich und als Klebstoff einer inklusiven Gesellschaft, der ganz unterschiedliche Menschen unter Bedingungen von Transnationalisierung und Pluralisierung verbinden kann. Für die Soziale Arbeit ergeben sich hieraus Möglichkeiten der Vernetzung und Ausweitung ihres Handlungsradius. Postmigrantischen, konvivialen und solidarischen Perspektiven ist Potenzial inhärent, um den methodologischen Nationalismus Sozialer Arbeit nicht nur im Feld von Fluchtmigration zu überschreiten. Eine diese Impulse aufgreifende Soziale Arbeit verschreibt sich der Aufgabe, ein globales, gesamtgesellschaftliches Inklusionsprogramm voranzutreiben und das dualistische Verständnis von Fachkräften und Forschenden sowie Adressat*innen und Beforschten zugunsten neuer Bündnisse aufzubrechen. Ihre Legitimation beansprucht die Soziale Arbeit dann weniger aus der Bereitstellung professioneller Unterstützung *für* ihre Adressat*innen, sondern aus dem Anliegen heraus, partnerschaftlich *mit* allen, die von Marginalisierung betroffen sind sowie Ideen inklusiven Zusammenlebens in der Weltgesellschaft umsetzen wollen, auf eine solidarische, konviviale, inklusive Gesellschaft hinzuwirken.

Literatur

Abegglen, H., Streese, B., Feyerer, E., Schwab, S. (2017). Einstellungen und Selbstwirksamkeitsüberzeugungen von Lehrkräften zu inklusiver Bildung, in Lütje-Klose, B., Miller, S., Schwab, S., Streese, B. (Hrsg.), Inklusion: Profile für die Schul- und Unterrichtsentwicklung in Deutschland, Österreich und der Schweiz (S. 189–202). Münster, New York: Waxmann.

Aden, S., Schmitt, C., Uçan, Y., Wagner, C., Wienforth, J. (2019). Partizipative Fluchtmigrationsforschung. Eine Suchbewegung. Zeitschrift für Flucht- und Flüchtlingsforschung (Z'Flucht), 3(2), 302–319.

Adger, W. N. (2006). Vulnerability. Global Environmental Change, 16(3), 268–281.

Adloff, F. (2020). Practices of Conviviality and the Social and Political Theory of Convivialism. Novos Estudos, 38(1), 35-–47.

Adloff, F., Costa, S. (2020). Konvivialismus 2.0: Ein Nachwort, in Die konvivialistische Internationale (Hrsg.), Das zweite konvivialistische Manifest. Für eine post-neoliberale Welt (S. 119–140). Bielefeld: transcript.

Adloff, F., Leggewie, C. (Hrsg.) (2014). Les convivialistes: Das konvivialistische Manifest. Für eine neue Kunst des Zusammenlebens. Bielefeld: transcript.

Afeworki A. R., Engin, K. (2019). Partizipative Forschung: Machbarkeit und Grenzen. Eine Reflexion am Beispiel der MiBeH-Studie, in Behrensen, B., Westphal, M. (Hrsg.), Fluchtmigrationsforschung im Aufbruch (S. 379–396). Wiesbaden: VS.

Afifi, R. A., Makhoul, J., El Hajj, T., Nakkash R. T. (2011). Developing a Logic Model for Youth Mental Health: Participatory Research with a Refugee Community in Beirut. Health Policy and Planning, 26(6), 508–517.

Agier, M., Bouagga, Y., Galisson, M., Hanappe, C., Pette, M., Wanneson, P. (2018). La Jungle de Calais. Paris : Presses Universitaires de France.

Ahrbeck, B., Fickler-Stang, U. (2017). Inklusion, in Kreft, D., Mielenz, I. (Hrsg.), Wörterbuch Soziale Arbeit. Aufgaben, Praxisfelder und Methoden der Sozialarbeit und Sozialpädagogik (S. 486–488). 8., vollständig überarbeitete und aktualisierte Aufl. Weinheim, Basel: Beltz Juventa.

Akbaba, Y. (2017). Lehrer*innen und der Migrationshintergrund. Widerstand im Dispositiv. Weinheim, Basel: Beltz Juventa.

Akpınar, L., Wagner, C. (2019). Die Darstellung von Flucht und Migration in der deutschen Presse 2015, in Arslan, E., Bozay, K. (Hrsg.), Symbolische Ordnung und Flüchtlingsbewegungen in der Einwanderungsgesellschaft (S. 299–232). Wiesbaden: VS.

Alba, R. (2005). Bright vs. blurred boundaries: Second-generation assimilation and exclusion in France, Germany, and the United States. Ethnic and Racial Studies, 28(1), 20–49.

Albano, R. (2012). Action Research. Abrufbar unter http://amsacta.unibo.it/3307/1/Albano-ActionResearch.pdf (Stand: 29.04.2019).

Al-Hussein, R. (2020). Handlungsspielräume der Selbstorganisation von und für Migrantinnen und Musliminnen in Graz. soziales_kapital. wissenschaftliches journal österreichischer fachhochschul-studiengänge soziale arbeit, 23, 5–19.

Alicke, T. (2013a). Integration – Diversity – Inklusion, in Kooperationsverband Jugendsozialarbeit (Hrsg.), Inklusion – Integration – Diversity. Wie kann die Jugendsozialarbeit Vielfalt fördern und Diskriminierung entgegentreten? (S. 6–13). Berlin: Kooperationsverband Jugendarbeit.

Alicke, T. (2013b). Inklusion – Hintergründe eines neuen Blickwinkels. Migration und Soziale Arbeit, 35(3), 243–248.

Altissimo, A., Eßer, F., Herz, A., Köngeter, S. (2018). Was bedeutet relational? Relationale Zugänge in angewandten Sozialwissenschaften (34 Absätze). Abrufbar unter https://relapp.org/was-bedeutet-relational/ (Stand: 01.02.2019).

Amelina, A. (2010). Transnationale Migration jenseits von Assimilation und Akkulturation. Transnationale Inklusion und hybride Wissensordnungen als konzeptionelle Alternativen zur Assimilations- und Akkulturationsdebatte. Berliner Journal für Soziologie, 20(2), 257–279.

Amelina, A., Faist, T., Nergiz, D. D. (Hrsg.) (2013). Methodologies on the Move. The Transnational Turn in Empirical Migration Research. London, New York: Routledge.

Amirpur, D. (2019). Migration und Behinderung in der inklusionsorientierten Kindheitspädagogik, in Westphal, M., Wansing, G. (Hrsg.), Migration, Flucht und Behinderung (S. 265–280). Wiesbaden: VS.

Amirpur, D., Platte, A. (2015). Allianzen für die Inklusionsentwicklung: Intersektionale und interdisziplinäre Forschung, in Schnell, I. (Hrsg.), Herausforderung Inklusion (S. 531–438). Bad Heilbrunn: Klinkhardt.

Amstutz, J., Kaegi, U., Käser, N., Merten, U., Zängl, P. (Hrsg.) (2019). Kooperation kompakt. Opladen, Berlin, Toronto: Barbara Budrich.

Anderson, B. ([1983] 2006). Imagined Communities. Reflections on the Origin and Spread of Nationalism. Überarbeitete Aufl. London, New York: Verso.

Andresen, S., Koch, C., König, J. (2015). Kinder in vulnerablen Konstellationen. Zur Einleitung, in Andresen, S., Koch, C., König, J. (Hrsg.), Vulnerable Kinder. Interdisziplinäre Annäherungen. Wiesbaden: VS.

Anhorn, R., Bettinger, F., Horlacher, C., Rathgeb, K. (2012). Zur Einführung: Kristallisationspunkte kritischer Sozialer Arbeit, in Anhorn, R., Bettinger, F., Horlacher, C., Rathgeb, K. (Hrsg.), Kritik der Sozialen Arbeit – kritische Soziale Arbeit (S. 1–23). Wiesbaden: VS.

Arbeitsgruppe Migration/Arbeitsgruppe Public Anthropology/Regionalgruppe Europa der Deutschen Gesellschaft für Sozial- und Kulturanthropologie (DGSKA) (2020). Für eine menschenrechts-konforme europäische Migrationspolitik während der Covid-19 Pandemie. Abrufbar unter https://www.dgska.de/fuer-eine-menschenrechtskonforme-europaeische-migrationspolitik (Stand: 27.10.2022).

Arendt, H. ([1943] 2018). Wir Flüchtlinge. 7., erneut durchgesehene Aufl. Stuttgart: Reclam.

Armbrüster, C., Niekrenz, Y., Schmitt, C., Witte, M. D. (2016). Zwischen Krise und Agency – Streben nach Handlungsfähigkeit in der Biografie eines DDR-Kindes aus Namibia. Zeitschrift für Soziologie der Erziehung und Sozialisation (ZSE), 36(4), 402–420.

Arndt, S., Hornscheidt, A. (2009). Afrika und die deutsche Sprache. Ein kritisches Nachschlagewerk. Münster: UNRAST.

Aschenbrenner-Wellmann, B. (2009). Vielfalt, Anerkennung und Respekt. Die Bedeutung der Diversity-Kompetenz für die Soziale Arbeit, in Sanders, K., Bock, M. (Hrsg.), Kundenorientierung – Partizipation – Respekt. Neue Ansätze in der Sozialen Arbeit (S. 47–73). Wiesbaden: VS.

Aşkın, B. (2018). Kultursensible Altenhilfe und Pflege in der Migrationsgesellschaft, in Blank, B., Gögercin, S., Sauer, K., Schramkowski, B. (Hrsg.), Soziale Arbeit in der Migrationsgesellschaft (S. 681– 691). Wiesbaden: VS.

Ataç, I., Rosenberger, S. (2013). Inklusion/Exklusion – ein relationales Konzept der Migrationsforschung, in Ataç, I., Rosenberger, S. (Hrsg.), Politik der Inklusion und Exklusion (S. 35–52). Göttingen: V & R unipress.

Ataç, I., Rygiel, K., Stierl, M. (2016). Introduction: The Contentious Politics of Refugee and Migrant Protest and Solidarity Movements: Remaking Citizenship from the Margins, Citizenship Studies, 20(5), 527–544.

Auernheimer, G. (2016). Einführung in die Interkulturelle Pädagogik. 8. Aufl. Darmstadt: Wissenschaftliche Buchgesellschaft.

Augustín, O. G., Jørgensen, M. B. (2019). Solidarity Cities and Cosmopolitanism from Below: Barcelona as a Refugee City. Social Inclusion, 7(2), 198–207.

Aukot, E. (2003). It Is Better to Be a Refugee Than a Turkana in Kakuma: Revisiting the Relationship between Hosts and Refugees in Kenya. Refuge: Canada's Journal on Refugees, 21(3), 73–83.

Auth, D. (2019a). Politikfeld „Pflege". Aus Politik und Zeitgeschichte (APuZ), 69(33/34), 4–11.

Auth, D. (2019b). Pflege in Zeiten der Ökonomisierung. Blätter der Wohlfahrtspflege, 166(3), 91–94.

Baacke, D. (1996). Medienkompetenz – Begrifflichkeit und sozialer Wandel, in Rein, A. v. (Hrsg.), Medienkompetenz als Schlüsselbegriff (S. 4–10). Bad Heilbrunn: Klinkhardt.

Backhaus, A. (2020). Moria ist die Hölle. Zeit Online. Abrufbar unter https://www.zeit.de/politik/ausland/2020-03/lesbos-fluechtlingslager-moria-griechenland-gefluechtete/ (Stand: 01.07.2020).

Bade, K. (2002). Migration – Migrationsforschung – Migrationspolitik. Bericht für das Goethe-Institut. München. Abrufbar unter http://kjbade.de/bilder/goethe.pdf (Stand: 15.10.2020).

Bade, K. J. (2017). Migration, Flucht, Integration. Kritische Politikbegleitung von der ‚Gastarbeiterfrage' bis zur ‚Flüchtlingskrise'. Erinnerungen und Beiträge. Osnabrück: IMIS. Abrufbar unter https://www.imis.uni-osnabrueck.de/fileadmin/4_Publikationen/PDFs/Bade_Migration.pdf (Stand: 25.10.2020).

Bade, K. J., Oltmer, J. (2004). Normalfall Migration. Bonn: Bundeszentrale für politische Bildung.

Baquero Torres, P. (2018). Emotional Communities als Raum für Bildungsprozesse, in Huber, M., Krause, S. (Hrsg.), Bildung und Emotion (S. 415–429). Wiesbaden: Springer VS.

Bärmig, S. (2015). Kritische Erziehungswissenschaft und Inklusionspädagogik? Zeitschrift für Inklusion-online, 3. Abrufbar unter https://www.inklusion-online.net/index.php/inklusion-online/article/view/300.

Bärmig, S. (2017). Theoretische Perspektiven auf Sonderpädagogik und Inklusion. Zeitschrift für Inklusion-online, 1. Abrufbar unter https://www.inklusion-online.net/index.php/inklusion-online/article/view/394.

Barnes, D. M., Aguilar, R. (2007). Community social support for Cuban refugees in Texas. Qualitative Health Research, 17(2), 225–237.

Bartelheimer, P. (2007). Politik der Teilhabe. Ein soziologischer Beipackzettel. Berlin: Friedrich-Ebert-Stiftung. Abrufbar unter https://library.fes.de/pdf-files/do/04655.pdf (Stand: 25.10.2020).

Barter-Godfrey, S., Takef, A. (2009). Othering, Marginalisation and Pathways to Exclusion in Health. Theorizing Social Exclusion. Abingdon: Routledge.

Bartmann, S., Garz, D., Lee, H.-S. (2012). Rückwanderer und Weiterwanderer: ein Aspekt der südkoreanischen Arbeitsmigration nach Deutschland. Zeitschrift für Qualitative Forschung, 13(1/2), 111–124.

Barwig, K., Hinz-Rommel, W. (Hrsg.) (1995). Interkulturelle Öffnung sozialer Dienste. Freiburg i. B.: Lambertus.

Bauder, H. (2021). Urban Solidarity: Perspectives of Migration and Refugee Accommodation and Inclusion. Critical Sociology, 47(6), 875–889.

Bauder, H., Gonzales, D. A. (2018). Municipal Responses to Illegality: Urban Sanctuary across National Contexts. Social Inclusion, 6(1), 124–134.

Bauer, I. (2017). Unterbringung von Flüchtlingen in deutschen Kommunen. Konfliktmediation und lokale Beteiligung. State-of-Research Papier 10. Abrufbar unter https://flucht-forschung-transfer.de/wp-content/uploads/2017/05/IB-SoR-10-BAUER_Konfliktmediation-1.pdf (Stand: 21.02.2020).

Bauer, I. (2017). Unterbringung von Flüchtlingen in deutschen Kommunen. State-of-Research Papier 10. Abrufbar unter https://flucht-forschung-transfer.de/wp-content/uploads/2017/05/IB-SoR-10-BAUER_Konfliktmediation-1.pdf (Stand: 30.07.2020).

Bauer, P., Wiezorek, C. (2007). Zwischen Elternrecht und Kindeswohl, in Ecarius, J. (Hrsg.), Handbuch Familie (S. 614–636). Wiesbaden: VS.
Bauer, P., Wiezorek, C. (2016). Vulnerable Familien. Sozial Extra, 6, 20–23.
Bauman, Z. (1995). Moderne und Ambivalenz. Hamburg: Hamburger Edition.
Bayerischer Flüchtlingsrat (2019). Schriftliche Stellungnahme zur Expert*innenanhörung zum Thema „AnkER-Einrichtungen in Bayern". Abrufbar unter https://www.fluechtlingsrat-bayern.de/tl_files/2019/Dokumente/Statement%20Frau%20Grote.pdf (Stand: 30.07.2020).
Bayertz, K. (1998). Begriff und Problem der Solidarität, in Bayertz, K. (Hrsg.), Solidarität. Begriff und Problem (S. 11–53). Frankfurt a. M.: Suhrkamp.
Beck, U. ([2008] 2017). Weltrisikogesellschaft. 5. Aufl. Frankfurt a. M.: Suhrkamp.
Becker-Lenz, R. (2005). Das Arbeitsbündnis als Fundament professionellen Handelns. Aspekte des Strukturdilemmas von Hilfe und Kontrolle in der Sozialen Arbeit, in Pfadenhauer, M. (Hrsg.), Professionelles Handeln (S. 87–104). Wiesbaden: VS.
Becker-Lenz, R., Müller-Hermann, S. (2013). Die Notwendigkeit von wissenschaftlichem Wissen und die Bedeutung eines professionellen Habitus für die Berufspraxis der Sozialen Arbeit, in Becker-Lenz, R., Busse, S., Ehlert, G., Müller-Hermann, S. (Hrsg.), Professionalität in der Sozialen Arbeit. Standpunkte, Kontroversen, Perspektiven (S. 203–229). 3. Aufl. Wiesbaden: VS.
Becksteiner, M. (2011). Militant Research and Research Militancy. Abrufbar unter http://www.grundrisse.net/grundrisse39/militant_research.htm (Stand: 29.04.2019).
Beer, M. (2014). Die deutsche Nachkriegszeit als Lagergeschichte. Zur Funktion von Flüchtlingslagern im Prozess der Eingliederung, in Bispinck, H., Hochmuth, K. (Hrsg.), Flüchtlingslager im Nachkriegsdeutschland (S. 47–71). Berlin: Ch. Links.
Behr, J. (2017). Was heißt schon inklusiv? Digitale Teilhabe mit dem Projekt JuMP NRW, in Gross, F. v., Röllecke, R. (Hrsg.), Dieter Baacke Preis Handbuch 12. Medienpädagogik in der Vielfalt – Integration und Inklusion (S. 47–51). München: kopaed.
Behrendt, H. (2017). Was ist soziale Teilhabe? Plädoyer für einen dreidimensionalen Inklusionsbegriff, in Misselhorn, C., Behrendt, H. (Hrsg.), Arbeit, Gerechtigkeit und Inklusion. Wege zu gleichberechtigter gesellschaftlicher Teilhabe (S. 50–76). Stuttgart: J. B. Metzler.
Behrensen, B. (2016). Flüchtlingseltern in der Kita auf Augenhöhe begegnen. Niedersächsisches Institut für frühkindliche Bildung und Entwicklung. Osnabrück. Abrufbar unter https://www.nifbe.de/fachbeitraege/beitraege-von-a-z?view=item&id=540:fluechtlingseltern-in-der-kita-auf-augenhoehe-begegnen&catid=58 (Stand: 20.07.2020).
Behrensen, B., Westphal, M. (2009). Junge Flüchtlinge – Ein blinder Fleck in der Migrations- und Bildungsforschung. Bildung junger Flüchtlinge als Randthema in der migrationspolitischen Diskussion, in Krappmann, L. et al. (Hrsg.), Bildung für junge Flüchtlinge – ein Menschenrecht. Erfahrungen, Grundlagen und Perspektiven (S. 45–58). Bielefeld: wbv Media.
Behrisch, B. (2016). Anerkennung von Menschen mit Behinderung als Thema von Diversity, in Genkova, P., Ringeisen, T. (Hrsg.), Handbuch Diversity Kompetenz: Gegenstandsbereiche (S. 1–12). Wiesbaden: Springer.
Bender, D., Duscha, A., Huber, L., Klein-Zimmer, K. (2013). Transnationales Wissen: Eine Spurensuche aus Sicht der Sozialen Arbeit, in Bender, D., Duscha, A., Huber, L., Klein-Zimmer, K. (Hrsg.), Transnationales Wissen und Soziale Arbeit (S. 7–19). Weinheim, Basel: Beltz Juventa.
Bender, D., Großmann, S., Hollstein, T., Horn, V., Schweppe, C. (2019). Alter(n) über nationale Grenzen hinweg. Ambivalente Formen sozialer Teilhabe, in Kommission Sozialpädagogik (Hrsg.), Teilhabe durch*in*trotz Sozialpädagogik (S. 159–171). Weinheim, Basel: Beltz Juventa.
Bender, D., Hollstein, T., Huber, L., Schweppe, C. (2012). Migration Biographies and Transnational Social Support: Transnational Family Care and the Search for „Homelandmen", in Chambon, A., Schröer, W., Schweppe, C. (Hrsg.), Transnational Social Support. New York: Routledge.
Bender, D., Hollstein, T., Huber, L., Schweppe, C. (2015). Auf den Spuren transnationaler Lebenswelten. Ein wissenschaftliches Lesebuch. Bielefeld: transcript.

Bender, D., Hollstein, T., Schweppe, C. (2017). The emergence of care facilities in Thailand for older German-speaking people: structural backgrounds and facility operators as transnational actors. European Journal of Ageing, 14(4), 365–374.

Benner, P. (2000). Stufen zur Pflegekompetenz. 3., unveränderte Aufl. Bern: Hogrefe.

Benz, B., Huster, E. U., Schütte, J. D., Boeckh, J. (2015). Aktuelle sozialpolitische Leitbilder. Informationen zur politischen Bildung, 327, 30–35.

Berendes, J. (2014). Eine Frage der Haltung? Überlegungen zu einem neuen (und alten) Schlüsselbegriff für die Lehre, in Rentschler, M., Metzger, G. (Hrsg.), Perspektiven angewandter Hochschuldidaktik – Studien und Erfahrungsberichte (S. 229–258). Aachen: Shaker.

Berghaus, M. (2011). Luhmann leicht gemacht. 3. Aufl. Köln, Weimar, Wien: Böhlau.

Bergold, J., Thomas, S. (2012). Partizipative Forschungsmethoden: Ein methodischer Ansatz in Bewegung. Forum Qualitative Sozialforschung, 13(1), Art. 30.

Berlinghoff, M. (2018). Geschichte der Migration in Deutschland. Abrufbar unter https://www.bpb.de/gesellschaft/migration/dossier-migration/252241/deutsche-migrationsgeschichte (Stand: 25.10.2020).

Bernasconi, T., Böing, U. (2015). Impulse zu einer disziplinären Bestimmung der Pädagogik bei schwerer und mehrfacher Behinderung in ihrem Verhältnis zu einer (inklusiven) Allgemeinen Pädagogik, in Schnell, I. (Hrsg.), Herausforderung Inklusion. Theoriebildung und Praxis (S. 129–137). Bad Heilbrunn: Klinkhardt.

Bernhard, A. (2015). Inklusion – Ein importiertes erziehungswissenschaftliches Zauberwort und seine Tücken, in Kluge, S., Liesner, A., Weiß, E. (Hrsg.), Inklusion als Ideologie (S. 109–119). Frankfurt a. M.: Lang.

Berufs- und Fachverband Heilpädagogik e. V. (bhp) (2015). INKLUSION jetzt! Abrufbar unter http://bhponline.de/hessen-regionalgruppe-hessen-sued/ (Stand: 19.02.2016).

Betancourt, T. S., Frounfelker, R., Mishra, T., Hussein, A., Falzarano, R. (2015). Addressing Health Disparities in the Mental Health of Refugee Children and Adolescents through Community-based Participatory Research: A Study in 2 Communities. American Journal of Public Health, 105(3), 475–482.

Bethmann, S., Helfferich, C., Hoffmann, H., Niermann, D. (Hrsg.) (2012). Agency. Qualitative Rekonstruktionen und gesellschaftstheoretische Bezüge von Handlungsmächtigkeit. Weinheim, Basel: Beltz Juventa.

Bettinger, F. (2013). Kritik Sozialer Arbeit – Kritische Soziale Arbeit, in Hünersdorf, B., Hartmann, J. (Hrsg.), Was ist und wozu betreiben wir Kritik in der Sozialen Arbeit? (S. 87–107). Wiesbaden: VS.

Betts, A., Omata, N., Sterck, O. (2020). The Kalobeyei Settlement: A Self-reliance Model for Refugees? Journal of Refugee Studies, 33(1), 189–223.

Bhabha, H. K. (1983). The Other Question … Homi Bhabha Reconsiders the Stereotype and Colonial Discourse. Screen, 24(6), 18–36.

Bhabha, H. K. (1990). The Third Space. Interview with Jonathan Rutherford, in Rutherford, J. (Hrsg.), Identity: Community, Culture (S. 201–221). London: Lawrence and Wishart.

Bhabha, H. K. (1994). The Location of Culture. London, New York: Routledge.

Bierhoff, H. W. (2013). Solidarität im Zeitalter der Globalisierung, in Billmann, L., Held, J. (Hrsg.), Solidarität in der Krise. Gesellschaftliche, soziale und individuelle Voraussetzungen solidarischer Praxis (S. 161–175). Wiesbaden: Springer VS.

Biewer, G., Schütz, S. (2016). Inklusion, in Hedderich, I., Biewer, G., Hollenweger, J., Markowetz, R. (Hrsg.), Handbuch Inklusion und Sonderpädagogik (S. 123–127). Bad Heilbrunn: Klinkhardt.

Bildungskommission des Deutschen Bundesrats (1974). Zur pädagogischen Förderung behinderter und von Behinderung bedrohter Kinder und Jugendlicher: verabschiedet auf der 34. Sitzung der Bildungskommission am 12./13. Oktober. Bonn, Stuttgart: Klett.

Bittlingmayer, U. H., Sahrai, D. (2016). Inklusion als Anti-Diskriminierungsstrategie, in Scherr, A., El-Mafaalani, A., Yüksel. G. (Hrsg.), Handbuch Diskriminierung (S. 683–699). Wiesbaden: Springer.

Bitzan, M., Bolay, E. (2017). Soziale Arbeit – die Adressatinnen und Adressaten. Opladen, Toronto: Barbara Budrich.

Blank, B., Gögercin, S., Sauer, K. E., Schramkowski, B. (Hrsg.) (2018). Soziale Arbeit in der Migrationsgesellschaft. Grundlagen – Konzepte – Handlungsfelder. Wiesbaden: VS.

Blankenburg, K., Cosanne, E. (2019). Gesellschaftliche Trends und Beschäftigtenzahlen in Praxisfeldern gesundheitsbezogener Sozialer Arbeit, in Dettmers, S., Bischkopf, J. (Hrsg.), Handbuch gesundheitsbezogene Soziale Arbeit (S. 138–146). München: Ernst Reinhardt.

Blau, P. M. ([1968] 2005). Sozialer Austausch, in Adloff, F., Mau, S. (Hrsg.), Vom Geben und Nehmen. Zur Soziologie der Reziprozität (S. 125–137). Frankfurt a. M.: Campus.

Blum, A., Schäfer, D. (2018). Volunteer work as a neocolonial practice – racism in transnational education, Transnational Social Review. A Social Work Journal, 8(2), 155–169.

Blumer, H. (1954). What is wrong with social theory? American Sociological Review, 19(1), 3–10.

BMFSFJ, UNICEF (2018). Mindeststandards zum Schutz von geflüchteten Menschen in Flüchtlings-unterkünften. Abrufbar unter https://www.bmfsfj.de/blob/117472/bc24218511eaa3327fda2f2e8890bb79/mindeststandards-zum-schutz-von-gefluechteten-menschen-in-fluechtlingsunterkuenften-data.pdf (Stand: 30.10.2022).

Boban, I., Hinz, A. (2003). Index für Inklusion. Lernen und Teilhabe in der Schule der Vielfalt entwickeln. Halle, Wittenberg: Universitätseigener Verlag.

Bochmann, A. (2017). Soziale Institution Lager, in Lessenich, S. (Hrsg.), Geschlossene Gesellschaften. Verhandlungen des 38. Kongresses der Deutschen Gesellschaft für Soziologie in Bamberg 2016 (S. 1–9). Abrufbar unter http://publikationen.soziologie.de/index.php/kongressband_2016/article/view/480 (Stand: 12.08.2019).

Böcker, A., Goel, U., Heft, K. (2010). Integration, in Nduka-Agwu, A., Hornscheidt, A. L. (Hrsg.), Rassismus auf gut Deutsch. Ein kritisches Nachschlagewerk zu rassistischen Sprachhandlungen (S. 304–310). Frankfurt a. M.: Brandes & Apsel.

Bockhorst, H. (2011). Kulturelle Bildung: Lebenskunst lernen – Bilden mit Kunst, in Hafeneger, B. (Hrsg.), Handbuch Außerschulischer Jugensbildung. Grundlagen – Handlungsfelder – Akteure (S. 213–245). Schwalbach/Taunus: Wochenschau.

Boeckh, J., Benz, B., Huster, E. U., Schütte, J. D. (2015). Aktuelle sozialpolitische Leitbilder. Informationen zur politischen Bildung, 327, 30–35.

Boger, M.-A. (2019). Theorien der Inklusion. Die Theorie der trilemmatischen Inklusion zum Mitdenken. Münster: edition assemblage.

Böhme, C. (2019). ‚The Illusion of Being a Free Spirit': Mobile Phones and Social Media in Transit Places of Migration with the Example of the Kakuma Refugee Camp in Kenya. Vienna Journal of African Studies, 36(19), 51–74.

Böhmer, A., Goebel, S. G. (2020). Migrantisierung der Sozialen Arbeit. Versuch einer kulturanthropologischen Kollaboration. Österreichisches Jahrbuch der Sozialen Arbeit (ÖJS), 2, 162–180.

Böhnisch, L. (1999). Sozialpädagogik der Lebensalter. Eine Einführung. 2., überarbeitete Aufl. Weinheim, München: Juventa.

Böhnisch, L. (2012). Lebensbewältigung, in Werner, T. (Hrsg.), Grundriss Soziale Arbeit (S. 219–233). 4. Aufl. Wiesbaden: VS.

Böhnisch, L. (2016). Lebensbewältigung. Ein Konzept für die Soziale Arbeit. Weinheim, Basel: Beltz Juventa.

Böhnisch, L., Lösch, H. (1973). Das Handlungsverständnis des Sozialarbeiters und seine institutionelle Determination, in Otto, H.-U., Schneider, S. (Hrsg.), Gesellschaftliche Perspektiven der Sozialarbeit (S. 21–40). Neuwied: Hermann Luchterhand.

Bommes, M., Scherr, A. (1996). Exklusionsvermeidung, Inklusionsvermittlung und/oder Exklusionsverwaltung. neue praxis, 26(2), 107–123.

Bosch, A. (2010). Konsum und Exklusion. Eine Kultursoziologie der Dinge. Bielefeld: transcript.
Bösl, E. (2010). Die Geschichte der Behindertenpolitik in der Bundesrepublik aus Sicht der Disability History, Politik und Zeitgeschichte. Abrufbar unter http://www.bpb.de/apuz/32707/die-geschichte- der-behindertenpolitik-in-der-bundesrepublik-aus-sicht-der-disabilityhistory (Stand: 29.07.2019).
Bosse, S., Spörer, N. (2014). Erfassung der Einstellung und der Selbstwirksamkeit von Lehramtsstudierenden zum inklusiven Unterricht. Empirische Pädagogik, (4), 279–299.
Bourdieu, P. ([1987] 2018). Die feinen Unterschiede. Kritik der gesellschaftlichen Urteilskraft. Frankfurt a. M.: Suhrkamp.
Bourdieu, P. ([1992] 2005). Die verborgenen Mechanismen der Macht. Hamburg: VSA.
Bourdieu, P. (1993). Sozialer Sinn. Kritik der theoretischen Vernunft. Berlin: Suhrkamp.
Bourdieu, P., Passeron, J. C. ([1977] 1990). Reproduction in Education, Society and Culture. London u. a.: Sage.
Bowling, N. A., Beehr, T. A., Swader, W. M. (2005). Giving and receiving social support at work: The roles of personality and reciprocity. Journal of Vocational Behavior, 67, 476–489.
Braun, A., Graßhoff, G., Schweppe, C. (2011). Sozialpädagogische Fallarbeit. München, Basel: Ernst Reinhardt/UTB.
Breithecker, R., Stöckinger, M. (2020). Ist Geben seliger als Nehmen? Die Bedeutung von Gaben und Gegengaben in den Beziehungen von bürgerschaftlich engagierten und geflüchteten Menschen, in Schulz, A., Schwertel, T. (Hrsg.), Der lange Sommer der Flucht – 2015 und danach (S. 73–97). Opladen: Barbara Budrich.
Bröckling, U. (2007). Das unternehmerische Selbst. Frankfurt a. M.: Suhrkamp.
Brown, S. L., Nesse, R. M., Vinokur, A. D., Smith, D. M. (2003). Providing social support may be more beneficial than receiving it. Psychological Science, 14(4), 320–327.
Brück, N., Weyers, S. (2018). Erziehungswissenschaft, in Schmitt, C., Witte, M. D. (Hrsg.), Bezugswissenschaften der Sozialen Arbeit „Einführung in die Soziale Arbeit" (S. 155–170). Bd. 2. Baltmannsweiler: Schneider Verlag Hohengehren.
Brücker, H., Rother, N., Schupp, J. (2016). IAB-BAMF-SOEP-Befragung von Geflüchteten. Deutsches Institut für Wirtschaftsforschung Berlin. Abrufbar unter https://www.econstor.eu/handle/10419/149124 (Stand: 21.02.2020).
Brzoska, P., Yilmaz-Aslan, Y., Probst, S. (2018). Umgang mit Diversität in der Pflege und Palliativversorgung am Beispiel von Menschen mit Migrationshintergrund. Zeitschrift für Gerontologie und Geriatrie, 51(6), 636–641.
Budde, J., Hummrich, M. (2014). Reflexive Inklusion. Zeitschrift für Inklusion-online, 4. Abrufbar unter https://www.inklusion-online.net/index.php/inklusion-online/article/view/193.
Budde, J., Hummrich, M. (2015). Inklusion aus erziehungswissenschaftlicher Perspektive. Mitteilungen der Deutschen Gesellschaft für Erziehungswissenschaft, 26(51), 33–41.
Bude, H. (2015). Was für eine Gesellschaft wäre eine „inklusive Gesellschaft"? Berlin: Heinrich Böll Stiftung. Abrufbar unter https://www.boell.de/de/2015/11/11/was-fuer-eine-gesellschaft-waere-eine-inklusive-gesellschaft (Stand: 31.10.2020).
Bude, H. (2019). Solidarität. Die Zukunft einer großen Idee. München: Carl Hanser.
Bukow, W. D. (2018). Urbanität ist Mobilität und Diversität, in Hill, M., Yıldız, E. (Hrsg.), Postmigrantische Visionen. Erfahrungen – Ideen – Reflexionen (S. 81–96). Bielefeld: transcript.
Bundesamt für Migration und Flucht (BAMF). (2019). Aktuelle Zahlen. Ausgabe: März 2019. Abrufbar unter https://www.bamf.de/SiteGlobals/Forms/Suche/Expertensuche_Flyout_Formular.html?templateQueryString=2Aktuelle+Zahlen+zu+Asyl2&sortOrder=dateOfIssue_dt+desc&pageLocale=de (Stand: 20.01.2020).
Bundesamt für Migration und Flüchtlinge (BAMF) (2017). Aktuelle Zahlen zu Asyl. Ausgabe: Juni 2017. Abrufbar unter http://www.bamf.de/SharedDocs/Anlagen/DE/Downloads/Infothek/Statistik/Asyl/aktuelle-zahlen-zu-asyl-juni-2017.html?nn=7952222 (Stand: 04.08.2017).

Bundeskriminalamt (BKA) (2019). Kriminalität im Kontext von Zuwanderung. Kernaussagen Betrachtungszeitraum: 01.01.–30.09.2019. Wiesbaden: BKA.

Bundesministerin für Familie, Senioren, Frauen und Jugend (BMFSFJ) (2017). 15. Kinder- und Jugendbericht. Berlin.

Bundesministerium für Arbeit und Soziales (BMAS) (Hrsg.) (2014). Leichte Sprache – Ein Ratgeber. Abrufbar unter https://www.bmas.de/SharedDocs/Downloads/DE/PDF-Publikationen/a752-ratgeber-leichte-sprache.pdf?__blob=publicationFile (Stand: 01.07.2019).

Bundesministerium für Familie, Senioren, Frauen und Jugend (BMFSFJ) / United Nations Children's Fund (UNICEF) (2018). Mindeststandards zum Schutz von geflüchteten Menschen in Flüchtlingsunterkünften. Berlin. Abrufbar unter https://www.gewaltschutz-gu.de/publikationen/mindeststandards/download/mindeststandards-zum-schutz-von-gefluechteten-menschen-in- fluechtlingsunterkuenften-bmfsfj-unicef-u-a-3-aufl-2018 (Stand: 08.09.2020).

Bundesverband Caritas Behindertenhilfe und Psychiatrie e. V. (CBP), (2019). Stellungnahme zum Referentenentwurf des Bundesministeriums für Gesundheit zum Referentenentwurf eines Intensivpflege- und Rehabilitationsstärkungsgesetzes (IPREG). Berlin. Abrufbar unter https://www.cbp.caritas.de/cms/contents/cbp.caritas.de/medien/dokumente/publikationen/stellungnahmen/stellungnahme-zum-re7/ipreg. pdf?d=a&f=pdf (Stand: 28.12.2019).

Bundesvereinigung Prävention und Gesundheitsförderung e. V. (BVPG) (2019). Programm des 9. gemeinsamen Präventionskongresses des Bundesministeriums für Gesundheit und der Bundesvereinigung Prävention und Gesundheitsförderung. Prävention und Gesundheitsförderung in der Pflege. Bonn. Abrufbar unter https://www.bvpraevention.de/newbv/images/Kongress2019/Praeventionskongress_2019_Programmflyer.pdf (Stand: 27.12.2019).

Bundesweite Arbeitsgemeinschaft der Psychosozialen Zentren für Flüchtlinge und Folteropfer (BAfF) (2018). Abschottung um jeden Preis? Wie sich die geplanten Ankerzentren auf Geflüchtete, Traumatisierte und die Gesellschaft auswirken. Abrufbar unter www.baff- zentren.org/wp-content/uploads/2018/06/Stellungnahme_BAfF_Ankerzentren_2018.06.18.pdf (Stand: 20.02.2020).

Burzan, N. (2007). Soziale Ungleichheit. Eine Einführung in die zentralen Theorien. 3., überarbeitete Aufl. Wiesbaden: VS.

Büschken, M. (2017). Soziale Arbeit unter den Bedingungen des „aktivierenden Sozialstaates". Weinheim, Basel: Beltz Juventa.

Buschmann, B., Graßhoff, G., Schweppe, C. (2016). National oder Transnational? Biografische Selbstpräsentationen von Adressat_innen der Jugendhilfe. neue praxis, 46(2),133–150.

Cahill, C. (2010). „Why do they hate us?" Reframing Immigration through Participatory Action Research. Area, 42(2), 152–161.

Carey, A. Th. (2018). Migration in einer turbulenten Weltordnung, in Blank, B., Gögercin, S., Sauer, K. E., Schramkowski, B. (Hrsg.), Soziale Arbeit in der Migrationsgesellschaft. Grundlagen – Konzepte – Handlungsfelder (S. 9–29). Wiesbaden: VS.

Carstensen-Egwuom, I. (2011). Unternehmerische Vorzeige-MigrantInnen? Inkorporationspfade unternehmerischer MigrantInnen in Chemnitz, in Hillmann, F. (Hrsg.), Marginale Urbanität. Migrantisches Unternehmertum und Stadtentwicklung (S. 229–255). Bielefeld: transcript.

Castro Varela, M. d. M. (2008). „Was heißt hier Integration?": Integrationsdiskurse und Integrationsregime, in Landeshauptstadt München (Hrsg.), Dokumentation des Fachtags „Was heißt hier Identität? Was heißt hier Integration? Alle anders – alle gleich?" (S. 77–86). München.

Castro Varela, M. d. M. (2013). „Parallelgesellschaften" und „Nationalmannschaften" – Überlegungen zur Kritik in der Kritischen Migrationsforschung, in Mecheril, P., Thomas-Olalde, O., Melter, C., Arens, S., Romaner, E. (Hrsg.), Migrationsforschung als Kritik? Konturen einer Forschungsperspektive (S. 65–78). Wiesbaden: VS.

Castro Varela, M. d. M. (2018). Erlaubter Wahnsinn. Migrationspädagogische und Postkoloniale Perspektiven in Theorie und Praxis, 8–15. Abrufbar unter http://www.schlau-werkstatt.de/wp-content/uploads/2018/09/Publikation-Jahrestagung-2017.pdf (Stand: 11.02.2019).

Castro Varela, M. d. M., Dhawan, N. (2005). Postkoloniale Theorie. Eine kritische Einführung. Bielefeld: transcript.

Castro Varela, M. d. M., Dhawan, N. (2016). Die Migrantin retten!? Zum vertrackten Verhältnis von Geschlechtergewalt, Rassismus und Handlungsmacht. Österreichische Zeitschrift für Soziologie, 41(3), 13–28.

Castro Varela, M. d. M., Heinemann, A. M. B. (2016). Mitleid, Paternalismus, Solidarität. Zur Rolle von Affekten in der politisch-kulturellen Arbeit, in Ziese, M., Gritschke, C. (Hrsg.), Geflüchtete und Kulturelle Bildung. Formate und Konzepte für ein neues Praxisfeld (S. 51–66). Bielefeld: transcript.

Castro Varela, M. d. M., Mecheril, P. (2010). Grenze und Bewegung. Migrationswissenschaftliche Klärungen, in Mecheril, P., Castro Varela, M. d. M., Dirim, I., Kalpaka, A., Melter, C. (Hrsg.), Migrationspädagogik (S. 23–53). Weinheim, Basel: Beltz.

Chatty, D., Crivello, G., Hundt, G. L. (2005). Theoretical and Methodological Challenges of Studying Refugee Children in the Middle East and North Africa: Young Palestinian, Afghan and Sahrawi Refugees. Journal of Refugee Studies, 18(4), 387–409.

Chiwara, P., Lombard, L. (2017). The Challenge to Promote Social and Economic Equality in Namibia Through Social Work. Social Work/Maatskaplike Werk, 53(4), 563–578.

Christ, S., Meininghaus, E., Röing, T. (2017). All Day Waiting. Konflikte in Unterkünften für Geflüchtete in NRW. Bonn: International Center for Conversion (BICC). Abrufbar unter https://www.bicc.de/uploads/tx_bicctools/BICC_WP_3_2017_web_01.pdf (Stand: 25.10.2020).

Clifford, J., Marcus, J. E. (Hrsg.) (1986). Writing Culture. The Poetics and Politics of Ethnography. Berkeley: University of California Press.

Cloerkes, G. (2007). Soziologie der Behinderten. Eine Einführung. 3. Aufl. Heidelberg: Universitätsverlag Winter.

Cohen, J. (1988). Statistical Power Analysis for the Behavioral Sciences. 2. Aufl. Hillsdale: Lawrence Erlbaum Associates.

Collie, P. et al. (2010). You can't clap with one hand: Learnings to Promote Culturally Grounded Participatory Action Research with Migrant and Former Refugee Communities. International Journal of Intercultural Relations, 34(2), 141–149.

Collier, J. (1945). United States Administration as a Laboratory of Ethnic Relations. Social Research, 12(3), 265–303.

Cooper, E. (2005). What do we know about out-of-school youths? How Participatory Action Research can Work for Young Refugees in Camps. Compare: A Journal of Comparative and International Education, 35(4), 463–477.

Cox, D., Pawar, M. S. (2006). International Social Work: Issues, Strategies, and Programs. Thousand Oaks: SAGE.

Cramer, C., Harant, M. (2014). Inklusion – Interdisziplinäre Kritik und Perspektiven von Begriff und Gegenstand. Zeitschrift für Erziehungswissenschaft, 17, 639–659.

Cremer, H. (2008). Zur Problematik des Begriffs „Rasse" in der Gesetzgebung, in Heinrich Böll Stiftung (Hrsg.), Migrationspolitisches Portal. Abrufbar unter https://heimatkunde.boell.de/2008/11/18/zur-problematik-des-begriffs-rasse-der-gesetzgebung (Stand: 20.01.2017).

Crenshaw, K. W. (1994). Mapping the Margins: Intersectionality, Identity Politics, and Violence Against Women of Color, in Fineman, M. A., Mykitiuk, R. (Hrsg.), The Public Nature of Private Violence (S. 93–118), New York: Routledge.

Cyrus, N. (2017). Die Flüchtlinge und ihr Status. Praktische Implikationen einer defizitären Rechtsstellung, in Ghaderi,C., Eppenstein, T. (Hrsg.), Flüchtlinge. Multiperspektivische Zugänge (S. 113–127). Wiesbaden: VS.

Dahinden, J. (2013). Von den transnationalen Migrationsstudien zu einer Transnationalisierung der Sozialtheorie: Plädoyer für einen integrativen Ansatz, in Pusch, B. (Hrsg.), Transnationale Migration am Beispiel Deutschland und Türkei (S. 83–101). Wiesbaden: VS.

Dahinden, J., Fischer, C., Menet, J. (2021). Knowledge production, reflexivity, and the use of categories in migration studies: tackling challenges in the field. Ethnic and Racial Studies. Ethnic and Racial Studies, 44(4), 535–554.

Dahlvik, J. (2017). Entscheiden über Asyl. Organisationssoziologische Überlegungen zum Zusammen- spiel von Formalität und Informalität im österreichischen Asyl-Verwaltungsverfahren, in Lahusen, C., Schneider, S. (Hrsg.), Asyl verwalten. Zur bürokratischen Bearbeitung eines gesellschaftlichen Problems (S. 117–143). Bielefeld: transcript.

Dallinger, U. (2009). Die Solidarität der modernen Gesellschaft. Der Diskurs um rationale oder normative Ordnung in Sozialtheorie und Soziologie des Wohlfahrtsstaats. Wiesbaden: VS.

Dannenbeck, C. (2012). Inklusion reflexiv – ein Immunisierungsversuch gegen politische Umarmungsstrategien, in Seitz, S., Finnern, N.-K., Korff, N., Scheidt, K. (Hrsg.), Inklusiv gleich gerecht? Inklusion und Bildungsgerechtigkeit (S. 104–114). Bad Heilbrunn: Klinkhardt.

Dannenbeck, C. (2013). Inklusionsorientierung als pädagogische Herausforderung. unsere jugend, 65(11/12), 460–466.

Dannenbeck, C., Dorrance, C. (2009). Inklusion als Perspektive (sozial)pädagogischen Handelns – eine Kritik der Entpolitisierung des Inklusionsgedankens. Zeitschrift für Inklusion, 3. Abrufbar unter https://www.inklusion-online.net/index.php/inklusion-online/article/view/161 (Stand: 10.10.2018).

Danz, S. (2014). Anerkennung von Verletzlichkeit und Angewiesen-Sein. Widersprüche: Zeitschrift für sozialistische Politik im Bildungs-, Gesundheits- und Sozialbereich, 34(133), 61–73.

Darling, J., Bauder, H. (2019). Sanctuary Cities and Urban Struggles: Rescaling Migration, Citizenship, and Rights. Manchester: Manchester University Press.

Dausien, B. (2017). „Bildungsbiographien" als Norm und Leistung gesellschaftlicher Teilhabe, in Miethe, I., Tervooren, A., Ricken, N. (Hrsg.), Bildung und Teilhabe (S. 87–110). Wiesbaden: VS.

De Boer, A., Pijl, S. J., Minnaert, A. (2011). Regular primary schoolteachers' attitudes towards inclusive education: a review of the literature. International Journal of Inclusive Education, 15(3), 331–353.

De Vries, S. (2018). Familien aus den Herkunftsländern Pakistan und Afghanistan, in Hartwig, L., Mennen, G., Schrapper, C. (Hrsg.), Handbuch Soziale Arbeit mit geflüchteten Kindern und Familien (S. 61–83). Weinheim, Basel: Beltz Juventa.

Dederich, M. (2009). Behinderung als sozial- und kulturwissenschaftliche Kategorie, in Dederich, M., Jantzen, W. (Hrsg.), Behinderung und Anerkennung. Behinderung, Bildung, Partizipation. Enzyklopädisches Handbuch der Behindertenpädagogik. Bd. 2 (S. 15–39). Stuttgart: Kohlhammer.

Dederich, M. (2010). Exklusion, in Dederich, M., Greving, H., Mürner, C., Rödler, P. (Hrsg.), Inklusion statt Integration? Heilpädagogik als Kulturtechnik. 2. Aufl. (S. 11–27). Gießen: Psychosozial.

Dederich, M. (2020). Inklusion, in Weiß, G., Zirfas, J. (Hrsg.), Handbuch Bildungs- und Erziehungsphilosophie (S. 527–536). Wiesbaden: VS.

Dederich, M., Felder, F. (2016). Funktionen von Theorie in der Heil- und Sonderpädagogik. Vierteljahresschrift für Heilpädagogik und ihre Nachbargebiete, 85(3), 196–209.

Degener, T. (2009). Die UN-Behindertenrechtskonvention als Inklusionsmotor. Recht der Jugend und des Bildungswesens (RdJB), 2, 200–219.

Degener, T., Mogge-Grotjahn, H. (2012). „All inclusive"? Annäherungen an ein interdisziplinäres Verständnis von Inklusion, in Balz, H.-J., Benz, B., Kuhlmann, C. (Hrsg.), Soziale Inklusion. Grundlagen, Strategien und Projekte in der Sozialen Arbeit (S. 59–77). Wiesbaden: VS.

Deinet, U., Krisch, R. (2009). Stadtteilbegehung. sozialraum.de, 1. Abrufbar unter https://www.sozialraum.de/stadtteilbegehung.php (Stand: 31.10.2020).

Deller, U., Brake, R. (2014). Soziale Arbeit. Opladen, Toronto: UTB / Barbara Budrich.
Destatis (2020). Migrationshintergrund. Abrufbar unter https://www.destatis.de/DE/Themen/Gesellschaft-Umwelt/Bevoelkerung/Migration-Integration/Glossar/migrationshintergrund.html (Stand: 25.10.2020).
Detjen, M. (2000). „Wir schaffen das" oder „Revolutionäres Bewusstsein"? Überlegungen zur Willkommenskultur 2015. Aus Politik und Zeitgeschichte (APuZ), 30/32, 20–26.
Dettmers, S., Bischkopf, J. (2019). Einleitung, in Dettmers, S., Bischkopf, J. (Hrsg.), Handbuch gesundheitsbezogene Soziale Arbeit (S. 13–16). München: Ernst Reinhardt.
Deutsche Gesellschaft für Erziehungswissenschaft (2015). Inklusion als Herausforderung für die Erziehungswissenschaft. Aufruf zu einer Debatte. Abrufbar unter http://www.dgfe.de/fileadmin/OrdnerRedakteure/Stellungnahmen/2015_Inklusion_Positionierung.pdf (Stand: 26.02.2016).
Deutsche Gesellschaft für Erziehungswissenschaft (DGfE) (2015). Mitteilungen der Deutschen Gesellschaft für Erziehungswissenschaft „Inklusion – Perspektive, Herausforderung, und Problematisierung aus Sicht der Erziehungswissenschaft, 26. Abrufbar unter https://www.dgfe.de/fileadmin/OrdnerRedakteure/Zeitschrift_Erziehungswissenschaft/EW_51.pdf (Stand: 25.10.2020).
Deutsche Gesellschaft für Erziehungswissenschaft (DGfE) (2017). Inklusion: Bedeutung und Aufgabe für die Erziehungswissenschaft. Stellungnahme. Abrufbar unter http://www.dgfe.de/fileadmin/OrdnerRedakteure/Stellungnahme/2017.01_Inklusion_Stellungnahme.pdf (Stand: 15.05.2017).
Dewe, B. (2009). Reflexive Professionalität: Maßgabe für Wissenstransfer und Theorie-Praxis-Relationierung im Studium der Sozialarbeit, in Riegler, A., Hojnik, S., Posch, K. (Hrsg.), Soziale Arbeit zwischen Profession und Wissenschaft (S. 47–63). Weinheim, Basel: Beltz Juventa.
Dewe, B., Otto, H.-U. (2002). Reflexive Sozialpädagogik. Grundstrukturen eines neuen Typs dienstleistungsorientierten Professionshandelns, in Thole, W. (Hrsg.), Grundriss Soziale Arbeit (S. 179–198). 2., überarbeitete und aktualisierte Aufl. Opladen: Leske + Budrich.
DGfE – Sektion Medienpädagogik (2016). Stellungnahme zu Entwurf einer Strategie der Kultusministerkonferenz „Bildung in der digitalen Welt". Abrufbar unter http://www.dgfe.de/fileadmin/OrdnerRedakteure/Sektionen/Sek12_MedPaed/2016_Sektion_Medienpädagogik_der_DGfE_zur_KMK- Strategie.pdf (Stand: 04.08.2017).
Die konvivialistische Internationale (2020). Das zweite konvivialistische Manifest. Für eine postneoliberale Welt. Bielefeld: transcript.
Diehm, I. (2011). Integration und Inklusion im Kontext von Migration und Pädagogik, in Lütje-Klose, B., Langer, M.-T., Serke, B., Urban, M. (Hrsg.), Inklusion in Bildungsinstitutionen. Eine Herausforderung an die Heil- und Sonderpädagogik (S. 37–46). Bad Heilbrunn: Klinkhardt.
Diehm, I., Kuhn, M., Machold, C. (2010). Die Schwierigkeit, ethnische Differenz durch Forschung nicht zu reifizieren – Ethnographie im Kindergarten, in Heinzel, F., Panagiotopoulou, A. (Hrsg.), Qualitative Bildungsforschung im Elementar- und Primarbereich (S. 78–92). Baltmannsweiler: Schneider Hohengehren.
Dierks, K. (2003). Chronologie der Namibischen Geschichte. Von der vorgeschichtlichen Zeit zum unabhängigen Namibia (2000). Windhoek: Namibia Wissenschaftliche Gesellschaft.
Dikötter, F. (2008). The Racialization of the Globe: an Interactive Interpretation. Ethnic and Racial Studies, 31(8),1478–1496.
Dischereit, E. (2020). Zeitungsausschnitte von Moria. Heimatkunde. Migrationspolitisches Portal der Heinrich Böll Stiftung. (24.04.2020). Abrufbar unter https://heimatkunde.boell.de/de/2020/04/24/zeitungsausschnitte-von-moria (Stand: 27.10.2022).
Dittmer, C., Lorenz, D. F. (2016). Waiting for the bus that never comes. Abrufbar unter https://refubium.fuberlin.de/bitstream/handle/fub188/21907/KFS_Working_Paper_3_Dittmer_Lorenz_Waiting_for_the_bus_ that_never_comes.pdf?sequence=1&isAllowed=y (Stand: 21.02.2020).

Dlugosch, A. (2014). ... weil es eben jeden treffen kann. Einstellungen und Kompetenzen von Junglehrerinnen und Junglehrern für die Umsetzung inklusiver Bildung – ein Vergleich von zehn Fallstudien aus Oberösterreich und Vorarlberg. Erziehung und Unterricht, 3/4, 236–245.

Döge, P., Gretler Heusser, S. (2015). pro und kontra. Diversity Management – ein Konzept auch für die Soziale Arbeit? Sozialmagazin, 9/10, 92–95.

Doná, G. (2007). The Microphysics of Participation in Refugee Research. Journal of Refugee Studies, 20(2), 210–229.

Donnelly, S., Ni Raghallaigh, M., Foreman, M. (2019). Reflections on the Use of Community-based Participatory Research to Affect Social and Political Change: Examples from Research with Refugees and Older People in Ireland. European Journal of Social Work, 22(5), 831–844.

Doomernik, J., Ardon, D. (2018). The City as an Agent of Refugee Integration. Urban Planning, 3(4), 91–100.

Drolet, J., Enns, R., Kreitzer, L., Shankar, J., McLaughlin, A. (2018). Supporting the resettlement of a Syrian family in Canada: The social work resettlement practice experience of Social Justice Matters. International Social Work, 61(5), 627–633.

Due, C., Riggs, D. W., Augoustinos, M. (2014). Research with Children of Migrant and Refugee Backgrounds: A Review of Child-Centered Research Methods. Child Indicators Research, 7(1), 209–227.

Dunbar, M., Ford, G.,Hunt, K. (1998). Why is the receipt of social support associated with increased psychological distress? Psychology & Health, 13(3), 527–544.

Dünnwald, S. (2011). Die Bundesrepublik als Lagergesellschaft, in Landesflüchtlingsräte (Hrsg.), AusgeLAGERt. Zur Unterbringung von Flüchtlingen in Deutschland (S. 8–12). Abrufbar unter https://www.frsh.de/fileadmin/schlepper/schl_54/s54_8-12.pdf (Stand: 08.08.2019).

Dünnwald, S. (2018). Die Renaissance der Lager. Die Ankerzentren setzen eine deutsche Tradition der Ausgrenzung fort und rufen deren Ursprünge direkt wieder auf. Ak-analyse & kritik, 640, o. S.

Durkheim, É. ([1930] 2019) Über soziale Arbeitsteilung. Studie über die Organisation höherer Gesellschaften. Frankfurt a. M.: Suhrkamp.

Duscha, A., Witte, M. D. (2013). Erziehungshilfe und Transnationalisierung. Eine Einführung. Sozialmagazin. Die Zeitschrift für Soziale Arbeit, 38(9/10), 6–13.

Dyson, A. (2010). Die Entwicklung inklusiver Schulen: drei Perspektiven aus England. Die Deutsche Schule, 102(2), 115–129.

Ebert, J. (2010). Professioneller Habitus. Rahmenbedingungen der Aneignung im Studium der Sozialen Arbeit, in Wilken, U., Thole, W. (Hrsg.), Kulturen Sozialer Arbeit (S. 198–207). Wiesbaden: VS.

Ebner von Eschenbach, M. (2016). „Was ist Migration?" Risiken eines essentialistischen Migrationsbegriffs in der Erwachsenenbildung. Zeitschrift für Weiterbildungsforschung (ZfW), 39, 43–59.

Eckstein, N., Gharwal, D. (2016). Soziale Arbeit als Menschenrechtsprofession in der Praxis. soziales_kapital wissenschaftliches journal österreichischer fachhochschul-studiengänge soziale arbeit, 16, 15–30.

Eichinger, U., Schäuble, B. (2018). Gestalten unter unmöglichen Bedingungen? Soziale Arbeit in Gemeinschaftsunterkünften, in Prasad, N. (Hrsg.), Soziale Arbeit mit Geflüchteten. Rassismuskritisch, professionell, menschenrechtsorientiert (S. 274–299). Opladen, Toronto: Barbara Budrich.

Eisenhuth, F. (2015). Strukturelle Diskriminierung von Kindern mit unsicherem Aufenthaltsstatus. Subjekte der Gerechtigkeit zwischen Fremd- und Selbstpositionierungen. Wiesbaden: Springer VS.

Elias, N., Scotson, J. L. (1993). Etablierte und Außenseiter. Frankfurt a. M.: Suhrkamp.

Ellger-Rüttgardt, S. L. (2016). Historischer Überblick, in Hedderich, I., Biewer, G., Hollenweger, J., Markowetz, R. (Hrsg.), Handbuch Inklusion und Sonderpädagogik (S. 17–27). Bad Heilbrunn: Klinkhardt.

Emirbayer, M., Mische, A. (1998). What Is Agency? The American Journal of Sociology, 103(4), 962–1023.

Emlein, G. (2017). Inklusion als Vision der Frühförderung. System- und gesellschaftstheoretische Überlegungen. Frühförderung interdisziplinär, 36(1), 2–11.

Enders, U. (2018). Kinderrechte und Beschwerdemanagement in Flüchtlingsunterkünften. Kinderschutz in Gemeinschaftseinrichtungen, in Hartwig, L., Mennen, G., Schrapper, C. (Hrsg.), Handbuch Soziale Arbeit mit geflüchteten Kindern und Familien (S. 616–621). Weinheim, Basel: Beltz Juventa.

Engel, S., Deuter, M. S., Mantel, A., Noack, M., Wohlert, J., Raspel, J. (2019). Die (Re)Produktion symbolischer Ordnung – Narrative in der deutschen Medienberichterstattung über Flucht und Geflüchtete, in Arslan, E., Bozay, K. (Hrsg.), Symbolische Ordnung und Flüchtlingsbewegungen in der Einwanderungsgesellschaft (S. 273–298). Wiesbaden: VS.

Engel, N., Göhlich, M., Schröer, A., Weber, S. M. (2017). Spezifische Organisationen als Orte organisationspädagogischer Forschung und Praxis: Eine Einführung, in Göhlich, M., Schröer, A., Weber, S. M. (Hrsg.), Handbuch Organisationspädagogik (S. 1–9). Wiesbaden: VS.

Engin, K. (2019). Deutsche Versorgungsstrukturen im Umgang mit geflüchteten Kindern mit Behinderung im Lichte von Grundlagen des nationalen und internationalen Rechts, in Westphal, M., Wansing, G. (Hrsg.), Migration, Flucht und Behinderung (S. 103–122). Wiesbaden: VS.

Eßer, F. (2018). Sozialpädagogik, in Grasshoff, G., Renker, A., Schröer, W. (Hrsg.), Soziale Arbeit. Eine elementare Einführung (S. 273–286). Wiesbaden: VS.

Esser, H. (2001). Integration und das Problem der „multikulturellen Gesellschaft", in Mehrländer, U., Schultze, G. (Hrsg.), Einwanderungsland Deutschland. Neue Wege nachhaltiger Integration (S. 64–91). Bonn: Dietz.

European Agency for Development in Special Needs Education (2011). Inklusionsorientierte Lehrerbildung in Europa. Chancen und Herausforderungen. Abrufbar unter https://www.european-agency.org/resources/publications/teacher-education-inclusion-across-europe-challenges-and-opportunities (Stand: 30.04.2020).

European Agency for Development in Special Needs Education (2012). Teacher Education for Inclusion. Profile of Inclusive Teachers. Abrufbar unter https://www.european-agency.org/sites/default/files/Profile-of-Inclusive-Teachers.pdf (Stand: 30.04.2020).

Fachgruppe Migraas u. a. (2020). Für den Ausbau diskriminierungs- und gewaltfreier Strukturen. Stellungnahme und Forderungskatalog kritischer Wissenschaft und Politischer Bildung in Zeiten von rassistischer und antisemitischer Gewalt und extrem rechtem Terror. Düsseldorf. Abrufbar unter: https://www.dgsa.de/fileadmin/Dokumente/Fachgruppen/Migration_und_Rassismuskritik/Stellungnahme__Forderungskatalog_diskriminierungskritische_Strukturen_10.03.2020.pdf (Stand: 18.03.2020).

Faist, T. (1997). Internationale Migration und transnationale soziale Räume: Da Beispiel Türkei – Deutschland, in Krämer-Badoni, T., Petrowsky, W. (Hrsg.), Das Verschwinden der Städte (S. 221–249). Bremen: Zentrale Wissenschaftliche Einheit ‚Arbeit und Region'.

Faist, T., Fauser, M., Reisenauer, E. (2014). Das Transnationale in der Migration. Weinheim, Basel: Beltz Juventa.

Felder, F. (2015). Inklusion: Ideologische Verwirrung oder zentrales Konzept für pädagogische und agogische Arbeit? Jugendhilfe, 53(1), 13–21.

Felder, M., Schneiders, K. (2018). Inklusion: Kindeswohl oder Kindeswohlgefährdung? Kinder- und Jugendschutz in Wissenschaft und Praxis (KJug), 63(3), 79–83.

Feldmeyer, B. (2018). The Classical Assimilation Model, in Miller, H. V., Peguero, A. (Hrsg.), Routledge Handbook on Immigration and Crime-Online. Abrufbar unter https://www.routledgehandbooks.com/doi/10.4324/9781317211563-4 (Stand: 25.10.2020).

Fereidooni, K., Massumi, M. (2017). Affirmative Action, in Scherr, A. et al. (Hrsg.), Handbuch Diskriminierung (S. 701–721). Wiesbaden: Springer.

Ferron, L., Hill, M., Hill, M., Yıldız, E. (2019). Gesichter der Migration. Jugendliche erforschen gemeinsam ihre familiale Migrationsgeschichte. Innsbruck. Abrufbar unter https://diglib.uibk.ac.at/urn:nbn:at:at-ubi:3-7737 (Stand: 20.07.2020).

Feuser, G. (2009). Momente entwicklungslogischer Didaktik einer Allgemeinen (integrativen) Pädagogik, in Eberwein, H., Knauer, S. (Hrsg.), Handbuch Integrationspädagogik. Kinder mit und ohne Beeinträchtigung lernen gemeinsam (S. 280–294). 7. Aufl. Weinheim, Basel: Beltz.

Feuser, G. (2013). Integrative Heilpädagogik – eine Fachdisziplin im Wandel. Inklusion – eine ‚Wende' ohne Wandel? Behindertenpädagogik, 52(2), 121–135.

Feyerer, E. (2014). Einstellungen und Haltungen zur inklusiven Schule. Erziehung und Unterricht. Österreichische Pädagogische Zeitschrift, 164(3/4), 219–227.

Fiedler, A. (2016). Information to go: Kommunikation im Prozess der Migration am Beispiel syrischer und irakischer Flüchtlinge auf ihrem Weg nach Deutschland. Global Media Journal, 6(1). Abrufbar unter https://www.dbthueringen.de/servlets/MCRFileNodeServlet/dbt_derivate_00035504/GMJ11_Fiedler.pdf (Stand: 04.08.2017).

Findenig, I., Buchner, T., Klinger, S. (2019). „Ein ganz normales Leben". Lebenswelten, Bedarfe, Bedürfnisse und Perspektiven von unbegleiteten Minderjährigen mit Fluchterfahrung. Innsbruck: SOS-Kinderdorf, Universität Graz.

Foitzik, A. (2008). Die Paradoxien der Interkulturellen Öffnung, in Alber, M., Foitzik, A., Golt, J., Riescher, S., Stein, G., Stock, B., Walter, S. (Hrsg.), Interkulturelle Potenziale nutzen (S. 23–29). Tübingen: Institut für Regionale Innovation & Sozialforschung.

Forlin, C., Chambers, D. (2011). Teacher preparation for inclusive education: increasing knowledge but raising concerns. Asia-Pacific Journal of Teacher Education, 39(1), 17–32.

Foroutan, N. (2016). Postmigrantische Gesellschaften, in Brinkmann, H. U., Sauer, M. (Hrsg.), Einwanderungsgesellschaft Deutschland. Entwicklung und Stand der Integration (S. 227–254). VS: Wiesbaden.

Foroutan, N. (2019). Die postmigrantische Gesellschaft. Ein Versprechen der pluralen Demokratie. Bielefeld: transcript.

Foroutan, N., Hamann, U., El-Kayed, N., Jorek, S. (2017). Zwischen Lager und Mietvertrag. Wohnunterbringung von geflüchteten Frauen in Berlin und Dresden. Berliner Institut für empirische Integrations- und Migrationsforschung (BIM): Berlin. Abrufbar unter unter www.bim-fluchtcluster.hu-berlin.de/de/9-zwischen-lager-und-mietvertrag/forschungsbericht_zwischen-lager-und-mietvertrag/at_download/file (Stand: 25.10.2020).

Foucault, M. ([1976] 2019). Überwachen und Strafen. Die Geburt des Gefängnisses. 17. Aufl. Frankfurt a. M.: Suhrkamp.

Foucault, M. (1974). Die Ordnung der Dinge. Eine Archäologie der Humanwissenschaften. Frankfurt a. M.: Suhrkamp.

Franger, G., Krauß, R. (Hrsg.) (2009) Soziale Arbeit und Menschenrechte in Lateinamerika. Oldenburg: Freire.

Franz, J., Kubisch, S. (2020). Praxeologische Perspektiven auf Professionalität. Am Beispiel Sozialer Arbeit im Kontext von Flucht und Asyl. neue praxis, 50(3), 191–216.

Franzkowiak, P., Homfeldt, H. G., Mühlum, A. (2011). Lehrbuch Gesundheit. Weinheim, Basel: Beltz Juventa.

Friedrichs-Liesenkötter, H., Schmitt, C. (2017). Digitale Medien als Mediatoren von Agency. Empirische Einblicke in Medienpraktiken junger Geflüchteter und die (medien-)pädagogische Arbeit. Medienimpulse, 55(3), 1–15.

Friend, M., Cook, L. (2010). Interactions. Collaboration Skills for School Professionals. 6. Aufl. Boston: Pearson Education.

Friese, H. (2014). Grenzen der Gastfreundschaft. Die Bootsflüchtlinge von Lampedusa und die europäische Frage. Bielefeld: transcript.

Frieters-Reermann, N. (2013). Migration und Flucht als Themenkomplex Globalen Lernens – Ausgewählte Denkanstöße. Zeitschrift für internationale Bildungsforschung und Entwicklungspädagogik (ZEP), 36(4), 12–15.

Fritsche, M. (2018). Ehrenamtliche Vormundschaften für junge Geflüchtete. Das Jugendamt – Zeitschrift für Jugendhilfe und Familienrecht, 4, 135–138.

Fröhlich-Gildhoff, K. (2013). Die Zusammenarbeit von pädagogischen Fachkräften und Eltern im Feld der frühkindlichen Bildung, Betreuung und Erziehung. Bildungsforschung, 10(1), 11–25.

Frühauf, M. (2017). Intersektionalität und Ungleichheit, in Kessl, F., Kruse, E., Stövesand, S., Thole, W. (Hrsg.), Soziale Arbeit – Kernthemen und Problemfelder (S. 124–137). Opladen, Toronto: Barbara Budrich.

Frühauf, T. (2012). Von der Integration zur Inklusion – ein Überblick, in Hinz, A., Körner, I., Niehoff, U. (Hrsg.), Von der Integration zur Inklusion. Grundlagen – Perspektiven – Praxis (S. 11–32). 3., durchgesehene Aufl. Marburg: Lebenshilfe.

Funk, H. (2002). Elternarbeit, in Schröer, W., Struck, N., Wolff, M. (Hrsg.), Handbuch Kinder- und Jugendhilfe (S. 681–692). Weinheim, München: Beltz Juventa.

Furman, R., Negi, N. J., Salvador, R. B. (2010). An Introduction to Transnational Social Work, in Negi, N. J., Furman, R. (Hrsg.), Transnational Social Work Practice (S. 3–19). New York: Columbia University Press.

Furman, R., Negi, N., Schatz, M. C. S., Jones, S. (2008). Transnational Social Work: Using a Wraparound Model. Global Networks, 8(4), 496–503.

Fürstenau, S., Gomolla, M. (Hrsg.) (2011). Migration und schulischer Wandel: Mehrsprachigkeit. Wiesbaden: VS.

Fürstenau, S., Niedrig, H. (2007). Jugend in transnationalen Räumen. Bildungslaufbahnen von Migrantenjugendlichen mit unterschiedlichem Rechtsstatus, in Geisen, T., Riegel, C. (Hrsg.), Jugend, Partizipation und Migration (S. 239–259). Wiesbaden: VS.

Gag, M., Voges, F. (Hrsg.) (2014). Inklusion auf Raten. Zur Teilhabe von Flüchtlingen an Ausbildung und Arbeit. Münster: Waxmann.

Gahleitner, S. B. (2017). Soziale Arbeit als Beziehungsgestaltung. Bindung, Beziehung und Einbettung professionell ermöglichen. Weinheim, Basel: Beltz Juventa.

Gahleitner, S. B. (2019). Soziale Arbeit als Beziehungsarbeit – Beziehungsarbeit als Resilienzförderung, in Jansen, I., Zander, M. (Hrsg.), Unterstützung von geflüchteten Menschen über die Lebensspanne (S. 224–233). Weinheim, Basel: Beltz Juventa.

Galuske, M. (2013). Methoden der Sozialen Arbeit. 10. Aufl. Weinheim, Basel: Beltz Juventa.

Garelli, G., Tazzioli, M. (2013). Challenging the Discipline of Migration: Militant Research in Migration Studies. An Introduction. Postcolonial Studies, 16(3), 245–249.

Garms-Homolova, V., Schaeffer, D. (2000) Ältere und Alte, in Schwartz, F. W., Badura, B., Busse, R., Leidl, R., Raspe, H., Siegrist, J., Walter, U. (Hrsg.), Das Public Health Buch. Gesundheit und Gesundheitswesen (S. 536–549). München, Jena: Urban & Fischer/Elsevier.

Gebauer, G. (2017). Habitus, in Gugutzer, R., Klein, G., Meuser, M. (Hrsg.), Handbuch Körpersoziologie (S. 27–32). Wiesbaden: Springer VS.

Gebhardt, M., Mühling, A., Gartmeier, M., Tretter, T. (2015). Wissen über Inklusion als gedankliches Netz Vergleich zwischen Studierenden des beruflichen und des sonderpädagogischen Lehramts mithilfe von Concept-Maps. Zeitschrift für Heilpädagogik, 66, 609–622.

Geiger, D. (2016). Handlungsfähigkeit von geduldeten Flüchtlingen. Eine empirische Studie auf der Grundlage des Agency-Konzepts. Wiesbaden: VS.

Geisen, T. (2010). Vergesellschaftung statt Integration. Zur Kritik des Integrationsparadigmas., in Mecheril, P., Dirim, İ., Gomolla, M., Hornberg, S., Stojanov, K. (Hrsg.), Spannungsverhältnisse: Assimilationsdiskurse und interkulturell-pädagogische Forschung (S. 13–34). Münster: Waxmann.

Geißler, R. (2004). Einheit-in-Verschiedenheit. Berliner Journal für Soziologie, 14, 287–298.

Gell, A. (1998). Art and Agency. An Anthropology Theory. Oxford: Clarendon Press.

Georgi, V. B. (2015). Integration, Diversity, Inklusion: Anmerkungen zu aktuellen Debatten mit der deutschen Migrationsgesellschaft. DIE Zeitschrift für Erwachsenenbildung, 2, 25–27.

Georgi, V. B., Keküllüoglu, F. (2018). Integration – Inklusion, in Gogolin, I., Georgi, V. B., Krüger-Potratz, M., Lengyel, D., Sandfuchs, U. (Hrsg.), Handbuch Interkulturelle Pädagogik (S. 41–44). Bad Heilbrunn: Klinkhardt.

Gerarts, K., Andresen, S. (2018). Erfahrungen auf der Flucht und die Bedeutung der Flucht für Kinder und Familien, in Hartwig, L., Mennen, G., Schrapper, C. (Hrsg.), Handbuch Soziale Arbeit mit geflüchteten Kindern und Familien (S. 162–175). Weinheim, Basel: Beltz Juventa.

Gerarts, K., Andresen, S. (2019). Geflüchtete Kinder in Deutschland. Was sie über ihre Hoffnungen, Ängste und Bedürfnisse erzählen, in Jansen, I., Zander, M. (Hrsg.), Unterstützung von geflüchteten Menschen über die Lebensspanne. Ressourcenorientierung, Resilienzförderung, Biografiearbeit (S. 76–93). Weinheim, Basel: Beltz Juventa.

Gerarts, K., Andresen, S., Ravens-Sieberer, U., Klasen, F. (2016). Geflüchtete Kinder in Deutschland: Was sie über ihre Hoffnungen, Ängste und Bedürfnisse erzählen. Praxis der Kinderpsychologie und Kinderpsychiatrie, 10, 744–762.

Gerhardt, U. (1986). Patientenkarrieren. Frankfurt a. M.: Suhrkamp.

Gillespie, M., Ampofo, L., Cheesman, M., Faith, B., Iliadou, E., Issa, A., Osseiran, S., Skleparis, D. (2016). Mapping Refugee Media Journeys. Smartphones and Social Media Networks. Research Report. The Open University / France Médias Monde. Abrufbar unter http://www.open.ac.uk/ccig/sites/www.open.ac.uk.ccig/files/Mapping%20Refugee%20Media%20Journeys%2016%20May%20FIN%20MG_0.pdf (Stand: 04.08.2017).

Gilroy, P. (2006). Colonial Crimes and Convivial Cultures. Rethinking Nordic Colonialism. Abrufbar unter http://www.rethinking-nordic-colonialism.org/files/pdf/ACT2/ESSAYS/Gilroy.pdf (Stand: 28.09.2020).

Glick Schiller, N. (2018). Theorising Transnational Migration in our Times: A multiscalar temporal perspective. Nordic Journal of Migration Research, 8(4), 201–212.

Glick Schiller, N., Basch, L., Blanc-Szanton, C. (Hrsg.) (1992). Towards a Transnational Perspective on Migration: Race, Class, Ethnicity, and Nationalism Reconsidered. New York: New York Academy of Sciences.

Glick Schiller, N., Çağlar, A., Guldbrandsen, T. C. (2006). Beyond the ethnic lens: Locality, globality, and born-again incorporation. American Ethnologist, 33, 612–633.

Glick Schiller, N., Salazar, N. B. (2012). Regimes of Mobility Across the Globe. Ethnic and Migration Studies, 39(2), 183–200.

Glorius, B. (2020). Migrationsgeschichte Ostdeutschlands I. Von der Zeit der DDR bis in die 1990er-Jahre, in Becker, S., Naumann, M. (Hrsg.), Regionalentwicklung in Ostdeutschland (S. 211–222). Wiesbaden: Springer.

Glück, C. W. (2014). Inklusion – wovon I-Kinder und deren Eltern ein Lied singen können, in Fuchs, M. (Hrsg.), Kinder- und Jugendstimme (S. 61–71). Berlin: Logos.

Goebel, S. (2018). Menschenrechte und Internationale Soziale Arbeit in transnationalen Gesellschaften, in Blank, B., Gögercin, S., Sauer, K. E., Schramkowski, B. (Hrsg.), Soziale Arbeit in der Migrationsgesellschaft (S. 87–96). Wiesbaden: VS.

Goeke, S., Kubanski, D. (2012). Menschen mit Behinderungen als GrenzgängerInnen im akademischen Raum – Chancen partizipatorischer Forschung. Forum Qualitative Sozialforschung, 13(1), Art. 6.

Goel, U. (2010). Westprivilegien im vereinten Deutschland. Telegraph, 120/121, 8–15.

Goel, U. (2013). Ungehörte Stimmen. Überlegungen zur Ausblendung von Migration in die DDR in der Migrationsforschung, in Gürsel, D., Çetin, Z., Allmende e. V. (Hrsg.), Wer Macht Demo_kratie? Kritische Beiträge zu Migration und Machtverhältnissen (S. 138–150). Münster: edition assemblage.

Gögercin, S. (2018). Migration und migrationsbezogene Soziale Arbeit in Deutschland, in Blank, B., Gögercin, S., Sauer, K. E. Schramkowski, B. (Hrsg.), Soziale Arbeit in der Migrationsgesellschaft. Grundlagen – Konzepte – Handlungsfelder (S. 31–41). VS: Wiesbaden.

Gogolin, I., Krüger-Potratz, M. (2006). Einführung in die Interkulturelle Pädagogik. Opladen, Farmington Hills: Barbara Budrich.

Göhlich, M. (2014). Institution und Organisation, in Wulf, C., Zirfas, J. (Hrsg.), Handbuch Pädagogische Anthropologie (S. 65–75). Wiesbaden: VS.

Göhlich, M., Tippelt, R. (2008). Pädagogische Organisationsforschung. Einführung in den Thementeil. Zeitschrift für Pädagogik, 54(5), 633–636.

Göhlich, M., Weber, S. M., Schröer, A. (2014). Forschungsmemorandum Organisationspädagogik. Kommission Organisationspädagogik der DGfE. Abrufbar unter https://www.dgfe.de/fileadmin/OrdnerRedakteure/Sektionen/Sek14_OrgaPaed/2014_Forschungsmemorandum_Organisationspädagogik.pdf (Stand: 20.02.2020).

Gomolla, M. (2017). Direkte und indirekte, institutionelle und strukturelle Diskriminierung. In Scherr, A., El-Mafaalani, A., Yüksel, G. (Hrsg.), Handbuch Diskriminierung. Springer Reference Sozialwissenschaften (S. 133–155). Wiesbaden: Springer VS.

Göransson, K., Nilholm, C. (2014). Conceptual diversities and empirical shortcomings – a critical analysis of research on inclusive education. European Journal of Special Needs Education, 29(3), 265–280.

Götsch, M., Klinger, S., Thiesen, A. (2012). „Stars in der Manege?" Demokratietheoretische Überlegungen zur Dynamik partizipativer Forschung. Forum Qualitative Sozialforschung, 13(1), Art. 4.

Gouldner, A. W. ([1984] 2005). Etwas gegen nichts. Reziprozität und Asymmetrie, in Adloff, F., Mau, S. (Hrsg.), Vom Geben und Nehmen. Zur Soziologie der Reziprozität (S. 109–123). Frankfurt a. M.: Campus.

Gouldner, A. W. (1960). The norm of reciprocity: A preliminary statement. American Sociological Review, 25(2), 161–178.

Graßhoff, G. (2018). Partizipative Forschung, in Graßhoff, G., Renker, A., Schröer, W. (Hrsg.), Soziale Arbeit. Eine elementare Einführung (S. 673–683). Wiesbaden: Springer VS.

Graßhoff, G. (2020). Migration, Flucht und interkulturelle Arbeit, in Stecklina, G., Wienforth, J. (Hrsg.), Handbuch Lebensbewältigung und Soziale Arbeit. Praxis, Theorie und Empirie (S. 511–518). Weinheim, Basel: Beltz Juventa.

Graßhoff, G., Homfeldt, H. G. (2019). Transnationale Biografiearbeit mit geflüchteten Minderjährigen, in Jansen, I., Zander, M. (Hrsg.), Unterstützung von geflüchteten Menschen über die Lebensspanne (S. 207–223). Weinheim, Basel: Beltz Juventa.

Graßhoff, G., Homfeldt, H. G., Schröer, W. (2016). Internationale Soziale Arbeit. Grenzüberschreitende Verflechtungen, globale Herausforderungen und transnationale Perspektiven. Weinheim, Basel: Beltz Juventa.

Graßhoff, G., Mangold, K., Oehme, A. (2014). Editorial. Inklusion in Handlungsfeldern und -konzepten der Sozialen Arbeit. Sozialmagazin. Die Zeitschrift für Soziale Arbeit, 39(11/12), 3.

Greve, J. (2018). Integration, in Kopp, J., Steinbach, A. (Hrsg.), Grundbegriffe der Soziologie (S. 195–198). Wiesbaden: Springer Fachmedien.

Greve, W., Hauenschild, K. (2017). Einstellungen zu Inklusion in der Schule – ein Schlüssel zum Gelingen einer tiefgreifenden Reform. Diskurs Kindheits- und Jugendforschung, 12(3), 313–328.

Griese, C., Marburger, H. (2012). Interkulturelle Öffnung – Genese, Konzepte, Diskurse, in Griese, C., Marburger, H. (Hrsg.), Interkulturelle Öffnung. Ein Lehrbuch (S. 1–23). Oldenbourg: München.

GRITIM-UPF – Interdisciplinary Research Group on Immigration – Universitat Pompeu Fabra (2020). Covid-19's Impact on Migration and Migration Studies. Policy Brief no. 9.

Abrufbar unter https://repositori.upf.edu/bitstream/handle/10230/44614/2020GRITIM-UPFPolicyBrief9.pdf?sequence=3&isAllowed=y (Stand: 14.06.2020).

Gröning, K., Yardley, Y. (2018). Pflege, in Otto, H.-U, Thiersch, H., Treptpow, R., Ziegler, H. (Hrsg.), Handbuch Soziale Arbeit (S. 1138–1146). 6., überarbeitete Aufl. München: Ernst Reinhardt.

Großmaß, R. (2010). Soziale Arbeit – eine Menschenrechtsprofession? Zur ethischen Dimension in der beruflichen Praxis, in Geißler-Piltz, B., Räbiger, J. (Hrsg.), Soziale Arbeit grenzenlos (S. 21–34). Opladen, Farmington Hills: Barbara Budrich.

Gruber, B. (2017). Was ist und was sein kann: Hegemoniale Konfliktdiskurse und Gegennarrative für ein ‚Gutes Leben für alle', in Gruber, B., Ratković, V. (Hrsg.), Migration. Bildung. Frieden. Perspektiven für das Zusammenleben in der postmigrantischen Gesellschaft (S. 47–60). Münster, New York: Waxmann.

Grumke, T. (2012). Globalized Anti-Globalists. The Ideological Basis of the Internationalization of Right-Wing Extremism, in Backes, U., Moreau, P. (Hrsg.), The Extreme Right in Europe (S. 323–332). Göttingen: Vandenhoeck & Ruprecht.

Günder, R. (2007). Praxis und Methoden der Eltern- und Familienarbeit, in Homfeldt, H. G., Schulze-Krüdener, J. (Hrsg.), Elternarbeit in der Heimerziehung (S. 78–98). München, Basel: GRIN.

Häcker, T., Walm, M. (2015). Inklusion als Herausforderung an eine reflexive Erziehungswissenschaft. Anmerkungen zur Professionalisierung von Lehrpersonen in „inklusiven" Zeiten. Erziehungswissenschaft, 51(26), 81–90.

Hadjar, A. (2008). Meritokratie als Leistungsprinzip. Die Entwicklung der Akzeptanz sozialer Ungleichheit im Zuge der Bildungsexpansion. Wiesbaden: VS.

Hafeneger, B. (2007). Professionsbilder und -merkmale in der Jugendarbeit / Pädagogik. deutsche jugend, 55(1), 13–20.

Hamann, U., Karakayali, S. (2016). Practicing Willkommenskultur: Migration and solidarity in Germany. Intersections, 2(4), 69–86.

Hamburger, F. (1999). Von der Gastarbeiterbetreuung zur Reflexiven Interkulturalität. Zeitschrift für Migration und Soziale Arbeit, 3/4, 33–39.

Hamburger, F. (2018). Migration, in Otto, H.-U., Thiersch, H., Treptow, R., Ziegler, H. (Hrsg.), Handbuch Soziale Arbeit. 6., überarbeitete Aufl. (S. 1008–1022). München: Ernst Reinhardt.

Hamburger, F., Stauf, E. (2009). „Migrationshintergrund" zwischen Statistik und Stigma. Denkanstoß zu einem häufig verwendeten Begriff. Schüler. Wissen für Lehrer. Migration, 30–31.

Hammerschmidt, P., Weber, S., Seidenstücker, B. (2017). Soziale Arbeit – die Geschichte. Opladen, Toronto: Barbara Budrich.

Handschuck, S., Schröer, H. (2012). Interkulturelle Orientierung und Öffnung. Theoretische Grundlagen und 50 Aktivitäten zur Umsetzung. Augsburg: ZIEL.

Hanewinkel, V. (2015). Deutschland: Verwaltungs- und Infrastrukturkrise. Kurzdossier Jahresrückblick Migration 2015. Berlin: Bundeszentrale für politische Bildung. Abrufbar unter: https://www.bpb.de/gesellschaft/migration/kurzdossiers/217376/verwaltungs-und-infrastrukturkrise?p=all (Stand: 05.10.2020).

Hanewinkel, V., Oltmer, J. (2017). Focus Migration. Länderprofil Deutschland. September 2017. Hrsg. von Institut für Migrationsforschung und Interkulturelle Studien (IMIS) und der Bundeszentrale für politische Bildung (bpb). Osnabrück, Bonn. Abrufbar unter https://www.bpb.de/system/files/dokument_pdf/Laenderprofil_Deutschland_2017.pdf (Stand: 25.10.2020).

Hanza, M. M. et al. (2016). Lessons Learned from Community-Led Recruitment of Immigrants and Refugee Participants for a Randomized, Community-Based Participatory Research Study. Journal of Immigrant and Minority Health, 18(5), 1241–1245.

Hardach, G. (1994). Der Marshall-Plan. Auslandshilfe und Wiederaufbau in Westdeutschland 1948–1952. München: dtv.

Harmsen, T. (2013). Konstruktionsprinzipien gelingender Professionalität in der Sozialen Arbeit, in Becker-Lenz, R., Busse, S., Ehlert, G., Müller-Hermann, S. (Hrsg.), Professionalität in der

Sozialen Arbeit. Edition Professions- und Professionalisierungsforschung (S. 256–274). 3. Aufl. Wiesbaden: VS.

Hashingola, P. (2006). Interview „Wir haben viele Ideen". Allgemeine Zeitung, 07.07.2006. Abrufbar unter https://www.az.com.na/nachrichten/patrick-hashingola-wir-haben-viele-ideen (Stand: 18.11.2016).

Healy, L. M. (2001). International Social Work: Professional Action in an Interdependent World. Oxford: Oxford University Press.

Healy, L. M. (2008). International Social Work. Professional Action in an Interdependent World. 2. Aufl. Oxford: Oxford University Press.

Hecht, P. (2014). Inklusionsbezogene Selbstwirksamkeitsüberzeugungen von Studierenden und Lehrpersonen im Berufseinstieg. Erziehung und Unterricht, 3(4), 228–235.

Hecht, P., Weber, C. (2020). Inklusionsrelevante Selbstwirksamkeitsüberzeugungen und Einstellungen von Studierenden und Lehrkräften im Berufseinstieg – Entwicklung und Zusammenhänge im Längsschnitt. Zeitschrift für Bildungsforschung, 10(1), 23–41.

Heckmann, F. (1997). Integration und Integrationspolitik in Deutschland. Efms Paper, 11. Abrufbar unter www.efms.uni-bamberg.de/pdf/efms_p11.pdf (Stand: 16.05.2017).

Heckmann, F. (2015). Integration von Migranten. Einwanderung und neue Nationenbildung. Wiesbaden: Springer VS.

Heimgartner, A. (2012). Raumbedürfnisse, in Arlt, F., Gregorz, K., Heimgartner, A. (Hrsg.), Raum und Offene Jugendarbeit (S. 49–64). Wien, Münster: LIT.

Heimlich, U. (2003). Integrative Pädagogik. Eine Einführung. Stuttgart: Kohlhammer.

Heim-TÜV (2017). Evaluation der dezentralen Unterbringung und der unteren Ausländerbehörden im Freistaat Sachsen. Abrufbar unter https://sab.landtag.sachsen.de/dokumente/landtagskurier/SAB-HEIM_A4-TUEV-interaktiv-2017.pdf (Stand: 21.02.2020).

Heiner, M. (2004). Professionalität in der sozialen Arbeit. Theoretische Konzepte, Modelle und empirische Perspektiven. Stuttgart: Kohlhammer.

Heiner, M. (2012). Handlungskompetenz und Handlungstypen. Überlegungen zu den Grundlagen methodischen Handelns, in Thole, W. (Hrsg.), Grundriss Soziale Arbeit (S. 611–524). 4. Aufl. Wiesbaden: VS.

Heiner, M. (Hrsg.) (1988). Praxisforschung in der sozialen Arbeit. Freiburg i. B.: Lambertus.

Hellmich, F., Görel, G. (2014). Erklärungsfaktoren für Einstellungen von Lehrerinnen und Lehrern zum inklusiven Unterricht in der Grundschule. Zeitschrift für Bildungsforschung, 4(3), 227–240.

Hellmich, F., Görel, G., Schwab, S. (2016). Einstellungen und Motivation von Lehramtsstudentinnen und -studenten in Bezug auf den inklusiven Unterricht in der Grundschule. Ein Vergleich zwischen Deutschland und Österreich. Empirische Sonderpädagogik, 8(1), 67–85.

Hellmich, F., Hoya, F., Görel, G., Schwab, S. (2017). Unter welchen Voraussetzungen kooperieren Grundschullehrkräfte im inklusiven Unterricht? – Eine Studie zu den Bedingungen der Kooperationsbereitschaft von Grundschullehrerinnen und -lehrern im inklusiven Unterricht. Empirische Sonderpädagogik, 1, 36–51.

Helsper, W. (2016). Antinomien und Paradoxien im professionellen Handeln, in Dick, M., Marotzki, W., Mieg, H. (Hrsg.), Handbuch Professionsentwicklung (S. 50–62). Bad Heilbrunn: Klinkhardt.

Helsper, W., Krüger, H.-H., Rabe-Kleberg, U. (2000). Professionstheorie, Professions- und Biographieforschung: Einführung in den Themenschwerpunkt. Zeitschrift für qualitative Bildungs-, Beratungs- und Sozialforschung, 1(1), 5–19.

Herbert, U. (2013). Krisenzeichen. Anwerbestopp für ausländische Arbeitnehmer/innen 1973. Zeitgeschichte-online. Abrufbar unter https://zeitgeschichte-online.de/kommentar/krisenzeichen (Stand: 25.10.2020).

Herbert, U. (2015). Flucht und Asyl. Zeithistorische Bemerkungen zu einem aktuellen Problem. Zeitgeschichte-online. Abrufbar unter https://zeitgeschichte-online.de/themen/flucht-und-asyl (Stand: 25.10.2020).

Herbert, U., Schönhagen, J. (2020). Vor dem 5. September. Die „Flüchtlimgskrise" 2015 im historischen Kontext. Aus Politik und Zeitgeschichte (APuZ), 30/32, 27–36.

Hering, S., Münchmeier, R. (2003). Geschichte der Sozialen Arbeit. Eine Einführung. Weinheim, München: Juventa.

Hess, S., Kasparek, B., Kron, S., Rodatz, M., Schwertl, M., Sontowski, S. (2016). Der lange Sommer der Migration. Krise, Rekonstitution und ungewisse Zukunft des europäischen Grenzregimes. Berlin: Assoziation A.

Hess, S., Moser, J. (2009). Jenseits der Integration. Kulturwissenschaftliche Betrachtungen einer Debatte in Hess, S., Binder, J., Moser, J. (Hrsg.), No integration?! Kulturwissenschaftliche Beiträge zur Integrationsdebatte in Europa (S. 11–25). Bielefeld: transcript.

Hess, S., Pott, A., Schammann, H., Scherr, A., Schiffauer, W. (2018). Welche Auswirkungen haben „Anker-Zentren"? Eine Kurzstudie für den Mediendienst Integration. Abrufbar unter https://mediendienst-integration.de/fileadmin/Dateien/Expertise_Anker-Zentren_August_2018.pdf (Stand: 08.08.2019).

Heufelder, J. (2017). Berufliche Interessen und berufliche Umwelten von Absolventinnen und Absolventen erziehungswissenschaftlicher Studiengänge. Abrufbar unter https://ediss.sub.uni-hamburg.de/volltexte/2017/8515/pdf/Dissertation.pdf (Stand: 30.04.2020).

Heusinger, J., Hämel, K., Kümpers, S. (2017). Hilfe, Pflege und Partizipation im Alter. Zukunft der häuslichen Versorgung bei Pflegebedürftigkeit. Zeitschrift für Gerontologie und Geriatrie, 50(5), 439–445.

Heyden, van der U., Schleicher, I., Schleicher, H.-G. (Hrsg.) (1993). Die DDR und Afrika. Zwischen Klassenkampf und neuem Denken. Münster, Hamburg: LIT.

Heyden, van der U., Schleicher, I., Schleicher, H.-G. (Hrsg.) (1994). Engagiert für Afrika. Die DDR und Afrika II. Münster, Hamburg: LIT.

Heyl, V., Köb, S. (2014). „Inklusion? Da ist ja sowieso jeder dafür!?". Einstellungsforschung zu Inklusion, in Trumpa, S., Seifried, S., Franz, E.-K., Klauß, T. (Hrsg.), Inklusive Bildung. Erkenntnisse und Konzepte aus Fachdidaktik und Sonderpädagogik (S. 47–60). Weinheim, Basel: Beltz Juventa.

Heyl, V., Trumpa, S., Janz, F., Seifried, S. (2014). Inklusion beginnt im Kopf?! Einstellungsforschung zu Inklusion (EFI), in Schuppener, S., Hauser, M., Bernhardt, N., Poppe, F. (Hrsg.), Inklusion und Chancengleichheit. Diversity im Spiegel von Bildung und Didaktik (S. 39–47). Bad Heilbrunn: Klinkhardt.

Hierzer, K. (2017). Postkoloniale Theorien und Soziale Arbeit. Potenziale für eine kritische Profession. soziales_kapital. wissenschaftliches journal österreichischer fachhochschul-studiengänge soziale arbeit, 18, 159–170.

Hill, M. (2018). Eine Vision von Vielfalt: Das Stadtleben aus postmigrantischer Perspektive, in Hill, M., Yıldız, E. (Hrsg.), Postmigrantische Visionen. Erfahrungen – Ideen – Reflexionen (S. 97–119). Bielefeld: transcript.

Hill, M. (2019). Integration postmigrantisch gelesen, in Böttcher, A., Hill, M., Rotter, A., Schacht, F., Wolf, M. A., Yıldız, E. (Hrsg.), Migration bewegt und bildet. Kontrapunktische Betrachtungen (S. 29–42). Innsbruck: Innsbruck University Press.

Hill, M., Schmitt, C. (2020). Solidarität in der Corona-Krise. Optimismus, solidarische Städte und Fluchtmigration. Migration in Germany (MiGAZIN). 26.03.2020. Abrufbar unter https://www.migazin.de/2020/03/26/optimismus-solidarische-staedte-und-fluchtmigration/ (Stand: 14.06.2020).

Hill, M., Yıldız, E. (2018). Einleitung, in Hill, M., Yıldız, E. (Hrsg.), Postmigrantische Visionen. Erfahrungen – Ideen – Reflexionen (S. 7–9). Bielefeld: transcript.

Hill, M., Yıldız, E. (2020). Von der migrantischen Ökonomie zur Stadtentwicklung, in Genkova, P., Riecken, A. (Hrsg.), Handbuch Migration und Erfolg (S. 445–459). Wiesbaden: Springer VS.

Hillmann, F. (2009). How socially innovative is migrant entrepreneurship? A case study of Berlin, in MacCallum, D., Moulaert, F., Hillier, J., Vicari Haddock, S. (Hrsg.), Social Innovation and Territorial Developement (S. 101–114). Farnham: Ashgate.

Hinger, S., Schäfer, P. (2017). Wohnst Du schon – oder wirst Du noch untergebracht?, in Bundeszentrale für politische Bildung (Hrsg.), Kurzdossiers „Zuwanderung, Flucht und Asyl: Aktuelle Themen". Berlin: Bundeszentrale für politische Bildung.

Hinrichs, J., Schwarz, S., Wolfrum, A. (2012). Der Vorläufer: Die Integration, in Von Saldern, M. (Hrsg.), Inklusion. Deutschland zwischen Gewohnheit und Menschenrecht (S. 203–124). Norderstedt: BoD.

Hinz, A. (2004). Inklusion – mehr als nur ein neues Wort?! Integrationsbegriff – selbstverständlich und unklar. Orff Schulwerk Informationen, 73, 15–17.

Hinz, A. (2009). Aktuelle Erträge der Debatte um Inklusion – worin besteht der ‚Mehrwert' gegenüber Integration? Vortrag auf dem Kongress „Enabling Community" der Evangelischen Stiftung Alsterdorf und der Katholischen Fachhochschule für Soziale Arbeit Berlin am 18.–20. Mai 2009, 1–10.

Hinz, A. (2012). Inklusion – historische Entwicklungslinien und internationale Kontexte, in Hinz, A., Körner, I., Niehoff, U. (Hrsg.), Von der Integration zur Inklusion. Grundlagen – Perspektiven – Praxis (S. 33–52). 3., durchgesehene Aufl. Marburg: Bundesvereinigung Lebenshilfe.

Hinz, A., Köpfer, A. (2016). Unterstützung trotz Dekategorisierung? Beispiele für Unterstützung durch Dekategorisierung. Vierteljahresschrift für Heilpädagogik und ihre Nachbargebiete (VHN), 85, 36–47.

Hirschauer, S., Boll, T. (2017). Un/doing Differences. Zur Theorie und Empirie eines Forschungsprogramms, in Hirschauer, S. (Hrsg.), Un/doing Differences. Praktiken der Humandifferenzierung (S. 7–26). Weilerswist: Velbrück Wissenschaft.

Hochschild, A. R. (2000). Global care chains and emotional surplus value, in Giddens, A., Hutton, W. (Hrsg.), On the edge. Living with global capitalism (S. 130–146). London: Vintage.

Hofer, J. M. (2018). Sprache der Transzendenzerfahrungen. Bielefeld: transcript.

Hoffmaster, B. (2006). What Does Vulnerability Mean? Hastings Center Report, März/April 2006, 38–45.

Hofmann, R., Scherr, A. (2017). Verwahrung in Aufnahmelagern oder Willkommenskultur? Eine Fallstudie zur Erstaufnahme von Geflüchteten (S. 1–13). Abrufbar unter https://ratfuermigration.files.wordpress.com/2018/08/vorstudie_hofmann_scherr_2017.pdf (Stand: 13.08.2019).

Hollstein, T. (2017). Illegale Migration und transnationale Lebensbewältigung. Eine qualitativ-empirische Studie. Wiesbaden: VS.

Holslag, A. (2015). The Process of Othering from the ‚Social Imaginaire' to Physical Acts: An Anthropological Approach. Genocide Studies and Prevention: An International Journal, 9(1), 96–113.

Homepage Inklusive Bildung (2016). Projekt. Abrufbar unter http://www.inklusivebildung.org/de/projekt (Stand: 23.03.2016).

Homfeldt, H. G. (1996). Die Schule für Lernbehinderte unter labeling-theoretischen Aspekten – Konsequenzen für schulisches Lernen, in Eberwein, H. (Hrsg.), Handbuch Lernen und Lern-Behinderungen (S. 176–191). Weinheim, Basel: Beltz Juventa.

Homfeldt, H. G. (2004). Soziale Arbeit – international und transnational, in Yousefi, H. R., Fischer, K. (Hrsg.), Interkulturelle Orientierung – Grundlegung des Toleranzdialogs (S. 399–413). Nordhausen: Bautz.

Homfeldt, H. G. (2014). Für ein chancengleiches gesundes Aufwachsen durch das Zusammenspiel von Kinder- und Jugendhilfe, Behinderten- und Gesundheitshilfe? Sozialmagazin. Die Zeitschrift für Soziale Arbeit, 39(11/12), 24–31.

Homfeldt, H. G. (2020). Gesundheit und Krankheit im Alter, in Aner, K., Karl, U. (Hrsg.), Handbuch Alter und Soziale Arbeit (S. 387–395). Wiesbaden: Springer VS.

Homfeldt, H. G. (2020). Kinder und Jugendliche mit Behinderung sind in erster Linie Kinder und Jugendliche, in Liel, K., Rademaker, A. L. (Hrsg.), Gesundheitsförderung und Prävention – Quo vadis Kinder- und Jugendhilfe? (S. 147–156). Weinheim, Basel: Beltz Juventa.

Homfeldt, H. G., Schmitt, C. (2012). Unbegleitete minderjährige Flüchtlinge – transnationale Vernetzung als Potenzial, in Homfeldt, H. G., Gahleitner, S. B. (Hrsg.), Kinder und Jugendliche mit speziellem Versorgungsbedarf (S. 159–183). Weinheim, Basel: Beltz Juventa.

Homfeldt, H. G., Schneider, M. (2008). Soziale Arbeit und transnational agierende NGOs, in Homfeldt, H. G., Schröer, W., Schweppe, C. (Hrsg.), Soziale Arbeit und Transnationalität. Herausforderungen eines spannungsreichen Bezugs (S. 133–154). Weinheim, München: Juventa.

Homfeldt, H. G., Schröer, W., Schweppe, C. (2006). Transnationalität, soziale Unterstützung, agency. Nordhausen: Traugott Bautz.

Homfeldt, H. G., Schröer, W., Schweppe, C. (Hrsg.) (2008). Soziale Arbeit und Transnationalität. Herausforderungen eines spannungsreichen Bezugs. Weinheim, München: Juventa.

Homfeldt, H. G., Schulze-Krüdener, J. (2007). Zur Einführung, in Homfeldt, H. G., Schulze-Krüdener, J. (Hrsg.), Elternarbeit in der Heimerziehung (S. 7–14). München, Basel: Ernst Reinhardt.

Hondagneu-Sotelo, P., Avila, E. (2016). „I'm Here, But I'm There". The Meanings of Latina Transnational Motherhood, in Zinn, M. B., Hondagneu-Sotelo, P., Messner, M. A., Denissen, A. M. (Hrsg.), Gender Through the Prism of Difference (S. 337–350). 5. Aufl. Oxford: Oxford University Press.

Honneth, A. (2001). Invisibility: On the Epistemology of ‚Recognition'. Aristotelian Society Supplementary, 75(1), 111–126.

Honneth, A. (2012). Kampf um Anerkennung. Zur moralischen Grammatik sozialer Konflikte. 7. Aufl. Frankfurt a. M.: Suhrkamp.

hooks, B. (1992). Black Looks. Race and Representation. Boston: South End Press.

hooks, B. (1996). Radikale Perspektive. Sich am Rand ansiedeln, in hooks, B. (Hrsg.), Sehnsucht und Widerstand. Kultur. Ethnie. Geschlecht. Berlin: Orlanda.

Hopmann, B. (2019). Inklusion in den Hilfen zur Erziehung. Ein capabilities-basierter Inklusionsansatz. Dissertation. Bielefeld: Universität Bielefeld.

Hopmann, B., Böhm-Kasper, O., Lütje-Klose, B. (2019). Multiprofessionelle Kooperation in inklusiven Ganztagsschulen in der universitären Lehre. Entwicklung inklusions- und kooperationsbezogener Einstellungen von angehenden Lehrkräften und sozialpädagogischen Fachkräften in einem interdisziplinären Masterseminar, in Lehrerinnen- und Lehrerbildung für die inklusive Schule – fachdidaktische und bildungswissenschaftliche Ansätze, in Gorges, J., Lütje-Klose, B., Zurbriggen, C. (Hrsg.), Themenheft: Herausforderung Lehrer_innenbildung. Zeitschrift zur Konzeption, Gestaltung und Diskussion (S. 400–421). Bd. 2, Nr. 3. Bielefeld: Bielefeld School of Education.

Hopmann, B., Rohrmann, A., Schröer, W., Urban-Stahl, U. (2019). Hilfeplanung ist mehr als ein Verfahrensablauf. Ein Plädoyer zur Öffnung der aktuellen Fachdiskussion im Kontext der SGB VIII-Reform. neue praxis, 49(2), 198–207.

Hopmann, B., Ziegler, H. (2017). Der Capabilities-Ansatz als Inklusionsperspektive für die SGB VIII-Reform. Forum Erziehungshilfen, 23(2), 89–92.

Horn, V., Schweppe, C. (2019). Gewaltpotentiale und Gewaltschutz in Privathaushalten mit 24-Stunden- Pflegekräften. Explorative Annäherungen. Zeitschrift für Sozialpädagogik, 17(4), 394–413.

Hradil, S. (2016). Soziale Ungleichheit, soziale Schichtung und Mobilität, in Korte, H., Schäfers, B. (Hrsg.), Einführung in Hauptbegriffe der Soziologie (S. 247–275). 9. Aufl. Wiesbaden: Springer VS.

Huber, L. (2013). Analyserahmen und Arbeitsdefinitionen für eine sozialpädagogische Konzeption von Transmigration – ein Entwurf, in Herz, A., Olivier, C. (Hrsg.), Transmigration und Soziale Arbeit. Ein öffnender Blick auf Alltagswelten (S. 45–69). Baltmannsweiler: Schneider.

Huber, L. (2017). GrenzgängerInnen. Symbolische Transmigration unter Asylbedingungen in Deutschland. Weinheim, Basel: Beltz Juventa.

Hünersdorf, B. (2005). Der sozialpädagogische Blick auf die Altenpflege, in Schweppe, C. (Hrsg.), Alter und Soziale Arbeit. Theoretische Zusammenhänge, Aufgaben- und Arbeitsfelder (S. 109–130). Baltmannsweiler: Schneider Hohengehren.

Ife, J. (2008). Human Rights and Social Work. Towards Rights-Based Practice. Revised Edition. Cambridge: Cambridge University Press.

Illich, I. (1973). Tools for Conviviality. Fontana: Collins.

Inhetveen, K. (2008). Macht, in Baur, N, Korte, H., Löw, M., Schroer, M. (Hrsg.), Handbuch Soziologie (S. 253–272). Wiesbaden: VS.

Initiative Hochschullehrender zu Sozialer Arbeit in Gemeinschaftsunterkünften (2016). Positionspapier: Soziale Arbeit in Gemeinschaftsunterkünften – professionelle Standards und sozialpolitische Basis. Berlin. Abrufbar unter https://www.fluechtlingssozialarbeit.de/Positionspapier_Soziale_Arbeit_mit_Gefl%C3%BCch teten.pdf (Stand: 23.02.2020).

Initiative Hochschullehrender zu Sozialer Arbeit in Gemeinschaftsunterkünften (2016). Positionspapier: Soziale Arbeit mit Geflüchteten in Gemeinschaftsunterkünften. Professionelle Standards und sozialpolitische Basis. Berlin. Abrufbar unter www. http://www.fluechtlingssozialarbeit.de/ (Stand: 25.10.2020).

Innenministerium Mecklenburg-Vorpommern (2019). Minister Seehofer und Caffier unterzeichnen Vereinbarung zur effektiveren Gestaltung der Asylverfahren zwischen Bund und Land. Pressemitteilung 09.04.2019. Abrufbar unter https://www.regierungmv.de/Landesregierung/im/Aktuell/?id=148660&processor=processor.sa.pressemitteilung (Stand: 20.02.2020).

Innenministerium Schleswig-Holstein (2019). Innenministerium Schleswig-Holstein und Bundesinnenministerium schließen Vereinbarung für Aufbau und Betrieb eines Kompetenzzentrums für Ankunft, Verteilung und Rückkehr. Pressemitteilung 13.06.2019. Abrufbar unter https://schleswig-holstein.de/DE/Landesregierung/IV/Presse/PI/2019/190613_VereinbarungKompetenzzentrum.html (Stand: 21.02. 2020).

Institute of Research in Social Pedagogy Mainz (ism) (2019). Entwicklung der jugendhilferechtlichen Zuständigkeit für umA im bundesweiten und rheinland-pfälzischen Vergleich. Abrufbar unter https://b-umf.de/src/wp-content/uploads/2019/02/2019_01_03_uma-meldung.pdf (Stand: 28.10.2022).

International Federation of Social Workers (IFSW) (2014). Global Definition of Social Work. Abrufbar unter https://www.ifsw.org/what-is-social-work/global-definition-of-social-work/(Stand: 30.10.2022).

International Federation of Social Workers (IFSW) (2018). Global Social Work Statement of Ethical Principles. Abrufbar unter: https://www.ifsw.org/global-social-work-statement-of-ethical-principles/ (Stand: 20.07.2020).

Ipsen, D. (2002). Die Kultur der Orte. Ein Beitrag zur sozialen Strukturierung des städtischen Raums, in Löw, M. (Hrsg.), Differenzierung des Städtischen (S. 233–245). Opladen: Leske + Budrich.

Isin, E. (2018). Mobile Peoples: Transversal Configurations. Social Inclusion, 6(1), 115–123.

iZ – Internationales Zentrum der Universität Trier (2020). Herzlich Willkommen beim Internationalen Zentrum e. V. Abrufbar unter https://www.uni-trier.de/index.php?id=20056 (Stand: 14.06.2020).

Jacobsen, K., Landau, L. B. (2003). The Dual Imperative in Refugee Research: Some Methodological and Ethical Considerations in Social Science Research on Forced Migration. Disasters, 27(3), 185–206.

Jakob, C. (2020). Das Problem heißt Lager. Taz. 07.04.2020. Abrufbar unter https://taz.de/Griechisches-Fluechtlingscamp-Moria/!5674682 (Stand: 27.10.2022).
Janotta, L. (2018). Inklusionsbegehren und Integrationsappelle: Aufenthalt, Soziale Arbeit und der Nationalstaat. neue praxis, 48(2), 122–143.
Jansen, B. J. (2011). The Accidental City: Violence, Economy and Humanitarianism in Kakuma Refugee Camp Kenya. PhD thesis. Niederlande: Wageningen Universiteit.
Jansen, B. J. (2016). The Refugee Camp as Warscape: Violent Cosmologies, Rebelization, and Humanitarian Governance in Kakuma, Kenya. Humanity: An International Journal of Human Rights, Humanitarianism, and Development, 7(3), 429–441.
Jansen, B. J. (2018). Kakuma Refugee Camp: Humanitarian Urbanism in Kenya's Accidental City. London: Zed Books.
Jantzen, W. (2015). Inklusion und Kolonialität – Gegenrede zu einer unpolitischen Inklusionsdebatte, in Dust, M., Kluge, S., Liesner, A., Lohmann, I., Salomon, D., Springer, J. M., Steffens, G., Weiß, E. (Hrsg.), Jahrbuch für Pädagogik 2015. Inklusion als Ideologie (S. 241–254). Frankfurt a. M.: Peter Lang.
Jensen, O. B. (2009). Flows of Meaning, Cultures of Movements – Urban Mobility as Meaningful Everyday Life Practice. Mobilities, 4(1), 139–158.
Johnson, H. L. (2016). Narrating Entanglements: Rethinking the Local/global divide in Ethnographic Migration Research. International Political Sociology, 10(4), 383–397.
Johnson, M. (2015). Co-Teaching: Voraussetzung und Garant für eine Schule für Alle – Erfahrungen aus den USA. Zeitschrift Für Inklusion-online, 1. Abrufbar unter https://www.inklusion-online.net/index.php/inklusion-online/article/view/262 (Stand: 25.06.2020).
Jones-Correa, M. (2002). The Study of Transnationalism among the Children of Immigrants: Where we are and Where we Should be Headed, in Levitt, P., Waters, M. C. (Hrsg.), The Changing Face of Home: The Transnational Lives of the Second Generation (S. 221–241). New York: Russel Sage.
Jung, J. (1990). The role of reciprocity in social support. Basic and Applied Social Psychology, 11(3), 243–253.
Jurczyk, K. (2020). Einführung, in Jurczyk, K. (Hrsg.), Doing und Undoing Family. Konzeptionelle und empirische Entwicklungen (S. 7–25). Weinheim, Basel: Beltz Juventa.
Kaelble, H. (2007). Sozialgeschichte Europas. 1945 bis zur Gegenwart. Bonn: Bundeszentrale für politische Bildung.
Kaelble, H., Kirsch, M., Schmidt-Gernig, A. (2002). Zur Entwicklung transnationaler Öffentlichkeiten und Identitäten im 20. Jahrhundert. Eine Einleitung, in Kaelble, H., Kirsch, M. Schmidt-Gernig, A. (Hrsg.), Transnationale Öffentlichkeiten und Identitäten im 20. Jahrhundert (S. 7–33). Frankfurt a. M., New York: Campus.
Kaltmeier, O. (2012). Methoden dekolonialisieren. Reziprozität und Dialog in der herrschenden Geopolitik des Wissens, in Corona Berkin, S., Kaltmeier, O. (Hrsg.), Methoden dekolonialisieren. Eine Werkzeugkiste zur Demokratisierung der Sozial- und Kulturwissenschaften (S. 18–44). Münster: Westfälisches Dampfboot.
Karakaşoğlu, Y., Amirpur, D. (2012). Inklusive Interkulturalität, in Seitz, S., Finnern, N.-K., Korff, N., Scheidt, K. (Hrsg.), Inklusiv gleich gerecht? Inklusion und Bildungsgerechtigkeit (S. 63–70). Bad Heilbrunn: Klinkhardt.
Karentzos, A., Kittner, A.-E., Reuter, J. (2010). Einleitung. Topologien des Reisens. Tourismus – Imagination – Migration, in Karentzos, A., Kittner, A.-E., Reuter, J. (Hrsg.), Topologien des Reisens. Tourismus – Imagination – Migration (S. 5–12). Trier: Onlinepublikation der Universitätsbibliothek Trier.
Kaschuba, W. (2017). Die Stadt, ein großes Selfie? Urbanität zwischen Bühne und Beute – Essay. Aus Politik und Zeitgeschichte, 67, 19–24.
Katjavivi, P. H. (1988). A History of Resistance in Namibia. Paris: UNESCO Press.

Katzenbach, D. (2005). Braucht die Inklusionspädagogik sonderpädagogische Kompetenz?, in Geiling, U., Hinz, A. (Hrsg.), Integrationspädagogik im Diskurs? Auf dem Weg zu einer inklusiven Pädagogik? (S. 86–90). Bad Heilbrunn: Klinkhardt.

Katzenbach, D. (2012). Die innere Seite von Inklusion und Exklusion. Zum Umgang mit der UN-Behindertenrechtskonvention, in Heilmann, J., Krebs, H., Eggert-Schmid Noerr, A. (Hrsg.), Außenseiter integrieren. Perspektiven auf gesellschaftliche, institutionelle und individuelle Ausgrenzung (S. 81–111). Gießen: Psychosozial.

Katzenbach, D. (2015). Zu den Theoriefundamenten der Inklusion – Eine Einladung zum Diskurs aus der Perspektive der kritischen Theorie, in Schnell, I. (Hrsg.), Herausforderung Inklusion. Theoriebildung und Praxis (S. 19–32). Bad Heilbrunn: Klinkhardt.

Katzenbach, D., Schnell, I. (2012). Strukturelle Voraussetzungen inklusiver Bildung, in Moser, V. (Hrsg.), Die inklusive Schule. Standards für die Umsetzung (S. 21–39). Stuttgart: Kohlhammer.

Katzenbach, D., Schroeder, J. (2007). „Ohne Angst verschieden sein können". Über Inklusion und ihre Machbarkeit. Zeitschrift für Inklusion-online, 1. https://www.inklusion-online.net/index.php/inklusion-online/article/view/176.

Kaufmann, F.-X. (1993). Generationenbeziehungen und Generationenverhältnisse im Wohlfahrtsstaat, in Lüscher, K., Schultheis, F. (Hrsg.), Generationenbeziehungen in „Postmodernen" Gesellschaften (S. 95–108). Konstanz: Universitätsverlag.

Kaufmann, M., E., Otto, L., Nimführ, S., Schütte, D. (2019). Forschung und Praxis zwischen Handlungsdruck und Orientierungsunsicherheit im Kontext von Flucht_Migration, in Kaufmann, M. E., Otto, L., Nimführ, S., Schütte, D. (Hrsg.), Forschen und Arbeiten im Kontext von Flucht Reflexionslücken, Repräsentations- und Ethikfrage (S. 1–17). Wiesbaden: VS.

Kaufmann, M. E. (2018). Mind the Gaps – Diversity als spannungsgeladenes Zeitgeistdispositiv, in Florin, M., Gutsche, V., Krentz, N. (Hrsg.), Diversität historisch. Repräsentationen und Praktiken gesellschaftlicher Differenzierung im Wandel (S. 211–231). Bielefeld: transcript.

Kelle, U., Kluge, S. (2010). Vom Einzelfall zum Typus. Fallvergleich und Fallkontrastierung in der qualitativen Sozialforschung. 2. Aufl. Wiesbaden: VS.

Kenna, C. (Hrsg.) (1999). Homecoming. The GDR Kids of Namibia. Windhoek. New Namibia Books.

Keskinkılıç, O. (2017). Der orientalische Mann vor/nach Köln. Zur sexuell-kulturellen Dynamik des antimuslimischen Rassismus in der Fluchtdebatte, in Römhild, R., Schwanhäußer, A., Zur Nieden, B., Yurdakul, G. (Hrsg.), Witnessing the Transition: Moments in the Long Summer of Migration (S. 61–73). Berlin: BIM.

Kessels, U., Erbring, S., Heierman, L. (2014). Implizite Einstellungen von Lehramtsstudierenden zur Inklusion. Psychologie in Erziehung und Unterricht, 61(3), 189–202.

Kessl, F. (2013). Teilhabe. Die Vermeidung von Ausgrenzung als zivilgesellschaftliche Gemeinschaftsaufgabe, in Spatscheck, C., Wagneblass, S. (Hrsg.), Bildung, Teilhabe und Gerechtigkeit. Gesellschaftliche Herausforderungen und Zugänge Sozialer Arbeit (S. 30–40). Weinheim, Basel: Beltz Juventa.

Kessl, F., Maurer, S. (2019). Soziale Arbeit. Eine disziplinäre Positionierung zum Sozialraum, in Kessl, F., Reutlinger, C. (Hrsg.), Handbuch Sozialraum. Grundlagen für den Bildungs- und Sozialbereich (S. 160–183). Wiesbaden: Springer VS.

Kewes, A. (2016). Urban Citizenship – Oder: Über den Versuch, dem „System" auf Augenhöhe zu begegnen, in Rother, S. (Hrsg.), Migration und Demokratie (S. 139–160). Wiesbaden: Springer.

Khakpour, N., Mecheril, P. (2018). Migrationsgesellschaftliche Adressierungspraktiken, in Graßhoff, G., Renker, A., Schröer, W. (Hrsg.), Soziale Arbeit. Eine elementare Einführung (S. 19–29). Wiesbaden: VS.

Kil, M., Kronauer, M. (2011). Inklusion und Exklusion: wichtige Orientierungen für die Ausgestaltung von Weiterbildung. Forum Erwachsenenbildung: die evangelische Zeitschrift für Bildung im Lebenslauf, 3, 42–46.

Klärner, A., Gamper, M., Keim-Klärner, S., Von der Lippe, H., Moor, I., Richter, M., Vonneilich, N. (2020). Soziale Netzwerke und gesundheitliche Ungleichheiten – eine neue Perspektive für die Forschung, in Klärner, A., Gamper, M., Keim-Klärner, S., Moor, I., Von der Lippe, H., Vonneilich, N. (Hrsg.), Soziale Netzwerke und gesundheitliche Ungleichheiten (S. 1–30). Wiesbaden: Springer VS.

Klatetzki, T. (2018). Soziale Arbeit in Organisationen: Soziale Dienste und Einrichtungen, in Graßhoff, G., Renker, A., Schröer, W. (Hrsg.), Soziale Arbeit. Eine elementare Einführung (S. 457–470). Wiesbaden: Springer VS.

Klaus, T., Millies, M. (2017). Recherche zur Bildungssituation von Flüchtlingen in Deutschland. Forschungsgruppe Modellprojekte e. V. (FGM). Weinheim / Berlin / Bremen. Abrufbar unter http://www.b-umf.de/images/Recherche_Bildung.pdf (Stand: 25.05.2017).

Kleibl, T., Lutz, R. (2020). Globale Ungleichheiten. Herausforderungen für eine internationale Soziale Arbeit, in Steckelberg, C., Thiessen, B. (Hrsg.), Wandel der Arbeitsgesellschaft (S. 51–65). Opladen, Berlin, Toronto: Barbara Budrich.

Kleist, O. J. (2015). Warum weit weniger Asylbewerber in Europa sind, als angenommen wird: Probleme mit Eurostats Asylzahlen. ZAR – Zeitschrift für Ausländerrecht und Ausländerpolitik, 9, 294–299.

Kleist, O. J. (2018). Flucht- und Flüchtlingsforschung in Deutschland: Akteure, Themen und Strukturen. State-of-Research Papier 01, Verbundprojekt Flucht: Forschung und Transfer. Osnabrück, Bonn.

Kleist, O. J. (2019). Flucht- und Flüchtlingsforschung in Deutschland: Die Etablierung eines Forschungsfeldes, in Behrensen, B., Westphal, M. (Hrsg.), Fluchtmigrationsforschung im Aufbruch (S. 11–24). Wiesbaden: VS.

Kleist, O. J., Göken, I. (2017). Zwei Jahre nach dem „Flüchtlingssommer" – Wo stehen wir heute? Eine Expertise für den Mediendienst Integration. August 2017. Abrufbar unter https://mediendienst-integration.de/fileadmin/Dateien/Expertise_Zwei_Jahre_nach_dem_Fluechtlingssommer.pdf (Stand: 25.10.2020).

Klemm, K. (2018). Unterwegs zur inklusiven Schule. Lagebericht 2018 aus bildungsstatistischer Perspektive. Gütersloh: Bertelsmann Stiftung. Abrufbar unter https://www.bertelsmannstiftung.de/fileadmin/files/BSt/Publikationen/GrauePublikationen/Studie_IB_Unterwegs-zur-inklusiven-Schule_2018.pdf.

Kloosterman, R. (2010). Matching opportunities with resources: A framework for analyzing (migrant) entrepreneurship from a mixed embeddedness perspective. Entrepreneurship & Regional Development, 22, 25–45.

Kloosterman, R., Rath, J. (2001). Immigrant Entrepreneurs in Advanced Economies: Mixed Embeddedness Further Explored. Journal of Ethnic and Migration Studies, 27, 189–201.

Knappik, M., Thoma, N. (2015). Sprache und Bildung in Migrationsgesellschaften, in Thoma, N., Knappik, M. (Hrsg.), Sprache und Bildung in Migrationsgesellschaften Machtkritische Perspektiven auf ein prekarisiertes Verhältnis (S. 9–23). Bielefeld: transcript.

Koalitionsvertrag zwischen CDU, CSU und SPD (2018). Ein neuer Aufbruch für Europa. Eine neue Dynamik für Deutschland. Ein neuer Zusammenhalt für unser Land. 19. Legislaturperiode. Berlin: Koalitionsvertrag zwischen CDU, CSU und SPD.

Köbsell, S., Pfahl, L. (2015). Behindert, weiblich, migriert – Aspekte mehrdimensionaler Benachteiligung, AEP. Feministische Zeitschrift für Politik und Gesellschaft, 42(4), 10–14.

Kohlen, H., Giese, C., Riedel, A. (2019). Pflege und Ethik. Aktuelle Herausforderungen. Ethik in der Medizin, 31, 283–288.

Kohli, R. K. S. (2006). The Sound of Silence: Listening to What Unaccompanied Asylum-seeking Children Say and Do Not Say. British Journal of Social Work, 36, 707–721.

Kohli, R. K. S. (2007). Social Work with Unaccompanied Asylum Seeking Children. New York: Palgrave Macmillan.

Kohli, R. K. S. (2011). Working to ensure safety, belonging and success for unaccompanied asylum-seeking children. Child Abuse Review, 20, 311–323.

Kohli, R., Mather, R. (2003). Promoting psychosocial well-being in unaccompanied asylum seeking young people in the United Kingdom. Child and Family Social Work, 8(3), 201–212.

Kollender, E., Kourabas, V. (2020). Zwischen Ein- und Ausschluss der ‚Anderen'. (Dis-)Kontinuität rassistischer und ökonomistischer Argumentationen im Diskurs um Migration von der ‚Gastarbeit' bis heute. Wissen schafft Demokratie. Schriftenreihe des Instituts für Demokratie und Zivilgesellschaft, 7, 86–99, DOI: 10.19222/202007/08

Köngeter, S. (2009a). Relationale Professionalität, Eine empirische Studie zu Arbeitsbeziehungen mit Eltern in den Erziehungshilfen. Baltmannsweiler: Schneider.

Köngeter, S. (2009b). Professionalität in den Erziehungshilfen, in Becker-Lenz, R., Busse, S., Ehlert, G., Müller, S. (Hrsg.), Professionalität in der Sozialen Arbeit (S. 175–191). Wiesbaden: VS.

Köngeter, S. (2013). Transnationales Wissen in der Geschichte der Sozialen Arbeit – Zur Bedeutung religiöser Verbindungen für die grenzüberschreitende Verbreitung der Settlement-Bewegung, in Bender, D., Duscha, A., Huber, L., Klein-Zimmer, K. (Hrsg.), Transnationales Wissen und Soziale Arbeit (S. 80–97). Weinheim, Basel: Beltz Juventa.

Köngeter, S., Schulze-Krüdener, J. (2018). Arbeitsbeziehungen im Kinderschutz. Professionelle Herausforderungen in der Arbeit mit Eltern, in Böwer, M., Kotthaus, J. (Hrsg.), Praxisbuch Kinderschutz (S. 170–188). Weinheim, Basel: Beltz Juventa.

Kooperation als Strukturmerkmal und Handlungsprinzip der Sozialen Arbeit. Ein Lehrbuch. 2., überarbeitete und ergänzte Aufl. Opladen, Berlin, Toronto: Barbara Budrich.

Köpfer, A. (2014). Inclusive Unterstützungsstrukturen und Rollen am Beispiel kanadischer Schulen in den Provinzen New Brunswick, Prince Edward Island und Québec. Zeitschrift für Inklusion-online, 4. https://www.inklusion-online.net/index.php/inklusion-online/article/view/196.

Kopp, K. (2015). „Hart an der Grenze. Zur Lage der Menschenrechte von Schutzsuchenden an den Außengrenzen der EU". Fromm Forum, 19, 10–12.

Kössler, R. (2013). Der Windhoeker Reiter, in Zimmerer, J. (Hrsg.), Kein Platz an der Sonne. Erinnerungsorte der deutschen Kolonialgeschichte (S. 458–472). Frankfurt a. M., New York: Campus.

Köttig, M. (2017). Inklusion?! – Aufgabe und Herausforderung für Soziale Arbeit, in Spatscheck, C., Thiessen, B. (Hrsg.), Inklusion und Soziale Arbeit. Teilhabe und Vielfalt als gesellschaftliche Gestaltungsfelder (S. 31–42). Opladen: Barbara Budrich.

Kraus, B. (2006). Lebenswelt und Lebensweltorientierung. Eine begriffliche Revision als Angebot an eine systemischkonstruktivistische Sozialarbeitswissenschaft. Kontext. Zeitschrift für Systemische Therapie und Familientherapie, 2, 116–129.

Kraus, B. (2017). Plädoyer für den Relationalen Konstruktivismus und eine Relationale Soziale Arbeit. Forum sozial, 1, 29–35.

Krause, J. (2009). Das DDR-Namibia-Solidaritätsprojekt „Schule der Freundschaft". Oldenburg: BIS.

Krause, U. (2015). A Continuum of Violence? Linking Sexual and Gender-based Violence during Conflict, Flight, and Encampment. Refugee Survey Quarterly, 34(4), 1–19.

Krause, U. (2017a). Die Flüchtling – der Flüchtling als Frau. Genderreflexiver Zugang, in Ghaderi, C., Eppenstein, T. (Hrsg.), Flüchtlinge. Multiperspektivische Zugänge. Wiesbaden: Springer VS.

Krause, U. (2017b). Researching Forced Migration: Critical Reflections on Research Ethics During Fieldwork. RSC Working Paper Series, 123, Oxford.

Krause, U. (2018). Gewalterfahrungen von Geflüchteten. State-of-Research Papier 03. Osnabrück: IMIS und Bonn: BICC. Abrufbar unter https://flucht-forschung-transfer.de/wp-content/uploads/2017/05/State- of-Research-03-Gewalterfahrungen-von-Flüchtlingen-Ulrike-Krause-1.pdf (Stand: 21.02.2020).

Kreichauf, R. (2016). Das Flüchtlingslager. Raumtheoretische Zugänge, in Ludwig, J., Ebner von Eschenbach, M., Kondratjuk, M. (Hrsg.), Sozialräumliche Forschungsperspektiven. Disziplin, Ansätze, Zugänge und Handlungsfelder (S. 207–221). Berlin: Barbara Budrich.

Kreichauf, R. (2018). From forced migration to forced arrival: the campization of refugee accommodation in European cities. Comparative Migration Studies, 6(7), 1–22.

Krell, G., Ortlieb, R., Sieben, B. (2018). Diversity-bezogene Management-Konzepte, in Krell, G., Ortlieb, R., Sieben, B. (Hrsg.), Gender und Diversity in Organisationen (S. 71–86). Wiesbaden: Springer.

Kroggel, L. (2019). Junge Pflegebedürftige altersentsprechend betreuen. Ergopraxis, 12(1), 10–11.

Kron, M. (2005). „Behinderung" – notwendiger Begriff in der inklusiven Pädagogik?, in Geiling, U., Hinz, A. (Hrsg.), Integrationspädagogik im Diskurs? Auf dem Weg zu einer inklusiven Pädagogik? (S. 82–86). Bad Heilbrunn: Klinkhardt.

Kronauer, M. (2006). „Exklusion" als Kategorie einer kritischen Gesellschaftsanalyse: Vorschläge für eine anstehende Debatte, in Rehberg, K.-S. (Hrsg.), Soziale Ungleichheit, kulturelle Unterschiede: Verhandlungen des 32. Kongresses der Deutschen Gesellschaft für Soziologie in München (S. 4179–4190). Frankfurt a. M.: Campus.

Kronauer, M. (2015). Wer Inklusion möchte, darf über Exklusion nicht schweigen. Plädoyer für eine Erweiterung der Debatte, in Dust, M. u. a. (Hrsg.), Jahrbuch Für Pädagogik 2015. Inklusion als Ideologie (S. 147–158). Frankfurt a. M.: Peter Lang.

Kuhl, J., Moser, V., Schäfer, L., Redlich, H. (2013). Zur empirischen Erfassung von Beliefs von Förderschullehrerinnen und -lehrern. Empirische Sonderpädagogik, 5(1), 3–24.

Kuhl, J., Redlich, H., Schäfer, L. (2014). Einstellungen verschiedener Lehrergruppen gegenüber Menschen mit geistiger Behinderung. Zeitschrift für Bildungsforschung, 4(3), 271–287.

Kunstreich, T. (2017). Ein Schritt aus der Sackgasse heraus: soziale Arbeit als solidarische Professionalität: Anmerkungen zu Ruedi Epple und Anne Kersten. Schweizerische Zeitschrift für Soziale Arbeit / Revue suisse de travail social, 21/22, 117–126.

Kunter, M., Baumert, J., Leutner, D., Terhart, E., Seidel, T., Dicke, T., Holzberger, D., Kunina-Habenicht, O., Linninger, C., Lohse-Bossenz, H., Schulze-Stocker, F., Stürmer, K. (2017). Dokumentation der Erhebungsinstrumente der Projektphasen des BilWiss-Forschungsprogramms von 2009 bis 2016. Goethe-Universität Frankfurt.

Kutscher, N., Kreß, L.-M. (2015). „Internet ist gleich mit Essen" – Empirische Studie zur Nutzung digitaler Medien durch unbegleitete minderjährige Flüchtlinge. Zusammenfassung der Ergebnisse. Vechta, Berlin: Universität Vechta / Deutsches Kinderhilfswerk.

Kutscher, N., Kreß, L.-M. (2016). „Internet is the same like food" – An empirical study on the use of digital media by unaccompanied minor refugees in Germany. Transnational Social Review, 6(1/2), 200–203.

Kutscher, N., Kreß, L.-M. (2017). Zur doppelten Funktion digitaler Medien für junge Geflüchtete. Herstellung und Nutzbarmachung transnationaler sozialer Netzwerke und gesellschaftliche Teilhabe, in von Gross, F., Röllecke, R. (Hrsg.), Dieter Baacke Preis Handbuch 12. Medienpädagogik in der Vielfalt – Integration und Inklusion (S. 53–57). München: kopaed.

Kutscher, N., Kreß, L.-M. (2019). Das Smartphone als Schlüsselmedium – Transnationale und lokale Teilhabe unbegleiteter geflüchteter Jugendlicher. Migration und Soziale Arbeit, 40(4), 325–330.

Lahusen, C., Schneider, S. (2017). Asyl verwalten. Eine Einleitung, in Lahusen, C., Schneider, S. (Hrsg.), Asyl verwalten. Zur bürokratischen Bearbeitung eines gesellschaftlichen Problems (S. 7–24). Bielefeld: transcript.

Lampalzer, T. (2014). Typenbildung auf Grundlage einer Grounded Theory. Methodik und Ergebnisse einer Studie zu Lebensstilisierungen mit Öko-Eigenheimen. Zeitschrift für Literatur- und Theatersoziologie, 7(11), 119–142.

Landesmedienzentrum Baden-Württemberg (o. J.): Angebote des Eltern-Medienmentoren-Programms (EMM). Abrufbar unter https://www.lmz-bw.de/landesmedienzentrum/programme/

angebote-fuer-gefluechtete-und-migranten/elternarbeit-mit-gefluechteten-und-migranten/ (Stand: 04.12.2020).

Langenbach, M., Koerfer, A. (2006). Körper, Leib und Leben. Zeitschrift für qualitative Bildungs-, Beratungs- und Sozialforschung, 7(2), 191–216.

Laubenstein, D. (2019). Sonderpädagogik [online]. socialnet Lexikon. Bonn. Abrufbar unter https://www.socialnet.de/lexikon/Sonderpaedagogik (Stand: 25.10.2020).

Leben & Wohnen (o. J.). Generationenhaus Heslach. Junge Pflege. Abrufbar unter http://www.leben-und-wohnen.de/einrichtungen/generationenhaus-heslach/junge-pflege.html (Stand: 27.12.2019).

Lechner, C., Huber, A. (2017). Ankommen nach der Flucht. Die Sicht begleiteter und unbegleiteter junger Geflüchteter auf ihre Lebenslagen in Deutschland. München: DJI. Abrufbar unter https://www.dji.de/fileadmin/user_upload/bibs2017/25854_lechner_huber_ankommen_nach_der_flucht.pdf (Stand: 08.08.2019).

Lehmeyer, S. (2018). Vulnerabilität, in Riedel, A., Linde, A.-C. (Hrsg.), Ethische Reflexion in der Pflege (S. 75–87). Wiesbaden: Springer.

Leicht, R., Berwing, S., Philipp, R., Block, N., Rüffer, N., Ahrens, J.-P., Förster, N., Sänger, R., Siebert, J. (2017). Gründungspotenziale von Menschen mit ausländischen Wurzeln: Entwicklungen, Erfolgsfaktoren, Hemmnisse. Studie im Auftrag des Bundesministeriums für Wirtschaft und Energie (BMWi). Mannheim, Mainz. Abrufbar unter https://www.bmwi.de/Redaktion/DE/Publikationen/Studien/gruendungspotenziale-menschen-auslaendische-wurzeln.pdf?__blob=publicationFile&v=13 (Stand: 25.10.2020)

Leiprecht, R. (2012). Integrativ – inklusiv – diversitätsbewusst: Fachdiskurse und Praxisformen in Bewegung, in Seitz, S., Finnern, N.-K., Korff, N., Scheidt, K. (Hrsg.), Inklusiv gleich gerecht? Inklusion und Bildungsgerechtigkeit (S. 46–62). Bad Heilbrunn: Klinkhardt.

Lenz, K., Schefold, W., Schröer, W. (2004). Entgrente Lebensbewältigung. Sozialpädagogik vor neuen Herausforderungen, in Lenz, K., Schefold, W., Schröer, W. (Hrsg.), Entgrenzte Lebensbewältigung. Jugend, Geschlecht und Jugendhilfe (S. 9–18). Weinheim/München: Juventa.

Leonhard, J. (2014). Die Büchse der Pandora. Geschichte des Ersten Weltkriegs. München: C. H. Beck.

Lesvos Solidarity (2020). „Who We Are". 09.06.2020. Abrufbar unter https://lesvossolidarity.org/en/who-we-are (Stand: 27.10.2022).

Levitt, P., Glick Schiller, N. (2004). Conceptualizing Simultaneity: A Transnational Social Field Perspective on Society. The International Migration Review, 38(3), 1002–1039.

Levitt, P., Waters, M. C. (Hrsg.) (2002). The Changing Face of Home: The Transnational Lives of the Second Generation. New York: Russel Sage.

Lewin, K. (1946). Action Research and Minority Problems, Journal of Social Issues, 2(4), 34–46.

Lewin, K. (1953). Die Lösung sozialer Konflikte. Ausgewählte Abhandlungen über Gruppendynamik. Bad Nauheim: Christian.

Leys, C., Saul, J. S. (1995). Namibia's Liberation Struggle. The Two-Edged Sword. London, Athens: James Currey and Ohio University Press.

Likuwa, K. M. (2015). Colonialism and the Development of the Contract Labor System in Kavango, in Silvester, J. (Hrsg.), Reviewing Resistance in Namibian History (S. 105–126). Windhoek: Unam Press.

Lindemann, H. (2014). Inklusion: „Es geht nicht mehr um das Ob, es geht um das Wie". Interview mit Holger Lindemann. Abrufbar unter https://www.uni-oldenburg.de/news/art/inklusion-es-geht-nicht-mehr-um-das-ob-es-geht-um-das-wie-1075/ (Stand: 26.02.2016).

Lindmeier, C. (2015). Herausforderungen einer inklusionsorientierten Erneuerung der deutschen Lehrerinnen- und Lehrerausbildung, in Mahnke, U., Redlich, H., Schäfer, L., Wachtel, G., Moser, V., Zehbe, K. (Hrsg.), Perspektiven sonderpädagogischer Professionalisierung (S. 112–132). Bad Heilbrunn: Klinkhardt.

Lindmeier, C., Lütje-Klose, B. (2015). Inklusion als Querschnittsaufgabe in der Erziehungswissenschaft, in Mitteilungen der Deutschen Gesellschaft für Erziehungswissenschaft (Hrsg.), Inklusion – Perspektive, Herausforderung und Problematisierung aus Sicht der Erziehungswissenschaft, 26(51), 7–16.

Lindner, D. (2019). „… und die sagen, alle Flüchtlinge sind so". Bilder und Konstruktionen von Jugendlichen über Flucht und geflüchtete junge Menschen, in Arslan, E., Bozay, K. (Hrsg.), Symbolische Ordnung und Flüchtlingsbewegungen in der Einwanderungsgesellschaft (S. 327–245). Wiesbaden: Springer VS.

Linnemann, T., Mecheril, P., Nikolenko, A. (2013) Rassismuskritik. Begriffliche Grundlagen und Handlungsperspektiven in der politischen Bildung. Zeitschrift für internationale Bildungsforschung und Entwicklungspädagogik (ZEP), 36(2), 10–14.

Linter, C. (2015). Migrant entrepreneurship: new potential discovered. Procedia – Social and Behavioral Sciences, 191, 1601–1606.

Lister, R. (2007). Inclusive Citizenship: Realizing the Potential. Citizenship Studies, 11(1), 49–61.

Lochner, B., Bastian, P. (2018). Sozialpädagogisches Verstehen und Beraten von asylsuchenden Menschen. Soziale Passagen, 10(2), 281–298.

Lockwood, D. (1964). Social Integration and System Integration, in Zollschan, G. K., Hirsch, W. (Hrsg.), Explorations in Social Change (S. 244–257). London: Routledge, Kegan Paul.

Loeken, H., Windisch, M. (2013). Behinderung und Soziale Arbeit. Beruflicher Wandel – Arbeitsfelder – Kompetenzen. Stuttgart: Kohlhammer.

Loick, D. (2017). Wir Flüchtlinge. Überlegungen zu einer Bürgerschaft jenseits des Nationalstaates. Leviathan, 45(4), 1–18.

Löser, J. M., Werning, R. (2013). Inklusion aus internationaler Perspektive – ein Forschungsüberblick. Zeitschrift für Grundschulforschung, 6(1), 21–33.

Löser, J. M., Werning, R. (2015). Inklusion – allgegenwärtig, kontrovers, diffus?, in Mitteilungen der Deutschen Gesellschaft für Erziehungswissenschaft (Hrsg.), Inklusion – Perspektive, Herausforderung und Problematisierung aus Sicht der Erziehungswissenschaft, 26(51), 17–24.

Löw, M., Sturm, G. (2019). Raumsoziologie. Eine disziplinäre Positionierung zum Sozialraum, in Kessl, F., Reutlinger, C. (Hrsg.), Handbuch Sozialraum, Sozialraumforschung und Sozialraumarbeit (S. 3–21). Wiesbaden: Springer VS.

Löwenstein, H. (2017). Identität als Scharnier zwischen Bewusstsein und Agency. Oder: Meads Sprachlosigkeit gegenüber geteilter Emotionalität, in Löwenstein, H., Emirbayer, M. (Hrsg.), Netzwerke, Kultur und Agency. Problemlösungen in relationaler Methodologie und Sozialtheorie (S. 210–223). Weinheim, Basel: Beltz Juventa.

Lucius-Hoene, G. (2012). „Und dann haben wir's operiert". Ebenen der Textanalyse narrativer Agency-Konstruktionen, in Bethmann, S., Helfferich, C., Hoffmann, H., Niermann, D. (Hrsg.), Agency. Qualitative Rekonstruktionen und gesellschaftstheoretische Bezüge von Handlungsmächtigkeit (S. 40–70). Weinheim, Basel: Beltz Juventa.

Lüders, C. (2014). „Irgendeinen Begriff braucht es ja …". Das Ringen um Inklusion in der Kinder- und Jugendhilfe. Soziale Passagen, 6, 21–53.

Lüders, C. (2017). Inklusion und „Große Lösung" in der Kinder- und Jugendhilfe. Eine Zwischenbilanz aus aktuellem Anlass, in Westphal, M., Wansing, G. (Hrsg.), Migration, Flucht und Behinderung. Herausforderungen für Politik, Bildung und psychosoziale Dienste (S. 167–184). Wiesbaden: Springer VS.

Lüders, C. (2019). Inklusion und „Große Lösung" in der Kinder- und Jugendhilfe. In Westphal, M., Wansing, G. (Hrsg.), Migration, Flucht und Behinderung (S. 167–184). Wiesbaden: Springer VS.

Lueg, K. (2016). Symbolische Macht – Ein Bourdieuscher Blick auf die Reproduktion von Privilegien am Beispiel des Bildungssystems, in Wendt, B., Klöckner, M. B., Pommrenke, S., Walter, M. (Hrsg.), Wie Eliten Macht Organisieren (S. 93–104). Hamburg: VSA.

Luhmann, N. (1995). Social Systems. Stanford: Stanford University Press.

Luhmann, N. (1998a). Die Gesellschaft der Gesellschaft. Erster Teilband. Kapitel 1–3. Frankfurt a. M.: suhrkamp.

Luhmann, N. (1998b). Die Gesellschaft der Gesellschaft. Zweiter Teilband. Kapitel 4–5. Frankfurt a. M.: suhrkamp.

Lütje-Klose, B., Miller, S. (2017). Kooperation von Lehrkräften mit allgemeinem und sonderpädagogischem Lehramt in inklusiven Settings, in Lütje-Kose, B., Miller, S., Schwab, S., Streese, B. (Hrsg.), Inklusion: Profile für die Schul- und Unterrichtsentwicklung in Deutschland, Österreich und der Schweiz (S. 203–214). Münster, New York: Waxmann.

Lütje-Kose, B., Miller, S., Schwab, S., Streese, B. (Hrsg.) (2017). Inklusion: Profile für die Schul- und Unterrichtsentwicklung in Deutschland, Österreich und der Schweiz. Münster, New York: Waxmann.

Lutta, S. (2020). Covid-19 Scare: Four Isolated at Kakuma Camp. Daily NationOnline. 20.03.2020. Abrufbar unter https://www.nation.co.ke/counties/turkana/Covid-19-scare-Kakuma-refugees-isolated-Turkana-hospital/1183330-5498006-vrokkt/index.html (Stand: 21.06.2022).

Mackenzie, C., McDowell, C., Pittaway, E. (2007). Beyond ‚Do No Harm': The Challenge of Constructing Ethical Relationships in Refugee Research. Journal of Refugee Studies, 20(2), 299–319.

Mackenzie, C., Rogers, W., Dodds, S. (Hrsg.) (2013). Vulnerability: New Essays in Ethics and Feminist Philosophy. Oxford, New York: Oxford University Press.

MacQuarrie, C. (2010). Othering, in Mills, A., Eurepos, G., Wiebe, E. (Hrsg.), Encyclopedia of Case Study Research (S. 635–639). Bd. 2. Thousand Oaks: SAGE.

Maiter, S., Simich, L., Jacobson, N., Wise, J. (2008). Reciprocity: An ethic for community-based participatory action research. Action Research, 6(3), 305–325.

Mann, H. B., Whitney, D. R. (1947). On a Test of Whether one of Two Random Variables is Stochastically Larger than the Other. Annals of Mathematical Statistics, 18(1), 50–60.

Mannheim, K. (1928/1952). The Problem of Generations, in Kecskemeti, P. (Hrsg.), Essays on the Sociology of Knowledge: Collected Works (S. 276–322). Bd. 5. New York: Routledge.

Martiniello, M., Rath, J. (Hrsg.) (2010). Selected Studies in International Migration and Immigrant Incorporation. Amsterdam: Amsterdam University Press.

Marx, K., Engels, F. (2014 [1872]). Manifest der Kommunistischen Partei. Ditzingen, Stuttgart: Reclam.

Massumi, M., Von Dewitz, N., Grießbach, J., Terhart, H., Wagner, K., Hippmann, K., Altinay, L. (2015). Neu zugewanderte Kinder und Jugendliche im deutschen Schulsystem. Mercator-Institut für Sprachförderung und Deutsch als Zweitsprache und Zentrum für Lehrer_innenbildung der Universität zu Köln. Köln. Abrufbar unter http://www.mercator-institut-sprachfoerderung.de/fileadmin/Redaktion/PDF/Publikationen/MI_ZfL_Studie_Zugewanderte_im_deutschen_Schulsystem_final_screen.pdf (Stand: 25.05.2017).

Masters, J. (1995). The History of Action Research. Abrufbar unter http://www.aral.com.au/arow/rmasters.html (Stand: 29.04.2019).

Mau, S. (2007). Transnationale Vergesellschaftung. Die Entgrenzung sozialer Lebenswelten. Frankfurt a. M., New York: Campus.

Maurer, S. (2006). Soziale Arbeit als Offenes Archiv gesellschaftlicher Konflikte – Für eine selbstkritische Historiographie. Widersprüche, 101, 49–68.

Mauss, M. ([1968] 2005). Die Gabe, in Adloff, F., Mau, S. (Hrsg.), Vom Geben und Nehmen. Zur Soziologie der Reziprozität (S. 61–72). Frankfurt a. M.: Campus.

May, M. (2010). Aktuelle Theoriediskurse Sozialer Arbeit. Eine Einführung. 3. Aufl. Wiesbaden: VS.

Mayring, P. (2008). Qualitative Inhaltsanalyse. Grundlagen und Techniken. 10. Aufl. Weinheim, Basel: Beltz.

McConnachie, K. (2016). Camps of Containment: A Genealogy of the Refugee Camp. Humanity: An International Journal of Human Rights, Humanitarianism, and Development, 7(3), 397–412.

Mecheril, P. (2010). Die Ordnung des erziehungswissenschaftlichen Diskurses in der Migrationsgesellschaft, in Mecheril, P., Castro Varela, M. d. M., Dirim, I., Kalpaka, A., Melter, C. (Hrsg.), Migrationspädagogik (S. 54–76). Weinheim, Basel: Beltz.

Mecheril, P. (2013). „Kompetenzlosigkeitskompetenz". Pädagogisches Handeln unter Einwanderungsbedingungen, in Auernheimer, G. (Hrsg.), Interkulturelle Kompetenz und pädagogische Professionalität (S. 15–36). 4. Aufl. Wiesbaden: VS.

Mecheril, P. (2015). Kulturell-ästhetische Bildung. Migrationspädagogische Anmerkungen. KULTURELLE BILDUNG ONLINE. Abrufbar unter https://www.kubi-online.de/artikel/kulturell-aesthetische-bildung-migrationspaedagogische-anmerkungen (Stand: 14.09.2021).

Mecheril, P. (2020). Gibt es ein transnationales Selbstbestimmungsrecht?, in Van Ackeren, I., Bremer, H., Kessl, F., Koller, H. C., Pfaff, N., Rotter, C., Klein, D., Salaschek, U. (Hrsg.), Beiträge zum 26. Kongress der Deutschen Gesellschaft für Erziehungswissenschaft (S. 101–117). Opladen, Berlin, Toronto: Barbara Budrich.

Mecheril, P., Teo, T. (1994). Zur Einführung: Andere Deutsche, in Mecheril, P., Teo, T. (Hrsg.), Andere Deutsche. Zur Lebenssituation von Menschen multiethnischer und multikultureller Herkunft (S. 9–23). Berlin: Dietz.

Mecheril, P., Thomas-Olalde, O., Melter, C., Arens, S., Romaner, E. (Hrsg.) (2013). Migrationsforschung als Kritik? Erkundung eines epistemischen Anliegens in 57 Schritten, in Migrationsforschung als Kritik? Spielräume kritischer Migrationsforschung (S. 7–55). Wiesbaden: VS.

Mediendienst Integration (2020). Infopapier Alternativen zum „Migrationshintergrund". April 2020. Berlin. Abrufbar unter https://mediendienst-integration.de/fileadmin/Dateien/Infopapier_Alternativen_Migrationshintergrund.pdf (Stand: 25.10.2020).

Megas, A. (2015). Soviet Foreign Policy Towards East Germany. Cham: Springer.

Meijer, C. J. W., Foster, S. F. (1988). The Effect of Teacher Self-Efficacy on Referral Chance. The Journal of Special Education, 22(3), 378–385.

Meinefeld, W. (1977). Einstellungen und soziales Handeln. Reinbek bei Hamburg: Rowohlt Taschenbuch.

Melander, C., Green, O. S. (2018). Trajectories of Situated Transnational Parenting – Caregiving Arrangements of East European Labour Migrants in Sweden, in Ducu, V., Nedelcu, M., Telegdi-Csetri, A. (Hrsg.), Childhood and Parenting in Transnational Settings (S. 137–154). Cham: Springer.

Melber, H. (2014). Understanding Namibia. London: Hurst & Company.

Melber, H. (Hrsg.) (2013). Genozid und Gedenken. Namibisch-Deutsche Geschichte und Gegenwart. Frankfurt a. M.: Brandes & Apsel.

Melter, C. (2013). Kritische Soziale Arbeit in Diskriminierungs- und Herrschaftsverhältnissen – eine Skizze, in Spetsmann-Kunkel, M., Frieters-Reermann, N. (Hrsg.), Soziale Arbeit in der Migrationsgesellschaft (S. 93–111). Berlin, Toronto: Barbara Budrich.

Messerschmidt, A. (2017). Differenzreflexivität und intersektionale Kritik – Ansatzpunkte einer nicht identifizierenden Pädagogik, in Baltzer, N., Klenk, F. C., Zitzelsberger, O. (Hrsg.), Queering MINT. Impulse für eine dekonstruktive Lehrer_innenbildung (S. 47–57). Opladen, Berlin, Toronto: Barbara Budrich.

Metzing, S., Schnepp, W. (2007). Kinder und Jugendliche als pflegende Angehörige: Wer sie sind und was sie leisten. Eine internationale Literaturstudie (1990–2006). Pflege, 20(6), 323–330.

Meuser, M., Nagel, U. (1997). Das ExpertInneninterview. Wissenssoziologische Voraussetzungen und methodische Durchführung, in Friebertshäuser, B., Prengel, A. (Hrsg.), Handbuch Qualitative Forschungsmethoden in der Erziehungswissenschaft (S. 481–491). Weinheim, Basel: Beltz Juventa,

Meyer, L. J. (2018). „Refugees Welcome" in Berliner Wohngemeinschaften. Konvivialität und Ungleichheit, in Römhild, R., Schwanhäußer, A., zur Nieden, B, Yurdakul, G. (Hrsg.), Witnessing the Transition: Moments in the Long Summer of Migration (S. 259–275). Berlin: Institute for empirical Integration and Migration Research (BIM).

Midgley, J. (2001). Issues in International Social Work. Journal of Social Work, 1(1), 21–35.
MiGAZIN (2020). Corona. Immer mehr Flüchtlingsunterkünfte komplett in Quarantäne. MiGAZIN. 21.04.2020. Abrufbar unter: https://www.migazin.de/2020/04/21/corona-immer-mehrfluechtlingsunterkuenfte-komplettinquarantaene/?utmsource=mailpoet&utm_medium=email&utm_campaign=MiGLETTER (20.05.2020).
Moebius, S., Wetterer, A. (2011). Symbolische Gewalt. Österreichische Zeitschrift für Soziologie, 36(4), 1–10.
Möhring, M. (2011). Die türkische Gastronomie in der Bundesrepublik. Eine Migrations- und Konsumgeschichte, in Heinrich-Böll-Stiftung (Hrsg.), Zuhause in Almanya. Türkisch-deutsche Geschichten & Lebenswelten. DOSSIER (S. 54–60). Berlin: Böll Stiftung. Abrufbar unter https://www.heimatkunde.boell.de/sites/default/files/dossier_zuhause_in_almanya1.pdf#page=56 (Stand: 25.10.2020).
Moria Camp (2020). Second Call from Moria Camp in Corona Times. taz Online. 10.05.2020. Abrufbar unter https://taz.de/pdf/Statement_from_Moria_10_5.pdf (30.10.2022).
Moser, H. (1975). Aktionsforschung als kritische Theorie der Sozialwissenschaften. Weinheim: Beltz.
Moser, H. (1998). Praxisforschung als Mittel zur Entwicklung von Fachhochschulen. Beiträge zur Lehrerinnen- und Lehrerbildung, 16(1), 49–56.
Moser, V. (2012). Braucht die Inklusionspädagogik einen Behinderungsbegriff? Zeitschrift für Inklusion, 3. https://www.inklusion-online.net/index.php/inklusion-online/article/view/40.
Moser, V. (2013). Professionsforschung als Unterrichtsforschung. Inklusive Bildung professionell gestalten, in Döbert, H., Weishaupt, H. (Hrsg.), Situationsanalyse und Handlungsempfehlungen (S. 135–146). Münster: Waxmann.
Moser, V. (2014). Forschungserkenntnisse zur Sonderpädagogischen Professionalität in inklusiven Settings, in Trumpa, S., Seifried, S., Franz, E., Klauß, T. (Hrsg.), Inklusive Bildung: Erkenntnisse und Konzepte aus Fachdidaktik und Sonderpädagogik (S. 92–107). Weinheim, Basel: Beltz Juventa.
Moser, V. (Hrsg.) (2012). Die Inklusive Schule. Standards für ihre Umsetzung. Stuttgart: Kohlhammer.
Moser, V., Egger, M. (Hrsg.) (2017). Inklusion und Schulentwicklung. Konzepte, Instrumente, Befunde. Stuttgart: Kohlhammer.
Motzek-Öz, S. (2017). Handlungs(ohn)macht im Kontext – Eine biographische Analyse des Handelns von Migrantinnen in transnationalen Unterstützungskontexten. Weinheim, Basel: Beltz Juventa.
Motzek-Öz, S. (2019). Biografisch-narrative Konstruktionen von Vulnerabilität und Agency im Fluchtkontext. Soziale Arbeit, 68(8), 289–295.
Motzke, K. (2014). Soziale Arbeit als Profession. Zur Karriere „sozialer Hilfstätigkeit" aus professionssoziologischer Perspektive. Opladen, Berlin, Toronto: Barbara Budrich.
Mühr, S. (2004). Die deutschen Namibier heute – Auswanderung, Musealisierung oder Integration? in Förster, L., Henrichsen, D., Bollig, M. (Hrsg.), Namibia-Deutschland. Eine Geteilte Geschichte (S. 244–255). Wolfratshausen: Edition Minerva.
Müller, B. (1997). Sozialpädagogisches Können. Ein Lehrbuch zur multiperspektivischen Fallarbeit. Freiburg i. B.: Lambertus.
Müller, B. (2011). Professionelle Beziehungen in Zwangskontexten. Abrufbar unter https://www.ev-akademie-boll.de/fileadmin/res/otg/doku/520111-Mueller.pdf (Stand: 15.08.2019).
Müller, B. (2012). Sozialpädagogisches Können. Ein Lehrbuch zur multiperspektivischen Fallarbeit. 7. Aufl. Freiburg i. B.: Lambertus.
Müller-Hermann, S., Becker-Lenz, R. (2018). Professionalisierung: Studium, Ausbildung und Fachlichkeit, in Graßhoff, G., Renker, A., Schröer, W. (Hrsg.), Soziale Arbeit. Eine elementare Einführung (S. 687–697). Wiesbaden: VS.

Münchmeier, R. (2018). Geschichte der Sozialen Arbeit, in Otto, H.-U., Thiersch, H., Treptow, R., Ziegler, H. (Hrsg.), Handbuch Soziale Arbeit. (S. 527–539). 6., überarbeitete Aufl. München: Ernst Reinhardt.

Munsch, C. (2014). Wer sind eigentlich „Menschen mit Migrationshintergrund"? Über die Notwendigkeit eines reflexiven Migrationsbegriffs. Forum Erziehungshilfen, 20(2), 68–72.

Muy, S. (2018). Mandatswidrige Aufträge an Soziale Arbeit in Sammelunterkünften für Geflüchtete, in Prasad, N. (Hrsg.), Soziale Arbeit mit Geflüchteten. Rassismuskritisch, professionell, menschenrechtsorientiert (S. 260–273). Opladen, Toronto: UTB.

Muy, S. (2019). Die Gegenwart der Lager – revisited. Überlegungen zu „AnKER"-Zentren und Sozialer Arbeit, in Resch, C. (Hrsg.), Migration als soziale Praxis: Kämpfe um Autonomie und repressive Erfahrungen (S. 190–205). Münster: Westfälisches Dampfboot.

Nail, T. (2016). The Figure of the Migrant. Stanford: Stanford University Press.

Nail, T. (2019). Being and Motion. New York: Oxford University Press.

Nairz-Wirth, E. (2016). Professionalisierung und Habitus. In Greimel-Fuhrmann, B., Fortmüller, R. (Hrsg.), Facetten der Entrepreneurship Education. Festschrift für Josef Aff anlässlich seiner Emeritierung (S. 147–155). Wien: Manz.

Nation TV (2020). Kakuma Camp Closed. ntv tonight 9pm. 25.05.2020.

Neilsen, E. H. (2006). But let us not Forget John Collier. Action Research, 4(4), 389–399.

Nelson, M. K. (2000). Single mothers and social support: The commitment to, and retreat from, reciprocity. Qualitative Sociology, 23(3), 291–317.

Neufeld, A., Harrison, M. J. (1995). Reciprocity and social support in caregivers' relationships: Variations and consequences. Qualitative Health Research, 5(3), 348–365.

Neuhauser, J., Hess, S., Schwenken, H. (2016). Unter- oder überbelichtet: die Kategorie Geschlecht in medialen und wissenschaftlichen Diskursen zu Flucht, in Hess, S., Kasparek, B., Kron, S., Rodatz, M., Schwertl, M., Sontowski, S. (Hrsg.), Der lange Sommer der Migration: Grenzregime III (S. 176–195). Berlin: Assoziation A.

Niediek, I. (2014). Was hat ein Fahrrad mit Sozialraum-Orientierung zu tun? Oder: Warum personenzentrierte Hilfe sich am Sozialraum orientieren muss. Teilhabe. Die Fachzeitschrift der Lebenshilfe, 53(2), 82–91.

Niehoff, U. (2009). Diversity Management oder Umgang mit Vielfalt. Eine hilfreiche Strategie auf dem Weg zur Inklusion. Teilhabe, 48(4), 186–190.

Nienhüser, W., Hoßfeld, H., Glück, E., Gödde, L. (2018). Was Menschen über Mitbestimmung denken: Empirische Analysen. Baden Baden: Nomos.

Nieswand, B. (2008). Wege aus dem Dilemma zwischen Transnationalismus- und Integrationsansatz, in Lauser, A., Weißköppel, C. (Hrsg.), Migration und religiöse Dynamik. Ethnologische Religionsforschung im transnationalen Kontext (S. 35–52). Bielefeld: transcript.

Nieswand, B. (2015). Integration, incorporation, Inklusion und die Gesellschaft der Migrationsforschung. Abrufbar unter http://www.academia.edu/22812795/Integration_incorporation_Inklusion_und_die_Gesellschaft_der_Migrationsforschung (Stand: 29.01.2021).

Nohl, A. (2006). Konzepte interkultureller Pädagogik. Eine systematische Einführung. Bad Heilbrunn: Klinkhardt.

Norddeutscher Rundfunk NDR (2020). Osnabrück: 47 Flüchtlingskinder sind wohlauf. NDR. 25.04.2020. Abrufbar unter https://www.ndr.de/nachrichten/niedersachsen/osnabrueck_emsland/Osnabrueck-47-Fluechtlingskinder-sind-wohlauf,fluechtlingskinder190.html (Stand: 20.06.2020).

Norton, L., Sliep, Y. (2018). #WE SPEAK: Exploring the Experience of Refugee Youth through Participatory Research and Poetry. Journal of Youth Studies, 8(3), 1–18.

Nuscheler, F. (2004). Internationale Migration. Flucht und Asyl. 2. Aufl. Wiesbaden: VS.

Nussbaum, M. C. (2011). Creating Capabilities. The Human Development Approach. Cambridge, London: The Belknap Press of Harvard University.

Nyers, P., Rygiel, K. (Hrsg.) (2012). Citizenship, Migrant Activism and the Politics of Movement. New York: Routledge.

O'Higgins, A. (2012). Vulnerability and Agency: Beyond an Irreconcilable Dichotomy for Social Service Providers Working with Young Refugees in the UK, in Orgocka, A., Clark- Kazak, C. (Hrsg.), Independent Child Migration – Insights into Agency, Vulnerability, and Structure. New Directions for Child and Adolescent Development. San Francisco: Jossey-Bass.

Oehme, A. (2014). Inklusion statt Integration? Sozialmagazin, 39(11/12), 32–39.

Oehme, A., Schröer, W. (2018). Beeinträchtigung und Inklusion, in Böllert, K. (Hrsg.), Kompendium Kinder- und Jugendhilfe (S. 273–290). Wiesbaden: VS.

Oehme, A., Schröer, W. (2018). Beeinträchtigung und Inklusion, in Böllert, K. (Hrsg.), Kompendium Kinder- und Jugendhilfe (S. 273–290). Wiesbaden: VS.

Oevermann, U. (1996). Theoretische Skizze einer revidierten Theorie professionellen Handelns, in Combe, A., Helsper, W. (Hrsg.), Pädagogische Professionalität (S. 70–181). Suhrkamp: Frankfurt a. M.

Oevermann, U. (2002). Klinische Soziologie auf der Basis der Methodologie der objektiven Hermeneutik – Manifest der objektiv hermeneutischen Sozialforschung. Abrufbar unter http://www.ihsk.de/publikationen/Ulrich_Oevermann-Manifest_der_objektiv_hermeneutischen_Sozialforschung.pdf (Stand: 25.10.2020).

Oevermann, U. (2013). Die Problematik der Strukturlogik des Arbeitsbündnisses und der Dynamik von Übertragung und Gegenübertragung in einer professionalisierten Praxis von Sozialarbeit, in Becker-Lenz, R., Busse, S., Ehlert, G., Müller-Hermann, S. (Hrsg.), Professionalität in der Sozialen Arbeit (S. 119–147). 2. Aufl. Wiesbaden: VS.

Oltmer, J. (2016). Kleine Globalgeschichte der Flucht im 20. Jahrhundert. Aus Politik und Zeitgeschichte (APuZ), 26/27, 18–25.

Oltmer, J. (2018). Bundesdeutsche Migrationsverhältnisse. Eine kurze Geschichte. Migration und Soziale Arbeit, 1, 31–37.

Öndül, D. E. (2018). Einführung in das deutsche Ausländer- und Asylrecht, in Blank, B., Gögercin, S., Sauer, K. E., Schramkowksi, B. (Hrsg.), Soziale Arbeit in der Migrationsgesellschaft. Grundlagen – Konzepte – Handlungsfelder (S. 111–123). Wiesbaden: VS.

Opielka, M. (2003). Was spricht gegen die Idee eines aktivierenden Sozialstaats? neue praxis, 33(6), 543–557.

Orgocka, A., Clark-Kazak, C. (Hrsg.) (2012). Independent Child Migration – Insights into Agency, Vulnerability, and Structure. New Directions for Child and Adolescent Development. San Francisco: Wiley.

Otten, M. (2018). Flucht, Behinderung und Inklusion: Wechselwirkungen und Widersprüche der Policy Regime und der professionellen Sozialen Arbeit, in Pfaller-Rott, M., Gómez-Hernández, E., Soundari, H. (Hrsg.), Soziale Vielfalt (S. 89–114). Wiesbaden: VS.

Otto, H.-U. (2015). Flüchtlinge. Menschenrechte, Menschenwürde, Menschenliebe – zur Rolle der Sozialen Arbeit im Flüchtlingsdrama. neue praxis, 45(4), 328–330.

Otto, H.-U., Schrödter, M. (2006). Soziale Arbeit in der Migrationsgesellschaft. Von der Assimilation zur Multikulturalität – und zurück? neue praxis. Sonderheft 8, 1–18.

Otto, H.-U., Ziegler, H. (Hrsg.) (2010). Capabilities – Handlungsbefähigung und Verwirklichungschancen in der Erziehungswissenschaft. Wiesbaden: VS.

Owens, J. (2001). Changing constructions of Germanness in Namibia: The ‚GDR-Kids'. Unpublished diss., Washington: Georgetown University.

Panagiotopoulou, J. A. (2019). Inklusion und Norm – Inklusion als Norm? Zeitschrift für Inklusion-online, 2. Abrufbar unter https://www.inklusion-online.net/index.php/inklusion- online/article/view/528/383.

Panesar, R. (2019). Institutionen als Inklusionsförderer: Abbau von Bildungsbarrieren und Interkulturelle Öffnung von Schulen, in Genkova, P., Riecken, A. (Hrsg.), Handbuch Migration und Erfolg (S. 1–17). Wiesbaden: Springer.

Parreñas, R. S. (2005). Children of global migration. Redwood City: Stanford.
Parzer, M., Astleithner, F., Rieder, I. (2016). Deliciously exotic? Immigrant grocery shops and their non-migrant clientele. International Review of Social Research, 6(1), 26–34.
Peter, L. (2016). Prolegomena zu einer Theorie der symbolischen Gewalt, in Peter, L. (Hrsg.), Umstrittene Moderne (S. 339–363). Wiesbaden: VS.
Peterlini, H. K., Donlic, J. (2020). Migration verstehen / Understanding migration, in Peterlini, H. K., Donlic, J. (Hrsg.), Jahrbuch Migration und Gesellschaft 2019/2020. Schwerpunkt „Digitale Medien" (S. 7–13). Bielefeld: transcript.
Pfahl, L. (2012). Bildung, Behinderung und Agency. Eine wissenssoziologische Untersuchung der Folgen schulischer Segregation und Inklusion, in Becker, R., Solga, H. (Hrsg.), Soziologische Bildungsforschung (S. 415–436). Wiesbaden: VS.
Pfahl, L. (2014). Das Recht auf Inklusion und der Wandel pädagogischer Professionalität, in Bundesministerium für Bildung und Forschung (Hrsg.), Bildungsforschung 2020 – Herausforderungen und Perspektiven (S. 295–307). Bonn, Berlin: Bundesministerium für Bildung und Forschung.
Pieper, T. (2013). Die Gegenwart der Lager. Zur Mikrophysik der Herrschaft in der deutschen Flüchtlingspolitik. 2. Aufl. Münster: Westfälisches Dampfboot.
Plößer, M. (2010). Differenz performativ gedacht. Dekonstruktive Perspektiven auf und für den Umgang mit Differenzen, in Kessl, F., Plößer, M. (Hrsg.), Differenzierung, Normalisierung, Andersheit. Soziale Arbeit als Arbeit mit den Anderen (S. 218–232). Wiesbaden: VS.
Polat, S. (2017). „Ich bin Kokosnuss sozusagen", in Spies, T., Tuider, E. (Hrsg.), Biographie und Diskurs. Theorie und Praxis der Diskursforschung (S. 195–212). Wiesbaden: Springer VS.
Pollmann, A. (2008). Alle gehören dazu. Vom philosophischen Universalismus zur politischen Universalisierung der Menschenrechte. informationszentrum 3. Welt (iz3w), Themenheft 307 „Erklärt umkämpft – 60 Jahre Menschenrechte", 4–6.
Polutta, A. (2018). Sozialpädagogische Fachlichkeit und Professionalität Sozialer Arbeit in der Migrationsgesellschaft, in Blank, B., Gögercin, S., Sauer, K. E., Schramkowski, B. (Hrsg.), Soziale Arbeit in der Migrationsgesellschaft (S. 243–253). Wiesbaden: Springer VS.
Portes, A., Zhou, M. (1993). The New Second Generation: Segmented Assimilation and Its Variants. The Annals of the American Academy of Political and Social Science, 530(1), Interminority Affairs in the U. S.: Pluralism at the Crossroads, 74–96. Abrufbar unter http://www.jstor.org/stable/1047678 (Stand: 30.10.2022).
Poutrus, P. G. (2005). Die DDR, ein anderer deutscher Weg? Zum Umgang mit Ausländern im SED-Staat, in Beier-de Haan, R. (Hrsg.), Zuwanderungsland Deutschland. Migrationen 1500–2005 (S. 120–133). Berlin, Wolfratshausen: Deutsches Historisches Museum, Edition Minerva.
Poutrus, P. G. (2018). Ursachen und Folgen weltweiter Migration (S. 12–15). Abrufbar unter https://www.academia.edu/37620162/Ursachen_und_Folgen_weltweiter_Migration_Essay_ (Stand: 04.01.2021).
Prasad, N. (2018). Statt einer Einführung: Menschenrechtsbasierte, professionelle und rassismuskritische Soziale Arbeit mit Geflüchteten, in Prasad, N. (Hrsg.), Soziale Arbeit mit Geflüchteten (S. 9–29). Opladen, Toronto: Barbara Budrich.
Preis, W. (2013). Professionelles Handeln unter den Bedingungen der Ungewissheit?, in Birgmeier, B., Mührel, E. (Hrsg.), Handlung in Theorie und Wissenschaft Sozialer Arbeit, Soziale Arbeit in Theorie und Wissenschaft (S. 175–196). Wiesbaden: Springer VS.
Prengel, A. (2006). Pädagogik der Vielfalt. 3. Aufl. Wiesbaden: VS.
Prengel, A. (2007). Diversity Education – Grundlagen und Probleme der Pädagogik der Vielfalt, in Krell, G., Riedmüller, B., Sieben, B., Vinz, D. (Hrsg.), Diversity Studies – Grundlagen und disziplinäre Ansätze (S. 49–67). Frankfurt a. M., New York: Campus.

Prengel, A. (2009). Zur Dialektik von Gleichheit und Differenz in der Bildung, in Eberwein, H., Knauer, S. (Hrsg.), Handbuch Integrationspädagogik. Kinder mit und ohne Beeinträchtigung lernen gemeinsam (S. 140–147). 7. Aufl. Weinheim, Basel: Beltz.

Prengel, A., Heinzel, F. (2012). Heterogenität als Grundbegriff inklusiver Pädagogik. Zeitschrift Für Inklusion-online, 3, o. S.

Pries, L. (2002). Transnationalisierung der sozialen Welt? Berliner Journal für Soziologie, 12(2), 263–272.

Pries, L. (2003). Transnationalismus, Migration und Inkorporation. Herausforderungen an Raum und Sozialwissenschaften. Geographische Revue, 5(2), 23–39.

Pries, L. (2010). Transnationalisierung. Theorie und Empirie grenzüberschreitender Vergesellschaftung. Wiesbaden: VS.

Pro Asyl (2020a). Covid-19 und Flüchtlingspolitik – was Deutschland jetzt machen muss. Pro Asyl. 19.03.2020. Abrufbar unter https://www.proasyl.de/news/covid-19-und-fluechtlingspolitik-was-deutschland-jetzt-machen-muss (Stand: 27.10.2022).

Pro Asyl (2020b). Newsticker Coronavirus: Informationen für Geflüchtete und Unterstützer*innen. Abrufbar unter https://www.proasyl.de/hintergrund/newsticker-coronavirus-informationen-fuer-gefluechtete-unterstuetzerinnen/ (Stand: 27.10.2022).

Projekt Inklusive Bildung (2015). Bildungsleistungen der Teilnehmenden des Projekts inklusive Bildung. 02.12.2015. Abrufbar unter http://www.inklusivebildung.org/sites/default/files/einfacheseitedownloads/bildungsleistungen_inklusive_bildung_20151202.pdf (Stand: 23.03.2016).

Projektkollektiv aus:druck (2012). Was wäre wenn ... nicht nur träumen von einer Gegenöffentlichkeit, in Kriwak, A., Pallaver, G. (Hrsg.), Medien und Minderheiten (S. 337–350). Innbsruck: Innsbruck university press.

Przyborski, A., Wohlrab-Sahr, M. (2010). Qualitative Sozialforschung. 3. Aufl. München: Oldenbourg.

Pühringer, S., Pühringer, M. (2011). Solidarität im Kapitalismus. Zur Unmöglichkeit einer Forderung. Institut für die Gesamtanalyse der Wirtschaft. Linz: Johannes Kepler Universität Linz. Abrufbar unter https://www.jku.at/fileadmin/gruppen/108/ICAE_Working_Papers/wp06.pdf (Stand: 14.06.2020)

Pürckhauer, A. (2019). Was wissen wir über „AnKER-Zentren"? Mediendienst Migration. Abrufbar unter https://mediendienst-integration.de/de/artikel/was-wissen-wir-ueber-anker-zentren.html (Stand: 21.02.2020).

Pürckhauer, A., Lorenz, P. (2019). Welche Migration gab es in der DDR? Mediendienst Integration. Zahlen und Fakten. Abrufbar unter https://mediendienst-integration.de/artikel/welche-migration-gab-es-in-der-ddr.html (Stand: 25.10.2020).

Raithelhuber, E. (2012). Ein relationales Verständnis von Agency. Sozialtheoretische Überlegungen und Konsequenzen für empirische Analysen, in Bethmann, S., Helfferich, C., Hoffmann, H., Niermann, D. (Hrsg.), Agency. Qualitative Rekonstruktionen und gesellschaftstheoretische Bezüge von Handlungsmächtigkeit (S. 122–153). Weinheim, Basel: Beltz Juventa.

Raithelhuber, E. (2016). Extending agency. The merit of relational approaches for Childhood Studies, in Esser, F., Baader, M. S., Betz, T., Hungerland, B. (Hrsg.), Reconceptualising Agency and Childhood (S. 89–101). New York: Routledge.

Raithelhuber, E. (2018). Agency, in Graßhoff, G., Renker, A., Schröer, W. (Hrsg.), Soziale Arbeit. Eine elementare Einführung (S. 531–544). Wiesbaden: Springer VS.

Raithelhuber, E., Schröer, W. (2018). Agency, in Otto, H.-U., Thiersch, H. (Hrsg.), Handbuch Soziale Arbeit (S. 49–57). 6. Aufl. München: Ernst Reinhardt.

Raithelhuber, E., Sharma, N. & Schröer, W. (2018). The intersection of social protection and mobilities: A move towards a ‚Practical Utopia' research agenda. Mobilities, 13(5), 685–701.

Rajaram, P. K. (2002). Humanitarism and representations of the refugee. Journal of Refugee Studies, 3, 247–264.

Ralaingita, W. D. S. (2008). Re-Making The Namibian Teacher: A Study of Teacher Reflection in an Era of Social Transition and Policy Reform. Diss. Maryland: University of Maryland.

Rathmayr, B. (2014). Armut und Fürsorge: Einführung in die Geschichte der Sozialen Arbeit von der Antike bis zur Gegenwart. Opladen, Berlin, Toronto: Barbara Budrich.

Rau, A. (2020). Selbstsorge und Geschlecht im neoliberalen Post-Wohlfahrtsstaat, in Becker, K., Binner, K., Décieux, F. (Hrsg.), Gespannte Arbeits- und Geschlechterverhältnisse im Marktkapitalismus. Geschlecht und Gesellschaft (S. 149–169). Wiesbaden: Springer VS.

REF FM Community Radio (2020). Online, March 24. Abrufbar unter https://irp-cdn.multiscreensite.com/b7ed4402/files/uploaded/Santos%2027.mp3?fbclid=IwAR1JugFduGVYX5z51YMYsZb7egvoOeNZoMMhDfunRUU8tHOzDvfGRCFlLNk (Stand: 30.07.2020).

Refugee Studies Centre (2007). Ethical Guidelines for Good Research Practice. Refugee Survey Quarterly, 26(3), 162–172.

Refugio: Berliner Stadt Mission ev. Kirche (2020). Refugio Berlin. Abrufbar unter https://refugio.berlin/ (Stand: 30.07.2020).

Rehklau, C., Lutz, R. (Hrsg.) (2007-2015). Sozialarbeit des Südens. Bände 1–6. Oldenburg: Paulo Freire.

Reichert, M. (2010). Pflege – ein lebensbegleitendes Thema? in Naegele, G. (Hrsg.), Soziale Lebenslaufpolitik (S. 309–329). Wiesbaden: VS.

Reisenauer, E. (2020). Multilokales und transnationales Familienleben: UnDoing Family bei räumlicher Distanz, in Jurczyk, K. (Hrsg.), Doing und Undoing Family. Konzeptionelle und empirische Entwicklungen (S. 296–310). Weinheim, Basel: Beltz Juventa.

Reiser, H., Deppe-Wolfinger, H., Prengel, A. (1990). Integrative Pädagogik in der Grundschule. Bilanz und Perspektiven der Integration behinderter Kinder in der Bundesrepublik 1976–1988. München: DJI.

Rensinghoff, C. (2015). Inklusion als gesellschaftliche Herausforderung – Paradoxien und Perspektiven. Widersprüche, 1, 285–300.

Retkowski, A., Treibel, A., Tuider, E. (Hrsg.) (2018). Handbuch Sexualisierte Gewalt und pädagogische Kontexte. Weinheim, Basel: Beltz Juventa.

Reuter, J. (2010). Tourismus und Migration, in Karentzos, A., Kittner, A.-E., Reuter, J. (Hrsg.), Topologien des Reisens. Tourismus – Imagination – Migration (S. 13–18). Trier: Onlinepublikation der Universitätsbibliothek Trier.

Reuter, L. R., Scheunpflug, A. (2006). Die „Schule der Freundschaft". Eine Fallstudie zur Bildungszusammenarbeit zwischen der DDR und Mosambik. Münster: Waxmann.

Reutlinger, C. (2011). Transnationale Sozialräume: Zur (neuen) Bedeutung von Ort und Raum in der Sozialen Arbeit, in Reutlinger, C., Baghdadi, N., Kniffki, J. (Hrsg.), Die soziale Welt quer denken (S. 37–62). Berlin: Frank & Timme.

Riaño, Y. (2012). Die Produktion von Wissen als Minga: Ungleiche Arbeitsbeziehungen zwischen Forschenden und „Beforschten" überwinden?, in Corona Berkin, S., Kaltmeier, O. (Hrsg.), Methoden dekolonialisieren. Eine Werkzeugkiste zur Demokratisierung der Sozial- und Kulturwissenschaften (S. 120–144). Münster: Westfälisches Dampfboot.

Richter, C., Kunst, M., Emmer, M. (2016). Aus der Forschungspraxis: Flucht 2.0 – Erfahrungen zur Befragung von Flüchtlingen zu ihrer mobilen Mediennutzung. Global Media Journal, 6(1), 1–15.

Riese, D. (2020). Protest in Flüchtlingsunterkunft. Aufbegehren gegen Quarantäne. taz Online vom 5. April 2020. Abrufbar unter https://taz.de/Protest-in-Fluechtlingsunterkunft/!5673607 (Stand: 20.07.2020).

Riese, D., Jakob, C., Bauer, D., Litschko, K., Ellersiek, H. (2020). Schutz vor Corona für Geflüchtete: Zu sechst ein Zimmer, keine Seife. taz Online vom 2. April 2010. Abrufbar unter https://taz.de/Schutz-vor-Corona-fuer-Gefluechtete/!5673786 (Stand: 20.07.2020).

Roberts, D., Woods, C. (2005). Changing the world on a shoestring: The concept of social entrepreneurship. Business Review, 7(1), 45–51.

Robinson, K., Masocha, S. (2017). Divergent Practices in Statutory and Voluntary-Sector Settings? Social Work with Asylum Seekers. The British Journal of Social Work, 47(5), 1517–1533

Rodgers, C. (2020). Covid-19 has Kenyan Refugee Camp on Edge. The New Humanitarian Online vom 14. April 2020. Abrufbar unter https://www.thenewhumanitarian.org/news/2020/04/14/kenya-kakuma-refugee-camp-coronavirus (Stand: 20.07.2020).

Roebke, C., Hüwe, B. (2009). Elternbewegung gegen Aussonderung von Kindern mit Behinderungen: Motive, Weg und Ergebnisse. Zeitschrift Für Inklusion-online, 1(1), o. S.

Rogers, J., Carr, S., Hickman, C. (2018). Mutual Benefits: The Lessons Learned from a Community based Participatory Research Project with Unaccompanied Asylum-seeking Children and Foster Carers. Children and Youth Services Review, 92, 105–113.

Röh, D. (2013). Die sozialen Grundlagen der Menschenrechte – transforming rights into capabilities, in Mührel, E., Birgmeier, B. (Hrsg.), Menschenrechte und Demokratie (S. 143–161). Wiesbaden: VS.

Röh, D. (2018). Soziale Arbeit in der Behindertenhilfe. 2. Aufl. München: Ernst Reinhardt.

Röh, D. (2019). Gesundheitsbezogene Soziale Arbeit in der Eingliederungshilfe, in Dettmers, S., Bischkopf, J. (Hrsg.), Handbuch gesundheitsbezogene Soziale Arbeit (S. 231–238). München: Ernst Reinhardt.

Rölli, M., Nigro, R. (2017). Einleitung, in Rölli, M., Nigro, R. (Hrsg.), Vierzig Jahre „Überwachen und Strafen". Zur Aktualität der Foucault'schen Machtanalyse (S. 7–20). Bielefeld: transcript.

Römhild, R. (2003). welt raum frankfurt, in Bergmann, S., Römhild, R. (Hrsg.), global heimat. Ethnografische Recherchen im transnationalen Frankfurt (S. 7–19). Frankfurt a. M.: Institut für Kulturanthropologie und Europäische Ethnologie: Frankfurt a. M.

Römhild, R. (2015). Jenseits ethnischer Grenzen. Für eine postmigrantische Kultur- und Gesellschaftsforschung, in Yıldız, E., Hill, M. (Hrsg.), Nach der Migration. Postmigrantische Perspektiven jenseits der Parallelgesellschaft (S. 37–48). Wiesbaden: transcript.

Römhild, R. (2017). Beyond the Bounds of the Ethnic: For Postmigrant Cultural and Social Research. Journal of Aesthetics & Culture, 9(2), 69–75.

Römhild, R. (2018). Konvivialität – Momente von Post-Otherness, in Hill, M., Yıldız, E. (Hrsg.), Postmigrantische Visionen. Erfahrungen – Ideen – Reflexionen (S. 63–71). Bielefeld: transcript.

Römhild, R., Schwanhäußer, A., zur Nieden, B, Yurdakul, G. (Hrsg.) (2018). Witnessing the Transition: Moments in the Long Summer of Migration. Berlin: Institute for empirical Integration and Migration Research (BIM).

Roskamm, N. (2011). Dichte: Eine transdisziplinäre Dekonstruktion. Diskurse zu Stadt und Raum. Bielefeld: transcript.

Rothgang, H., Müller, R., Runte, R., Unger, R. (2017). Pflegereport 2017. Schriftenreihe zur Gesundheitsanalyse. Bd. 5. Berlin. Abrufbar unter https://www.barmer.de/blob/135698/ac141c44b72fe5a24a6d453c6fda9bf0/data/dl-pflegereport-2017.pdf (Stand: 01.11.2019)

Ruberg, C., Porsch, R. (2017). Einstellungen von Lehramtsstudierenden und Lehrkräften zur schulischen Inklusion. Zeitschrift für Pädagogik, 63(4), 393–415.

Rüchel, U. (2001). „Wir hatten noch nie einen Schwarzen gesehen". Das Zusammenleben von Deutschen und Namibiern rund um das SWAPO-Kinderheim Bellin 1979–1990. Brügge, Berlin: Die Keure.

Rygiel, K. (2011). Bordering solidarities. Migrant activism and the politics of movement and camps at Calais. Citizenship Studies, 1, 1–19.

Saalfrank, W.-T. (2018). Von Integration zu Inklusion – Über die pädagogische Arbeit mit Flüchtlingen in Hessen. Pädagogische Rundschau, 72(5), 621–636.

Sahlin, M. D. ([1965] 1999). Zur Soziologie des primitiven Tauschs. Berliner Journal für Soziologie, 9(2), 149–178.

Said, E. W. (1978). Orientalism. New York: Vintage.
Salazar, N. B. (2018). Theorizing mobility through concept and figures. Tempo Social. Revista de Sociologia da USP, 30(2), 153–168.
Sassenroth, M. (2012). Verhältnis der Sonderpädagogik zur Allgemeinen Pädagogik, in Wernin, R., Balgo, R., Palmowski, W., Sassenroth, M. (Hrsg.), Sonderpädagogik. Lernen, Verhalten, Sprache, Bewegung und Wahrnehmung (S. 1–11). München: Oldenbourg.
Sauer, L., Diabaté, S., Gabel, S., Halfar, Y., Kraus, E. K., Wenzel, L. (2018). Doing transnational family im Kontext von Flucht und Krisenmigration: Stand der Forschung. BiB Working Paper, 3. Wiesbaden: Bundesinstitut für Bevölkerungsforschung.
Schache, S. (2019). Körper, Leib, Behinderung, in Walther, K., Römisch, K. (Hrsg.), Gesundheit inklusive (S. 19–33). Wiesbaden: VS.
Schader, M., Rohmann, T., Münch, S. (2018). Isolation im Gesetz verankern? Zu den Plänen der großen Koalition, zentrale Aufnahme-, Entscheidungs- und Rückführungseinrichtungen einzuführen. Zeitschrift für Flüchtlingsforschung, 2(1), 91–107.
Schäfer, P. (2015). Das Flüchtlingswohnheim. Raumcharakter und Raumpraxis in der Gemeinschaftsunterkunft. sinnprovinz. kultursoziologische working papers, 7, 1–10.
Schammann, H., Younso, Ch. (2017). Endlich Licht in einer dunklen Ecke? Hürden und Angebote für Geflüchtete im tertiären Bildungsbereich. Zeitschrift für internationale Bildungsforschung und Entwicklungspädagogik, 40(1), 10–15.
Schapendonk, J., Van Liempt, I., Schwarz, I., Steel, G. (2018). Rerouting migration geographies: Migrants, trajectories and mobility. Geoforum, 18, 1–6.
Schattenberg, S. (2014). Der Sieg der Bolschewiki. Information zur politischen Bildung (izpb), 322(2), 6–39.
Schäuble, B. (2018). Sozialarbeiter*innen als „social workers without borders" oder als „borderworker"?, in Bundesweite Arbeitsgemeinschaft der Psychosozialen Zentren für Flüchtlinge und Folteropfer (Hrsg.), Von Aleppo nach Eisenhüttenstadt – und dann? (S. 89–94). Tagungsdokumentation. Berlin.
Scherf, M. (2009). Objektive Hermeneutik, in Kühl, S., Strodtholz, P., Teffertshofer, A. (Hrsg.), Handbuch Methoden der Organisationsforschung. Quantitative und Qualitative Methoden (S. 300–325). Wiesbaden: VS.
Scherr, A. (2011a). Was meint Diskriminierung? Sozial Extra, 11/12, 24–28.
Scherr, A. (2011b). Menschenrechte als gesellschaftspolitische Orientierung?, in Komitee für Grundrechte & D. V. e (Hrsg.), Der Kampf um Menschenrechte im Zeitalter kapitalistisch entfesselter Globalisierung. Tagungsdokumentation (S. 10–16). Köln.
Scherr, A. (2012). Soziale Bedingungen von Agency. Soziologische Eingrenzungen einer sozialtheoretisch nicht auflösbaren Paradoxie, in Bethmann, S., Helfferich, C., Hoffmann, H., Niermann, D. (Hrsg.), Agency. Qualitative Rekonstruktionen und gesellschaftstheoretische Bezüge von Handlungsmächtigkeit (S. 99–121). Weinheim, Basel: Beltz Juventa.
Scherr, A. (2014). Diskriminierung und soziale Ungleichheiten. Erfordernisse und Perspektiven einer ungleichheitsanalytischen Fundierung von Diskriminierungsforschung und Antidiskriminierungsstrategien. Wiesbaden: Springer VS.
Scherr, A. (2015a). Flüchtling. PERIPHERIE, 138/139, 358–360.
Scherr, A. (2015b). Soziale Arbeit mit Flüchtlingen. Sozial Extra, 39(4), 16–19.
Scherr, A. (2017). Integration und Ausgrenzung – Inklusion und Exklusion, in Kessl, F., Kruse, E., Stövesand, S., Thole, W. (Hrsg.), Soziale Arbeit – Kernthemen und Problemfelder (S. 34–42). Opladen, Toronto: Barbara Budrich.
Scherr, A. (2018). Flüchtlinge, nationaler Wohlfahrtsstaat und die Aufgaben Sozialer Arbeit, in Bröse, J., Faas, S., Stauber, B. (Hrsg.), Flucht (S. 37–59). Wiesbaden: Springer VS.
Scherr, A. (2019). Solidarität: eine veraltete Formel oder ein immer noch aktuelles Grundprinzip emanzipatorischer Praxis? Widersprüche, 39, 9–17.

Scherr, A. (2020a). Grenzziehungen: Soziologie der paradoxen Forderung nach offenen Grenzen, in Kersting, D., Leuoth, M. (Hrsg.), Der Begriff des Flüchtlings (S. 137–155). Berlin: Springer VS.

Scherr, A. (2020b). Corona-Krise. Sozial Extra, 44, 172–176.

Scherr, A., Hofmann, R. (2018). Sanctuary Cities – Zufluchts-Städte, in Gesemann, F., Roth, R. (Hrsg.), Handbuch Lokale Integrationspolitik (S. 869–882). Wiesbaden: VS.

Scherr, A., Scherschel, K. (2019). Wer ist ein Flüchtling? Grundlagen einer Soziologie der Zwangsmigration. Göttingen: Vandenhoeck & Ruprecht.

Schießl, S. (2018). AnKER-Zentren: „Normalfall" Lager? Die Institutionalisierung der Abgrenzung, in Müller-Heidelberg, T., Pelzer, M., Heiming, M., Röhner, C., Gössner, R., Fahrner, M. (Hrsg.), Grundrechte-Report 2018. Zur Lage der Bürger- und Menschenrechte in Deutschland (S. 16–19). Frankfurt a. M.: Fischer.

Schiffauer, W., Eilert, A., Rudloff, M. (2017). So schaffen wir das – eine Zivilgesellschaft im Aufbruch. 90 wegweisende Projekte mit Geflüchteten. Bielefeld: transcript.

Schilliger, S. (2013). Transnationale Care-Arbeit: Osteuropäische Pendelmigrantinnen in Privathaushalten von Pflegebedürftigen, in Schweizerisches Rotes Kreuz (Hrsg.), Who cares? Pflege und Solidarität in der alternden Gesellschaft (S. 142–161). Zürich: New Seismo.

Schilling, J., Klus, S. (2015). Soziale Arbeit. Geschichte – Theorie – Profession. München, Basel: Ernst Reinhardt.

Schirilla, N. (2016). Migration und Flucht. Orientierungswissen für die Soziale Arbeit. Stuttgart: Kohlhammer.

Schirilla, N. (2018). Transnationale Perspektiven auf Soziale Arbeit, in Blank, B., Gögercin, S., Sauer, K. E., Schramkowski, B. (Hrsg.), Soziale Arbeit in der Migrationsgesellschaft. Grundlagen – Konzepte – Handlungsfelder (S. 199–208). Wiesbaden: VS.

Schittenhelm, K. (2015). Asylsuchende im Blickfeld der Behörde. Explizites und implizites Wissen in der Herstellung von Asylbescheiden in Deutschland. Soziale Probleme, 26, 137–150.

Schleicher, G. (2006). Die Haltung der DDR zu Befreiungsbewegungen am Beispiel der SWAPO Namibia, in Bock, S., Muth, I., Schwiesau, H. (Hrsg.), Alternative deutsche Außenpolitik? DDR-Außenpolitik im Rückspiegel (S. 121–239). Berlin: LIT.

Schleicher, I., Schleicher H. G. (1997). Die DDR im südlichen Afrika. Hamburg: Institut für Afrika-Studien.

Schmidt, R. (2010). Soziale Arbeit in der pflegerischen Versorgung, in Aner, K., Karl, U. (Hrsg.), Handbuch Soziale Arbeit und Alter (S. 173–183). Wiesbaden: Springer VS.

Schmidt, R., Klie, T. (1998). Neupositionierung Sozialer Arbeit mir alten Menschen? Wirkung von Wettbewerbselementen und neuen Steuerungsmodellen auf die Gestaltung einer Profession. Zeitschrift für Gerontologie und Geriatrie, 31(5), 304–312.

Schmidt-Lauber, B. (1998). „Die verkehrte Hautfarbe": Ethnizität deutscher Namibier als Alltagspraxis. Berlin: Dietrich Reimer.

Schmitt, C. (2016). Inklusion, Interkulturelle Öffnung, Diversity – Professionstheoretische Überlegungen zu einem kritisch-reflexivem Inklusionsverständnis. Zeitschrift für Inklusion-online, 2. Abrufbar unter https://www.inklusion-online.net/index.php/inklusion-online/article/view/365/295.

Schmitt, C. (2018). Inklusion als Analyseperspektive in der Fluchtforschung. Zeitschrift für Sozialpädagogik, 16(2), 118–137.

Schmitt, C. (2019a). Agency und Vulnerabilität. Ein relationaler Zugang zu Lebenswelten geflüchteter Menschen. Soziale Arbeit, 68(8), 282–288.

Schmitt, C. (2019b). Arbeitsbeziehungen mit jungen Geflüchteten. Pädagogische Fachkräfte zwischen anwaltschaftlicher Vertretung und verbesondernder Stigmatisierung. neue praxis, 49(6), 491–509.

Schmitt, C. (2021). „I want to give something back". Social Support and Reciprocity in the Lives of Young Refugees. Refuge: Canada's Journal on Refugees, 37(2), 3–12.

Schmitt, C., Aden, S. (2020). Soziale Arbeit in Geflüchtetenunterkünften. Menschenrechte unter Verschluss. sozial extra, 44(6), 343–348.

Schmitt, C., Tuider, E., Witte, M. D. (2015). Diversityansätze – Errungenschaften, Ambivalenzen und Herausforderungen. Sozialmagazin. Die Zeitschrift für Soziale Arbeit, 40(9/10), 6–13.

Schmitt, C., Witte, M. D., Polat, S. (2014). International solidarity in the GDR and transnationality: an analysis of primary school materials for Namibian child refugees. Transnational Social Review – A Social Work Journal, 4(2/3), 242–258.

Schmitt, C., Witte, M. D. (2018). „You are special": othering in biographies of „GDR children from Namibia". Ethnic and Racial Studies, 41(7), 1352–1369.

Schmitt, C., Witte, M. D. (2021). Refugees across the generations. Generational relations between the ‚GDR children of Namibia' and their children. Journal of Ethnic and Migration Studies, 47(17), 4118–4134.

Schmitt, R. (2017). Systematische Metaphernanalyse als Methode der qualitativen Sozialforschung. Wiesbaden: VS.

Schmitz, A., Schönhuth, M. (2020). Zwischen Macht, Ohnmacht und Agency: Beschwerdemanagement für Geflüchtete. Zeitschrift Migration und Soziale Arbeit, 42(1), 46–56.

Schmitz, H. (2016). Atmosphären. Freiburg i. B., München: Karl Alber.

Schneider, N. F. (2000). Konsum und Gesellschaft, in Rosenkrank, D., Schneider, N. (Hrsg.), Konsum, Soziologische, Ökonomische und psychologische Perspektiven (S. 21). Opladen: Leske + Budrich.

Schnell, I. (Hrsg.) (2015). Herausforderung Inklusion: Theoriebildung und Praxis. Bad Heilbrunn: Klinkhardt.

Scholz, S. (2016). Willkommenskultur durch „Schicksalsvergleich". Die deutsche Vertreibungserinnerung in der Flüchtlingsdebatte. Aus Politik und Zeitgeschichte (APuZ), 66(26/27), 40–46.

Schomaker, C., Oldenburg, M. (2017). Anbahnung reflektierter Handlungsfähigkeit als Ziel inklusionsorientierter Lehrer*innenbildung – Perspektiven von Schülerinnen und Schülern als Ausgangspunkt der Reflexion. Zeitschrift für Inklusion-online, 3. Abrufbar unter https://www.inklusion-online.net/index.php/inklusion-online/article/view/444/329.

Schrader, A., Nikles, W. B., Griese, H. M. (1979). Die zweite Generation. Sozialisation und Akkulturation ausländischer Kinder in der Bundesrepublik. Königstein/Taunus: Athenäum.

Schredle, M. (2020). Katastrophe mit Ansage. KONTEXT: Wochenzeitung Online vom 22. April 2020. Abrufbar unter https://www.kontextwochenzeitung.de/gesellschaft/473/katastrophe-mit-ansage-6680.html (Stand: 20.07.2020).

Schröder, S. (2012). Baustelle Elternarbeit. Eine Bestandsaufnahme der Zusammenarbeit zwischen Schule und Elternhaus. Berlin. Abrufbar unter https://www.schulentwicklung.nrw.de/unterstuetzungsportal/rr_datei_download.php?dateiid=3102 (Stand: 20.07.2020).

Schröer, H. (2013). Inklusion versus Integration: Zauberformel oder neues Paradigma? Migration und Soziale Arbeit, 35, 249–255.

Schröer, H. (2015). Diversity und interkulturelle Öffnung. Sozialmagazin. Die Zeitschrift für Soziale Arbeit, 40(9/10), 30–36.

Schröer, H. (2018). Interkulturelle Öffnung und Diversity Management. Konturen einer neuen Diversitätspolitik in der Sozialen Arbeit, in Blank, B. et al. (Hrsg.), Soziale Arbeit in der Migrationsgesellschaft (S. 773–785). Wiesbaden: VS.

Schroer, M., Wilde, J. (2010). Ort, in Reutlinger, C., Fritsche, C., Lingg, E. (Hrsg.), Raumwissenschaftliche Basics. Eine Einführung für die Soziale Arbeit (S. 181–190). Wiesbaden: Springer VS.

Schröer, W., Schweppe, C. (2018). Transnationale Alltagswelten in der Kinder- und Jugendhilfe, in Böllert, K. (Hrsg.), Kompendium Kinder- und Jugendhilfe (S. 1693–1705). Wiesbaden: VS.

Schröer, W., Stiehler, S. (2009). Soziale Arbeit im Erwachsenenalter – einführende Überlegungen, in Schröer, W., Stiehler, S. (Hrsg.), Lebensalter und Soziale Arbeit. Erwachsenenalter (S. 1–7). Bd. 5. Baltmannsweiler: Schneider Verlag Hohengehren.

Schröer, W., Wolff, S. (2018). Sozialpädagogik und Organisationspädagogik, in Göhlich, M., Schröer, A., Weber, S. M. (Hrsg.), Handbuch Organisationspädagogik (S. 59–70). Wiesbaden: VS.

Schüle, C., Schriek, J., Besa, K.-S., Arnold, K.-H. (2016). Der Zusammenhang der Theorie des geplanten Verhaltens mit der selbstberichteten Individualisierungspraxis von Lehrpersonen. Empirische Sonderpädagogik, 8(2), 140–152.

Schulze-Krüdener, J. (2015). Wozu Elternarbeit? Eltern als Adressaten der Heimerziehung. unsere jugend, 9, 354–363.

Schulze-Krüdener, J., Diwersy, B. (2020). Transnationalen Kinderschutz optimieren: Vieles könnte getan werden. Nachrichtendienst des Deutschen Vereins für öffentliche und private Fürsorge e. V. (NDV), 10, 491–496.

Schulze-Krüdener, J., Homfeldt, H. G. (2013). Elternarbeit in der Heimerziehung, in Stange, W., Krüger, R., Henschel, A., Schmitt, C. (Hrsg.), Erziehungs- und Bildungspartnerschaften. Praxisbuch zur Elternarbeit (S. 250– 257). Wiesbaden: Springer VS.

Schütte, D. (2019). Die eigenen Verstrickungen reflektieren. Method(olog)ische Überlegungen zur Untersuchung der biographischen Narrationen von Geflüchteten und flüchtenden Menschen, in Kaufmann, M. E., Otto, L., Nimführ, S., Schütte, D. (Hrsg.), Forschen und Arbeiten im Kontext von Flucht Reflexionslücken, Repräsentations- und Ethikfrage (S. 21–43). Wiesbaden: VS.

Schütze, F. (1983). Biographieforschung und narratives Interview. neue praxis, 13(3), 283–293.

Schütze, F. (1992). Sozialarbeit als „bescheidene" Profession, in Dewe, B., Ferchhoff, W., Radtke, F.-O. (Hrsg.), Erziehen als Profession. Zur Logik professionellen Handelns in pädagogischen Feldern (S. 132–147). Wiesbaden: VS.

Schütze, F. (2000). Schwierigkeiten bei der Arbeit und Paradoxien des professionellen Handelns. Ein grundlagentheoretischer Aufriß. Zeitschrift für qualitative Bildungs-, Beratungs- und Sozialforschung (ZBBS), 1, 49–96.

Schwab, S., Seifert, S. (2015). Einstellungen von Lehramtsstudierenden und Pädagogikstudierenden zur schulischen Inklusion – Ergebnisse einer quantitativen Untersuchung. Zeitschrift für Bildungsforschung, 5(1), 73–87.

Schwalbach, M. (2020). Verantwortungspartner-Region Trier – Unternehmen gestalten europäische Zukunftsregion, in Schmitz, M., Schmidpeter, R. (Hrsg.), CSR in Rheinland-Pfalz. Nachhaltige Entwicklung aus Sicht von Wirtschaft, Wissenschaft, Politik und Zivilgesellschaft (S. 459–462). Berlin: Springer Gabler.

Schwarzer, B. (2016). Transnational social work: an introduction, in Schwarzer, B., Kämmerer-Rütten, U., Schleyer-Lindemann, A., Wang, Y. (Hrsg.), Transnational Social Work and Social Welfare. Challenges for the social work Profession (S. 4–12). London, New York: Routledge.

Schwarzer, B., Kämmerer-Rütten, U., Schleyer-Lindenmann, A., Wang, Y. (Hrsg.) (2016). Transnational Social Work and Social Welfare. Challenges for the Social Work Profession. London, New York: Routledge.

Schwarzer, R., Jerusalem, M. (2002). Das Konzept der Selbstwirksamkeit, in Jerusalem, M., Hopf, D. (Hrsg.), Selbstwirksamkeit und Motivationsprozesse in Bildungsinstitutionen. Zeitschrift für Pädagogik (S. 28–53). Beiheft, Bd. 44. Weinheim: Beltz.

Schweppe, C., Sharma, N. (2015). Borders – transborders – no borders: Problematizing the „figure of the migrant". Transnational Social Review – A Social Work Journal, 5(1), 2–6.

Schwiertz, H., Schwenken, H. (2020). Introduction: inclusive solidarity and citizenship along migratory routes in Europe and the Americas. Citizenship Studies, 24(4), 405–423.

Scruggs, T. E., Mastropieri, M. A., McDuffie, K. A. (2007). Co-teaching in inclusive classrooms: A metasynthesis of qualitative research. Exceptional Children, 73(4), 392–415.

Seifried, S. (2015). Einstellungen von Lehrkräften zu Inklusion und deren Bedeutung für den schulischen Implementierungsprozess – Entwicklung, Validierung und strukturgleichungsanalytische Modellierung der Skala EFI-L. Diss. Pädagogische Hochschule Heidelberg.

Sen, A. (1989). Development as Capability Expansion. Human development in the 1980s and beyond, 19, 41–58.
Sen, A. (2000). Development as Freedom. New York: Knopf.
Sennett, R. (2018). Building and Dwelling: Ethics for the City. New York: Farrar Straus and Giroux.
Seukwa, H. L. (2006). Der Habitus der Überlebenskunst. Zum Verhältnis von Kompetenz und Migration im Spiegel von Flüchtlingsbiographien. Münster, New York: Waxmann.
Shachar, A. (2009). The Birthright Lottery: Citizenship and Global Inequality. Harvard University Press: Cambridge, London.
Shah, S., Zappen-Thompson, M. (2018). German in Namibia, in Seals, C. A., Shah, S. (Hrsg.), Heritage Language Policies Around the World (S. 128–147). Oxon, New York: Routledge.
Sheller, M., Urry, J. (2006). The new mobilities paradigm. Environment and Planning, 38, 207–226.
Shigwedha, V. A. (2014). The Relationship Between UNITA and SWAPO: Allies and Adversaries. Journal of Southern African Studies, 40(6), 1275–1287.
Shumaker, S. A., Brownell, A. (1984). Toward a theory of social support: Closing conceptual gaps. Journal of Social Issues, 40(4), 11–36.
Siim, B., Saarinen, A., Krasteva, A. (2019). Citizens' activism and solidarity movements in contemporary Europe: Contending with populism, in Siim, B., Krasteva, A., Saarinen, A. (Hrsg.), Citizens' Activism and Solidarity Movements (S. 1–24). Basingstoke: Palgrave Macmillan.
Sikora, U. (1995). „Die Oshi-Deutschen". Namibische Jugendliche aus der ehemaligen DDR als Mittel der Politik. Bremen: Diploma Thesis at University of Bremen, Department of Social Sciences.
Simmel, G. ([1908] 2005). Exkurs über Treue und Dankbarkeit, in Adloff, F., Mau, S. (Hrsg.), Vom Geben und Nehmen. Zur Soziologie der Reziprozität (S. 95–108). Frankfurt a. M.: Campus.
Siri, J. (2018). Rechter Terror. Der NSU und die Verdrängungsleistung der Mehrheitskultur. Sozialmagazin, 43(5/6), 30–36.
Smith, A. (2016). „They have become my family": Reciprocity and responsiveness in a volunteered program for refugees in migrants. ArtsPraxis, 3, 71–86.
Solarová, S. (1983). Einleitung, in Solarová, S. (Hrsg.), Geschichte der Sonderpädagogik (S. 7–11). Stuttgart: Kohlhammer.
Solidarity Cities (2020). About. Abrufbar unter https://solidaritycities.eu/about (Stand: 14.06.2020).
Solzbacher, C. (2008). Positionen von Lehrerinnen und Lehrern zur individuellen Förderung in der Sekundarstufe I – Ergebnisse einer empirischen Untersuchung, in Kunze, I., Solzbacher, C. (Hrsg.), Individuelle Förderung in der Sekundarstufe I und II (S. 27–42). Bartmannsweiler: Schneider.
Sørensen, N. N. (2018). From migrant identity to migration industry. The changing conditions of transnational migration. Nordic Journal of Migration Research, 8(4), 213–220.
Sørensen, N. N., Vammen, I. M. (2014). Who Cares? Transnational Families in Debates on Migration and Development. New Diversities, 16(2), 89–108.
Sow, N. (2018). Deutschland Schwarz Weiß. Der alltägliche Rassismus. Norderstedt: BoD.
Sozialisation und Akkulturation ausländischer Kinder in der Bundesrepublik. Königstein/Taunus: Athenäum.
Spatscheck, C. (2016). Flucht und Inklusion zwischen liberalen Rechtsstaatsprinzipien und sicherheitspolitischen Notwendigkeiten. Auf einen Kaffee mit Micha Brumlik, Erziehungswissenschaftler und Publizist. Sozial Extra, 5, 6–9.
Spatscheck, C., Thiessen, B. (Hrsg.) (2017). Inklusion und Soziale Arbeit. Teilhabe und Vielfalt als gesellschaftliche Gestaltungsfelder, in Theorie, Forschung und Praxis der Sozialen Arbeit. Bd. 14. Opladen: Barbara Budrich.
Spindler, S. (2018). Von Begrenzungen und Bewegungen. Konfliktfelder Sozialer Arbeit im Kontext Flucht, in Blank, B., Gögercin, S., Sauer, K. E., Schramkowski, B. (Hrsg.), Soziale Arbeit in der

Migrationsgesellschaft. Grundlagen – Konzepte – Handlungsfelder (S. 575–583). Wiesbaden: VS.

Spivak, G. C. (1985). The Rani of Sirmur: An Essay in Reading the Archives. History and Theory, 24(3) 247–272.

Spivak, G. C. (1988). Can the Subaltern Speak? in Nelson, C., Grossberg, L. (Hrsg.), Marxism and the Interpretation of Culture (S. 271–313). Champaign: University of Illinois Press.

Spivak, G. C. (1990). The Post-Colonial Critic. Interviews, Strategies, Dialogues. New York: Routledge.

Starodub, Alissa (2018). Horizontal Participatory Action Research: Refugee Solidarity in the Border Zone. Area, 51(1), 166–173.

Staszak, J.-F. (2009). Other/Otherness, in Kitchin, R., Thrift, N. (Hrsg.), International Encyclopaedia of Human Geography (S. 43–47). Oxford: Elsevier

Statista (2020). Entwicklung der Einwohnerzahl in Trier (kreisfreie Stadt) von 1995 bis 2018. Abrufbar unter https://de.statista.com/statistik/daten/studie/428412/umfrage/entwicklung-der-gesamtbevoelkerung-in-trier/ (Stand: 14.06.2020).

Statistik-Portal Statistisches Bundesamt (o. J.). Anzahl der Ausländer in Deutschland nach Herkunftsland in den Jahren 2014 und 2015. Statista. Abrufbar unter https://de.Statista.com/statistik/daten/studie/1221/umfrage/anzahl-der-auslaender-in-deutschland-nach-herkunftsland/?itmesPerPage=25&q=afrikaner%20deutschland (Stand: 03.05.2017).

Statistik-Portal. Zentralverband des deutschen Handwerks (ZDH). Anzahl der Unternehmen im Friseurhandwerk in Deutschland von 2000 bis 2015. Statista. Abrufbar unter https://de.statista.com/statistik/daten/studie/30562/umfrage/unternehmen-im-friseurhandwerk-in-deutschland/ (Stand: 03.05.2017).

Statistisches Bundesamt (Destatis) (2019). Die häufigsten Anlässe für vorläufige Schutzmaßnahmen (Inobhutnahmen) 2018. Wiesbaden. Abrufbar unter Statistisches Bundesamt (Destatis) (2019). Pressemitteilung Nr. 308 vom 16. August 2019. Wiesbaden. https://www.destatis.de/DE/Presse/Pressemitteilungen/2019/08/PD19_308_225.html#:~:text=Am%20h%C3%A4ufigsten%20hatten%20Jugend%C3%A4mter%20die,an%20zweite%20Stelle%20(16%20%25) (Stand: 10.10.2023).

Statistisches Bundesamt (Destatis) (2019a). Pflegebedürftige: Deutschland, Stichtag, Art der Versorgung, Altersgruppen. Abrufbar unter https://www.genesis.destatis.de/genesis/online?sequenz=tabelleErgebnis&selectionname=22400-0001 (Stand: 01.11.2019).

Statistisches Bundesamt (Destatis) (2019b). Personal in Pflegeheimen und ambulanten Pflegediensten (2007 bis 2017). 11.04.2019. Abrufbar unter https://www.destatis.de/DE/Themen/Gesellschaft-Umwelt/Gesundheit/Pflege/Tabellen/personal-pflegeeinrichtungen.html (Stand: 20.12.2019).

Statistisches Bundesamt (Destatis) (2019c). Gesundheitspersonal in 1.000. Gliederungsmerkmale: Jahre, Deutschland, Geschlecht, Einrichtung, Beruf. Abrufbar unter http://www.gbe-bund.de/oowa921-install/servlet/oowa/aw92/WS0100/_XWD_PROC?_XWD_250/6/XWD_CUBE.DRILL/_XWD_278/D.489/44576 (Stand: 20.12.2019).

Statistisches Bundesamt (Destatis) 2018. Pflegestatistik. Pflege im Rahmen der Pflegeversicherung Ländervergleich-Pflegeheime. Abrufbar unter https://www.destatis.de/DE/Themen/Gesellschaft-Umwelt/Gesundheit/Pflege/Publikationen/Downloads-Pflege/laender-pflegeheime-5224102179004.pdf?blob=publicationFile (Stand: 20.12.2019).

Staub-Bernasconi, S. (2007). Vom beruflichen Doppel – zum professionellen Tripelmandat. Wissenschaft und Menschenrechte als Begründungsbasis der Profession Soziale Arbeit. Sozialarbeit in Österreich, 2, 8–17.

Staub-Bernasconi, S. (2019). Menschenwürde – Menschenrechte – Soziale Arbeit. Die Menschenrechte vom Kopf auf die Füße stellen. Opladen, Berlin, Toronto: Barbara Budrich.

Stauf, E. (2012). Unbegleitete Minderjährige Flüchtlinge in der Jugendhilfe. Bestandsaufnahme und Entwicklungsperspektiven in Rheinland-Pfalz. Mainz: Institut für Sozialpädagogische Forschung Mainz e. V. (ism).

Stecklina, G., Wienforth, J. (2017). Queer-heteronormative Reflexionen für die psychosoziale Arbeit mit Jungen* und Männern*. Journal für Psychologie, 25(2), 37–66.

Stecklina, G., Wienforth, J. (Hrsg.) (2020). Handbuch Lebensbewältigung und Soziale Arbeit. Praxis, Theorie und Empirie. Weinheim, Basel: Beltz Juventa.

Stegbauer, C. (2011). Reziprozität. Einführung in soziale Formen der Gegenseitigkeit. 2. Aufl. Wiesbaden: VS.

Stein, A.-D. (2015). Inklusion braucht Professionalität. Reflexionen zum neuen Masterstudiengang Systementwicklung Inklusion. Behindertenpädagogik, 54(4), 399–414.

Stewart, M., Anderson, J., Beiser, M., Mwakarimba, E., Neufeld, A., Simich, L., Spitzer, D. (2008). Multicultural meanings of social support among immigrants and refugees. International Migration, 46(3), 123–159.

Stieber, B. (2020). Flüchtlingsunterkünfte in Quarantäne. Sie fühlen sich abgeschnitten. taz Online vom 15. April 2020. Abrufbar unter https://taz.de/Fluechtlingsunterkuenfte-in-Quarantaene/!5678995 (Stand: 20.07.2020).

Sting, S. (2018). Bildung, in Graßhoff, G., Renker, A., Schröer, W. (Hrsg.), Soziale Arbeit. Eine elementare Einführung (S. 399–411). Wiesbaden: Springer VS.

Strauss, A. (2004). Analysis through Microscopic Examination. Sozialer Sinn, 5(2), 169–176.

Strauss, A., Corbin, J. (1996). Grounded Theory: Grundlagen Qualitativer Sozialforschung. Weinheim: Beltz.

Strauss, A., Corbin, J. (1997). Grounded Theory in Practice. Thousand Oaks, London and New Delhi: SAGE.

Streich, W. (2009). Vulnerable Gruppen: „Verwundbarkeit" als politiksensibilisierende Metapher in der Beschreibung gesundheitlicher Ungleichheit, in Richter, M., Hurrelmann, K. (Hrsg.), Gesundheitliche Ungleichheit (S. 301–307). Wiesbaden: VS.

Sturm, T. (2016). Lehrbuch Heterogenität in der Schule. 2. Aufl. München, Basel: Ernst Reinhardt.

Süddeutsche Zeitung (2020). Verdachtsfälle in Flüchtlingsunterkünften. Süddeutsche Zeitung Online vom 15. März 2020. Abrufbar unter https://www.sueddeutsche.de/bay-ern/coronavirus-verdachtsfaelle-in-fluechtlingsunterkuenften-1.4842921 (Stand: 20.07.2020).

Surrenti, S. (2009). The consumption of experience and the ethnic market: Cosmopolitan identity beyond multiculturalism, in Prato, G. B. (Hrsg.), Beyond Multiculturalism: Views From Anthropology (pp. 201–216). Farnham: Ashgate.

Surreptitiously, S. (2009). The consumption of experience and the ethnic market: Cosmopolitan identity beyond multiculturalism, in Prato, G. B. (Hrsg.), Beyond Multiculturalism: Views from Anthropology (S. 205). Farnham: Ashgate.

Takizawa, T., Kondo, T., Sakihara, S., Ariizumi, M., Watanabe, N., Oyama, H. (2006). Stress buffering effects of social support on depressive symptoms in middle age: Reciprocity and community mental health. Psychiatry and Clinical Neurosciences, 60, 652–661.

Täubig, V. (2009). Totale Institution Asyl. Empirische Befunde zu alltäglichen Lebensführungen in der organisierten Desintegration. Weinheim, München: Juventa.

te Poel, K. (2020). Anerkennung und Beziehungen. Didaktische Umsetzungen? Anfragen ausgehend von theoretischen und empirischen Analysen zum Zusammenhang von Menschen- bzw. Schülerbild, Anerkennungshandeln und Lehrerhabitus. Zeitschrift für Inklusion-online, 2. Abrufbar unter https://www.inklusion-online.net/index.php/inklusion-online/article/view/571/41 (Stand: 17.10.2022).

Tenorth, H.-E. (2011). Inklusion im Spannungsfeld von Universalismus und Individualisierung – Bemerkungen zu einem pädagogischen Dilemma. Vortragsskript zum Eröffnungsvortrag am 13.10.2011 der Tagung „Schule auf dem Weg zur Inklusion – Unterschiedliche Leistungen als Herausforderung". Universität Würzburg. Abrufbar unter http://www.schulentwicklung.

bayern.de/unterfranken/userfiles/SETag2011/Tenorth-Inklusion-Wuerzburg-2011.pdf (Stand: 07.03.2016).

Terkessidis, M. (2017). Nach der Flucht. Neue Ideen für die Einwanderungsgesellschaft. Ditzingen, Stuttgart. Reclam.

Textor, A. (2015). Einführung in die Inklusionspädagogik. Bad Heilbrunn: UTB.

The Committee on the Rights of Persons with Disabilities (CRPD) (2015). Abschließende Bemerkungen über den ersten Staatenbericht Deutschlands. 17.04.2015. Abrufbar unter http://www.institut-fuer-menschenrechte.de/fileadmin/user_upload/PDF-Dateien/UN-Dokumente (Stand: 15.05.2017).

Thiel, J., Jahr, C. (2017). Begriff und Geschichte des Lagers. Abrufbar unter http://www.bpb.de/gesellschaft/migration/kurzdossiers/246175/begriff-und-geschichte-des-lagers?p=all (Stand: 08.08.2019).

Thiersch, H. (1992). Lebensweltorientierte soziale Arbeit: Aufgaben der Praxis im sozialen Wandel. Weinheim, München: Juventa.

Thole, W. (2012). Die Soziale Arbeit – Praxis, Theorie, Forschung und Ausbildung. Versuch einer Standortbestimmung, in Thole, W. (Hrsg.), Grundriss Soziale Arbeit. Ein einführendes Handbuch (S. 19–70). 4. Aufl. Wiesbaden: VS.

Thomas, A., Schweizer, J. (2019). Teilhabeorientierung in der Sozialen Arbeit, in Dettmers, S., Bischkopf, J. (Hrsg.), Handbuch gesundheitsbezogene Soziale Arbeit (S. 124–129). München: Ernst Reinhardt.

Thomas, S., Sauer, M., Zalewski, I. (2018). Unbegleitete minderjährige Geflüchtete. Bielefeld: transcript.

Thomas-Olalde, O., Velho, A. (2011). Othering and Its Effects – Exploring the Concept, in Niedrig, H., Ydesen, C. (Hrsg.), Writing Postcolonial Histories of Intercultural Education (S. 27–51). Bd. 2. Frankfurt a. M.: Peter Lang.

Thränhardt, D. (2020). Die Asylkrise 2015 als Verwaltungsproblem. Aus Politik und Zeitgeschichte (APuZ), 70(30/32), 37–44.

Timm, S. (2007). Parteiliche Bildungszusammenarbeit: Das Kinderheim Bellin für namibische Flüchtlingskinder in der DDR. Münster et al.: Waxmann.

Tošić, J., Kroner, G., Binder, S. (2009). Anthropologische Flüchtlingsforschung, in Six-Hohenbalken, M., Tošić, J. (Hrsg.), Anthropologie der Migration. Theoretische Grundlagen und interdisziplinäre Ansätze. Wien: Facultas.

Toukan, E. V., Gaztambide-Fernández, R., Anwaruddin, S. M. (2017). Shifting borders and sinking ships: What (an who) is transnationalism „good" for? Curriculum Inquiry, 47(1), 1–13.

TransIWissen (Hrsg.) (2020). Wissen in der Transnationalisierung. Zur Ubiquität und Krise der Übersetzung. Bielefeld: transcript.

Treibel, A. (2008). Migration in modernen Gesellschaften. Soziale Folgen von Einwanderung, Gastarbeit und Flucht. 4. Aufl. Weinheim, München: Juventa.

Trescher, H. (2015). Inklusion. Zur Dekonstruktion von Diskursteilhabebarrieren im Kontext von Freizeit und Migration. Wiesbaden: VS.

Trescher, H. (2018). Inklusion zwischen Theorie und Lebenspraxis. Journal für Psychologie, 26(2), 29–49.

Triandafyllidou, A. (2020). Spaces of Solidarity and Spaces of Exception at the Times of Covid-19. International Migration, 58(3), 261–263.

Tsianos, V. (2010). Zur Genealogie und Praxis des Migrationsregimes. Abrufbar unter http://www.igbildendekunst.at/bildpunkt/2010/regimestoerungen/tsianos.htm (Stand: 12.02.2019).

Tuider, E. (2013). Diversity und Übergänge, in Böhnisch, L., Lenz, K., Schröer, W., Stauber, B., Walther, A. (Hrsg.), Handbuch Übergänge (S. 176–195). Weinheim, Basel: Beltz Juventa.

Turner, S. (2016). What is a Refugee Camp? Explorations of the Limits and Effects of the Camp. Journal of Refugee Studies, 29(2), 139–148.

Umsonstladen Trier (2020). Konzept. Homepage des Umsonstladen Trier. Abrufbar unter http://www.umsonstladen.org/wordpress/konzept/ (Stand: 14.06.2020).

UN (2006/2008). Übereinkommen über die Rechte von Menschen mit Behinderungen. Dreisprachige Fassung im Bundesgesetzblatt Teil II Nr. 35 vom 31.12.2008 (Manuskriptdruck).

UN-BRK (2008). Gesetz zu dem Übereinkommen der Vereinten Nationen vom 13. Dezember 2006 über die Rechte von Menschen mit Behinderungen sowie zu dem Fakultativprotokoll vom 13. Dezember 2006 zum Übereinkommen der Vereinten Nationen über die Rechte von Menschen mit Behinderungen vom 21.12.2008. Bundesgesetzblatt, Teil II, (35), 1419–1457.

Unger, H. v. (2014). Partizipative Forschung. Einführung in die Forschungspraxis. Wiesbaden: Springer VS.

Unger, H. v. (2018). Ethische Reflexivität in der Fluchtforschung. Erfahrungen aus einem soziologischen Lehrforschungsprojekt. Forum Qualitative Sozialforschung, 19(3), Art. 6.

Unger, H. v., Block, M., Wright, M. T. (2007). Aktionsforschung im deutschsprachigen Raum Zur Geschichte und Aktualität eines kontroversen Ansatzes aus Public Health Sicht. Berlin: WZB Berlin Social Science Center.

UNHCR (2018). Figures at a Glance. Abrufbar unter https://www.unhcr.org/figures-at-a-glance.html (Stand: 11.02.2019).

UNHCR (2020). UNHCR Stepping Up Coronavirus Prevention Measures for Displaced across East, Horn and Great Lakes region of Africa. Abrufbar unter https://www.unhcr.org/news/briefing/2020/4/5e8c28c44/unhcr-stepping-coronavirus-prevention-measures-displaced-across-east-horn.html (Stand: 20.07.2020).

UNHCR (2022). Figures at a glance. https://www.unhcr.org/about-unhcr/who-we-are/figures-glance (Stand: 24.06.2023).

UNHCR Kenya (2018a). Kakuma Camp & Kalobeyei Settlement: Visitors Guide. Abrufbar unter https://www.unhcr.org/ke/wp-content/uploads/sites/2/2018/02/UNHCR-Sub-Office-Kakuma-Visitors-Guide.pdf (Stand: 20.07.2020).

UNHCR Kenya (2018b). Kalobeyei Integrated Socio-Economic Development Plan in Turkana West. Abrufbar unter https://www.unhcr.org/ke/wp-content/uploads/sites/2/2018/12/KISEDP.pdf (Stand: 20.07.2020).

UNHCR Kenya (2020). Kakuma Refugee Camp and Kalobeyei Integrated Settlement. Abrufbar unter https://www.unhcr.org/ke/kakuma-refugee-camp (Stand: 20.07.2020).

United Nations Ministry of Educational, Scientific and Education and Science Cultural Organization (UNESCO) (1994). The Salamanca Statement and Framework for Action on Special Needs Education. Salamanca. Abrufbar unter http://www.unesco.org/education/pdf/SALAMA_E.PDF (Stand: 25.10.2020).

Urton, K., Wilbert, J., Hennemann, T. (2014). Der Zusammenhang zwischen der Einstellung zur Integration und der Selbstwirksamkeit von Schulleitungen und deren Kollegien. Empirische Sonderpädagogik, 6(1), 3–16.

Väänänen, A., Buunk, B. P., Kivimäki, M., Pentti, J., Vahtera, J. (2005). When it is better to give than to receive: Longterm health effects of perceived reciprocity in support exchange. Journal of Personality and Social Psychology, 89(2), 176–193.

Van der Heyden, U. (2013). GDR. International Development Policy Involvement. Doctrine and Strategies Between Illusions and Reality 1960–1990. The Example (South) Africa. Zürich: LIT.

Vanderheiden, E., Mayer, C.-H. (Hrsg.) (2014). Handbuch Interkulturelle Öffnung. Göttingen: Vandenhoeck & Ruprecht.

Vandreier, C. (2011). Partizipative Forschung in der Psychologie – Das Projekt Selbstverständigung über Drogengebrauch. Journal für Psychologie, 19(2), 3.

Vedder, G. (2006). Die historische Entwicklung des Diversity Management in den USA und in Deutschland, in Grell, G., Wächter, H. (Hrsg.), Diversity Management. Impulse aus der Personalforschung (S. 1–24). München: Rainer Hampp.

Vertovec, S. (2007). Super-diversity and its implications. Ethnic and Racial Studies, 30(6), 1024–105.

Vertovec, S. (2009). Transnationalism. London, New York: Routledge.

Villa, P.-I. (2007). Der Körper als kulturelle Inszenierung und Statussymbol. soFid. Kultursoziologie + Kunstsoziologie, 2, 9–18.

Volk, S. D. (2017). Refugee Encampments in Calais: Between Jungle and City. Eikasia. Revista de Filosofia, 309–326.

Von Grönheim, H. (2015). Migrationsarbeit statt Flüchtlingssozialarbeit? Potentiale und Herausforderungen für eine inklusive Soziale Arbeit mit Flüchtlingen. Sozial Extra, 39(4), 28–31.

Vosseler, B. (2015) Lernortkooperation: Standpunkte für die hochschulische Ausbildung in den Gesundheitsberufen am Beispiel der Pflegeausbildung, in Pundt, J., Kälble, K. (Hrsg.), Gesundheitsberufe und gesundheitsberufliche Bildungskonzepte (S. 199–228). Bremen: Apollon University Press.

Wagner, L. (2009). Soziale Arbeit und Soziale Bewegungen – Einleitung, in Wagner, L. (Hrsg.), Soziale Arbeit und Soziale Bewegungen (S. 9–19). Wiesbaden: VS.

Wagner, L. (2020). Soziale Arbeit muss als „systemrelevant" eingestuft werden. Pressemeldung HAWK Hildesheim vom 1. April 2020. Abrufbar unter https://www.hawk.de/de/newsportal/pressemeldungen/soziale-arbeit-muss-als-systemrelevant-eingestuft-werden (Stand: 05.04.2020).

Waldschmidt, A. (2007). Die Macht der Normalität. Mit Foucault „(Nicht-)Behinderung" neu denken, in Anhorn, R., Bettinger, F., Stehr, J. (Hrsg.), Foucaults Machtanalytik und Soziale Arbeit (S. 119–133). Wiesbaden: VS.

Walgenbach, K. (2014). Heterogenität, Intersektionalität, Diversity in der Erziehungswissenschaft. Opladen: UTB/Barbara Budrich.

Walther, K. (2019). Gesundheit inklusive: Gesundheitsförderung in der Behindertenarbeit, in Walther, K., Römisch, K. (Hrsg.), Gesundheit inklusive (S. 3–15). Wiesbaden: Springer VS.

Wansing, G. (2005). Teilhabe an der Gesellschaft. Menschen mit Behinderung zwischen Inklusion und Exklusion. Wiesbaden: VS.

Wansing, G. (2013). Der Inklusionsbegriff zwischen normativer Programmatik und kritischer Perspektive. ARCHIV für Wissenschaft und Praxis der sozialen Arbeit, 3, 16–27.

Wansing, G., Westphal, M. (2014). Behinderung und Migration. Kategorien und theoretische Perspektiven, in Wansing, G., Westphal, M. (Hrsg.), Behinderung und Migration (S. 17–47). Wiesbaden: VS.

Weber, M. ([1921] 1972). Wirtschaft und Gesellschaft. Grundriß der verstehenden Soziologie. 5. rev. Aufl. Studienausgabe. Tübingen: Mohr.

Weeber, V. M., Gögercin, S. (2014). Traumatisierte minderjährige Flüchtlinge in der Jugendhilfe. Perspektiven Sozialer Arbeit in Theorie und Praxis. Herbolzheim: Centaurus.

Wegner, A. (2016). Ankommen an Frankfurter Schulen: „Deutsch lernen ist nicht alles". Interview mit Anke Wegner. Abrufbar unter http://www.vielfalt-bewegt-frankfurt.de/de/schwerpunktthemen/deutsch-lernen-ist-nicht-alles (Stand: 10.03.2016).

Weiland, H. (2011). Education and Political Change in Namibia. Equality in Inequality, in Hanf, T. (Hrsg.), The Political Function of Education in Deeply Divided Countries (S. 105–117). Baden-Baden: Nomos.

Weinbach, H. (2020). Inklusion, in Bollweg, P., Buchna, J., Coelen, T., Otto, H.-U. (Hrsg.), Handbuch Ganztagsbildung (S. 126–139). 2., vollständig aktualisierte und überarbeitete Aufl. Wiesbaden: VS.

Weiß, H. (2011). Schulische Inklusion – Gesellschaftliche Exklusion? Paradoxien in einem inklusionsorientierten Bildungssystem. Abrufbar unter https://docplayer.org/11831942-Schulische-inklusion-gesellschaftliche-exklusion-paradoxien-in-einem-inklusionsorientierten-bildungssystem.html (Stand: 11.10.2020).

Wellmann, B., Wortley, S. (1990). Different strokes from different folks: Community ties and social support. American Journal of Sociology, 96(3), 558–588.
Wendel, K. (2014). Unterbringung von Flüchtlingen in Deutschland. Regelungen und Praxis der Bundesländer im Vergleich. Pro Asyl. Abrufbar unter https://www.proasyl.de/wp-content/uploads/2015/12/Laendervergleich_Unterbrin-gung_ 2014-09-23_02.pdf (Stand: 20.07.2020).
Wendt, W. R. (2017). Geschichte der Sozialen Arbeit 1. Die Gesellschaft vor der sozialen Frage 1750 bis 1900. 6. Aufl. Wiesbaden: VS.
Wesselmann, C. (2019). Teilhabe und/oder Partizipation – eine Auseinandersetzung mit Schlüsselbegriffen einer demokratieorientierten Sozialen Arbeit, in Köttig, M., Röh, D. (Hrsg.), Soziale Arbeit in der Demokratie – Demokratieförderung in der Sozialen Arbeit (S. 93–102). Opladen, Berlin, Toronto: Barbara Budrich.
Westphal, M., Motzek-Öz, S., Aden, S. (2019). Transnational Doing family im Kontext von Fluchtmigration. Konturen eines Forschungsansatzes, in Behrensen, B., Westphal, M. (Hrsg.), Fluchtmigrationsforschung im Aufbruch. Methodologische und methodische Reflexionen (S. 251–272). Wiesbaden: Springer VS.
Westphal, M., Wansing, G. (2019). Schnittstellen von Behinderung und Migration in Bewegung, in Westphal, M., Wansing, G. (Hrsg.), Migration, Flucht und Behinderung (S. 3–24). Wiesbaden: VS.
Wieland, M. L. et al. (2012). Physical Activity and Nutrition among Immigrant and Refugee Women: A Community-based Participatory Research Approach. Women's Health Issues, 22(2), 225–232.
Wieland, N. (2018). Minderjährige Flüchtlinge und ihre Familien: Identität und Identitätsentwicklung, in Hartwig, L., Mennen, G., Schrapper, C. (Hrsg.), Handbuch Soziale Arbeit mit geflüchteten Kindern und Familien (S. 354–369). Weinheim, Basel: Beltz Juventa.
Wienforth, J. (2019). Agency-Figurationen in der Jugendhilfe. Professional Agency in Arbeitsbeziehungen zwischen Fachkräften und jungen Geflüchteten. Soziale Arbeit. Zeitschrift für soziale und sozialverwandte Gebiete, 68(8), 295–301.
Wihstutz, A. (Hrsg.) (2019). Zwischen Sandkasten und Abschiebung. Zum Alltag junger Kinder in Unterkünften für Geflüchtete. Opladen, Berlin, Toronto: Barbara Budrich.
Will, A.-K. (2018). Der Migrationshintergrund im Mikrozensus: Wie werden Zuwanderer und ihre Nachkommen in der Statistik erfasst? Informationspapier für den Mediendienst Integration. Berlin. Abrufbar unter https://mediendienst-integration.de/fileadmin/Dateien/Informationspapier_Mediendienst_Integration_Migrationshintergrund_im_Mikrozensus_Aktualisierung_2018.pdf (Stand: 25.10.2020).
Wille, C. (2017). Räumliche Identifikationen und Identifizierungen in Grenzregionen. Das Beispiel der Großregion SaarLorLux. MIS-Working Paper 12. Esch-sur-Alzette: Université du Luxembourg.
Williams, C. (2016). Making Sense of the City, in Williams, C. (Hrsg.), Social Work and the City. Urban Themes in 21st-Century Social Work (S. 1–13). London: Palgrave Macmillan.
Williams, H. (1995). There are no free gifts! Social support and the need for reciprocity. Human Organization, 54(4), 401–409.
Wimmer, A., Glick Schiller, N. (2002). Methodological Nationalism and Beyond: Nation-State Building, Migration and the Social Sciences. Global Networks, 2(4), 301–334.
Winkler, C. (2016). Merkmalsbezogene Einstellungen von Lehrkräften zur schulischen Inklusion in Sachsen – eine empirische Analyse. Düren: Shaker.
Winkler, M. (2014). Kritik der Inklusion – oder: Über die Unvermeidbarkeit von Dialektik in der Pädagogik. Ein Essay. Widersprüche, 34(3), 25–39.
Winkler, M. (2015). Inklusion – die vergessene Dimension. Jugendhilfe, 53(1), 5–13.
Winrow, G. M. (1990). The Foreign Policy of the GDR in Africa. Cambridge: Cambridge University Press.

Witte, M. D. (2009). Jugendliche in intensivpädagogischen Auslandsprojekten. Baltmannsweiler: Schneider.

Witte, M. D., Klein-Zimmer, K., Schmitt, C. (2013). Growing Up Transnationally between SWAPO and GDR – A Biographical Ethnographic Study on Namibian Refugee Children. Transnational Social Review – A Social Work Journal, 3(2), M28–M33.

Witte, M. D., Schmitt, C., Polat, S., Niekrenz, Y. (2014). Praktiken der Grenzbearbeitung in den Lebensgeschichten der „DDR-Kinder aus Namibia". Diskurs Kindheits- und Jugendforschung, 9(4), 481–495.

Witteborn, S. (2015). Becoming (Im)Perceptible: Forced Migrants and Virtual Practice. Journal of Refugee Studies, 28(3), 350–367.

Wocken, H. (2010). Integration & Inklusion. Ein Versuch die Integration vor der Abwertung und die Inklusion vor Träumereien zu bewahren, in Stein, A.-D., Krach, S., Niediek, I. (Hrsg.), Integration und Inklusion auf dem Weg ins Gemeinwesen (S. 204–234). Bad Heilbrunn: Klinkhardt.

Wocken, H. (2012). Rettet die Sonderschulen? – Rettet die Menschenrechte! Ein Appell zu einem differenzierten Diskurs über Dekategorisierung. Zeitschrift für Inklusion-online, (4). Abgerufen von https://www.inklusion-online.net/index.php/inklusion-online/article/view/81 (Stand: 22.10.2020).

Wocken, H. (2015). Über Bremsen, Barrieren und Blockaden im Inklusionsdiskurs. Ein bildungspolitisches Streitgespräch mit den „moderaten" Inklusionsreformern. Abrufbar unter www.magazin-auswege.de/data/2015/04/Wocken_Die_Moderaten.pdf (Stand: 22.10.2020).

Wocken, H. (2018). Sind Behinderte Menschen? Die Abhängigkeit der Teilhabechancen Behinderter von ihrer Kategorisierung als menschliche Wesen. Abrufbar unter: http://www.hanswocken.de/Texte/Teilhabestufen.pdf (Stand: 22.10.2020).

Wohlfahrt, N. (2014). Vom „Klassenkompromiss" zur klassenlosen Staatsbürgergesellschaft? Zu einigen Widersprüchen einer „inklusiven" Sozialpolitik. Widersprüche, 34(3), 11–23.

Wolff, S. (2008). Dokumenten- und Aktenanalyse, in Flick, U., von Kardoff, E., Steinke, I. (Hrsg.), Qualitative Forschung. Ein Handbuch (S. 502–513). Reinbek bei Hamburg: Rowohlt.

World Health Organization WHO (2020a). Interim Guidance Scaling-up Covid-19 Outbreak, Readiness and Response Operations in Humanitarian Situations including Camps and Camp-like Settings, version 1.1. Abrufbar unter https://wash.unhcr.org/download/scaling-up-covid-19-outbreak-readiness-and-response-in-camps-and-camp-based-settings/ (Stand: 20.07.2020).

World Health Organization WHO (2020b). Preparedness, Prevention and Control of Coronavirus Disease (Covid-19) for Refugees and Migrants in Non-camp Settings. Interim guidance. Abrufbar unter https://www.who.int/publications-detail/preparedness-prevention-and-control-of-coronavirus-disease-(covid-19)-for-refugees-and-migrants-in-non-camp-settings (Stand: 20.07.2020).

Xypolytas, N. (2018). The refugee crisis as a preparation stage for future exclusion: The effects of the country of origin turmoil and refugee management on work orientations, International Journal of Sociology and Social Policy, 38(7/8), 637–650.

Yıldız, E. (2013). Die weltoffene Stadt. Wie Migration Globalisierung zum urbanen Alltag macht. Bielefeld: transcript.

Yıldız, E. (2018). Das Quartier als Experimentierwelt einer inklusiven Stadt, in Berding, N., Bukow, W.-D., Cudak, K. (Hrsg.), Die kompakte Stadt der Zukunft. Auf dem Weg zu einer inklusiven und nachhaltigen Stadtgesellschaft (S. 159–178). Wiesbaden: Springer VS.

Yıldız, E., Hill, M. (2015). Einleitung, in Yıldız, E., Hill, M. (Hrsg.), Nach der Migration. Postmigrantische Perspektiven jenseits der Parallelgesellschaft (S. 9–16). Wiesbaden: transcript.

Yıldız, E., Ohnmacht, F. (2020). Rassismus in der postmigrantischen Gesellschaft: Von der Hegemonie zur Kultur der Konvivialität. Zeitschrift Migration und Soziale Arbeit, 2, 153–160.

Yıldız, S. (2015). Inklusion!? Was ist daran wahr? Mitteilungen der Deutschen Gesellschaft für Erziehungswissenschaft, 26, 53–60.

Yurdakul, G., Römhild, R., Schwanhäußer, A., zur Nieden, B. (Hrsg.) (2018). Witnessing the Transition: Moments in the Long Summer of Migration. Berlin: BIM.

Zappen-Thompson, M. (2010). „Also nye ihr seid sehr cool". Lucia Engombe über sich und die, die einst DDR-Kinder genannt wurden". eDUSA. The e-journal of the Association for German Studies in Southern Africa (SAGV), 5(1), 33–42.

Zeller, J. (2004). Kolonialkrieg und Denkmal – 100 Jahre Politik mit Erinnerung, in Förster, L., Henrichsen, D., Bollig, M. (Hrsg.), Namibia-Deutschland. Eine geteilte Geschichte (S. 124–143). Wolfratshausen: Edition Minerva.

Zeller, M., Köngeter, S., Meier, L. (2020). Vertrauen, Partizipation und Agency. Vertrauen und Zukunftsvorstellungen bei jungen Geflüchteten im Übergang, in Göbel, S., Karl, U., Lunz, M., Peters, U., Zeller, M. (Hrsg.), Wege junger Menschen aus Heimen und Pflegefamilien (S. 204–224). Weinheim und Basel: Beltz Juventa.

Zick, A., Küpper, B. (2016). Rechtsextreme und menschenfeindliche Einstellungen, in Virchow, F., Langebach, M., Häusler, A. (Hrsg.), Handbuch Rechtsextremismus. Edition Rechtsextremismus (S. 83–113). Wiesbaden: Springer VS.

Ziegler, H. (2008). Soziales Kapital und agency, in Homfeldt, H. G., Schröer, W., Schweppe, C. (Hrsg.), Vom Adressaten zum Akteur. Soziale Arbeit und Agency. Opladen, Farmington Hills: Barbara Budrich.

Zoch, A. (2020). Flüchtlinge und Corona. Wir dürfen nicht eine Not gegen die andere ausspielen. Süddeutsche Zeitung Online vom 11. April 2020. Abrufbar unter https://www.sueddeutsche.de/politik/coronavirus-meier-fluechtlinge-moria-1.4873607 (Stand: 20.07.2020).

Zwick, M. (2015). Transnationale Migration – eine dauerhafte Perspektive? Sahaurische Flüchtlinge zwischen agency und vulnerability. PERIPHERIE, 2, 260–280.

Quellenverzeichnis Bundesarchiv in Berlin

BArch DR2/12321a: Rahmenprogramm für die Betreuung und Erziehung der namibischen Kinder. November 1979. Abteilung Vorschulerziehung.

BArch DR2/12321b: Akzentuierter Lehrplan Heimatkunde für namibische Klassen

BArch DR2/50600: Anfrage Sam Nujomas an das Zentralkomitee der Sozialistischen Einheitspartei Deutschlands (SED). Kopie vom 27.06.1979.